Reabilitação Neuropsicológica nos Transtornos Psiquiátricos

da teoria à prática

CB030559

Reabilitação Neuropsicológica nos Transtornos Psiquiátricos

da teoria à prática

Fabricia Quintão **Loschiavo Alvares**
Barbara A. **Wilson**

ORGANIZADORAS

 Artesã

COORDENAÇÃO EDITORIAL
Karol Oliveira

DIREÇÃO DE ARTE
Tiago Rabello

ASSISTENTE EDITORIAL
Mariana Almeida

REVISÃO
Giovanna Marques Hailer Felipe

CAPA
Karol Oliveira

DIAGRAMAÇÃO
Conrado Esteves

R281
    Reabilitação neuropsicológica nos transtornos psiquiátricos : da teoria à prática / Organizadoras: Fabricia Quintão Loschiavo Alvares, Barbara A. Wilson. – Belo Horizonte : Artesã Editora, 2020.

    536 p. ; 24 cm.

    ISBN: 978-85-7074-048-9

    1. Cognição - Reabilitação. 2. Psiquiatria. 3. Neuropsicologia. 4. Doenças mentais. 5. Cognição. I. Loschiavo Alvares, Fabricia Quintão. II. Wilson, Barbara A., 1941-.

        CDU 616.8

Catalogação: Aline M. Sima CRB-6/2645

IMPRESSO NO BRASIL
Printed in Brazil

📞 (31)2511-2040   📱 (31)99403-2227
🌐 **www.artesaeditora.com.br**
📍 Rua Rio Pomba 455, Carlos Prates - Cep: 30720-290 I Belo Horizonte - MG
📷 f /artesaeditora

Dedico este livro ao Davidson, ao Tomáz, aos meus pais e família, e à minha professora e amiga Barbara A. Wilson, por sempre terem me dado asas para voar. Agradeço a todos os meus pacientes, pela confiança e oportunidade do constante aprendizado, bem como a todos os colegas, profissionais de referência, que com sua nobreza, contribuíram com os seus conhecimentos para este livro.

Fabricia Quintão Loschiavo Alvares

Dedico este livro aos meus quatro netos Rosie, Francesca, Samuel e Maximiliano e à minha bisneta Amelie. Gostaria de agradecer às seguintes pessoas, Jessica Fish, pela ajuda com as referências e por seu apoio moral; Jonathan Evans, Michael Perdices, Robyn Tate e Pieter Du Toit pelas discussões e também pelo apoio; Lucy Kennedy, da Routledge, com permissão para reproduzir a formulação de Alex, de Jelly A, Helmy A e Wilson B. A. (2020) Vida após um tumor cerebral raro e síndrome da área motora suplementar: Desperta por trás dos olhos fechados. Abingdon: Routledge; e Mick Wilson, pela leitura dos meus rascunhos e comentários úteis durante todo o processo de redação dos capítulos de minha autoria. Por fim, gostaria de expressar minha admiração a Fabricia Loschiavo, editora sênior deste livro, por sua motivação e entusiasmo.

Barbara A. Wilson

SUMÁRIO

MATERIAL COMPLEMENTAR COM TABELAS DISPONÍVEIS
PARA A ESTRUTURAÇÃO DE CASOS CLÍNICOS NO SITE
WWW.NEXUSCLINICA.COM.BR

PREÂMBULO

Barbara A. Wilson

A reabilitação neuropsicológica (RN) tem como maior mote a melhoria das dificuldades cognitivas, emocionais, psicossociais, comportamentais e funcionais decorrentes de um insulto ao cérebro. Em 2002, Wilson publicou um modelo de RN explicitando não apenas a complexidade desta, mas também o fato de ela englobar estruturas, teorias e modelos de uma ampla gama de áreas distintas. No entanto, o modelo foi concebido para o uso em pacientes que sobreviveram a um insulto neurológico, como as lesões encefálicas adquiridas, e não para aqueles com dificuldades psiquiátricas. Assim, Loschiavo, Fish e Wilson (2018) ampliaram e adaptaram o modelo para aumentar sua relevância para a RN de pessoas com transtornos psiquiátricos.

O presente livro surgiu a partir do nosso artigo publicado em 2018. Contamos com colaboradores da América do Sul, Europa e Austrália, considerando as diferentes instâncias do nosso modelo, a saber, as considerações acerca do indivíduo, teóricas, do diagnóstico, do paciente e da família; finalizando com exemplos contextualizados por meio de casos clínicos. Esperamos que este livro forneça uma referência teórica e clínica útil para todos aqueles que trabalham com a RN em pacientes psiquiátricos.

PREFÁCIO

Fabricia Quintão Loschiavo Alvares

A cognição é um fator fulcral que impacta diretamente no funcionamento diário e na qualidade de vida de pacientes com os distintos transtornos psiquiátricos. Em que pese o fato do comprometimento cognitivo ter efeitos devastadores, e a medicação reduzir a severidade dos sintomas, não ocorrendo o mesmo com os ganhos cognitivo e funcional, a reabilitação neuropsicológica (RN) desponta como a grande ferramenta terapêutica para esta população clínica. Para pessoas com transtornos psiquiátricos, esta surge a partir dos esforços para a integração da Neurociência com as psicopatologias.

Nascida no berço das lesões encefálicas adquiridas, com marcos históricos importantes no pós-guerra, atualmente, mais precisamente desde a última década do século passado, a RN assumiu o protagonismo também na Psiquiatria. Ela tem, portanto, como propósito central, impulsionar os processos cognitivos no auxílio a pessoas que vivem com transtornos psiquiátricos, na busca por proporcionar a melhora de suas capacidades em longo prazo a se engajarem ativamente nas ocupações que lhes são relevantes, a desempenharem suas atividades de vida diária, incluindo a reintegração aos ambientes social e de trabalho.

Enquanto terapeuta ocupacional, profissional da ocupação e da Reabilitação Neuropsicológica, desde os módicos do meu percurso acadêmico e clínico nesta área, inspirei-me nos trabalhos e no extenso legado da Dra. Barbara Wilson. E, por ocasião do meu doutorado sanduíche na Universidade de Cambridge, na Inglaterra, tive o privilégio e a honra de aprender e trabalhar com ela, tanto no Oliver Zangwill Centre (OZC), como no Raphael Medical Centre. Lembro-me, perfeitamente, afinal nossa memória é intrinsecamente relacionada com as nossas emoções, de uma tarde invernal em Ely, janeiro de 2013, quando no OZC fui até a sala da Dra. Barbara e mostrei-a meus rascunhos oriundos da minha experiência clínica na reabilitação na Psiquiatria e a questionei sobre seu modelo publicado em 2002. À época, conforme meu aprendizado com ela, era latente em mim uma frase do também pilar na área da Neuropsicologia, Allan Baddley, que a ouvi mencionar várias vezes, que dizia "Uma boa teoria nos ensina a duvidar". E assim, duvidei do modelo de 2002, principalmente sobre como o aplicaria na clínica dos transtornos psiquiátricos. Sempre vivi e tentei aplicar o postulado de que o bom clínico é um bom pesquisador, e vice-versa.

Assim, como o modelo de 2002 nortearia a minha intervenção? Como pensá-lo na perspectiva da ampla miríade dos comprometimentos advindos dos vários transtornos psiquiátricos? Como formular hipóteses acerca do meu paciente? Como estabelecer uma intervenção em RN? Avaliar a eficácia? Como propor perguntas pertinentes e clinicamente relevantes, afinal este é um dos objetivos de um pesquisador e, por conseguinte, de um bom clínico. Um parêntese para aqueles que se dizem estar clinicamente envolvidos em seus projetos em tal nível que não conseguem fazer pesquisas, ressalto que ela não é algo extra ao nosso trabalho, pelo contrário, trata-se de uma parte essencial da prática clínica da RN. Mas, enfim, voltando àquela tarde na minha lousa mental, surgiam perguntas e mais perguntas.

E a Dra. Barbara Wilson, com sua humildade, sabedoria e integridade simplesmente disse-me que finalmente alguém daria continuidade ao seu trabalho, publicado em 2002, e endereçou-me outra pergunta: como faríamos a expansão e a adaptação de seu modelo para a RN na Psiquiatria?

A partir deste dia, foi intenso nosso trabalho de produção. Publicamos nosso artigo com a apresentação inicial do Modelo Abrangente de RN aplicado aos transtornos psiquiátricos em 2018 e, no princípio de 2019, iniciamos nosso percurso, o qual culmina com a publicação desta obra. Este livro nasceu de um sonho cultivado durante anos, fruto do meu desejo de sistematização da RN na Psiquiatria, e também da minha motivação em proporcionar ferramentas aos meus colegas de trabalho a partir da disponibilização de uma obra desta envergadura em nosso país. Ainda, poder contar com a da Dra. Barbara, enquanto companheira de jornada, é algo inaquilatável para meu coração. Logo, fazer um livro prático, pragmático, objetivo, que conduzisse o profissional da área e o leitor nela interessado a caminhar por todas as seções do nosso modelo, articulando com o cotidiano da RN na Psiquiatria, foi nosso maior compromisso.

Assim, à medida que avançarem pelos capítulos, os leitores irão, degrau por degrau, angariando recursos, coordenadas para a estruturação do raciocínio clínico, visando a intervenção. E, ao final, eles estarão com um arcabouço pronto para adicionar as histórias de seus pacientes, a sua clínica. Desta forma, mais que um livro puramente técnico, este trabalho versa sobre pessoas, seres ocupacionais, suas famílias e contextos que, ao se depararem com um quadro psiquiátrico, vêm-se, muitas vezes, incapacitados de viverem de forma ativa e funcional. Sendo este o principal papel do profissional da RN, ser um facilitador do desempenho ocupacional, traduzir empenho em desempenho, fazer com que, a despeito de toda a complexidade da condição de saúde de base (seja ela qual for), o indivíduo possa realizar as atividades que lhes são significativas e ocupacionalmente relevantes da melhor maneira, com o máximo de autonomia que sua condição permitir.

Para fins didáticos, o Modelo Abrangente da RN aplicado aos transtornos psiquiátricos é apresentado no primeiro capítulo desta obra, seguido dos demais 25 que se encontram distribuídos ao longo de cinco seções. Da primeira à quarta, os temas estão divididos conforme as quatro seções, com seus temas pertinentes, conforme nosso modelo, a saber: as considerações acerca do individuo, do diagnóstico, as considerações teóricas e o paciente e a família. Na quinta e última seção, são apresentados casos clínicos, com o viés do "como eu faço a RN" em diferentes condições diagnósticas.

Por tudo o que foi exposto, este livro configura-se em um marco histórico da nossa produção nacional. Para tanto, contamos com a generosa contribuição de renomados profissionais atuantes na área, que compartilharam seus conhecimentos de forma integrada e atualizada, brindando-nos com a riqueza de suas experiências práticas, advindas da intervenção em RN em seus países. Do corpo autoral deste livro participam profissionais do Brasil, de diversos países europeus e da Austrália, todos imbuídos no proposito de construir um manual de RN a ser aplicado na Psiquiatria.

E, sem mais delongas, apresento-lhes, com grande satisfação, a obra "Reabilitação Neuropsicológica nos Transtornos Psiquiátricos – da teoria à prática". Desejo a todos uma proveitosa e inspiradora leitura! E que sigamos, unindo nossos esforços, caminhando de mãos dadas. E rumo à obra da reabilitação neuropsicológica!

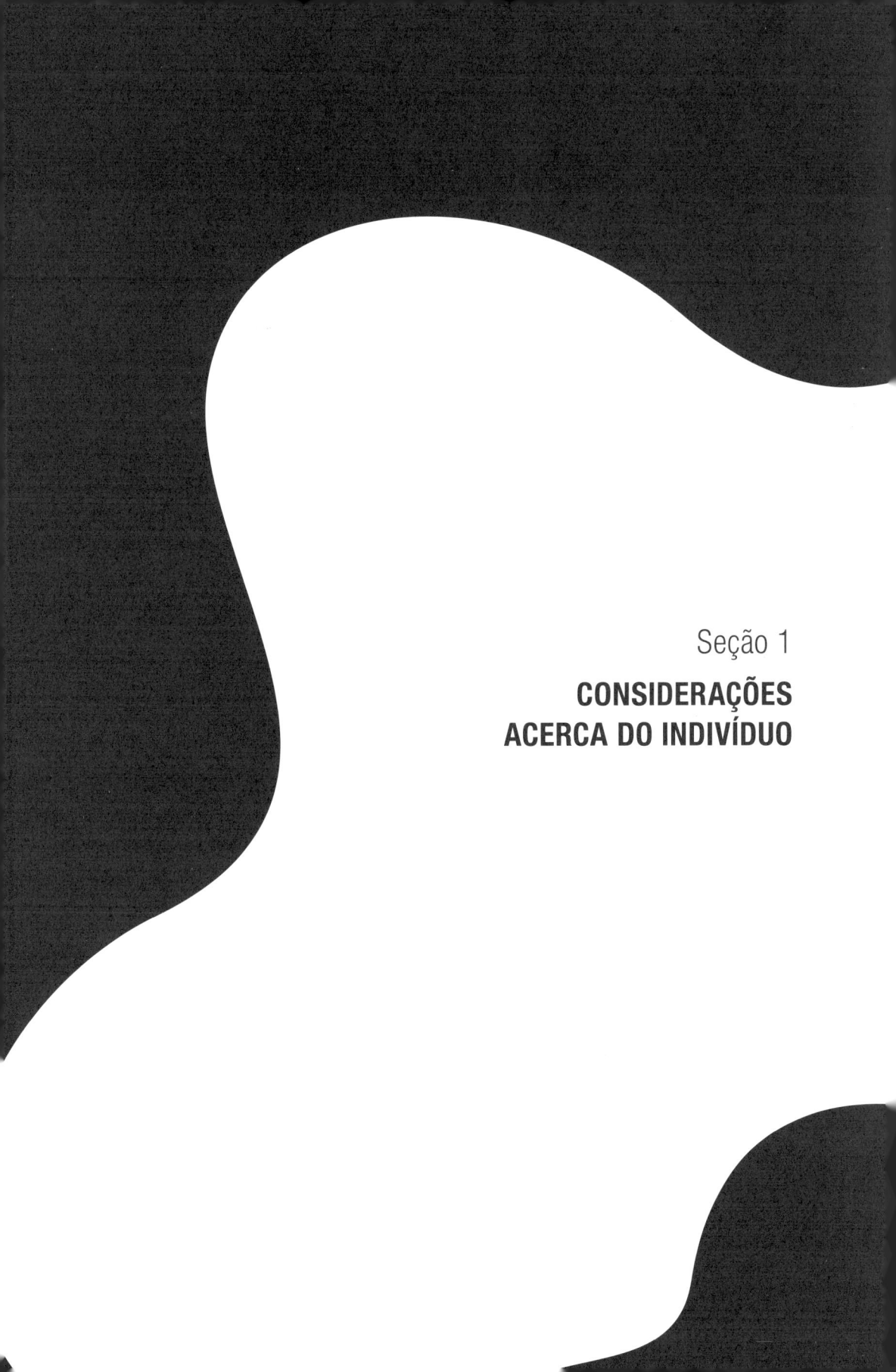

Seção 1

**CONSIDERAÇÕES
ACERCA DO INDIVÍDUO**

1. O MODELO ABRANGENTE DE REABILITAÇÃO NEUROPSICOLÓGICA PARA OS TRANSTORNOS PSIQUIÁTRICOS

Fabricia Quintão Loschiavo Alvares

INTRODUÇÃO

A reabilitação neuropsicológica (RN) é um processo ativo que visa capacitar pessoas com *déficits* cognitivos causados por lesões encefálicas adquiridas ou por transtornos do desenvolvimento, no caso os psiquiátricos, para que estas adquiram um nível satisfatório de funcionamento social, físico e psíquico (WILSON, 2005).

Segundo Wilson (2004), a RN consiste na proposição de esforços para melhorar a funcionalidade e a qualidade de vida de portadores de doenças neurológicas e psiquiátricas. Para tanto, são empregadas técnicas psicológicas, cognitivas e comportamentais, a fim de recuperar ou minimizar os efeitos de *déficits* cognitivos, de forma que os pacientes encontrem meios adequados e alternativos para alcançar metas funcionais específicas (BEN-YISHAY, 2008).

Em 2002, Wilson publicou um modelo de reabilitação neuropsicológica (RN), ressaltando ser este um campo que demanda uma ampla base teórica, a qual incorpora estruturas, teorias e modelos de várias áreas distintas. "Nenhum modelo ou grupo de modelos é suficiente para abordar os problemas complexos enfrentados por pessoas com problemas cognitivos consequentes à lesão cerebral" (WILSON, 2002, p. 97).

Modelos e teorias que influenciam a RN incluem os de cognição, avaliação, recuperação, comportamento, emoção, compensação, aprendizagem entre outros. Wilson sintetizou esses modelos e teorias individuais em um modelo abrangente que, desde então, tem sido usado para planejar programas de reabilitação para pessoas com lesão encefálica adquirida (WILSON, WINEGARDNER & ASHWORTH, 2013).

As pessoas com transtornos psiquiátricos apresentam, comumente, deficiências cognitivas que contribuem para restrições no funcionamento da vida cotidiana (BEARDEN et al. 2011; GRANT & ADAMS, 2009; VOLKOW, BALER & GOLDSTEIN,

2011). Neste sentido, como o funcionamento cognitivo é um preditor significativo de um prognóstico positivo no tratamento psiquiátrico (CORRIGAN et al., 2007), a RN é um dos aspectos fulcrais do manejo clínico.

Logo, considerando que o modelo de 2002 traz as peculiaridades da população de lesões encefálicas adquiridas, e a demanda crescente de RN para os transtornos psiquiátricos (LOSCHIAVO-ALVARES et al., 2013), acrescido da ausência de um modelo que, até então, abarcasse as demandas desta população e norteasse a intervenção, foi que se deu a proposta de formulação de um modelo de RN abrangente para a população psiquiátrica. Indo ao encontro do que foi exposto, Loschiavo, Wilson e Fish (2018) propuseram uma extensão e adaptação do modelo original de 2002, considerando as diferentes demandas e particularidades concernentes à ampla miríade dos transtornos psiquiátricos. O modelo de RN para os transtornos psiquiátricos segue abaixo, na **Figura 1**.

Figura 1 – Modelo abrangente de RN para a Psiquiatria

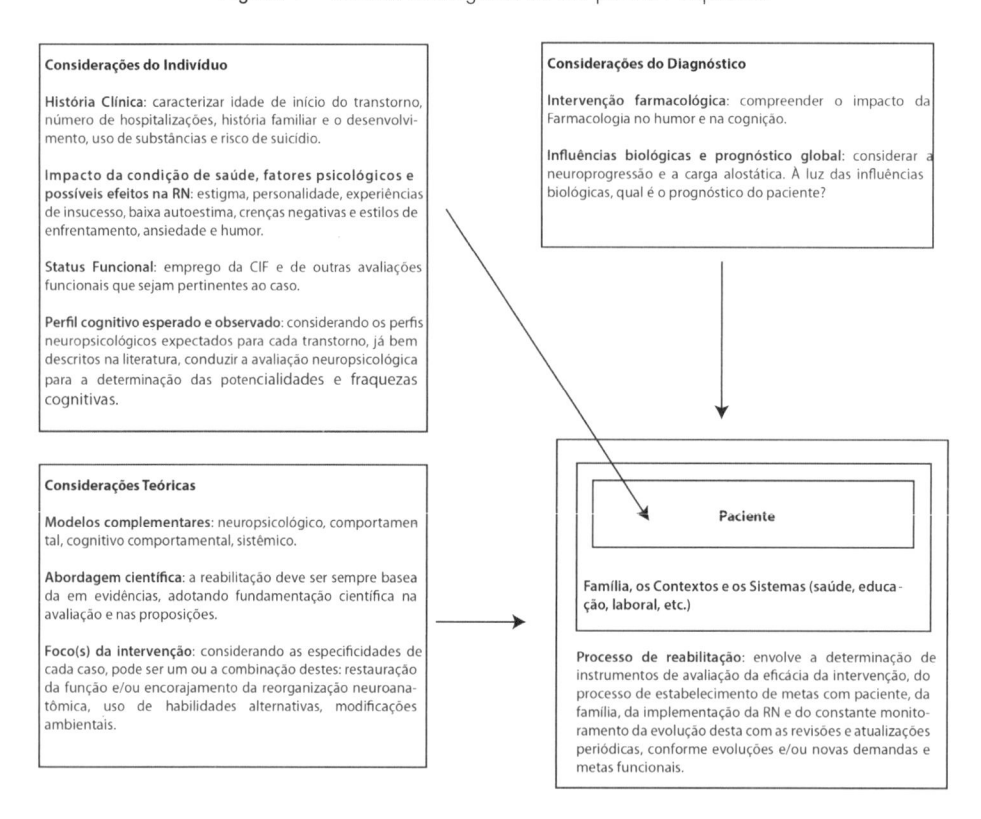

Conforme a Organização Mundial da Saúde (PRINCE et al., 2007), "não há saúde sem saúde mental", e esta é substancialmente comprometida ao longo do curso dos transtornos psiquiátricos. Nordentoft, Madsen & Fedyszyn (2015)

ressaltam que a taxa de recaídas no primeiro e no quinto ano após o diagnóstico, tanto do transtorno afetivo bipolar (TAB) como o de esquizofrenia, é bastante alta, demonstrando que independentemente do transtorno, a medicação reduz a severidade dos sintomas, mas o mesmo não é observado nas esferas cognitiva, funcional, social e emocional, justificando, desta forma, todos os esforços para a sistematização teórico-prática da reabilitação neuropsicológica nesta área.

O presente capítulo tem caráter introdutório, visando à apresentação do modelo, sua estrutura e seções, a saber: considerações do indivíduo, do diagnóstico, do paciente e considerações teóricas. À medida que o leitor caminhar por estas e por seus respectivos componentes, irá, degrau por degrau, angariando recursos, coordenadas para a estruturação do seu raciocínio clínico, visando a intervenção. E, ao chegar ao paciente, a última instância do modelo, estará com o arcabouço pronto para adicionar os elementos principais: o indivíduo, sua família e seus contextos. Por fim, cabe ressaltar que a abordagem mais aprofundada de cada temática aqui apresentada será realizada nos capítulos subsequentes desta obra.

O MODELO ABRANGENTE DE REABILITAÇÃO NEUROPSICOLÓGICA

Considerações do Indivíduo

História clínica

Nas doenças psiquiátricas, existe uma correlação entre a gravidade da doença e o funcionamento psicossocial (BOWIE, DEPP & MCGRATH, 2010; WINGO, HARVEY & BALDESSARINI, 2009). Quanto mais precoce a idade de início dos sintomas, maior o prejuízo no desenvolvimento psicossocial, o que impacta diretamente a trajetória de crescimento educacional, profissional e interpessoal (POST, LEVERICH & KUPKA, 2010). Além disso, como sugerido por Corrigan (2004), as doenças psiquiátricas de início precoce provavelmente têm efeitos ainda mais deletérios no desenvolvimento da identidade. Com o estigma associado à doença mental em geral, esses efeitos internos podem dificultar os esforços para alcançar o ajuste social almejado (VAZQUEZ et al., 2010).

Outros desafios vêm de episódios recorrentes da alteração de humor (mania e depressão) e de frequentes hospitalizações durante o curso da doença, o que pode interromper as atividades educacionais e laborativas, bem como o desenvolvimento de relacionamentos interpessoais (WINGO, BALDESSARINI, COMPTON & HARVEY, 2010). Os sintomas residuais entre os episódios de humor, como no caso do transtorno afetivo bipolar, também impedem os esforços do indivíduo em se engajar com as demandas psicossociais (LEVY, MEDINA, HINTZ & WEISS, 2011), tornando, assim, a recuperação funcional mais desafiadora (YATHAM, KAUER-SANT'ANNA, BOND, LAM & TORRES, 2009). Episódios de psicose e abuso de substâncias crônicas contribuem também para um curso errático de desenvolvimento (HUA et al., 2011), bem como a falta de controle emocional e comportamental.

Bondari et al. (2014) acrescentam, ainda, que o período de hospitalização é um marcador importante de evolução. Neste estudo, dados relativos à duração e ao número de internações em pacientes com transtornos psiquiátricos foram comparados. As diferenças estatisticamente significativas estiveram associadas ao grupo de esquizofrenia e transtornos psicóticos, com maior duração e recorrência da internação, em comparação ao grupo de transtornos da afetividade, sendo, este, um importante marcador de evolução em longo prazo.

Por fim, considerando a ideação e as tentativas de suicídio (GONZALÉZ-CASTRO et al., 2019), sabe-se que mais de 80% dos indivíduos que morrem em decorrência do suicídio tem, pelo menos, um diagnóstico psiquiátrico (GALFALVY et al., 2015). Dentre estes transtornos, os que apresentam a maior taxa de suicídio são a esquizofrenia e o TAB (MIRKOVIC et al., 2016), tanto por processos internos, como o estresse e a depressão, como por processos externos, como o uso de substâncias psicoativas. Neste sentido, também se ressalta o proeminente componente genético, por isto a relevância da história familiar.

Em conjunto, todos esses fatores afetam o funcionamento psicossocial e ocupacional e, portanto, devem ser considerados no planejamento do tratamento, uma vez que eles têm relação direta com o prognóstico.

Impacto da Condição de Saúde, Fatores Psicológicos e Possíveis Efeitos na RN

Para a compreensão global do impacto da condição de saúde há de considerá-la em conjunto com o estigma, as vivências do indivíduo com suas experiências de insucesso, e, por conseguinte, as consequências em sua autoestima, crenças negativas e estilos de *coping*, ansiedade e humor.

O estigma relacionado ao transtorno mental é algo pernicioso (ROCHA, HARA & PAPROCKI, 2014) que desencadeia uma cascata de preconceito e discriminação, englobando não só a pessoa que sofre do transtorno psiquiátrico, bem como seus familiares, a medicação, as instituições onde o tratamento é realizado e a equipe. Ele gera inúmeras consequências negativas, impactando as percepções internas, as emoções e as crenças da pessoa estigmatizada, podendo fazer com que ela adote uma conduta passiva e de autodesvalorização, contribuindo para o rebaixamento do humor e, por fim, deixando de desempenhar seus papéis sociais. Portanto, também influencia as habilidades de enfrentamento das situações/problemas, ou seja, de *coping*. Este, de acordo com Folkman & Lazarus (1980), compreende quatro essenciais definições, a saber: o *coping* como um processo ou interação entre o indivíduo e o meio ambiente; seus mecanismos que gerenciam uma situação estressante, em vez de controlá-la ou superá-la; o processo de *coping* que compreende a noção de avaliação (como o indivíduo percebe, interpreta e representa mentalmente um fenômeno) e envolve esforços para gerenciar, reduzir ou suportar demandas externas e internas que são avaliadas como "cargas" para as pessoas. Desta forma, o *coping* tem sido considerado como outro alvo de intervenção na clínica da Psiquiatria (KAPCZINSKI et al., 2008).

Quanto à ansiedade, esta é um achado comum em pessoas com distúrbios neuropsiquiátricos, sendo a resposta comportamental mais comum a esta, a evitação (LEE et al., 2010). Pessoas com condições psiquiátricas que experimentam comprometimento cognitivo tendem a se afastar das demandas psicossociais que evocam ansiedade para diminuir suas experiências de fracasso social. De maneira mais ampla, as demandas cognitivas da vida cotidiana podem gerar ansiedade, o que, por sua vez, exacerba os déficits cognitivos, limita a capacidade funcional, reduz a motivação, conduzindo ao comportamento de evitação e restrição no envolvimento psicossocial.

Na pesquisa sobre esquizofrenia, vários estudos sugerem que um estilo de enfrentamento evitativo medeia a ligação entre o comprometimento neurocognitivo e o funcionamento psicossocial (HARVEY et al., 2010). Embora exista pouca evidência direta de que a prevenção psicossocial desempenhe um papel semelhante em pessoas com transtorno bipolar (LEE et al., 2010), essa hipótese permanece viável, dadas as semelhanças entre o comprometimento cognitivo desse transtorno e a esquizofrenia (LEE et al., 2010; LEIFKER et al., 2009).

Em resumo, a interação entre ansiedade e comprometimento cognitivo pode limitar ainda mais as capacidades funcionais e potencializar o declínio psicossocial, e isso deve ser considerado pelos profissionais que trabalham com a RN nestas populações clínicas. Assim sendo, é de extrema importância o trabalho integrado com o profissional de Psicologia, uma vez que cabe a este a abordagem de todos os aspectos acima explicitados, abarcando tanto o paciente, bem como sua família. Exemplos clínicos de abordagens integradas serão apresentados na seção 5 deste livro.

Status Funcional

A RN abarca como o paciente enfrenta e gerencia os problemas cotidianos, as estratégias que melhor se adequariam às demandas funcionais, além da análise da atividade, por meio da qual o profissional, no caso, o terapeuta ocupacional, apreenderá as demandas cognitivas necessárias ao desempenho funcional do paciente. Enfim, o emprego de avaliações funcionais tem papel relevante na delimitação de um acurado perfil de funcionamento individual, incluindo os aspectos cognitivos, emocionais, sociais e interpessoais.

Neste sentido, a Classificação Internacional de Funcionalidade (CIF) da Organização Mundial da Saúde (OMS) é um sistema descritivo que destaca o fato de que as deficiências cognitivas são construções conceituais derivadas de observações comportamentais, cujas deficiências associadas não são elas próprias atribuíveis especificamente a um único déficit cognitivo (WADE & HALLIGAN, 2004). A CIF foi projetada para registrar e organizar uma ampla gama de informações sobre saúde e estados relacionados à saúde (CIEZA et al., 2004). A classificação destina-se ao uso em vários setores, e inclui, além de saúde, a educação, o trabalho, as políticas de saúde e estatísticas. No contexto clínico, ela destina-se ao uso na avaliação de necessidades, adequando intervenções a estados específicos de saúde, reabilitação e avaliação de resultados. Com relação aos propósitos clínicos, e de acordo com o conceito de medidas de *status* de saúde específicas da condição, parece mais útil vincular condições ou doenças específicas a categorias de funcionamento importantes da CIF (STUCKI et al., 2002).

Considerando que a CIF (OMS, 2004) engloba 1454 aspectos relativos à funcionalidade das pessoas, houve a proposta de criação de *core sets*, ou seja, um conjunto de itens chave que descreve de forma típica a funcionalidade das pessoas com uma determinada condição de saúde (RIBERTO, 2011). O projeto dos *core sets* da CIF tem como objetivo selecionar as categorias, a partir da classificação completa, que atuem enquanto padrões mínimos para a avaliação e documentação da funcionalidade e saúde. Para várias condições de saúde, particularmente no que tange os transtornos psiquiátricos, já foram estabelecidos *core sets* tanto abrangentes como resumidos para Depressão, Esquizofrenia, Transtorno do Déficit de Atenção e Hiperatividade, Transtorno Afetivo Bipolar e Autismo, todos disponíveis no endereço eletrônico https://www.icf-core-sets.org/en/page1.php.

Assim, conforme exposto acima, os *Core Sets* são ferramentas bem-adaptadas à prática psiquiátrica e representam um meio de monitoramento de mudanças no funcionamento psicossocial e funcional, configurando-se em importantes instrumentos de avaliação funcional para intervenção em RN, bem como em medidas de eficácia para monitoramento da evolução. Por fim, cabe ao profissional avaliar e considerar o emprego de outros instrumentos funcionais a fim de abarcar todas as necessidades do caso. Tal temática é tratada com maiores detalhes nos Capítulos 4 e 5.

Perfil Cognitivo Esperado e Observado

O comprometimento cognitivo na ampla miríade dos transtornos psiquiátricos, conforme Millan et al. (2012), é decorrente da interação de fatores genéticos, epigenéticos, de desenvolvimento e ambientais. As mudanças, comparadas ao funcionamento do sistema nervoso central (SNC) de uma pessoa sem um transtorno psiquiátrico, são expressas tanto no nível dos neurônios quanto nas células da glia (desde a transcrição genética alterada às mudanças no disparo neuronal) e no nível das redes neurais (localmente e entre as regiões cerebrais interligadas). A disfunção subjacente ao comprometimento cognitivo é hierárquica e espacialmente diversa, representada em uma escala temporal que varia de milissegundos (ex: disparo celular), a horas (ex: síntese de proteínas) e a anos (ex: arquitetura sináptica).

A maioria dos distúrbios psiquiátricos inclui o prejuízo, minimamente, em algum aspecto da cognição. Evidências crescentes indicam que esses déficits podem predispor os indivíduos a desenvolver o transtorno psiquiátrico, podendo ser um marcador precoce da doença subsequente, ao estarem presentes no período prodrômico, contribuindo para a recidiva dos sintomas, estando relacionados, portanto, ao prognóstico funcional (ETKIN, GYURAK & O'HARA, 2013).

De fato, o funcionamento cognitivo em alguns distúrbios psiquiátricos prediz o curso da doença em longo prazo, independentemente dos sintomas que podem ser mais característicos ou diagnósticos da doença, como alucinações na esquizofrenia, problemas de regulação do humor no TAB e ruminação na depressão. Embora certos sintomas de transtornos psiquiátricos sejam atenuados pelas drogas atuais, os déficits cognitivos geralmente não melhoram, podendo até agravar (MILLAN et al., 2012). Assim, o funcionamento cognitivo é uma dimensão de extrema relevância nos transtornos psiquiátricos, ultrapassando os limites tradicionais de diagnóstico e a intervenção específica. No caso a RN, deve ser um pilar importante nos esforços para melhorar a qualidade de vida dos pacientes.

Concernente aos distintos transtornos psiquiátricos, o comprometimento cognitivo apresenta-se de forma ampla e complexa, conforme estes autores. Existem condições, como no Transtorno Obsessivo Compulsivo (TOC) e no Transtorno de Estresse Pós-Traumático (TEPT), em que a falha em esquecer os pensamentos intrusivos ou "inibir" a recordação recorrente e indesejada (*flashbacks*) é um sintoma característico. O último transtorno representa uma forma de "hipermemória", resultante de processos deficitários da extinção do medo (um processo ativo para suprimir memórias emocionais negativas), em vez de resultar apenas da deterioração dos mecanismos envolvidos no armazenamento e na recordação.

Fobias e transtorno de ansiedade social também são tipificados pelo comprometimento dos mecanismos de extinção do medo. Comparativamente, pouco comprometimento cognitivo foi documentado para o transtorno de ansiedade generalizada, apesar de algumas mudanças sutis e um viés cognitivo negativo para estímulos ameaçadores. Já nos transtornos do pânico, os *déficits* encontram-se limitados à atenção excessiva e à hiper-reatividade a estímulos ameaçadores, mas não emocionalmente neutros. Curiosamente, a velocidade de processamento pode realmente ser acelerada em transtornos de pânico.

A esquizofrenia, por sua vez, é caracterizada por um amplo padrão de déficits cognitivos, desde atenção e memória operacional, até cognição social e linguagem. No transtorno bipolar, que compartilha certos fatores de risco genético com a esquizofrenia, o perfil de comprometimento cognitivo é semelhante, mas, geralmente, menos grave. O perfil neuropsicológico da depressão é caracterizado por um comprometimento de múltiplos domínios cognitivos, tais como funções executivas, atenção, velocidade psicomotora e memória episódica (KALSKA et al., 2013). Os supracitados déficits são observados tanto em pacientes sob medicação, bem como em pacientes não medicados, em indivíduos mais jovens ou idosos (PURCELL, MARUFF & PANTELLIS, 1997) ou em diferentes níveis de gravidade da depressão.

Os déficits no transtorno do déficit de atenção e hiperatividade (TDAH) não se restringem à atenção, pelo contrário, eles afetam vários outros domínios cognitivos, incluindo um comprometimento inter-relacionado na memória operacional e velocidade de processamento (VAIDYA & STOLLSTORFF, 2008). Entre os déficits que caracterizam o TOC, destaca-se o comprometimento da aprendizagem processual. Por fim, embora a cognição social prejudicada seja um sintoma cardinal nos Transtornos do Espectro Autista (TEA), vários outros domínios também são afetados (ROBINSON et al., 2009).

A fim de sumarizar os principais dados da literatura, os comprometimentos cognitivos "chave", considerando o perfil neuropsicológico para cada transtorno, estão apresentados na **Tabela 1**.

Tabela 1 – Principais características do perfil de comprometimento cognitivo dos transtornos psiquiátricos, em comparação ao Parkinson e Alzheimer

	Atenção e/ou Vigilância	Memória Operacional	Funções Executivas	Memória Episódica	Memória Semântica	Memória Visual	Memória Verbal	Extinção do Medo	Velocidade de Processamento	Memória Procedural	Cognição Social (Teoria da Mente)	Linguagem
Depressão	1 (+)	2	2	2	1	1	1 (+)	0 /+ ?	2 (+)	1	1 (+)	1
Tab	2 (+)	2	2	2	1	1	2	1 ?	2	0	2	2
Esquizofrenia	3	3	3	3	2	1 (+)	3	2	2	1	3	3
Tea	3	1	3	2	1	1	1 (+)	1 (+)	3	0 /+	3	3
Tdah	3	2	3	0 /+	1	2	2	1	2	1	1	0 /+
TOC	3 (⇧)	1 (+)	2	1	0 /+	1	0 /+	2	2	2	1	0 /+
Tept	3 (⇧)	1 (+)	1 (+)	2	1	1	2 (+)	3	1	0	0 /+	0
Transtorno do Pânico	3 (⇧)	1	0 /+	1	0 /+	0 /+	1	2	2	0	0	0
Tag	1	1	0	0	1	1	1	1	0	0	0 /+	0
Parkinson	2	2 (+)	2	1	0 /+	1	1	0 ?	3	3	1 (+)	1 (+)
Alzheimer	1 (+)	1 (+)	1 (+)	3	3	3	2 (+)	0 ?	1	1	1	2

Adaptado de: MILLAN et al., 2012.

Desta forma, cabe ao profissional de reabilitação considerar sempre os perfis cognitivos associados à condição de uma pessoa, a fim de planejar avaliações e propor programas de reabilitação que sejam, realmente, eficazes.

Perfis esperados e observados para os transtornos psiquiátricos abordados neste livro, como o Transtorno do Déficit de Atenção e Hiperatividade (TDAH), Transtorno Afetivo Bipolar (TAB), Transtorno Obsessivo Compulsivo (TOC), Depressão, Esquizofrenia, Comprometimento Cognitivo Leve (CCL), Demências, Transtorno do Espectro Autista (TEA), serão abordados de maneira verticalizada, nos capítulos específicos das seções subsequentes, em especial, no Capítulo 6 e nos demais da Seção 5.

CONSIDERAÇÕES DO DIAGNÓSTICO

Intervenções Farmacológicas

Uma vez que a cognição representa um dos fatores fulcrais nos transtornos psiquiátricos e, considerando sua intrínseca relação com os fármacos, é de extrema relevância abarcar tal aspecto na formulação do raciocínio clínico para intervenção na RN.

De acordo com Sumiyoshi et al. (2013), drogas antipsicóticas atípicas (AAPDs), às vezes chamadas de antipsicóticas de "segunda geração", exercem uma eficácia antipsicótica em doses que não causam efeitos colaterais extrapiramidais. Adotando a clozapina como protótipo, essa classe de agentes inclui risperidona, olanzapina, quetiapina, ziprasidona, aripiprazol, perospirona, blonanserina, paliperidona, iloperidona, asenapina e lurasidona (Sumiyoshi, 2013). Os AAPDs compartilham certos perfis farmacológicos em comum, ou seja, uma afinidade relativamente maior entre os receptores de serotonina-5-HT2A em relação aos receptores de dopamina-D2 (Sumiyoshi et al., 1995).

Por sua vez, foi relatado que os medicamentos antipsicóticos típicos (TAPDS), como a perfenazina, apresentam benefícios cognitivos, considerando a velocidade de processamento, raciocínio, memória de trabalho, memória verbal e vigilância na esquizofrenia com um pequeno tamanho de efeito (Keefe et al., 2007).

Crespo-Facorro et al. (2009) relatam uma vantagem dos AAPDs sobre os TAPDs em termos de aprimoramento da cognição, particularmente nos testes de toque no dedo, no teste de trilhas B e no teste de figura complexa de Rey com um tamanho de efeito moderado, tanto em ensaios controlados quanto em não controlados. No entanto, houve desafios à eficácia pró-cognitiva das DAAPs. Por exemplo, sugeriu-se que a melhoria da memória verbal por tratamento com risperidona ou olanzapina não era melhor do que a dos efeitos da prática em controles normais (GOLDBERG et al., 2007).

De fato, esse assunto continua sendo um problema na Neuropsiquiatria. De acordo com Vinogradov, Fisher e Warm (2009), altos níveis de carga anticolinérgica total foram associados a benefícios reduzidos da função cognitiva. Isso não é surpreendente, dadas as correlações consistentes detectadas entre comprometimentos da memória e altos níveis de anticolinérgicos circulantes (VINOGRADOV et al., 2009). Essa carga anticolinérgica total pode resultar do tratamento com medicamentos voltados para a redução dos sintomas extrapiramidais, junto a outros medicamentos com efeitos anticolinérgicos substanciais, como os antipsicóticos.

A situação é ainda mais delicada se considerado o efeito dos fármacos na cognição em idosos. Vários foram os estudos transversais (NEVADO-HOLGADO et al., 2016) e longitudinais que investigaram tal questão. Medicamentos que atuam no SNC, como benzodiazepínicos, anticolinérgicos (RISACHER et al., 2016) e opioides (GRAY, ANDERSON & DUBLIN, 2015), especialmente em altas doses, e outros medicamentos utilizados para condições não neurológicas (NEVADO-HOLGADO et al., 2016) foram associadas a efeitos negativos sobre a cognição. Por outro lado, antidiabéticos orais, anti-hipertensivos ou estatinas (CHUANG et al., 2015) podem, de certa forma, beneficiar a cognição ou impedir o seu declínio.

Considerando o que foi explanado, a compreensão da terapia medicamentosa com seus impactos na cognição, no sentido de minorar os impedimentos farmacológicos (HARVEY & BOWIE, 2012), e, por conseguinte, a funcionalidade dos pacientes psiquiátricos, deve ser considerada como elemento importante na estruturação do caso clínico e na proposição da intervenção.

A discussão ampla em equipe e o alinhamento da conduta com o médico responsável são fatores fundamentais para o sucesso terapêutico. Por que meu paciente faz uso desta medicação? O que esperar de seu desempenho cognitivo e funcional? Qual a ação esperada do fármaco? Quais seus efeitos colaterais? Estas e outras perguntas serão abordadas no Capítulo 9.

Este capítulo traz, de forma sistemática e aprofundada, a relação dos fármacos com a cognição à luz dos diferentes transtornos psiquiátricos. Seu objetivo principal é possibilitar ao profissional da área uma ampla compreensão sobre esta temática, visando mais ferramentas para a intervenção em RN.

Influências Biológicas e Prognóstico Geral

Enquanto o modelo original de 2002 incluía a consideração do "quanto" de recuperação esperar após uma lesão cerebral, é mais relevante na clínica dos transcornos psiquiátricos considerar o prognóstico, particularmente no que tange à neuroprogressão. Este termo tem sido usado para definir a reorganização patológica do sistema nervoso central (SNC) ao longo do curso de transtornos mentais graves (GAMA, KUNZ, MAGALHÃES & KAPCZINSKI, 2013). Especificamente no transtorno afetivo bipolar (TAB), a reatividade do substrato neural é alterada por episódios repetidos de alteração do humor, promovendo uma reconexão cerebral com a ativação de certos circuitos, que incorre em uma maior vulnerabilidade ao estresse da vida (VIETA et al., 2012). É importante considerar a "carga alostática" (KAPCZINSKI et al., 2008), ou seja, a capacidade de alcançar a estabilidade através da mudança (MCEWEN & STELLAR, 1993).

Os sistemas alostáticos ou adaptativos têm um papel fundamental na resposta a uma variedade de situações que não sejam estritamente alterações fisiológicas, como estar acordado ou adormecido, exercitar-se, lidar com ruídos, infecções, fome, etc. Para perceber ou antecipar demandas, há uma necessidade de alterar os parâmetros internos a fim de manter o funcionamento normal. Inicialmente, os mecanismos alostáticos são protetores para o organismo; no entanto, há um custo a ser pago por essa redefinição forçada de parâmetros, especialmente se os processos alostáticos se tornarem extremos ou ineficientes (KAPCZINSKI et al., 2008). Em outras palavras, a carga alostática é o "desgaste" do corpo e do cérebro que resulta da hiperatividade crônica ou inatividade dos sistemas fisiológicos envolvidos na adaptação aos desafios ambientais (MCEWEN & WINGFIELD, 2003).

Algumas doenças neuropsiquiátricas foram investigadas à luz dos paradigmas da carga alostática, em particular a doença de Alzheimer (SWAAB, BAO & LUCASSEN, 2005), o transtorno de estresse pós-traumático (GLOVER, 2006), os transtornos por uso de substâncias (ZIMMERMANN, BLOMEYER, LAUCHT & MANN, 2006) e a depressão maior (MCEWEN, 2003).

No curso do TAB, a instabilidade crônica do humor gera estresse fisiológico com efeitos neurotóxicos, levando a danos neurológicos e ao declínio cognitivo ao longo da doença (MCEWEN & WINGFIELD, 2003). Neste transtorno, as evidências de possíveis efeitos do estresse no cérebro vêm de estudos de neuroimagem que encontraram anormalidades morfológicas. Em uma revisão recente, Arnone et al. (2009) concluíram que este transtorno está associado a reduções de volume do cérebro inteiro e do lobo pré-frontal, junto com aumentos de volume dos ventrículos laterais. Há evidências de que essas anormalidades cerebrais e relacionadas ao transtorno estão associadas tanto ao declínio cognitivo (STRAKOWSKI et al., 2005) quanto ao declínio psicossocial (FORCADA et al., 2010). Tomados em conjunto, esses estudos sugerem um declínio cognitivo, neurológico e psicossocial relacionado ao estresse em pessoas com TAB que sofrem de um curso mais grave da doença.

Como os efeitos fisiológicos do estresse são neurotóxicos e levam ao declínio cognitivo ao longo do tempo, é muito importante considerar todas as variáveis clínicas para estabelecer o prognóstico da reabilitação neuropsicológica (LEVY, MANOVE & WEISS, 2012).

CONSIDERAÇÕES TEÓRICAS

Modelos Complementares

De acordo com Wilson & Gracey (2009), no campo da RN, é necessário combinar a teoria, a metodologia científica e a relevância clínica. Neste sentido, é amplamente reconhecido que nenhum único modelo ou teoria é suficiente para lidar com as muitas e complexas dificuldades enfrentadas por pessoas com comprometimentos neuropsicológicos decorrentes de um transtorno psiquiátrico. Em vez disso, torna-se necessário utilizar vários modelos e referenciais teóricos a fim de alcançar os melhores resultados para as pessoas que necessitam de reabilitação neuropsicológica. O modelo abrangente de RN nos transtornos psiquiátricos está sendo apresentado neste capítulo, entretanto há de se considerar outros modelos complementares, como o neuropsicológico, comportamental, cognitivo comportamental e sistêmico, os quais também atuam como pilares importantes da intervenção.

Conforme as necessidades e demandas do paciente e da família, as questões cognitivas, emocionais, psicossociais e comportamentais devem ser avaliadas pormenorizadamente por meio de um modelo que seja mais pertinente. Os modelos cognitivos de linguagem, leitura, memória, funcionamento executivo, atenção e percepção, por exemplo, podem fornecer detalhes sobre as forças e os déficits cognitivos. Já os modelos oriundos da pesquisa e da Psicoterapia Cognitivo-Comportamental podem contribuir para a compreensão dos problemas emocionais e psicossociais, enquanto um modelo comportamental auxiliaria na análise funcional com o intuito de identificar os antecedentes, especificar o comportamento real, e determinar as consequências de qualquer comportamento, permitindo uma melhor conceituação do comportamento disruptivo ou dos comportamentos inadequados.

Considerando que os transtornos psiquiátricos afetam o indivíduo, sua família, seus contextos e suas redes sociais, e, por conseguinte, alteram os papéis, o modelo sistêmico também é fundamental para entender as alterações nos relacionamentos e nos padrões de comunicação, e entender como eles podem estar inadvertidamente criando barreiras ao ajustamento, à mudança de comportamento, à adesão e ao engajamento em papéis funcionalmente relevantes. Os modelos supracitados são detalhadamente descritos no Capítulo 10.

Abordagem Científica

O clínico de excelência é o melhor pesquisador e a recíproca é também, verdadeira. Enxergar o paciente como um projeto de pesquisa implica em analisar globalmente o caso e todas as variáveis envolvidas, do componente à função e vice-versa, estabelecendo hipóteses e metas, traçando objetivos de curto, médio e longo prazo, delimitando a intervenção mais apropriada e analisando o seu impacto, empregando métodos objetivos de avaliação de eficácia.

Desta forma, considerando a prática baseada em evidências, o profissional deve sempre fazer uso das evidências científicas disponíveis na literatura para selecionar a intervenção mais adequada (WARD, 2003), respaldando seu raciocínio clínico com o único e maior objetivo que é promover a funcionalidade de seu paciente. Este processo de refletir, planejar, orientar e conduzir o tratamento requer do terapeuta o emprego de uma análise metacognitiva (MANCINI & COELHO, 2008), ou seja, da capacidade de pensar e refletir sobre o processo de tomada de decisão clínica, logo, raciocínio, aplicado à determinada situação. Desta forma, as ações terapêuticas serão devidamente orientadas para irem ao encontro dos interesses e metas do paciente e da família.

Foco(s) da Intervenção

Conforme acima exposto, e considerando as especificidades de cada caso, os focos da intervenção podem ser um ou a combinação destes: restauração da função e/ou encorajamento da reorganização neuroanatômica, uso de habilidades residuais de forma mais eficiente, busca de caminhos alternativos e modificações ambientais. Levando em conta que um dos principais, se não o principal, objetivo da reabilitação é permitir que as pessoas retornem ao seu ambiente mais apropriado com o desempenho funcional significativo, a pessoa com o transtorno psiquiátrico, seus familiares e a equipe de reabilitação devem estar envolvidos no processo de negociação para o estabelecimento de metas.

Os principais objetivos podem ser melhorar os comprometimentos, as restrições de atividades ou a participação social. Embora possa haver momentos ou estágios no processo de recuperação, nos quais é apropriado se concentrar nos comprometimentos, a maioria dos objetivos para os envolvidos na RN abarcará a atividade e a participação social (WILSON & GRACEY, 2009).

Obviamente, há mais de uma maneira de tentar alcançar qualquer objetivo. Os esforços de reabilitação podem ter como alvo restaurar o funcionamento perdido ou facilitar a reorganização anatômica. A reabilitação também pode ajudar as pessoas a usar suas habilidades residuais mais eficientemente, encontrar meios alternativos para o objetivo final (adaptação funcional), usar modificações ambientais para contornar os problemas ou usar uma combinação desses métodos.

Dentro do modelo da Organização Mundial da Saúde (WILSON & GRACEY, 2009), os esforços de reabilitação devem ser centrados nos domínios ou níveis de funcionamento (comprometimentos, atividades ou restrições de participação social) ou dirigidos aos contextos pessoal e social (incluindo as crenças, avaliações e emoções do cliente, bem como as de outras pessoas significativas). Assim, a proposta de intervenção em RN deve sempre estar firmemente ancorada no contexto de atividades e nas interações pessoais e socialmente significativas. A abordagem verticalizada desta temática é feita nos Capítulos 12 e 13.

PACIENTE

Como ressaltado no início deste capítulo, após toda a construção do caso e do raciocínio clínico, edificados nas seções anteriores a partir do modelo aqui proposto, com seus componentes pertinentes, cabe ao profissional de reabilitação, de posse de todas as "coordenadas" adquiridas, compilar as informações à luz das demandas do paciente, sua família e contextos. Construir o raciocínio para a intervenção em RN é como montar um quebra-cabeças. Analogamente à montagem deste, devemos ter, primeiramente, uma visão do todo, categorizar e separar as peças semelhantes, e depois pensar na melhor estratégia de tê-lo integralizado.

O mesmo é com o nosso paciente. Quais são os seus componentes? É preciso entender a sua história clínica, seus fatores psicológicos e *status* funcional, bem como seu perfil cognitivo, ao mesmo tempo em que os aspectos do seu diagnóstico para a determinação de um prognóstico global, como as influências biológicas e a intervenção farmacoterápica também são fundamentais. Tudo isto é colocado em perspectiva, considerando o(s) modelo(s) complementar(es) e o respaldo científico que, em conjunto, nortearão a determinação dos focos da intervenção. Ao se apoderar de todos estes recursos, o terapeuta terá condições de, então, prospectar sua intervenção, orquestrar todas as "peças do quebra-cabeça" a fim de alcançar o melhor desfecho clínico.

Nesta etapa, compete ao terapeuta a determinação de instrumentos para a avaliação da eficácia da intervenção, o estabelecimento de metas com o paciente, com a família e, por fim, a implementação da RN, o como fazer, quais estratégias aplicar e, constantemente, o monitoramento da evolução com as revisões e atualizações periódicas, conforme progressos e/ou novas demandas e metas funcionais.

A respeito da avaliação de eficácia, assunto detalhadamente abordado nos Capítulos 4, 5, 11 e 12, a questão final é como avaliar melhor ou não o sucesso. Ressalta-se que o resultado mensurado deve sempre ser congruente com o nível de intervenção. Se intervirmos no nível de incapacidade ou atividade, então, as medidas de resultado devem ser medidas de incapacidade. Como o grande mote da reabilitação é a redução das restrições de participação social e nas atividades, as medidas de resultado, como apontado por Wilson & Gracey (2009), deveriam refletir as mudanças nesses domínios, por exemplo: até que ponto alguém que se esquece de fazer as coisas agora se lembra de fazê-las?

No que tange às metas, estas devem ser significativas, concisas, elaboradas em tópicos que demonstrem quais as mudanças significativas na(s) habilidade(s) do paciente em desempenhar suas tarefas diárias, por exemplo: "Lembrar nomes de importantes clientes", "Usar uma agenda para organizar seus compromissos", "Manter os gastos mensais dentro do seu orçamento", etc. A decisão sobre quais metas serão inicialmente abordadas dependerá das preferências do paciente, do potencial impacto em um alvo particular nas atividades e na participação, e também do tempo necessário para o alcance da meta (SOHLBERG & TURKSTRA, 2011).

E, finalmente, surge a derradeira pergunta: Como intervir? O que fazer? Qual(is) estratégia(s) aplicar? Para tanto, devemos considerar as características do indivíduo, englobando seus aspectos cognitivos, físicos, sensoriais, psicológicos e sociais, conforme exemplificado na **Tabela 2**.

Tabela 2 – Exemplo de caso – Influência das características do paciente no planejamento para intervenção focada em uso de dispositivo externo, por exemplo, calendário do Google com os lembretes de agenda

Características do Indivíduo	Possíveis efeitos na seleção de estratégias	Possíveis efeitos no delineamento do plano
Aspectos Cognitivos: mulher, com importante comprometimento atencional e executivo e, por conseguinte, no aprendizado declarativo.	Para usar o calendário do Google e lembretes de agenda, o sistema deve ser simples, com características fáceis para ajustar o alarme/alertas. O uso de calendário no seu celular foi considerado porque ela já tinha familiaridade com o uso de tecnologias.	A fase de aprendizagem de habilidade requererá instrução sistemática com ASE, ligado a alarmes, lembretes: prática distribuída e revisão constante são necessárias para a manutenção e generalização.
Aspectos Físicos: hemiparesia membro superior esquerdo. Paciente destra.	Para uso dos dispositivos no celular, avaliar a habilidade de pressionar botões com a mão dominante, enquanto segura o celular com a mão parética.	Na análise de tarefa, há a necessidade de incluir a etapa "indicar com qual mão segurará o dispositivo".
Aspectos Sensoriais: perda auditiva importante bilateral.	Necessidade de avaliar se o tom do alarme está na faixa de audição, se há necessidade do uso de um amplificador auditivo, e o emprego da função vibração.	Na análise de tarefa, há necessidade de incluir a etapa avaliar a habilidade de escutar o alarme em ambientes silenciosos X barulhentos.

Características do Indivíduo	Possíveis efeitos na seleção de estratégias	Possíveis efeitos no delineamento do plano
Aspectos Psicológicos: paciente não demonstra estar interessada em melhorar a independência em casa. Entretanto, os momentos que passa com seus netos colaboram no reforço.	Mostrar para ela como os dispositivos de memória podem facilitar suas atividades com seus netos. Fazer isto demonstrando por meio de uma ligação de seus netos, agendando uma visita, e gravando uma entrada na agenda de seu celular.	Coletar exemplos de atividades/ interações típicas com seus netos e usá-las como estímulos iniciais. Em seguida, inserir outras tarefas relevantes, como levá-los à natação, e depois, ir ao supermercado.
Aspectos Sociais: uma filha é envolvida nos cuidados.	Entrevistar a filha sobre o uso do celular, bem como sobre as prioridades para agendamento, considerando os compromissos cotidianos.	Fornecer à filha a análise da tarefa a fim de que ela contribua com a implementação da rotina. Solicitar a ela que reforce o uso desta durante as fases de aquisição e manutenção, por meio do apoio dos netos para a realização das tarefas.

Adaptada de: SOHLBERG & TURKSTRA (2011).
Legenda: ASE (Aprendizagem sem erro).

A partir das características do indivíduo, a fim de melhor estruturar seu raciocínio, é muito importante estabelecer uma relação entre os construtos cognitivos e déficits cognitivos (extraídos da avaliação neuropsicológica) e o impacto e prejuízo ocupacional, representados pelas queixas funcionais do paciente. Assim, o terapeuta terá condições de, à luz da prática baseada em evidências, estabelecer quais estratégias usar. Veja a seguir um exemplo clínico disposto na **Tabela 3**.

Tabela 3 – Exemplo de caso de uma mulher, 49 anos, com diagnóstico de TAB

Construtos Cognitivos	Déficits Cognitivos	Impacto/Prejuízo Ocupacional: Queixas Funcionais	Técnicas/Estratégias
Atenção e Memória	Baixa resistência a estímulos distratores, dificuldades de atenção.	Não consegue reter novos conteúdos, como continuar os estudos do segundo idioma, aprender as matérias da Pós-graduação.	Estratégias de autocontrole: implementar rotinas autoinstitucionais. Dispositivos ambientais: calendário com planejamentos diários, listas de verificação. Técnicas de aprendizado de domínios específicos do conhecimento: RE, ASE, AP.

Constructos Cognitivos	Déficits Cognitivos	Impacto/Prejuízo Ocupacional: Queixas Funcionais	Técnicas/Estratégias
Funções Executivas	Impulsividade. Dificuldade de planejamento, sequenciamento, organização, tomada de decisão, dificuldades no manejo temporal e na resolução de problemas.	Não consegue sustentar uma conversação (não consegue alinhavar um assunto até o fim). Não consegue se organizar e dar sequência às atividades, portanto não realiza nenhuma AIVD, não cozinha. Não consegue aprender novas tarefas multietapas como pagamento de contas, chamar Uber.	Controle ambiental. Treinamento das rotinas específicas da tarefa. Treinamento da seleção e execução dos planos cognitivos (proposta para complementação das tarefas, organizadas para direcionar o planejamento, o sequenciamento, a iniciativa e a execução; tarefas de controle de tempo). Terapia autoinstrucional (GMT)

Legenda: AIVD (atividades instrumentais de vida diária), AP (apagamento de pistas), ASE (aprendizagem sem erro), GMT (Goal Management Training), RE (recuperação espaçada).

CONCLUSÃO

Após a apresentação do modelo de RN para os transtornos psiquiátricos, concluímos este capítulo com o início de uma proposição de um arcabouço para a estruturação e ancoragem do raciocínio clínico para a intervenção em RN na Psiquiatra, com tabelas e exemplos clínicos.

Este é apenas o primeiro degrau. O tema será tratado de maneira aprofundada e segmentado didaticamente ao longo deste livro, visando a ferramentalização dos profissionais para a atuação nesta área. Esta, mais do que o objetivo deste capítulo, trata-se do maior mote desta obra.

REFERÊNCIAS

ARNONE, D.; CAVANAGH, J.; GERBER, D. et al. Magnetic resonance imaging studies in bipolar disorder and schizophrenia:meta-analysis. **British Journal of Psychiatry**, v.195, p.194-201, 2009.

BEARDEN, C.E.; SHIH, V.H.; GREEN, M.F. et al. The impact of neuro-cognitive impairment on occupational recovery of clinically stable patients with bipolar disorder: a prospective study. **Bipolar Disorder**, v.13, p. 323-333, 2011.

BONDARI,D.; BONDARI, S.; GHEONEA, I. et al. Comparative Study between the Quality Management Indicators, Marker of Major Psychiatric Disorders in

Evolution. **Curr Health Sci J.**, v. 40, n. 4, p. 271-273, 2014.

BOWIE, C.R.; DEPP, C.A.; MCGRATH, J.A. Prediction of real world functional impairments in community-dwelling schizophrenia and bipolar disorder patients. **American Journal of Psychiatry**, v. 167, p. 1116-1124, 2010.

CHUANG, C.S.; LIN, C.L.; LIN, M.C. et al. Decreased prevalence of dementia associated with statins: a national population-based study. **Eur J Neurol.**, v. 22, n. 6, p. 912-918, 2015.

CIEZA, A.; EWERT, T.; ÜSTU, B. et al. Development of icf core sets for patients with chronic conditions. **Journal of Rehabilitation Medicine**, v. 44, p. 9-1, 2004.

CORRIGAN, P. How stigma interferes with mental health care. **American Psychologist**, v. 59, p. 614-625, 2004.

CORRIGAN, P.W.; MUESER, K.T.; DRAKE, R.E. et al. **The Principles and Practice of Psychiatric Rehabilitation**: An Empirical Approach. New York: Guilford, 2007.

CRESPO-FACORRO, B.; RODRÍGUEZ-SÁNCHEZ, J.M.; PÉREZ-IGLESIAS, R. et al. Neurocognitive effectiveness of haloperidol, risperidone, and olanzapine in first-episode psychosis: a randomized, controlled 1-year follow-up comparison. **Journal of Clinical Psychiatry**, v. 70, p. 717-729, 2009.

ETKIN, A.; GYURAK, A.; O'HARA, R. A neurobiological approach to the cognitive deficits of psychiatric disorders. **Dialogues in Clinical Neuroscience**, v. 15, p. 419-429, 2013.

FOLKMAN, S.; LAZARUS, R.S. An analysis of coping in a mild-aged communitu sample. **Journal of Healthy and Social Behaviour**, v. 21, p. 219-239, 1980.

FORCADA, I.; PAPACHRISTOU, E.; MUR, M. et al. The impact of general intellectual ability and white matter volume on the functional outcome of patients with Bipolar Disorder and their relatives. **Journal of Affective Disorders**, v. 130, p. 413-430, 2010.

GALFALVY, H.; HAGHIGHI, F.; HODGKINSON, C. et al. A genome-wide association study of suicidal behavior. **American Journal of Medical Genetics**. Part B, Neuropsychiatric Genetics, 168(7), p. 557-563, 2015.

GAMA, C.S.; KUNZ, M.; MAGALHÃES, P.V.S. et al. Staging and neuroprogression in bipolar disorder: a systematic review of the literature. **Revista Brasileira de Psiquiatria**, v. 35, p. 70-74, 2013.

GLOVER, D.A. Allostatic load in women with and without PTSD symptoms. **Annals of the New York Academy of Sciences**, v. 1071, p. 442-447, 2006.

GOLDBERG, T.E.; GOLDMAN, R.S.; BURDICK, K.E. et al. Cognitive improvement after treatment with second--generation antipsychotic medications in first episode schizophrenia: is it a practice effect? **Archives of General Psychiatry**, v. 64, p. 1115-1122, 2007.

GONZÁLEZ-CASTRO, T.B.; MARTÍNEZ-MAGAÑA, J.J.; TOVILLA-ZÁRATE, C.A. et al. Gene-level genome-wide association analysis of suicide attempt, a preliminary study in a psychiatric Mexican population. **Mol Genet Genomic Med.**, 2019.

GRANT, I.; ADAMS, K.M. **Neuropsychological assessment of neuropsychiatric and neuromedical disorders**. 3rd ed. New York: Oxford University Press, 2009.

GRAY, S.L.; ANDERSON, M.L.; DUBLIN, S. et al. Cumulative use of strong anticholinergics and incident dementia: a prospective cohort study. **JAMA Intern Med.**, v.175, n. 3, p. 401-407, 2015.

HARVEY, P.D.; BOWIE, C.R. Cognitive Remediation in Severe Mental Illness. **Innovative Clinical Neuroscience**, v. 9, n. 4, p. 27–30, 2012

HARVEY, P.D.; WINGO, A.P.; BURDICK, K.E. et al. Cognition and disability in bipolar disorder: lessons from schizophrenia research. **Bipolar Disorders**, v. 12, p. 364-375, 2010.

HUA, L. L.; WILENS, T. E.; MARTELON, M. et al. Psychosocial functioning, familiality, and psychiatric comorbidity in bipolar youth with and without psychotic features. **The Journal of Clinical Psychiatry**, v. 72, p. 397-405, 2011.

ICF Research Branch. Disponível em: http://www.icf-research-branch.org/download/viewcategory/5.html. Acesso em: 30 out 2019.

KALSKA, H.; PESONEN, U.; LEHIKOINEN, S. et al. Association between neurocognitive impairment and the short allele of the 5-HTT Promoter Polymorphism in depression: a pilot study. **Psychiatry Journal**, v. 849346, p. 1-6, 2013.

KAPCZINSKI, F.; VIETA, E.; ANDREAZZA, A.C. et al. Allostatic load in bipolar disorder: Implications for pathophysiology and treatment. **Neuroscience and Biobehavioral Reviews**, v. 32, p. 675-692, 2008.

KEEFE, R.S.; BILDER, R.M.; DAVIS, S.M. et al. Neurocognitive effects of antipsychotic medications in patients with chronic schizophrenia in the CATIE trial. **Archives of General Psychiatry**, v. 64, p. 633-647, 2007.

LEE, J.K.; ORSILLO, S.M.; ROEMER, L. et al. Distress and avoidance in generalized anxiety disorder: exploring the relationships with intolerance of uncertainty and worry. **Cognitive Behaviour Therapy**, v. 39, p. 126-136, 2010.

LEIFKER, F.R.; BOWIE, C.R.; HARVEY, P.D. Determinants of everyday outcomes in schizophrenia: the influences of cognitive impairment, functional capacity, and symptoms. **Schizophrenia Research**, v.115, p.82-87, 2009.

LEVY, B.; MEDINA, A.M.; HINTZ, K. et al. Ecologically valid support for the link between cognitive and psychosocial functioning in bipolar disorder. **Psychiatry Research**, v. 28, p. 353-357, 2011.

LEVY, B.; MANOVE, E.; WEISS, R.D. Recovery of cognitive functioning in patients with co-occurring bipolar disorder and alcohol dependence during early remission from an acute mood episode. **Annals of Clinical Psychiatry: official journal of the American Academy of Clinical Psychiatrists**, v. 24, p. 143-154, 2012.

LOSCHIAVO-ALVARES, F.Q.; FISH, J.; WILSON, B.A. Applying the comprehensive model of neuropsychological rehabilitation to people with psychiatric conditions. **Clinical Neuropsychiatry**, v. 15, n. 2, p. 83-93, 2018.

LOSCHIAVO-ALVARES, F.Q.; SEDIYAMA, C.Y.N.; NEVES, F.S. et al. Neuropsychological Rehabilitation for Bipolar Disorder – A Single Case Design. **Translational Neuroscience**, v. 4, n. 1, p. 1-8, 2013.

MANCINI, M.C.; COELHO, Z.A.C. Raciocínio clínico em Terapia Ocupacional. In: DRUMMOND, A.F.; REZENDE, M.A. (Ed.). **Intervenções da Terapia Ocupacional**. Belo Horizonte: Editora UFMG, 2008.

MCEWEN, B.S. Mood disorders and allostatic load. **Biological Psychiatry**, v. 54, p. 200-207, 2003.

MCEWEN, B.S; WINGFIELD, J.C. The concept of allostasis in biology and biomedicine. **Hormones and Behavior**, v. 43, p. 2-15, 2003.

MCEWEN, B.S.; STELLAR, E. Stress and the individual. Mechanisms leading to disease. **Archives of Internal Medicine**, v. 153, p. 2093–2101, 1993.

MILLAN, M.J.; AGID, Y.; BRÜNE, M. et al. Cognitive dysfunction in psychiatric disorders: characteristics, causes and the quest for improved therapy. **Nat Rev Drug Discov.**, v. 11, n. 2, p.141-168, 2012.

MIRKOVIC, B.; LAURENT, C.; PODLIPSKI, M. A. et al. Genetic association studies of suicidal behav-ior: A review of the past 10 years, progress, limitations, and future directions. **Frontiers in Psychiatry**, v. 7, n. 158, 2016.

NEVADO-HOLGADO, A.J.; KIM, C.H.; WINCHESTER, L. et al. Commonly prescribed drugs associate with cognitive function: a cross- sectional study in UK Biobank. **BMJ Open**, v. 6, 2016.

NORDENTOFT, M.; MADSEN, T.; FEDYSZYN, I. Suicidal behavior and mortality in first-episode psychosis. **J Nerv Ment Dis.** , v. 203, n. 5, p. 387-392, 2015.

ORGANIZAÇÃO MUNDIAL DA SAÚDE. **Classificação internacional de funcionalidade, incapacidade e saúde (CIF)**. Lisboa, Portugal: Direcção Geral da Saúde, 2004.

POST, R.M.; LEVERICH, G. S.; KUPKA, R. W. Early-onset bipolar disorder and treatment delay are risk factors for poor outcome in adulthood. **The Journal of Clinical Psychiatry**, v. 71, p. 864-872, 2010.

PRINCE, M.; PATEL, V.; SAXENA, S. et al. No health without mental health. **Lancet**, v. 370, n. 9590, p. 859-877, 2007.

PURCELL, R.; MARUFF, P.; KYRIOS, M. et al. Neuropsychological function in young patients with unipolar major depression. **Psychological Medicine**, v. 27, p. 1277-1285, 1997.

RIBERTO, M. Core sets da Classificação Internacional de Funcionalidade, Incapacidade e Saúde. **Rev Bras Enferm**, v. 64, n. 5, p. 938-946, 2011.

RISACHER, S.L.; MCDONALD, B.C.; TALLMAN, E.F. et al. Association Between Anticholinergic Medication Use and Cognition, Brain Metabolism, and Brain Atrophy in Cognitively Normal Older Adults. **JAMA Neurol.**, v. 73, n. 6, p.721-732, 2016.

ROBINSON, S.; GODDARD, L.; DRITSCHEL, B. et al. Executive functions in children with autism spectrum disorders. **Brain Cogn.**, v. 71, p. 362-368, 2009.

ROCHA, F.L.; HARA, C.; PAPROCKI, J. Doença mental e estigma. **Rev Med Minas Gerais**, v. 25, n. 4, p. 590-596, 2015.

SOHLBERG, M.M.; TURKSTRA, L.S. **Optimizing cognitive rehabilitation**. New York: The Guilford Press, 2011.

STRAKOWSKI, S.M.; ADLER, C.M.; HOLLAND, S.K. et al. Abnormal fMRI brain activation in euthymic bipolar disorder patients during a counting stroop interference task. **American Journal of Psychiatry**, v. 162, p.1697-1705, 2005.

STUCKI, G.; CIEZA, A.; EWERT, T. et al. Application of the International Classification of Functioning, Disability and Health (ICF) in clinical practice. **Disability and Rehabilitation**, v. 24, p. 281-282, 2002.

SUMIYOSHI, T.; SUZUKI, K.; SAKAMOTO, H. et al. A typicality of several antipsychotics on the basis of in vivo dopamine-D2 and serotonin-5HT2 receptor occupancy. **Neuropsychopharmacology**, v. 12, p. 57-64, 1995.

SUMIYOSHI, T.; HIGUCHI, Y.; UEHARA, T. Neural basis for the ability of atypical antipsychotic drugs to improve cognition in schizophrenia. **Frontiers in Behavioural Neuroscience**, v. 7, p.1-8, 2013.

SWAAB, D.F.; BAO, A.M.; LUCASSEN, P.J. The stress system in the human brain in depression and neurodegeneration. **Ageing Research and Reviews**, v. 4, p.141-194, 2005.

VAIDYA, C. J.; STOLLSTORFF, M. Cognitive neuroscience of attention deficit hyperactivity disorder: current status and working hypotheses. **Dev. Disabil. Res. Rev.**, v. 14, p. 261-267, 2008.

VAZQUEZ, G.H.; KAPCZINSKI, F.; MAGALHAES, P.V.S. et al. Stigma and functioning in patients with bipolar disorder. **Journal of Affective Disorders**, v. 130, p. 323-327, 2010.

VIETA, E.; POPOVIC, D.; ROSA, A.R. et al. The clinical implications of cognitive impairment and allostatic load in bipolar disorder. **European Psychiatry**, doi: 10.1016/j.eurpsy.2011.11.007, 2012.

VINOGRADOV, S.; FISHER, M.; WARM, H.; HOLLAND, C.; KIRSHNER, M.A.; POLLOCK, B.G. The cognitive cost of anticholinergic burden: decreased response to cognitive training in schizophrenia. **American Journal of Psychiatry**, v.166, p.1055-1062, 2009.

VOLKOW, N. D.; BALER, R. D., GOLDSTEIN, R. Z. Addiction: pulling at the neural threads of social behaviors. **Neuron**, v. 69, p. 599-602, 2011.

WADE, D.T.; HALLIGAN, P.W. Do biomedical models of illness make for good healthcare systems? **British Medical Journal**, v. 329, p.1398-1401, 2004.

WARD, J.D. The nature of clinical reasoning eith groups: a phenomenological study of an occupational therapist in community mental health. **The American Journal of Occupational Therapy**, v. 57, n. 8, p. 625-634, 2003.

WILSON, B.A. Toward a comprehensive model of cognitive rehabilitation. **Neuropsychological Rehabilitation**, v.12, p. 97-110, 2002.

WILSON, B.A.; ASHWORTH, F.; WINEGARDNER, J. Neuropsychological Rehabilitation after Traumatic Brain Injury: Two case studies. In: MUENCHBERGER, H.; KENDALL, E.; WRIGHT, J. (Eds.) **Health and Healing after traumatic brain injury**. USA: Praeger Press Westport CT, 2013. p. 169-186.

WILSON, B.A.; GRACEY, F. Towards a comprehensive model of neuropsychological rehabilitation. In: WILSON, B.A.; GRACEY, F.; EVANS, J.A.; BATEMAN, A. Eds. **Neuropsychological Rehabilitation – theory, models, therapy and outcome**. New York: Cambridge University Press, 2009.

WINGO, A. P.; BALDESSARINI, R. J.; COMPTON, M. T.; HARVEY, P. D. Correlates of recovery of social functioning in types I and II bipolar disorder patients. **Psychiatry Research**, v. 177, p. 131-134, 2010.

WINGO, A.; HARVEY, P.D.; BALDESSARINI, R.J. Neurocognitive impairment in bipolar disorder patients: functional implications. **Bipolar Disorder**, v. 11, p.113-125, 2009.

YATHAM, L. N.; KAUER-SANT'ANNA, M.; BOND, D. J. et al. Course and outcome after the first manic episode in patients with bipolar disorder: prospective 12-month data from the systematic treatment optimization program for early mania project. **Canadian Journal of Psychiatry**, v. 54, p. 105-112, 2009.

ZIMMERMANN, U.S.; BLOMEYER, D.; LAUCHT, M. et al. How gene–stress–behavior interactions can promote adolescent alcohol use: the roles of pre-drinking allostatic load and childhood behavior disorders. **Pharmacology Biochemistry and Behavior**, v. 86, p. 246-262, 2006.

2. O IMPACTO DO ESTIGMA NA REABILITAÇÃO NEUROPSICOLÓGICA

Keliane de Oliveira

Na prática clínica em saúde mental existem variadas dificuldades relacionadas à funcionalidade dos pacientes. Algumas estão intimamente associadas aos grupos de sintomas e a fatores intrínsecos vinculados às estruturas e funções do corpo. Outras, porém, têm impacto significativo na condição de saúde destas pessoas, não estando diretamente ligadas às funções do corpo, e sim, a questões sociais impostas a elas. O estigma faz parte deste grupo limitante de aspectos sociais relacionados ao sofrimento mental e que impactam de forma significante no processo de intervenção junto a esta população, por isto merece destaque durante o processo de intervenção. O termo estigma se refere a problemas de conhecimento (ignorância), de atitudes (preconceito) e de comportamento (discriminação) (THORNICROFT et al., 2007).

O termo estigma relacionava-se à condição do indivíduo que está inabilitado para aceitação social plena. Goffman (1980) faz referência ao uso da palavra *estigma* pelos gregos, que criaram o termo para se referirem a sinais corporais com os quais se procurava evidenciar algo de extraordinário ou algo mau sobre o *status* moral de quem os apresentava. O autor sugere que este sinal designaria ao seu portador um *status* negativo, como forma de categorização social no processo de estigmatização, comprometendo sua identidade social em uma situação de interação social (GOFFMAN, 1980). O sujeito que evidencia características incomuns é pouco aceito pelo grupo social, o qual não consegue lidar com o diferente e, em situações extremas, o transforma em uma pessoa perigosa, que deixa de ser vista na sua totalidade (MELO, 2005).

Às pessoas em sofrimento mental, ao longo da história, foi negado o cuidado em saúde. Coube a elas a segregação, a exclusão, a ausência de um lugar na sociedade. E até os dias de hoje, resquícios desta história de segregação sustentam barreiras ao funcionamento social de pessoas com transtornos mentais, que frequentemente vêem a omissão de seu diagnóstico como estratégia para aceitação social.

Além desta omissão, existe uma preocupação com a redução da procura por serviços de saúde especializados, em função do estigma associado a eles. A discriminação acarreta uma série de agravos sociais, como marginalização social, falta de acesso ao tratamento adequado, redução da autoestima, redução na procura por ajuda, maiores experiências de insucesso, dentre outras (THORNICROFT et al., 2007).

O estigma, portanto, tem importante impacto na qualidade de vida das pessoas em sofrimento mental, pois estes ficam à margem social, muitas vezes submetidos a subtratamento, com restrição aos espaços sociais devido à rejeição declarada e com redução importante da autoestima (PENN et al., 1994).

De forma geral, as pessoas com transtornos mentais graves enfrentam um desafio duplo: lidar com os sintomas e as complexidades da síndrome e também com os estereótipos e preconceitos gerados por concepções erradas sobre os transtornos (CORRIGAN & WATSON, 2002).

O ESTIGMA E A ESQUIZOFRENIA

A esquizofrenia é uma síndrome psicótica, de etiologia desconhecida e sua manifestação mais comum ocorre por meio de delírios paranoicos e alucinações auditivas, geralmente iniciadas ao final da adolescência, início da fase adulta (INSEL, 2010). A esquizofrenia é atualmente compreendida, segundo Elkis (2012), em cinco dimensões, sendo: a psicótica (sintomas positivos), a deficitária (sintomas negativos), a cognitiva (perda da capacidade de abstração e de *insight*), a de desorganização (desorganização conceitual do pensamento, afeto inapropriado, distúrbio da atenção e comportamento bizarro) e a depressivo-ansiosa (depressão, sentimento de culpa, ansiedade psíquica e autonômica).

É concebido pela cultura vigente que as doenças são, sobretudo, expressas pela dor e pela incapacidade física. Parece difícil, portanto, para a sociedade compreender um sofrimento que, além de não se estabelecer pela forma típica (física) de doença, ainda possui um distanciamento do real por meio dos delírios e das alucinações que desafiam as crenças em uma realidade única.

Por muitas vezes, a pessoa com esquizofrenia apresenta comportamentos bizarros que não são socialmente aceitos pelas regras sociais. Por tudo isso, a esquizofrenia é o alvo de maior preconceito e rejeição social dentre os transtornos mentais. A falta de informação sobre a esquizofrenia contribui para perpetuar mitos sobre a síndrome e dificultar o acesso ao trabalho, aos relacionamentos, aos papéis sociais de forma geral, afetando de forma negativa o tratamento e as possibilidades de interação social das pessoas com esquizofrenia (VILLARES, 2012).

É de suma importância fornecer conhecimento básico sobre os transtornos mentais para a população em geral, assumindo que esta tem papel importante na vida e na qualidade de vida das pessoas com algum transtorno mental (PENN et. al., 1994). O ambiente assume papel importante nesse processo, e pode ser muito estressante, com redução de acesso ao suporte social, reduzidas chances de trabalho e possibilidades aumentadas de rejeições. Quanto mais acesso à informação a população tem, menor é o prejuízo para os sujeitos estigmatizados. Parte da estigmatização direcionada às pessoas com transtornos mentais deve-se à divulgação apenas da fase aguda do quadro: a crise.

O estudo investigou o tipo de informação que reduz a estigmatização na esquizofrenia, e seus resultados sugeriram que o fator mais saliente para reduzir a estigmatização parecia ser o conhecimento do entrevistado e o contato prévio com uma pessoa com esquizofrenia, especificamente as pessoas que já haviam tido contato com uma pessoa com esquizofrenia eram menos suscetíveis às informações passadas na entrevista sobre a esquizofrenia (PENN et al., 1994).

Este apontou para o fato de geralmente serem veiculadas na mídia e divulgadas para a população geral situações associadas à crise, situações extremas e não situações onde o indivíduo está estável em comunidade (PENN et. al., 1994). Estes dados apontam um aspecto importante do estigma que é o conhecimento da população, a fim de que a mesma não forneça ao sujeito um ambiente hostil e restrito de relações.

Tal conhecimento da população sobre os sofrimentos mentais pode contribuir para a redução das experiências de insucesso e para a manutenção da autoestima de pessoas com esquizofrenia, gerando oportunidade de experimentar papéis sociais e se beneficiar desta vivência.

Compreendendo a importância da mídia na circulação da informação, Guarniero e colaboradores (2012), realizaram um estudo para investigar o estigma na esquizofrenia, no período de 2008 a 2011. Em análise, a forma como a esquizofrenia aparecia na mídia foi verificada sob três aspectos:

a) uso médico e científico (que seriam publicações baseadas em evidências científicas);

b) uso do diagnóstico na atribuição a crimes com pouco ou nenhum rigor científico;

c) uso metafórico.

Neste estudo, 39% dos registros relacionavam-se à ciência e à saúde, 27% a crimes e violência, com diagnóstico feito por leigos, e 34% dos registros ao uso do diagnóstico de forma metafórica e sempre em caráter depreciativo (GUARNIERO, BELLINGHIN & GATTAZ, 2012). Tais análises foram feitas em recursos da mídia que, sabidamente, são amplamente acompanhadas pela população em geral, com amplo poder de persuasão, o que colabora para que a pessoa estigmatizada, no caso a pessoa com esquizofrenia, seja considerada perigosa e tenha importante redução de acesso aos espaços e interações sociais. Um estudo em Buenos Aires também encontrou evidências de que a maior parte da população investigada considera as pessoas com esquizofrenia perigosas e violentas, e com dupla personalidade (Leiderman et al., 2011).

Ainda há uma associação feita entre esquizofrenia e alta periculosidade, seja pela população em geral ou pelas mídias de massa que informam esta população (Penn et al., 1994; Guarniero, Bellinghin & Gattaz, 2012).

Neste contexto, vários são os esforços voltados para a população em geral a fim de levar conhecimento sobre a esquizofrenia, sob uma perspectiva diferente da habitualmente veiculada. Campanhas antiestigmas como a da *World Psychiatric Association,* denominada **Esquizofrenia: Abrindo as portas**, têm feito um trabalho junto às autoridades, às mídia, aos pacientes e a familiares, aos profissionais da saúde e à população em geral, na tentativa de fomentar a discussão e o conhecimento a respeito e, principalmente, repensar acerca do estigma e reduzi-lo (Kadri & Sartorius, 2005).

Corrigan et al., (2001) realizaram estudos com a população geral a fim de avaliar a relação entre duas atitudes preconceituosas, o autoritarismo e a benevolência, e a discriminação avaliada por meio da distância social. Observou-se que a distância social, indicador da discriminação, foi influenciada pelos dois tipos de preconceito: em que o autoritarismo julga o paciente como incapaz de cuidar de si mesmo e assume perante ele uma atitude paternalista; e a benevolência que atribui ao paciente inocência e infantilidade. Neste estudo, observou-se este comportamento de discriminação por parte das pessoas que já tinham alguma familiaridade com o transtorno mental (Corrigan et al., 2001).

Surge então outro aspecto do estigma relacionado aos transtornos mentais. Diante disto, para a população em geral, o sujeito parece ter apenas duas características para nomeá-lo: perigoso ou incapaz.

O estigma contra pessoas com esquizofrenia não existe somente por parte da população em geral, mas também por parte da equipe de saúde mental. Um estudo realizado com psiquiatras brasileiros evidenciou a existência de comportamentos estigmatizantes por parte destes profissionais em relação às pessoas com esquizofrenia, principalmente relacionado à estereotipagem negativa (Loch et al., 2011).

Outro trabalho realizado com profissionais de saúde em Buenos Aires aponta para um distanciamento social e de atitudes estigmatizantes por parte dos profissionais (Leiderman, Ceresa e Druetta, 2011). Este é mais um fator que favorece a manutenção do isolamento de pessoas com esquizofrenia, mantendo-as às margens da sociedade, com redução na busca por tratamento, ou com tratamento que não reforça o potencial social do indivíduo.

Para além da forma como as outras pessoas entendem a esquizofrenia e se comportam diante da mesma, entender como a pessoa com esquizofrenia percebe e experiencia o estigma é de suma importância para as intervenções psicossociais e neuropsicológicas. Mas as pesquisas sobre o estigma, de uma forma geral, têm sido baseadas em situações hipotéticas, distanciadas da realidade e muitas vezes, enfatizando o olhar externo sobre as pessoas com transtorno mental (Thornicroft et al., 2007; 2009).

São três as principais formas de investigação do estigma: percepção do estigma, experiência do estigma e autoestigma. A percepção do estigma diz respeito a como o paciente se sente presente na comunidade, o estigma sobre ele, como ele o percebe. A experiência do estigma é a discriminação ou participação restrita da pessoa com esquizofrenia, também estudada como distanciamento social. E a autoestigma é considerada uma reação ao estigma público, é uma forma de internalizar o estigma público, por isto também chamado na literatura de estigma internalizado (Brohan et al., 2010).

Em um estudo em 27 países, Thornicroft et al. (2009) descrevem a natureza, direção e gravidade da discriminação experimentada e antecipada por pessoas com esquizofrenia, por meio da escala DISC. A discriminação experimentada refere-se a um tratamento diferente seja ele positivo ou negativo em função da condição de saúde mental.

A discriminação antecipada, diz respeito às situações nas quais a pessoa com esquizofrenia deixa de tentar algo por receio da discriminação, caracterizando-se por alta expectativa de fracasso. Thornicroft et al. (2009) apresentam evidências principalmente no que se refere à discriminação antecipada, encontrada na procura de emprego e nas relações pessoais próximas.

Uma investigação realizada em Hong Kong também encontrou estigma nas relações pessoais próximas, apontando que mais de 40% das pessoas com esquizofrenia experimentam estigma por parte da família, dos companheiros e colegas (Lee et al., 2005), o que evidencia que nem sempre a proximidade com o transtorno impede tal comportamento como apontado em outros estudos (Guarniero, Bellinghin & Gattaz, 2012; Kadri & Sartorius, 2005. Penn et al.,1994), e que se faz necessário tanto a orientação da população em geral, como o acolhimento das famílias, a criação de novas oportunidades de experiências sociais para pessoas com esquizofrenia e possibilidades reais no campo das intervenções de enfrentamento ao estigma com empoderamento e quebra de paradigmas. Para tal, é importante avaliar o estigma percebido e a vivência pela pessoa com esquizofrenia.

Avaliação do Estigma na Esquizofrenia

Brohan et al. (2010) identificaram 14 escalas utilizadas ao longo de 19 anos para mensurar o estigma contra pessoas com transtornos mentais, sob a perspectiva delas. Estas escalas são apresentadas na **Tabela 1**.

Tabela 1 – Escalas utilizadas para mensurar o estigma em transtornos mentais

Escala	Avalia Estigma Percebido	Avalia Estigma Experimentado	Avalia Autoestigma	Outros
1 - Escala de Desvalorização e Discriminação Percebida (PDD)	Sim	Não	Não	Não
2 - Estigma Internalizado de Doença Mental (ISMI)	Não	Sim	Sim	Resistência ao Estigma
3 - Escala de Autoestigma de Doença Mental (SSMIS)	Sim	Não	Sim	Não
4 - Questionário da Experiencia de Estigma do Usuário (CESQ)	Não	Sim	Não	Não
5 - Escalas de Experiência de Rejeição (RES)	Não	Sim	Não	Não
6 - Escala de Depressão e autoestigma (DSSS)	Sim	Sim	Sim	Tratamento contra Estigma
7-Auto relato de experiências de rejeição (SRER)	Não	Sim	Não	Não
8 - Escala de Estigma (SS)	Não	Sim	Sim	Aspectos Positivos
9 - O Inventário de Experiências Estigmatizantes (ISE)	Sim	Sim	Sim	Impacto do Estigma
10 - Questionário de Autoestima e Estigma (SESQ)	Sim	Não	Não	Autoestima
11- Escala de Estigmatização (HSS)	Sim	Não	Não	Não
12 - *MacArthur Foundation Midlife Development in the United States (MIDUS)*	Não	Sim	Não	Não
13 - Escala de Discriminação e Estigma (DISC)	Sim	Sim	Não	Estratégias de Enfrentamento e Superação
14 - Escala de Experiência de Discriminação (EDS)	Não	Sim	Não	Discriminação estressante em contextos específicos

Adaptado pela autora: BROHAN et al. (2010).

Conforme apresentado na **Tabela 1**, existem escalas com diferentes abordagens relacionadas ao estigma, que vêm sendo utilizadas nas investigações sobre o estigma nos transtornos mentais. A DISC, desenvolvida por Thornicroft et al. (2009), e posteriormente validada pelo mesmo grupo (BROHAN et al., 2013), é uma escala que avalia dois aspectos do estigma: a percepção e a experiência. Dentre as escalas disponíveis, a DISC-12 foi selecionada para estudo no Brasil, visto que não se tinha nenhuma escala validada para investigar o estigma percebido e experimentado pela população de pessoas com esquizofrenia no país.

A DISC-12 Brasil foi validada (OLIVEIRA, 2014), sendo composta por 32 itens, divididos em 4 subescalas. A **Tabela 2** apresenta a distribuição da escala. A primeira subescala (itens 01-21) relaciona-se à discriminação experimentada negativa; a segunda (itens 22-25) diz respeito à discriminação antecipada; a terceira (itens 26-27) refere-se às formas de enfrentamento e de superação da discriminação e do estigma; e, por fim, a quarta (itens 28-32), relaciona-se à discriminação experimentada positiva (THORNICROFT et al., 2009).

Tabela 2 – Distribuição da escala DISC-12

Itens de 1 a 21	Discriminação Experimentada Negativa
Itens de 22 a 25	Discriminação Antecipada
Itens de 26 e 27	Enfrentamento e Superação ao Estigma
Itens de 28 a 32	Discriminação Experimentada Positiva

Em todos os itens, o escore é obtido por meio de classificação em escala tipo Likert de 4 pontos, a saber: nada (0); um pouco (1); moderadamente (2); muito (3); não aplicável. Para cada questão, o entrevistado fornece um exemplo que, além de caracterizar melhor a situação, permite saber se o paciente compreendeu a questão e fornece dados qualitativos sobre o estigma experimentado (OLIVEIRA, 2014).

Os achados deste estudo evidenciam características bem diferentes do estudo original, a começar pelos papéis ocupacionais desempenhados pela população identificados no perfil sóciodemográfico. De 85 pessoas investigadas com esquizofrenia, quase metade da amostra (48%) não conquistou ainda o ensino fundamental completo, e 53% das pessoas da amostra encontravam-se desempregadas, sendo a maioria solteira (65%), sem filhos (64%), residindo com familiares (94%) (OLIVEIRA, 2014).

Como apresentado, muitos papéis sociais na população brasileira não são sequer vivenciados pelas pessoas com esquizofrenia. Com isto, não se pode identificar discriminação em muitos papéis, como o de trabalhador, estudante, companheiro, pai/mãe. Isto mostra uma fragilidade de oportunidades, as quais certamente tem relação com o estigma e deve ser pautado na intervenção.

O estudo encontrou correlações negativas entre autoestima e estigma, evidenciando a íntima relação que a discriminação tem com a autoestima na esquizofrenia (OLIVEIRA, 2014).

A literatura evidencia que a experiência do estigma, principalmente por levar ao isolamento, reduz a qualidade de vida das pessoas (THORNICROFT et al., 2007). Na correlação da DISC-12 Brasil (OLIVEIRA, 2014) com a qualidade de vida (QLS-BR) (CARDOSO et. al, 2003) e sintomas negativos (PANSS Negativa) (KAY, FISZBEIN & OPLER, 1987; CHAVES, SHIRAKAWA, 1998) pelo método Spearman, observou-se correlação significativa (p<0,001) e inversa entre a sintomatologia negativa e estratégias de superação ao estigma com magnitude de efeito moderada e correlação significativa (p=0.003) entre superação ao estigma e o escore total de qualidade de vida (OLIVEIRA, 2014).

Observa-se que a qualidade de vida das pessoas que utilizam estratégias de superação ao estigma é aumentada. Estes dados apontam para a importância de intervenções psicossociais e neuropsicológicas que possibilitam a pessoa com esquizofrenia a elaborar e exercitar estratégias de superação ao estigma no dia a dia, a fim de melhorar sua qualidade de vida.

A DISC-12 Brasil apresentou boa fidedignidade pela análise de consistência interna, apesar de não ter apresentado estabilidade temporal em todas as subescalas no teste-reteste. No estudo, foi estabelecida a validade convergente e de construto (OLIVEIRA, 2014). Faz-se necessário um breve treinamento para sua aplicação, para compreensão de cada item a ser avaliado quantitativamente e qualitativamente. Trata-se de uma escala prática, com média de 16 minutos para aplicação total.

Na **Tabela 3** são apresentadas as 32 questões que compõem a DISC-12 Brasil.

Tabela 3 – Questões da DISC-12 Brasil por subseção

Seção 1: Discriminação Experimentada Negativa
1 Foi tratado(a) injustamente ao fazer ou manter amizades?
2 Foi tratado(a) injustamente pelas pessoas da sua vizinhança?
3 Foi tratado(a) injustamente em namoros ou relações íntimas? (Exceto casamento e divórcio – Questão 6.)
4 Foi tratado(a) injustamente em termos habitacionais? (Inclui estar sem-abrigo.)
5 Foi tratado(a) injustamente na sua educação? (Pergunte sobre a escola, colégio, universidade, formação profissional, cursos vocacionais.)
6 Foi tratado(a) injustamente no casamento ou no divórcio? (Incluindo união estável, problemas durante o relacionamento, acordos de divórcio…)
7 Foi tratado(a) injustamente pela sua família? (Pais, irmãos, irmãs e outras relações familiares. Exceto esposo(a) ou parceiro(a) – Questão 6.)
8 Foi tratado(a) injustamente na procura de emprego? (Encontrar trabalho remunerado, a tempo total ou parcial.)
9 Foi tratado(a) injustamente na manutenção de emprego?

Seção 1: Discriminação Experimentada Negativa

10 Foi tratado(a) injustamente ao usar os transportes públicos? (Pergunte sobre benefícios, passes, passageiros, condutores, etc.)

11 Foi tratado(a) injustamente na obtenção de subsídios ou pensões de invalidez? (Pergunte sobre candidatura a benefícios, isto é, apoio ao rendimento, pensão de vida por invalidez, ou a nível de benefícios, apoio.)

12 Foi tratado(a) injustamente nas suas práticas religiosas? (Pergunte sobre a ida à igreja, sobre os outros membros da igreja, sobre os líderes da igreja.)

13 Foi tratado(a) injustamente na sua vida social? (Pergunte sobre socializar, hobbies, ida a eventos, atividades de lazer.)

14 Foi tratado(a) injustamente pela polícia? (Pergunte sobre algum contato com a polícia por causa de problemas de saúde mental ou quaisquer outros motivos.)

15 Foi tratado(a) injustamente no tratamento a problemas de saúde física? (Pergunte sobre médicos(as) de clínica geral, dentista, enfermeiros(as).)

16 Foi tratado(a) injustamente pelos membros das equipes de saúde mental? (Pergunte sobre o tratamento e o comportamento da equipe, sentir-se desrespeitado(a) ou humilhado(a) no contato com os membros das equipas de saúde mental.)

17 Foi tratado(a) injustamente no respeito pela sua privacidade? (Tanto em hospitais como em serviços da comunidade, isto é, cartas ou telefonemas pessoais, registos médicos, averiguação do Registo Criminal)

18 Foi tratado(a) injustamente na sua proteção e segurança pessoal? (Pergunte sobre abuso verbal, abuso físico ou sexual, assalto.)

19 Foi tratado(a) injustamente em começar uma família e ter filhos? (Pergunte sobre o comportamento dos profissionais de saúde, amigos e família, bem como sobre a maneira como o(a) entrevistado(a) ou o seu parceiro(a) foram tratados durante a gravidez ou o parto.)

20 Foi tratado(a) injustamente no seu papel como pai/mãe? (Pergunte sobre o comportamento de outros pais, professores, família ou técnicos de saúde mental.)

21 Foi evitado(a) ou afastado(a) por outras pessoas que sabem que você tem um problema de saúde mental?

Seção 2: Discriminação Antecipada

22 Já se impediu de se candidatar a um emprego?

23 Já se impediu de se candidatar a algum curso acadêmico ou profissional?

24 Já se impediu de ter algum relacionamento pessoal próximo?

25 Disfarçou ou escondeu dos outros o seu problema de saúde mental?

Seção 3: Enfrentamento e Superação

26 Fez amizades com pessoas que não recorrem aos serviços de saúde mental?

27 Conseguiu usar os seus talentos ou competências para lidar com o estigma e a discriminação?

Seção 4: Discriminação Experimentada Positiva

27 Conseguiu usar os seus talentos ou competências para lidar com o estigma e a discriminação?

28 Foi tratado(a) de forma mais positiva pela sua família? (Inclua a família de origem, esposo(a) ou parceiro(a), filhos, familiares.)

29 Foi tratado(a) de forma mais positiva na obtenção de subsídios ou pensões de invalidez?

30 Foi tratado(a) de forma mais positiva em termos de habitação?

31 Foi tratado(a) de forma mais positiva nas suas atividades religiosas?

32 Foi tratado(a) de forma mais positiva no emprego? (Pergunte sobre encontrar emprego, manter emprego e adaptações no local de trabalho.)

CONSIDERAÇÕES

No processo de reabilitação neuropsicológica em saúde mental, é de suma importância considerar e avaliar o impacto do estigma e de seus desdobramentos no funcionamento desta clientela.

A partir da dimensão do estigma percebido e experimentado pelo cliente, será possível intervir lançando mão de várias estratégias (orientação familiar, da equipe de cuidado, educação populacional, enfrentamento e superação, entre outras) que visem favorecer e propiciar oportunidades de trocas sociais ricas e efetivas.

REFERÊNCIAS

BROHAN, E. et al. Experiences of mental illness stigma, prejudice and discrimination: a review of measures. **BMC Health Services Research**, v. 10, n. 80, p. 1-11, 2010.

BROHAN, E. et al. Development and psychometric evaluation of the Discrimination and Stigma Scale (DISC). **Psychiatry Research**, v. 208, n. 1, p. 33-40, Abril, 2013.

CARDOSO, C. S. et al. Qualidades psicométricas da escala de qualidade de vida para pacientes com esquizofrenia: escala QLS-BR. **Jornal Brasileiro de Psiquiatria,** v. 52, n. 3, p. 211-22, Maio/Junho, 2003.

CHAVES, A. C., SHIRAKAWA. I. Escala das síndromes negativa e positiva – PANSS e seu uso no Brasil. **Revista de Psiquiatria Clínica,** v. 25, n. 6, p. 337-43, nov. dez, 1998.

CORRIGAN, P. W. et al. Prejudice, Social Distance, and Familiarity with Mental Illness. **Schizophrenia Bulletin**, v. 27, n. 2, p. 219-25, 2001.

CORRIGAN, P. W.; WATSON, A. C. The paradox of self-stigma and mental illness. **Clinical Psychology-Science and Practice**, v. 9, n. 1, p. 35-53, 2002.

ELKIS, H. O conceito histórico da esquizofrenia. In: NOTO, C. S.; BRESSAN, R. A. **Esquizofrenia**: Avanços no tratamento multidisciplinar. 2 ed. Porto Alegre: Ed. Artmed, 2012.

GOFFMAN, E. **Estigma**: Notas Sobre a Manipulação da Identidade Deteriorada. 4. ed. Rio de Janeiro: Ed. Zahar, 1980. p. 124.

GUARNIERO, F. B.; BELLINGHINI, R. H.; GATTAZ, W. F. O estigma da esquizofrenia na mídia: um levantamento de notícias publicadas em veículos brasileiros de grande circulação **Revista de Psiquiatria Clínica**, v. 39, n. 3, p. 80-4, 2012.

INSEL, T. R. Rethinking schizophrenia. **Nature**, v. 468, p. 187-193, Novembro, 2010.

KADRI, N.; SARTORIUS, N. The Global Fight against the Stigma of Schizophrenia. **PLoS Medicine**, v. 2, n. 7, p. 597-99, Julho, 2005.

KAY, S. R.; FISZBEIN, A.; OPLER, L. A. The Positive and Negative Syndrome Scale (PANSS) for Schizophrenia. **Schizophrenia Bulletin**, v. 13, n. 2, p. 261-76, 1987.

LEE, S. et al. Experience of social stigma by people with schizophrenia in Hong

Kong. **The British Journal of Psychiatry**, v. 186, n. 2, 2005.

LEIDERMAN, E. et al. Public knowledge, beliefs and attitudes towards patients with schizophrenia: Buenos Aires. **Social Psychiatry and Psychiatric Epidemiology**, v. 46, n. 4, p. 281-290, 2011.

LEIDERMAN, E. A.; CERESA, F.; DRUETTA, I. Stigmatizing beliefs and atitudes of mental health professionals towards people with schizophrenia. In: Schizophrenia International Research Society South America Meeting, 2011. **Revista de Psiquiatria Clínica**, v. 38, supl. 1, p. 19, Agosto, 2011.

LOCH AA. et al. Psychiatrists' stigma towards individuals with schizophrenia. **Revista de Psiquiatria Clínica**, v. 38, n. 5, p. 173-7, Agosto, 2011.

MELO, Z. M. **Os estigmas**: a deterioração da identidade social. UNICAP. Disponível em: http://www.sociedadeinclusiva.pucminas.br/anaispdf/estigmas.pdf. Acesso em: 13 abr. 2013.

OLIVEIRA, K. **Avaliação de propriedades psicométricas da versão brasileira da escala de discriminação e estigma (DISC-12 BRASIL) para pessoas com esquizofrenia**. 2014. 61f. Dissertação (Mestrado em Neurociências) – Universidade Federal de Minas Gerais, Instituto de Ciências Biológicas, Belo Horizonte, 2014.

PENN; et al. Dispelling the Stigma of Schizophrenia: What Sort of Information Is Best. **Schizophrenia Bulletin**, v. 20, n. 3, p. 567-78, 1994.

THORNICROFT, G.; ROSE, D.; KASSAM, A.; SARTORIUS, N. Stigma: ignorance, prejudice or discrimination? **The British Journal of Psychiatry**, v. 190, n. 3, p. 192-3., 2007.

THORNICROFT, G. et al. Padrão global de discriminação experimentada e antecipada contra pessoas com esquizofrenia: estudo transversal. **Rev. Latinoam. Psicopat. Fund.**, São Paulo, v. 12, n. 1, p. 141-60, 2009.

VILLARES, C.; ASSIS, J. C.; BRESSAN, R. A. Estigma na Esquizofrenia. In: NOTO, C. S.; BRESSAN, R. **A Esquizofrenia**: Avanços no tratamento multidisciplinar. 2 ed. Porto Alegre: Ed. Artmed, 2012.

3. O IMPACTO DOS DISTÚRBIOS DO SONO, FADIGA E OUTROS FATORES RELATIVOS AO ESTILO DE VIDA NAS METAS E ESTRATÉGIAS DE REABILITAÇÃO

Dana Wong
Michelle Y. Coleman
Lucy Ymer
Jennie Ponsford
Adam Mckay

INTRODUÇÃO

Neste capítulo será abordado o impacto dos fatores do estilo de vida nos objetivos e estratégias adotados na reabilitação neuropsicológica (RN). No contexto das pesquisas e práticas de reabilitação, "estilo de vida", geralmente se refere a aspectos-chave da saúde e bem-estar – exercício, dieta e sono. Vamos nos concentrar no sono e na questão relacionada à fadiga, considerando seu impacto na reabilitação em dois grupos de diagnóstico: depressão e lesão encefálica adquirida (LEA).

Esse foco no sono e na fadiga nessas duas condições permitirá uma maior exploração da natureza, dos mecanismos, da avaliação e do tratamento desses problemas complexos; e também, permitirá uma descrição mais detalhada de como as metas e estratégias de reabilitação podem ser adaptadas para indivíduos com problemas de sono e fadiga. Ao final do capítulo, o impacto do exercício e da dieta na reabilitação também será brevemente revisado.

UMA INTRODUÇÃO AO SONO E AOS RITMOS CIRCADIANOS

A base biológica do sono é complexa, decorrente da coordenação da atividade nos centros de excitação e promoção do sono do cérebro (KANDA et al., 2016; ZISAPEL, 2007). Embora sua característica mais reconhecível seja um nível alterado de consciência, o sono é um processo ativo que circula várias vezes por noite, embora seja reconhecido como estágios "mais leves" e "mais profundos". Esses estágios são caracterizados por alterações na atividade neuronal, observadas por meio da eletroencefalografia e de outras medidas fisiológicas (CHOKROVERTY,

2010). A quantidade recomendada de sono varia de acordo com a idade, embora a recomendação atual para adultos seja de 7-9 horas de sono por noite (SLEEP HEALTH FOUNDATION, 2019). As funções fisiológicas propostas no sono incluem conservação e restauração de energia, suporte metabólico, suporte imunológico e descarga de resíduos do cérebro (KRUEGER, FRANK, WISOR & ROY, 2016; ZISAPEL, 2007). O sono saudável também é importante para várias funções mentais, como excitação, estado de alerta, funções cognitivas e regulação da emoção. O sono também desempenha um papel importante na consolidação da memória (KLINZING, NIETHARD & BORN, 2019).

O sistema circadiano é um sistema separado e complementar para o dormir. Os ritmos circadianos são ciclos diários em processos fisiológicos, como a secreção dos hormônios melatonina e cortisol e a variação na temperatura corporal central ao longo do dia (DIJK, DUFFY, RIEL, SHANAHAN & CZEISLER, 1999; ORTH & ISLAND, 1969). Esses ritmos em todo o corpo, com um período de pouco mais de 24 horas em humanos (CZEISLER et al., 1999), são tipicamente sincronizados com o ciclo claro-escuro ambiental (PITTENDRIGH & MINIS, 1964). Os ritmos circadianos podem ser descritos em termos de força ("amplitude") e de tempo ("fase"). Acredita-se que as relações temporais entre o relógio biológico endógeno, o comportamento sono-vigília e o ciclo claro-escuro externo sejam importantes para a saúde (WIRZ-JUSTICE, 2008).

Um conceito relacionado, embora distinto, do tempo circadiano é a preferência subjetiva da hora do dia (ou "cronótipo"). Refere-se à preferência de alguém por horários do dia mais cedo ("tipos da manhã"– matutino) ou mais tarde ("tipos da noite" – vespertino) para as atividades.

De acordo com o modelo dos dois processos de regulação do sono, o sono e os processos circadianos agem em conjunto para regular a propensão, o tempo, a qualidade, a duração e a arquitetura do sono (BORBÉLY, 1982). A "pressão do sono" homeostática aumenta durante a vigília e diminui durante o sono. Para complementar, o sistema circadiano mantém a vigília perto do final do dia (quando a pressão do sono provavelmente é alta), facilitando o sono durante a noite e promovendo a vigília durante o dia (DIJK & CZEISLER, 1994). Distúrbios no sono e ritmos circadianos podem influenciar negativamente várias funções mentais e fisiológicas que, por sua vez tendem a apresentar desafios no processo de reabilitação. Sono e perturbação circadiana são sintomas comuns a muitas condições neuropsiquiátricas, como já mencionado em outros capítulos deste livro.

Uma Introdução à Fadiga

A fadiga é definida clinicamente como uma capacidade reduzida de atividade física ou mental, devido a um desequilíbrio na disponibilidade, utilização ou restauração dos recursos necessários (AARONSON et al., 1999). Existem muitas condições psiquiátricas e neurológicas que apresentam a fadiga como um sintoma proeminente. Quando causada por lesão ou falha do sistema nervoso central, a fadiga é denominada fadiga central; já quando decorrente de danos no sistema nervoso periférico (por exemplo, falha muscular) é denominada fadiga periférica. A fadiga pode ser ainda mais distinguida, como fisiológica ou psicológica por natureza. A fadiga fisiológica é caracterizada pela depleção de substratos essenciais ou neurotransmissores devido ao uso excessivo de energia ou capacidade diminuída de contrair músculos esqueléticos (AARONSON et al., 1999). O cansaço psicológico (às vezes chamado de cansaço mental ou cognitivo), por outro lado, é um estado de cansaço que muitas vezes decorre do tédio ou da motivação reduzida ou pode ocorrer devido à falta de sono, dieta inadequada, baixos níveis de condicionamento físico, estresse e / ou engajamento sustentado em tarefas cognitivamente exigentes (LEE, HICKS & NINO-MURCIA, 1991).

Os distúrbios psicológicos, como depressão, estresse crônico e ansiedade, geralmente apresentam fadiga como um sintoma importante. A fadiga também é o sintoma mais frequentemente relatado após as lesões encefálicas adquiridas (LEA) (CUMMING, PACKER, KRAMER & ENGLISH, 2016; PONSFORD et al., 2014). Quando a fadiga decorre de condições médicas específicas como essas, os sintomas podem ocorrer por causa de uma série de fatores, serem difíceis de gerenciar e persistirem por muitos anos.

A fadiga pode ter impacto significativo em muitos aspectos da vida de uma pessoa, incluindo na produtividade, no sono, no humor, na dor, no funcionamento cognitivo e na qualidade de vida geral. Esses fatores geralmente se inter-relacionam e podem ter relações bidirecionais com a fadiga (por exemplo, uma noite de sono ruim, levando à fadiga aumentada, ou uma fadiga aumentada que leva a uma noite de sono ruim, secundária ao aumento da soneca). O profundo impacto da fadiga torna seu tratamento e/ou manejo vital para as pessoas que vivem com distúrbios neuropsiquiátricos.

Sono e Características Circadianas na Depressão

A interrupção do sono é muito comum na depressão, com até 97% dos indivíduos relatando algum distúrbio do sono durante um episódio depressivo (PATERSON, NUTT, & WILSON, 2009). De fato, distúrbios do sono e a fadiga são dois dos critérios formais de diagnóstico para um episódio depressivo maior (AMERICAN PSYCHIATRIC ASSOCIATION, 2013).

Os distúrbios do sono durante um episódio depressivo geralmente assumem a forma de insônia (problemas com o início ou a manutenção do sono) ou, menos comumente, hipersonia (aumento da sonolência e do comportamento do sono) (PATERSON et al., 2009). O momento do comportamento sono-vigília também pode ser alterado em alguns indivíduos.

Alterações específicas para dormir na depressão foram bem documentadas. Isso inclui aumento da latência no início do sono (o tempo necessário para adormecer), aumento do tempo acordado após o início do sono, redução da eficiência do sono (a proporção da oportunidade de sono durante a qual a pessoa está realmente dormindo), aumento da fragmentação do sono, aumento do distúrbio subjetivo do sono e pior qualidade subjetiva do sono (HORI et al., 2016). Indivíduos deprimidos podem experimentar despertares não intencionais na manhã, enquanto aqueles que experimentam manias, no caso do transtorno afetivo bipolar, podem mostrar uma aparente necessidade reduzida de sono (AMERICAN PSYCHIATRIC ASSOCIATION, 2013; PATERSON et al., 2009). Alterações na arquitetura do sono também ocorrem durante a depressão, em que o sono por ondas lentas é reduzido e o sono de movimento rápido dos olhos (REM) ocorre mais cedo na noite e por um período mais longo (BENCA, OBERMEYER, THISTED & GILLIN, 1992; PILLAI, KALMBACH, & CIESLA, 2011). As características do sono observadas podem variar dependendo do indivíduo, bem como do subtipo de depressão que eles apresentem (como depressão melancólica ou atípica).

Alterações nos ritmos circadianos endógenos também são observadas durante a depressão. Há alguma evidência (mista) de amplitude circadiana reduzida na depressão (SOUÊTRE et al., 1989). Isso pode sugerir uma função mais fraca do sistema circadiano e contribuir para a redução da atenção durante o dia ou para o dormir mal à noite. Alterações no tempo do relógio interno também são frequentemente descritas, com alguns estudos mostrando o tempo anterior (COLEMAN, MCGLASHAN, VIDAFAR, PHILLIPS, & CAIN, 2019) e outros mostrando o tempo atrasado (ROBILLARD et al., 2018). O desalinhamento resultante entre o relógio biológico e o comportamento de vigília e sono pode ser comparado a um *jet lag* leve.

A sensibilidade do sistema circadiano à luz também é reduzida durante a depressão unipolar (COLEMAN, MCGLASHAN, VIDAFAR, PHILLIPS, & CAIN, 2019). Essa capacidade de resposta reduzida à luz pode fazer com que os ritmos fiquem desalinhados e enfraquecidos. Por outro lado, o aumento da sensibilidade à luz circadiana foi demonstrado no transtorno bipolar (NATHAN, BURROWS, & NORMAN, 1999). Finalmente, a preferência subjetiva da hora do dia tem implicância na depressão. Aqueles com depressão relatam uma tendência maior de serem "tipos noturnos" do que aqueles sem (DRENNAN, KLAUBER, KRIPKE e GOYETTE, 1991) ou em remissão da depressão (COLEMAN & CAIN, 2019). Maior preferência noturna também está associada a sintomas depressivos mais graves, a maior taxa de suicídio, a mais problemas cognitivos autorrelatados e a pior resposta ao tratamento antidepressivo farmacológico (COLEMAN & CAIN, 2019; MCGLASHAN, DRUMMOND, & CAIN, 2018).

O quadro geral da depressão parece ter uma qualidade de sono reduzida e ritmos circadianos mais fracos e desalinhados, com uma tendência à preferência da hora do dia mais noturna. Cabe ressaltar que, não apenas a depressão está associada ao sono e a alterações circadianas, mas também o seu tratamento. Por exemplo, os antidepressivos inibidores seletivos da recaptação de serotonina (ISRS) parecem perturbar o sono (WILSON & ARGYROPOULOS, 2005) e podem aumentar a sensibilidade à luz do sistema circadiano (MCGLASHAN, NANDAM et al., 2018). Os médicos, portanto, devem estar atentos a esses efeitos ao tratar de pessoas com depressão e outros distúrbios neuropsiquiátricos.

As dificuldades circadianas e do sono podem afetar o tratamento da depressão e são preditivas de não remissão em resposta a intervenções (TROXEL et al., 2012). O envolvimento em terapias psicológicas, como terapia cognitivo-comportamental, requer energia e esforço por parte do cliente. As dificuldades para dormir em pessoas com depressão podem contribuir para a sonolência e a fadiga, o que, por sua vez, tende a dificultar o envolvimento com programas de tratamento.

O aumento da preferência noturna observada na depressão pode afetar a hora do dia em que os clientes estão dispostos ou capazes de se envolver em atividades terapêuticas. A participação em compromissos pode ser mais difícil para o cliente de manhã ou à tarde, dependendo de sua experiência individual de mudança de energia ao longo do dia. A piora do humor pela manhã pode tornar os compromissos da manhã particularmente desafiadores para a participação de alguns "tipos noturnos". O aumento da preferência noturna na depressão também está associado a um aumento de queixas cognitivas subjetivas (COLEMAN & CAIN, 2019). Isso pode contribuir ainda mais para um incipiente envolvimento com atividades terapêuticas, seja pela dificuldade em lembrar-se de comparecer às consultas, pela dificuldade em lembrar ou entender quando ou como concluir as tarefas de casa, ou por uma redução na autoeficácia e na capacidade percebida de concluir as tarefas.

O tempo de vigília do sono na depressão também pode ser pertinente ao tratamento farmacológico. Para aqueles com padrões de sono altamente irregulares ou retardados, por exemplo, há chance de ser mais difícil agendar doses de antidepressivos em horários adequados e consistentes. Além disso, as queixas cognitivas associadas ao aumento da preferência noturna na depressão (COLEMAN & CAIN, 2019) podem dificultar que os pacientes se lembrem de tomar seus medicamentos conforme indicado.

DISTÚRBIO DO SONO E DA FADIGA APÓS LEA

As LEA, como o trauma crânio encefálico (TCE) e o acidente vascular encefálico (AVE), geralmente resultam em sequelas cognitivas, comportamentais, emocionais e funcionais. Os distúrbios do sono e a fadiga estão entre os mais proeminentes, afetando até 50-70% dessa população (CUMMING et al., 2016). Problemas de sono e fadiga têm o potencial de atrapalhar significativamente o funcionamento, a reabilitação e a recuperação de um indivíduo e podem persistir por anos após a lesão.

Assim como na depressão, os distúrbios do sono após as LEA geralmente se apresentam como insônia e, menos comumente, hipersonia. Os distúrbios do sono ocorrem com menos frequência, incluindo narcolepsia, distúrbio periódico do movimento dos membros e apneia obstrutiva do sono (CANTOR et al., 2012). As causas dos distúrbios do sono após as LEA são pouco conhecidas e provavelmente multifatoriais. Certas áreas ou redes do cérebro que contribuem para a regulação do sono, incluindo o núcleo supraquiasmático, hipotálamo, glândula pineal e sistema de ativação reticular, são especialmente vulneráveis a lesões cerebrais (PONSFORD & SINCLAIR, 2014). Essas regiões regulam a liberação de hormônios e neuropeptídios importantes para iniciar e manter o sono e a vigília. Foi demonstrado que os níveis de melatonina e hipocretina-1 são interrompidos após o TCE; o primeiro potencialmente prejudicando o tempo e a qualidade do sono, e o último levando ao aumento da sonolência durante o dia (NATALIE A. GRIMA, PONSFORD, ST. HILAIRE, MANSFIELD, & RAJARATNAM, 2016; VINOGRADOV, IVANOVA, DAVIDOV e KUZNETSOV, 2015).

Os distúrbios do sono também estão significativamente associados à experiência de ansiedade, depressão e dor pós-LEA. Esses fatores podem causar e agravar os distúrbios do sono, com os problemas resultantes do sono agindo, por sua vez, como possíveis motivadores dos sintomas psicológicos.

A fadiga, principalmente a psicológica, é o sintoma mais comumente relatado após as LEA, afetando até 70% dos indivíduos com lesão cerebral (PONSFORD et al., 2014). Assim, como os distúrbios do sono, as causas da fadiga pós-LEA são provavelmente multifatoriais. Os danos a certas regiões do cérebro, incluindo os gânglios da base, o sistema límbico e o sistema de ativação reticular ascendente foram postulados como possíveis causas, além da contribuição da lesão axonal difusa no TCE e da excitabilidade cortical reduzida no AVE (PONSFORD et al., 2012). Pensa-se também que a ruptura neuroendócrina, especificamente a deficiência de hormônio do crescimento, esteja associada à fadiga, embora os estudos até o momento não tenham sido capazes de confirmar essa associação (PONSFORD et al., 2012). Como no sono, a fadiga também é afetada pela ansiedade, depressão e dor. Muitas vezes, existe um ciclo de *feedback* negativo, com a experiência de fadiga que leva à depressão e à ansiedade, a qual, por sua vez, interrompe o sono e torna mais grave a fadiga (PONSFORD, SCHÖNBERGER & RAJARATNAM, 2015). Talvez, não surpreendentemente, também exista uma associação direta entre distúrbios do sono e fadiga, embora frequentemente ocorram de forma independente (CANTOR et al., 2012), eles também podem coexistir e influenciar significativamente um ao outro.

Os distúrbios do sono e a fadiga têm um impacto significativo na reabilitação, tanto no estágio inicial, quanto no final da recuperação pós-LEA. Especificamente, os distúrbios do sono estão associados a maiores prejuízos cognitivos, piores resultados funcionais, maior incidência de transtornos do humor, aumento da dor e redução da qualidade de vida (LOWE, NELIGAN & GREENWOOD, 2019). Níveis mais altos de fadiga pós-LEA estão relacionados a pior recuperação funcional, menor *status* do emprego, aumento do tempo antes do retorno ao trabalho e menor sucesso no retorno ao estudo (GLOZIER et al., 2017; WILLMOTT, PONSFORD, DOWNING, & CARTY, 2014). Essas associações são provavelmente bidirecionais. No entanto, os indivíduos com problemas de fadiga ou sono devem dedicar um esforço consideravelmente maior às atividades do dia a dia, precisando de mais tempo para treinamento, estudo ou para reaprender tarefas, tendo a precisão, muitas vezes, de assistência e apoio adicionais se comparado a indivíduos sem fadiga ou com problemas de sono. Eles também têm a possibilidade de reduzir o trabalho ou de estudar as horas de período integral para meio período, o que pode levar a desvantagens financeiras.

Prejudicar ainda mais o retorno de um indivíduo às atividades desejadas são a probabilidade aumentada de um indivíduo experimentar a depressão, a ansiedade, a dor ou outros distúrbios psicológicos que podem se encontrar associados a problemas de sono e fadiga. O tratamento e o gerenciamento de distúrbios e fadiga do sono são, portanto, vitais nos estágios de recuperação precoce e de longo prazo após LEA, para maximizar o potencial de um indivíduo de se envolver em uma reabilitação com o objetivo de retornar com êxito às atividades e melhorar a qualidade de vida.

AVALIAÇÃO DAS CARACTERÍSTICAS DO SONO

Dadas as diversas maneiras pelas quais o sono e a função circadiana podem ser interrompidas, é essencial a caracterização específica dos tipos de dificuldades que um indivíduo está enfrentando. A avaliação das dificuldades relacionadas ao sono permite que os profissionais da área projetem abordagens de tratamento apropriadas e monitorem a melhora ao longo do tempo. Existem várias opções para avaliar a qualidade do sono e a função circadiana nos distúrbios neuropsiquiátricos.

Entrevista Clínica

A maneira mais direta de coletar informações sobre o sono de um cliente é simplesmente perguntar a ele. Ao registrar uma história, pode ser útil perguntar ao cliente sobre o seu horário comum de dormir e o de acordar, as dificuldades apresentadas para adormecer, permanecer dormindo ou em acordar, sobre o número de horas de sono obtidas por noite, o comportamento de cochilos e as impressões gerais da qualidade do sono.

Um método simples é pedir ao paciente que avalie a qualidade do seu sono de 1 a 10 e também perguntar se ele sente que seu sono é ruim, pois esta opinião pode fornecer informações adicionais sobre possíveis alvos de tratamento. Pergunte também se ele usa substâncias que possam afetar o sono, como cafeína, álcool e medicamentos (por exemplo, antidepressivos, benzodiazepínicos, analgésicos ou anti-histamínicos), bem como se está exposto a padrões de exposição à luz e se faz uso de dispositivos emissores de luz (por exemplo, uso do *Smartphone* na cama). Por fim, vale perguntar se o paciente tem algum distúrbio primário de sono diagnosticado ou suspeito, como apneia do sono (às vezes sugerida pela presença de ronco), distúrbios periódicos do movimento dos membros ou terror noturno.

Quando houver suspeita de um distúrbio de sono primário ou comórbido, uma entrevista clínica estruturada ou semiestruturada pode ser benéfica, como a Entrevista Estruturada de Duke para Transtornos do Sono (EDINGER et al., 2004) e a Entrevista Clínica Estruturada do DSM-5 para Transtornos do Sono (TAYLOR et al., 2018).

Medidas validadas de autorrelato

As medidas de autorrelato podem indicar o tipo e a gravidade dos problemas do sono e acompanhar as melhorias ao longo do tempo. Uma grande seleção de medidas de autorrelato foi resumida no texto de referência **STOP, THAT e Cem outras escalas de sono** (SHAHID, WILKINSON, MARCU, & SAHPIRO, 2012). Exemplos incluem o Índice de Qualidade do Sono de Pittsburgh (BUYSSE, REYNOLDS III, MONK, BERMAN & KUPFER, 1989), que mede os domínios gerais e subdomínios da qualidade do sono; a Epworth Sleepiness Scale (JOHNS, 1991), que mede a sonolência diurna; e o Índice de Gravidade da Insônia (BASTIEN, VALLIÈRES, & MORIN, 2001), que mede a qualidade do sono e os sintomas da insônia.

Todas essas medidas foram validadas para uso em populações psiquiátricas e com LEA. Além disso, o Questionário de Morningness-Eveningness (HORNE & OSTBERG, 1976) pode ser usado para medir a hora do dia preferida dos clientes para atividades e descanso (ou seja, se eles são do tipo "manhã" ou "tipo noite").

Medidas objetivas

Se houver suspeita de distúrbios primários do sono, como apneia do sono, distúrbio periódico do movimento dos membros ou narcolepsia, medidas objetivas podem ser úteis. O método mais abrangente é um "estudo do sono" noturno com polissonografia (PSG). Isso envolve a medição simultânea de vários aspectos da fisiologia do sono, como eletroencefalografia (medição da atividade elétrica no cérebro), eletromiografia (atividade muscular) e respiração. Os estudos do sono variam em complexidade e podem ser realizados em ambientes hospitalares ou laboratoriais, ou mesmo na casa do paciente.

A avaliação dos padrões de sono durante vários dias necessita da actigrafia. O actígrafo é um dispositivo que usa um acelerômetro para estimar padrões de atividade do sono-vigília com base no movimento e na quietude. Muitos dispositivos actigráficos também incluem um sensor de luz. Embora os dispositivos formais possam ser caros, informações semelhantes são obtidas por dispositivos do próprio indivíduo, como relógios, embora a interpretação dos dados desses deva ser feita com cautela (HAMILL et al., 2019). Outra opção são os diários de papel ou eletrônicos, em que os clientes monitoram elementos, como hora de ir para a cama, hora de adormecer, hora de acordar e uso de estimulantes ou álcool, por meio da escrita.

Nos casos de suspeita de um distúrbio do ritmo circadiano (como atraso na fase de vigília do sono), o tempo circadiano pode ser avaliado objetivamente por meio de protocolos de medição de saliva ou urina.

TRATAMENTO DE DIFICULDADES DE SONO E FADIGA

O Quadro a seguir contém um breve resumo dos tratamentos disponíveis para dificuldades de sono e fadiga na depressão e nas LEA, seguido por algumas dicas clínicas, a ajudarem os profissionais que trabalham com pessoas com essas condições.

Quadro 1 – Tratamentos para dificuldades de sono e fadiga

Tratamento	Breve Descrição	Depressão	LEA
Medicamentos estimuladores do sono	Incluem os benzodiazepínicos, hipnóticos ("z-drogas"), antidepressivos tricíclicos e anti-histamínicos (ver Capítulo 9).	Nos transtornos depressivos, a metanálise não mostrou vantagens dos benzodiazepínicos em relação aos antidepressivos tricíclicos ou ao placebo em termos de resposta ao tratamento, embora muitos estudos individuais tenham descoberto que são melhores que o placebo (BENASI et al., 2018). Deve-se tomar cuidado ao considerar períodos mais longos de tratamento com esses medicamentos, devido ao potencial de dependência e outros efeitos colaterais.	O uso de medicamentos hipnóticos (por exemplo, benzodiazepínicos) nesta população não é recomendado, devido ao seu potencial de exacerbação de *déficits* cognitivos, fadiga, tontura, dificuldades de controle motor e diminuição do limiar epilético (OUELLET, BEAULIEU-BONNEAU, & MORIN, 2015).

Tratamento	Breve Descrição	Depressão	LEA
Melatonina	A melatonina é um hormônio que ocorre naturalmente com propriedades promotoras do sono, e normalmente é secretado durante a noite. A melatonina pode ser tomada como medicamento para promover o sono e alterar o tempo circadiano.	A evidência de efeitos da melatonina na depressão para melhorar o humor não é robusta, embora possa ajudar a melhorar o sono (DALTON, ROTONDI, LEVITAN, KENNEDY & BROWN, 2000; HANSEN, DANIELSEN, HAGEMAN, ROSENBERG & GÖGENUR, 2014). Na depressão sazonal, o avanço do tempo circadiano com a melatonina não melhora os sintomas de humor para todos. Em vez disso, o uso de melatonina para corrigir o desalinhamento entre o tempo circadiano e o comportamento de vigília melhora o humor (LEWY, LEFLER, EMENS & BAUER, 2006).	Um estudo controlado randomizado descobriu que a melatonina resultou em melhorias significativas nos distúrbios do sono, fadiga e ansiedade em indivíduos com TCE (N. A. GRIMA et al., 2018).
Modafinil e Metilfenidato	Estes são medicamentos utilizados para melhorar os sintomas de fadiga. O modafinil é um eugeroico (ou "medicamento promotor da vigília"), enquanto o metilfenidato é um estimulante.	O modafinil usado como tratamento adjuvante à medicação antidepressiva melhora os sintomas de humor, os sintomas de fadiga e as taxas de remissão na depressão unipolar e bipolar (GOSS, KASER, COSTAFREDA, SAHAKIAN, & FU, 2013). Também foi demonstrado que o metilfenidato melhora o humor e a fadiga na depressão, além do placebo (KERR et al., 2012), embora as evidências sejam inconsistentes.	O metilfenidato mostrou efeitos positivos no tratamento da fadiga psicológica pós-LEA (JOHANSSON, WENTZEL, ANDRELL, RONNBACK & MANNHEIMER, 2017). O modafinil mostra evidências mistas para grupos de AVE (BIVARD et al., 2017), e nenhum efeito positivo na fadiga após o TCE (JHA et al., 2008), embora tenha demonstrado reduzir a sonolência diurna (KAISER et al., 2010). Ambos os medicamentos estão associados a um aumento do risco de insônia e outros efeitos colaterais adversos (por exemplo, aumento da pressão arterial), que devem ser considerados ao determinar a adequação do tratamento.

Tratamento	Breve Descrição	Depressão	LEA
Terapia de exposição à luz	Envolve exposição à luz brilhante de 2500 a 10.000 lux, geralmente de manhã (TERMAN & TERMAN, 2005).	A terapia com luz melhora o humor, tanto na depressão não sazonal, quanto na sazonal, com tamanhos de efeito semelhantes aos da farmacoterapia antidepressiva (AL-KARAWI & JUBAIR, 2016; GOLDEN et al., 2005). Pode (BENEDETTI et al., 2003) ou não (AL-KARAWI & JUBAIR, 2016) ser particularmente benéfica na melhora do humor quando usada como adjuvante em tratamentos com medicamentos antidepressivos ou privação de sono.	Os sintomas de fadiga, sonolência diurna e depressão após o TCE podem melhorar com a exposição à luz azul, em comparação com a luz amarela e aos grupos controles. É improvável que as melhorias sejam mantidas após o término do tratamento (SINCLAIR, PONSFORD, TAFFE, LOCKLEY & RAJARATNAM, 2014).
Higiene do Sono	Um conjunto de "hábitos" generalizados do sono que visam melhorar a qualidade geral do sono, como reduzir a ingestão de cafeína e álcool antes de dormir e garantir que o quarto seja usado principalmente para dormir.	A higiene do sono pode reduzir os distúrbios do sono em um grau semelhante aos proporcionados pelos benzodiazepínicos no transtorno depressivo maior, além de também melhorar o humor (sic) (RAHIMI et al., 2016). No entanto, na insônia primária, os conselhos sobre higiene do sono são menos eficazes para a melhora do sono e do humor quanto um livro de autoajuda (BJORVATN, FISKE, & PALLESEN, 2011). Em geral, as práticas de higiene do sono por si só não são intervenções do sono mais eficazes, com um potencial de se tornarem comportamentos de segurança inúteis.	Uma revisão sistemática recente constatou que, quando usada em combinação com outras técnicas e tratamentos do sono, a higiene do sono pode ajudar a reduzir as dificuldades do sono nas LEA (BOGDANOV, NAISMITH & LAH, 2017).
Terapia cognitivo-comportamental (TCC)	A TCC é uma terapia psicológica estruturada, focada na mudança de comportamentos e pensamentos/crenças inúteis para a redução de emoções negativas. Seu objetivo é conseguir essa mudança por meio de técnicas cognitivas e comportamentais, incluindo exposição gradual, programação de atividades, relaxamento e desafio de pensamentos inúteis.	A TCC para insônia (TCC-I) é projetada especificamente para alterar padrões de comportamento e pensamento que contribuem para a insônia. Melhora as taxas de remissão de insônia naqueles com insônia comórbida e depressão maior, além de outros distúrbios psiquiátricos. Ao mirar a insônia, a TCC-I também reduz a gravidade dos sintomas depressivos em pessoas com insônia comórbida e depressão maior (CUNNINGHAM & SAHPIRO, 2018; TAYLOR & PRUIKSMA, 2014).	A TCC para distúrbios do sono e fadiga (TCC-SF) nas LEA é especificamente projetada para o tratamento de problemas de fadiga e sono após a LEA. Estudos pilotos indicaram a utilidade da TCC-SF na redução de distúrbios do sono e fadiga em coortes de TCE. Há também evidências de melhorias secundárias nos sintomas depressivos no TCE (NGUYEN, MCKAY et al., 2017; NGUYEN, WONG et al., 2017).

Tratamento	Breve Descrição	Depressão	LEA
Abordagens baseadas no Mindfulness	Mindfulness é a atenção plena a um conjunto de práticas que envolvem principalmente prestar atenção ao momento presente de maneira deliberada e "sem julgamento".	Na depressão parcialmente remitida, a terapia cognitiva baseada na atenção plena melhora o sono e o humor subjetivos, embora aumente os níveis objetivos de excitação durante o sono (BRITTON, HAYNES, FRIDEL & BOOTZIN, 2010). Nas pessoas com queixas de sono em uso de antidepressivos, as abordagens baseadas no Mindfulness melhoram a continuidade objetiva e subjetiva do sono (BRITTON, HAYNES, FRIDEL & BOOTZIN, 2012).	O treinamento da atenção plena emergiu recentemente como um tratamento benéfico para a fadiga após as LEA, com melhorias significativas na fadiga psicológica e na velocidade do processamento de informações em AVE, TCE e esclerose múltipla (ULRICHSEN et al., 2016).

Dicas Clínicas: Trabalhando com Distúrbios do Sono e Fadiga

a) A maioria das pessoas com distúrbios neuropsiquiátricos experimentará algum tipo de distúrbio do sono. Portanto, é importante avaliar as dificuldades para dormir. Em um nível básico, pode ser útil discutir a quantidade, a qualidade e o tempo de sono. Em alguns casos, o encaminhamento para um especialista em sono pode ser útil.

b) É importante lembrar os efeitos que o distúrbio do sono, as perturbações circadianas e a fadiga podem ter nos indivíduos durante a sua vida diária, pois a energia, motivação e cognição podem ser reduzidas. Considere o impacto disso no tempo e na duração das consultas clínicas.

c) A discussão com os pacientes sobre a higiene do sono é importante. No entanto, as rotinas e rituais antes do sono podem se tornar comportamentos de segurança, gerando ansiedade adicional se não forem seguidos rigorosamente. Deve-se tomar cuidado para não criar ansiedade adicional em torno de práticas saudáveis de sono. Normalizar alguma variabilidade nos padrões de sono pode ser viável.

d) Os tratamentos não farmacológicos para insônia e fadiga podem ser a opção mais eficaz em longo prazo e, geralmente, envolvem mudanças de padrões inúteis de comportamento e pensamento (por exemplo, TCC). Esses tratamentos são particularmente indicados quando a depressão, a ansiedade e os estressores da vida também estão presentes.

e) Ao trabalhar com clientes com fadiga, intervalos regulares tendem a ser úteis durante as sessões, podendo assumir a forma de um breve exercício de relaxamento ou de atenção plena – Mindfulness.

f) Distúrbios do sono e fadiga podem afetar a atenção, a memória e o planejamento. Informações e explicações devem ser fornecidas em pequenos fragmentos, com repetição e reformulação regulares. Incentive os pacientes a usarem recursos de memória, como alertas de calendário e listas de tarefas.

g) A estimulação e os intervalos regulares de descanso podem ser úteis para manter os níveis de energia ao longo do dia e minimizar a fadiga. Descansar por cerca de 5 minutos por hora de atividade física/mental e pausas mais longas em todas as poucas horas é um bom ponto de partida. Os intervalos para descanso não incluem jogar, usar as mídias sociais, ler ou assistir à TV, pois todos exigem atividade mental.

h) Um aumento da exposição à luz ao entardecer e na primeira parte do anoitecer faz com que o indivíduo sinta sono mais tarde, enquanto a exposição à luz durante o dia, faz com que ele sinta sono mais cedo. A redução da exposição à luz noturna (ao eliminar o uso de smartphones na cama, por exemplo) também pode ser benéfica para aqueles que tendem a dormir e acordar muito tarde.

i) Padrões de sono interrompidos também tendem a afetar o relacionamento com parceiros e familiares. Pode ser útil incluir outras pessoas próximas na discussão e implementação de estratégias de tratamento.

EXERCÍCIO E DIETA: UM BREVE RESUMO

Assim como o sono e a fadiga, existem evidências acumuladas da utilidade do exercício na redução dos sintomas de humor, como depressão, ansiedade e estresse, (WEGNER et al., 2014) e no aprimoramento das funções cognitivas, incluindo atenção, memória e funções executivas (LANDRIGAN, BELL, CROWE, CLAY & MIRMAN, 2019), além dos efeitos positivos estabelecidos na saúde física geral (incluindo saúde cardiovascular e força muscular e óssea).

As diretrizes de atividade física geralmente sugerem exercícios regulares que acumulem pelo menos 150 minutos de exercícios de intensidade moderada ou 75 minutos de exercícios de intensidade vigorosa por semana. Alguns exemplos incluem:

a) atividades de intensidade moderada: uma caminhada rápida, natação recreativa, dança, golfe, tarefas domésticas;

b) atividades de intensidade vigorosa: corrida, aeróbica, ciclismo rápido, tarefas que envolvem elevação, transporte ou escavação;

c) intervenções através de atividades físicas exercem um efeito antidepressivo de moderado a alto (Jofefsson, Lindwall & Archer, 2014) e melhora na cognição (Vanderbeken & Kerckhofs, 2017), no humor e na qualidade de vida após o TCE (Wise, Hoffman, Powell, Bombardier & Bell, 2012);

d) uma dieta saudável com a possibilidade de otimizar a função cerebral (Gomez-Pinilla, 2008), especialmente quando é rica em:

- vitaminas A, C e E, com altos níveis de antioxidantes, os quais protegem os neurônios de serem danificados pelos radicais livres. Exemplos: frutas e vegetais coloridos;

- ácidos graxos ômega-3, que melhoram a velocidade da neurotransmissão e reduzem a inflamação no cérebro. Exemplos: peixes oleosos, nozes, linhaça, abóbora;

- aminoácidos, os quais ajudam na produção de certos neurotransmissores, como a acetilcolina, importantes para a função de memória. Exemplos: iogurte, ovos e

- hidratação adequada, ou seja, beber bastante água, importante para aumentar o fluxo sanguíneo no cérebro.

e) a adesão a uma dieta contendo os elementos citados acima, como uma dieta mediterrânea, reduz o risco de depressão, comprometimento cognitivo e AVE (Opie, O'Neil, Itsiopoulos & Jacka, 2015; Psaltopoulou et al., 2013)

EXEMPLO DE CASO: FADIGA, DISTÚRBIO DO SONO E DEPRESSÃO APÓS ACIDENTE VASCULAR CEREBRAL

Neste estudo de caso, tomamos como exemplo a descrição de Sarah, a qual exemplifica muitos dos problemas descritos neste capítulo. Sarah era uma estudante universitária de 20 anos quando teve um AVE na artéria cerebral média direita, resultando em fraqueza leve na mão esquerda e na perna.

Cognitivamente, Sarah havia se recuperado bem, embora a avaliação neuropsicológica tenha revelado uma sutil lentidão cognitiva e ineficiências executivas. Um ano após o AVE, Sarah se encontrava deprimida. Ela sentia fadiga diária e debilitante, não tinha mais energia ou desejo de se socializar, sintomas que lhe permitiam voltar a trabalhar somente em meio período na universidade. O cansaço e a fraqueza motora também a impediram de retornar à sua grande paixão: jogar basquete.

Sarah foi encaminhada para a intervenção neuropsicológica por sua depressão e fadiga. O cansaço de Sarah era mais psicológico do que fisiológico, como é típico após uma lesão como a sua.

Os gatilhos comuns da fadiga foram explorados: era mais evidente à tarde/à noite e particularmente no contexto dos estudos; raramente ela fazia pausas durante o dia, pois estava acostumada a "superar" o cansaço antes da lesão; o planejamento inadequado do horário de estudos a levou a esforços de última hora para cumprir os prazos. O cansaço de Sarah tinha um impacto muito negativo na universidade, pois ela se encontrava cansada demais para socializar e era pessimista em relação ao futuro. A entrevista também revelou as dificuldades que Sarah enfrentava para adormecer (ou seja, insônia). Ela conseguiu isso dormindo e tendo cochilos à tarde, o que, infelizmente, tendia a perpetuar a insônia.

As sessões semanais de Sarah usavam uma estrutura de TCC (Nguyen, Wong et al., 2017), com foco em melhorar sua fadiga, seu sono e sua depressão, com objetivos específicos de aumentar o desempenho e as horas de seu estudo, levá-la a socializar-se mais e a voltar a se envolver no basquete.

As sessões iniciais estabeleceram uma rotina diária mais consistente, que incluía um tempo de vigília propício para ajudar no ritmo circadiano, estabelecendo três intervalos de descanso mais longos de 30 minutos ao longo do dia para maximizar a energia. Os intervalos para descanso também ajudavam a limitar ou evitar cochilos à tarde, que tendiam a reduzir a "pressão do sono" na hora de dormir. Com o tempo, as atividades relevantes para seus objetivos, como o de estudar, socializar-se, e fazer basquete, foram gradualmente introduzidas, aumentadas ou reorganizadas em sua agenda, mantendo os princípios cardinais de gerenciamento de fadiga, como equilibrar a atividade com oportunidades para descansar a cada dia; e passear ao longo da semana. As atividades diurnas foram priorizadas devido à fadiga da noite. A reestruturação cognitiva foi usada para desafiar suas crenças sobre "empurrar" a fadiga e considerar os benefícios de descansar para "aumentar a energia".

Para facilitar o uso contínuo dessas novas estratégias e compensar algumas ineficiências cognitivas causadas pelo AVE, Sarah foi apoiada a dispensar um tempo semanal a fim de planejar sua agenda, incluindo requisitos de estudo para gerenciar suas demandas e evitar prazos exíguos.

Ao final de oito semanas de tratamento, Sarah havia estabelecido uma rotina diária mais consistente e observava os benefícios em seus níveis de sono e atividade. Ela continuou a sentir um pouco de fadiga, entretanto se encontrava mais no controle. Ela estava pronta para aumentar sua carga de trabalho de estudo e passou a se socializar mais. Ela iniciou o treinamento de basquete e, dois anos depois, acabou representando seu Estado por meio do basquete. Ela relatou que sua depressão havia melhorado significativamente, o que demonstrou ser um benefício do tratamento do sono e da fadiga após o AVE, mesmo quando tais questões não eram o foco do tratamento. Seus ganhos autorrelatados foram comparados com as pontuações pós-tratamento em medidas validadas de qualidade do sono, fadiga e humor.

CONCLUSÃO

Os efeitos na saúde do sono/fadiga, exercícios e dieta estão interligados de várias maneiras (GOMEZ-PINILLA, 2008). A ação combinada desses fatores do estilo de vida sobre a energia, a motivação, a emoção e a cognição tem implicações claras para os objetivos e estratégias empregados na reabilitação neuropsicológica, por isto fazem parte do Modelo Abrangente de RN para os Transtornos Psiquiátricos (Capítulo 1) apresentado neste livro.

Recomenda-se, portanto, uma avaliação completa desses fatores no trabalho com pacientes com condições psiquiátricas e neurológicas. Pode ser útil iniciar a reabilitação, concentrando-se em objetivos e estratégias para melhorar os distúrbios do sono, fadiga, má alimentação e baixos níveis de atividade física. Isso tende a resultar em algumas "vitórias iniciais", as quais podem melhorar a motivação, a autoeficácia e o envolvimento do paciente com o tratamento, como visto no recém-desenvolvido programa em grupo VaLiANT (Valued Living After Neurological Trauma – Valorização da Vida após um Trauma Neurológico) para pessoas com LEA. A segunda das 8 sessões se concentra no sono e na fadiga, e a terceira na dieta e no exercício, com resultados preliminares, sugerindo que o programa pode resultar em melhoria do bem-estar mental (WONG et al., 2020).

Da mesma forma, descobrimos que um grupo de habilidades de memória que incorporava um foco semanal na otimização do estilo de vida (incluindo exercícios, dieta e sono/fadiga) era eficaz para melhorar a memória cotidiana pós-AVE (WITHIEL et al., 2019). No entanto, é necessário mais trabalho para identificar os ingredientes ativos desses tipos de intervenções complexas e determinar a importância do sequenciamento dos vários elementos.

Como vimos neste capítulo, sono saudável, exercício e dieta são importantes para uma ampla gama de funções fisiológicas e psicológicas. Enquanto nos concentramos na depressão e nas LEA, o sono, o exercício e a dieta também foram documentados para impactar inúmeras outras condições psiquiátricas e de desenvolvimento neurológico, incluindo esquizofrenia, transtorno bipolar, TDAH e transtorno do espectro autista. Em todas essas condições, abordar os fatores do estilo de vida na reabilitação tem o potencial de não apenas melhorar diretamente o humor e a cognição, mas também aumentar o efeito de outras intervenções cognitivas e psicológicas na recuperação funcional.

A integração do estilo de vida em uma formulação biopsicossocial e um plano de tratamento para cada pessoa afetada por distúrbio psiquiátrico ou neurológico é crucial para otimizar os resultados e a qualidade de vida.

REFERÊNCIAS

AARONSON, L. S.; TEEL, C. S.; CASSMEYER, V. et al. Defining and measuring fatigue. **Image J Nurs Sch**, 31(1), 45-50, 1999.

AL-KARAWI, D.; JUBAIR, L. Bright light therapy for nonseasonal depression: Meta-analysis of clinical trials. **Journal of Affective Disorders**, 198, p. 64-71. doi:10.1016/j.jad.2016.03.016, 2016.

AMERICAN PSYCHIATRIC ASSOCIATION. **Diagnostic and statistical manual of mental disorders**: DSM 5. Arlington, VA: American Psychiatric Association, 2013.

BASTIEN, C. H.; VALLIÈRES, A.; MORIN, C. M. Validation of the Insomnia Severity Index as an outcome measure for insomnia research. **Sleep Medicine**, 2(4), 297-307. doi:10.1016/S1389-9457(00)00065-4, 2001.

BENASI, G.; GUIDI, J.; OFFIDANI, E. et al. Benzodiazepines as a monotherapy in depressive disorders: A systematic review. **Psychotherapy and Psychosomatics**, 87(2), 65-74. doi:10.1159/000486696, 2018.

BENCA, R. M.; OBERMEYER, W. H.; THISTED, R. A. et al. Sleep and psychiatric disorders: A meta-analysis. **Archives of General Psychiatry**, 49(8), 651-668. doi:10.1001/archpsyc.1992.01820080059010, 1992.

BENEDETTI, F.; COLOMBO, C.; PONTIGGIA, A. et al. Morning light treatment hastens the antidepressant effect of citalopram: A placebo-controlled trial. **Journal of Clinical Psychiatry**, 64(6), 648-653, 2003.

BIVARD, A.; LILLICRAP, T.; KRISHNAMURTHY, V. et al. MIDAS (Modafinil in Debilitating Fatigue After Stroke): A Randomized, Double-Blind, Placebo-Controlled, Cross-Over Trial. **Stroke**, 48(5), p. 293-1298. doi:10.1161/STROKEAHA.116.016293, 2017.

BJORVATN, B.; FISKE, E.; PALLESEN, S. A self-help book is better than sleep hygiene advice for insomnia: A randomized controlled comparative study. **Scandinavian Journal of Psychology**, 52(6), p. 580-585. doi:10.1111/j.1467-9450.2011.00902.x, 2011.

BOGDANOV, S.; NAISMITH, S.; LAH, S. Sleep outcomes following sleep-hygiene-related interventions for individuals with traumatic brain injury: A systematic review. **Brain Inj**, 31(4), 422-433. doi:10.1080/02699052.2017.1282042, 2017.

BORBÉLY, A. A. A two process model of sleep regulation. **Human neurobiology**, 1(3), p. 195-204, 1982.

BRITTON, W. B.; HAYNES, P. L.; FRIDEL, K. W. et al. Polysomnographic and subjective profiles of sleep continuity before and after mindfulness-based cognitive therapy in partially remitted depression. **Psychosomatic Medicine**, 72(6), p. 539-548. doi:10.1097/PSY.0b013e3181dc1bad, 2010.

BRITTON, W. B.; HAYNES, P. L.; FRIDEL, K. W. et al. Mindfulness-based cognitive therapy improves polysomnographic and subjective sleep profiles in antidepressant users with sleep complaints. **Psychotherapy and Psychosomatics**, 81(5), p. 296-304. doi:10.1159/000332755, 2012.

BUYSSE, D. J.; REYNOLDS III, C. F.; MONK, T. H. et al. The Pittsburgh sleep quality index: A new instrument for psychiatric practice and research. **Psy-**

chiatry Research, 28(2), p. 193-213. doi:10.1016/0165-1781(89)90047-4, 1989.

CANTOR, J. B.; BUSHNIK, T.; CICERONE, K. et al. Insomnia, fatigue, and sleepiness in the first 2 years after traumatic brain injury: an NIDRR TBI model system module study. The Journal Of Head Trauma Rehabilitation, 27(6), E1-E14. doi:10.1097/HTR.0b013e-318270f91e, 2012.

CHOKROVERTY, S. Overview of sleep & sleep disorders. Indian Journal of Medical Research, 131(2), p. 126-140, 2010.

COLEMAN, M. Y.; CAIN, S. W. Eveningness is associated with greater subjective cognitive impairment in individuals with self-reported symptoms of unipolar depression. Journal of Affective Disorders, 256, p. 404-415. doi:10.1016/j.jad.2019.05.054, 2019.

COLEMAN, M. Y.; MCGLASHAN, E. M.; VIDAFAR, P. et al. Advanced melatonin onset relative to sleep in women with unmedicated major depressive disorder. Chronobiology International, 36(10), p. 1373-1383. doi:10.1080/07420528.2019.1644652, 2019.

CUMMING, T. B.; PACKER, M.; KRAMER, S. F. et al. The prevalence of fatigue after stroke: A systematic review and meta-analysis. International Journal Of Stroke: Official Journal Of The International Stroke Society, 11(9), p. 968-977, 2016.

CUNNINGHAM, J. E. A.; SHAPIRO, C. M. Cognitive Behavioural Therapy for Insomnia (CBT-I) to treat depression: A systematic review. Journal of Psychosomatic Research, 106, p. 1-12. doi:10.1016/j.jpsychores.2017.12.012, 2018.

CZEISLER, C. A.; DUFFY, J. F.; SHANAHAN, T. L. et al. Stability, precision, and near-24-hour period of the human circadian pacemaker. Science, 284(5423), p. 2177-2181. doi:10.1126/science.284.5423.2177, 1999.

DALTON, E. J.; ROTONDI, D.; LEVITAN, R. D. et al. Use of slow-release melatonin in treatment-resistant depression. Journal of Psychiatry & Neuroscience, 25(1), p. 48-52, 2000.

DIJK, D.-J.; CZEISLER, C. A. Paradoxical timing of the circadian rhythm of sleep propensity serves to consolidate sleep and wakefulness in humans. Neuroscience Letters, 166(1), p. 63-68. doi:10.1016/0304-3940(94)90841-9, 1994.

DIJK, D. J.; DUFFY, J. F.; RIEL, E. et al. Ageing and the circadian and homeostatic regulation of human sleep during forced desynchrony of rest, melatonin and temperature rhythms. The Journal of Physiology, 516(2), p. 611-627. doi:10.1111/j.1469-7793.1999.0611v.x, 1999.

DRENNAN, M. D.; KLAUBER, M. R.; KRIPKE, D. F. et al. The effects of depression and age on the Horne-Ostberg morningness-eveningness score. Journal of Affective Disorders, 23(2), p. 93-98. doi:10.1016/0165-0327(91)90096-B, 1991.

EDINGER, J.; KIRBY, A.; LINEBERGER, M. et al. The duke structured interview for sleep disorders. Durham: University Medical Center, 2004.

GLOZIER, N.; MOULLAALI, T. J.; SIVERTSEN, B.; KIM, D, et al. The Course and Impact of Poststroke Insomnia in Stroke Survivors Aged 18 to 65 Years: Results from the Psychosocial Outcomes In StrokE (POISE) Study. Cerebrovascular Diseases Extra, 7(1), p. 9-20. doi:10.1159/000455751, 2017.

GOLDEN, R. N.; GAYNES, B. N.; EKSTROM, R. D. et al. The efficacy of light therapy in the treatment of mood disorders: A review and meta-analysis of the evidence. **American Journal of Psychiatry**, 162(4), p. 656-662. doi:10.1176/appi.ajp.162.4.656, 2005.

GOMEZ-PINILLA, F. Brain foods: the effects of nutrients on brain function. **Nat Rev Neurosci**, 9(7), p. 568-578. doi:10.1038/nrn2421, 2008.

GOSS, A. J.; KASER, M.; COSTA-FREDA, S. G. et al. Modafinil augmentation therapy in unipolar and bipolar depression: A systematic review and meta-analysis of randomized controlled trials. **Journal of Clinical Psychiatry**, 74(11), p. 1101-1107. doi:10.4088/JCP.13r08560, 2013.

GRIMA, N. A.; PONSFORD, J. L.; St. HILAIRE, M. A. et al. Circadian melatonin rhythm following traumatic brain injury. **Neurorehabilitation and Neural Repair**, 30(10), p. 972-977. doi:10.1177/1545968316650279, 2016.

GRIMA, N. A.; RAJARATNAM, S. M. W.; MANSFIELD, D. et al. Efficacy of melatonin for sleep disturbance following traumatic brain injury: a randomised controlled trial. **BMC Med**, 16(1), p. 8. doi:10.1186/s12916-017-0995-1, 2018.

HAMILL, K.; JUMABHOY, R.; KAHAWAGE, P. et al. Validity, potential clinical utility and comparison of a consumer activity tracker and a research-grade activity tracker in insomnia disorder II: Outside the laboratory. **Journal of Sleep Research**, e12944. doi:10.1111/jsr.12944, 2019.

HANSEN, M. V.; DANIELSEN, A. K.; HAGEMAN, I. et al. The therapeutic or prophylactic effect of exogenous melatonin against depression and depressive symptoms: A systematic review and meta-analysis. **European Neuropsycho-pharmacology**, 24(11), p. 1719-1728. doi:10.1016/j.euroneuro.2014.08.008, 2014.

HORI, H.; KOGA, N.; HIDESE, S. et al. 24-h activity rhythm and sleep in depressed outpatients. **Journal of Psychiatric Research**, 77, p. 27-34. doi:10.1016/j.jpsychires.2016.02.022, 2016.

HORNE, J. A.; OSTBERG, O. A self-assessment questionnaire to determine morningness-eveningness in human circadian rhythms. **International journal of chronobiology**, 4(2), p. 97-110, 1976.

JHA, A.; WEINTRAUB, A.; ALLSHOUSE, A. et al. A randomized trial of modafinil for the treatment of fatigue and excessive daytime sleepiness in individuals with chronic traumatic brain injury. **J Head Trauma Rehabil**, 23(1), p. 52-63. doi:10.1097/01.HTR.0000308721.77911.ea, 2008.

JOHANSSON, B.; WENTZEL, A. P.; ANDRELL, P. et al. Long-term treatment with methylphenidate for fatigue after traumatic brain injury. **Acta Neurol Scand**, 135(1), p. 100-107. doi:10.1111/ane.12587, 2017.

JOHNS, M. W. A new method for measuring daytime sleepiness: The Epworth Sleepiness Scale. **Sleep**, 14(6), p. 540-545. doi:10.1093/sleep/14.6.540, 1991.

JOSEFSSON, T.; LINDWALL, M.; ARCHER, T. Physical exercise intervention in depressive disorders: Meta-analysis and systematic review. **Scandinavian Journal of Medicine & Science in Sports**, 24(2), pp. doi:10.1111/sms.12050 23362828, 2014.

KAISER, P. R.; VALKO, P. O.; WERTH, E. et al. Modafinil ameliorates excessive daytime sleepiness after traumatic brain injury. **Neurology**, 75(20), p. 1780-1785. doi:10.1212/WNL.0b013e3181f-d62a2, 2010.

KANDA, T.; TSUJINO, N.; KURA-MOTO, E. et al. Sleep as a biological problem: An overview of frontiers in sleep research. **The Journal of Physiological Sciences**, 66(1), p. 1-13. doi:10.1007/s12576-015-0414-3, 2016.

KERR, C. W.; DRAKE, J.; MILCH, R. A. et al. Effects of methylphenidate on fatigue and depression: A randomized, double-blind, placebo-controlled trial. **Journal of Pain and Symptom Management**, 43(1), p. 68-77. doi:10.1016/j.jpainsymman.2011.03.026, 2012.

KLINZING, J. G.; NIETHARD, N.; BORN, J. Mechanisms of systems memory consolidation during sleep. **Nature Neuroscience**, 22(10), p. 1598-1610. doi:10.1038/s41593-019-0467-3, 2019.

KRUEGER, J. M.; FRANK, M. G.; WISOR, J. P.; ROY, S. Sleep function: Toward elucidating an enigma. **Sleep Medicine Reviews**, 28, p. 46-54. doi:10.1016/j.smrv.2015.08.005, 2016.

LANDRIGAN, J. F.; BELL, T.; CROWE, M. et al. Lifting cognition: A meta-analysis of effects of resistance exercise on cognition. **Psychological Research** (Pagination). doi:10.1007/s00426-019-01145-x Human Experimental Psychology [2300] HOLDER: Springer-Verlag GmbH Germany, part of Springer Nature YEAR: 2019.

LEE, K. A.; HICKS, G.; NINO-MURCIA, G. Validity and reliability of a scale to assess fatigue. **Psychiatry Research**, 36(3), p. 291-298, 1991.

LEWY, A. J.; LEFLER, B. J.; EMENS, J. S.; BAUER, V. K. The circadian basis of winter depression. **Proceedings of the National Academy of Sciences**, 103(19), p. 7414-7419. doi:10.1073/pnas.0602425103, 2006.

LOWE, A.; NELIGAN, A.; & GREENWOOD, R. Sleep disturbance and recovery during rehabilitation after traumatic brain injury: a systematic review. **Disability and Rehabilitation,** 1-14. doi:10.1080/09638288.2018.1516819, 2019.

MCGLASHAN, E. M.; COLEMAN, M. Y.; VIDAFAR, P.; PHILLIPS, A. J. K.; & CAIN, S. W. Decreased sensitivity of the circadian system to light in current, but not remitted depression. **Journal of Affective Disorders**, 256, p. 386-392. doi:10.1016/j.jad.2019.05.076, 2019.

MCGLASHAN, E. M.; DRUMMOND, S. P. A.; CAIN, S. W. Evening types demonstrate reduced SSRI treatment efficacy. **Chronobiology International**, p. 1-4. doi:10.1080/07420528.2018.1458316, 2018.

McGLASHAN, E. M.; NANDAM, L. S.; VIDAFAR, P. et al. The SSRI citalopram increases the sensitivity of the human circadian system to light in an acute dose. **Psychopharmacology**. doi:10.1007/s00213-018-5019-0, 2018.

NATHAN, P. J.; BURROWS, G. D.; NORMAN, T. R. Melatonin sensitivity to dim white light in affective disorders. **Neuropsychopharmacology**, 21(3), p. 408-413. doi:10.1016/S0893-133X(99)00018-4, 1999.

NGUYEN, S.; MCKAY, A.; WONG, D. et al. Cognitive Behavior Therapy to Treat Sleep Disturbance and Fatigue After Traumatic Brain Injury: A Pilot Randomized Controlled Trial. **Arch Phys Med Rehabil**, 98(8), p. 1508-1517. e1502. doi:10.1016/j.apmr.2017.02.031,2017.

NGUYEN, S.; WONG, D.; MCKAY, A. et al. Cognitive behavioural therapy for post-stroke fatigue and sleep disturbance: a pilot randomised controlled trial with blind assessment. **Neuropsychol Rehabil**, p. 1-16. doi:10.1080/09602011.2017.1326945, 2017.

OPIE, R. S.; O'NEIL, A.; ITSIOPOU-LOS, C. et al. The impact of whole-o-f-diet interventions on depression and anxiety: a systematic review of rando-mised controlled trials. **Public Health Nutr**, 18(11), p. 2074-2093. doi:10.1017/S1368980014002614, 2015.

ORTH, D. N.; ISLAND, D. P. Light synchronization of the circadian rhythm in plasma cortisol (17-OHCS) concen-tration in man. **The Journal of Clini-cal Endocrinology & Metabolism**, 29(4), p. 479-486. doi:10.1210/jcem-29-4-479, 1969.

OUELLET, M. C.; BEAULIEU-BON-NEAU, S.; MORIN, C. M. Sleep-wake disturbances after traumatic brain in-jury. **Lancet Neurol**, 14(7), p. 746-757. doi:10.1016/S1474-4422(15)00068-X, 2015.

PATERSON, L. M.; NUTT, D. J.; WIL-SON, S. J. NAPSAQ-1: National Patient Sleep Assessment Questionnaire in de-pression. **International Journal of Psy-chiatry in Clinical Practice**, 13(1), p. 48-58. doi:10.1080/13651500802450498, 2009.

PILLAI, V.; KALMBACH, D. A.; CIESLA, J. A. A meta-analysis of elec-troencephalographic sleep in depression: Evidence for genetic biomarkers. **Bio-logical Psychiatry**, 70(10), p. 912-919. doi:10.1016/j.biopsych.2011.07.016, 2011.

PITTENDRIGH, C. S.; MINIS, D. H. The entrainment of circadian oscillations by light and their role as photoperiodic clocks. **The American Naturalist**, 98(902), p. 261-294. doi:10.1086/282327, 1964.

PONSFORD, J.; DOWNING, M. G.; OLVER, J. et al. Longitudinal follow--up of patients with traumatic brain injury: outcome at two, five, and ten years post-injury. **Journal Of Neuro-trauma**, 31(1), p. 64-77. doi:10.1089/neu.2013.2997, 2014.

PONSFORD, J.; SCHÖNBERGER, M.; RAJARATNAM, S. M. W. A Model of Fatigue Following Traumatic Brain In-jury. **Journal of Head Trauma Reha-bilitation**, 30(4), p. 277-282, 2015.

PONSFORD, J.; SINCLAIR, K. Sleep and fatigue following traumatic brain injury. **Psychiatric Clinics of North America**, 37(1), p. 77-89. doi:10.1016/j.psc.2013.10.001, 2014.

PONSFORD, J.; ZIINO, C.; PARCELL, D. et al. Fatigue and Sleep Disturban-ce Following Traumatic Brain Injury—Their Nature, Causes, and Potential Treatments. **Journal of Head Trauma Rehabilitation**, 27(3), p. 224-233, 2012.

PSALTOPOULOU, T.; SERGENTA-NIS, T. N.; PANAGIOTAKOS, D. B. et al. Mediterranean diet, stroke, cognitive impairment, and depression: A meta-a-nalysis. **Ann Neurol**, 74(4), p. 580-591. doi:10.1002/ana.23944, 2013.

RAHIMI, A.; AHMADPANAH, M.; SHAMSAEI, F. et al. Effect of adjuvant sleep hygiene psychoeducation and lora-zepam on depression and sleep quality in patients with major depressive disorders: Results from a randomized three-arm intervention. **Neuropsychiatric dise-ase and treatment**, 12, p. 1507-1515. doi:10.2147/NDT.S110978, 2016.

ROBILLARD, R.; CARPENTER, J. S.; ROGERS, N. L. et al. Circadian rhythms and psychiatric profiles in young adults with unipolar depressive disorders. **Translational Psychiatry**, 8(1), p. 213. doi:10.1038/s41398-018-0255-y, 2018.

SHAHID, A.; WILKINSON, K.; MARCU, S.; SHAPIRO, C. M. (Eds.). **STOP, THAT and One Hundred**

Other Sleep Scales. New York, NY: Springer, 2012.

SINCLAIR, K. L.; PONSFORD, J. L.; TAFFE, J. et al. Randomized controlled trial of light therapy for fatigue following traumatic brain injury. **Neurorehabil Neural Repair**, 28(4), p. 303-313. doi:10.1177/1545968313508472, 2014.

SLEEP HEALTH FOUNDATION. Fact sheet: How much sleep do you really need? Retrieved from: https://www.sleephealthfoundation.org.au/how-much-sleep-do-you-really-need.html. Acess in: 2019.

SOUÊTRE, E.; SALVATI, E.; BELUGOU, J.-L. et al. Circadian rhythms in depression and recovery: Evidence for blunted amplitude as the main chronobiological abnormality. **Psychiatry Research**, 28(3), p. 263-278. doi:10.1016/0165-1781(89)90207-2, 1999.

TAYLOR, D. J.; PRUIKSMA, K. E. Cognitive and behavioural therapy for insomnia (CBT-I) in psychiatric populations: A systematic review. **International Review of Psychiatry**, 26(2), p. 205-213. doi:10.3109/09540261.2014.902808, 2014.

TAYLOR, D. J.; WILKERSON, A. K.; PRUIKSMA, K. E. et al. Reliability of the structured clinical interview for DSM-5 sleep disorders module. **Journal of Clinical Sleep Medicine**, 14(03), p. 459-464. doi:10.5664/jcsm.7000, 2018.

TERMAN, M.; TERMAN, J. S. Light therapy for seasonal and nonseasonal depression: Efficacy, protocol, safety, and side effects. **CNS Spectrums**, 10(8), p. 647-663. doi:10.1017/S1092852900019611, 2005.

TROXEL, W. M.; KUPFER, D. J.; REYNOLDS, C. F. 3rd. et al. Insomnia and objectively measured sleep disturbances predict treatment outcome in depressed patients treated with psychotherapy or psychotherapy-pharmacotherapy combinations. **The Journal of clinical psychiatry**, 73(4), p. 478-485. doi:10.4088/JCP.11m07184, 2012.

ULRICHSEN, K. M.; KAUFMANN, T.; DORUM, E. S. et al. Clinical Utility of Mindfulness Training in the Treatment of Fatigue After Stroke, Traumatic Brain Injury and Multiple Sclerosis: A Systematic Literature Review and Meta-analysis. **Front Psychol**, 7, p. 912. doi:10.3389/fpsyg.2016.00912, 2016.

VANDERBEKEN, I.; KERCKHOFS, E. A systematic review of the effect of physical exercise on cognition in stroke and traumatic brain injury patients. **NeuroRehabilitation**, 40(1), pp. doi:10.3233/NRE-161388 27814304, 2017.

VINOGRADOV, O. I.; IVANOVA, D. S.; DAVIDOV, N. P. et al. [Melatonin in the correction of sleep in post-stroke patients]. **Zhurnal Nevrologii I Psikhiatrii Imeni S.S. Korsakova**, 115(6), p. 86-89. doi:10.17116/jnevro20151156186-89, 2015.

WEGNER, M.; HELMICH, I.; MACHADO, S. et al. Effects of exercise on anxiety and depression disorders: review of meta- analyses and neurobiological mechanisms. **CNS & neurological disorders drug targets**, 13(6), p. 1002-1014. doi:10.2174/1871527313666140612102841, 2014.

WILLMOTT, C.; PONSFORD, J.; DOWNING, M. et al. Frequency and quality of return to study following traumatic brain injury. **J Head Trauma Rehabil**, 29(3), p. 248-256. doi:10.1097/htr.0000000000000014, 2014.

WILSON, S.; ARGYROPOULOS, S. Antidepressants and sleep: A qualitative review of the literature. **Drugs**, 65(7), p. 927-947, 2005.

WIRZ-JUSTICE, A. Diurnal variation of depressive symptoms. **Dialogues in clinical neuroscience**, 10(3), p. 337-343, 2008.

WISE, E. K.; HOFFMAN, J. M.; POWELL, J. M. et al. Benefits of exercise maintenance after traumatic brain injury. **Arch Phys Med Rehabil**, 93(8), p. 1319-1323. doi:10.1016/j.apmr.2012.05.009, 2012.

WITHIEL, T. D.; WONG, D.; PONSFORD, J. L. et al. Comparing memory group training and computerized cognitive training for improving memory function following stroke: A phase II randomized controlled trial. **Journal of Rehabilitation Medicine**, 51, p. 343-351. doi:10.2340/16501977-2540, 2019

WONG, D.; SATHANANTHAN, N.; DIMECH-BETANCOURT, B. et al. **Development and evaluation of a new group-based intervention to enhance psychological adjustment after acquired brain injury**: VaLiANT (Valued Living After Neurological Trauma). Paper presented at the 43rd Annual ASSBI Brain Impairment Conference, Perth, Australia, 2020.

ZISAPEL, N. Sleep and sleep disturbances: Biological basis and clinical implications. **Cellular and Molecular Life Sciences**, 64(10), p. 1174. doi:10.1007/s00018-007-6529-9, 2007.

4. O *STATUS* FUNCIONAL – A CLASSIFICAÇÃO INTERNACIONAL DE FUNCIONALIDADE

Fabricia Quintão Loschiavo Alvares

INTRODUÇÃO

Segundo a Organização Mundial de Saúde (OMS), os processos de reabilitação têm como objetivo possibilitar que os pacientes atinjam o maior nível possível de adaptação física, psicológica e social, abarcando, portanto, todas as medidas que pretendam reduzir o impacto da inabilidade e as condições de desvantagem, permitindo que as pessoas com alguma deficiência/incapacidade atinjam um nível adequado de integração social.

Nesta perspectiva, a reabilitação neuropsicológica (RN) é um processo ativo que visa capacitar pessoas com déficits cognitivos causados por lesões encefálicas adquiridas ou por transtornos do desenvolvimento, no caso os psiquiátricos, para que estas adquiram um nível satisfatório de funcionamento social, físico e psíquico (WILSON, 2005). Segundo Wilson (2004), a RN consiste na proposição de esforços para melhorar a funcionalidade e a qualidade de vida de portadores de doenças neurológicas e psiquiátricas. Para tanto, são empregadas técnicas psicológicas, cognitivas e comportamentais a fim de recuperar ou minimizar os efeitos de déficits cognitivos, de forma que os pacientes encontrem meios adequados e alternativos para alcançar metas funcionais específicas (BEN-YISHAY, 2008).

Historicamente, a RN esteve intrinsecamente relacionada ao campo das lesões adquiridas. Inicialmente, seus principais avanços foram determinados pela sobrevivência dos soldados com lesões cerebrais decorrentes da I e II Guerras Mundiais e, de maneira mais recente, inúmeros estudos têm sido desenvolvidos no campo dos transtornos psiquiátricos (BALANZÁ-MARTINEZ et al., 2010; LOSCHIAVO-ALVARES et al., 2013; LOSCHIAVO-ALVARES & NEVES, 2014; LOSCHIAVO--ALVARES, FISH & WILSON, 2018).

Conforme Prigatano (1999) e Wilson (2005), a intervenção em RN deve ser compreendida de maneira mais ampla, a partir de referências à pessoa no seu contexto e em suas relações. Para o estabelecimento de uma intervenção em RN, a avaliação do perfil de processos neuropsicológicos comprometidos e preservados é uma condição necessária, devendo estar sempre aliada à mensuração do impacto das deficiências cognitivas no cotidiano do indivíduo.

Dentro desta perspectiva torna-se imprescindível o emprego de avaliações que mensurem a funcionalidade de maneira objetiva, ou seja, de acordo com Hagedorn (2007), a capacidade de desempenho de papéis, relacionamentos e ocupações esperados para a pessoa, considerando sua faixa etária, sexo e cultura.

AVALIAÇÃO FUNCIONAL

Conforme Wilson (2011), avaliação está relacionada ao julgamento, à opinião, à apreciação, à análise e ao exame. De acordo com Sundberg e Tyler (1962), avaliação é a coleção sistemática, a organização e interpretação das informações sobre uma pessoa e sua situação, estando também relacionada à predição de comportamento em novas situações. O aspecto que determinará a forma como a informação é coletada, organizada e interpretada dependerá tanto do motivo pelo qual a avaliação se faz necessária (WILSON, 2011), quanto da formulação clínica subjacente à pergunta que deve ser respondida. Logo, há perguntas que podem ser respondidas por meio de testes padronizados, enquanto outras demandam o emprego de avaliações funcionais e procedimentos especialmente planejados, contextualizados à demanda individual.

De acordo com Cerqueira et al.(2009), a avaliação funcional é delineada a fim de compreender a funcionalidade do indivíduo no uso de suas competências críticas, de forma a obter a satisfação e o sucesso no contexto em que o mesmo encontra-se inserido. Logo, a avaliação funcional é um processo diagnóstico multidimensional e interdisciplinar. Este tem como foco a determinação de potencialidades e fraquezas, em todas as suas instâncias, desde as condições médicas, psicológicas, até as capacidades funcionais, a fim de desenvolver um plano integrado de tratamento e de *follow-up*. Assim, mais do que um procedimento diagnóstico, a avaliação da funcionalidade é a primeira etapa da intervenção, e deve ser designada para a identificação e quantificação de possíveis problemas e determinação de potencialidades, visando tanto o delineamento adequado de um plano terapêutico, como a delimitação de ferramentas para a avaliação da eficácia da intervenção (FARINA et al., 2010).

Nesta perspectiva, uma das tarefas mais relevantes em qualquer programa de reabilitação/intervenção é a identificação de problemas cotidianos, portanto funcionais (LOSCHIAVO-ALVARES et al., 2011). Desde 1990, tem-se observado uma maior ênfase no desenvolvimento e emprego de medidas funcionais em programas de intervenção como medidas de eficácia (MCMILLAN & SPARKES 1999; MCMILLAN,

2005). Conforme mencionado, o emprego de testes cognitivos padronizados é de extrema relevância, entretanto, cabe ao profissional da área compreender que eles respondem a perguntas específicas (WILSON, 2011), tais como: qual o nível geral de funcionamento intelectual da pessoa? Qual o nível provável de funcionamento pré-mórbido? Como se compara o funcionamento cognitivo desta pessoa com outra da mesma idade da população geral? O nível de desempenho é compatível com o que é esperado, tendo em vista o nível intelectual? O problema é global ou restrito a certos domínios ou modalidades sensoriais? Até que ponto os problemas apresentados devem-se a dificuldades de memória, de funções executivas, de linguagem ou perceptivas? A pessoa está deprimida ou ansiosa? Qual o perfil cognitivo? É compatível com perfis descritos referentes a algum dos transtornos neuropsiquiátricos?

Como exposto, informações oriundas destes testes contribuem para a construção de um perfil de fraquezas, bem como de potencialidades que necessitam de serem analisadas e complementadas à luz de avaliações funcionais, que explicitam como estes problemas impactam o cotidiano do indivíduo (WILSON, 2004).

Assim, a partir da avaliação da funcionalidade, o profissional encontrará respostas para as seguintes questões: como as dificuldades cognitivas, físicas e sociais se manifestam na rotina do sujeito? Quais são os problemas mais relevantes e que geram maior comprometimento funcional? Qual tipo de suporte está disponível para a pessoa? Quais estratégias de *coping* são empregadas? Os problemas são potencializados por depressão ou ansiedade? Essa pessoa consegue desempenhar suas ocupações de maneira independente? Quais tipos de estratégias de compensação são utilizados ou a partir de qual a pessoa se beneficiaria mais? É necessária alguma adaptação ambiental? Qual a melhor forma para esta pessoa aprender novas informações? De qual tipo de informação ela mais se beneficia? Quais informações são necessárias de serem aprendidas? Quais são as demandas cognitivas necessárias ao desempenho ocupacional desta pessoa? Enfim, o emprego de avaliações funcionais tem papel relevante na delimitação de um acurado perfil de funcionamento individual, incluindo os aspectos cognitivos, emocionais, sociais e interpessoais (SOHLBERG & MATEER, 2001).

Assim, a partir da avaliação da funcionalidade, o profissional encontrará respostas às questões relativas à manifestação das dificuldades cognitivas na rotina do paciente, além do impacto do comprometimento funcional. A RN abarca, ainda, como o paciente enfrenta e gerencia os problemas cotidianos, quais são as estratégias que melhor se adequariam às demandas funcionais, além da análise da atividade, ferramenta usada pelos terapeutas ocupacionais, por meio da qual o profissional apreenderá as demandas cognitivas necessárias ao desempenho funcional do paciente. Enfim, o emprego de avaliações funcionais tem papel relevante na delimitação de um acurado perfil de funcionamento individual, incluindo os aspectos cognitivos, emocionais, sociais e interpessoais (SOHLBERG & MATEER, 2001; WILSON, 2011).

A Classificação Internacional de Funcionalidade (CIF)

Considerando o acima exposto, a CIF ocupa um importante papel na classificação dos déficits cognitivos, baseada na manifestação e severidade destes no desempenho funcional do indivíduo (ARTHANAT et al., 2004).

O objetivo do modelo da CIF é classificar todos os aspectos de saúde, bem como os estados a eles relacionados. A estrutura de classificação abarca aspectos da saúde que vão desde a visão biológica, individual, até a perspectiva social, integrando, desta forma, os modelos biomédico, social, criando assim, um modelo biopsicossocial.

A informação é organizada em duas áreas, sendo a primeira funcionalidade e incapacidade, e a segunda, fatores contextuais. A primeira se subdivide em estruturas corporais e funções e atividade e participação, enquanto a outra, em fatores ambientais e pessoais, conforme explicitado na **Figura 1**.

Figura 1 – Modelo da CIF

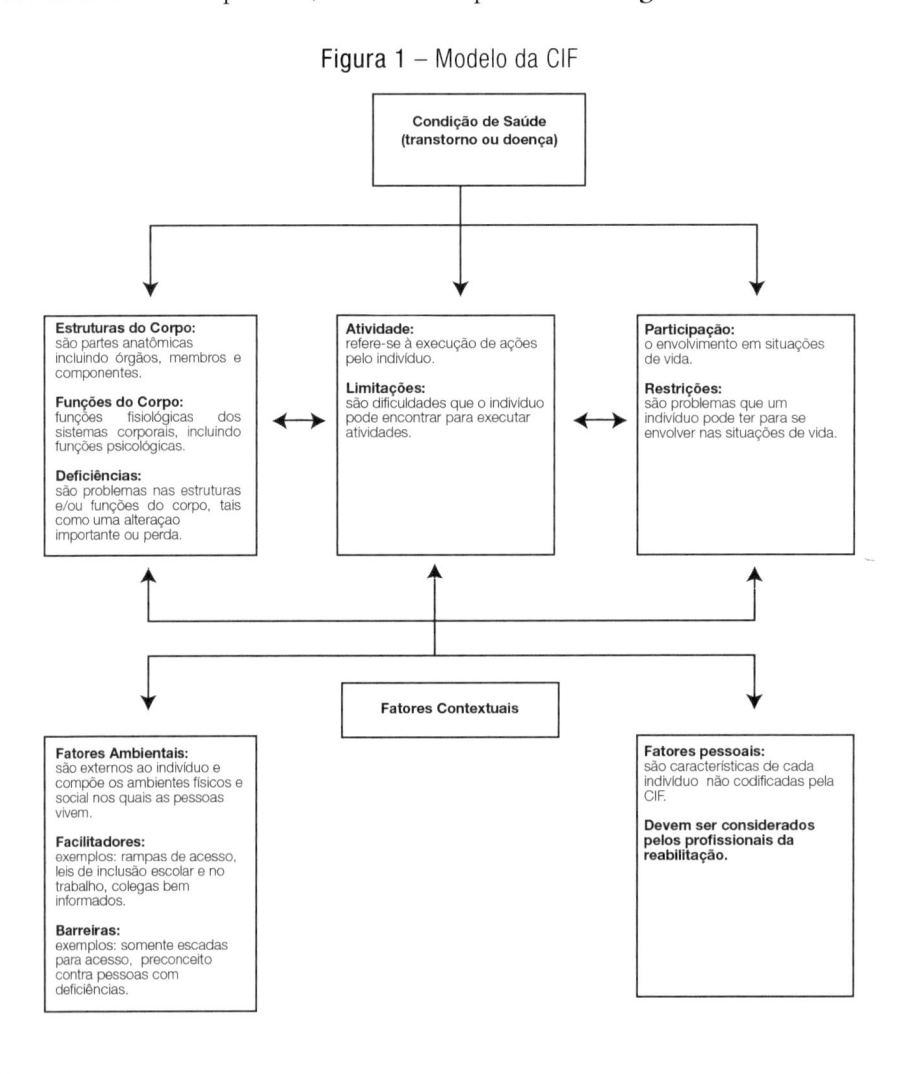

Esta classificação propõe definições operacionais padronizadas dos domínios da saúde e dos domínios relacionados com a mesma em contraste com as definições correntes de saúde. Suas definições descrevem os atributos essenciais de cada domínio, como qualidades, propriedades e relações, e contêm informações sobre o que cada domínio inclui ou exclui. Elas contêm pontos de referência usualmente utilizados na avaliação que podem ser facilmente transformados a fim de serem utilizados em questionários.

Para tanto, ela utiliza um sistema alfanumérico no qual as letras **b** (do inglês *body*), **s** (do inglês *structure*), **d** (do inglês *domain*) e **e** (do inglês *environment*) são empregadas para indicar Funções do Corpo, Estruturas do Corpo, Atividades e Participação e Fatores Ambientais, conforme especificado na **Figura 1**.

As supracitadas letras são seguidas por um código numérico que começa com o número do capítulo (um dígito), seguido pelo segundo nível (dois dígitos) e o terceiro e quarto níveis (um dígito cada). Todos os componentes classificados na CIF (Funções e Estruturas do Corpo, Atividades e Participação e Fatores Ambientais) são quantificados por meio da mesma escala genérica. Um problema pode significar uma deficiência, limitação, restrição ou barreira, dependendo do constructo. De uma forma geral, são utilizadas classes amplas de percentagens para classificação, sendo **0** nenhum problema (presente de 0 a 4% do tempo), **1** problema leve (presente de 5 a 24% do tempo), **2** problema moderado (presente de 25 a 49% do tempo), **3** problema grave (presente de 50 a 95% do tempo) e **4** problema completo (presente de 96 a 100% do tempo), existindo ainda as categorias **8**, de problema não especificado, e **9**, de não aplicável (OMS, 2004).

Considerando que a CIF engloba 1454 aspectos relativos à funcionalidade das pessoas, houve a proposta de criação de *core sets*, ou seja, conjuntos de itens chave que descrevem de forma típica a funcionalidade das pessoas com uma determinada condição de saúde (Riberto, 2011). O projeto dos *core sets* da CIF tem como objetivo selecionar as categorias a partir da classificação completa em que atuam, enquanto padrões mínimos para a avaliação e documentação da funcionalidade e saúde.

Para várias condições de saúde, particularmente no que tange os transtornos psiquiátricos (Balestrieri et al., 2013), já foram estabelecidos *core sets* tanto abrangentes como resumidos a serem aplicados em adultos para Depressão, Esquizofrenia, Transtorno Afetivo Bipolar (TAB), Transtorno do Déficit de Atenção e Hiperatividade (TDAH), e Autismo, sendo que, para estes dois últimos transtornos, há inclusive versões infantis e juvenis, de 0 a 5 anos e de 6 a 16 anos. Os *core sets* abrangentes destinam-se a guiar a avaliação multiprofissional em pacientes com uma determinada condição de saúde, como nas condições suprarreferenciadas.

Dada a amplitude de aspectos selecionados, que pode inclusive ultrapassar a habilidade de um profissional de saúde, ressalta-se a necessidade das categorias do *core set* abrangente serem divididas e avaliadas por diferentes membros da equipe multiprofissional, conforme suas formações de base. Já o *core set* resumido para uma condição específica abarca o menor número possível de categorias, garantindo, entretanto, a representação da vasta miríade de problemas na funcionalidade de pacientes com uma condição específica. Estes, conforme Cieza et al. (2004) e Riberto (2011), têm um compromisso com a praticidade na aplicação e, a princípio, poderiam ser aplicados por qualquer profissional de saúde, desde que adequadamente treinado. Para o emprego da CIF e seus *core sets* enquanto um instrumento de avaliação, a Organização Mundial de Saúde (OMS) recomenda que a cada categoria seja associado um qualificador que reflita o impacto da condição de saúde sobre aquele aspecto específico da funcionalidade, conforme já mencionado.

A Inclusão da avaliação da funcionalidade, publicada por Loschiavo-Alvares, Fish e Wilson em 2018, especificamente a recomendação para o emprego da CIF, faz parte das atualizações propostas no modelo abrangente de reabilitação neuropsicológica, já publicado pelas autoras, considerando as especifidades dos transtornos psiquiátricos.

O novo modelo abrangente de RN aplicado às condições psiquiátricas, já apresentado no Capítulo 1, engloba, nas Considerações do Indivíduo, o *Status* Funcional, e postula o emprego da CIF e de seus *Core Sets*, bem como outras avaliações funcionais pertinentes ao caso, para a mensuração deste constructo (ver Capítulo 5).

A fim de exemplificar o que foi visto até o momento, na **Tabela 1** estão descritos os itens selecionados para os *core sets* abrangentes e resumidos de **Depressão, Esquizofrenia, TAB, TDAH** e **Autismo**, e, na sequência, segue o exemplo de um formulário adaptado de Arthanat et al. (2004), para ser usado com pessoas com quadros demenciais prováveis de Alzheimer. Neste capítulo, a estrutura deste vai inclusive como exemplo de criação de formulários da CIF a serem adaptados conforme a demanda clínica de cada área de atuação em reabilitação, incluindo as orientações para a devida pontuação e para os conceitos.

Tabelas 1 – Categorias dos componentes Funções do Corpo, Atividades e Participação e Fatores Ambientais selecionadas para o core set abrangente e resumido/breve da CIF, versão adulto, para Depressão, Esquizofrenia, TAB, TDAH e Autismo (as categorias destacadas em negrito pertencem ao core set resumido da CIF para a condição de saúde)

Depressão

	Código da Categoria		Título da Categoria
	b117		Funções Intelectuais
	b126		Funções do Temperamento e da Personalidade
		b1260	Extroversão
		b1261	Amabilidade
		b1262	Responsabilidade
		b1263	**Estabilidade Psíquica**
		b1265	**Otimismo**
		b1266	Segurança
	b130		Função das Energias e dos Impulsos
		b1300	**Nível de Energia**
		b1301	**Motivação**
		b1302	**Apetite**
		b1304	Controle dos Impulsos
Funções do Corpo	b134		Funções do Sono
		b1340	Quantidade de Sono
		b1341	Início do Sono
		b1342	Manutenção do Sono
		b1343	Qualidade do Sono
		b1344	Funções que envolvem o Ciclo do Sono
	b140		**Funções da Atenção**
	b144		Funções da memória
	b147		**Funções Psicomotoras**
	b152		Funções Emocionais
		b1520	Adequação da Emoção
		b1521	**Regulação da Emoção**
		b1522	**Amplitude da Emoção**
	b160		Funções do Pensamento
		b1600	Fluxo do Pensamento
		b1601	Forma do Pensamento

	Código da Categoria	Título da Categoria
	b1602	Conteúdo do Pensamento
	b1603	Controle do Pensamento
b164		Funções Cognitivas de Nível Superior
	b1641	Orgnização e Planejamento
	b1642	Gestão do Tempo
	b1644	Autoconhecimento
	b1645	Julgamento
b180		Funções de Experiência pessoal e de tempo
	b1800	Experiência Pessoal
	b1801	Imagem do Corpo
b280		Sensação de Dor
b460		Sensações associadas às Funções Cardiovasculares e Respiratórias
b530		Funções de Manutenção do Peso
b535		Sensações associadas ao Aparelho Digestivo
b640		Funções Sexuais
b780		Sensações relacionadas com os Músculos e as Funções do Movimento

(Coluna lateral: Funções do Corpo)

	Código da Categoria		Título da Categoria
	d110		Observar
	d115		Ouvir
	d163		**Pensar**
	d166		Ler
	d175		**Resolver Problemas**
	d177		**Tomar Decisões**
	d210		Realizar uma Única Tarefa
	d220		Realizar Tarefas Múltiplas
	d230		Realizar a Rotina Diária
		d2301	**Gerir a Rotina Diária**
		d2302	Concluir a Rotina Diária
		d2303	**Gerir o seu Próprio Nível de Atividade**
Atividades e Participação	d240		**Lidar com o Estresse e outras Exigências Psicológicas**
	d310		Comunicar e Receber Mensagens Orais
	d315		Comunicar e Receber Mensagens Não Verbais
	d330		Falar
	d335		Produzir Mensagens Não Verbais
	d350		**Conversação**
	d355		Discussão
	d470		Utilização de Transporte
	d475		Conduzir
	d510		**Lavar-se**
	d520		Cuidar de Partes do Corpo
	d540		Vestir-se
	d550		Comer
	d560		Beber
	d570		**Cuidar da Própria Saúde**
	d620		Aquisição de Bens e Serviços
	d630		Preparar Refeições

	Código da Categoria		Título da Categoria
	d640		Realizar Tarefas Domésticas
	d650		Cuidar dos Objetos da Casa
	d660		Ajudar os Outros
	d710		Interações Interpessoais Básicas
	d720		Interações Interpessoais Complexas
	d730		Relacionamento com Estranhos
	d750		Relacionamentos Sociais Informais
Atividades e Participação	d760		**Relacionamentos Familiares**
	d770		**Relacionamentos Íntimos**
	d830		Educação de Nível Superior
	d845		**Obter, Manter e Sair de um Emprego**
	d850		Trabalho Remunerado
	d860		Transações Econômicas Básicas
	d865		Transações Econômicas Complexas
	d870		Autossuficiência Econômica
	d910		Vida Comunitária
	d920		Recreação e Lazer
	d930		Religião e Espiritualidade
	d950		Vida Política e Cidadania

	Código da Categoria		Título da Categoria
		e1101	Medicamentos
	e165		Bens
	e225		Clima
	e240		Luz
	e245		Mudanças Relacionadas com o Tempo
	e250		Som
	e310		**Família Próxima**
	e320		**Amigos**
	e325		**Conhecidos, Pares, Colegas, Vizinhos e Membros da Comunidade**
	e330		Pessoas em Posição de Autoridade
	e340		Prestadores de Cuidados Pessoais e Assistentes Pessoais
	e355		**Profissionais de Saúde**
	e360		Outros Profissionais
Fatores Ambientais	e410		**Atitudes Individuais de Membros da Família Próxima**
	e415		**Atitudes Individuais de Membros da Família Alargada**
	e420		**Atitudes Individuais de Amigos**
	e425		Atitudes Individuais de Conhecidos, Pares, Colegas, Vizinhos e Membros da Comunidade
	e430		Atitudes Individuais de Pessoas em Posições de Autoridade
	e440		Atitudes Individuais de Prestadores de Cuidados Pessoais e dos Assistentes Pessoais
	e450		**Atitudes Individuais de Profissionais de Saúde**
	e455		Atitudes Individuais de Outros Profissionais
	e460		Atitudes Sociais
	e465		Normas, Práticas e Ideologias Sociais
	e525		Serviços, Sistemas e Políticas Relacionados com a Habitação
	e570		Serviços, Sistemas e Políticas Relacionados com a Segurança Social
	e575		Serviços, Sistemas e Políticas Relacionados com o Apoio Social Geral
	e580		**Serviços, Sistemas e Políticas Relacionados com a Saúde**
	e590		Serviços, Sistemas e Políticas Relacionados com o Trabalho e o Emprego

Esquizofrenia

	Código da Categoria		Título da Categoria
Funções do Corpo	b114		Funções da Orientação
	b117		Funções Intelectuais
	b122		Funções psicossociais globais
	b130		Função das Energias e dos Impulsos
	b134		Funções do Sono
	b140		Funções da Atenção
	b144		Funções da Memória
	b147		Funções Psicomotoras
	b152		Funções Emocionais
	b156		Funções da Percepção
	b160		Funções do Pensamento
	b164		Funções Cognitivas de Nível Superior
	b180		Funções de Experiência Pessoal e do Tempo
	b330		Funções da Fluência e do Ritmo da Fala
	b530		Funções de Manutenção do Peso
	b640		Funções Sexuais
	b765		Funções dos Movimentos Involuntários

	Código da Categoria		Título da Categoria
	d155		**Adquirir Competências**
	d160		Concentrar a |Atenção
	d163		Pensar
	d166		Ler
	d175		**Resolver Problemas**
	d177		Tomar Decisões
	d210		Realizar uma Única Tarefa
	d220		Realizar Tarefas Múltiplas
	d230		**Realizar a Rotina Diária**
	d240		**Lidar com o Estresse e outras Exigências Psicológicas**
Atividades e Participação	d310		Comunicar e Receber Mensagens Orais
	d315		Comunicar e Receber Mensagens Não Verbais
	d330		Falar
	d335		Produzir Mensagens Não Verbais
	d350		Conversação
	d470		Utilização de Transporte
	d475		Conduzir
	d510		Lavar-se
	d540		Vestir-se
	d570		**Cuidar da Própria Saúde**
	d610		Aquisição de um lugar para morar
	d620		Aquisição de Bens e Serviços
	d630		Preparar Refeições
	d640		Realizar Tarefas Domésticas
	d650		Cuidar dos Objetos da Casa
	d660		Ajudar os Outros
	d710		**Interações Interpessoais Básicas**
	d720		**Interações Interpessoais Complexas**
	d730		Relacionamento com Estranhos
	d740		Relacionamento formal

	d750		Relacionamento Sociais
	d760		**Relacionamentos Familiares**
	d770		Relacionamentos Íntimos
	d820		Educação escolar
	d825		Fornação Profissional
	d830		Educação de Nível Superior
	d840		Estágio (preparação para o trabalho)
	d845		**Obter, Manter e Sair de um Emprego**
Atividades e Participação	d850		Trabalho Remunerado
	d855		Trabalho Não Remunerado
	d860		Transações Econômicas Básicas
	d865		Transações Econômicas Complexas
	d870		Autossuficiência Econômica
	d910		**Vida Comunitária**
	d920		Recreação e Lazer
	d930		Religião e Espiritualidade
	d950		Vida Política e Cidadania

	Código da Categoria		Título da Categoria
Fatores Ambientais	e110		Produtos ou Substâncias para Consumo Pessoal
	e115		Produtos e tecnologias para a comunicação
	e130		Produtos e tecnologias para a educação
	e165		Bens
	e310		**Família Próxima**
	e320		Amigos
	e325		Conhecidos, Pares, Colegas, Vizinhos e Membros da Comunidade
	e330		Pessoas em Posição de Autoridade
	e340		Prestadores de Cuidados Pessoais e Assistentes Pessoais
	e355		**Profissionais de Saúde**
	e360		Outros Profissionais
	e410		**Atitudes Individuais de Membros da Família Próxima**
	e415		Atitudes Individuais de Membros da Família Alargada
	e420		Atitudes Individuais de Amigos
	e425		Atitudes Individuais de Conhecidos, Pares, Colegas, Vizinhos e Membros da Comunidade
	e430		Atitudes Individuais de Pessoas em Posições de Autoridade
	e440		Atitudes Individuais de Prestadores de Cuidados Pessoais e Assistentes Pessoais
	e450		**Atitudes Individuais de Profissionais de Saúde**
	e455		Atitudes Individuais de Outros Profissionais
	e460		**Atitudes Sociais**
	e465		Normas, Práticas e Ideologias Sociais
	e525		Serviços, Sistemas e Políticas Relacionados com a Habitação
	e545		Serviços, sistemas e políticas relacionados com a protecção civil
	e550		Serviços, sistemas e políticas relacionados com a área jurídico-legal
	e555		Serviços, sistemas e políticas relacionados com associações e organizações
	e560		Serviços, sistemas e políticas relacionados com os meios de comunicação
	e570		**Serviços, Sistemas e Políticas Relacionados à Segurança Social**
	e575		Serviços, Sistemas e Políticas Relacionados ao Apoio Social Geral
	e580		**Serviços, Sistemas e Políticas Relacionados à Saúde**
	e585		Serviços, Sistemas e Políticas Relacionados à Educação e à Formação Profissional"
	e590		Serviços, Sistemas e Políticas

TAB

	Código da Categoria		Título da Categoria		Código da Categoria		Título da Categoria
Funções do Corpo	b126		Funções do Temperamento e da Personalidade	**Atividades e Participação**	d175		Resolver Problemas
	b130		Função das Energias e dos Impulsos		d177		Tomar Decisões
	b134		Funções do Sono		d210		Realizar uma Única Tarefa
	b140		Funções da Atenção		d220		Realizar Tarefas Múltiplas
	b144		Funções da Memória		d230		Realizar a Rotina Diária
	b147		Funções Psicomotoras		d240		Lidar com o Estresse e outras Exigências Psicológicas
	b152		Funções Emocionais		d570		Cuidar da Própria Saúde
	b156		Funções da Percepção		d710		Interações Interpessoais Básicas
	b160		Funções do Pensamento		d720		Interações Interpessoais Complexas
	b164		Funções Cognitivas de Nível Superior		d760		Relacionamentos Familiares
	b280		Sensação de Dor		d770		Relacionamentos Íntimos
	b330		Funções da Fluência e do Ritmo da Fala		d845		Obter, Manter e Sair de um Emprego
	b530		Funções de Manutenção do Peso		d870		Autossuficiência Econômica
	b640		Funções sexuais		d920		Recreação e Lazer

	Código da Categoria		Título da Categoria
Fatores Ambientais	e110	1	Drogas
	e310		Família Próxima
	e320		Amigos
	e355		Profissionais de Saúde
	e410		Atitudes Individuais de Membros da Família Próxima
	e420		Atitudes Individuais de Amigos
	e450		Atitudes Individuais de Profissionais de Saúde
	e460		Atitudes Sociais
	e570		Serviços, Sistemas e Políticas Relacionados com a Segurança Social
	e580		Serviços, Sistemas e Políticas Relacionados com a Saúde

TDAH

	Código da Categoria		Título da Categoria
Funções do Corpo	b125		Disposições e Ffunções Intrapessoais
	b130		Função das Energias e dos Impulsos
	b134		Funções do Sono
	b140		Funções da Atenção
	b147		Funções Psicomotoras
	b152		Funções Emocionais
	b164		Funções Cognitivas de Nível Superior
	b760		Funções de Controle do Movimento Voluntário

	Código da Categoria		Título da Categoria
Atividades e Participação	d160		Concentração e atenção
	d161		Direcionamento da atenção
	d166		Ler
	d170		Escrever
	d172		Calcular
	d175		**Resolver problemas**
	d177		**Tomar decisões**
	d210		Realizar uma única tarefa
	d220		**Realizar Tarefas Múltiplas**
	d230		**Realizar a Rotina Diária**
	d240		**Lidar com o Estresse e outras Exigências Psicológicas**
	d250		**Gerenciando o Próprio Comportamento**
	d350		Conversação
	d440		Utilização de Movimentos Finos da Mão
	d475		Conduzir
	d520		Cuidar de Partes do Corpo
	d570		Cuidar da Própria Saúde
	d571		**Cuidando da Própria Segurança**
	d620		Aquisição de Bens e Serviços
	d630		Preparar refeições
	d640		Realizar Tarefas Domésticas
	d710		Interações Interpessoais Básicas
	d720		**Interações Interpessoais Complexas**
	d740		Relacionamento Formal
	d750		Relacionamentos Sociais Informais
	d760		**Relacionamentos Familiares**
	d770		Relacionamentos Íntimos
	d820		**Educação Escolar**
	d825		Formação Profissional
	d830		Educação de Nível Superior
	d845		Obter, Manter e Sair de um Emprego
	d850		Trabalho Remunerado
	d870		Autossuficiência Econômica
	d880		Engajamento em jogos/ brincadeiras
	d920		Recreação e Lazer

	Código da Categoria		Título da Categoria
Fatores Ambientais	e110		**Produtos ou Substâncias para Consumo Pessoal**
	e115		**Produtos e Tecnologias para Uso Pessoal na Vida Diária**
	e125		Produtos e Tecnologias para a Comunicação
	e130		Produtos e Tecnologias para a Educação
	e240		Luz
	e250		Som
	e310		**Família Próxima**
	e315		**Família Alargada**
	e320		**Amigos**
	e325		Conhecidos, Pares, Colegas, Vizinhos e Membros da Comunidade
	e330		**Pessoas em Posição de Autoridade**
	e340		Prestadores de Cuidados Pessoais e Assistentes Pessoais
	e355		**Profissionais de Saúde**
	e360		Outros Profissionais
	e410		**Atitudes Individuais de Membros da Família Próxima**
	e415		Atitudes Individuais de Membros da Família Alargada
	e420		Atitudes Individuais de Amigos
	e425		Atitudes individuais de conhecidos, colegas, colegas, vizinhos e membros da comunidade
	e430		Atitudes Individuais de Pessoas em Posições de Autoridade
	e440		Atitudes individuais de prestadores de cuidados pessoais e assistentes pessoais
	e450		Atitudes Individuais de Profissionais de Saúde
	e455		Atitudes Individuais de Outros Profissionais
	e460		**Atitudes Sociais**
	e465		**Normas, Práticas e Ideologias Sociais**
	e570		**Serviços, Sistemas e Políticas Relacionados à Segurança Social**
	e575		Serviços, Sistemas e Políticas Relacionados ao Apoio Social Geral
	e580		**Serviços, Sistemas e Políticas Relacionados à Saúde**
	e585		**Serviços, sistemas e políticas relacionados à educação e à formação profissional**
	e590		Serviços, Sistemas e Políticas Relacionados ao Trabalho e ao Emprego

Autismo

	Código da Categoria	Título da Categoria
Funções do Corpo	b114	Funções da Orientação
	b117	Funções Intelectuais
	b122	Funções Psicossociais Globais
	b125	Disposições e funções intrapessoais
	b126	Funções do Temperamento e da Personalidade
	b130	Função das Energias e dos Impulsos
	b134	Funções do Sono
	b140	Funções da Atenção
	b144	Funções da Memória
	b147	Funções Psicomotoras
	b152	Funções Emocionais
	b156	Funções da Percepção
	b160	Funções do Pensamento
	b164	Funções Cognitivas de Nível Superior
	b167	Funções Mentais da Linguagem
	b265	Função Tátil
	b270	Funções Sensoriais Relacionadas à Temperatura e Outros
	b330	Funções da Fluência e do Ritmo da Fala
	b760	Funções de Controle do Movimento Voluntário
	b765	Funções dos Movimentos Involuntários
Estruturas do Corpo	s110	Estrutura do Cérebro

	Código da Categoria		Título da Categoria
	d110		Observar
	d115		Ouvir
	d130		Imitar
	d132		**Aquisição de Informação**
	d137		Aquisição de Conceitos
	d140		Aprender a Ler
	d145		Aprender a Escrever
	d155		**Adquirir Competências**
	d160		**Concentrar a Atenção**
	d161		Direcionamento da Atenção
	d163		Pensar
	d166		Ler
Atividades e Participação	d170		Escrever
	d175		Resolver Problemas
	d177		Tomar Decisões
	d210		**Realizar uma Única Tarefa**
	d220		**Realizar Tarefas Múltiplas**
	d230		**Realizar a Rotina Diária**
	d240		**Lidar com o Estresse e outras Exigências Psicológicas**
	d250		**Gerenciando o Próprio Comportamento**
	d310		**Comunicar e Receber Mensagens Orais**
	d315		**Comunicar e Receber Mensagens Não Verbais**
	d330		**Falar**
	d331		Pré-Conversação
	d335		Produzir Mensagens Não Verbais
	d350		Conversação
	d360		Utilização de Dispositivos e de Técnicas de Comunicação
	d470		Utilização de Transporte
	d475		Conduzir
	d510		Lavar-se
	d520		Cuidar de Partes do Corpo
	d530		Cuidados Relacionados com os Processos de Excreção

Código da Categoria		Título da Categoria
d540		Vestir-se
d550		Comer
d570		**Cuidar da Própria Saúde**
d571		**Cuidando da Própria Segurança**
d620		Aquisição de Bens e Serviços
d630		Preparar Refeições
d640		Realizar Tarefas Domésticas
d650		Cuidar dos Objetos da Casa
d669		Cuidar dos Objectos da Casa e Ajudar os Outros, Outros Especificados e Não Especificados
d710		**Interações Interpessoais Básicas**
d720		**Interações Interpessoais Complexas**
d730		Relacionamento com Estranhos
d740		Relacionamento Formal
d750		Relacionamentos Sociais Informais
d760		**Relacionamentos Familiares**
d770		Relacionamentos Íntimos
d820		**Educação escolar**
d825		Fornação Profissional
d830		Educação de Nível Superior
d845		Obter, Manter e Sair de um Emprego
d850		Trabalho Remunerado
d860		Transações Econômicas Básicas
d870		Autossuficiência Econômica
d880		**Engajamento em Jogos / Brincadeiras**
d910		Vida Comunitária
d920		**Recreação e Lazer**
d940		Direitos Humanos

Atividades e Participação (rótulo lateral esquerdo da tabela)

	Código da Categoria		Título da Categoria
	e110		Produtos ou Substâncias para Consumo Pessoal
	e115		Produtos e Tecnologias para Uso Pessoal na Vida Diária
	e125		Produtos e Tecnologias para a Comunicação
	e130		Produtos e Tecnologias para a Educação
	e240		Luz
	e250		Som
	e310		Família Próxima
	e315		Familia Alargada
	e320		Amigos
	e325		Conhecidos, Pares, Colegas, Vizinhos e Membros da Comunidade
	e330		Pessoas em Posição de Autoridade
	e340		Prestadores de Cuidados Pessoais e Assistentes Pessoais
	e355		Profissionais de Saúde
	e360		Outros Profissionais
Fatores Ambientais	e410		Atitudes Individuais de Membros da Família Próxima
	e415		Atitudes Individuais de Membros da Família Alargada
	e420		Atitudes Individuais de Amigos
	e430		Atitudes Individuais de Pessoas em Posições de Autoridade
	e450		Atitudes Individuais de Profissionais de Saúde
	e455		Atitudes Individuais de Outros Profissionais
	e460		Atitudes Sociais
	e465		Normas, Práticas e Ideologias Sociais
	e525		Serviços, Sistemas e Políticas Relacionados à Habitação
	e535		Serviços, sistemas e Políticas Relacionados à Área da Comunicação
	e550		Serviços, Sistemas e Políticas Relacionados à Área Jurídico-Legal
	e560		Serviços, Sistemas e Políticas Relacionados aos Meios de Comunicação
	e570		Serviços, Sistemas e Políticas Relacionados à Segurança Social
	e575		Serviços, Sistemas e Políticas Relacionados ao Apoio Social Geral
	e580		Serviços, Sistemas e Políticas Relacionados à Saúde
	e585		Serviços, sistemas e políticas relacionados à educação e à formação profissional
	e590		Serviços, Sistemas e Políticas Relacionados ao Trabalho e ao Emprego

Tabela 2 – Formulário com o Checklist da CIF – Core set Alzheimer

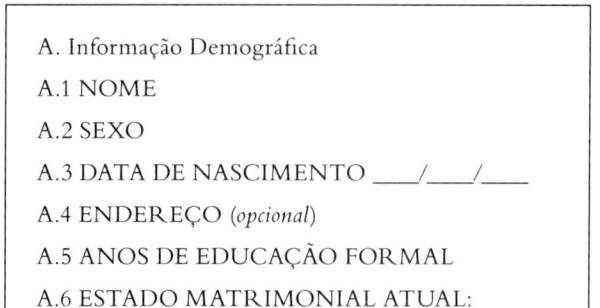

A. Informação Demográfica

A.1 NOME

A.2 SEXO

A.3 DATA DE NASCIMENTO ____/____/____

A.4 ENDEREÇO (*opcional*)

A.5 ANOS DE EDUCAÇÃO FORMAL

A.6 ESTADO MATRIMONIAL ATUAL:

Adaptado de: Arthahat et al., 2004.

Parte 1a: Deficiências das Funções do Corpo

- Funções do Corpo são as funções fisiológicas ou psicológicas dos sistemas corporais.
- Deficiências são problemas de função do corpo, como um desvio ou perda significante.

Primeiro Qualificador: Extensão das Deficiências
0 Nenhuma deficiência significa que a pessoa não tem problema
1 Deficiência leve significa um problema que está presente menos de 25% do tempo, com uma intensidade que a pessoa pode tolerar e ocorre raramente nos últimos 30 dias.
2 Deficiência moderada significa um problema que está presente em menos de 50% do tempo, com uma intensidade que interfere na vida diária da pessoa e ocorre ocasionalmente nos últimos 30 dias.
3 Deficiência grave significa um problema que está presente em mais de 50% do tempo, com uma intensidade que prejudica/rompe parcialmente a vida diária da pessoa e ocorre frequentemente nos últimos 30 dias.
4 Deficiência completa significa um problema que **está presente** em mais de 95% do tempo, com uma intensidade que prejudica/rompe totalmente a vida diária da pessoa e ocorre todos os dias nos últimos 30 dias.
8 Não especificado significa que a informação é insuficiente para especificar a gravidade da deficiência.
9 Não aplicável significa que é inapropriado aplicar um código particular (p. ex. b650 – Funções de menstruação para **mulheres em idade** de pré-menarca ou pós-menopausa).

Lista Resumida das Estruturas do Corpo	Qualificador
Capítulo 1: Funções mentais	
Funções mentais globais (b110 a b139)	–
b114 Orientação (b.1140 Tempo): consciência do dia do mês, dia da semana, mês e ano.	
b114 Orientação (b.1141 Espaço): consciência da sua localização, arredores, cidade e país.	
b114 Orientação (b.11421 Pessoal): consciência da identidade de pessoas que fazem parte do seu ambiente.	
Funções mentais específicas (b140 – b189)	–
b144 Memória (b.1441 Memória de Longo Prazo): capacidade de armazenamento a longo prazo de informações, advindo do declínio da memória de curto prazo.	
b144 Memória (b.1442 Recuperação da informação): capacidade na recordação da informação armazenada a longo prazo.	
b164 Funções cognitivas superiores (b.1642 Administração do tempo): capacidade na ordenação de eventos em sequência cronológica, alocando quantidades de tempo para eventos e atividades.	
b164 Funções cognitivas superiores (b.1644 *Insight*): capacidade na consciência da compreensão do comportamento de outra pessoa.	
b164 Funções cognitivas superiores (b.1645 Julgamento): capacidade na discriminação e na avaliação de diferentes opções.	
b164 Funções cognitivas superiores (b.1646 Resolução de Problemas): capacidade de identificação, análise e integração de informações incongruentes ou conflitantes para encontrar uma solução.	

Parte 1b: Deficiências das Funções do Corpo

- Estruturas do Corpo são as partes anatômicas do corpo, tais como órgãos, membros e seus componentes.
- Deficiências são os problemas na estrutura do corpo como desvio ou perda significativa.

Primeiro Qualificador: Extensão das deficiências	Segundo Qualificador: Natureza da alteração	
0 Nenhuma deficiência significa que a pessoa não tem problema. 1 Deficiência leve significa um problema que está presente menos de 25% do tempo, com uma intensidade que a pessoa pode tolerar e ocorre raramente nos últimos 30 dias. 2 Deficiência moderada significa um problema que está presente em menos de 50% do tempo, com uma intensidade que interfere na vida diária da pessoa e ocorre ocasionalmente nos últimos 30 dias. 3 Deficiência grave significa um problema que está presente em mais de 50% do tempo, com uma intensidade que prejudica/rompe parcialmente a vida diária da pessoa e ocorre frequentemente nos últimos 30 dias. 4 Deficiência completa significa um problema que está presente em mais de 95% do tempo, com uma intensidade que prejudica/rompe totalmente a vida diária da pessoa e ocorre todos os dias nos últimos 30 dias. 8 Não especificado significa que a informação é insuficiente para especificar a gravidade da deficiência. 9 Não aplicável significa que é inapropriado aplicar um código particular (p. ex. b650 – Funções de menstruação para mulheres em idade de pré-menarca ou pós-menopausa).	0 Nenhuma mudança na estrutura 1 Ausência total. 2 Ausência parcial. 3 Parte adicional. 4 Dimensões aberrantes. 5 Descontinuidade. 6 Posição desviada. 7 Mudanças qualitativas na estrutura, incluindo acúmulo de líquido. 8 Não especificada. 9 Não aplicável.	
Lista Resumida das Estruturas do Corpo	Primeiro qualificador Extensão da deficiência	Segundo qualificador Natureza da alteração
s110 Estruturas do cérebro (s11001 Lobo temporal – hipocampo): comprometimento no lobo temporal caracterizado por atrofia parcial.		

Parte 2: *Limitações de Atividades e Restrição à Participação*

- Atividade é a execução de uma tarefa ou ação por um indivíduo.
- Participação é o ato de se envolver em uma situação vital.
- Limitações de atividade são dificuldades que o indivíduo pode ter para executar uma atividade.
- Restrições à participação são problemas que um indivíduo pode enfrentar ao se envolver em situações vitais.

O qualificador de Desempenho descreve o que um indivíduo faz em seu ambiente habitual. Como o ambiente habitual incorpora um contexto social, o desempenho, como registrado por este qualificador, também pode ser entendido como "envolvimento em uma situação vital" ou "a experiência vivida" das pessoas no contexto real em que elas vivem. Esse contexto inclui fatores ambientais – todos os aspectos do mundo físico, social e de atitude que podem ser codificados utilizando os Fatores Ambientais.

O qualificador de Capacidade descreve a habilidade de um indivíduo de executar uma tarefa ou ação. Esse qualificador indica o nível máximo provável de funcionamento que a pessoa pode atingir em um domínio específico em um dado momento. A Capacidade é medida em um ambiente uniforme ou padrão, refletindo assim a habilidade ambientalmente ajustada do indivíduo. O ambiente padronizado pode ser: o atual ambiente geralmente usado para avaliação da capacidade em teste; ou (b) onde isto não é possível, um hipotético ambiente, um impacto uniforme.

Primeiro qualificador: Desempenho Extensão da Restrição à Participação	Segundo Qualificador: Capacidade (sem assistência) Extensão da limitação de Atividade
0 Nenhuma dificuldade significa que a pessoa não tem problema.	
1 Dificuldade leve significa um problema que está presente menos de 25% do tempo, com uma intensidade que a pessoa pode tolerar e ocorre raramente nos últimos 30 dias.	
2 Dificuldade moderada significa um problema que está presente em menos de 50% do tempo, com uma intensidade que interfere na vida diária da pessoa e ocorre ocasionalmente nos últimos 30 dias.	
3 Dificuldade grave significa um problema que está presente em mais de 50% do tempo, com uma intensidade que prejudica/rompe parcialmente a vida diária da pessoa e ocorre todos os dias nos últimos 30 dias.	
4 Dificuldade completa significa um problema que está presente em mais de 95% do tempo, com uma intensidade que prejudica/rompe totalmente a vida diária da pessoa e ocorre todos os dias nos últimos 30 dias.	
8 Não especificado significa que a informação é insuficiente para especificar a gravidade da dificuldade.	
9 Não aplicável significa que é inapropriado aplicar um código particular (p. ex. b650 – Funções de menstruação para mulheres em idade de pré-menarca ou pós-menopausa).	

Lista Resumida dos domínios de A&P	Qualificador de Desempenho	Qualificador de Capacidade
Capítulo 3: Comunicação		
Conversação e uso de dispositivos de comunicação (d.350-d.369).	-	-
d.350 Conversação (d.3504 Conversar com muitas pessoas): comprometimento leve na conversação com muitas pessoas.		
d.360 Utilização de dispositivos e de técnicas de comunicação (d.3600 Utilização de dispositivos de comunicação): utilizar telefones e outras máquinas, como máquinas de fax, etc.		
Capítulo 4: Mobilidade		
d.470 Utilização de transporte (d.4751 Conduzir veículos motorizados): conduzir um veículo a motor, como um automóvel, motocicleta, barco a motor, etc.		
Capítulo 6: Vida doméstica		
d.620 Aquisição de bens e serviços (d.6200 Comprar): obter, em troca de dinheiro, bens e serviços necessários para a vida diária.		
d.630 Preparar refeições (d.6300 Preparar refeições simples): organizar, cozinhar e servir refeições com um pequeno número de ingredientes, que requerem métodos fáceis para serem preparados e servidos.		
d.640 Realizar as tarefas domésticas (d.6403 Utiliza aparelhos domésticos): utilizar todos os tipos de aparelhos domésticos, como máquinas de lavar roupa, de secar, ferro, aspirador de pó, máquina de lavar louça, etc.		

A APLICAÇÃO DA CIF EM PACIENTES COM TRANSTORNOS PSIQUIÁTRICOS

Em uma investigação recente, Balestrieri et al. (2013) teve como objetivo avaliar a confiabilidade e a validade convergente da versão italiana do Mini-ICF--APP, um pequeno instrumento para classificar restrições de atividade e participação em transtornos psiquiátricos. Este estudo incluiu 120 pessoas diagnosticadas com esquizofrenia, depressão maior, transtorno bipolar tipo I e transtornos de ansiedade.

O Mini-ICF-APP foi comparado com a Escala Breve de Classificação Psiquiátrica (BPRS), com a Escala Clínica Global de Impressão (CGI-S), com a Escala de Desempenho Pessoal e Social (PSP) e com a Escala de Avaliação de Funcionalidade Social e Ocupacional (SOFAS).

O escore do Mini-ICF-APP para pessoas com esquizofrenia foi maior, enquanto o de pacientes ansiosos foi menor do que nos outros diagnósticos. As correlações intraclasse (ICC) revelaram uma concordância significativa entre os avaliadores para o escore total (ICC 0,987) e para cada item do Mini-ICF-APP. A análise teste-reteste também foi altamente significativa (ICC 0,993). O escore total do Mini-ICF-APP obteve boas correlações negativas com PSP (r = -0,767) e com SOFAS (r = -0,790), e foi significativamente correlacionado com o CGI-S (r = 0,777) e o BPRS (r = 0,729), resultados estes que corroboram o uso da CIF para estas populações clínicas.

Wciórka et al. (2019), em seu recente estudo, exploraram as relações entre os diagnósticos da classificação internacional de doenças/distúrbios (CID) -10 e as dimensões da deficiência da CIF, em relação à restrição de atividades e participações entre usuários de serviços de saúde mental. Trezentos e sessenta pacientes de diferentes serviços de saúde, diagnosticados com diversos transtornos mentais (CID-10), participaram do estudo. As restrições de funcionamento foram avaliadas pelo uso do Mini-ICF-APP. Variáveis sociodemográficas e clínicas selecionadas também foram analisadas.

Os escores do Mini-ICF-APP correlacionaram-se positivamente com a impressão clínica da gravidade da doença e negativamente com o funcionamento geral. E, interessantemente, como fatores independentes que determinam o escore do Mini-ICF-APP, a análise de regressão sugeriu não somente o diagnóstico e a gravidade do distúrbio, mas também fatores contextuais, como funcionamento geral e ocupação ativa.

CONCLUSÃO

É consensual entre os pesquisadores e clínicos da área que o processo de reabilitação neuropsicológica deve ser concebido de forma mais ampla, focalizando a pessoa de maneira holística, fazendo referências à sua relação com o contexto (PRIGATANO, 1999; WILSON, 2004).

A condição *sine qua non* é reabilitar a pessoa, e não processos neuropsicológicos. Os fatores emocionais e motivacionais também são importantes, uma vez que um programa de reabilitação terá sucesso apenas na medida em que for compreendido e houver aderência por parte do indivíduo e das pessoas relevantes no seu ambiente.

Dito isto, acrescenta-se a complexidade dos fatores cognitivos, comportamentais e contextuais que interagem, determinando os sucessos adaptativos psicossociais, bem como o funcional e ocupacional, em situações de acometimento psiquiátrico, sugerindo, portanto, que o processo de reabilitação deve sempre ser conduzido e orientado tendo como base o impacto dos déficits acima referenciados nos distintos contextos e ocupações dos pacientes.

Neste sentido, a CIF destaca-se como um importante instrumento para o ferramental clínico do profissional da área, sendo importante tanto na avaliação inicial, como na mensuração da eficácia da intervenção (conforme explicitado nos Capítulos 16, 18, 21 e 26). Acrescenta-se, ainda, o fato da CIF prover uma linguagem universal de códigos para os componentes da estrutura corporal, da função corporal, de atividades e participação e de fatores ambientais. E, como tal, estes códigos fornecem legitimidade taxonômica e poder para documentar dimensões de funcionamento e incapacidade em diversos contextos clínicos e de reabilitação.

REFERÊNCIAS

ARTHANAT, S.; NOCHAJSKI, S.M.; STONES, J. The international classification of functioning, disability and health and its application to cognitive disorders. **Disability and Rehabilitation**, v. 26, p. 235-245, 2004.

BALANZÁ-MARTÍNEZ, V.; SELVA, G.; MARTÍNEZ-ARÁN, A. et al. Neurocognition in bipolar disorders – A closer look at comorbidities and medications. **European Journal of Pharmacology**, p. 87-96, 2010.

BALESTRIERI, M.; ISOLA, M.; BONN R, et al. Validation of the Italian version of Mini-ICF- APP, a short instrument for rating activity and participation restrictions in psychiatric disorders. **Epidemiology and Psychiatric Sciences**, v. 31, p. 81-91, 2013.

BEN-YISHAY, Y. Foreword. **Neuropsychological Rehabilitation**, p. 513-521, 2008.

CERQUEIRA, A.R.; PINTO, A.R.; SOUSA, A.A. et al. **Formação em reabilitação psicossocial de pessoas com incapacidades psiquiátricas – Manual de formador**. Gaia: Escola Superior de Tecnologia e Saúde do Porto, 2009.

CIEZA, A. et al. ICF core sets for depression. **J Rehabil Med**, v. 44, p. 128-134, 2004.

FARINA, E.; FIORAVANTI, R.; PIGNATTI, R. et al. Functional living skills assessment: a standardized measure of high-order activities of daily living in patients with dementia. **European Journal of Physical and Rehabilitation Medicine**, v. 46, p. 73-80, 2010.

HAGEDORN, R. **Ferramentas para prática em Terapia Ocupacional: uma abordagem estruturada aos conhecimentos e processos centrais**. São Paulo: Rocca, 2007.

LOSCHIAVO-ALVARES, F.Q.; NEVES, F.S. Efficacy of neuropsychological rehabilitation applied for patients with bipolar disorder. **Psychology Research**, v. 10, p. 779-791, 2014.

LOSCHIAVO-ALVARES, F.Q.; SEDIYAMA, C.Y.N.; NEVES, F.S. et al. Neuropsychological Rehabilitation for Bipolar Disorder – A Single Case Design. **Translational Neuroscience**, v. 4 , p. 1-8, 2013.

LOSCHIAVO-ALVARES, F.Q.; SEDIYAMA, C.Y.N.; RIVERO, T.S., et al. Tools for efficacy's assessment of neuropsychological rehabilitation programs. **Clinical Neuropsychiatry**, v. 8, n. 3, p. 1-11, 2011.

LOSCHIAVO-ALVARES, F.Q.; FISH, J.; WILSON, B.A. Applying the comprehensive model of neuropsychological rehabilitation to people with psychiatric conditions. **Clinical Neuropsychiatry**, v. 15, n. 2, p. 83-93, 2018.

MCMILLAN, T.; SPARKES, C. Goal Planning and Neurorehabilitation: The Wolfson Neurorehabilitation Centre Approach. **Neuropsychological Rehabilitation**, v. 9, p. 241-251, 1999.

MCMILLAN, T.M. Neurorehabilitation services and their delivery. In: B, Wilson. (Ed.). **Neuropsychological rehabilitation: theory and practice**. Lisse: Swets & Zeitlinger, 2005. p. 271-291.

ORGANIZAÇÃO MUNDIAL DA SAÚDE (OMS). **Classificação internacional de funcionalidade, incapacidade e saúde (CIF)**. Lisboa: Direcção Geral da Saúde, 2004.

PRIGATANO G. **Principles of neuropsychological rehabilitation**. New York: Oxford University Press, 1999.

RIBERTO, M. Core sets da Classificação Internacional de Funcionalidade, Incapacidade e Saúde. **Rev Bras Enferm**, v. 64, n. 5, p. 938-46, 2011.

SOHLBERG, M.; MATEER, C.A. **Cognitive rehabilitation: an integrative neuropsychological approach**. New York: Guilford Press, 2001.

SUNDBERG, N.D.; TYLER, L.E. **Clinical Psychology**. New York: Appleton – Century – Crofts, 1962.

WCIÓRKA, J.; ANCZEWSKA, M.; JAHOŁKOWSKI, P. et al. International classification of diseases/disorders diagnosis and International Classification of Functioning, Disability and Health activity/participation limitation among psychiatric patients: a cross-sectional and exploratory study. **Int J Rehabil Res.**, 2019.

WILSON, B. Theoretical approaches to cognitive rehabilitation. In: GOLDESTEIN, L.H.; MCNEIL, J.E. (Eds.). **Clinical neuropsychology: a practical guide to assessment and management for clinicians**. Wiley: Chichester, 2004.

WILSON B. **Neuropsychological rehabilitation: theory and practice**. Lisse: Swits & Zeitlinger, 2005.

WILSON, B.A. Theoretical approaches to cognitive rehabilitation. In: GOLDSTEIN, L.H.; MCNEIL, J.E. (Eds.). **Clinical neuropsychology: a practical guide to assessment and management for clinicians**. Chichester: Wiley, 2004. p. 345-366.

WILSON, B.A. **Reabilitação da Memória – Integrando Teoria e Prática**. Porto Alegre: Artmed, 2011

5. AVALIAÇÕES FUNCIONAIS EM PACIENTES COM TRANSTORNOS PSIQUIÁTRICOS

Patricia Buchain

INTRODUÇÃO

Terapeutas Ocupacionais, historicamente, em sua intervenção na Psiquiatria, lidam com sujeitos que vivenciam prejuízos de desempenho ocupacional que impactam suas ocupações em virtude de situações de doença ou condição, de forma temporária ou definitiva. Pacientes com transtornos psiquiátricos muitas vezes experimentam as consequências da doença no desempenho de atividades de vida diária (AVD), sendo esta a experiência mais limitante no processo de adoecimento. Compreender globalmente as capacidades e limitações do indivíduo pode trazer informações fundamentais para a oferta de oportunidades de tratamento, seja por auxiliar a compreender ou estabelecer um diagnóstico, para propor intervenções adequadas e/ou para garantir segurança e autonomia.

Terapeutas ocupacionais podem contribuir nos serviços e nas equipes de saúde com sua capacidade e com seu treinamento para observar as ocupações de vida diária, na análise de fatores que suportam ou limitam o desempenho de um indivíduo (MARY et al., 2001). O processo de avaliação funcional permite compreensão abrangente sobre o desempenho ocupacional.

FUNCIONALIDADE

Com a Classificação Internacional de Funcionalidade (CIF), observamos uma mudança do paradigma dos conceitos de saúde e doença, tornando relevante, no campo dos cuidados em saúde, o impacto que alguma desordem, doença ou algum distúrbio causam na funcionalidade do indivíduo. A CIF conceitua funcionalidade como uma "interação dinâmica entre a condição de saúde de uma pessoa, os fatores ambientais e os fatores pessoais" (OMS, 2003).

A funcionalidade, portanto, é o resultado da relação entre os fatores intrínsecos do sujeito e o ambiente em que ele está inserido, sendo que os fatores intrínsecos são as (1) características de saúde com fatores relacionados à idade, aos comportamentos, às características e às habilidades ligadas à saúde, às mudanças psicológicas e aos fatores de risco, às doenças e lesões, às alterações em homeostase, às síndromes mais amplas, e também às (2) características pessoais e (3) os fatores genéticos (OMS, 2015).

O resultado do desempenho de um indivíduo depende da interação de suas capacidades intrínsecas, de suas características físicas, cognitivas, sociais, na realização de atividades de vida diária, instrumentais, básicas, e de lazer em determinado ambiente. O ambiente inclui tanto as relações com seres vivos quanto o espaço físico, e por sua interferência, pode oferecer barreiras ou facilitação para o desempenho das Atividades de Vida Diária AVD (BUCHAIN et al., 2019).

A capacidade funcional está relacionada à capacidade de envolvimento e ao desempenho em diversas atividades e tarefas do dia a dia, e nas ocupações. Na terapia ocupacional, diversos autores definem o termo, e estas definições se relacionam aos seus modelos teóricos (**Tabela 1**).

Tabela 1 – Autores e Modelos Teóricos

Autor	Definição
Mosey et al., 1981.	Função: habilidade em se envolver confortavelmente em relação à idade e ao nível em componentes de desempenho e nas áreas de desempenho ocupacional nos contextos ambientais individuais de cultura, social e não humano (físico).
Fischer et al., 1993.	Habilidade (individual) de desempenhar tarefas da vida diária relacionadas à AVD e à AIVD, ao trabalho, ao brincar, ao lazer ... de que ele ou ela necessitam ou quer desempenhar.
Kielhofner, 2009.	Desempenho funcional: habilidade de completar tarefas e funções necessárias para a vida diária.
Christiansen & Baum et al., 2005.	O desempenho resulta da complexa interação entre pessoa e ambiente em que ele ou ela realiza atividades, tarefas e desempenha papéis.
Baum & Law, 1997.	O termo que os terapeutas ocupacionais usam para função é desempenho ocupacional, ou o ponto em que a pessoa, o ambiente e a ocupação da pessoa se cruzam para apoiar as atividades, tarefas e funções que definem essa pessoa como indivíduo.
Katz, 2014	Funcional está relacionado com as tarefas e as funções que uma pessoa precisa e quer desempenhar.
Toglia, 2014.	Capacidade funcional se refere à capacidade de utilizar a limitada capacidade de processamento de informação de maneira eficiente. A capacidade de monitorar o desempenho e selecionar as estratégias de processamento apropriadas maximiza a utilização da capacidade funcional de processamento de informações com a capacidade de processar informações.

Adaptado de: Kathlyn L. Reed, Sharon Nelson Sanderson Lippincott Williams & Wilkins, 1999.

Muitos autores de terapia ocupacional usam o termo desempenho e funcionalidade como sinônimos, no entanto outros consideram que a diferenciação entre os dois conceitos se faz necessária. Estes termos têm grande relevância no campo da Terapia Ocupacional, sendo que, em 1995, a AOTA publicou um documento de posicionamento, considerando que a palavra função/funcionalidade pode, por vezes, ser usada de forma intercambiável com desempenho ocupacional, pois o domínio da Terapia Ocupacional é a função da pessoa em seus papéis ocupacionais e o conceito de função está implícito no corpo teórico dos modelos de Terapia Ocupacional (BAUM & EDWARDS,1995).

Considerando a terminologia da AOTA na revisão da terceira edição do guia **Estrutura da Prática da Terapia Ocupacional: Domínio & Processo** (AMINI et al., 2014), encontramos modificações na terminologia do termo, componentes de desempenho foram reclassificados e recategorizado em Habilidades de Desempenho (ações observáveis que o cliente executa) e Fatores do Cliente (habilidades subjacentes baseadas no funcionamento fisiológico do cliente, incluindo funções corporais e estruturas). Outros constructos adicionados a este domínio, como habilidades de desempenho, padrão de desempenho (dividido entre hábitos, rotinas e papéis) e demandas da atividade evidenciam um esforço, cuja meta é o desenvolvimento de terminologia mais precisa para compreender e descrever o desempenho no campo da Terapia Ocupacional (AMINI et al., 2014).

Outros profissionais da saúde têm se preocupado com aspectos relacionados à funcionalidade como parâmetro de condição de saúde e qualidade de vida, no entanto observam aspectos relacionados com a funcionalidade de outra maneira (**Tabela 2**).

Tabela 2 – Quadro Comparativo

Profissão	Estrutura	Métodos relacionados à funcionalidade	Objetivos relacionados à funcionalidade
Terapia Ocupacional	Ocupação, tarefas, habilidades e processos.	Tarefas intencionais e significativas, habilidades e processos.	Desempenho dos papéis ocupacionais.
Fisioterapia	Movimento.	Exercícios terapêuticos e físicos.	Capacidade física e mobilidade.
Medicina	Doença e adoecimento.	Drogas e cirurgias.	Eliminação e redução dos sintomas.
Enfermagem	Saúde.	Auxílio e cuidado.	Saúde e sensação de bem-estar.
Serviço social	Organização comunitária e social.	Mudanças sociais e auxílio nos processos.	Interação social e relações.

Adaptado de: **Kathlyn L. Reed**, Sharon **Nelson Sanderson** Lippincott Williams & Wilkins, 1999.

COGNIÇÃO, FUNCIONALIDADE E TRANSTORNOS NEUROPSIQUIÁTRICOS

Nos transtornos psiquiátricos, a relação do comprometimento da funcionalidade do sujeito acometido pela doença está relacionada não só com os fatores psicossociais, mas também com a cognição que desempenha a contribuição importante nos prejuízos funcionais, nestes casos (MILLAN et al., 2012). Portanto, identificar os comprometimentos cognitivos e o impacto na funcionalidade nos transtornos neuropsiquiátricos é fundamental.

A literatura aponta padrões específicos e complexos de comprometimento cognitivo com relação a cada doença, como o episódio depressivo que pode cursar com alterações, envolvendo a sustentação da atenção, a função executiva, a velocidade psicomotora, o raciocínio não verbal e as novas aprendizagens (PORTO et al., 2002). Pacientes com transtorno bipolar apresentam dificuldades em vários domínios cognitivos, sendo as funções executivas bastante afetadas. Nestes casos, o número de episódios ou internações também pode contribuir com os déficits cognitivos e, por vezes, as medicações utilizadas para a estabilização do humor. Muitos déficits persistem mesmo após remissão dos sintomas (ROCCA & LAFER, 2006). Em pacientes com esquizofrenia, as evidências científicas são robustas ao afirmar que há um comprometimento generalizado de várias funções cognitivas, as quais podem ter uma progressão ao longo do tempo e, dependendo da duração da doença, os principais prejuízos cognitivos são: memória, atenção, linguagem, funções executivas (FIORAVANTI et al., 2012).

As implicações da função e da disfunção cognitiva de alto nível na participação em papéis ocupacionais e no desempenho de tarefas e atividades, seja em condições de saúde, como no envelhecimento, podem ser encontradas em populações com transtornos psiquiátricos, como esquizofrenia, transtorno bipolar, comprometimento neurológico, devido a condições neurológicas adquiridas, distúrbios de desenvolvimento neurológico, como transtorno de déficit de atenção e hiperatividade, envelhecimento (comprometimento cognitivo leve) e doenças neurodegenerativas (demência, doença de Parkinson). Nesses casos, não só os domínios cognitivos básicos como memória e atenção, mas também os processos cognitivos superiores, como consciência e funções executivas, são essenciais para a permissão da ocupação e da participação (KATZ, 2014).

Alguns estudos nos levam a compreender que, nos casos em que observamos uma correlação menor entre os resultados de avaliação em testes neuropsicológicos, e o desempenho funcional no mundo real, o uso de estratégias compensatórias e a influência das demandas do ambiente são fatores que podem interferir na diminuição desta relação (ROG et al., 2014; DE PAULA et al., 2015). Outro aspecto a ser considerado é que, por vezes, a natureza das tarefas em algumas avaliações e testes é muito distante das demandas do mundo real (NEUBERN, 2018). Neste contexto, os estudos clínicos têm focado cada vez mais em compreender o impacto da cognição em tarefas do mundo real. Contemplando esta necessidade, temos observado na consolidação de evidências que apontam a relação da cognição e da funcionalidade nestes transtornos, uma preocupação e atenção para o desenvolvimento de testes que contemplam esta relação e melhor auxiliam a investigação para o planejamento de intervenções, as quais também devem focar em melhorias no funcionamento do paciente no mundo real (MILLAN et al., 2012). Compreender globalmente estes aspectos é importante, uma vez que um mesmo problema de saúde pode ter impacto diferente em cada indivíduo, sendo que a OMS sugere a distinção de três níveis de déficit funcional: prejuízo, incapacidade e dificuldade/desvantagem (LOSCHIAVO-ALVARES, 2011).

Tendo em vista a forte correlação e a influência determinante da cognição no desempenho de tarefas diárias, torna-se fundamental compreender a relação destes nos sujeitos acometidos por tais transtornos. No campo da Terapia Ocupacional, Noomi Katz propõe que, na vigência de suspeita de incapacidades cognitivas, o processo de avaliação funcional deve incluir a investigação abrangente do perfil cognitivo no desempenho ocupacional, processo chamado de avaliação cognitiva funcional (CFE) (KATZ, 2014).

A AVALIAÇÃO DA FUNCIONALIDADE

Lawton, 1971 foi um dos primeiros autores a definir a avaliação funcional:

> Qualquer tentativa sistemática para medir objetivamente o nível em qual está o funcionamento da pessoa, em uma variedade de áreas, tais como saúde física, qualidade de automanutenção, qualidade das atividades, *status* intelectual, atividade social, atitude diante o mundo e frente a si mesmo, e *status* emocional. (REED, & SANDERSON, 1999)

No processo de avaliação funcional devem ser analisados aspectos de desempenho nas tarefas, as ocupações, o engajamento nas AVD, e outras mais específicas, como a investigação de habilidades/interesse, a vocação, o lazer, a participação social, a qualidade de vida e o comportamento, isso quando falado em avaliação de funcionalidade, nos referindo à capacidade e ao engajamento, à participação e ao desempenho de um sujeito no cotidiano. Cabe ao terapeuta a decisão clínica, com a intenção de definir as áreas a serem investigadas e a forma de fazê-lo para cada um de seus clientes. Esta decisão levará em consideração a finalidade da avaliação e aspectos relacionados ao contexto e ao referencial teórico do terapeuta.

A avaliação de funcionalidade é processual e implica em entrevista inicial, avaliação dos componentes de desempenho e AVD, avaliação cognitiva, avaliação do ambiente, entrevista com familiares e, se necessário, avaliação do humor e volição. Ao término, é fundamental a realização de relatórios e entrevista de encerramento.

Para o processo de avaliação funcional pode ser utilizado o uso de observação especializada e/ou a administração e a interpretação de testes e medidas padronizadas. Os instrumentos que avaliam o desempenho envolvem testes que investigam a habilidade do indivíduo em desempenhar tarefas relacionadas às AVD necessárias para o cotidiano. Os instrumentos para esse fim diferenciam-se tanto pelas áreas AIVD, AVBD e AAVD, quanto pela forma que avaliam – indireta ou diretamente. Sobre a escolha das avaliações, aspectos como tempo, custo, precisão das informações e o que está motivando a avaliação são relevantes.

O interesse por testes de desempenho de tarefas de mundo real tem aumentado nos últimos tempos, especialmente na compreensão da interferência das funções executivas no desempenho das tarefas. Particularmente, na prática da Terapia Ocupacional, a compreensão da pessoa em interação com o ambiente para o desempenho das ocupações é eixo fundamental nas decisões clínicas (Neubern, 2018; Millan et al., 2012).

Considerações Importantes no Processo de Avaliação

Ao analisarmos o desempenho ocupacional/funcionalidade de um indivíduo relacionado à capacidade cognitiva, é fundamental ter, de forma detalhada e aprofundada, parâmetros sobre sua capacidade cognitiva. A investigação de aspectos intrínsecos do ambiente, como humor, também se faz necessária a fim de obtermos uma visão global do sujeito (**Figura 1**).

Figura 1 – Ambiente e Fatores Intrínsecos

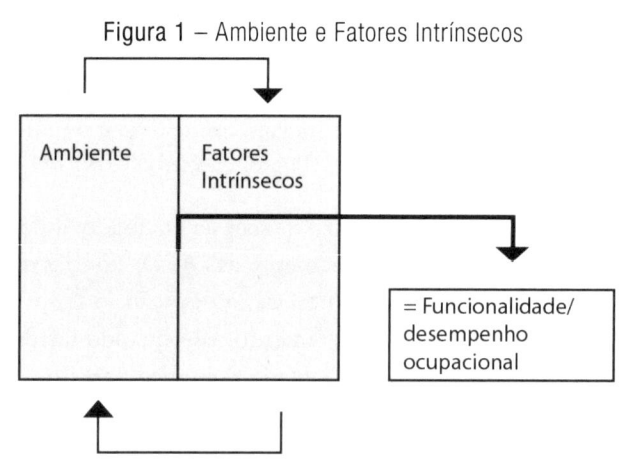

Adaptado de: OMS, 2015.

Faz parte do processo de avaliação a entrevista, com coleta de dados, da história do indivíduo, suas queixas, a sua situação atual, a aplicação de testes e ou avaliações padronizadas e a observação especializada não padronizada. Ao investigarmos os aspectos cognitivos e outros fatores, buscamos compreender e relacionar quais as implicações destes para o desempenho ocupacional, e qual o impacto dos fatores contextuais sobre o desempenho. Após o processo de avaliação, a resposta a ser obtida deve se relacionar com a identificação da assistência necessária para o desempenho seguro e significativo de AVD, oferecendo a base para o raciocínio clínico e para a seleção da abordagem de tratamento. Ela subsidia as decisões para as recomendações relativas, qual e quanto de assistência atualmente é necessária para um desempenho ocupacional seguro e significativo. A avaliação deve ser realizada para os seguintes objetivos:

a) plano de tratamento clínico e de reabilitação;
b) controle da evolução;
c) autonomia e segurança;
d) auxílio diagnóstico.

No momento em que o profissional define o protocolo a ser aplicado, deve ser levado em consideração aspectos que mesmo de forma indireta podem interferir nos resultados da avaliação e, embora muitos deles não possam ser corrigidos, a sua influência no desempenho deve ser analisada, se é de caráter permanente ou não, se pode ser corrigido, aspectos tais como a comunicação, os distúrbios sensoriais, a fadiga, a instabilidade emocional, a medicação, problemas motores, posturais e de equilíbrio, vínculo, nível de escolaridade, cegueira, surdez, limitação motora, os costumes culturais e dificuldades com o idioma, etc.

Instrumentos Padronizados

Diversos são os instrumentos disponíveis para a investigação da funcionalidade e os aspectos a serem considerados na escolha dos instrumentos. Trata-se de uma decisão bastante desafiadora na prática clínica. Para basear esta escolha, considere alguns aspectos que podem auxiliar, descritos no quadro a seguir, como um guia para esta reflexão (**Tabela 3**).

Tabela 3 – *Cheklist* para Escolha de Instrumentos

☐ Qual o motivo da avaliação?	☐ Espaço adequado para uso do teste.
☐ Tempo de aplicação.	☐ Experiência clínica e/ou treinamento do examinador.
☐ Tempo disposto pelo terapeuta.	☐ Custos.
☐ Participação do ciente e/ou cuidador.	☐ Está adequada à situação clínica em questão?
☐ Está alinhada teoricamente com sua abordagem clínica?	☐ Têm bons parâmetros psicométricos?

Além das considerações relacionadas na tabela, outros dois aspectos são fundamentais para a escolha dos protocolos. É importante que os instrumentos escolhidos sejam baseados no modelo teórico da prática do terapeuta e que as propriedades psicométricas sejam de conhecimento do mesmo a partir dos estudos já realizados. Alguns conceitos são de fundamental compreensão para esta decisão:

a) **Confiabilidade**: está relacionada com a reprodutibilidade do teste de maneira consistente. Esta condição nos diz se o teste mede sem erros e se mantém estabilidade e constância em sua reprodução (PASQUALI, 2009). Pode ser verificada tanto com a reprodutibilidade entre examinadores, quanto ao longo do tempo. A confiabilidade está relacionada à consistência interna, a qual busca investigar se os itens do teste se referem à mesma dimensão, isto é, o quanto eles concordam entre si, indicando se os itens estão correlacionados (PASQUALI, 2009). Para que seja avaliada a validade de um instrumento, três aspectos são considerados: conteúdo, critério e constructo.

b) **Validade de conteúdo**: está relacionada à capacidade de um instrumento representar o domínio que ele pretende avaliar (GOREINSTEIN, 2000; PASQUALI, 2009).

c) **Validade de critério**: examina a capacidade de um instrumento discriminar sujeitos de acordo com um desempenho específico. É importante que um critério válido e adequado independente do teste/medida que se quer validar seja escolhido, ou seja, o instrumento deve concordar com outra medida já bem estabelecida da mesma característica a ser avaliada (GOREINSTEIN, 2000; PASQUALI, 2009; LAW et al., 2001).

d) **Validade de constructo**: verifica a semelhança da medida que está sendo estudada em comparação com outras que fazem parte do mesmo campo de conhecimento, mostrando, assim, que o teste em questão não está contaminado com outras teorias (GOREINSTEIN, 2000; LAW et al., 2001).

Um teste com bons níveis de acurácia e precisão pode identificar, estimar a probabilidade da doença ou a condição em indivíduos, sendo estudados os valores de **sensibilidade**, que mede o quanto o teste detecta se a doença/condição está presente em indivíduos que têm a doença/condição (sem levar em consideração a quantidade de falsos-positivos) e os valores de **especificidade**, que medem o quanto o teste identifica pessoas sem a doença, em indivíduos sem a doença/condição (sem levar em consideração a quantidade de falsos-negativos). Com os dados de sensibilidade e especificidade podem ser calculados os valores preditivos do teste, que são de grande valor clínico (GOREINSTEIN, 2000; LAW et al., 2001).

Os instrumentos de funcionalidade se diferenciam tanto pelas áreas que avaliam, quanto pelos instrumentos que avaliam AIVD e AVBD, e outros são específicos para atividades básicas ou instrumentais, tanto pela forma que avaliam, que pode ser indireta ou direta. Alguns autores classificam também algumas avaliações em mediadas, pretendendo examinar as mudanças de desempenho frente a oportunidades oferecidas no ambiente por meio de pistas estruturadas, identificando, assim, o melhor nível de função do sujeito. Esta informação não é encontrada em avaliações indiretas ou diretas estáticas e são fundamentais para planos de tratamento e avaliação de segurança (TOGLIA, 2014; BUCHAIN & BARAUNA, 2019). Todos estes aspectos devem ser analisados para que seja feita a escolha mais precisa dos instrumentos a serem utilizados (**Tabela 4**).

Tabela 4 – Tabela de Instrumentos de Avaliação

	AVD	AIVD	Adaptação transcultural	Validação brasileira	Direta (D) ou Indireta (I)
DAFS (LOWESTEIN et al ,1989)	Sim	Sim	Sim; Pereira.	Sim.	D
EFPT (BAUM, 2008)	Não	Sim	Sim; Neubern, P.B., 2018.	Sim; Neubern. P. B, 2018.	D
Escala de atividades instrumentais (LAWTON-BRODY, 1969)	Não	Sim	Sim; Santos RL, Virtuoso Júnior JS, 2008.	Sim; Santos RL, Virtuoso Júnior JS, 2008.	I
Escala de Atividades de Vida Diária (KATZ, et al., 1963)	Sim	Não	Sim; Lino, et al., 2008.	Sim; Lino, et al., 2008.	I
Índice de Barthel (MAHONEY, et al, 1958)	Sim	Não	Sim; Minosso, et al, 2010.	Sim; Minosso, et al. 2010.	I
FAQ (PFEFFER, et al., 1982)	Não	Sim	Sim; Dutra, 2014; Sanchez MAS, et al., 2011.	Sim; Dutra, 2014.	I
MIF (GRANDER, et al., 1986)	Sim	Não	Sim; Riberto, et al., 2001.	Não para demências.	I
IQCODE (JORM, et al. 1989)	Não	Sim	Sim; Sanchez, 2007.	Sim; Sanchez, 2007.	I
DAD (GELINAS, et al., 1999)	Sim	Sim	Sim; Carthely-Goulart, et al., 2007.	Sim; Bahia, et al., 2010, et al., 2007.	I
DAD-L	Sim	Sim	Sim; Canon, et al., 2016.	Não.	
B-ADL (LEHFELD, et al., 1996)	Sim	Sim	Sim; MAPI – Reseach Institute, 1999.	Não.	I
ADL-Q (JOHNSON, et al., 2004)	Sim	Sim	Sim; Medeiros e Guerra, 2009.	Sim; Medeiros e Guerra, 2009.	I

Adaptado e ampliado de: HARDER, 2018 e BUCHAIN, 2019.

Em cada estágio há uma variedade de instrumentos, e o terapeuta pode escolher as avaliações que são mais apropriadas para os casos, levando em conta o indivíduo a ser avaliado, as variáveis demográficas, a doença e o contexto. Conheça alguns destes instrumentos a seguir:

a) *Direct Assessment of Functional Status* **(DAFS-Br)** (PEREIRA, 2010): instrumento que oferece dados sobre a magnitude do prejuízo em cada domínio funcional que examina. O paciente é observado realizando tarefas diárias de forma simulada, e as estratégias (ou falta delas) são usadas para cumprir metas ou corrigir o desempenho durante a execução. Ele avalia seis domínios diferentes AVD, incluindo atividades instrumentais e básicas. A pontuação é de 0 a 106 e, quanto maior a pontuação, melhor o desempenho funcional. Ela é dividida em cinco domínios: Orientação temporal (pontuação de 0 a 16), Comunicação (0 a 15), Habilidade para lidar com dinheiro (0 a 32), Habilidade para fazer compras (0 a 20), Habilidade de vestir-se e alimentar-se (0 a 13), gerando um total de até 106 pontos. No estudo brasileiro, o teste foi considerado capaz de discriminar controles, CCL e pacientes com demência.

b) *Executive Function Performance Test* **(EFPT-Br)** (BAUM et al., 2007; NEUBERN, 2018): estudo de adaptação cultural e validade com pacientes com DA em fase de finalização. Ele avalia componentes de funções executivas em relação aos seguintes domínios: iniciação, organização, sequenciamento, segurança e julgamento e conclusão da tarefa, durante o desempenho de quatro tarefas instrumentais (culinária simples, comunicação, manejo de medicação e gerenciamento de dinheiro) em contexto real. Ele possui um sistema de pistas padronizado e hierarquizado relacionado ao nível de prejuízo cognitivo. Sobre o desempenho de atividades instrumentais da vida diária, ele oferecerá como resultado o nível de assistência que o indivíduo necessita para conseguir desempenhar a tarefa, possibilitando a elaboração de um plano de suporte ambiental a fim de que o indivíduo mantenha algum grau de autonomia.

c) *Independent Living Skills Survey* **(Inventário de habilidades de vida independente) ILSS-BR** (MARTINI ET AL., 2012): investiga a funcionalidade a partir da frequência das atividades de vida independente nos últimos 30 dias. Ele possui uma versão a ser aplicada com paciente (autopercepção) (ILSS-BR-P) e outra com informante ou familiar (ILSS-BR-I).

d) *Routine Task Inventorie* – **RTI-e** (HOMEM DE MELLO & COTTING, 2018): avalia o desempenho em quatro áreas de tarefas rotineiras de ABVD e AIVD, comunicação e preparo para o trabalho a partir da perspectiva do autorrelato do paciente, relato do cuidador e observação do terapeuta, não sendo obrigada a aplicação das quatro escalas nem das três formas de coleta de dados.

RELATÓRIOS E ANÁLISE

Para a análise dos resultados obtidos com a aplicação dos instrumentos de informações e observações durante o processo de avaliação, o terapeuta pode realizar sua análise sobre parâmetros de capacidade e funcionalidade do indivíduo, lembrando que embora os testes padronizados sejam de fundamental importância no processo de avaliação, a observação clínica é imprescindível para a análise destes resultados. A escolha dos testes e avaliações, bem como a tomada de decisão em todas as etapas e procedimentos da avaliação devem estar no relatório final (Katz, 2014).

Para a realização de um relatório de Avaliação de Capacidade Funcional, o terapeuta deve levar em consideração aspectos relacionados à pessoa que está sendo avaliada, tais como estão na vigência de recuperação de algum quadro agudo. Os dados sobre o momento de vida do paciente e as condições durante a avaliação devem constar no relatório e serem considerados para a análise. O ambiente e o contexto em que foi realizada a avaliação também têm fundamental importância. O terapeuta deve ainda emitir sua opinião e as orientações sobre os dados relevantes em relação à capacidade funcional do indivíduo, sobre sua segurança e orientações sobre intervenções necessárias.

CONCLUSÃO

Profissionais da saúde devem identificar a mudança de padrão do desempenho funcional em indivíduos com transtorno psiquiátrico a fim de ampliar as possibilidades de resposta à intervenção, no auxílio diagnóstico e/ou avaliação de risco para a vida em segurança e com autonomia. No entanto, para conhecer a capacidade funcional do indivíduo em sua totalidade, é necessário um olhar amplo e global para todos os aspectos envolvidos nas AVD e para os papéis ocupacionais.

REFERÊNCIAS

AMINI, D.A.; KANNENBERG, K.; BODISON, Stefanie. et al. Occupational therapy practice framework: Domain & process. 3rd ed. **American Journal of Occupational Therapy**, 68. S1-S48. 10.5014/ajot. 2014.682006, 2014.

BAUM, Carolyn M.; LAW, Mary. Occupational therapy practice: Focusing on occupational performance. **American Journal of Occupational Therapy**, 51.4 (1997): 277-288.

BAUM, C.; EDWARDS, D. Position paper: occupational performance: occupational therapy's definition of function. American Occupational Therapy Association. **The American journal of oc-**

cupational therapy: official publication of the American Occupational Therapy Association, v. 49, n. 10, p. 1019-1020, 1995.

BAUM, CM; MORRISON, T; HAHN, M. et al. Executive Function Performance Test: Test protocol booklet. **Program in Occupational Therapy**. St. Louis, MO: Washington University School of Medicine; 2007.

BUCHAIN, Patricia; BARAUNA, Monica. Avaliação Neurocomportamental e Funcional em Idosos com Transtornos Mentais. In: APRAHAMIAN, Ivan. et al. (Org.). **Psiquiatria geriátrica.** São Paulo: Atlas Books And Co, 2019.

CHRISTIANSEN, Charles; BAUM, Carolyn Manville; BASS-HAUGEN, Julie (Eds.). **Occupational therapy**: Performance, participation, and well-being. Thorofare, NJ: Slack, 2005.

DE PAULA, J. J.; BICALHO, M. A.; ÁVILA, R. T. et al. A Reanalysis of Cognitive-Functional Performance. In: Older Adults: Investigating the Interaction Between Normal Aging, Mild Cognitive Impairment, Mild Alzheimer's Disease Dementia, and Depression. **Frontiers in Psychology**, 6, 2061, 2015.

FIORAVANTI, Mario; BIANCHI, Valentina; CINTI, Maria Elena. Cognitive deficits in schizophrenia: an updated metanalysis of the scientific evidence. **BMC psychiatry**, v. 12, n. 1, p. 64, 2012.

FISHER, Anne G.; SHORT-DEGRAFF, Margaret. Improving functional assessment in occupational therapy: Recommendations and philosophy for change. **American Journal of Occupational Therapy**, 1993.

GOREINSTEIN, C. **Escalas de avaliação clínica em psiquiatria e psicofarmacologia**. São Paulo: Lemos Editorial, 2000.

HARDER, Janaina. **A percepção do informante frente** à **funcionalidade do idoso com doença de Alzheimer [dissertação]**. São Paulo: Universidade de São Paulo, Faculdade de Medicina, 2018. [citado 2019-12-22]. Doi: 10.11606/D.52018.tde-15082018-092143.

HOMEM, de Mello; COTTING, Patricia. **Tradução, adaptação, transcultural e validação do inventário das tarefas rotineiras – estendidos (RTI-E) em idosos com doença de Alzheimer [dissertação]**. São Paulo: Universidade de São Paulo, Faculdade de Medicina, 2018 [citado 2019-12-22]. Doi:10.11606/D.52018.tde-17082018-091711.

KATZ, N. **Neurociência, reabilitação cognitiva e modelos**: de intervenção em terapia ocupacional. Santos Editora, 2014.

KIELHOFNER, Gary. **Model of human occupation**, 2009.

LAW, Mary; BAUM, Caroline, DUNN, Winnie. Measuring Occupational Performance. 2 ed. **Slack incorporated**, 2001.

LAWTON, MP. The functional assessment of elderly people. **J Am Geriatr Soc.**, 1971;19:465-91.

LOSCHIAVO-ALVARES, Fabricia Quintão; et al. Tools for efficacy's assessment of neuropsychological rehabilitation programs: A systematic review. **Clinical Neuropsychiatry**, v. 8, n. 3, p. 1-11, 2011.

MARTINI, L; ATTUX, C; BRESSAN, R. et al. Cultural adaptation, reliability and validity of the Brazilian version Independent Living Skills Survey (ILSS-BR/P) with schizophrenic patients for schizophrenia. **Arch Clin Psychiatry** (former: Rev Psiq Clin) [Internet]. 1Jan.2012 [cited 12Dec.2019]; 39(1):12-8.

Available from: http://www.revistas.usp. br/acp/article/view/17390

MILLAN, M.; AGID, Y.; BRÜNE, M. et al. Cognitive dysfunction in psychiatric disorders: characteristics, causes and the quest for improved therapy. **Nat Rev Drug Discov.**, 2012.

MOSEY, Anne Cronin. **Occupational therapy: Configuration of a profession**. Vol. 63. New York: Raven Press, 1981.

NEUBERN, Patricia Cardoso Buchain. Funcionalidade e função executiva em idosos saudáveis e portadores de demência na doença de Alzheimer: estudo de validação do **Executive Function Performance Test-Br [tese]**. São Paulo: Faculdade de Medicina, 2018. doi:10.11606/T.5.2018. tde-02072018-114315.

OMS: Organização Mundial da Saúde; BUCHALLA, CM (Editor). **CIF**: Classificação Internacional de Funcionalidade, Incapacidade e Saúde (CIF). São Paulo: EDUSP, 2003.

OMS: Organização Mundial da Saúde, WHO. **World report on ageing and health: World Health Organization**, 2015.

PASQUALI, L. **Psicometria – Teoria dos testes na psicologia e na educação**. 3 ed. Petrópolis, RJ: Vozes, 2009.

PEREIRA, FS. **Funções executivas e funcionalidade no envelhecimento normal, comprometimento cognitivo leve e doença de Alzheimer [tese]**. São Paulo: Faculdade de Medicina, Universidade de São Paulo, 2010.

PORTO, Patrícia; HERMOLIN, Marcia; VENTURA, Paula. Alterações neuropsicológicas associadas à depressão. **Rev. Bras. Ter. Comport. Cogn**. [online], v. 4, n. 1, 2002.

REED, Kathlyn L.; SANDERSON, Sharon Nelson. **Concepts of occupational therapy**. Lippincott Williams & Wilkins, 1999.

ROCCA, Cristiana C A; LAFER, Beny. Alterações neuropsicológicas no transtorno bipolar. **Rev. Bras. Psiquiatr**. [online], vol. 28, n. 3, 2006.

ROG, L. A.; PARK, L. Q.; HARVEY, D. J. et al. The independent contributions of cognitive impairment and neuropsychiatric symptoms to everyday function in older adults. **The Clinical Neuropsychologist**, 28(2), p. 215-236, 2014.

TOGLIA, Joan P. Modelo interativo dinâmico de cognição na Reabilitação Cognitiva. In: KATZ, N. **Neurociência, reabilitação cognitiva e modelos**: de intervenção em terapia ocupacional. Santos Editora, 2014.

6. AVALIAÇÃO NEUROPSICOLÓGICA PARA PACIENTES PSIQUIÁTRICOS

Sabrina de Sousa Magalhães
Ana Paula Almeida de Pereira

A avaliação neuropsicológica (AN) é um processo complexo que investiga e descreve as funções cognitivas e sua articulação com os afetos e os comportamentos do indivíduo, relacionando-as ao funcionamento normal, deficitário ou patológico do sistema nervoso central e ao contexto de vida da pessoa. A AN pode atender a diferentes objetivos e contribuir em diversos contextos. Dentre seus objetivos destacam-se:

- colaborar, de modo complementar, para diagnóstico diferencial, por meio de formulação de hipótese diagnóstica, explorando as razões de determinada queixa ou sintoma;
- auxiliar no processo de formulação e elaboração de documentação do caso, para estabelecer linha de base de perfil cognitivo e/ou medidas de funcionamento pré-mórbido ou pré-cirúrgico;
- acompanhar longitudinalmente, monitorar e proceder à orientação prognóstica do quadro clínico;
- descrever a magnitude de alterações ou de altas habilidades cognitivas e comportamentais;
- informar e direcionar o planejamento e as estratégias de intervenções, assim como indicar necessidades terapêuticas;
- orientar a tomada de decisões em contexto forense, por meio de perícia;
- em contexto de pesquisa, avaliar teorias, intervenções e modelos neuropsicológicos;
- contribuir com o avanço do conhecimento acerca da etiologia e da fisiopatologia de transtornos;

- realizar o desenvolvimento, a adaptação cultural e linguística, a padronização e a normatização de instrumentos de mensuração das funções mentais;
- identificar endofenótipos cognitivos associados a transtornos psiquiátricos.

A AN abarca técnicas quantitativas e qualitativas, tais como entrevistas, questionários estruturados ou semiestruturados, escalas, observação (em situação natural ou em ambiente clínico) e instrumentos formais de avaliação (HAASE et al., 2012). Os resultados da AN no contexto psiquiátrico devem ser apresentados de modo articulado com as potencialidades e as limitações observadas nas atividades rotineiras da pessoa. Deste modo, tais resultados auxiliam nas decisões terapêuticas e na melhoria da qualidade de vida do grupo de pessoas com diagnóstico psiquiátrico.

No Brasil, a prática da avaliação neuropsicológica tem se expandido cada vez mais. Por isso, a formação de novos profissionais aptos a desempenhar esta função precisa estar embasada na necessária ressalva de que a AN não se limita à aplicação de testes. A prática neuropsicológica fundamenta-se na integração dos achados de acordo com o referencial teórico de modelos neurocognitivos, correlação anátomo-clínica (estrutura-função) e interpretação dos achados quanti e qualitativos em um parecer coerente, contextualizado e situado no tempo.

A interpretação dos seus achados é o que torna uma avaliação propriamente neuropsicológica, pois ela extrapola a questão quantitativa para incluir complementarmente (e obrigatoriamente) a análise qualitativa, com base nas formas de resposta, nos tipos de erros, nas autocorreções, na noção de desempenho (consciência dos *déficits* ou não), entre outras (HAASE et al., 2012, p. 6).

AS ETAPAS DO PROCESSO DE AVALIAÇÃO NEUROPSICOLÓGICA NO CONTEXTO PSIQUIÁTRICO

Embora o objetivo deste capítulo não seja o de descrever como fazer uma avaliação neuropsicológica, vale destacar elementos importantes que a compõe, especialmente quando utilizada para responder a questões relacionadas à saúde mental do examinando.

O início do processo começa com o estabelecimento do *rapport*, da investigação da demanda e da motivação para a avaliação (entrevista ou anamnese). Nesta etapa, são colhidas e examinadas informações referentes a aspectos biopsicossociais, de modo a orientar uma avaliação e intervenção integrais (GRACEY; EVANS; MALLEY, 2009). Inclui-se também histórico médico, psicológico, social, laboral, educacional, familiar, de fatores estressores, em sua relação com o aparecimento e o curso das alterações cognitivas, emocionais e comportamentais relatadas. Também se verifica como as queixas se apresentam no contexto de vida da pessoa e quais os impactos identificados em sua funcionalidade e qualidade de vida. A depender da idade, do tipo de queixa e do comprometimento observado, a realização de entrevistas com familiares, acompanhantes ou cuidadores pode enriquecer bastante o processo. A entrevista inclui a observação profunda do indivíduo, desde suas respostas, sua interação com o examinador e acompanhante, tendências, omissões e maneirismos, até possíveis dissociações entre relato e funcionalidade que possam levantar a suspeita de manipulação das respostas e tentativa (intencional ou não) de simulação dos déficits (SERAFIM; MORAES, 2016). Após este extenso levantamento de dados, o neuropsicólogo deve formular perguntas para serem respondidas pelos procedimentos de avaliação e que servirão como diretrizes para selecionar os instrumentos.

Em seguida, procede-se à avaliação com instrumentos formais (testes e escalas), no qual também estão presentes as observações qualitativas que compõem a avaliação. A AN deve abarcar os principais domínios cognitivos que incluem funcionamento intelectual geral, velocidade de processamento, memória, atenção, habilidades visioespaciais, percepção, linguagem, funções executivas. O funcionamento cotidiano do indivíduo precisa ser investigado à parte, visto que as funcionalidades social e laboral podem ser relativamente independentes da avaliação cognitiva formal. Habilidades sociais, a expressão emocional, as estratégias de resolução de problemas relacionados a situações sociais e à flutuação de humor também devem ser incluídas na avaliação, conforme o caso específico (LOSCHIAVO-ALVARES; FISH; WILSON, 2018). A utilização de instrumentos de autorrelato, como inventários e questionários, precisa ser cuidadosamente planejada, posto que com frequência a pessoa com diagnóstico psiquiátrico tem dificuldades em perceber seus sintomas de modo claro e objetivo. Este fator incentiva que um informante, preferencialmente outro significativo que conviva com o avaliando, seja convidado a participar de entrevistas e/ou responder a instrumentos sobre o que observa.

Ao final da testagem, o profissional compila todas as informações para proceder à interpretação dos achados de acordo com o referencial teórico e com as queixas e sintomas relatados. No contexto psiquiátrico, a AN exige um conhecimento aprofundado sobre as características dos quadros psiquiátricos, não apenas os sintomas delimitados pelo Sistema de Classificação Internacional de Doenças, mas também o perfil cognitivo relacionado. Este conhecimento pode fundamentar o diagnóstico diferencial e estimar o grau de comprometimento cognitivo e funcional derivado do transtorno psiquiátrico.

A devolutiva é apresentada por meio da formulação de uma hipótese diagnóstica compatível com o caso. Durante a entrevista devolutiva, é importante apresentar informações psicoeducativas que esclareçam sobre o diagnóstico e seu reflexo nas dificuldades rotineiras apresentadas pelo paciente. Esta articulação facilita a compreensão do examinado sobre suas dificuldades e pode motivá-lo a aderir ao tratamento. Cabe ressaltar que a avaliação neuropsicológica é um exame complementar, situado no tempo, o qual deve ser considerado em conjunto com outros exames clínicos e com a avaliação global do paciente, não substituindo a avaliação e a condução feita por um profissional médico. Uma das características dos transtornos psiquiátricos é a necessidade de acompanhamento ao longo do tempo, uma vez que se trata de condições crônicas. Deste modo, a escolha de instrumentos que permitam sua utilização repetida pode facilitar a comparação entre os resultados obtidos em diferentes momentos.

O PERFIL NEUROPSICOLÓGICO E OS TRANSTORNOS PSIQUIÁTRICOS

Ao proceder à AN, o profissional estabelece a distinção do tipo de *déficit* (ou hiperfuncionamento), a extensão da lesão ou a disfunção cerebral, repercussões cognitivas e comportamentais, o impacto na funcionalidade e no cotidiano e a adaptação emocional e social que a pessoa apresenta. Ainda é estabelecido um perfil cognitivo, comunicativo e emocional, com os respectivos déficits, recursos e estratégias.

A aplicação da AN para orientar o trabalho de intervenção neuropsicológica ainda é modesta, considerando o potencial informativo que a prática possibilita. Ao mapear habilidades e déficits cognitivos, o profissional tem subsídios objetivos para identificar e diferenciar áreas "problemáticas" que merecem foco de intervenção, daquelas que não se configuram de tal modo e podem desempenhar a função de recursos, em contextos de intervenção. A depender do mapeamento, o foco da reabilitação pode ser restaurar ou estimular a função, ou compensá-la com suportes externos ou suportes internos. Neste último caso, as funções preservadas são estimuladas de modo a otimizar a autonomia e o funcionamento global do indivíduo. No contexto psiquiátrico, a avaliação neuropsicológica pode aumentar a adesão ao tratamento uma vez que propicia adequações nos procedimentos a partir das dificuldades cognitivas identificadas. Um paciente, por exemplo, com *déficit* de memória pode ter dificuldade em tomar suas medicações no horário prescrito, então, estratégias compensatórias para o *déficit* de memória prospectiva, como o uso de alarmes e calendários, podem minorar tais problemas.

No contexto dos transtornos psiquiátricos, a avaliação neuropsicológica pode ser uma ferramenta bastante útil para o diagnóstico diferencial. Em sua manifestação inicial, por exemplo, o Transtorno Neurocognitivo Devido à Doença de Alzheimer (DA), pode se confundir e se sobrepor a um quadro de Transtorno Depressivo Maior. A compilação de informações advindas do processo de AN pode esclarecer e diferenciar as condições (RICKER, 2004).

Ainda incipiente é a compreensão acerca da etiologia dos transtornos psiquiátricos. Algumas pesquisas têm encontrado uma relação bidirecional entre anormalidades morfofuncionais e sintomas cognitivos. No caso do Transtorno de Estresse Pós-Traumático (TEPT), por exemplo, os déficits de memória encontrados em pessoas com o quadro, tanto podem ser compreendidos como um fator de risco preexistente, à medida que levam a dificuldades de lidar com o evento estressor, quanto como uma consequência do transtorno por este gerar as disfunções mnemônicas observadas (Samuelson, 2011). Por sua vez, outros estudos descobriram que o *déficit* cognitivo pode representar uma característica central do transtorno e não apenas uma consequência secundária dos sintomas (e.g. Rock et al., 2014).

No entanto, independentemente da origem dos *déficits*, está claro o impacto que eles têm na vida da pessoa e o potencial efeito na resposta ao tratamento. A presença de quadros neurológicos, como traumatismo cranioencefálico e acidente vascular encefálico, também aumenta a chance da pessoa desenvolver um transtorno psiquiátrico (Lezak et al., 2004).

Nas últimas décadas, a pesquisa sobre as disfunções cognitivas presentes nos diferentes transtornos psiquiátricos têm se ampliado e, atualmente, pode-se traçar um perfil neuropsicológico característico destes transtornos (Cotrena et al., 2017; Goldberg; Burdick, 2008; Seidman; Mirsky, 2017; Sullivan, 2017). A familiaridade com esta literatura permite ao neuropsicólogo demarcar os principais domínios que devem ser investigados em suas avaliações, de modo a referendar ou refutar hipóteses diagnósticas e tecer recomendações para futuras intervenções.

A apresentação idiossincrática dos transtornos psiquiátricos requer, de modo especial, que o padrão de déficits e recursos cognitivos seja avaliado e descrito especificamente para cada pessoa. A fenomenologia destes transtornos é bastante heterogênea e, além disso, a cognição não se encontra isolada da história de vida da pessoa, do seu ambiente familiar, cultural e laboral e dos recursos internos e externos dos quais utiliza para lidar com eventuais dificuldades e limitações.

Dentre a importância da avaliação das funções cognitivas, encontra-se o potencial preditor do funcionamento cognitivo para o tratamento psiquiátrico, assim como para os desfechos funcionais *a posteriori*. Embora a inserção social seja influenciada por vários outros fatores, a cognição é um elemento importante dentre eles (Green; Kern; Heaton, 2004).

O conhecimento e a compreensão do perfil cognitivo associado a cada transtorno é fundamental para orientar os programas de reabilitação (Loschiavo-Alvares; Fish; Wilson, 2018). Em geral, funções executivas encontram-se comprometidas em pessoas com transtornos psiquiátricos, sendo, portanto, um *déficit* inespecífico, caso não seja contextualizado e identificado a qual tipo de função executiva se refere.

O **Quadro 1** busca trazer um norte para a avaliação de alguns transtornos psiquiátricos, mas não consiste em critérios diagnósticos. Nele também são descritas as manifestações típicas mais frequentes, sem entrar em detalhes quanto ao subtipo ou a outras formas de apresentação do transtorno.

Quadro 1 – Descrição de comprometimentos cognitivos centrais nos principais transtornos psiquiátricos

Transtorno Psiquiátrico	Principais *déficits* cognitivos observados	Referências
Transtorno do Espectro Autista	Coerência central fraca, baixa capacidade verbal, reduzida habilidade de generalização, prejuízo na socialização, teoria da mente, reconhecimento de emoções, cognição social, funções executivas (flexibilidade, planejamento).	Craig et al. (2016); Frith e Happé (1994); Miller et al. (2015); Morgan, Maybery e Durkin (2003); Plaisted (2015).
Transtorno Depressivo Maior	Funções executivas, memória (viés mnemônico), atenção (viés atencional), regulação emocional.	Beck e Bredemeier (2016); Everaert, Duyck e Koster (2014); Joormann e Vanderlind (2014); Rock et al. (2014).
Transtorno do Espectro da Esquizofrenia	Memória episódica, memória operacional (em especial a habilidade de manter informações relevantes do objetivo em mente), funções executivas (em especial, geração e seleção de regras, ajuste dinâmico de controle), cognição social.	Barch e Ceaser (2012); Couture, Penn e Roberts (2006); Green, Kern e Heaton (2004); Kerns et al. (2008); Minzenberg, Laird e Thelen (2009).
Transtorno Bipolar	Processar eventos mentais com carga emocional, memória verbal, inibição de resposta, funções executivas.	Bora, Yucel e Pantelis (2009); Grande et al. (2016); Kapczinski et al. (2009); Martinez–Aran et al. (2007).
Transtorno de *Déficit* de Atenção e Hiperatividade (TDAH)	Funções executivas quentes, funções executivas frias (especialmente controle inibitório), cognição social (percepção de prosódia e face emocional), teoria da mente, empatia.	Castellanos et al. (2006), Uerkermann et al. (2010).
Transtorno de Estresse Pós-Traumático	Memória e aprendizado, maior presença de falsas-memórias para material recente, controle cognitivo, regulação emocional, funções executivas (inibição de respostas e regulação atencional)[a].	Aupperle et al. (2012); Hayes, Vanelzakker e Shin (2012).
Transtornos Neurocognitivos devido à Doença de Alzheimer	Memória episódica, linguagem (nomeação semântica), atenção dividida, funções executivas (julgamento, tomada de decisão, raciocínio abstrato, resolução de problemas) e habilidades visuoespaciais.	Caixeta et al. (2014); Weintraub, Wicklund e Salmon (2012).

Transtorno Psiquiátrico	Principais *déficits* cognitivos observados	Referências
Transtornos Neurocognitivos devido a Degeneração Lobar Frontotemporal[b]	Funções executivas (perda de *insight*, planejamento, abstração, organização, resolução de problemas, perseveração, flexibilidade, abstração, controle inibitório), cognição social, comportamento de utilização, atenção sustentada, memória (dificuldade de evocação com reconhecimento preservado), diminuição da fluência verbal (fonética e semântica).	Caixeta et al. (2014); Neary et al. (1998).
Transtornos relacionados ao uso/abuso de substâncias.	Funções executivas (controle inibitório, impulsividade). Efeitos específicos da maconha: memória operacional, memória episódica.	APA (2014); Curran et al. (2016); Holmes et al. (2016).

[a] Em geral, estímulos emocionais tendem a ser processados com maior eficiência do que estímulos neutros. Mas a aparente vantagem pode estar associada a comprometimentos no processamento de outros tipos de informação. A interação cognição-emoção ainda é campo de importantes investigações para melhores esclarecimentos (HAYES, VAN ELZAKKER & SHIN, 2012).

[b] Variante comportamental e/ou disexecutiva.

CONCLUSÃO

Em suma, a AN constitui-se em um processo que articula diferentes procedimentos investigativos da prática clínica a conhecimentos teóricos da Psiquiatria e Neuropsicologia. Seus resultados podem subsidiar o diagnóstico e as decisões ao longo do tratamento. A definição e escolha das estratégias terapêuticas que melhor se adéquem ao indivíduo requer o delineamento preciso de suas capacidades e limitações, assim como a descrição do impacto de sua condição em sua vida pessoal (LEZAK, 2004). A AN possibilita um mapeamento claro que orienta quais intervenções possuem maiores possibilidades de sucesso, com base nas habilidades e limitações da pessoa.

Pessoas com transtornos psiquiátricos apresentam uma série de comprometimentos cognitivos e funcionais que podem predizer aderência a tratamentos e dificuldades terapêuticas futuras. A AN atua como importante subsídio para a identificação destas condições, de modo a orientar objetivamente o trabalho da reabilitação neuropsicológica em conjunção com o tratamento psiquiátrico.

Deste modo, a avaliação neuropsicológica no contexto da Psiquiatria adquiriu papel importante para fundamentar o diagnóstico e as decisões terapêuticas.

REFERÊNCIAS

APA. **Manual de Diagnóstico e Estatístico das Perturbações Mentais**: **DSM 5**. 5.ed. Porto Alegre: Artmed, 2014.

AUPPERLE, R. L.; MELROSE, A. J.; STEIN, M. B., et al. Executive function and PTSD: disengaging from trauma. **Neuropharmacology**, v. 62, n. 2, p. 686-694, 2012.

BARCH, D. M.; CEASER, A. Cognition in schizophrenia: core psychological and neural mechanisms. **Trends in cognitive sciences**, v. 16, n. 1, p. 27-34, 2012.

BECK, A. T.; BREDEMEIER, K. A unified model of depression: Integrating clinical, cognitive, biological, and evolutionary perspectives. **Clinical Psychological Science**, v. 4, n. 4, p. 596-619, 2016.

BORA, E.; YUCEL, M.;PANTELIS, C. Cognitive endophenotypes of bipolar disorder: a meta-analysis of neuropsychological deficits in euthymic patients and their first-degree relatives. **Journal of affective disorders**, v. 113, n. 1-2, p. 1-20, 2009.

CAIXETA, L.; PINTO, P. H.; SOARES, V. L. D. et al. Neuropsicologia das doenças degenerativas mais comuns. In: CAIXETA, L.;TEIXEIRA, A. L. **Neuropsicologia geriátrica**: neuropsiquiatria cognitiva em idosos. Porto Alegre: Artmed, 2014. cap. 13, p. 153-170.

CASTELLANOS, F. X.; SONUGA-BARKE, E. J.; MILHAM, M. P. et al. Characterizing cognition in ADHD: beyond executive dysfunction. **Trends in cognitive sciences**, v. 10, n. 3, p. 117-123, 2006.

COTRENA, C.; BRANCO, L. D.; POSONI, A. et al. Neuropsychological clustering in bipolar and major depressive disorder. **Journal of the International Neuropsychological Society**, v. 23, n. 7, p. 584-593, 2017.

COUTURE, S. M.; PENN, D. L.; ROBERTS, D. L. The functional significance of social cognition in schizophrenia: a review. **Schizophrenia bulletin**, v. 32, suppl. 1, p. S44-S63, 2006.

CRAIG, F.; MARGARI, F.; LEGROTTAGLIE, A. R. et al. A review of executive function deficits in autism spectrum disorder and attention-deficit/hyperactivity disorder. **Neuropsychiatric disease and treatment**, v. 12, p. 1191-1202, 2016.

CURRAN, H. V.; FREEMAN, T. P.; MOKRYSZ, C. et al. Keep off the grass? Cannabis, cognition and addiction. **Nature Reviews Neuroscience**, v. 17, n. 5, p. 293-306, 2016.

EVERAERT, J.; DUYCK, W.; KOSTER, E. H. Attention, interpretation, and memory biases in subclinical depression: A proof-of-principle test of the combined cognitive biases hypothesis. **Emotion**, v. 14, n. 2, p. 331-340, 2014.

FRITH, U.; HAPPÉ, F. Autism: Beyond "theory of mind". **Cognition**, v. 50, n. 1-3, p. 115-132, 1994.

GOLDBERG, J. F.; BURDICK, K. E. Cognitive dysfunction in Bipolar disorder: A guide for clinicians. **American Psychiatric Publishing**, USA, 2008.

GRACEY, F.; EVANS, J. J.; MALLEY, D. Capturing process and outcome in complex rehabilitation interventions: A "Y-shaped" model. **Neuropsychological Rehabilitation**, v. 19, n. 6, p. 867-890, 2009.

GRANDE, I.; BERK, M.; BIRMAHER, B. et al. Bipolar disorder. **The**

Lancet, v. 387, n. 10027, p. 1561-1572, 2016.

GREEN, M. F.; KERN, R. S.; HEATON, R. K. Longitudinal studies of cognition and functional outcome in schizophrenia: implications for MATRICS. **Schizophrenia research**, v. 72, n. 1, p. 41-51, 2004.

HAASE, V. G. et al. Neuropsicologia como ciência interdisciplinar: consenso da comunidade brasileira de pesquisadores/clínicos em Neuropsicologia. **Revista Neuropsicologia Latinoamericana**, v. 4, n. 4, p. 1-8, 2012.

HAYES, J. P.; VANELZAKKER, M. B.; SHIN, L. M. Emotion and cognition interactions in PTSD: a review of neurocognitive and neuroimaging studies. **Frontiers in integrative neuroscience**, v. 6, p. 89, 2012.

HOLMES, A. J.; HOLLINSHEAD, M. O.; ROFFMAN, J. L. et al. Individual differences in cognitive control circuit anatomy link sensation seeking, impulsivity, and substance use. **Journal of neuroscience**, v. 36, n. 14, p. 4038-4049, 2016.

JOORMANN, J.; VANDERLIND, W. M. Emotion regulation in depression: The role of biased cognition and reduced cognitive control. **Clinical Psychological Science**, v. 2, n. 4, p. 402-421, 2014.

KAPCZINSKI, N. S.; MARTÍNEZ-ARÁN, A.; PEUKER, A. C. et al. Funções cognitivas no transtorno bipolar. In: KAPCZINSKI, F.; QUEVEDO, J. (Orgs.) **Transtorno bipolar**: teoria e clínica. Porto Alegre: Artmed, 2009.

KERNS, J. G.; NUECHTERLEIN, K. H.; BRAVER, T. S. et al. Executive functioning component mechanisms and schizophrenia. **Biological psychiatry**, v. 64, n. 1, p. 26-33, 2008.

LEZAK, M. D.; HOWIESON, D. B.; LORING, D. W. et al. **Neuropsychological assessment**. Oxford University Press, USA, 2004.

LOSCHIAVO-ALVARES, F. Q.; FISH, J.; WILSON, B. A. Applying the comprehensive model of neuropsychological rehabilitation to people with psychiatric conditions. **Clinical Neuropsychiatry**, v. 15, n. 2, p. 83-93, 2018.

MARTINEZ-ARAN, A.; VIETA, E.; TORRENT, C. et al. Functional outcome in bipolar disorder: the role of clinical and cognitive factors. **Bipolar disorders**, v. 9, n. 1-2, p. 103-113, 2007.

MILLER, H. L.; RAGOZZINO, M. E.; COOK, E. H. et al. Cognitive set shifting deficits and their relationship to repetitive behaviors in autism spectrum disorder. **Journal of autism and developmental disorders**, v. 45, n. 3, p. 805-815, 2015.

MINZENBERG, M. J.; LAIRD, A. R.; THELEN, S. et al. Meta-analysis of 41 functional neuroimaging studies of executive function in schizophrenia. **Archives of general psychiatry**, v. 66, n. 8, p. 811-822, 2009.

MORGAN, B.; MAYBERY, M.; DURKIN, K. Weak central coherence, poor joint attention, and low verbal ability: Independent deficits in early autism. **Developmental psychology**, v. 39, n. 4, p. 646-656, 2003.

NEARY, D.; SNOWDEN, J. S.; GUSTAFSON, L. et al. Frontotemporal lobar degeneration: a consensus on clinical diagnostic criteria. **Neurology**, v. 51, n. 6, p. 1546-1554, 1998.

PLAISTED, K. C. Reduced generalization in autism: An alternative to weak central coherence. In: BURACK, J. A.; CHARMAN, T.; YIRMIYA, N. et al.

(Eds.). **The development of Autism**: Perspectives from Theory and Research. Lawrence Erlbaum Associates, Inc, Publishers, 2015. p. 149-169.

RICKER, J. H. **Differential diagnosis in adult neuropsychological assessment**. Springer Publishing Company, USA, 2004.

ROCK, P. L.; ROISER, J. P.; RIEDEL, W. J. et al. Cognitive impairment in depression: a systematic review and meta-analysis. **Psychological medicine**, v. 44, n. 10, p. 2029-2040, 2014.

SAMUELSON, K. W. Post-traumatic stress disorder and declarative memory functioning: a review. **Dialogues in clinical neuroscience**, v. 13, n. 3, p. 346-351, 2011.

SEIDMAN, L. J.; MIRSKY, A. F. Evolving notion of schizophrenia as a developmental neurocognitive disorder. **Journal of the International Neuropsychological Society**, v. 23, n. 9-10, p. 881-892, 2017.

SERAFIM, A. P.; MORAES, A. J. J. Como proceder em casos de suspeita de simulação de *déficits* cognitivos. In: MALLOY-DINIZ, L. F.; MATTOS, P.; ABREU, N. et al. (Orgs). **Neuropsicologia: aplicações clínicas**. Porto Alegre: Artmed, 2016. cap. 11, p. 161-174.

SULLIVAN, E. V. Contribution to understanding the neuropsychology of alcoholism: An INS Legacy. **Journal of the International Neuropsychological Society**, v. 23, n. 9-10, p. 843-859, 2017.

UEKERMANN, J.; KRAEMER, M.; ABDEL-HAMID, M. et. al. Social cognition in attention-deficit hyperactivity disorder (ADHD). **Neuroscience & biobehavioral reviews**, v. 34, n. 5, p. 734-743, 2010.

WEINTRAUB, S.; WICKLUND, A. H.; SALMON, D. P. The neuropsychological profile of Alzheimer disease. **Cold Spring Harbor perspectives in medicine**, v. 2, n. 4, a006171, 2012.

7. A INFLUÊNCIA DOS FATORES PSICOLÓGICOS NA REABILITAÇÃO NEUROPSICOLÓGICA

Nayara de Lourdes Oliveira

CONCEITUALIZAÇÃO E CARACTERIZAÇÃO DA TERAPIA COGNITIVO-COMPORTAMENTAL

A Terapia Cognitivo Comportamental (TCC) surgiu no final da década de 50 e início da década de 60, tendo sido desenvolvida por Aaron T. Beck. Tal abordagem teórica se constitui como uma psicoterapia breve, estruturada, orientada ao presente, e que se destina a solucionar problemas atuais e a modificar os pensamentos e comportamentos que são disfuncionais para a pessoa.

Ao levar em conta seus embasamentos teóricos, é importante sinalizar que a TCC apresenta uma interessante intersecção junto ao campo das neurociências, à medida que faz o uso de pesquisas experimentais e empíricas como suporte.

A TCC se apresenta como um modelo terapêutico proposto a identificar de que forma os pensamentos de uma pessoa acerca de determinado evento ou experiência influenciam a sua resposta emocional e comportamental. Tal proposta se justifica pela ideia de que a interpretação a respeito de determinadas situações, muitas vezes, se manifesta por meio de pensamentos automáticos, que acabam por influenciar a resposta emocional, comportamental e fisiológica do indivíduo.

No que diz respeito à conceituação de pensamentos automáticos, Beck (1964) assinala que estes são fluxos de pensamentos coexistentes com outro fluxo, mais manifesto de pensamentos, e que surgem espontaneamente: seja de forma verbal, visual (imagens) ou em ambas as formas, sem que haja algum tipo de avaliação ou reflexão. A considerar a rapidez com que esse tipo de pensamento vem à tona, é usual que os pacientes tenham mais facilidade em identificar a emoção causada por aquele pensamento do que o conteúdo propriamente dito. Isso significa que, na maior parte do tempo, as pessoas não estão cientes desses pensamentos, embora com frequência os percebam como sendo verdadeiros.

Estudos na área apontam que identificar, avaliar e responder a pensamentos automáticos de forma mais adaptativa produz uma melhora no humor e no comportamento dos indivíduos. Porém, há de se fazer o seguinte questionamento: o que faz com que uma pessoa interprete uma mesma situação de modo diferente de outra? Como os pensamentos automáticos surgem e de onde eles vêm? Na tentativa de responder a tais questões, chegamos a um feito cognitivo mais duradouro: as crenças.

Desde a infância, as pessoas desenvolvem determinadas crenças acerca de si mesmas e do mundo ao seu redor. Tais crenças podem ser chamadas de "crenças centrais", constituindo-se como ideias profundas, as quais se apresentam como verdades absolutas diante do indivíduo, passando a ter entendimentos de como as coisas "são" em caráter universal. Quando uma crença central é ativada, a interpretação de determinada situação se faz por meio da lente que está por detrás dessa crença, como um determinado leitor, que por nunca ter ouvido falar em Terapia Cognitivo-Comportamental, ao ler um texto deste tipo, pode pensar que não é bom o suficiente para compreendê-lo. Dessa forma, seria possível dizer que o leitor apresenta a crença central "Eu sou incapaz", que pode operar apenas quando o indivíduo estiver deprimido, assim como estar ativada em grande parte do tempo.

O sofrimento advindo das crenças centrais é oriundo do fato de elas serem disfuncionais, o que significa que estão distorcidas da realidade. As crenças disfuncionais para o indivíduo recebem o nome de esquemas, os quais são responsáveis por fazer com que a pessoa faça um uso seletivo de informações, as quais sejam capazes de sustentar as crenças que possui a respeito de si mesma e do mundo. Ao mesmo tempo, tudo aquilo que as contrariam não é levado em consideração. Diante disso, é possível apontar que, por mais imprecisas e disfuncionais que sejam as crenças, o indivíduo faz um esforço enorme para que a crença central seja mantida.

Ademais, a partir das crenças centrais, ou seja, em decorrência dessas, são geradas as crenças intermediárias, que se constituem de regras, atitudes e suposições das pessoas a respeito de si mesmas. Ainda, tomando como referência o exemplo citado, de um leitor hipotético, seria possível apontar as seguintes crenças intermediárias desse indivíduo:

Atitude: "É muito ruim ser incapaz."

Regras: "Eu devo me esforçar o máximo que puder o tempo todo."

Suposição: "Se eu me esforçar o máximo que puder, posso ser capaz de ler os textos mais facilmente, assim como as outras pessoas."

Tais crenças influenciam a percepção da pessoa diante dessa situação específica, ao mesmo tempo em que são capazes de determinar os modos como o leitor pensa, sente e se comporta. Ainda em relação a esse tipo de crença, é possível apontar que as crenças intermediárias surgem a partir do momento em que tentamos extrair sentido do ambiente para organizarmos nossa experiência e funcionarmos de forma adaptativa (ROSEN, 1988). Assim, as interações conduzem a determinados entendimentos/aprendizagens, de modo que nossas crenças podem variar em precisão e funcionalidade.

Ao reunir técnicas de intervenção, com o objetivo de produzir mudanças cognitivas, isto é, mudanças nos pensamentos e no sistema de crenças do paciente para promover mudança emocional e comportamental duradoura, a TCC, atualmente, apresenta-se como uma das formas de terapia mais eficaz. Estudos demonstram sua eficácia no tratamento do transtorno depressivo maior, transtorno de ansiedade generalizada, transtorno de pânico, fobia social, transtornos alimentares, transtorno obsessivo-compulsivo, transtorno de estresse pós-traumático, abuso de substância, transtorno de personalidade e esquizofrenia.

A eficácia dessa prática de Psicoterapia se deve ao fato de que a diversidade de técnicas cognitivas e comportamentais permite delinear e testar as falsas suposições não adaptativas do paciente. Tal abordagem promove, assim, experiências de aprendizagem a fim de ensinar os pacientes a: observar e controlar seus pensamentos automáticos distorcidos (cognições); reconhecer o vínculo entre pensamento, emoção e comportamento; examinar evidências a favor e contra seus pensamentos automáticos negativos; substituir os pensamentos tendenciosos por interpretações mais realistas, além de aprender a alterar as crenças disfuncionais que predispõe a distorcer as experiências.

A seguir, veremos o fragmento de um caso clínico atendido em consultório.

FLÁVIO: *NÃO CONSIGO ESTUDAR.*[1]

Recebi Flávio no consultório, um homem de 28 anos, advogado, que buscou a terapia por causa da sua tristeza e dificuldade para estudar. Ele contou ter tido um episódio depressivo na adolescência e outro durante a faculdade, após o término abrupto de um relacionamento. Nos últimos meses, Flávio relatou que vem se sentindo pior. Queixa-se da falta de compreensão de seus pais perante a sua escolha de dedicar-se aos estudos em tempo integral para ser aprovado em um concurso público: "Meus pais têm uma visão diferente da minha, meus pais não me apoiam. Meu pai estipulou um prazo e, caso eu não seja aprovado nesse período, ele quer que eu trabalhe." Então, o paciente acrescentou: "Acontece que eu não consigo estudar."

Por meio da sua fala, foi possível observar que Flávio sentia-se pressionado a dar um retorno positivo aos pais em curto prazo de tempo. Além disso, o paciente contou que estava triste, desinteressado no relacionamento, que havia parado de praticar esportes e sair com os amigos, além de estar apresentando sintomas de insônia, má alimentação e ganho de peso.

---

[1] Nome fictício a fim de preservar a identidade do paciente.

Pergunto o que passou pela cabeça dele ao vivenciar tais momentos: "Que pensamentos específicos você tem?" A partir de tal questionamento, Flávio deu início a uma amostra de seus pensamentos automáticos: "Penso que não vou conseguir ser aprovado em um concurso."; "Não estou apto a passar na prova."; "Sou dependente financeiramente do meu pai."; "Não terei minha independência financeira tão cedo."

Por meio de questionamentos, feitos de forma sutil, a história de Flávio foi sendo revelada, de modo que a cada pergunta o paciente suspirava profundamente, inquieto e descrente, respondendo de forma superficial.

Flávio é o caçula numa família de três filhos. Seu pai é empresário e engenheiro agrônomo e se apresenta como um homem preocupado com o trabalho, exigente e crítico. Quando criança, o paciente observava seu pai, à distância, e passou a acreditar que não poderia administrar a fazenda tão bem quanto ele. As comparações continuaram a fazer parte da história de Flávio, que passou a se comparar com seu irmão mais velho, com quem tem muita proximidade, e que é engenheiro como o pai. Diante disso, o paciente foi desenvolvendo pensamentos como: "Eu não sei levar o trabalho da família adiante."; "Meu irmão sabe como lidar com o meu pai e sabe fazer o que precisa ser feito na empresa."; "Eu jamais terei esse jogo de cintura que o meu irmão tem."

As ideias desenvolvidas por Flávio foram reforçadas por seu pai, que, frequentemente solicitava a ajuda dos filhos nos negócios da fazenda, e assim, colocava o irmão mais velho como exemplo de responsabilidade, execução e resolução dos problemas. A partir dessas situações, Flávio passou a acreditar que era incompetente. Na escola, o histórico de comparações do paciente teve continuidade, já que ele também se comparava aos colegas. Embora fosse um ótimo aluno, ele se comparava fisicamente, novamente se sentindo inferior, gordinho e feio: "Eu não era tão bonito, não destacava entre os meninos."; "Eu jamais faria sucesso entre as meninas."

No ano de 2008, Flávio concluiu o Ensino Médio e quis mudar-se para Belo Horizonte para estudar. No entanto, não teve aprovação de sua mãe, que considerava aquela uma mudança drástica para alguém tão jovem. Ela acreditava que por se tratar de uma cidade grande e distante, ele poderia não ficar tão bem sozinho, o que acabou por fazer com que a ideia de que ele era incapaz e inferior continuasse a ser reforçada.

Os processos enfrentados por Flávio o levaram a consolidar uma crença central sobre si mesmo. No entanto, as crenças negativas de Flávio não eram tão sólidas. Seu pai, apesar de crítico, sempre esteve por perto e era muito encorajador. Flávio também teve experiências positivas com os amigos do colégio e da faculdade, é bom jogador de basquete, e inclusive participou de campeonatos, além de ter sido aprovado no vestibular da UFMG, com elogios de professores e colegas de escritório. Diante disso, Flávio foi capaz de desenvolver uma crença positiva contrária: a de que ele é competente em alguns aspectos.

Na vida adulta, as crenças centrais mais positivas do paciente foram dominantes, até que ele se tornou deprimido, e então, suas crenças centrais negativas foram ativadas. A partir disso, atitudes, regras e suposições se desenvolveram do mesmo modo que as crenças centrais, à medida que Flávio tentou extrair sentido do mundo, dos outros e de si mesmo, principalmente após o posicionamento dos seus pais diante de sua escolha de dedicar-se exclusivamente aos estudos.

Da mesma forma como ocorreu com suas crenças centrais, Flávio não articulou suas crenças intermediárias. No entanto, tais crenças passaram a influenciar os seus pensamentos e a orientar seus comportamentos. O paciente diz que não consegue estudar, embora tente, porque supôs que precisa dedicar-se única e exclusivamente aos estudos para ser bom o suficiente para passar no concurso público. Dessa forma, ele se sente triste por não ter o apoio de seus pais e, consequentemente, não consegue obter bons resultados.

Quando as crenças centrais mais positivas do paciente predominam, ele se vê numa perspectiva mais positiva, de modo que a seguinte suposição é desenvolvida: "Se eu dedico, eu sou aprovado." No entanto, quando se tornou deprimido, passou a duvidar de tal suposição, de modo que a substituiu pela seguinte crença: "Devido às minhas deficiências, dificilmente irei conseguir." A partir daí, veio outra suposição, em decorrência da primeira: "Se eu me dedico somente aos estudos, posso ser aprovado e ter a minha independência financeira."

Nesse caso, é possível afirmar que as crenças negativas de Flávio contribuíram para predispô-lo à depressão. Quando deixou a casa dos pais para fazer faculdade, o paciente passou por várias experiências, interpretadas por ele de forma altamente negativa. Dentre elas, é possível mencionar o término do primeiro namoro, o posicionamento de seus pais, as restrições financeiras, a mudança de apartamento para morar com a namorada, a nomeação da sua atual namorada em um concurso público e a aprovação de alguns amigos também em concursos. Assim, a partir de tais situações, foram desenvolvidas algumas crenças: "Ela não gosta de mim."; "Meus pais não me apoiam."; "Sou dependente."; "Minha namorada é inteligente."; "Meus amigos são muito bons."

A seguir, veremos um esquema organizado de forma didática a fim de facilitar o entendimento, que apresenta a conceituação cognitiva do paciente Flávio. Nesse diagrama, são apresentados dados relativos à história do indivíduo, as crenças que foram desenvolvidas a partir do histórico, estratégias compensatórias, bem como exemplos que ilustram a relação entre uma situação vivenciada e os pensamentos, as emoções e os comportamentos que surgiram em decorrência dos fatos.

Figura 1 – Diagrama de Conceituação Cognitiva

Conceituação Cognitiva de Flávio

Dados Relevantes de Infância
Comparava-se com o pai e o irmão mais velho.
Pai crítico, mãe protetora.

Crença Central
Eu sou incompetente.

Suposições Condicionais/Crenças/Regras
(Positiva) Quando eu dedico aos estudos, tenho bons resultados. Sou aprovado.
(Negativa) Se eu não tenho bons resultados, então falhei.

Estratégia(s) Compensatória(s)
Estabelece poucas metas/ evita o trabalho/ pede ajuda/ reduz os estudos.

Situação 1	**Situação 2**	**Situação 3**
Posicionamento dos pais, exigência de trabalho.	Refletindo sobre a possibilidade de estudar e trabalhar.	Pensando sobre as exigências do concurso.
PAN	**PAN**	**PAN**
Meus pais não me apoiam.	Eu não serei capaz de fazer os dois.	Vou demorar a ser aprovado
Emoção	**Emoção**	**Emoção**
Tristeza.	Tristeza.	Tristeza.
Comportamento	**Comportamento**	**Comportamento**
Discute com os pais.	Procrastinação em relação aos estudos.	Parou de estudar.

Copyright 1993, Judith S. Beck, PhD.
PAN. Pensamento Automático Negativo

A partir do quadro esquemático exposto, é possível observar que Flávio desenvolveu uma suposição positiva, que em alguns momentos o ajudou a enfrentar a ideia dolorosa de incapacidade: "Seu eu dedico aos estudos, tenho bons resultados." Como a maioria dos pacientes, ele também teve uma suposição negativa: "Se eu não tenho bons resultados, então falhei."

Por meio do diagrama, podemos perceber que as suposições de Flávio ligam as estratégias compensatórias à crença central: "Se eu (me engajo na estratégia compensatória), então (minha crença central pode não ser verdadeira)." No entanto, se Flávio estabelece metas, dedica-se aos estudos e enfrenta o trabalho, sua crença central pode tornar-se verdade. Assim, o paciente acreditava que, agindo de determinada maneira, não ficaria exposto, o que demonstra a tentativa de não evidenciar o seu fracasso e a sua incapacidade.

O MODELO COGNITIVO DA DEPRESSÃO

Em linhas gerais, a depressão pode ser conceituada como a capacidade reduzida de iniciativa ou persistência em atividades, com redução do interesse pelo ambiente. Frequentemente, esse quadro está associado ao sentimento de tristeza, à sensação de fadiga ou à perda de energia, caracterizada pela queixa de cansaço exagerado, humor irritável, lentidão psicomotora, bem como às alterações no apetite, peso, sono e libido. Beck (1997) assinala que a depressão é o resultado de pensamentos enraizados e distorcidos, o que tem como consequência, padrões de pensamentos e crenças disfuncionais com prevalência de inferioridade e incompetência.

Diante disso, é possível constatar que quadros depressivos estão associados a manifestações disfuncionais de pensamentos, emoções e ações, que passam a fazer parte do dia a dia do paciente. Tais manifestações favorecem a redução da capacidade de inciativa do indivíduo, instaurando um ciclo repetitivo. Clinicamente, é possível afirmar que quanto mais reduzida é a capacidade de iniciativa do paciente, mais grave será seu quadro clínico, o que pode ser verificado por meio da observação do indivíduo ao executar tarefas de diferentes níveis.

O modelo cognitivo da depressão foi evoluindo a partir do confronto entre observações clínicas sistemáticas e testes experimentais, o que possibilitou grandes avanços no desenvolvimento do modelo de psicoterapia proposto por Beck. Na tentativa de explicar o cerne psicológico da depressão, o modelo cognitivo propõe o estudo de três conceitos específicos. São eles: tríade cognitiva, esquemas e erros cognitivos.

Conceito de Tríade Cognitiva

Ao pensar no conceito de tríade cognitiva, é necessário considerar que este envolve três padrões cognitivos principais, os quais induzem o paciente a encarar a si mesmo, seu futuro e suas experiências de forma inadequada ou inapta. Assim, o primeiro componente da tríade, que leva em conta a "Visão de si", gira em torno de modos negativos sobre como o paciente se percebe, sendo usual que este se veja como inadequado ou inapto.

O segundo elemento, por sua vez, está relacionado à "Visão de Mundo" e diz respeito à tendência que as pessoas deprimidas possuem de fazer interpretações negativas de acontecimentos e experiências. Assim, o indivíduo acredita que todos à sua volta têm solicitações absurdas e opõe os mais diversos obstáculos em relação aos seus objetivos e às metas pessoais, o que faz com que o pessimismo e o negativismo predominem em diferentes situações, embora houvesse a possibilidade de interpretações mais realistas e plausíveis.

Por fim, o terceiro componente da tríade cognitiva diz respeito à "Visão de Futuro", o que envolve uma perspectiva negativista em relação ao que está por vir, fazendo com que a pessoa deprimida antecipe projeções e situações negativas, dificuldades, sofrimentos e frustrações. Diante disso, tem-se a paralisia para tomar a iniciativa como consequência do pessimismo e da ausência de amparo do paciente, pois caso ele preveja o resultado negativo de uma determinada tarefa, ele não a executará.

A partir de tais considerações, fica evidente que os sintomas físicos e psicológicos da depressão nada mais são do que uma decorrência das cognições negativistas. A seguir, veremos um quadro ilustrativo da tríade cognitiva do paciente Flávio.

Flávio

Visão de si: "Não sou bom o suficiente."

Visão do mundo: "Meus pais não me apoiam."

Visão do futuro: "Vou demorar a ser aprovado e ter a minha independência financeira."

De acordo com Beck (1997), o paciente deprimido tem uma percepção negativa a respeito de determinadas situações, antecipando os desfechos de determinados eventos, ao mesmo tempo em que seus pensamentos distorcidos contribuem para o seu comportamento depressivo, de forma que este ciclo vicioso tende a se repetir, além de contribuir para a ocorrência de sentimentos de baixa autoestima e inadequação.

No caso em questão, o paciente Flávio pensava que o fato do pai ter discordado da forma como ele conduzia sua ascensão profissional, significava que ele não o apoiava. Além disso, não ter o apoio moral e financeiro de seu pai o fazia acreditar que ele não conseguiria se dedicar aos estudos. Por causa disso, sua aprovação nos concursos levaria um prazo maior para acontecer, o que postergaria seu sucesso profissional e comprometeria sua independência financeira. Considerando tal perspectiva, é necessário esclarecer a estrutura do pensamento depressivo e compreender o conceito de esquemas, o que será feito adiante.

Estrutura e Organização do Pensamento Depressivo

O segundo conceito específico referente ao modelo cognitivo é chamado de esquema. Tal conceito tenta explicar por que um paciente deprimido mantém atitudes que fomentam sofrimentos, apesar de ter provas positivas que contrapõe tais comportamentos. A partir disso, os esquemas podem ser compreendidos da seguinte maneira: todas as situações a que uma pessoa é exposta apresentam estímulos, de modo que cada uma delas é vivenciada, contextualizada e encaixada pelo indivíduo em um padrão específico. Assim, diversas situações ativam variados tipos de esquemas.

Embora as conceituações possam variar de pessoa para pessoa, verifica-se certa coerência entre acontecimentos semelhantes, o que indica que há um padrão cognitivo estável, denominado "esquema". O esquema representa, então, a base sobre a qual haverá a modelagem da cognição, de modo que seja possível diferenciar e codificar as experiências da pessoa em sua matriz de esquemas. Pelo fato de serem ativados em uma situação específica, os esquemas determinarão a maneira como uma pessoa reagirá, o que provoca efeitos nos seus pensamentos, nas emoções e nas reações.

Considerando o que foi exposto, é possível afirmar que o paciente deprimido não consegue evocar esquemas mais realistas e adequados, o que faz com que ele apresente pensamentos distorcidos a respeito de si mesmo e do mundo à sua volta. A ausência de esquemas de pensamentos adequados contribui para a proliferação de esquemas cada vez mais disfuncionais, ativados por uma gama irrestrita de estímulos que não possuem nenhum tipo de correlação lógica entre a situação e a interpretação negativa fornecida pelo paciente.

Processamento Falho das Informações

As distorções cognitivas, compreendidas como erros sistemáticos na assimilação e no processamento das informações, ocupam um lugar de destaque na depressão. Segundo Beck (1967), os erros cognitivos da pessoa deprimida preservam a crença dos seus conceitos negativistas mesmo diante de evidências contraditórias.

A partir de tais ideias, é possível compreender que a pessoa com depressão tende a estruturar suas experiências de forma absolutista e inflexível, o que resulta em erros de interpretação. Os erros cognitivos mais comuns na depressão são: inferência arbitrária, abstração seletiva, hipergeneralização, exagero e minimização, personalização e pensamento absolutista. A seguir, de forma breve, serão caracterizados cada um dos erros mencionados.

Inferência arbitrária: ocorre quando o paciente chega a uma conclusão específica sem possuir evidências que corroborem para tal. Por exemplo: Flávio: "Meus pais não me apoiam.".

Abstração seletiva: consiste em centralizar o olhar para evidências que confirmem o mau desempenho, desconsiderando outros aspectos importantes do contexto e conceituando a experiência com base apenas nesse fragmento. Por exemplo: Flávio: "Por que eu não fui aprovado no concurso que queria (e foi aprovado em outro concurso), isso significa que não estou preparado o suficiente."

Hipergeneralização: por sua vez, refere-se a uma regra ou conclusão geral, baseada em um ou mais incidentes isolados, mas que é utilizada pelo paciente de modo indiscriminado em situações relacionadas ou não ao evento anterior. Por exemplo: Flávio: [Por que eu me sinto prejudicado ao ter que trabalhar e estudar] "eu não faço o essencial para ser aprovado na prova, que é só estudar". O **exagero** e a **minimização** refletem erros na avaliação de uma situação, a ponto de se apresentarem como distorções a partir da magnificação do negativo e da minimização do positivo. Por exemplo: Flávio: "O fato dos meus pais me ajudarem financeiramente não significa que eles apoiam a minha decisão. Quando pedem para eu trabalhar, mostram o quanto não apoiam a minha decisão."

Personalização: diz respeito à maneira como o paciente relaciona eventos externos a si mesmo, embora não haja evidências que apontem para tal relação. Por último, tem-se o **pensamento absolutista**, que apresenta caráter dicotômico e envolve uma tendência a colocar determinadas situações, experiências, eventos e pessoas a serem interpretados em termos de "tudo-ou-nada". Exemplo: "Se eu não for um sucesso total, eu sou um fracasso".

Diante do que fora supracitado, foi possível observar que indivíduos deprimidos apresentam esquemas rígidos de crenças e pensamentos disfuncionais, além de distorções cognitivas, o que contribui para a manutenção e agravamento de sua doença. Apesar desse quadro, existem diferentes técnicas utilizadas pela TCC que possibilitam a mudança cognitiva do paciente. Conheça, a seguir, algumas das técnicas utilizadas no tratamento de Flávio.

A **Psicoeducação** é uma técnica da TCC que tem por objetivo orientar o paciente em diversos aspectos, como na identificação das consequências de um comportamento e no entendimento de como crenças, valores e sentimentos repercutem em sua vida. Tal técnica fez com que Flávio tomasse conhecimento de seu funcionamento cognitivo, para assim ter mais controle sobre seus pensamentos, emoções e comportamento.

O **Registro de Humor** é outra técnica utilizada na TCC e se constitui como uma tarefa em que o paciente faz um registro de como se sente, privilegiando a anotação de pensamentos disfuncionais. No caso de Flávio, tal estratégia fez com que o paciente questionasse seus pensamentos disfuncionais a partir da descrição aliada às emoções. Foi utilizada, ainda, a técnica do monitoramento das atividades, que consiste no registro das atividades diárias durante alguns dias. Tal método fez com que Flávio incluísse atividades antes abandonadas, porém prazerosas, como basquete, academia, saída com os amigos, o que o ajudou a acompanhar seus resultados e a prevenir recaídas.

Ainda sobre o repertório de técnicas utilizadas no tratamento do paciente em questão, há que mencionar o treino de habilidades sociais e assertividade. Tais habilidades dizem respeito a comportamentos necessários a uma relação interpessoal bem-sucedida (CABALLO, 2003; FALCONE, 2002). A partir de tais técnicas, Flávio foi orientado a se expor perante as oportunidades e foi treinado a aperfeiçoar suas habilidades interpessoais, como manter diálogo com a família, em especial com o seu pai, e aprender a lidar com opiniões contrárias à sua.

Conheça a seguir, outro fragmento de caso clínico atendido em consultório.

LUZIA: *EU SÓ QUERO DAR CONTA!*[2]

"Vi um fôlder sobre a terapia cognitivo-comportamental e quero saber como funciona. Sou ansiosa, tenho TDAH e uma barreira com a leitura." Luzia foi bastante direta em seus apontamentos, da mesma forma como agiu ao descrever suas experiências recentes: "Tenho 40 anos, sou administradora e durante 18 anos fui responsável pela administração de uma rede de supermercados. Sempre gostei do meu trabalho. Por motivos pessoais, eu deixei de trabalhar e há 2 anos retomei o curso de Direito. Gosto muito do curso, mas agora me deparei com dificuldades que não estou conseguindo lidar. Percebi que tenho uma barreira com a leitura, não fui treinada para estudar. Me sinto frustrada, e essa frustração está gerando várias outras coisas, hoje sou muito mais nervosa e explosiva. Não consigo resolver o que preciso e agora o meu marido tem demandado muito de mim também e eu não estou conseguindo conciliar os estudos, a casa e o meu casamento. Pode me ajudar?"

A queixa inicial de Luzia se referia à dificuldade com os estudos, em especial, com a leitura, descritos por ela como uma inabilidade: "não fui treinada para estudar." Ao longo das sessões, foi possível perceber que a queixa acima desencadeou outras: ansiedade e conflitos conjugais. Após um período de aproximadamente um ano, Luzia passou a se deparar com as suas dificuldades acadêmicas. Com o advento de algumas notas baixas, mesmo diante de muito esforço e estudo, veio a necessidade de se dedicar ainda mais aos estudos e diminuir os cuidados com a casa e a atenção com o marido.

A partir da mudança de rotina, Luzia passou a apresentar sintomas significativos de ansiedade, tais como: dores de cabeça, dores no corpo, tonturas, irritabilidade, agitação e inquietude. O tratamento, então, foi iniciado por meio

---

[2] Nome fictício a fim de preservar a identidade da paciente.

da Psicoeducação a respeito da TCC e do Transtorno de Ansiedade, bem como de sintomas, pensamento automático, erros cognitivos característicos do ansioso, tarefas de casa e responsabilização do paciente no processo psicoterapêutico.

Após a fase de explicação da conceituação cognitiva, Luzia treinou em casa, anotando em seu caderno de terapia os relatos de uma situação ansiogênica, o pensamento automático, a emoção no momento e o comportamento seguinte. Tais tarefas possibilitam a reestruturação cognitiva a partir da identificação dos pensamentos automáticos, das emoções e das crenças disfuncionais da paciente.

Luzia relatou que, a cada prova, surgiam pensamentos como: "não consigo estudar"; "tenho um bloqueio com a leitura"; "não vou conseguir concluir o curso no tempo estimado"; "não sei o suficiente"; "não vou passar na prova da ordem dos advogados". Tais pensamentos geravam muita ansiedade e provocavam os sintomas relatados por ela, já que sinalizavam para a paciente, uma falta de competência, o que fazia com que ela se sentisse impotente e incapaz.

Apesar desse quadro, a paciente manteve a sua persistência, o que a ajudou a permanecer em um nível cognitivo bom. Luzia continuou a estudar, embora houvesse momentos de desgaste emocional. Como estratégia, quando ficava em casa com o marido, assistia a videoaulas e lia na companhia dele para evitar que ele dissesse que ela não fica próxima e não ter que pensar na possibilidade de acabar com o casamento a ter tempo só para os estudos.

As preocupações excessivas de Luzia eram tanto baseadas na realidade quanto distorcidas pela ansiedade e pelas interpretações errôneas dos eventos. Catastrofizava, ou seja, tinha uma distorção cognitiva, de pessimismo, que crê no fracasso, quando pensava que seu marido não ia compreender, ou mesmo, quando pensava que seu casamento terminaria. Cada um desses erros cognitivos foi discutido com Luzia, de modo a questionar a validade de tais pensamentos. Assim, a paciente era estimulada a verificar evidências a favor e contra suas ideias, e a tentar identificar o quão era disfuncional a interpretação que fazia de determinado evento.

Após os exercícios diários de conceituação, treinamos a respiração diafragmática e o relaxamento, incluímos a prática de atividade física, a fim de reduzir suas tensões musculares (dores no corpo, dores de cabeça) e sua ansiedade. Já na sessão seguinte, focamos na discussão a respeito de suas preocupações, as quais foram divididas em duas categorias: preocupações baseadas na realidade e preocupações baseadas nas distorções cognitivas.

A partir de tal proposta, Luzia elencou uma série de preocupações e foi instruída a desafiá-las, encontrando formas de solucioná-las com base nas possibilidades viáveis. No topo da lista estava o seu estudo. Luzia acreditava que não tinha solução, que "não era normal", uma vez que tinha dificuldades com a leitura, e que não conseguia ter bom desempenho apesar dos esforços. Na sessão, foram discutidos os possíveis recursos diante do que estava sendo levantado e a avaliação neuropsicológica apareceu como opção.

Inicialmente, a paciente descrevia processos de capacitação (reabilitação neuropsicológica) por meio do questionamento socrático (perguntas com respostas abertas que buscam flexibilização dos pensamentos), apontando possibilidades que poderia tentar. A paciente, então, foi submetida a uma avaliação neuropsicológica. Como resultados, considerando o perfil neuropsicológico, foi apontada a comorbidade do Transtorno do Déficit de Atenção e Hiperatividade (TDAH) com o Transtorno Específico de Aprendizagem com prejuízo na leitura e na expressão escrita com gravidade de leve a moderado, conforme os critérios diagnósticos do Manual do DSM V.

Após a avaliação, a paciente iniciou a reabilitação neuropsicológica e deu continuidade ao processo psicoterapêutico. Ao longo do tratamento, foi pensada uma reavaliação do número de disciplinas estudadas, com sugestão de redução da carga horária, para melhor aproveitamento, proposta essa que foi aceita pela paciente na sessão seguinte. Um treino comportamental foi desenvolvido, analisando as vantagens e desvantagens de ter cedido a tal proposta, seguido de reforço positivo do comportamento adequado. Ademais, Luzia foi orientada a praticar medidas que contribuíssem para a solução dos seus problemas.

As sessões seguintes incluíram a avaliação da resolução do problema escolhido pela paciente. Luzia relatou ter entendido o processo terapêutico e percebido as possibilidades de escolhas e resolução. A paciente reduziu sua carga horária de estudos, tem se dedicado em horários estabelecidos e vem restabelecendo o seu relacionamento conjugal.

A seguir, veremos um esquema que contempla a conceituação cognitiva da paciente Luzia, assim como foi feito com Flávio.

Figura 2 – Diagrama de Conceituação Cognitiva

Conceituação Cognitiva de Luzia

Dados Relevantes de Infância
Desde a infância era impaciente com os estudos.
Sua professora a chamou de burra em sala de aula.

Crença Central
Eu sou incapaz.

Suposições Condicionais/Crenças/Regras
Eu sei que não consigo./ Tenho bloqueio com a leitura./ Não fui treinada para estudar.

Estratégia(s) Compensatória(s)
Aumento da carga horária de estudos.

Situação 1	**Situação 2**	**Situação 3**
Foi mal avaliada na prova.	Marido cobra a sua presença.	Apresentação de trabalho.
PAN	**PAN**	**PAN**
Não sei o suficiente.	Ele não entende a minha dificuldade com os estudos.	Não vou conseguir explicar, eu não entendi!
Emoção	**Emoção**	**Emoção**
Tristeza.	Ansiedade.	Ansiedade.
Comportamento	**Comportamento**	**Comportamento**
Estuda.	Concilia os estudos e a atenção ao marido.	Estuda, faz anotações.

Copyright 1993, por Judith S. Beck, Ph.D.

Pensamentos automáticos disfuncionais Distorções cognitivas

"Não consigo resolver os meus problemas." Catastrofização.

"Não sou normal."

"Não serei aprovada na OAB."

"Não irei formar no tempo previsto."

A TERAPIA COGNITIVO COMPORTAMENTAL NO TRATAMENTO DA ANSIEDADE

A ansiedade é uma reação emocional e fisiológica comum aos seres humanos, pois se constitui como uma função protetora, à medida que serve de alerta para a presença de perigo ou ameaça, o que faz com que ela tenha importante papel em algumas situações. No entanto, a partir do momento que esse tipo de reação passa a ser excessiva e desconexa da realidade, ela deixa de ser normal e adquiri caráter patológico, comportando-se como um transtorno.

No que diz respeito à ansiedade, é necessário esclarecer que algumas pessoas podem ser caracterizadas como ansiosas, sem que, necessariamente, possam ser diagnosticadas com o transtorno de ansiedade generalizada ou suas variações (fobia social, síndrome do pânico, mutismo seletivo, transtorno de estresse pós-traumático – TEPT, transtorno misto ansioso e depressivo – TMAD, entre outros).

Em termos clínicos, o transtorno de ansiedade generalizada (TAG) é caracterizado como um estado de apreensão e excitação física e emocional, no qual o indivíduo acredita que não terá condições de controlar determinados fatos ou situações. Quando presente por mais de seis meses, a ansiedade passa a ser considerada um transtorno, o qual deve ser tratado. Tal transtorno é altamente complexo, uma vez que desencadeia reações físicas, emocionais, comportamentais e cognitivas, contribuindo para o desenvolvimento de reações pouco funcionais em áreas importantes da vida do indivíduo, como sua vida pessoal e acadêmica.

Um dos modelos cognitivos para o entendimento do TAG, proposto por Borkovec et al. (1994, apud BROWN, 1997, p. 822), sugere que esse transtorno é principalmente caracterizado por uma preocupação patológica. Dessa forma, a preocupação funcionaria como uma forma de evitar situações e/ou imagens incertas e imprevisíveis, além ser caracterizada como uma tentativa de prever o desfecho de situações inesperadas.

Aliada a essa preocupação patológica, o indivíduo experimenta uma ansiedade difusa e entende que o mundo é um lugar perigoso. Apresenta, ainda, crenças de incapacidade sobre a forma como ele consegue lidar com eventos incertos e negativos (BROWN, 1997). Como consequência de tais pensamentos, há respostas cognitivas, comportamentais, emocionais e fisiológicas que são eminentemente disfuncionais.

O Modelo Cognitivo da Ansiedade

A percepção negativa do mundo como perigoso faz com que o indivíduo sempre esteja apreensivo, ou seja, esteja (sic) constantemente hipervigilante a possíveis ameaças (BARLOW et al, 2001). Diante disso, é possível afirmar que no modelo cognitivo da ansiedade, a preocupação em excesso e a intolerância à incerteza são vistas de forma positiva pelo próprio paciente, o qual acredita que antever (ainda que exageradamente) situações negativas é algo positivo. Isso ocorre porque a sua tríade cognitiva é estruturada de determinada forma.

No primeiro elemento da tríade, referente à visão que o paciente tem de si mesmo, ele se vê como uma pessoa responsável e vulnerável, que precisa se antever em relação a todos os acontecimentos. No segundo componente da tríade, referente à visão que o paciente tem das demais pessoas, é possível perceber que ele enxerga os demais como displicentes. Por fim, o terceiro elemento da tríade cognitiva evidencia, na sua visão de mundo, que o paciente o enxerga como ameaçador e imprevisível.

A seguir, há um quadro ilustrativo da tríade cognitiva da paciente Luzia:

Luzia

Situação: Reprovação

Visão de si: "Não consigo absorver."

Visão do mundo: "A faculdade não oferece suporte."

Visão do futuro: "Vou formar depois do previsto."

Nessa perspectiva, considerando o exposto acima, qualquer situação é vista como um evento estressante, e, normalmente, desencadeia emoções desproporcionais, como culpa, cobrança, preocupação, incerteza, medo, ansiedade e pensamentos disfuncionais relacionados à incapacidade e ao medo de lidar com consequências adversas provenientes daquele evento. Dessa forma, não é raro que pessoas ansiosas apresentem uma excessiva preocupação com o futuro, tendência a catastrofizar e a exagerar na proporção de eventos ou situações, de forma que os seus pensamentos são distorcidos e negativos, mesmo diante de situações neutras ou positivas.

Além da preocupação em relação ao futuro, pessoas ansiosas ocupam-se demasiadamente de seus relacionamentos interpessoais, os quais enxergam com desconfiança. Percebe-se, portanto, que a preocupação excessiva e a intolerância à incerteza são fatores centrais na caracterização do Transtorno de Ansiedade. As crenças negativas sobre a incerteza levam a pessoa a interpretar situações ambíguas, ou até mesmo, neutras, de forma distorcida, com uma conotação ameaçadora, sendo possível afirmar que há uma predisposição da pessoa em interpretar negativamente situações ambíguas, incertas, estressantes.

Normalmente, a intolerância à incerteza vem acompanhada da sensação de insegurança em relação ao futuro. Isso ocorre porque a ansiedade está associada à preocupação excessiva, de forma que o paciente ocupa sua mente com a antecipação de eventos, os quais podem ou não acontecer. No entanto, é necessário ressaltar que tais pensamentos só ocorrem porque estão atrelados a crenças negativas.

O excesso de preocupação mantém o paciente cada vez mais ansioso, uma vez que ele desenvolve pensamentos e crenças nas quais acredita que precisa ter "certeza absoluta" das situações, além de crer que precisa estar sempre pronto para responder a questionamentos e ter controle sobre tudo à sua volta. É comum que o paciente perceba o excesso de preocupação como sendo positivo, visto acreditar que ao adotar esse comportamento será possível evitar a ocorrência de determinadas situações adversas. Não raramente, o paciente também possui a crença de que uma pessoa preocupada está na verdade, demonstrando ser responsável e cuidadosa.

No entanto, é possível apontar que o excesso de preocupação e a intolerância à incerteza podem levar o paciente a desenvolver um estado de evitação cognitiva, no qual, diante da presença de um evento ameaçador ou incômodo, o indivíduo emite uma resposta a qual elimina, minimiza ou adia aquele evento, o que, a princípio acarreta uma sensação de alívio emocional, reforçando no paciente a crença de que ele não consegue lidar com aquele problema. Ao preocupar-se, o indivíduo acaba por escapar do estado de excitação gerado pela ansiedade. Ademais, a evitação cognitiva indica a ocorrência de medos e traumas do passado, os quais podem se tratar de questões não resolvidas, voltadas a relacionamentos interpessoais da infância e do momento presente.

Ainda em relação ao modelo cognitivo da ansiedade, é possível constatar a ocorrência da orientação disfuncional para os problemas, que se apresenta como consequência do excesso de preocupação e intolerância à incerteza. Diante disso, o paciente se percebe como um agente solucionador de problemas, o qual possui uma percepção adequada acerca das dificuldades e das formas de solucioná-las. Assim, é comum que pessoas com TAG tenham boas habilidades no que se refere à solução de problemas, porém elas podem acabar se perdendo durante o processo. Isto posto, é possível dizer que a ansiedade proporciona a orientação disfuncional para os problemas, fato este que reforça ainda mais o quadro ansioso do indivíduo.

Na tentativa de averiguar a presença do transtorno de ansiedade, outras características servem de referência, sendo a intolerância, a imprevisibilidade e a incerteza, a intensidade exagerada, a persistência, a generalização, a interferência na vida pessoal e profissional do paciente, a perda da segurança ou do sentimento de tranquilidade, a tendência a catastrofizar situações neutras, ou mesmo positivas, e inclinação a evitar situações potencialmente ansiosas.

A esse respeito, tem-se o seguinte:

> Os indivíduos com TAG apresentam diversas distorções cognitivas, sendo as mais comuns a necessidade de ter razão, visão catastrófica, falácia do controle, falácia da mudança, abstração seletiva e generalização. Apresentam também um estilo cognitivo rígido e caracterizado pela predição catastrófica, representados por três componentes: rigidez cognitiva diante de

(sic) expectativas sociais de dever ser e de o que é justo; rigidez cognitiva à frente da (sic) necessidade de controle e convencimento dos demais, colocando ao outro as condições externas que deveriam mudar, e, por fim, a predição catastrófica de eventos (ZAMBON, 2011, p. 289-302).

Tais distorções cognitivas associam-se à intolerância à incerteza, à necessidade de controle e à tendência a perceber todas as situações como potencialmente perigosas e ameaçadoras. Como consequência, o indivíduo estabelece padrões mentais de como certas situações deveriam ocorrer, na tentativa de controlar tudo à sua volta, além de ficar hipervigilante em relação às situações e a apresentar pensamentos catastróficos.

Técnicas Cognitivas Utilizadas no Tratamento do Transtorno de Ansiedade Generalizada (TAG)

Existe uma diversidade de técnicas cognitivas que podem ser utilizadas no tratamento do Transtorno de Ansiedade Generalizada. Dentre as mais comuns, é possível mencionar as seguintes: descatastrofização, Treinamento de Manejo de Ansiedade (TMA), treinamento de habilidades sociais e treino de solução de problemas. A seguir, cada uma dessas técnicas será apresentada de forma breve.

A descatastrofização tem por objetivo fazer com que o paciente trabalhe, hipoteticamente, com o pior resultado possível diante de uma situação, forçando-o a confrontá-lo, a enxergar seus efeitos e consequências reais. Dessa forma, o paciente é solicitado a registrar, em uma escala de 01 a 10, qual seria o pior resultado possível de uma situação e, em seguida, repete-se o procedimento com o melhor resultado imaginável, em que o paciente deve escolher, com base em situações pretéritas, qual delas é o mais provável de ocorrer. Não raramente, chega-se a uma conclusão intermediária entre o pior resultado e o cenário mais positivo, ou seja, um resultado mais provável ou realista. Tal técnica, ao explorar a pior dentre as possibilidades, desmistifica aquilo que normalmente é concebido como "o pior cenário possível", ajudando o paciente a se situar perante a realidade.

O Treinamento de Manejo de Ansiedade, por sua vez, consiste na identificação de sensações e sinais de ansiedade em termos cognitivos, comportamentais e emocionais. Dessa forma, o TMA trabalha com a exposição do paciente a situações e imagens que causam ansiedade, ao mesmo tempo em que ensina técnicas de enfrentamento e relaxamento. Tal técnica possibilita ao paciente habituar-se a situações que gerem nele ansiedade, de modo a esperar que, ao decorrer das sessões, podendo variar de 06 a 10, a ansiedade e o perfeccionismo diminuam significativamente.

O Treinamento de Habilidades Sociais apresenta-se como uma modalidade técnica, cujo condão é o de ensinar o paciente a se comportar de maneira assertiva, com foco na resolução de problemas interpessoais, promovendo a qualidade de seus relacionamentos e aumentando a sua tranquilidade. (Falcone, 2002). Isso é importante à medida que verificar pesquisadores e clínicos, como Levitan, Rangé e Nardi (2008 apud Wagner, M; Oliveira, M; Caballo, V, 2011), defendendo que os transtornos ansiosos podem ser associados ao déficit de habilidades sociais em situações não estruturadas. Ademais, o treinamento de habilidades sociais envolve diversos componentes, como a psicoeducação, a exposição gradual à situação que gera ansiedade ao paciente dentro e fora do ambiente terapêutico, dentre outros componentes que podem favorecer o tratamento.

Nesse contexto, o treinamento de habilidades sociais envolve o uso de técnicas como a modelagem, o reforço social, o ensaio comportamental e o treinamento fora da sessão. Independentemente da técnica adotada, o paciente é estimulado a melhorar suas habilidades de interação social, com o desenvolvimento de um modelo mais assertivo de comportamento, de forma a poder lidar com conflitos e situações estressantes, sendo capaz de pensar criticamente, com o objetivo de solucionar seus problemas com mais assertividade e empatia, com redução de ansiedade.

Por fim, há o Treino de Solução de Problemas, o qual se aplica a questões relacionadas à realidade vivenciada pelo paciente. Assim, o paciente deve ser educado a diferenciar reações adversas de suas preocupações, uma vez que estas últimas estão associadas à sua intolerância e incertezas. A partir de tal perspectiva, a adoção de técnicas cognitivas e tarefas de casa, as quais propõem a identificação de elementos ansiogênicos e o aprendizado de soluções para os problemas, vem se mostrando eficazes no tratamento da TAG. Cabe ressaltar ainda que, comumente, o Transtorno de Ansiedade Generalizada se apresenta em comorbidade com outros, como depressão, distimia, transtorno do pânico e abuso de substâncias (Brown, 1997).

CONCLUSÃO

Nesse capítulo, tivemos uma breve apresentação da Terapia Cognitivo Comportamental (TCC), com a exemplificação de dois casos clínicos, os quais pretenderam ilustrar, por meio da exposição de diferentes técnicas e conceitos, de que forma a TCC pode contribuir para a Reabilitação Neuropsicológica.

Como foi visto, a Reabilitação Neuropsicológica (RN) se constitui como um campo diverso, que requer intersecção e diálogo com outros saberes. Diante disso, foi criado um modelo abrangente de RN para a Psiquiatria, que comporta considerações acerca do indivíduo, considerações teóricas e considerações sobre o diagnóstico, até que se alcance uma visão ampla do paciente.

Para o presente capítulo, nosso objetivo foi aprofundar sobre as considerações teóricas, localizando a TCC como um dos modelos complementares utilizados pela RN, agregadora em sua proposta à alteração da crença negativa, por meio da mudança do pensamento, que implica na mudança do comportamento do paciente.

ANEXO I

Listas de Verificações das Distorções Cognitivas

Pensamento do tipo tudo ou nada (8 ou 80)	Você vê uma situação em apenas duas categorias em vez de um contínuo. Ex: "Se eu não for um sucesso total, eu sou um fracasso".
Catastrofização	Você prevê negativamente o futuro sem levar em consideração outros resultados. Ex: "Perder o emprego será o fim de minha carreira."
Desqualificar ou desconsiderar o positivo	Você diz para si mesmo que experiências, atos ou qualidades positivas não contam. Ex: "Eu fiz bem esse trabalho, mas isso não significa que eu seja competente, eu apenas tive sorte."
Argumentação emocional	Você pensa que algo deve ser verdade porque "sente" (pensa e acredita) que acaba por desconsiderar evidências contrárias.
Rotulação	Você coloca um rótulo global e fixo sobre si mesmo, ou sobre os outros, sem considerar que as evidências poderiam ser conduzidas a uma conclusão menos desastrosa. Ex: "Ele não presta."
Magnificação/minimização	Quando você avalia a si mesmo, outra pessoa, ou uma situação, você magnifica o negativo e/ou minimiza o positivo. Ex: "Obter notas altas não significa que eu sou inteligente." "Receber uma nota medíocre prova o quão inadequada eu sou."
Filtro mental (também denominado abstração seletiva)	Você presta atenção indevida a um detalhe negativo em vez de considerar o quadro geral. Ex: "Porque eu tirei uma nota baixa na minha avaliação [que também continha várias notas altas] isso significa que estou fazendo um trabalho deplorável."
Leitura mental	Você acha que sabe o que os outros estão pensando, falhando assim em considerar outras possibilidades mais prováveis. Ex: "Ele está pensando que eu não sei nada sobre esse projeto."
Supergeneralização	Você tira uma conclusão negativa que vai muito além da situação atual. Ex: "[Porque eu me senti desconfortável no encontro] eu não tenho o que é necessário para fazer amigos."
Personalização	Você acredita que os outros estão se comportando negativamente com relação a você, sem considerar explicações mais plausíveis para o seu comportamento. Ex: "A professora foi rude comigo porque eu fiz algo errado."
Declarações do tipo "eu deveria" e "eu devo"	Você tem uma ideia exata de como você ou os outros deveriam comporta-se, e você superestima quão ruim é que essas expectativas não sejam preenchidas. Ex: "É terrível que eu tenha cometido um erro. Eu deveria sempre dar o melhor de mim."

Mania de perseguição	Você leva tudo para o lado pessoal, achando que o mundo te persegue e que as pessoas querem prejudicá-lo.
Perfeccionismo	Excesso de cobrança para cumprir com o desejo de ser perfeito em tudo. Determinar para si metas de padrões muito elevados ou mesmo inviáveis.
Mania de comparação	Compara-se excessivamente com os outros ou aceita cegamente qualquer comparação negativa que façam de nós em relação a terceiros.
Pensamento condicional "E se...?"	Preocupa-se com o futuro sem considerar seus recursos internos para o enfrentamento de problemas.
Dois pesos e duas medidas	Considerar um peso para algo que fez e outro peso para outra pessoa que tenha tido a mesma experiência. Ser rígido demais consigo mesmo e flexível com os outros e vice-versa.

REFERÊNCIAS

ARREDONDO, N. L.; VARGAS, C. A.; BUSTAMANTE, P. L. et al. Distorsiones cognitivas asociadas al transtorno de ansiedad generalizada. **Informes Psicológicos**, 7, 123-136, 2005.

AZEVEDO, Tatiana; CAMINHA, Marina; CAMINHA, Renato. **A prática cognitiva na infância**. São Paulo: Roca, 2007. p. 78.

BARLOW, D. H. **Anxiety and its disorders: the nature and treatment of anxiety and panic**. New York: Guilford Press, 1988.

BAPTISTA, M. N.; CARNEIRO, A. M.; SISTO, F. F. Estudo psicométrico de escalas de depressão (EDEP e BDI) e o Inventário de Percepção de Suporte Familiar – IPSF. **Psicologia em Pesquisa**, 4, p. 65-73, 2010.

BECK, A. T; RUSH, A. J; SHAW. B. F. et al. **Terapia Cognitiva da Depressão**. Tradução de Vera Ribeiro. Rio de Janeiro: Artmed, 1997.

BECK, A. T. Thinking and depression. **Archives of General Psychiatry**, 9, p. 324-333, 1963.

BECK, A. T. **Depression**: Causes and treatment. Philadelphia: University of Pennsylvania Press, 1967.

BECK, J. **Terapia Cognitiva**: teoria e prática. Porto Alegre: Artmed, 1997.

BORKOVEC, T. D.; RUSCIO, A. M. Psychotherapy for generalized anxiety disorder. **Journal Of Clinical Psychiatry**, 62 (Suppl. 11), p. 37-42, 2001.

BROWN, T. A. The nature of generalized anxiety disorder and pathological worry: Current evidence and conceptual models. **Canadian Journal of Psychiatry**, 42, p. 817-825, 1997.

CARVER, C. S.; SCHEIER, M. F. Situational coping and coping dispositions in a stressful transaction. **Journal of Personality and Social Psychology**, 1994.

COMPAS, B.E. Coping with stress during childhood and adolescence. **Psychological Bulletin**, 1987.

CABALLO, V. E. **Manual de avaliação e treinamento das habilidades sociais**. São Paulo: Santos, 2003.

FOLKMAN, S. Personal control and stress and coping processes: A theoretical analysis. **Journal of Personality and Social Psychology**, 46, p. 839-852, 1984.

GREENBERGER, D; PADESKY, C. A. **A Mente Vencendo o Humor: mude como você se sente, mudando o modo como você pensa**. 2. ed. Porto Alegre: Artmed, 2017.

KNAPP, P; BECK. A. T. Fundamentos, modelos conceituais, aplicações e pesquisa da Terapia cognitiva. **Revista Brasileira de Psiquiatria**, p. 54-64, 2008.

LAZARUS, R. S.; FOLKMAN, S. Stress, appraisal, and coping. New York: Springer Publishing Company, 1984.

MCMULLIN, R. E. **Manual de técnicas em terapia cognitiva**. Porto Alegre: Artmed, 2005.

MEICHENBAUM, D. The Evolution of Cognitive Behavior Therapy: A Personal and Professional Journey with Don Meichenbaum. Routledge, 2017.

MURTA, S. G. Aplicações do Treinamento em Habilidades Sociais: Análise da Produção Nacional. **Psicologia**: Reflexão e Crítica, 18(2), p. 283-291, 2005.

REINECKE, M. A. Depressão infantil. In: FREEMAN, A; DATILIO, F.M. **Compreendendo a Terapia Cognitiva**. Tradução de M. Lopes; M. Carbajal. São Paulo: Editorial Psy, 1998. p. 175-186.

ROSEN, H. The constructivist-development paradigm. In: DORFMAN, R. A. (Ed.). **Paradigms of clinical social work**. New York: Brunner/Mazel, 1988. p. 317-355

SAVÓIA, M. G.; SANTANA, P. R.; MEJIAS, N. P. Adaptação do inventário de estratégias de coping de Folkman e Lazarus para o português. **Psicologia USP**, 7, p. 183-201, 1996.

SULS, J., DAVID, J. P., HARVEY, J.H. Personality and Coping: Three Generations of Research. **Journal of Personality**, 64, p. 711-735, 1996.

TAPP, J. T. Multisystems holistic model of health, stress and coping. In: FIELD, T. M.; MCCABE, P. M.; SCHENEIDERMAN (Eds.). **Stress and coping**. Hillsdale: Lawrence Erlbaum Associates, 1985.

WAGNER, M; OLIVEIRA, M; CABALLO, V. Treinamento de Habilidades Sociais e sua aplicabilidade na prática clínica. In: **Manual Prático de Terapia Cognitiva Comportamental**, 2011.

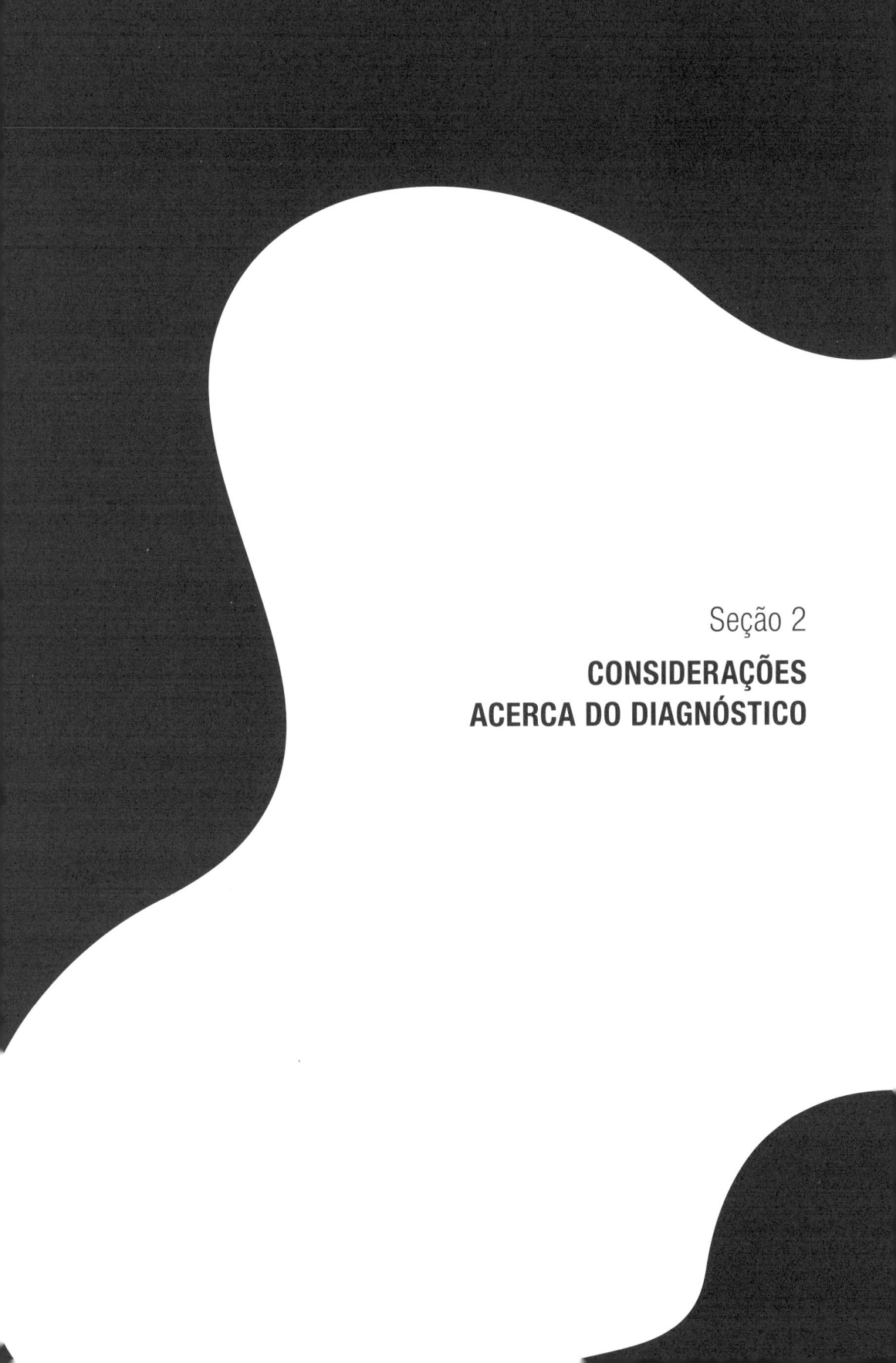

Seção 2

CONSIDERAÇÕES ACERCA DO DIAGNÓSTICO

8. AS INFLUÊNCIAS BIOLÓGICAS NOS TRANSTORNOS PSIQUIÁTRICOS E A REABILITAÇÃO NEUROPSICOLÓGICA – FOCO NA ALOSTASE E NEUROPROGRESSÃO

Fernando Silva Neves
Fabricia Quintão Loschiavo Alvares

INTRODUÇÃO

A reabilitação neuropsicológica (RN), conforme já definida em outros capítulos deste livro, é um processo ativo que visa capacitar pessoas com *déficits* cognitivos causados por lesões encefálicas adquiridas ou por transtornos do desenvolvimento, no caso os psiquiátricos, para que estas adquiram um nível satisfatório de funcionamento social, físico e psíquico (WILSON, 2005).

Segundo Wilson (2004), a RN consiste na proposição de esforços para melhorar a funcionalidade e a qualidade de vida de portadores de doenças neurológicas e psiquiátricas. Com o desenvolvimento das neurociências, o conceito de "Trauma Cerebral" e "Cognição" têm evoluído em termos de amplitude, na medida em que se evidenciaram alterações funcionais e estruturais em pacientes vítimas de trauma psíquico (Transtorno do estresse pós-traumático) e em quadros de humor, tais como os Transtornos Afetivos Bipolares (TAB) e os Transtornos Depressivos.

O modelo teórico, denominado Alostase/Neuroprogressão, constitui um dos mais importantes na interface e interlocução teórico-prática entre a Terapia Ocupacional, a RN e a Psiquiatria. Considerando-se o TAB, mais precisamente as bases bioquímicas neuroprogressão, Post (2007) sugeriu que alguns dos resultados negativos neste transtorno, podem ser devido a uma falha de mecanismos compensatórios endógenos que, normalmente, atuariam para minimizar o impacto do agente estressor nas funções do sistema nervoso central. Este modelo foi posteriormente expandido com o conceito de carga alostática, proposto por Kapczinski et al. (2008). Este é descrito como um processo pelo qual os efeitos combinados da carga genética, estressores ambientais e fatores agravantes, como p. ex. abuso de substâncias, combinam-se para levar a um processo cumulativo de "desgaste" (BERK et al., 2011).

Nesta perspectiva, o conceito de coping, compreendido como a capacidade de resiliência, enfrentamento, pode ser considerado um produto e um modulador da carga alostática (GRASSI-OLIVEIRA et al., 2010). Embora o conceito de coping possa ser aplicado a numerosas condições físicas, psicológicas e psicossociais, de acordo com o Post e Leverich (2006), há uma grande evidência de que o estresse psicossocial pode desempenhar um papel importante no curso do TAB. Estressores psicossociais podem precipitar a depressão (Rudolp, 2000) e, presumivelmente, também a mania (KESSING et al, 2004). Desta forma, o coping tem sido considerado como outro relevante alvo de intervenção na clínica do TAB e dos transtornos psiquiátricos (KAPCZINSKI et al., 2008; GRASSI-OLIVEIRA et al., 2010), e dentre as intervenções propostas para a sua abordagem, ressalta-se a RN.

Ademais, pesquisas recentes demonstram que cognição e emoção possuem uma interface/interligação tão ampla que alguns autores sugerem que a divisão entre essas duas instâncias é mais didática do que prática. Em relação a RN, esta teve um grande impulso após a II Guerra Mundial devido ao elevado número de veteranos com sequelas de Transtorno Cerebral Traumático (PRIGATANO et al., 2005). Em pesquisa realizada no banco de dados <https://www.ncbi.nlm.nih.gov/pubmed>, em 04/11/2019, foram encontrados 9.366 artigos relacionados ao tema, sendo que, desde 2010, foi catalogado o impressionante número de 5.601 (cerca de 60% do total). Ao utilizar as palavras-chave ["Mental Disorders" AND "Neuropsychological Rehabilitation"], foram encontrados 536 trabalhos, sendo que quase a totalidade dos artigos foi publicada a partir de 2015.

Isso nos dá a dimensão do potencial crescimento da disciplina no campo da Psiquiatria, demonstrando o quão a RN tem-se mostrado essencial para a recuperação funcional de pacientes psiquiátricos com os mais variados diagnósticos, sendo, portanto, este, um dos campos com o enorme potencial de desenvolvimento nos próximos anos.

Desta forma, este capítulo pretende discorrer acerca das teorias etiológicas dos transtornos psiquiátricos com foco na Alostase/Neuroprogressão e suas aplicações na Reabilitação Neuropsicológica.

O PANORAMA ATUAL DOS TRANSTORNOS PSIQUIÁTRICOS

Os transtornos psiquiátricos estão entre as doenças mais prevalentes em todos no mundo (ALONSO et al., 2011). Avalia-se que cerca de 50% da população vai desenvolver algum transtorno psiquiátrico ao longo da vida (Steel et al., 2014). Os prejuízos vão além da esfera intrapessoal e nas relações interpessoais, estima-se que o custo anual somente relacionado à falta ao trabalho encontra-se em 3,6 bilhões de dólares nos EUA (MERIKANGAS et al., 2007) e 176 bilhões de euros na União Europeia (ANDLIN-SOBOCKI et al., 2005).

Pacientes com diagnóstico de algum transtorno mental diziam estar incapacitados a comparecer ao trabalho em cerca de 31 dias por ano (ALONSO et al., 2011). Este estudo mostrou que os transtornos psiquiátricos mais incapacitantes são pela ordem: o Transtorno Bipolar, o transtorno de estresse pós-traumático, o transtorno de pânico e o Transtorno depressivo. O referido estudo destacou que as maiores taxas de absenteísmo são atribuídas aos sintomas dolorosos, enquanto causa isolada. Um estudo mais recente mostrou que o prejuízo social causado pelos transtornos psiquiátricos é muito maior que os previamente estimados, comprometendo em 32% dos anos vividos com deficiência e 13,0% da vida ajustada por deficiência (DALYs) (VIGO et al., 2016). Os autores, inclusive criticam a "apatia" dos governos em lidar com o problema (VIGO et al., 2016). Levando-se em consideração fatores intangíveis como qualidade de vida e perda da funcionalidade, os custos totais são de difícil mensuração.

Os primeiros psicofármacos de comprovada eficácia científica foram introduzidos na década de 1960. A Imipramina (antidepressivo tricíclico) e a e Clorpromazina (neuroléptico) tiveram tanto êxito que se deu início ao processo de desinstitucionalização sem precedentes na história. Somente nos EUA, cerca de 50% dos pacientes hospitalizados sem previsão de alta puderam voltar a vida social, pois não ofereciam mais risco para si ou para a sociedade. Nesse primeiro estágio da "era farmacológica" visava-se a contenção dos pacientes e redução dos sintomas psiquiátricos cardinais.

Com o passar do tempo, outros medicamentos foram sendo descobertos de modo a reduzir a prevalência de efeitos adversos e tratamento de uma amplitude maior de sintomas. A partir da década de 1990, com o desenvolvimento das neurociências do comportamento, descobriu-se que a maioria dos pacientes apresentavam sintomas denominados "residuais", como ganho de peso, distúrbios do sono, fadiga, dificuldades de concentração, dentre outros (ZAJECKA et al., 2013). Entretanto, verificou-se que tais sintomas (da esfera cognitiva e emocional) eram os principais fatores que impediam a completa recuperação do paciente no que se referem ao controle emocional, a remissão sustentada e a funcionalidade (NIERENBERG et al., 2010).

Por conseguinte, a maioria das pesquisas para o desenvolvimento de novos fármacos passa a ter como alvos terapêuticos, tais sintomas. Alguma evolução ocorreu, desde então, através do "desenho de moléculas", cuja atuação é medida não somente em termos de receptores neuronais, mas também em termos de neurocircuitos, e suas repercussões nos sistemas imunológicos e endocrinológicos.

Outra importante linha de pesquisa tem como objetivo a "personalização" dos tratamentos de acordo com o perfil de cada paciente. Os transtornos psiquiátricos se diferem um dos outros pelos sintomas cardinais, entretanto, pacientes com o mesmo diagnóstico, frequentemente apresentam critérios para outro diagnóstico psiquiátrico (comorbidade) ou tem um padrão de sintomas diferentes do ponto de vista quantitativo.

AS BASES ETIOLÓGICAS DOS TRANSTORNOS PSIQUIÁTRICOS

Do ponto de vista etiológico, os transtornos psiquiátricos, sem exceção, são considerados como sendo consequência de complexo etiológico poligênico multifatorial, ou seja, para a manifestação fenotípica/sintomática/sindrômica participam fatores genéticos, tais como mutações, polimorfismos e alterações macro estruturais, como a duplicação/deleção de cromossomos (CVNS) (HOEHE et al., 2018). Quanto mais grave a alteração genética, menor a dependência de fatores não genéticos para a manifestação patológica da condição. Entretanto, alterações genéticas do tipo mendeliano e/ou determinantes são raras na Psiquiatria. Ademais, pacientes que possuem alterações significativas no genoma frequentemente se beneficiam de terapias psicossociais.

Os fatores não genéticos incluem: afecções congênitas (exposição do feto/embrião a toxinas, drogas, infecções), eventos adversos ocorridos no primeiro ano de vida (ex: baixa qualidade dos cuidados parentais), eventos adversos entre o 7º e 18º anos de vida (ex: assédio, maus-tratos, abuso sexual/psicológico), e outros eventos fisiológicos, como a puberdade, e eventos atemporais, como exposição a drogas e eventos negativos em geral. Assim como no que se refere aos aspectos da etiologia, apenas eventos graves são capazes de determinar a causalidade dos transtornos psiquiátricos.

Os mecanismos epigenéticos são apontados como os moderadores/moduladores para eclosão de quadros psiquiátricos. Tais mecanismos são considerados como a "interface" entre os fatores genéticos e não genéticos (comumente denominados "Fatores Ambientais"). A maior parte do genoma humano é constituída por sequências de bases regulatórias (introns), ou seja, não são transcritas em proteínas, mas regulam quais genes (exons) serão transcritos.

Fatores ambientais supracitados podem ativar/inativar parcialmente a transcrição de certos genes. Postula-se que tal mecanismo poderia ter um caráter adaptativo, como uma criança criada num meio adverso (maus-tratos) tem maior probabilidade de desenvolver mecanismos de defesa do tipo "Luta ou fuga" porque a questão da sobrevivência se coloca como fator crucial. A preponderância desse processo pode influenciar no desenvolvimento de outros neurocircuitos, os quais atuam em processos importantes, como aprendizado, memória operacional, atenção, linguagem e afetividade. Posteriormente, na adolescência e idade adulta, tal criança teria maior propensão a desregulação emocional, dificuldades de aprendizado e desregulação nos sistemas de recompensa (*striatum*, núcleo *accubens*, área tegmentar ventral, córtex pré-frontal). Esse "setup" neurofisiológico está associado a uma grande variedade de transtornos psiquiátricos.

Conforme supracitado, o prognóstico (a probabilidade de ocorrência, a precocidade, a evolução do processo) depende de como o cérebro lidará com esses agravos. Postula-se que todo indivíduo possui certo grau de resiliência, definido como a capacidade de lidar e superar eventos estressores sem que esses perturbem o neurodesenvolvimento (em geral, ocorrendo até os 25 anos de idade) ou a degeneração precoce (após a formação completa do sistema nervoso central). Por conseguinte, um indivíduo que sofreu agravos ambientais (não genéticos) na vida intrauterina seria mais susceptível na infância, adolescência, vida adulta e senescência. Assim, pode-se dizer que existe um mecanismo de causalidade bidirecional. O que ocorreu no passado nos tornaria menos capacitados ao enfrentamento dos eventos traumáticos ao longo da vida.

O termo "carga alostática" foi introduzido por McEwen e Stellar (1993) para se referir a uma visão cumulativa e multissistêmica do preço fisiológico necessário para a adaptação ao estresse. Embora os mecanismos adaptativos de alotasse possam ser protetores para o indivíduo, existe um preço a ser pago por esse reajuste forçado de parâmetros, especialmente se os processos alostáticos se tornarem extremos ou ineficientes. O custo desses processos é chamado de carga alostática. Em outras palavras, é o "desgaste" no corpo e no encéfalo, órgão principal para a regulação dos mecanismos em níveis superiores e periféricos implicados na capacidade do organismo responder de forma satisfatória às suas necessidades (STERLING, 2012), resultante da hiperatividade ou inatividade crônica dos sistemas fisiológicos que estão envolvidos na adaptação aos desafios ambientais (McEWEN & WINGFIELD, 2013). Os efeitos da carga alostática (AL) são cumulativos e mais notavelmente observados durante o processo de envelhecimento e estresse crônico.

Verificou-se que indivíduos com AL mais alta aumentavam o risco de doença cardiovascular, declínio físico e cognitivo e mortalidade em estudos longitudinais (KARLAMANGLA et al., 2006). Desta forma, o termo "neuroprogressão" tem sido cada vez mais utilizado para definir a reorganização patológica do sistema nervoso central (SNC) ao longo de vários transtornos mentais.

Essa reorganização pode surgir como resultado de vários insultos, como inflamação e estresse oxidativo. No transtorno bipolar, particularmente, a reatividade dos substratos neurais é alterada por episódios repetidos de humor, promovendo, finalmente, uma religação do cérebro que leva a uma maior vulnerabilidade ao estresse da vida (ANTILA et al., 2007). Logo, a recorrência de episódios de alteração do humor influencia o curso do TAB, aumentando a vulnerabilidade do paciente, gerando episódios subsequentes que reduzem a resposta ao tratamento, conforme Balanza-Martinez et al. (2008). Um padrão de deterioração dependente de episódio já tem sido amplamente descrito com biomarcadores séricos (BEARDEN et al., 2001), imagem cerebral (BEARDEN et al., 2008; BELL, et al., 2005) e funcionamento (BENABARRE et al., 2005).

Neste sentido, a cognição tem sido foco de extensa pesquisa nos transtornos psiquiátricos, particularmente na esquizofrenia e, mais recentemente, no TAB

(Martinez-Aran et al., 2009). Conforme já mencionado em outros capítulos deste livro, existem vários e atuais estudos que descrevem de forma consistente o perfil neuropsicológico esperado nos distintos transtornos psiquiátricos, bem como trabalhos que já identificam os potenciais marcadores e endofenotipos de neuroimagem (Rybakowski et al., 2006) que, tomados no todo, auxiliam na compreensão da neurofisiologia subjacente (Green et al., 2007).

No entanto, apenas recentemente, tais resultados de pesquisa começaram a ser aplicados à prática clínica, e muitos clínicos ainda não têm consciência do quanto e do como os *déficits* cognitivos afetam a vida diária de seus pacientes e, o que é mais importante, o que pode ser feito para prevenir ou, pelo menos, mitigar tal comprometimento.

Em 1993, Fava e Kellner introduziram o conceito clínico de estadiamento na classificação psiquiátrica. Eles desenvolveram métodos de estadiamento para, dentre outros transtornos, depressão unipolar, transtorno bipolar e esquizofrenia, com base no desenvolvimento longitudinal de um distúrbio psiquiátrico, variando das formas prodrômicas à residual e crônica.

Grande foi o arcabouço teórico e clínico que corroboraram o papel relevante do estadiamento para melhorar a capacidade do clínico de selecionar tratamentos relevantes para os estágios iniciais, assumindo que essas intervenções possam ser mais eficazes e menos prejudiciais do que os tratamentos realizados posteriormente no curso da doença e que podem ajudar o impedimento da progressão para estágios mais avançados ou promover a regressão para um estágio anterior, visando sempre o êxito da remissão e a recuperação psicossocial, reduzindo o risco de persistência e recorrência.

Considerando o até aqui exposto, o uso de modelos de estadiamento clínico tem-se configurado em um paradigma útil para o diagnóstico de transtornos mentais graves. O conceito de estadiamento é particularmente prático, pois pode diferenciar fenômenos clínicos mais leves e iniciais daqueles que acompanham a progressão e a cronicidade da doença (McGorry et al., 2010). A lógica do estadiamento baseia-se no acesso às características clínicas de um paciente dentro de uma perspectiva longitudinal do desenvolvimento da doença, a fim de fornecer diferentes abordagens de tratamento de acordo com suas alterações fisiopatológicas, sintomáticas e estruturais específicas em cada estágio da doença (Batstra & Frances, 2012).

Desta forma, modelos de estadiamento enfatizando a avaliação de pacientes no período interepisódico (Vieta et al., 2011) têm sido propostos, por exemplo, para personalizar e otimizar os tratamentos para o TAB. Referências ao estadiamento na esquizofrenia, depressão e no TAB são feitas na **Tabela 1**, conforme Cosci & Fava (2012).

Tabela 1 – Estadiamento na Esquizofrenia, Depressão e no TAB

Transtorno Psiquiátrico	Estágio 1	Estágio 2	Estágio 3	Estágio 4	Estágio 5
Esquizofrenia	Fase prodrômica com deterioração funcional.	Manifestações agudas.	Fase residual.	Fase crônica (na forma atenuada ou persistente).	–
Depressão	Fase prodrômica: Sem sintomas depressivos (ansiedade generalizada, irritabilidade, anedonia, distúrbios do sono) com leve mudança ou declínio funcional. Sintomas de humor (humor rebaixado, depressão subsindrômica).	Episódio depressivo maior.	Fase residual: Sem sintomas depressivos (distúrbios do sono, ansiedade generalizada, irritabilidade, anorexia, prejuízo na libido). Sintomas de humor (humor deprimido, culpa, desesperança). Distimia.	Depressão recorrente.	Episódio depressivo maior crônico.
Transtorno Afetivo Bipolar	Sintomas leves ou inespecíficos de transtorno do humor / fase prodrômica (por exemplo, aumento da autoconfiança, energia e humor exaltado, mudanças de humor) e ciclotimia.	Manifestações agudas de transtorno depressivo maior e mania/ hipomania.	Sintomas de fase residual com acentuado comprometimento da cognição e do funcionamento, apesar do trata-mento.	Episódios agudos, apesar do tratamento farmacoterá-pico.	–

Ainda concernente ao TAB, os mecanismos neurobiológicos das alterações cerebrais neuroanatômicas mais pronunciadas em pacientes com múltiplos episódios de alteração do humor, ao longo do curso do supracitado transtorno, parecem incluir aumento do estresse oxidativo, de marcadores pró-inflamatórios e *déficit* dos mecanismos de neuroproteção (MAGALHÃES et al., 2012). Assim, diante do exposto, os modelos de neuroprogressão e estadiamento podem ser concebidos como duas facetas do mesmo fenômeno, conforme explicitado na **Figura** 1.

Figura 1 – Relação entre os achados neurobiológicos e clínicos com a neuropressão e o estadiamento

Achados Biológicos	Achados Clínicos
Aumento de citocinas pró-inflamatórias.	Alargamento do terceiro e dos ventrículos laterais.
Diminuição de citocinas anti-inflamatórias.	Comprometimento dos desempenhos cognitivo e funcional.
Diminuição das neurotrofinas.	Diminuição da resposta ao tratamento medicamentoso.
Aumento dos produtos do estresse oxidativo.	

Adaptada de: GAMA et al., 2012.

Isto posto, o modelo explicitado e suas aplicações aos distintos transtornos psiquiátricos, amplia o entendimento da Neurofisiologia, Endocrinologia, Imunologia e Psiquiatria e constitui-se em uma das bases biológicas que endossam a indicação e prática clínicas da RN nestes transtornos.

Tal indicação, sempre com o intuito de minimizar o hiato entre os comprometimentos cognitivo e, por conseguinte, funcional inerente à progressão dos transtornos, considerando o parâmetro funcional pré-mórbido, conforme demonstrado na **Figura 2**, tendo como referência o TAB.

Figura 2 – Função da Reabilitação Neuropsicológica, considerando o TAB

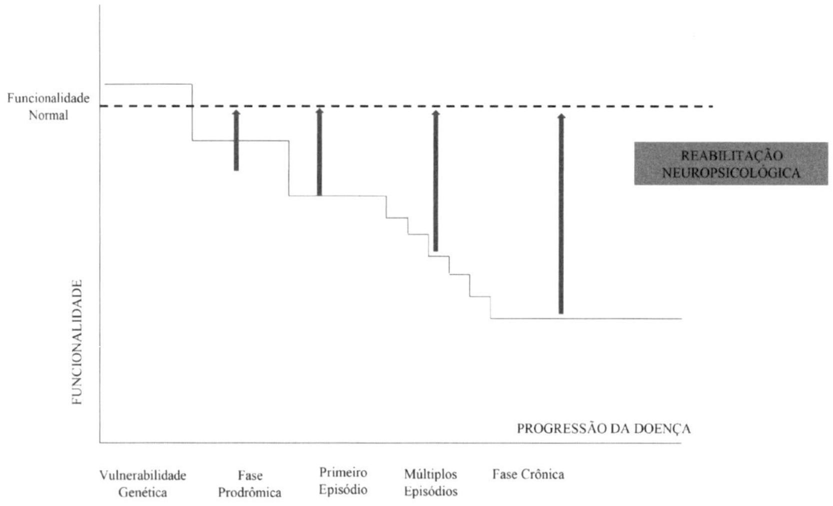

Adaptado de: MARYNEZ-ARAN et al., 2011.

A REABILITAÇÃO NEUROPSICOLÓGICA NOS TRANSTORNOS PSIQUIÁTRICOS

Como apresentado, os Transtornos Psiquiátricos possuem um padrão de herança do tipo poligênico multifatorial, sendo as doenças mais prevalentes no mundo, responsáveis por prejuízos diretos e indiretos superiores aos encontrados nas doenças não psiquiátricas.

Chega-se à conclusão de que o tratamento dos Transtornos Psiquiátricos não deve se restringir ao profissional médico e à farmacoterapia, uma vez que a despeito desta não se observa uma melhora substancial dos pacientes do ponto de vista da funcionalidade.

Conforme salientado e exemplificado nos outros capítulos deste livro, principalmente os da seção V, onde a RN é apresentada de forma contextualizada por meio de casos clínicos, tratamentos personalizados são necessários, cujo objetivo maior é atender a demanda funcional de cada paciente. A Terapia Ocupacional evoluiu muito nos últimos anos desde que começou a aderir ao processo de desenvolvimento das neurociências, da relação entre cognição e funcionalidade, sendo sua intervenção crucial na condução da RN.

No nosso meio, inclusive, vários estudos têm sido realizados com resultados impressionantes, sobretudo em pacientes com diagnóstico de Transtorno Bipolar (LOSCHIAVO-ALVARES et al., 2013 e 2014). Nesse processo, a autora principal concebeu uma abordagem abrangente e eficaz, conduzida sob medida para pacientes do nosso meio.

Conforme exposto, neste capítulo e neste livro, tanto da perspectiva teórica quanto da clinica, a Reabilitação Neuropsicológica, muitas vezes, constitui-se o eixo central no tratamento dos transtornos psiquiátricos (GÓMEZ-GASTIASORO et al., 2019), sendo descrita enquanto a primeira intervenção na lista de ações terapêuticas com efeitos potencialmente positivos na prevenção do comprometimento cognitivo e da carga alostática no TAB (VIETA et al., 2013), bem como nos demais transtornos psiquiátricos, configurando-se a farmacoterapia enquanto a base para a estabilização dos sintomas cardinais dos mesmos.

REFERÊNCIAS

ALONSO, J; PETUKHOVA, M; VILAGUT, G. et al. Days out of role due to common physical and mental conditions: results from the WHO World Mental Health surveys. **Mol Psychiatry**, 16(12):1234-46, 2011.

ANTILA, M; TUULIO-HENRIKSSON, A; KIESEPPA, T. et al. Cognitive functioning in patients with familial bipolar I disorder and their unaffected relatives. **Psychol Med.**, 37(5):679-87, 2007.

ANDLIN-SOBOCKI, P; JONSSON, B; WITTCHEN HU, et al. Cost of disorders of the brain in Europe. **Eur J Neurol**, 12, (Suppl 1:1-27), 2005.

BALANZA-MARTINEZ, V; RUBIO, C; SELVA-VERA, G. et al. Neurocognitive endophenotypes (endopheno-cognitypes) from studies of relatives of bipolar disorder subjects: a systematic review. **Neurosci Biobehav Rev**, 32(8):1426-38, 2008.

BATSTRA, L; FRANCES, A. Holding the line against diagnostic inflation in psychiatry. **Psycho-ther Psychosom**, 81:5-10, 2012.

BEARDEN, CE; HOFFMAN, KM; CANNON, TD. The neuropsychology and neuroanat- omy of bipolar affective disorder: a critical review. **Bipolar Disord**, 3(3):106-50, 2001.

BEARDEN, CE; THOMPSON, PM; DUTTON, RA. et al. Three-dimensional mapping of hippocampal anatomy in unmedicated and lithium-treated patients with bipolar disorder. **Neuropsychopharmacology**, 33(6):1229-38, 2008.

BELLEC, Willson; MC, Wilman; AH, Daves. et al. Differentialeffectsof chronic lithium and valproate on brain activation in healthy volunteers. **Hum Psychopharmacol**, 20(6):415-24, 2005.

BENABARRE, A; VIETA, E; MARTINEZ-ARAN, A. et al. Neuropsychological disturbances and cerebral blood flow in bipolar disorder. **Aust N Z J Psychiatry**, 39(4):227-34, 2005.

BERK, M; CONUS, P; LUCAS, N. et al. Setting the stage: from prodrome to treatment resistance in bipolar disorder. **Bipolar Disord**, 9:671-8, 2007.

BERK, M.; KAPCZINSKI, F.; ANDREAZZA, A. C. et al. Pathways underlying neuroprogression in bipolar disorder: focus on inflammation, oxidative stress and neurotrophic factors. **Neurosci Biobehav Rev.**, 35, 3, 804-17, 2011.

COSCI, F.; FAVA, G.A. Staging of Mental Disorders: Systematic Review. **Psychother Psychosom**, 82:20-34 DOI: 10.1159/000342243, 2013.

FAVA, GA; KELLNER, R. Staging: a neglected dimension in psychiatric classification. **Acta Psychiatr Scand**, 87:225-230, 1993.

GAMA, CS; KUNZ, M; MAGALHÃES, PVS. et al. Staging and neuroprogression in bipolar disorder: a systematic review of the literature. **Revista Brasileira de Psiquiatria**, 35: 70-74, 2013.

GÓMEZ-GASTIASORO, A; PEÑA, J; IBARRETXE-BILBAO, N. et al. A Neuropsychological Rehabilitation Program for Cognitive Impairment in Psychiatric and Neurological Conditions: A Review That Supports Its Efficacy. **Behav Neurol**, 2019:4647134, 2019.

GRASSI-OLIVEIRA, R; DARUY-FILHO, L; BRIETZKE, E. New perspectives on coping in bipolar disorder. **Psychology & Neuroscience**, 3 (2): 161-165, 2010.

GREEN, MJ; CAHILL, CM; MALHI, GS. The cognitive and neurophysiological basis of emotion dysregulation in bipolar disorder. **J Affect Disord**, 103(1-3): 29-42, 2007.

HOEHE, MR; MORRIS-ROSENDAHL, DJ. The role of genetics and genomics in clinical psychiatry. **Dialogues Clin Neurosci.**, 20(3):169-177, 2018.

KAPCZINSKI, F; VIETA, E; ANDREAZZA, AC; et al. Allostatic load in bipolar disorders: implications for pathophysiology and treatment. **Neurosci Biobehav Rev**. 32:675-692, 2008.

KAPCZINSKI, F; VIETA, E; ANDREAZZA, AC. et al. Allostatic load in bipolar disorder: implications for pathophysiology and treatment. **Neurosci Biobehav Rev.**, 32:675-92, 2008.

KARLAMANGLA, AS; SINGER, BH; SEEMAN, TE. Reduction in allostatic load in older adults is associated with lower all-cause mortality risk: MacArthur studies of successful aging. **Psychosom Med**, 68(3):500-7, 2006.

KESSING, L. K.; AGERBO, E.; MORTENSEN, P. B. Major stressful life events and first admission with mania. **Bipolar Disorders**, 6, p. 122-129, 2004.

KUPFER, DJ. **The increasing medical burden in bipolar disorder**. JAMA. 293:2528-30, 2005.

LOSCHIAVO-ALVARES, FQ; SEDIYAMA, CYN; NEVES, FS. et al. Neuropsychological Rehabilitation for Bipolar Disorder – A Single Case Design. **Translational Neuroscience**, 4, 1, 1-8, 2013.

LOSCHIAVO-ALVARES, FQ; NEVES, FS. Efficacy of neuropsychological rehabilitation applied for patients with bipolar disorder. **Psychology Research**, 4, 10, p. 779-791, 2014.

LOSCHIAVO-ALVARES, FQ; FISH, J; WILSON, BA. Applying the comprehensive model of neuropsychological rehabilitation to people with psychiatric conditions. **Clinical Neuropsychiatry**, 15, 2, 83-93. 2018.

MAGALHÃES, PVS; FRIES, GR; KAPCZINSKI, F. Peripheral markers and the pathophysiology of bipolar disorder. **Rev Psiquiatr Clín.**, 39(2):60-7, 2012.

MARTÍNEZ-ARÁN, Anabel; TORRENT, Carla; SOLE, Brisa; et al. Functional Remediation for Bipolar Disorder. **Clinical practice and epidemiology in mental health**: CP & EMH. 7. 112-6, 2011.

MARTINEZ-ARAN, A; VIETA, E; COLOM, F. et al. Cognitive dysfunctions in bipolar disorder: evidence of neuropsychological disturbances. **Psychother Psychosom**, 69(1):2-18, 2000.

MCEWEN. B. S; STELLAR, E. Stress and the individual. **Mechanisms leading to disease Arch Intern Med**, 153(18):2093-101, 1993.

MCEWEN, BS; WINGFIELD, JC. The concept of allostasis in biology and biomedicine. **Horm Behav**, 43(1):2-15, 2003.

MCGORRY, PD; NELSON, B; GOLDSTONE, S. et al. Clinical staging: a heuristic and practical strategy for new research and better health and social outcomes for psychotic and related mood disorders. **Can J Psychiatry**, 55(8):486-97, 2010.

MERIKANGAS, KR; AMES, M; CUI, L. et al. The impact of comorbidity of mental and physical conditions on role disability in the US adult household population. **Arch Gen Psychiatry**, 64:1180-118, 2007.

NIERENBERG, AA; et al. Residual symptoms after remission of major depressive disorder with citalopram and risk of relapse: a STAR*D report. **Psychol. Med.**, 40:41, 2010.

POST, R. M. Kindling and sensitization as models for affective episode recurrence, cyclicity, and tolerance phenomena. **Neuroscience and Biobehavioral Reviews**, 31, p. 858-873, 2007.

POST, R. M.; LEVERICH, G. S. The role of psychosocial stress in the onset and progression of bipolar disorder and its comorbidities: the need for earlier and alternative modes of therapeutic intervention. **Development and Psychopathology**, 18, p. 1181-1211, 2006.

PRIGATANO, G. P. A history of cognitive rehabilitation. In: HALLIGAN, P. W.; WADE, D. T., (Eds.) **The Effectiveness of Rehabilitation for Cognitive Deficits**. New York, NY, US: Oxford University Press, 2005. pp. 3-10.

RYBAKOWSKI, JK; BORKOWSKA, A; SKIBINSKA, M. et al. Prefrontal cognition in schizophrenia and bipolar illness in relation to Val66Met polymorphism of the brain-derived neurotrophic factor gene. **Psychiatry Clin Neurosci**, 60(1):70-6, 2006.

RUDOLP, K. D.; HAMMEN, C.; BURGE, D. Toward an interpersonal lifestress model of depression: The development context of stress generation. **Develop Psychopath**, 12, p. 215-34, 2000.

STEEL, Z; MARNANE, C; IRANPOUR, C. et al. The global prevalence of common mental disorders: a systematic review and meta-analysis 1980-2013. **Int J Epidemiol.**, 43(2):476-493, 2014.

STERLING, P. Allostasis: a model of predictive regulation. **Physiology & Behavior**, 106, 5-15. doi: 10.1016/j.physbeh.2011.06.004

VIETA, E; POPOVIC, D; ROSA, AR. et al. The clinical implications of cognitive impairment and allostatic load in bipolar disorder. **Eur Psychiatry**, 28(1):21-9, 2013.

VIETA, E; REINARES, M; ROSA, AR. Staging bipolar disorder. **Neurotox Res**. 19(2):279-85, 2011.

VIGO, D; THORNICROFT, G; ATUN, R. Estimating the true global burden of mental illness. **Lancet** 3:171-8, 2016.

WILSON, B. A. Theoretical approaches to cognitive rehabilitation. In: GOLDSTEIN, L.H.; MCNEIL, J.E. (Eds.). Clinical neuropsychology: a practical guide to assessment and management for clinicians. **Chichester**: Wiley, 2004. p. 345-366.

WILSON, B. **Neuropsychological rehabilitation**: theory and practice. Lisse: Swits & Zeitlinger, 2005.

ZAJECKA, JM. Residual symptoms and relapse: mood, cognitive symptoms, and sleep disturbances. **J Clin Psychiatry**, 74 (Suppl 2): 9-13, 2013.

9. INTERVENÇÃO FARMACOLÓGICA NOS TRANSTORNOS PSIQUIÁTRICOS

Leandro Saldanha Nunes

INTRODUÇÃO

Dados alarmantes da Organização Mundial da Saúde (OMS) chamam atenção para a grande prevalência de transtornos mentais na população geral e para o real impacto econômico e social advindos do adoecimento psíquico. Em média, uma em cada três pessoas tem, teve ou terá algum transtorno mental na vida (WHO, 2013).

Além da perda de mão de obra ativa e absenteísmo, os transtornos mentais impactam enormemente a cognição, a funcionalidade diária, a capacidade de autocuidado e de manter relações interpessoais saudáveis e o bem-estar do indivíduo (SANTANA et al., 2013).

Sabemos o quão complexo e desafiador é diagnosticar e tratar adequadamente as doenças psiquiátricas. Nesse sentido, ampliar nosso grau de atuação diante do paciente em sofrimento, com um repertório mais amplo de estratégias de intervenção, tanto farmacológicas quanto não farmacológicas, se faz necessário.

O presente capítulo objetiva explorar, didática e simplificadamente, os fundamentos básicos das principais classes de psicofármacos utilizadas atualmente, a fim de que o profissional de saúde tenha um entendimento clínico mais amplo do caso em que esteja atuando. O detalhamento farmacológico e a abordagem específica em cada transtorno psiquiátrico fogem ao escopo deste capítulo.

Acreditamos que o conhecimento acerca do mecanismo de ação dos psicofármacos, do potencial de efeitos adversos, especialmente sobre cognição e funcionalidade, e do impacto da melhora dos sintomas nos transtornos mentais seja de grande importância para fundamentar, ainda mais, o processo de intervenção.

ANTIPSICÓTICOS

Os antipsicóticos, utilizados para diversos fins, constituem uma classe heterogênea de medicamentos, com largo uso em todo o mundo.

Desde a descoberta acidental da Clorpromazina, na década de 1950, com os achados pioneiros do cirurgião francês Henry-Marie Laborit, outros fármacos com diferentes propriedades antipsicóticas foram sendo descobertos e utilizados na prática psiquiátrica. Laborit observou que os fenotiazínicos induziam um relaxamento nos pacientes, deixando-os mais calmos e indiferentes ao estresse pré-cirúrgico (HAMON et al., 1952).

De fato, a utilização dos antipsicóticos representou um verdadeiro marco no tratamento dos pacientes com esquizofrenia e outros transtornos psicóticos, possibilitando tanto redução do tempo de internação, quanto tratamento ambulatorial dos doentes na comunidade, além de proporcional maior qualidade de vida e ganho em autonomia e funcionalidade (ROCHA, 2017).

Indicações Terapêuticas

Os antipsicóticos constituem uma classe bastante versátil de fármacos e são úteis no tratamento de diversas condições neurológicas e psiquiátricas. Algumas dessas indicações estão listadas no quadro a seguir.

Quadro 1 – Indicações terapêuticas dos antipsicóticos

Indicações Terapêuticas
Episódios Psicóticos agudos em Esquizofrenia e Transtorno Esquizoafetivo
Tratamento de manutenção em Esquizofrenia e Esquizoafetivo
Mania
Depressão com Sintomas Psicóticos
Transtorno Delirante
Transtorno da Personalidade *Boderline*
Transtorno Psicótico induzido por Substância
Delirium e demência
Transtorno Global do Desenvolvimento
Transtorno de *Tourette*
Doença de *Huntington*

Adaptado de: Kaplan & Sadok, 2017.

Classificação

Nos primeiros estudos envolvendo esses fármacos, constatou-se que a Clorpromazina e os outros agentes causavam no paciente um estado de alentecimento, redução da movimentação motora e indiferença comportamental, a que atribuíam o nome de "Neurolepsia". Portanto, os primeiros antipsicóticos eram denominados neurolépticos.

Tradicionalmente, os antipsicóticos são divididos entre convencionais, também chamados típicos (AT), ou de primeira geração, e atípicos (AA), ou de segunda geração. Ressalta-se que essa divisão tem sentido mais didático, dada a complexidade dos mecanismos de ação e a grande heterogeneidade entre as moléculas, especialmente dentre os AAs, além do perfil distinto em relação à eficácia, efeitos colaterais, interação medicamentosa e custo (CORDIOLI et al., 2015). Essas diferenças fazem a escolha da substância ser realizada dentro do contexto particular do médico e de seu paciente.

No Brasil, há um número considerável de ATs e AAs comercializados, principalmente em formulação oral. Os fármacos disponíveis no mercado nacional, por via oral, intramuscular de efeito imediato e formulações de depósito estão listadas nas tabelas a seguir.

Tabela 1 – Antipsicóticos disponíveis no Brasil por via oral

Antipsicóticos Típicos				
Substância	Apresentações	Dose de equivalência*	Fase Aguda	Fase de Manutenção
Clorpromazina	Comp.: 25 e 100 mg Sol. oral: 40 mg/mL	100	300-1000	300-600
Flufenazina	Comp.: 5 mg	2	6-20	6-12
Haloperidol	Comp.: 1 e 5 mg Sol. oral: 2 mg/mL	2	6-20	6-12
Levomepromazina	Comp.: 25 e 100 mg Sol. oral: 40 mg/mL	ND	400-600	400-600
Periciazina	Comp.: 10 mg Sol. oral: 10 mg/mL e	24	15-75	15-30
Pimozida	Comp.: 1 e 4 mg	2	6-12	4-8
Tioridazina	Comp.: 10, 25, 50, 100, 200 mg Sol oral: 30 mg/mL	100	300-800	300-600
Trifluoperazina	Comp.: 2 e 5 mg	5	15-30	15-20
Zuclopentixol	Comp.: 10 e 25 mg	25	20-100	20-60

Antipsicóticos Atípicos				
Substância	Apresentações	Dose de equivalência★	Fase Aguda	Fase de Manutenção
Amissulprida	Comp.: 50 e 200 mg	100	400-1200	400-800
Aripiprazol	Comp.: 10, 15, 20 e 30 mg	4	10-30	10-30
Asenapina	Comp.: 5 e 10 mg	4	10-20	10-20
Clozapina	Comp.: 25 e 100 mg	120	300-800	300-800
Lurasidona	Comp.: 40 e 80 mg	16	40-120	40-120
Paliperidona	Comp.: 3, 6 e 9 mg	1,2	3-15	3-12
Quetiapina	Comp.: 25, 50, 100, 200 e 300 mg	60	300-750	300-600
Olanzapina	Comp.: 2,5; 5 e 10 mg	3	10-20	5-20
Risperidona	Comp.: 0,25; 0,5; 1; 2 e 3 mg	0,8	2-8	2-6
Sulpirida	Comp.: 50 e 200 mg Sol. oral: 20 mg/mL	200	400-1200	400-800
Ziprazidona	Comp.: 40 e 80 mg	16	80-160	80-160

Adaptado de: Rocha (2017).

★ dose de equivalência da substância à 100 mg/dia de Clorpromazina.

ND = não definida.

Tabela 2 – Antipsicóticos disponíveis no Brasil em apresentações de efeito imediato para uso intramuscular

Antipsicóticos Típicos			
Substância	Apresentações	Dose Média (mg)	Meia-vida (horas)
Clorpromazina	Sol. injetável 25 mg/mL	24-100	30
Haloperidol	Sol. injetável 5 mg/mL	5-10	12-36
Zuclopentixol (acuphase)	Sol. injetável 50 mg/mL	50-100	24-48
Antipsicóticos Atípicos			
Olanzapina	Pó para injeção com 10 mg/ ampola	10	15-23
Ziprazidona (mesilato)	Pó injetável e diluente para a solução de 20 mg/mL	10-20	2-5

Adaptado de: Rocha (2017); Louzã, N. et al., 2010; Kennedy et al., 2013; Castillo, EG; Stroup, TS, 2015.

Antipsicóticos Típicos					
Substância	Apresentações	Dose média (mg)	Meia-vida (dias)	Concentração máxima (dias)	Intervalo aplicação (semanas)
Decanoato de Haloperidol	Sol. injetável 50 mg/mL	50-250	21	3-9	2-4
Enantato de flufenazina	Sol. injetável 25 mg/mL	25-75	3-4	2-3	1-3
Decanoato de Zuclopentixol	Sol. injetável 200 mg/mL	100-400	19	4-7	2-4
Antipsicóticos Atípicos					
Risperidona	Pó injetável e diluente para solução de liberação prolongada 25, 37,5 e 50 mg	25-50	3-6	*ND	2
Paliperidona	Suspensão injetável de liberação prolongada 50 mg, 75 mg, 100 mg e 150 mg	39-234	25-49	1	4

Adaptado de: Rocha (2017); Louzã, N. et al., 2010; Kennedy et al., 2013; Castillo, EG; Stroup, TS, 2015.
*ND = não definida.

Mecanismo de Ação

Atribui-se a atividade antipsicótica à inibição da transmissão dopaminérgica, por meio do bloqueio dos receptores de dopamina D2, mecanismo comum a todos os antipsicóticos típicos, mais especificamente na via mesolímbica. Acredita-se que a hiperatividade dessa via seja a causa dos sintomas positivos dos transtornos psicóticos, de acordo com a difundida teoria dopaminérgica da esquizofrenia, ao passo que a hipofunção no córtex pré-frontal seria responsável pelos sintomas negativos (STONE et al., 2007; STAHL, 2014).

Na via mesolímbica, os receptores D2 medeiam não apenas os sintomas psicóticos, mas também o sistema de recompensa cerebral, o chamado "centro do prazer", representado pelo *nucleus accumbens*. Ao serem bloqueados pelos antipsicóticos, os mecanismos de recompensa podem ser inibidos, levando os indivíduos a um estado de apatia, com perda de interesse e motivação, anedonia e redução das interações sociais, levando ao comprometimento global na vida dos pacientes.

Trata-se, portanto, de um agravamento dos sintomas negativos de forma secundária, pelos fármacos, e melhoram após a sua suspensão.

Somado a isso, o bloqueio dos receptores D2 das vias mesocorticais (que já estão hipofuncionantes na esquizofrenia) pode piorar ainda mais os sintomas cognitivos e negativos, embora exista baixa densidade de receptores D2 no córtex cerebral.

A eficácia antipsicótica é semelhante dentre os representantes e é atingida quando cerca de 70 a 80% dos receptores D2 no cérebro estão ocupados, enquanto que uma ocupação superior a está na via nigroestriatal seria responsável por sintomas extrapiramidais (SEP) ou pelo parkinsonismo medicamentoso, já que os distúrbios do movimento provocados podem se assemelhar muito aos da doença de Parkinson (Stahl, 2014).

Seria interessante que o bloqueio dos receptores D2 ocorresse seletivamente na via mesolímbica, a fim de atenuar apenas os sintomas positivos, o que não é observado. A inibição dopaminérgica se dá em todo o cérebro, atingindo, dessa forma, outras importantes vias dopaminérgicas, como a nigroestriatal, a tuberoinfundibular e as mesocorticais, provocando uma gama de efeitos colaterais indesejáveis, como ilustrados nas figuras a seguir.

Figura 1 – Efeitos colaterais do bloqueio dos receptores
D2 nas vias nigroestriatal e tuberoinfundibular

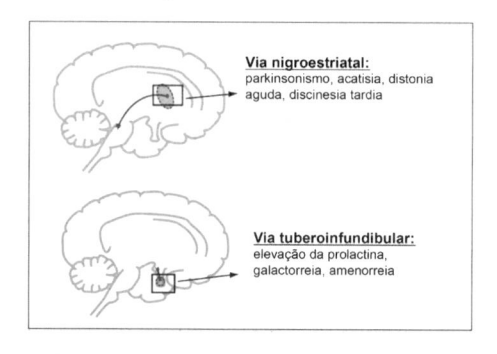

Figura 2 – Efeitos colaterais do bloqueio dos receptores D2 nas vias mesocorticais

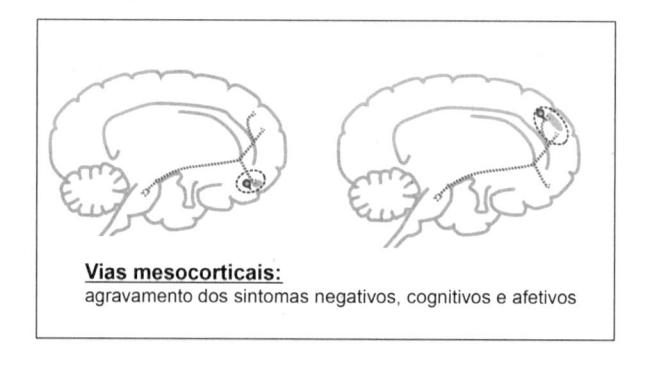

Esse dilema dos ATs foi parcialmente resolvido pelos AAs, que se propõem a reduzir a incidência de SEPs. O antagonismo simultâneo dos receptores de dopamina D2 e os receptores de serotonina do subtipo 5HT2 a torna um antipsicótico atípico.

A estimulação desse receptor pós-sináptico serotoninérgico atua como "freio" na liberação de dopamina na via nigroestriatal, portanto, o bloqueio pelo AA promove maior liberação de dopamina e, consequentemente, menos SEPs (STAHL, 2014).

Farmacocinética

Os ATs são bem absorvidos após administração oral, atingem picos de concentração plasmática de 1 a 4 horas (via oral) e 30 a 60 minutos (via parenteral), tendo o estado de equilíbrio alcançado de 3 a 5 dias e as meias-vidas em torno de 24 horas. Nicotina, cafeína e antiácidos podem interferir na absorção. Nas formulações de ação prolongada, de depósito, o estado de equilíbrio pode demorar meses, indicando que a terapia oral deve ser mantida no início do tratamento (KAPLAN, 2017). É recomendado que Ziprazidona e Lurasidona sejam administradas com alimento, aumentando a biodisponibilidade (KENNEDY et al., 2013).

A maioria dos ATs é metabolizada pelo fígado, por meio das isoenzimas CYP 2D6 e 3A do citocromo P450. Dessa forma, outros fármacos inibidores ou indutores dessas isoenzimas, como os betabloqueadores, antidepressivos e carbamazepina, podem alterar o nível sérico dos antipsicóticos, interferindo no perfil de eficácia e efeitos adversos. Em idosos são necessárias doses menores devido ao *clearance* renal reduzido. (SCHATZBERG, 2009).

Efeitos Colaterais

Há grande variabilidade nos efeitos adversos entre os representantes de ambos os grupos. Efeitos agudos, iniciados nos primeiros dias ou semanas dos antipsicóticos, envolvem contrações musculares involuntárias e espasmódicas (especialmente pescoço, tronco, face e laringe) denominadas **distonias agudas**, tratadas com antiparkinsonianos injetáveis (biperideno ou prometazina).

Pode ocorrer também a **acatisia**, que consiste na sensação subjetiva de inquietude motora e ansiedade com a impossibilidade de permanecer imóvel. O indivíduo apresenta estado de inquietação contínua, por vezes fica marchando parado. O uso de betabloqueadores e benzodiazepínicos parece ter maior eficácia no controle desses sintomas.

O **parkinsonismo medicamentoso** é caracterizado por tremores finos, rigidez muscular (sinal da roda dentada), marcha em blocos, passos curtos e hipomimia facial, com certa lentificação psicomotora, podendo chegar a quadros graves de acinesia. Como estratégia de tratamento, pode-se reduzir a dose do antipsicótico, trocar de classe, ou ainda, associar medicação anticolinérgica.

Assim como os efeitos mais agudos, as alterações motoras induzidas pelo bloqueio excessivo dos receptores D2 na via nigroestriatal podem perdurar, mesmo após a interrupção do fármaco, assumindo uma condição crônica chamada **discinesia tardia**. Uma gama de alterações pode ser encontrada, desde leves movimentos orofaciais, até movimentos mastigatórios, protrusão de língua, caretas, balanço de tronco e de membros. A prevalência estimada de discinesia com os ATs é de 32% e com os AAs de 13% (ROCHA, 2017). Benzodiazepínicos e agentes depletores de dopamina (tetrabenazina) estão entre as principais escolhas para tratamento, além da troca por AAs que induzem menor incidência de discinesia.

Os antipsicóticos também bloqueiam receptores noradrenérgico, colinérgicos e histaminérgicos, em diferentes graus.

De forma geral, o efeito cardiovascular mais encontrado é a hipotensão ortostática, relacionada ao bloqueio dos receptores alfa-1 adrenérgicos, mais proeminente nos idosos. O alargamento do intervalo QT do ECG, podendo desencadear arritmias e morte súbita, pode ocorrer em variados graus, em destaque para Tioridazina e Ziprazidona (GALLETLY et al., 2016). Recomenda-se não usar em combinação com outros fármacos que também alargam o iQT.

A ação anti-histaminérgica de alguns antipsicóticos está relacionada a maiores taxas de **ganho de peso** e **obesidade**, com consequências metabólicas relevantes, como o **diabetes tipo 2**. Dentre os ATs, destacam-se os de baixa potência, como a Clorpromazina e Tioridazina. Dentre os AAs, as maiores taxas recaem sobre Clozapina e Olanzapina, tendo Risperidona e Quetiapina um risco intermediário (ELKIS et al., 2008; TEIXEIRA et al., 2005). Da mesma forma, a indução de **dislipidemia** (aumento do colesterol total, colesterol LDL e triglicérides e redução de colesterol HDL) parece ser maior com esses agentes. Aripiprazol e Ziprazidona parecem demonstrar perfil metabólico mais favorável.

Um evento raro e imprevisível que pode acontecer tanto com ATs quanto com AAs é a **Síndrome Neuroléptica Maligna** (SNM), que exige intervenção precoce e rápida, com considerável mortalidade associada (ATs 10-20% x AAs 5,5%) (TROLLOR et al., 2012).

Classicamente, a SNM é caracterizada por febre, rigidez muscular, diminuição do nível de consciência e sinais autonômicos (sudorese, taquicardia, arritmias cardíacas e alterações da pressão arterial). Há achados laboratoriais, como elevação da enzima CPK (creatinofosfoquinase), leucocitose, aumento de enzimas hepáticas, insuficiência renal, distúrbios hidroeletrolíticos e anormalidade ao eletrocardiograma.

A fisiopatologia da SNM é desconhecida, mas parece se relacionar à redução do tônus dopaminérgico central e à desregulação autonômica. Além de suspensão imediata do antipsicótico, o tratamento deve ser feito em regime intensivo, hidratação e estratégias para reduzir temperatura corporal. Podem-se usar benzodiazepínicos e agonistas dopaminérgicos (Murri et al., 2015).

Como já mencionado, o bloqueio D2 na via tuberoinfundibular pode acarretar em **aumento da prolactina sérica** com consequências importantes, especialmente relacionadas às funções sexuais (amenorreia, irregularidade de ciclo, redução da produção de sêmen, infertilidade, galactorreia, ginecomastia e disfunção sexual), também podendo ocasionar osteoporose (mais comum em mulheres), obesidade e tumores hipofisários. ATs tem maior taxa de hiperprolactinemia e há destaque nos AAs para risperidona, paliperidona e amissulprida. A troca do antipsicótico pode ser realizada ou o uso de bromocriptina na dose de 2,5 a 10 mg/dia (Buchana et al., 2010; Peuskens et al., 2014).

Devido ao antagonismo 5HT2 dos AAs, **sintomas obsessivos e compulsivos** podem ocorrer, ou serem exacerbados, especialmente com os agentes clozapina, olanzapina e risperidona. Pode-se então, substituir por outra medicação com menor afinidade 5HT2 ou uso de antidepressivos sorotoninérgicos (Fonseka et al., 2014).

ATs parecem induzir maior **déficit cognitivo**, especialmente em memória operacional, velocidade de processamento e habilidades motoras, em parte pelo próprio bloqueio D2 nas vias corticais, mas também pelo uso concomitante de agentes anticolinérgicos (Nielsen et al., 2015). Clorpromazina e Periciazina apresentam forte efeito anticolinérgico, enquanto que os AAs parecem produzir menor impacto na cognição, exceto em doses mais altas e em idades avançadas. Clozapina e Olanzapina apresentam as maiores taxas (Galletly et al., 2016).

A Acetilcolina exerce papel importante nos processos cognitivos. A ação anticolinérgica periférica e central provoca desde boca seca, constipação intestinal, retenção urinária e turvação visual, até quadros confusionais, prejuízos na concentração e memória. Os ATs com maior efeito anticolinérgico são Clorpromazina e Periciazina e os AAs Clozapina e Olanzapina.

ANTIDEPRESSIVOS

Os antidepressivos constituem uma classe medicamentosa bastante difundida em todo o mundo e de grande versatilidade. As indicações clínicas vão além do tratamento de transtornos depressivos e ansiosos, abrangendo uma ampla gama de condições clínicas, desde quadros dolorosos, passando por alterações de comportamento em demências, transtornos alimentares e até transtornos de ordem sexual.

Ainda na década de 1950, observou-se que a Imipramina, com estrutura química semelhante à Clorpromazina, melhorava o humor de pacientes esquizofrênicos. Essa descoberta foi revolucionária e possibilitou a descoberta de novas moléculas capazes de aliviar sintomas depressivos. (Rocha, 2017).

Classificação

Os antidepressivos são divididos em classes, levando-se em conta a estrutura química e o mecanismo de ação.

Há representante de todas as classes de antidepressivos no Brasil, apenas em apresentações orais. Veja alguns destacados na tabela a seguir.

Tabela 4 – Antidepressivos comercializados no Brasil

Antidepressivos			
Substância	Apresentações	Dose Inicial	Dose Manutenção
IMAO			
Tranilcipromina	Comp.: 10 mg	20	20-60
Moclobemida	Comp.: 150 e 300 mg	300	300-600
Tricíclicos e Tetracíclicos			
Amitriptilina	Comp.: 10, 25 e 75 mg	25	100-300
Clomipramina	Comp.: 10, 25 e 75 mg	25	75-250
Imipramina	Comp.: 10, 25, 75 e 150 mg	75	75-300
Nortriptilina	Comp.: 10, 25, 50, 75 mg Sol. oral: 2 mg/mL	25	75-150
Maprotilina	Comp.: 10 e 25 mg	25	100-225
ISRS			
Citalopram	Comp.: 20 e 40 mg	20	20-40
Escitalopram	Comp.: 10,15 e 20 mg Sol. oral: 20 mg/mL	10	10-20
Fluoxetina	Comp.: 10 e 25 mg	20	20-80
Fluvoxamina	Comp.: 50 e 100 mg	50	50-300
Sertralina	Comp.: 25, 50, 75 e 100 mg	50	50-200
Paroxetina	Comp.: 10, 12,5, 15, 20, 25, 30 e 40 mg	20	20-50
Duais			
Duloxetina	Comp.: 30 e 60 mg	60	60-120
Desvenlafaxina	Comp.: 50 e 100 mg	50	50-100
Venlafaxina	Comp.: 37,5, 75 e 150 mg	37,5	75-375
Atípicos			
Trazodona	Comp.: 50, 100 e 150R	150	150-600
Bupropiona	Comp.: 150 e 300 mg	150	225-450
Mirtazapina	Comp.: 15, 30 e 45 mg	15	15-45
Agomelatina	Comp.: 25 mg	25	25-50
IRT			
Vortioxetina	Comp.: 5 e 10 mg	5 mg	5-20

COOSKON, J. et al., 2002; PROCYHYN, R. M., et al., 2015.

Mecanismo de Ação Comum

As ações terapêuticas desses fármacos baseiam-se no bloqueio do transportador de serotonina e/ou noradrenalina e/ou dopamina, aumentando o nível desses neurotransmissores na fenda sináptica. Como resultado comum da ação de todos os antidepressivos, ocorrem modificações na expressão gênica dos receptores de catecolaminas, gerando uma dessensibilização adaptativa desses receptores, além de síntese de fatores neurotróficos, como o BDNF (fator neurotrófico cerebral) (STAHL, 2014).

A hipótese dos receptores de neurotransmissores na depressão propõe que estes possam estar suprarregulados nos quadros depressivos.

Estima-se que o tempo para o efeito terapêutico inicial seja retardado em relação ao aumento das catecolaminas na fenda, coincidindo com a atenuação dos efeitos colaterais. A figura a seguir explicita a relação temporal entre as ações.

Figura 3 – Curvas de efeito terapêutico e efeitos colaterais dos AD

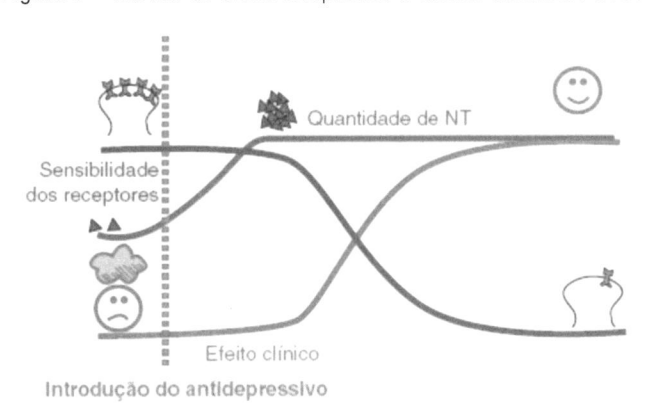

Adaptado de: STAHL (2014).

Contudo, cada paciente reage de uma maneira diferente a um antidepressivo, com tempos de resposta próprios, eficácia a um e não a outro antidepressivo, intensidade e duração de efeitos adversos muito particulares.

Inibidores das Monoaminoxidases (IMAO)

Conhecidos como IMAOs, surgiram a no final da década de 1950, e foram a primeira classe aprovada de fármacos antidepressivos. O primeiro representante, Isoniazida, foi inicialmente usado para tratar tuberculose, mas observou-se um efeito de melhora do humor.

Pouco utilizados atualmente, esses fármacos apresentam boa potência antidepressiva, porém esbarram nas dificuldades de seguir uma dieta restrita e pelo risco de hipertensão letal, além de vários mitos e informações incorretas acerca desses fármacos (GOLDBERG et al., 2013). Atualmente, eles têm sido utilizados em casos graves e refratários. A introdução da Moclobemida, um inibidor reversível da MAO, no início dos anos 1990, representou um avanço no uso dessa classe.

As enzimas MAO são encontradas na membrana externa das mitocôndrias onde degradam neurotransmissores citoplasmáticos e extraneurais (dopamina, serotonina, adrenalina, noradrenalina e tiramina). Inibindo essas enzimas, maior disponibilidade desses neurotransmissores fica disponível e, consequentemente, causam efeitos estimulantes em todo o cérebro. Visto que Fenelzina e Tranilcipromina são inibidores irreversíveis da MAO, os efeitos terapêuticos de uma única dose podem persistir por até 2 semanas.

O efeito colateral mais preocupante é a crise hipertensiva induzida por tiramina, um potente aminoácido vasoconstritor, já que sua degradação está inibida pelos IMAOs do trato gastrointestinal (KAPLAN, 2017). Dessa forma, alimentos contendo tiramina (**Quadro 2**) devem ser evitados durante duas semanas após a interrupção dos IMAOs.

Quadro 2 – Alimentos contendo tiramina

Alimentos ricos em Tiramina
Queijos (roquefort, branco, muçarela, requeijão)
Peixes
Carnes curadas
Embutidos (salsichas, salame, mortadela)
Patês e órgãos
Chucrute

O risco de crise hipertensiva induzida por tiramina é relativamente baixo em pessoas medicadas com IMAO reversível, como moclobemida.

As recomendações não são apenas alimentares. Há diversos fármacos que são contraindicados para serem usado com os IMAOs, a se destacar: antiasmáticos, levodopa, opioides (meperidina e tramadol), antidepressivos ISRS, venlafaxina, clomipramina, sibutramina, drogas simpaticomiméticas (como anfetaminas, cocaína, metilfenidato) (GOLDBERG et al., 2013).

Antidepressivos Tricíclicos e Tetracíclicos (ADT)

Sendo os primeiros antidepressivos descobertos, os representantes dessa classe (ATCs) compartilham estrutura tricíclica básica e apresentam efeitos muito semelhantes. Os tempos de meia-vida são variados, de 10 a 70h, sendo que alguns são indicativos de uso 2 vezes ao dia e outros, como a Nortriptilina, apenas 1 vez.

Sofrem metabolismo hepático, especialmente pelas enzimas CYP 2D6, e alguns competidores dessa enzima podem aumentar os níveis sanguíneos da ATCs, a se destacar fenotiazinas, carbamazepina, fluoxetina, sertralina, paroxetina e antiarrítmicos. Variações genéticas na atividade da 2D6 também podem interferir bastante no nível dos ATCs. (KAPLAN, 2017).

A ação terapêutica dos ATCs consiste no bloqueio dos receptores de serotonina e noradrenalina, em diferentes proporções entre os representantes dessa classe. Mecanismos de ação secundários consistem no bloqueio de outros receptores como $5HT_{2A}$ e $5HT_{2C}$. São consideradas drogas "sujas" devido ao grande número de receptores bloqueados, levando a uma maior incidência de efeitos adversos (STAHL, 2014).

Enquanto o bloqueio do receptor histaminérgico (H1) relaciona-se com a sedação e o ganho de peso, o bloqueio adrenérgico pós-sináptico (alfa-1) está ligado à hipotensão ortostática. Uma das principais causas de descontinuação dos ATCs está na queixa de boca seca, constipação intestinal, retenção urinária e visão turva, além de alterações cognitivas (confusão mental e perda de concentração), todos ligados ao bloqueio anticolinérgicos (receptores muscarínicos, M1). Vale ressaltar o risco de agravamento do glaucoma de ângulo agudo com fármacos anticolinérgicos.

Dentre seus representantes, a Nortriptilina tem o melhor perfil de efeitos adversos e é considerado, portanto, a primeira escolha em para idosos.

Há também risco de crises convulsivas com os tricíclicos, pela redução do limiar convulsivo. A Maprotilina e a Clomipramina exibem os maiores riscos.

Em pacientes com bloqueio de ramo, há risco de bloqueio cardíaco. Um dos maiores alertas de risco para os usuários de ATCs é a possibilidade de alargamento do intervalo QT do eletrocardiograma, com potencial de induzir arritmias e morte. É conveniente orientar sobre a superdosagem e os riscos cardiovasculares e a prescrição para pacientes com ideação suicida é sempre cautelosa e exige supervisão. Sintomas comuns na superdosagem incluem agitação, paralisia do intestino e bexiga, desregulação da pressão arterial e temperatura, podendo avançar para a depressão respiratória, arritmias e coma (KAPLAN, 2017).

A determinação clínica das concentrações plasmáticas deve ser conduzida após 5 a 7 dias com a mesma dosagem do medicamento. Devido a variações de absorção e metabolismo, pode haver uma diferença de 30 a 50 vezes nas concentrações plasmáticas em pessoas que receberam a mesma dosagem de um ATC. As concentrações plasmáticas podem ser úteis para confirmar a adesão, avaliar os motivos do insucesso do fármaco e documentar quais as concentrações eficazes para tratamento futuro (KAPLAN, 2017).

Inibidores Seletivos da Recaptação de Serotonina (ISRS)

Os ISRS representaram um grande avanço no tratamento da depressão em função de seu uso em larga escala, praticidade, baixo custo e perfil mais tolerável de efeitos adversos e interação com outros fármacos. São, de longe, os agentes antidepressivos mais prescritos em todo o mundo (KAPLAN, 2017).

Eles compartilham uma característica farmacológica importante: o bloqueio **seletivo** e potente da recaptação de serotonina por meio da inibição do transportador de serotonina, SERT. Dessa forma, o estímulo à transmissão serotoninérgica nas principais vias explicaria os benefícios terapêuticos dos ISRS. Contudo, cada molécula dessa classe tem sua especificidade, que parece se basear nos mecanismos de ação secundários, como o bloqueio de outros receptores (como $5HT_{1C}$), detalhes esses que fogem ao escopo deste capítulo.

Os efeitos colaterais mais comuns a esta classe, que frequentemente se relacionam à interrupção do tratamento, seriam a náusea e os efeitos no trato gastrointestinal, ganho de peso e disfunção sexual, mais frequentemente retardo ejaculatório e anorgasmia.

Sintomas de retirada, quando na redução da dose ou interrupção abrupta podem ocorrer naqueles com meia-vida mais curta como a paroxetina. A fluoxetina tem a maior meia-vida, podendo chegar a 9 dias. A Fluvoxamina é o ISRS mais problemático em relação ao perfil de interação medicamentosa, especialmente com as enzimas CYP. Todos os ISRS podem alargar o intervalo QT, especialmente em superdosagens. O destaque é o Citalopram, com maior efeito sobre o intervalo QT.

Inibidores da Recaptação de Serotonina e Noradrenalina (IRSN)

A adição do bloqueio de outra monoamina traz certa vantagem, um "reforço" à ação antidepressiva dos IRSN, se comparados aos ISRS. Especialmente para síndromes dolorosas, estes agentes oferecem uma estabelecida superioridade. Há também uma leve estimulação dopaminérgica seletiva ao córtex pré-frontal, que pode se tornar uma arma no tratamento de alguns sintomas depressivos.

Diferenciam-se dos tricíclicos pela ausência do bloqueio de outros receptores, em especial muscarínicos, adrenérgicos e histaminérgicos, tendo, portanto, um melhor perfil de tolerabilidade. No entanto, o efeito noradrenérgico pode elevar a pressão arterial e a frequência cardíaca, sendo a Venlafaxina o agente mais implicado. Duloxetina e Milnaciprano apresentam certo potencial de hepatotoxicidade, por outro lado, têm grande efeito para as dores crônicas.

Antidepressivos Atípicos

Essa classe engloba fármacos com outros mecanismos de ação, muito úteis como ferramentas terapêuticas acessórias ou como estratégias de potencialização.

A bupropiona, utilizada como droga antitabagista, inibe os transportadores de Dopamina e Noradrenalina, atuando como um antidepressivo de pouca potência. Tem característica ativadora e psicoestimulante, aprovada para uso no Transtorno do Déficit de Atenção e Hiperatividade (Stahl, 2017). É bastante comum a associação com um ISRS ou IRSN quando ocorre disfunção sexual secundária a esses fármacos, na tentativa de reduzir esse efeito (Huecker et al., 2019). Deve-se atentar para o potencial de redução do limiar convulsivo em altas doses.

A trazodona, um inibidor do transportador de serotonina e dos receptores $5HT_{2A}$ e $5HT_{2C}$, surgiu como fármaco de interessantes características duplas, dependendo da dose utilizada. Em doses altas (>150 mg) funciona como antidepressivo e, em doses baixas, apenas como sedativo/hipnótico. Não há disfunção sexual associada, mas vale destacar o risco raro de priaprismo. A hipotensão ortostática induzida pelo fármaco é particularmente importante no idoso.

Há fármacos com propriedades antidepressivas, sem bloquear o transportador de serotonina, como é o caso da mirtazapina, atuando por meio de outros mecanismos (antagonista alfa-2, 5HT2A, 5HT2C, 5HT3). A ação anti-histamínica da mirtazapina é responsável pela propriedade bastante sedativa da medicação e também pelo ganho de peso associado.

A depressão pode dessincronizar o ciclo sono-vigília, alterando os ritmos circadianos. A agomelatina, sendo um agonista dos receptores de melatonina 1 e 2 e um inibidor dos receptores $5HT_{2C}$, pode auxiliar ressincronizando esses ritmos e exercendo um efeito antidepressivo (Stahl, 2014). É uma medicação geralmente bem tolerada, tendo a náusea e a tontura como os principais efeitos colaterais.

Inibidores de Recaptação Tríplices

Teoricamente, pela hipótese monoaminérgica, a inibição dos três receptores de monoaminas (serotonina, noradrenalina, dopamina) seria mais interessante ainda para a obtenção de um efeito terapêutico mais potente. Estudos com vários fármacos seguem em testes clínicos para confirmação desse efeito e já há disponível no mercado brasileiro a Vortioxetina com esta função multimodal. As propriedades clínicas desse fármaco sugerem eficácia antidepressiva sem disfunção sexual associada e com baixa repercussão metabólica e cognitiva. A náusea é o efeito colateral mais comum (Stahl, 2014).

ESTABILIZADORES DE HUMOR

Os estabilizadores de humor (EH) não são uma classe específica de fármacos, mas sim medicamentos de diferentes classes que exercem alguma ação terapêutica nas fases do transtorno afetivo bipolar (TAB). Cada fármaco possui propriedades antimaníacas, antidepressivas e profiláticas (manutenção) em variados graus, com um perfil de eficácia heterogêneo para cada fase.

Os fármacos com propriedades estabilizadoras de humor são o lítio, alguns anticonvulsivantes e alguns antipsicóticos atípicos. O lítio ainda é considerado o medicamento de referência, muitas vezes chamado "padrão-ouro", dada sua eficácia nas diversas fases do tratamento.

Lítio

Primeiro estabilizador de humor descoberto, o lítio é um íon da família dos metais alcalinos usado para o tratamento do transtorno bipolar há mais de 50 anos.

Existem várias hipóteses sobre o mecanismo de ação do lítio, dentre as principais destacam-se a redução da concentração de sódio e cálcio intracelulares, bem como a redução da transmissão de sinal por segundo mensageiro dependente de sódio (YOUNG, 2004).

Além das fases agudas e de manutenção do transtorno bipolar, o lítio tem indicações fora da bula ("*off-label*") como para redução do comportamento suicida, potencialização de quadros depressivos refratários, agressividade ou impulsividade, jogo patológico e comportamento antissocial. De fato, trata-se de uma arma terapêutica versátil e eficaz para uma ampla gama de condições.

Sendo um cátion, como o sódio, o lítio pode provocar reações adversas em vários sistemas do organismo, a maioria deles, dose-dependente. Um dos efeitos de maior incidência são os tremores, principalmente na ponta dos dedos, os quais podem ser manejados com redução da dose ou associação com beta-bloqueador, bem como os efeitos de náusea e diarreia. Já houve associação com ausência de espontaneidade, redução do tempo de reação e prejuízos de memória (KAPLAN, 2017). A polidipsia e o ganho de peso também são bastante frequentes. O monitoramento da função tireoidiana e renal é mandatório na terapia com lítio. Porcentagem significativa de casos cursa com hipotireoidismo e bócio, além de poliúria e nefrite intersticial crônica (raro).

A superdosagem é perigosa devido ao risco de intoxicação e morte por arritmia cardíaca (HAUSSMANN et al., 2015). Dessa forma, é indicado o monitoramento terapêutico pelo nível plasmático do lítio (litemia).

Ácido Valproico/Valproato

O exato mecanismo de ação de todos os anticonvulsivantes permanece incerto. Em relação ao valproato, há hipótese de inibição dos canais de sódio sensíveis à voltagem, reforço gabaérgico e regulação das cascatas de transdução de sinais (STAHL, 2014).

O seu efeito mais destacado é como antimaníaco, reduzindo a excitabilidade neuronal. Ele exerce certo efeito sobre os estados depressivos e tem melhor perfil para estados mistos ou de ciclagem rápida. Há indicação de uso também como profilático de enxaqueca.

Os efeitos adversos mais comuns relacionados a ele são tremor, sedação, desconforto gastrointestinal e ganho de peso. As cápsulas de liberação lenta auxiliam as queixas gástricas, além da ingestão junto à alimentação. A Alopecia ocorre em menor frequência e parece estar relacionada a interferências no metabolismo do zinco e selênio.

Efeitos mais graves e raros incluem a hepatotoxicidade e pancreatite e devem ser monitoradas enzimas hepáticas a cada 6 meses (Kaplan, 2017).

Vale ressaltar o efeito teratogênico desse fármaco, devendo ser imediatamente descontinuado em suspeita ou confirmação de gestação.

O monitoramento do nível sérico é indicado, assim como para o uso do lítio, com a finalidade de guiar a eficácia terapêutica, evitando níveis de intoxicação.

Carbamazepina/Oxcarbazepina

A carbamazepina foi inicialmente usada para tratamento das síndromes dolorosas e convulsivas. A oxcarbazepina chegou ao mercado mais tardiamente e, por sua semelhança com a carbamazepina, passou a ser testada para o transtorno bipolar.

Também parecem bloquear os canais de sódio sensíveis à voltagem, mas em subunidade específica, potencializando as ações inibitórias gabaérgicas.

A carbamazepina tem clássica indicação para dor neuropática e pode causar toxicidade fetal, como defeitos no tubo neural.

É uma notável indutora da enzima 3A4 do citocromo P450, sendo um dos fármacos que mais apresentam potencial de interação medicamentosa.

Apresenta perfil extenso de efeitos colaterais, além de potencial de interação medicamentosa com diversos fármacos. Os efeitos mais comuns incluem sedação, cansaço, náusea e tontura. Pode ocorrer embotamento cognitivo e lentificação do raciocínio. As erupçõcs cutâneas são comuns (5%), já a necrólise epidérmica e a síndrome de Stevens-Johnson são raras (1:10000). O efeito de maior gravidade, mesmo que raro (1:125000), é a supressão da atividade medular, que exige monitoramento da contatem de células sanguíneas. (Kaplan, 2017).

A oxcarbazepina é um derivado da carbamazepina e, portanto, seu perfil de efeitos colaterais é mais tolerável, sem risco de discrasias sanguíneas e menos sedativas. No idoso, há risco de hiponatremia (Alvarez et al., 2003).

Lamotrigina

Seu mecanismo de ação envolve a redução da neurotransmissão excitatória glutamatérgica. Boa eficácia demonstrada para prevenção dos episódios depressivos no transtorno bipolar e fraca evidência antimaníaca (Yathan et al., 2018).

Em geral, a lamotrigina é bem tolerada, com baixa incidência de efeitos colaterais, exceto pelo risco, também raro, de causar a síndrome de Stevens-Johnson (necrólise epidérmica tóxica – 1 a 10:1000). Tem um perfil metabólico bastante favorável. As alterações dermatológicas podem ser minimizadas aumentando lentamente a dose, e há recomendação de suspensão imediata do fármaco diante de erupções cutâneas (KETTER et al., 2006).

Topiramato

Um anticonvulsivante muito utilizado em associação a outros fármacos, para perda de peso, é o topiramato. Esse medicamento não obteve evidência robusta para atuar como estabilizador de humor em nenhuma das fases e pode induzir em grande parte dos pacientes, déficits cognitivos importantes e confusão mental. Prejuízos de concentração e memória, frequentemente caracterizados por dificuldades em encontrar palavras e evocar nomes, é um relato comum (KAPLAN, 2017).

ANSIOLÍTICOS E HIPNÓTICOS

Os benzodiazepínicos (BZD) têm ação sedativa, anestésica, ansiolítica, anticonvulsivante e miorrelaxante. Eles atuam inibindo os receptores benzodiazepínicos, que modulam a atividade do gama-aminobutírico (GABA), principal neurotransmissor inibitório do SNC. Têm uso bastante difundido em diversas condições clínico-psiquiátricas, como em anestesias, epilepsias, quadros dolorosos, distúrbios do sono e catatonias (FUKASAWA et al., 2007).

São medicações versáteis, com alto potencial de abuso, dependência psicológica e química. De fato, o número de prescrições dos BZD aumentou consideravelmente, tornando a dependência a estes fármacos um problema de saúde pública (NIELSEN, 2015).

Trata-se de fármacos bastante eficazes e com rápido início de ação (GUAIANA, 2016). Na maioria das vezes, constitui tratamento adjunto a outra medicação primária (como ISRS ou IRSN), auxiliando no controle da ansiedade e insônia (KAPLAN, 2017).

O mecanismo de ação comum envolve a ligação dos BZD ao receptor de GABA, facilitando a abertura dos canais de cloro, aumentando o influxo deste íon e provocando o efeito sedativo e ansiolítico (STAHL, 2017).

As meias-vidas plasmáticas são muito variadas, sendo que os benzodiazepínicos de ação prolongada (diazepam, clonazepam e clordiazepóxido) podem chegar a mais de 30 h, mas o tempo de ação do fármaco no organismo baseia-se mais na lipossolubilidade da molécula. Dessa forma, a administração diária desses fármacos leva ao acúmulo e consequente sedação diurna. Os de menor tempo de meia-vida (alprazolam, lorazepam, oxazepam e estazolam) podem cursar com sintomas de abstinência mais pronunciados, além de insônia de rebote e amnésia anterógrada.

A absorção de quase todos os BZD via intramuscular é errática, exceto para lorazepam e midazolam.

A tabela 5 reúne as principais características farmacológicas dos ansiolíticos/ hipnóticos disponíveis no Brasil.

Tabela 5 – Ansiolíticos e hipnóticos disponíveis no mercado brasileiro

Ansiolíticos e Hipnóticos			
Substância	Meia-vida (h)	Dose equivalência (Diazepam 5 mg)	Faixa Terapêutica
BZD ação curta			
Lorazepam	8–20	0,5–1	1–10
Bromazepam	8–30	3	1,5–18
Alprazolam	6–25	0,5	0,5–10
Nitrazepam	15–48	5	5–20
Clobazam	12–60	10	30–120
Midazolam	1–3,5	7,5	2,5–15
Flurazepam	25–114	15	15–30
Flunitrazepam	18–30	0,5–1	0,5–2
Estazolam	8–31	1	1–2
BZD ação longa			
Clonazepam	18–56	0,25–0,5	0,5–16
Diazepam	20–100	5	5–80
Clordiazepóxido	5–30	12,5–15	10–150
Cloxazolam	20–90	2	1–12
Clorazepato	20–200	7,5	15–60
Drogas–z			
Zolpidem	2–4	10	5–12,5
Zopiclona	4–8	7,5	7,5
Outros fármacos			
Buspirona	1–14	–	15–60

Adaptado de: Rocha (2017)

Mais recentemente, fármacos com estrutura química semelhante aos BZD foram descobertos, mas com sítio de ligação diferente no receptor GABA, de forma mais seletiva. São as denominadas "drogas-z" (zolpidem, zaleplon, eczopiclona), que também exercem ação inibitória sobre o SNC, porém, sem o componente ansiolítico, amnéstico ou de depressão respiratória.

Como indutores de sono, as drogas-z parecem ser mais eficazes que os BZD, promovendo um sono com arquitetura mais próxima do naturalmente induzido (QUARANTINI et al., 2011).

Efeitos Adversos

Os BZD, como já comentado, são capazes de gerar quadro de dependência, com nítido desenvolvimento de tolerância entre semanas a meses (neuroadaptação e perda de efeito ao longo do tempo) e, na interrupção abrupta, sintomas de abstinência (HOOD et al., 2012).

Existem efeitos negativos significativos, no que se refere ao estado de alerta e às funções cognitivas no geral, já bem estabelecidas pela literatura médica. Aumentado risco de acidentes na direção de veículos, manipulação de máquinas, trabalho em altura e manuseio de materiais inflamáveis (LADER, 2011; DASSANAYAKE et al., 2011).

Estudos mostraram que, mesmo em dose única, funções como memória, atenção e aprendizagem podem ficar prejudicadas (ROCHA, 2017). Apesar de ocorrer tolerância, há evidências de que os déficits cognitivos se mantêm persistentes (GUINA et al., 2015; GRAY et al., 2016).

A perturbação da memória se caracteriza por amnésia anterógrada, provavelmente por interferência na transferência da memória de curto para a de longo prazo.

Os BZD podem predispor ao desenvolvimento de *delirium* (ou estado confusional agudo), especialmente em idosos, policomórbidos e polimedicados (LADER, 2011). A utilização de BZD em idosos deve ser sempre cautelosa, visto que o metabolismo neles é de 2 a 5x mais lento, tornando essa população mais sensível aos efeitos indesejados (confusão mental, sedação, quedas, desequilíbrios, tonteiras). Quando necessário, preferir o lorazepam já que sua metabolização causa menos interferência pelo envelhecimento.

A relação causal, bastante discutida atualmente, entre o uso crônico de BZD e demência, não pode ser claramente sustentada (GRAY et al., 2016).

Os prejuízos cognitivos descritos também são observados para as drogas-z, porém com menos intensidade.

A exposição do feto a BZD no final da gestação pode ocasionar sintomas de abstinência (irritabilidade, inquietação, hipertonia, vômitos, reflexos acentuados) e toxicidade neonatal (hipotermia, letargia, debilidade respiratória). A recomendação é de redução gradual e troca da medicação na gestação. Durante a amamentação, pode haver sonolência e dificuldade de sucção, devendo ser usado, quando necessário, os BZD de meia-vida curta (CARVALHO et al., 2009; CANTILINO, 2011).

A boa prática recomenda o uso criterioso e pontual dos BZD, preferencialmente em situações agudas, nas menores doses possíveis, e já com intenção de descontinuação, reduzindo assim, os riscos de dependência e efeitos adversos.

PSICOESTIMULANTES

Os psicoestimulantes vêm sendo utilizados na prática médica há bastante tempo. A benzedrina, inicialmente usada como broncodilatador, foi o primeiro estimulante descoberto, ao acaso, ainda na década de 1930, ao observar melhora do desempenho acadêmico de crianças que a utilizaram para o tratamento de cefaleia (BRADLEY, 1937).

Quase um século depois, os psicoestimulantes permanecem como fármacos de primeira linha para tratamento do TDAH, mostrando alta eficácia terapêutica e boa tolerância (GREENHILL, 2002). Além de melhora dos sintomas do transtorno, existem ganhos em autoestima e funcionamento cognitivo, social e familiar.

O primeiro psicoestimulante comercializado foi o metilfenidato de ação imediata, que exigia mais de uma ingestão diária. O uso inicial do metilfenidato, ainda na década de 1950, destinava-se ao tratamento de quadros depressivos, fadiga e astenia. Nas décadas seguintes houve a consolidação desse fármaco como principal linha de tratamento para o TDAH entre adultos e crianças.

Mais recentemente, foram formuladas medicações de longa duração, com a facilidade posológica de apenas um uso ao dia, o que melhorou consideravelmente a adesão dos pacientes. Além do metilfenidato de longa duração, temos também no mercado brasileiro a lisdexanfetamina, que pode chegar a 12 h de efeito.

O modafinil não tem aprovação para o tratamento do TDAH, apenas para sonolência excessiva diurna e narcolepsia, além de ter mostrado benefícios em episódios depressivos em que sonolência, prostração e fadiga são significativas (GOSS et al., 2013).

Em diversos ensaios clínicos randomizados, tanto metilfenidato quanto lisdexanfetamina mostraram ser bem tolerados e superiores ao placebo, sem grandes diferenças quanto à eficácia e tolerabilidade entre eles. Ainda não há perfil clínico que seja mais sugestivo ao uso de um ou outro psicoestimulante.

Metilfenidato (MFDO)

É o estimulante mais avaliado e mais estudado para TDAH em estudos controlados. Ele atua bloqueando a recaptação de noradrenalina e dopamina, aumentando a liberação destes neurotransmissores na fenda sináptica.

Estudos envolvendo neuroimagem mostraram melhora da transmissão dopaminérgica em diversas áreas, como no córtex parietal (SZOBOT et al., 2003).

Outros estudos mostraram que o incremento de dopamina reforça a percepção da importância do estímulo, aumentando o grau de interesse e motivação pela tarefa (VOLKOW et al., 2004).

O MFDO de curta ação é comercializado sob a forma de comprimidos de 10 mg, a absorção via oral é rápida, mas a velocidade pode ser alterada com a alimentação. Pico plasmático entre 1 a 2 h e meia-vida de 3 h. Administrado 2 a 3x ao dia, e a última dose antes das 18 h para não induzir insônia.

O MFDO de longa ação apresenta-se sob duas tecnologias diferentes:

- tecnologia **SODAS** com efeito de até 8 h em 2 pulsos (2 e 4 h após uso), 1 a 2x ao dia, comprimidos de 10, 20, 30 e 40 mg (dose máxima de 60 mg/dia);
- tecnologia **OROS**, que usa mecanismo de bomba osmótica com liberação inicial de 22% imediatos e o restante ao longo de 10 h. Cápsulas de 18, 36 e 54 mg e uso 1x ao dia. Não deve ser partido, mastigado ou amassado.

Lisdexanfetamina

Psicoestimulante, lançado no Brasil em 2011, é de longa ação, administrado em formato pró-droga, sendo, por isso, considerado mais seguro e com menor perfil de abuso. Atinge pico após 3 h de ingerida e efeito, em média, de 12 a 14 h. Os alimentos não alteram sua absorção. Cápsulas de 30, 50 e 70 mg, sendo a dose máxima de 70 mg/dia.

Efeitos Adversos

O uso em epiléticos é seguro e os efeitos cardiovasculares são, geralmente, transitórios, com leve aumento na frequência cardíaca e respiratória e leve aumento de pressão arterial.

As contraindicações recaem sobre os indivíduos com hipotireoidismo, arritmia cardíaca grave e não controlada, angina grave, glaucoma e feocromocitoma.

Os efeitos adversos são dose-dependentes e costumam aliviar com o tempo.

Redução do apetite, insônia, nervosismo, boca seca e leve tremor são sintomas bastante comuns no início do tratamento. Nas crianças, a perda de peso deve ser monitorada.

Uso Abusivo e Inadequado

Recentemente, viu-se uma explosão na prescrição de psicoestimulantes em todo o mundo, dada as características de melhora da *performance* cognitiva. A população que mais usa essas medicações são os estudantes, com claro objetivo de melhora da concentração, foco e aprendizagem.

Esse uso pode acarretar consequências graves e deve ser evitado. A psicoeducação em cada consulta pode reduzir os riscos de uso inadequado desses fármacos. Escolher estimulantes de ação longa é preferível dado o menor risco de efeitos euforizantes e reforçadores.

CONCLUSÃO

Os psicofármacos constituem uma grande e diversa família de medicações, utilizados para uma enorme variedade de condições clínicas e psiquiátricas. São versáteis e têm um uso difundido em todo o mundo.

A divisão em classes ainda é usada, com efeito, apenas didático, já que o perfil de ação e as características farmacocinéticas/farmacodinâmicas de cada droga parecem ser bastante individuais e heterogêneas (ex: um antipsicótico pode melhorar humor, ansiedade, impulsos e psicose).

Conhecer os efeitos adversos dos psicofármacos se mostra tão importante quanto o conhecimento farmacológico em si, já que uma grande parcela dos indivíduos irão experimentar efeitos colaterais com alguma frequência e intensidade. Esses efeitos podem prejudicar o desempenho cognitivo e funcional dos pacientes, gerando uma variada gama de incapacidades, impactando na qualidade de vida deles.

REFERÊNCIAS

ALVAREZ, G.; MARSH, W.; CAMACHO, L. et al. Effectiveness and tolerability of carbamazepine vs. oxcarbazepine as mood stabilizers. **Clin Res Reg Affairs**, v. 20:365, 2003.

BRADLEY, C. The behavior of children receiving benzedrine. **Am J Psychiatry**, v. 94:577Y585, 1937.

BUCHANAN, R. W.; KREYENBUHL, J.; KELLY, D. L. et al. Schizophrenia Patient Outcomes Research Team (PORT): The 2009 schizophrenia PORT psychopharmacological treatment recommendations and summary statements. **Schizophr Bull** v. 36, p.71-93, 2010.

CANTILINO, A.; SOUGEY, E. B. Psicofarmacologia durante a gravidez e a lactação. In: OLIVEIRA, IRd; SENA EPd editors. **Manual de psicofarmacologia clínica**. 2 ed. Rio de Janeiro: Guanabara Koogan, pp. 276-283, 2006.

CARVALHO, A. de C. A. et al. O uso de drogas psicotrópicas na gestação. **Femina**, v. 37, n. 6, p. 331-338, 2009.

CASTILLO, E. G.; STROUP, T.S. Effectiveness of long-acting injectable antipsychotics: a clinical perspective. **Evid Based Ment Health**, v.18, p. 36-9, 2015.

COOKSON, J.; TAYLOR, D.; KATONIA, C. Use of drugs in psychiatry, 5th edn. Gaskell, **Royal College of Psychiatrists**, London, 2002.

CORDIOLI, A.V.; GALLOIS, C.B.; ISOLAN, L. **Psicofármacos**: Consulta

Rápida. 5 ed. Porto Alegre: Artmed, 2015.

DASSANAYAKE, T.; MICHIE, P.; CARTER, G. et al. Effects of benzodiazepines, antidepressants and opioids on driving. **Drug Safety**, v. 34, p. 125-156, 2011.

ELKIS, H.; GAMA, C.; SUPLICY, H.; et al. Consenso brasileiro sobre antipsicóticos de segunda geração e distúrbios metabólicos. **Rev Bras Psiquiatr**, v. 30, p. 77-85, 2008.

FONSEKA, T.M.; RICHTER, M.A.; MULLER, D.J. Second generation antipsychotic-induced obsessive-compulsive symptoms in schizophrenia: a review of the experimental literature. **Curr Psychiatry Rep**, v. 16 (11), p. 510, 2014.

FUKASAWA, T.; SUZUKI, A.; OTANI, K. Effects of genetic polymorphism of cytochrome P450 enzymes on the pharmacokinetics of benzodiazepines. **J Clin Pharm Ther**; v. 32, p. 333-341, 2007.

GALLETY, C. A; CASTLE, D.; DARK, F. et al. Royal Australian and New Zealand College of Psychiatrists clinical practice guidelines for the management of schizophrenia and related disorders. **Australian and New Zealand Journal of Psychiatry**, v. 50, p. 410-472, 2016.

GOLDERB, J.F.; THASE, M.E. Monoamine oxidase inhibitors revisited: What you should know. **J Clin Psychiatry**. 74(2):189-191, 2013.

GOSS, A. J.; KASER, M.; COSTAFREDA, S.G. et al. Modafinil augmentation therapy in unipolar and bipolar depression: A systematic review and meta-analysis of randomized controlled trials. **J Clin Psychiatry**, v. 74, p. 1101–1107, 2013.

GRAY, S.L.; DUBLIN, S.; YU, O.; et al. Benzodiazepine use and risk of incident dementia or cognitive decline: pros-

pective population based study. **BMJ**. p. 352:i90, 2016.

GREENHILL, L. L. Stimulant medication treatment of children with attention deficit hyperactivity disorder. In: JENSEN, PS; COOPER JR (Eds). **Attention deficit hyperactivity disorder: state of the Science, best practices**. Civic Research Institute, Kingston, pp. 9.1-9.27, 2002.

GUAIANA, G.; BARBUI, C. Discontinuing benzodiazepines: best practices. **Epidemiol Psychiatr Sci**, v. 25(3), p. 214-6, 2016.

GUINA, J.; ROSSETTER, S.R. et al. Benzodiazepines for PTSD: A systematic review and meta-analysis. **J Psychiatr Pract**, v. 21, p. 281-303, 2015.

HAMON, J.; PARAIRE, J.; VELLUZ, J. Remarques sur l'action du 4560 RP sur l'agitation maniaque. **Annales Médico-psychologiques** (Paris), v. 110, p. 331-5, 1952.

HAUSSMANN, R.; BAUER, M. et al. Treatment of lithium intoxication: facing the need for evidence. **Int J Bipolar Disord**. doi:10.1186/s40345-015-0040-2, 2015.

HOOD, S.D.; NORMAN, A.; HINCE, D.A.; et al. Benzodiazepine dependence and its treatment with low dose flumazenil. **Br J Clin Pharmacol**, v. 77, p. 285-94, 2014.

HUECKER, M. R.; SAADABADI, A. Bupropion, StatPearls, Treasure Island (FL). **StatPearls Publishing**, 2019.

KAPLAN, H. I.; SADOCK, B. J.; SADOCK, V.A. et al. **Compêndio de psiquiatria: Ciências do comportamento e psiquiatria clínica**. 11 ed. Porto Alegre: Artmed, 2017.

KENNEDY, W.K.; JANN, M.W.; KUTSCHER, E.C. Clinically significant drug interactions with atypical antipsychotics. **CNS Drugs**, v. 27, p. 1021-1048, 2013.

KETTER, T. A.; GREIST, J. H.; GRAHAM, J. A. et al. The effect of dermatologic precautions on the incidence of rash with addition of lamotrigine in the treatment of bipolar I disorder: A randomized trial. **J Clin Psychiatry**, V. 67(3), p. 400, 2006.

LADER, M. Benzodiazepines revisited – will we ever learn? **Addiction**, v. 106, p. 2086-2109, 2011.

LOUZÃ, N.; SILVA, M.A. Guia de prescrição em psiquiatria – antipsicóticos. São Paulo: **Casa Leitura Médica**, 2010.

MURRI, M.B.; BUGLIANI, M.; CALCAGNO, P. et al. Second-generation antipsychotics and neuroleptic malignant syndrome: systematic review and case report analysis. Drugs in R&D, v. 15, p. 45-62, 2015.

NIELSEN, R.E.; LEVANDER, S.; KJAERSDAM, T.G. et al. Second-generation antipsychotic effect on cognition in patients with schizophrenia – a meta-analysis of randomized clinical trials. **Acta Psychiatr Scand**, v. 131, p. 185-196, 2015.

NIELSEN, S. Benzodiazepines. **Curr Top Behav Neurosci**, doi: 10.1007/7854_2015_425, 2015.

PEUSKENS, J.; PANI, L.; DETRAUX, J. The effects of novel and newly approved antipsychotics on serum prolactin levels: A comprehensive review. **CNS Drugs**, v. 28, p. 421-453, 2014.

PROCYSHYN, R.M.; BEZCHIIBNYK-BUTLER, K.A.; JEFFRIES, J.J. **Clinical Handbook for Pyschotropic Drugs**. 22nd ed. Toronto, Canada: Hogrefe Publishing, 2017.

QUARANTINI, L. C.; NOGUEIRA, L. B.; ROCHA, M. et al. Ansiolíticos Benzodiazepínicos. In: SENA, E. D.; MIRANDA-SCIPPA, A.; QUARANTINI, L. C. et al. **Psicofarmacologia Clínica**. 3 ed. Rio de Janeiro: MedBook, 2011. pp. 261- 272.

ROCHA, F.L.; HARA, C. **Psicofármacos na prática clínica**. Belo Horizonte: Folium, 2017.

SADOCK, B.J.; SADOCK, V.A.; RUIZ, P. Kaplan. et al. Comprehensive Textbook of Psychiatry. 9th ed., vol. 2. Philadelphia: **Lippincott Williams & Wilkins**, 2009:3248.

SANTANA, L.L.; MIRANDA, F.M.D.; KARINO, M.E. et al. Cargas e desgastes de trabalho vivenciados entre trabalhadores de saúde em um hospital de ensino. **Rev Gaúcha Enferm**, v. 34(1), p. 64-70, 2013.

SCHATZBERG, A. F.; COLE, J. O.; DEBATTISTA, C. **Manual de psicofarmacologia**. 6. ed. Porto Alegre: Artmed, 2009.

STAHL, S.M. **Psicofarmacologia: bases neurocientíficas e aplicações práticas**. 4. ed. Rio de Janeiro: Guanabara Koogan, 2014.

STONE, J.M.; MORRISON, P.D.; PILOWSY, L.S. Glutamate and dopamine dysregulation in schizophrenia: a synthesis and selective review. **J Psychopharmacol**, 2007.

SZOBOT, C. M.; KETZER, C.; CUNHA, R. D. et al. The acute effect of methylphenidate on cerebral blood flow in boys with attention-deficit/ hyperactivity disorder. **European Journal of Nuclear Medicine and Molecular Imaging**, v. 30, p. 423-26, 2003.

TEIXEIRA, P.J.R.; MOREIRA, R.O.; ROCHA, F.L. Síndrome metabólica em pacientes psiquiátricos: orientações para prevenção, diagnóstico e tratamento. **J Bras Psiquiatr**, v. 54, p. 334-9, 2005.

TROLLOR, J.N.; CHEN, X.; CHITTY, K. et al. Comparison of neuroleptic malignant syndrome induced by first- and second-generation antipsychotics. **Br J Psychiatry**, v. 201, p. 52–6, 2012.

VOLKOW, N.D.; WANG, G.J.; FOWLER, J.S.; et al. Evidence that methylphenidate enhances the saliency of a mathematical task by increasing dopamine in the human brain. **Am J Psychiatry**, v. 161(7), p. 1173-1180, 15229048, 2004.

YATHAM, L. N. et al. Canadian Network for Mood and Anxiety Treatments (CANMAT) and International Society for Bipolar Disorders (ISBD) 2018 guidelines for the management of patients with bipolar disorder. **Bipolar Disord**, v. 20, n. 2, p. 97-170, 2018. ISSN 1398-5647. (http://dx.doi.org/10.1111/bdi.12609).

YOUNG, L.T. What exactly is a mood stabilizer? **J Psychiatry Neurosci**, v. 29(2), p. 87-88, 2004.

WORLD HEALTH ORGANIZATION (CH). Plan de acción sobre salud mental 2013-2020 [Internet]. Ginebra; 2013 [citado 2014 dez 20]. Disponível em: http://www. who.int/mental_health/publications/action_plan/es/.

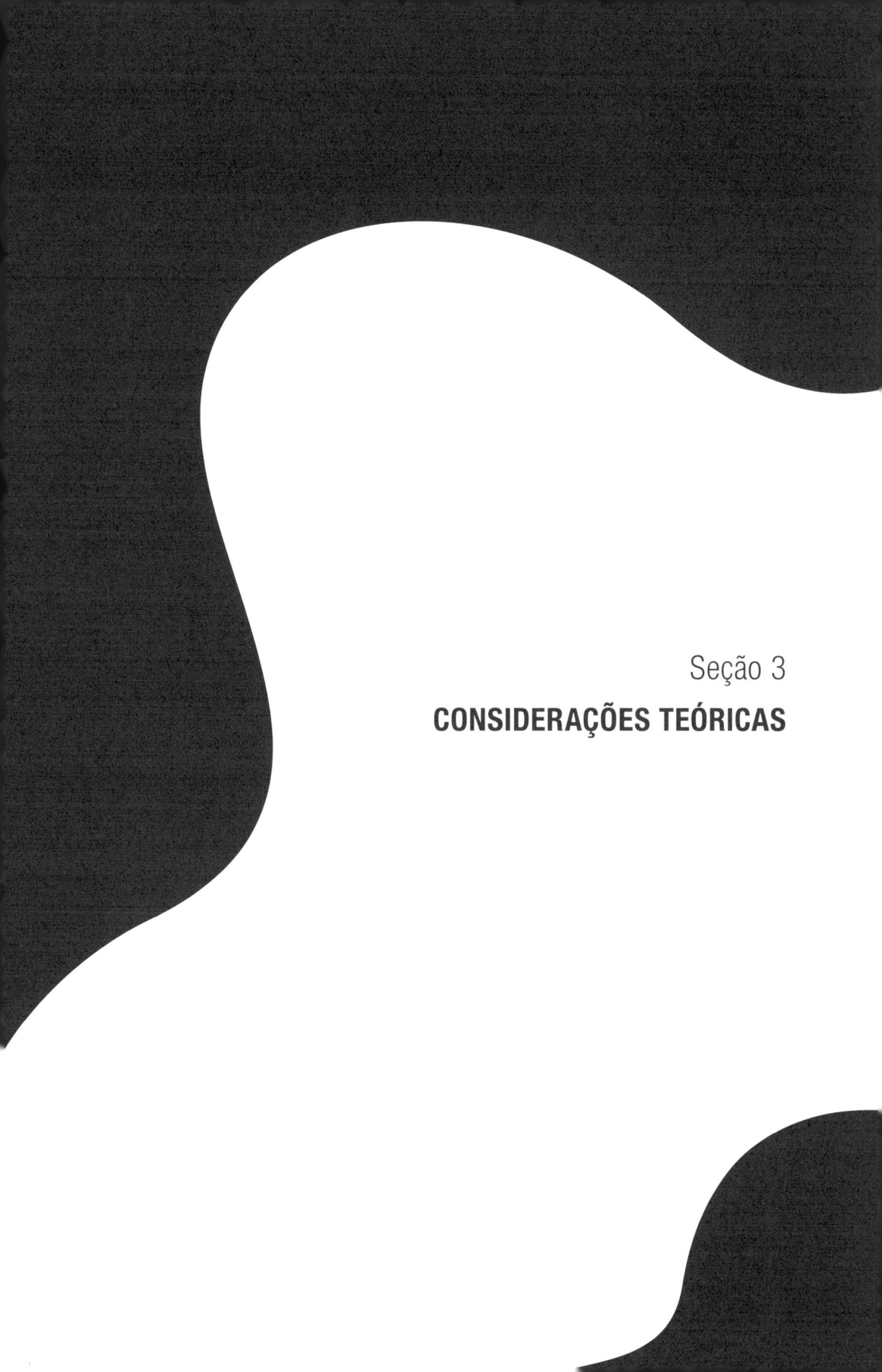

Seção 3

CONSIDERAÇÕES TEÓRICAS

10. A REABILITAÇÃO NEUROPSICOLÓGICA E OS MODELOS COMPLEMENTARES

Barbara A. Wilson

INTRODUÇÃO

A reabilitação neuropsicológica (RN) tem como foco a melhoria dos déficits cognitivos, emocionais, psicossociais e comportamentais causados por um insulto ao cérebro (WILSON, 2002). Ela se baseia em várias teorias, estruturas e em vários modelos para abordar a complexidade dos problemas enfrentados pelos sobreviventes, de danos cerebrais e por pessoas com transtornos psiquiátricos.

Reabilitação não é sinônimo de recuperação, se por esta compreendermos o retorno do indivíduo ao estado anterior ao da lesão ou doença. Tampouco é sinônimo de tratamento, visto que tratamento é algo que fazemos às pessoas ou damos a elas, como quando administramos medicamentos ou fazemos cirurgia. A reabilitação é um processo interativo bidirecional pelo qual os sobreviventes de lesões cerebrais trabalham em conjunto com a equipe profissional e com outras pessoas para alcançar seu bem-estar físico, psicológico, social e vocacional ideal (MCLELLAN, 1991).

A Sociedade Britânica de Medicina de Reabilitação (BSRM) e o Royal College of Physicians (RCP), no Reino Unido, definem reabilitação como "um processo de mudança ativa pelo qual uma pessoa que se tornou deficiente adquire os conhecimentos e as habilidades necessárias para obter melhores condições físicas, psicológicas, e de função social" e, em termos de prestação de serviços, isso implica "no uso de todos os meios para minimizar o impacto de condições incapacitantes e ajudar as pessoas com deficiência a alcançar o nível desejado de autonomia e participação na sociedade" (BSRM / RCP NATIONAL CLINICAL GUIDELINES, 2003, p. 7).

Devido à complexidade da RN e à variedade de problemas enfrentados por pessoas com comprometimento cognitivo, precisamos nos basear em várias teorias e em vários modelos ao projetar nossos programas de reabilitação, ou então, corremos o risco de uma prática clínica de pior qualidade (WILSON, 2017).

O QUE SÃO TEORIAS E MODELOS?

Allen, Fowler e Fowler, no Concise Oxford English Dictionary (1990), sugerem que uma teoria é "uma suposição ou sistema de ideias que explica algo, baseado em princípios gerais independentes da coisa a ser explicada" (p. 1266).

Por teoria, estamos nos referindo a sistemas de ideias desenhados para explicar coisas como: por que certos comportamentos ocorrem?

De forma mais simples, modelo é uma representação que nos ajuda a entender e prever fenômenos relacionados. Os modelos variam de analogias simples, como explicar a falta de atenção como um interruptor defeituoso, até modelos de computador sofisticados e complexos usados para explicar como os sistemas aprendem novas informações (BADDELEY, 1993). Modelos e teorias estão frequente e intimamente ligados, como o modelo de memória de trabalho de Baddeley e Hitch (BADDELEY & HITCH, 1974), representando uma teoria da memória, que sugere a existência de três tipos de memória, dependendo da duração ou do tipo de informação armazenada.

Este capítulo tem por objetivo apresentar algumas das teorias e dos modelos que influenciaram e continuam a influenciar a RN.

Alguns modelos mais influentes

Alguns dos modelos e das teorias mais influentes da reabilitação neuropsicológica nas últimas duas décadas são os de cognição, emoção, comportamento e aprendizado. Vários modelos de funcionamento cognitivo provaram ser úteis na reabilitação, incluindo modelos de linguagem, leitura, memória, atenção e percepção.

As teorias mais influentes parecem ser as da Neuropsicologia Cognitiva, particularmente dos campos da linguagem e da leitura (ver COLTHEART, BATES & CASTLES, 1994; MITCHUM & BERNDT, 1995; SERON & DELOCHE, 1989). Embora seja verdade que os modelos teóricos da Neuropsicologia Cognitiva têm sido altamente influentes para nos ajudar a entender e explicar fenômenos relacionados (WILSON & PATTERSON, 1990) e, para nos ajudar a desenvolver procedimentos de avaliação, embora armadilha inerente é a irrelevância destes para a reabilitação (ROBERTSON, 1991).

Como os modelos da Neuropsicologia Cognitiva nos dizem o que tratar e não como tratar, eles são insuficientes por si só para nos guiar pelos muitos processos intrincados envolvidos na RN. Além disso, as pessoas em reabilitação raramente apresentam déficits isolados, como dificuldade em entender sentenças reversíveis ou passivas, identificadas pelos modelos propostos por Coltheart. A maioria das pessoas terá *déficits* cognitivos adicionais, como um processamento de informações mais lento, ou *déficits* de memória, atenção ou de funções executivas. Também é provável que tenham problemas emocionais, sociais e comportamentais. É mais provável e, inclusive, mais relevante o fato dos pacientes precisarem de ajuda com os problemas do dia a dia, como usar o telefone, em vez de auxílio com as deficiências identificadas pelos modelos. Embora haja pouca dúvida de que os modelos teóricos da Neuropsicologia Cognitiva tenham sido influentes para nos ajudar a entender e explicar fenômenos relacionados e desenvolver procedimentos de avaliação (WILSON & PATTERSON, 1990), eles são insuficientes por si só para o desenvolvimento de programas de reabilitação (WILSON, 2002).

O gerenciamento e a remediação das consequências emocionais da lesão cerebral se tornaram cada vez mais importantes nos últimos 20 anos. Prigatano (1999) sugere que a reabilitação provavelmente falhará se não abarcar as questões emocionais. Bowen et al. (1998) descobriram que 38% dos sobreviventes de um traumatismo crânio encefálico (TCE) sofrem de distúrbios de humor. Judd e Wilson (2005) pesquisaram profissionais no Reino Unido para encontrar os principais desafios enfrentados ao estabelecer uma aliança terapêutica com pacientes com lesão cerebral que requerem ajuda com dificuldades emocionais. Razões cognitivas, comportamentais e emocionais foram as mais prováveis de afetar alianças terapêuticas.

Um modelo influente dos últimos anos é o modelo em forma de "Y" (GRACEY, EVANS & MALLEY, 2009). Este modelo sugere que "Um conjunto complexo e dinâmico de fatores biológicos, psicológicos e sociais interagem para determinar as consequências da lesão cerebral adquirida" (p. 867). O modelo integra descobertas de ajuste psicossocial, conscientização e bem-estar. Ele tenta reduzir a discrepância entre o antigo "eu" e o "eu" atual no "novo" eu. Ele descreve a consolidação de significados novos, adaptativos e positivos na vida, destacando a importância de terminar a terapia com o senso de iniciar uma jornada, em vez de ter completado uma (OWNSWORTH & GRACEY, 2017). Assim, abordar as questões de identidade tornou-se cada vez mais importante na reabilitação. Ownsworth (2014) apresenta este tema em profundidade em seu excelente livro **Auto-identidade após lesão cerebral**.

INFLUÊNCIAS TEÓRICAS NA REABILITAÇÃO NEUROPSICOLÓGICA: UM PONTO DE VISTA HISTÓRICO

Embora a abordagem holística (discutida aqui), defendida por Ben-Yishay (1978) e Prigatano (1986), seja provavelmente a abordagem preferida para a RN no momento, existe um histórico de influências teóricas neste campo. Na reabilitação, os modelos são úteis para facilitar o pensamento sobre o tratamento, explicar o tratamento para terapeutas e parentes e para nos permitir conceber os resultados. Portanto, a RN vem de uma ascendência diversificada. Gianutsos (1991) sugere que a reabilitação cognitiva nasce de uma parentalidade mista, incluindo Neuropsicologia, Terapia Ocupacional, Fonoaudiologia e Educação Especial, enquanto outros, por sua vez, referem-se a diferentes campos.

McMillan e Greenwood (1993), por exemplo, acreditam que a reabilitação se baseia em Neuropsicologia Clínica, Análise Comportamental, Reciclagem Cognitiva e Psicoterapia de Grupo e Individual. Outros ainda acreditam que apenas um "pai" é necessário, e estes tendem a apoiar o uso de teorias da Neuropsicologia Cognitiva para informar o tratamento.

Coltheart (1984), na primeira edição da revista Cognitive Neuropsychology, argumenta que os programas de reabilitação devem ser baseados em uma análise teórica da natureza do distúrbio a ser tratado. Mitchum & Berndt (1995) sugerem que o objetivo da reabilitação cognitiva é "... o desenvolvimento de terapias racionais que se baseiam em uma análise teórica da natureza do distúrbio direcionado ao tratamento" (p. 13).

Entretanto, neste livro, como exposto no Capítulo 1, ao apresentarmos o Modelo Abrangente de RN para os Transtornos Psiquiátricos, argumentamos que essas análises teóricas do funcionamento cognitivo por si só não são suficientes para conceber os programas de RN.

Teorias e modelos da Teoria da Aprendizagem e da Psicologia Comportamental também têm sido utilizados na reabilitação desde os anos 1970 (Ince 1976; Lincoln, 1978); e em reabilitação cognitiva (Wilson, 1991). Avaliações comportamentais, por exemplo, são empregadas em muitos programas cognitivos para (a) identificar e medir variáveis que controlam o comportamento, (b) selecionar tratamento e (c) avaliar o tratamento.

Inúmeras abordagens de terapia comportamental e modificação de comportamento foram adotadas para ajudar pessoas com comprometimentos de memória, percepção, leitura e linguagem (Wilson, 1999). Uma abordagem de análise comportamental é geralmente incorporada à reabilitação cognitiva porque fornece uma estrutura, uma maneira de analisar problemas cognitivos, um meio de avaliar as manifestações cotidianas de problemas cognitivos e um meio de avaliar a eficácia dos programas de tratamento. Além disso, ela também nos fornece muitas estratégias de tratamento existentes, como modelagem, encadeamento, dessensibilização, inundação, extinção, reforço positivo, custo de resposta e assim por diante, todas as quais podem ser modificadas ou adaptadas para atender a propósitos específicos de reabilitação.

Outra tentativa de desenvolver uma teoria da RN é a de Gross e Schutz (1986). Eles propõem cinco modelos de intervenções neuropsicológicas, que podem ser úteis para os profissionais no planejamento e execução de intervenções:

1. O modelo de controle ambiental.
2. O modelo de condicionamento estímulo-resposta (S-R).
3. O modelo de treinamento de habilidades.
4. O modelo de substituição da estratégia.
5. O modelo do ciclo cognitivo.

Gross e Schutz afirmam que esses modelos são hierárquicos, de modo que: os pacientes que não conseguem aprender são tratados com técnicas de controle ambiental; pacientes que podem aprender, mas não conseguem generalizar, precisam de condicionamento S-R; pacientes que podem aprender e generalizar, mas não conseguem se automonitorar, devem receber treinamento de habilidades; aqueles que podem se automonitorar se beneficiarão da substituição da estratégia; e aqueles que conseguem gerenciar tudo o que precede e são capazes de definir seus próprios objetivos serão os mais adequados para o tratamento incorporado ao modelo do ciclo cognitivo.

Esse modelo hierárquico é muito claro, mas é improvável que os terapeutas concordem quando solicitados a tomar decisões sobre se um paciente em particular pode aprender ou generalizar. A incapacidade de aprender nem sempre consegue ser reconhecida com facilidade. Sabemos que pacientes em coma que sofreram um TCE são capazes de algum grau de aprendizado (Boyle & Greer, 1983; Shiel et al., 1993). Além disso, é possível ensinar generalização em muitos casos (Zarkowska, 1987). Apesar dessas reservas, é possível argumentar que os modelos de Gross e Schutz são úteis para incentivar os terapeutas a pensar em maneiras de lidar com os problemas na reabilitação.

Em 1991, Coltheart afirmou que, para tratar um déficit, é necessário entender completamente sua natureza e, para isso, é preciso ter em mente como a função é normalmente alcançada; sem esse modelo, não se pode determinar quais tipos de tratamento seriam apropriados. Essa abordagem é limitada porque, como afirmado anteriormente, as pessoas em reabilitação raramente apresentam déficits isolados. É mais provável que exijam ajuda com os problemas cotidianos causados pelo *déficit* do que ajudar com a deficiência, e entender o déficit em detalhes (saber o que fazer ou tratar) não fornece informações sobre como tratar. Com isso, podemos concluir que as teorias do funcionamento cognitivo são necessárias, porém não suficientes na RN. Até chegarmos a uma grande teoria da reabilitação, que engloba cognição, emoção, comportamento, novo aprendizado, recuperação e todos os outros fatores importantes, é provável que nenhuma teoria seja suficiente.

Caramazza & Hillis (1993) apresentaram uma teoria de remediação de déficits cognitivos. Eles não estavam preocupados com a questão de saber se os modelos cognitivos são úteis na reabilitação, pois "certamente é difícil imaginar que os esforços de intervenção terapêutica não seriam facilitados por se ter a ideia mais clara possível do que precisa ser reabilitado" (p. 218). Em vez disso, estavam preocupados com o papel potencial desses modelos na articulação de restrições teoricamente informadas aos distúrbios cognitivos. A crença de que uma avaliação detalhada, informada por modelos cognitivos teóricos pode identificar "o que precisa ser reabilitado", destaca, talvez, a principal diferença entre os neuropsicólogos acadêmicos envolvidos na reabilitação cognitiva e os neuropsicólogos clínicos que trabalham no dia a dia da RN. Os envolvidos na prática diária de ajudar as pessoas com *déficits* cognitivos se preocupam mais com os problemas da vida real do que com as deficiências identificadas por modelos teoricamente informados.

Essas deficiências podem muito bem ser causadas por déficits cognitivos, entretanto, na maioria dos casos, não tentamos reabilitar o déficit, mas reduzir ou superar os problemas cotidianos associados, considerados importantes pelo paciente e pela família (WILSON, 2002).

Precisamos de modelos teóricos?

Isso significa que modelos teóricos não são importantes? Claro que não!

Modelos de funcionamento cognitivo provaram ser extremamente úteis na identificação de potencialidades e fraquezas cognitivas, na explicação de fenômenos e na predição de comportamentos. Todas são características importantes na concepção e avaliação de programas de reabilitação. No entanto, eles não são suficientes por si só para projetar programas de NR.

O Modelo Holístico

Influenciados pelo trabalho de Goldstein (1919; 1942), Diller (1976), Ben-Yishay (1978) e Prigatano (1986) foram pioneiros na abordagem holística, que agora é vista como uma das maneiras mais eficazes de projetar a RN.

Atualmente, essa abordagem está em evidência (WILSON, EVANS, GRACEY & BATEMAN 2009; WILSON & BETTERIDGE, 2019). Os programas holísticos preocupam-se em aumentar a conscientização do cliente, aliviar déficits cognitivos, desenvolver habilidades compensatórias e fornecer aconselhamento profissional. Todos esses programas fornecem uma mistura de terapia individual e de grupo. Eles diferem da abordagem combinada principalmente no reconhecimento da importância de tratar problemas emocionais ao mesmo tempo em que tratam dificuldades cognitivas e sociais.

Aprendizagem

Baddeley (1993) explicitou que "uma teoria da reabilitação sem um modelo de aprendizado é como um veículo sem um motor" (p. 235). Ele ainda ressaltou que na reabilitação há dificuldade em distinguir entre aprendizagem e memória.

A memória (pelo menos a memória episódica), conforme Baddeley, é a capacidade de recordar eventos pessoais, enquanto a aprendizagem é qualquer sistema ou processo que resulta na modificação do comportamento pela experiência.

A teoria da aprendizagem e a modificação do comportamento estão intrinsecamente ligadas e têm sido usadas na reabilitação, incluindo a reabilitação cognitiva há muitos anos. Goodkin (1966) foi um dos primeiros a defender explicitamente técnicas comportamentais em adultos com lesão cerebral. O condicionamento operante da estratégia comportamental foi aplicado inicialmente a problemas motores, mas Goodkin (1969), posteriormente, o aplicou para ajudar um paciente com acidente vascular encefálico (AVE) com disfasia a melhorar as habilidades de linguagem.

Hoje, abordagens comportamentais são amplamente usadas na reabilitação para ajudar a reduzir ou a compensar déficits cognitivos. Alderman e seus colegas, por exemplo, mostraram a aplicação de estratégias da Psicologia Comportamental a pacientes com problemas executivos e de comportamento (ALDERMAN et al., 1995).

Emoção

Isolamento social, ansiedade, depressão e outros problemas emocionais são comuns em sobreviventes de lesões cerebrais (WILLIAMS, 2003; WILSON et al, 2009). Reconhecer e lidar com as consequências emocionais da lesão cerebral se tornou cada vez mais importante nos últimos anos e, como já citado, lidar com as questões emocionais é fundamental na RN (PRIGATANO, 1999). Consequentemente, a compreensão de teorias e modelos de emoção é crucial para uma reabilitação bem-sucedida.

Desde que o livro altamente influente de Beck sobre Terapia Cognitiva e Transtornos Emocionais foi lançado, em 1976, a terapia cognitiva comportamental (TCC) tornou-se um dos procedimentos psicoterapêuticos mais importantes e melhor validado (SALKOVSKIS, 1996). Uma atualização do modelo de Beck apareceu em 1996 (ibid). Um de seus principais pontos fortes foi o desenvolvimento de teorias clinicamente relevantes. Existem várias teorias não apenas para depressão e ansiedade, mas também para pânico, transtorno obsessivo-compulsivo e fobias. Mateer & Sira (2006) sugerem que a TCC é adequada para melhorar as habilidades de enfrentamento, ajudando os indivíduos a gerenciar dificuldades cognitivas, abordando a ansiedade e a depressão de forma mais generalizada no contexto de uma lesão cerebral.

Uma atualização mais recente, utilizando muitas das técnicas na TCC, é a Terapia Focada na Compaixão (TFC). Com base no trabalho de Gilbert (2005), a TFC enfatiza a experiência emocional associada a problemas psicológicos. Ela se baseia em abordagens sociais, evolucionárias (especialmente a teoria do apego) e neurofisiológicas para mudar sentimentos perturbados.

Uma diferença entre a TCC e a TFC é que o foco é diferente. A TFC promove o desenvolvimento de emoções, como gentileza, cuidado, apoio, incentivo e validação como parte da experiência de intervenções psicológicas. Assim, se um cliente identifica alguns pensamentos negativos e pode gerar alternativas, ele é treinado para gerar sentimentos de afeição, bondade, compreensão e apoio a essas alternativas. Essa abordagem tem sido usada para pessoas com lesão cerebral traumática (ASHWORTH, GRACEY & GILBERT, 2011).

Integrante da abordagem da TFC é a visão de que podemos ser gentis, compassivos e compreensivos em relação a nós mesmos, ou podemos ser críticos e até odiar a nós mesmos. As pessoas com autocrítica podem experimentar uma série de dificuldades de saúde mental, enquanto as que são autocompassíveis são muito mais resistentes a esses problemas (GILBERT, 2010). Uma abordagem simples da TFC é identificar a autocrítica e ajudar as pessoas a se concentrarem na autocompaixão. Ashworth (2013) relata pacientes que se beneficiaram da TFC.

A Psicoterapia Analítica também é usada na reabilitação, principalmente nos Estados Unidos. Talvez o proponente mais conhecido desta, para o tratamento de pessoas que sobrevivem a um TCE, seja Prigatano. Ele descreve sua abordagem (baseada na abordagem da terapia Milieu de Ben-Yishay) em seu livro "Principles of Neuropsychological Rehabilitation" (PRIGATANO, 1999).

Como ressaltam Tiersky, Anselmi e Johnston (2005), lidar com as consequências emocionais da lesão cerebral pode fazer toda a diferença entre um resultado bem-sucedido e malsucedido.

AVALIAÇÃO

Os neuropsicólogos clínicos estão fortemente envolvidos na avaliação, ou seja, na coleta sistemática, na organização e na interpretação de informações sobre uma pessoa e sua situação (SUNDBERG & TYLER, 1962). Normalmente, várias abordagens teóricas são usadas nessas avaliações, que incluem: (i) a abordagem psicométrica baseada em análise estatística; (ii) a abordagem de localização pela qual o examinador tenta avaliar quais partes do cérebro estão comprometidas; (iii) avaliações derivadas de modelos teóricos de funcionamento cognitivo, como já mencionado; (iv) definição de uma síndrome por meio da exclusão de outras explicações, como falta de visão e capacidade de nomeação prejudicada, devido à falha no reconhecimento de objetos, como visto na agnosia; e (v) avaliações ecologicamente válidas que preveem problemas na vida cotidiana.

As avaliações neuropsicológicas, no entanto, não podem fornecer todas as informações necessárias para a RN, como já abordado nos **Capítulos 4 e 5**. Embora os testes nos permitam construir uma imagem dos pontos fortes e fracos de uma pessoa, eles são incapazes de identificar com detalhes suficientes a natureza dos problemas cotidianos enfrentados pela pessoa e sua família. Precisamos saber (i) quais problemas estão causando a maior dificuldade, (ii) quais estratégias de enfrentamento são usadas, (iii) se os problemas são exacerbados pela ansiedade ou depressão, (iv) se o indivíduo em particular pode retornar ao trabalho e, assim, adiante.

As respostas para essas perguntas podem ser obtidas a partir de procedimentos mais funcionais ou comportamentais, incluindo observação direta (em ambientes naturais ou simulados) ou por meio de medidas de autorrelato ou técnicas de entrevistas (WILSON, 2009), presentes nos **Capítulos 4** e **5** desta obra.

IDENTIDADE

Existem muitas teorias e modelos que abordam a identidade, conforme apresentado no livro de Ownsworth (2014). Alguns são resumidos aqui e também descritos em Wilson et al. (2015). A teoria da identidade social (TAJFEL & TURNER, 1979) refere-se ao autoconceito de uma pessoa derivado de sua participação percebida em um grupo social relevante.

De acordo com essa teoria e com a teoria da autocategorização, a participação em grupos é parte integrante do nosso senso de *self* e não é facilmente separável. Quando as pessoas são forçadas, por exemplo, a desistir do trabalho, perdem sua identidade profissional, podendo sofrer a perda da autoestima. A perda de membros do grupo pode significar menos apoio social, pior qualidade de vida e uma sensação prejudicada de bem-estar.

Ownsworth (2014) nos lembra de que uma lesão no cérebro pode afetar praticamente qualquer aspecto do funcionamento e, no nível mais profundo, alterar o senso de si ou as qualidades essenciais que definem quem somos. Como um dos clientes do Oliver Zangwill nos disse: "Eu moro nas ruínas do meu antigo eu". Claire, uma mulher com prosopagnosia grave e perda de conhecimento das pessoas, sente que perdeu a essência de seu antigo eu, dizendo que sente que caiu na vida de outra pessoa (WILSON et al., 2015).

Abordar questões de identidade tornou-se cada vez mais importante na reabilitação. O modelo em forma de "Y" (GRACEY et al., 2009) foi descrito anteriormente, e este é um dos pilares do Oliver Zangwill Center.

A ABORDAGEM HOLÍSTICA

Ben-Yishay e Prigatano (1990) fornecem um modelo de estágios hierárquicos na abordagem holística por meio da qual o paciente deve trabalhar na reabilitação. Estes são, em ordem, engajamento, conscientização, domínio, controle, aceitação e identidade. Essa abordagem acredita que é inútil separar os aspectos cognitivos, sociais, emocionais e funcionais decorrentes do comprometimento cerebral, uma vez que a forma como nos sentimos afeta o modo como nos comportamos e pensamos.

Os programas holísticos, explícita ou implicitamente, tendem a trabalhar em estágios hierárquicos, como descrito por Ben-Yishay e Prigatano, e preocupam-se em (i) aumentar a conscientização do indivíduo sobre o que aconteceu com ele ou com ela, (ii) aumentar a aceitação e compreensão do que aconteceu; (iii) fornecer estratégias ou exercícios para reduzir problemas cognitivos; (iv) desenvolver habilidades compensatórias; e (v) fornecer aconselhamento vocacional. Todos os programas holísticos incluem terapia de grupo e individual.

Cicerone et al. (2011) fornecem evidências da eficácia de abordagens holísticas quando afirmam que "a reabilitação neuropsicológica holística abrangente é recomendada para melhorar a participação pós-aguda e a qualidade de vida após TCE moderado ou grave" (p. 526).

Inerentes a essa abordagem estão as teorias e os modelos de emoção, que estão se tornando cada vez mais importantes na reabilitação cognitiva, como evidenciado, por exemplo, por uma edição especial do *Journal of Neuropsychological Rehabilitation*, focada inteiramente em abordagens biopsicossociais na reabilitação neuropsicológica (WILLIAMS & EVANS, 2003). Prigatano (1999) acredita que lidar com as consequências emocionais de uma lesão cerebral é essencial para o sucesso da reabilitação. Isolamento social, ansiedade e depressão são comuns em sobreviventes de um insulto ao cérebro (WILSON, 2002).

Outros modelos e teorias que precisam ser levados em consideração são aqueles pertencentes a modelos pré-mórbidos de personalidade, neurológicos, físicos e bioquímicos, bem como modelos de comportamento emocional, como os da terapia comportamental cognitiva.

POR QUE PRECISAMOS DE INÚMERAS TEORIAS E MODELOS EM REABILITAÇÃO

Pessoas com comprometimentos decorrentes de lesões ou transtornos apresentam uma ampla miríade de problemas cognitivos e não cognitivos, como ansiedade, depressão, déficits de habilidades sociais, e assim por diante. Consequentemente, é improvável que qualquer teoria ou modelo possa resolver todas essas dificuldades. Estar associado a uma única abordagem provavelmente levará a práticas clínicas precárias.

A reabilitação precisa de uma ampla base teórica (WILSON, 2002). Para esse fim, Wilson (ibid) publicou um modelo sintetizado provisório incorporando muitas áreas que precisam ser consideradas no planejamento dos programas de reabilitação. Assim, neste livro, apresentamos o Modelo Abrangente de RN aplicado aos transtornos psiquiátricos (Loschiavo-Alvares, Fish & Wilson, 2018), uma atualização do modelo de 2002.

Qualquer programa de reabilitação precisa iniciar com o paciente e sua família, com a resposta a perguntas como: Quais são suas necessidades? O que esperam alcançar? O que é mais importante para eles? Qual é a formação cultural? Em seguida, a natureza, extensão e gravidade dos danos cerebrais devem ser determinadas. Precisamos estar cientes dos padrões de recuperação. Problemas cognitivos, emocionais, psicossociais e comportamentais devem ser avaliados.

Teorias e modelos de linguagem, leitura, memória, funcionamento executivo, atenção e percepção estão disponíveis para nos permitir entender padrões de funcionamento. As ferramentas de avaliação nos permitem determinar dificuldades cognitivas, emocionais, comportamentais e sociais. Avaliações comportamentais ou funcionais podem ser usadas para complementar procedimentos de avaliação padronizados. Devemos estar cientes das teorias da aprendizagem. Finalmente, qualquer intervenção precisa ser avaliada. Ver este conteúdo, especialmente, nos **Capítulos 1** e **13**.

Outras Teorias e Modelos

Outras propostas para a especificação teórica dos processos de reabilitação incluem as Sohlberg e Mateer (2001), Tate, Taylor e Aird (2013) e Hart (2009).

Uma abordagem interessante do Moss Rehabilitation Research Institute (Hart et al., 2014) tenta fornecer uma taxonomia de tratamentos de reabilitação. Eles estão preocupados com as teorias do tratamento e propõem alguma estruturação das intervenções de reabilitação. Essa estruturação é abordada em Hart (2017). Sua taxonomia é uma "estrutura pela qual os tratamentos de reabilitação podem ser caracterizados usando a teoria do tratamento, conceito introduzido no contexto da reabilitação por Keith e Lipsey (1993)". Eles sugerem que todas as intervenções podem ser caracterizadas, especificando três coisas: o alvo, os ingredientes ativos e o mecanismo de ações, todos mensuráveis.

A PRÁTICA CLÍNICA DA RN NO REINO UNIDO

Como já supracitado, a RN deve sempre abordar as questões cognitivas, não cognitivas e funcionais decorrentes do comprometimento no sistema nervoso central e, para tanto, nenhuma única teoria ou modelo é suficiente para lidar com a variedade, ou mesmo a complexidade dos problemas enfrentados pelos indivíduos que necessitam de RN.

Nas palavras de Diller, "Embora os relatos atuais de remediação tenham sido criticados por não terem uma base teórica, pode ser mais preciso afirmar que a remediação deve levar em consideração várias bases teóricas" (DILLER, 1987, p. 9). Dentre outras, precisamos ter alguma compreensão das teorias da avaliação, recuperação, aprendizado, personalidade e plasticidade. Na tentativa de ilustrar a complexidade da reabilitação e convencer aqueles que consideram suficiente uma abordagem teórica, Wilson (2002) publicou um modelo provisório de reabilitação cognitiva, no qual sintetizou vários modelos e abordagens existentes.

Wilson, Rous e Sopena (2008) queriam descobrir como o modelo de Wilson (2002) se aplicava à prática dos profissionais britânicos que trabalhavam na reabilitação de lesões cerebrais. Por isso, eles criaram um questionário baseado no modelo.

Avaliação, tratamento e práticas de avaliação foram pesquisadas com teorias e modelos que influenciam a prática clínica. Participaram 54 neuropsicólogos clínicos. As respostas para 20 perguntas foram calculadas fornecendo estatística descritiva. Todos os participantes relataram avaliar as consequências cognitivas, emocionais e psicossociais da lesão cerebral. Cinquenta e sete modelos e teorias diferentes em oito categorias foram citados pelos clínicos como influência de sua prática clínica, mas a TCC foi mencionada com mais frequência. A maioria dos profissionais teve acesso a informações sobre os danos cerebrais estruturais brutos por tomografias; poucos tiveram acesso a outras técnicas de imagem como a ressonância magnética. Chegou-se a conclusão que os neuropsicólogos clínicos no Reino Unido se referiram a uma série de abordagens teóricas em seus trabalhos; a TCC foi a mais popular e todas as partes do modelo sintetizado de Wilson foram usadas por algumas pessoas.

Quais modelos e teorias particulares foram citados? Por que tantos modelos diferentes foram empregados? Finalmente, por que a TCC foi o modelo mais popular?

Quais Modelos e Teorias foram mais utilizados na Prática Clínica?

Os resultados refletiram como os neuropsicólogos perceberam sua prática em vez de fornecer um resultado preciso. Nem todos os entrevistados foram claros sobre as diferenças entre um modelo, uma teoria e a prática terapêutica. De fato, várias pessoas relataram estratégias terapêuticas em resposta à pergunta sobre quais modelos mais influenciaram sua prática clínica, embora estes não sejam, estritamente falando, de modelos ou teorias.

No entanto, eles foram incluídos na análise, pois um estudo futuro pode considerar essas abordagens ao examinar a prática da Neuropsicologia Clínica. Um grande número, ou seja, 57 modelos e teorias diferentes, foram identificados e agrupados em oito categorias após a leitura da literatura e discussão com os colegas.

Seguindo a ordem de frequência com que foram mencionadas, as teorias e os modelos de emoção e terapia chegaram ao topo com mais de 35% dos neuropsicólogos dizendo que as usavam na prática clínica. Esta categoria incluiu abordagens psicotécnicas e TCC. Segundo em frequência, vieram modelos e teorias de

Neuropsicologia e cognição, com 26% deles endossando o emprego. A memória operacional e o sistema de atenção supervisora foram citados aqui. Quase 18% dos participantes endossaram modelos e teorias de comportamento e aprendizagem com exemplos como teoria da aprendizagem ou aprendizagem sem erros. Mais de 9% mencionaram tratamentos holísticos e outros de base ampla, como os princípios de Prigatano e o modelo de Wilson. Quase 4% citaram saúde, ajuste geral e enfrentamento, dando como exemplos otimismo racional e abordagens interpessoais. O mesmo número, mencionado como "outros", incluiu avaliação e percepção de risco. Pouco mais de 3% declararam anatomia e neuroplasticidade. Finalmente, menos de 1% declarou desenvolvimento com os termos "desenvolvimento da vida útil" ou "desenvolvimento infantil".

Muitos modelos influenciam a RN. Como Baddeley (comunicação pessoal) disse uma vez: "Uma boa teoria nos ensina a duvidar". Precisamos saber quando estamos errados e precisamos desafiar as teorias para melhorar a ciência. Um modelo nos permite testar os vários componentes, encontrar dissociações duplas e provar se nossas hipóteses são verdadeiras ou não.

CONCLUSÃO

Algumas das teorias e dos modelos que influenciam a prática atual da RN foram descritos, incluindo aquelas concernentes ao funcionamento cognitivo, aprendizagem, emoção, avaliação e identidade.

A abordagem holística da reabilitação é recomendada e evidências de sua eficácia foram citadas. Precisamos de uma ampla base teórica (ou várias bases) ao planejar e implementar programas de reabilitação, a fim de garantir boas práticas clínicas. Daí, a proposta do modelo abrangente de RN para os transtornos psiquiátricos, grande mote deste livro.

REFERÊNCIAS

ALDERMAN, N.; FRY, R. K.; YOUNGSON, H. A. Improvement of self-monitoring skills, reduction of behaviour disturbance and the dysexecutive syndrome: Comparison of response cost and a new programme of self-monitoring training. **Neuropsychological Rehabilitation**, 5, p. 193-221, 1995.

ALLEN, R.E.; FOWLER, H.W.; FOWLER, F.G. **The Concise Oxford Dictionary of Current English**. Oxford: Oxford University Press, 1990.

ASHWORTH, F.; GRACEY, F.; GILBERT, P. Compassion focused therapy after traumatic brain injury: Theoretical foundations and a case illustration. **Brain Impairment**, 12, p. 128-139, 2011.

BADDELEY, A. D. A theory of rehabilitation without a model of learning is a vehicle without an engine: A comment on Caramazza and Hillis. **Neuropsychological Rehabilitation**, 3, p. 235-244, 1993.

BADDELEY, A. D.; HITCH, G. Working memory. In: G. H. Bower (Ed.). **The Psychology of Learning and Motivation**, vol. 8. New York, NY: Academic Press, 1974. p. 47-89

BECK, A. **Cognitive Therapy and Emotional Disorders**. New York, NY: International Universities Press, 1976.

BEN-YISHAY, Y. (Ed.). **Working approaches to remediation of cognitive deficits in brain damaged persons (Rehabilitation Monograph)**. New York, NY: New York University Medical Center, 1978.

BEN-YISHAY, Y.; PRIGATANO, G. P. Cognitive remediation. In: M., Rosenthal; E. R. GRIFFITH, M. R., Bond and J. D. Miller (Eds.). **Rehabilitation of the Adult and Child with Traumatic Brain Injury**. 2nd. ed. F. A. Davis, Philadelphia, 1990. p. 393-409.

BOWEN, A.; NEUMANN, V.; CONNER, M. et al. Mood disorders following traumatic brain injury: Identifying the extent of the problem and the people at risk. **Brain Injury**, 12, p. 177-190, 1998.

BOYLE, M. E.; GREER, R. D. Operant procedures and the comatose patient. **Journal of Applied Behavior Analysis**, 16, p. 3-12, 1983.

BRITISH MEDICAL ASSOCIATION. Decisions to withdraw clinically assisted nutrition and hydration (CANH) from patients in permanent vegetative states (PVS) or minimally conscious states (MCS) following sudden-onset profound brain injury: interim guidance for health professionals in England and Wales. **British Medical Association**. Retrieved from: https://www.gmc-uk.org>end-o-f-life-care. , 2017.

CARAMAZZA, A.; HILLIS, A. E. For a theory of remediation of cognitive deficits. **Neuropsychological Rehabilitation**, 3, p. 217-234, 1993.

CICERONE, K.D.; LANGENBAHN, D.M.; BRADEN, C. et al. Evidence-based cognitive rehabilitation: Updated review of the literature from 2003 through 2008. *Cicerone KD, Langenbahn DM, Braden C, Malec JF, Kalmar K, Fraas M, Felicetti T, Laatsch L, Harley JP, Bergquist T, Azulay J, Cantor J, Ashman T.* **Archives of Physical Medicine and Rehabilitation**, 92, p. 519-530, 2011.

COLTHEART, M. Editorial. **Cognitive Neuropsychology**, 1, 1-8, 1984.

COLTHEART, M. Cognitive Psychology applied to the treatment of acquired language disorders. In: P. Martin (Ed.). **Handbook of Behavior Therapy and Psychological Science**: An Integrative Approach. New York: Pergamon Press, 1991. p. 216-226.

COLTHEART, M.; BATES, A.; CASTLES, A. Cognitive neuropsychology and rehabilitation. In: G.W., Humphreys; M.J., Riddoch (Eds.). **Cognitive neuropsychology and cognitive rehabilitation**. London: Lawrence Erlbaum, 1994. p. 17-34.

DILLER, L. A model for cognitive retraining in rehabilitation. **The Clinical Psychologist**, 29 p. 13-15, 1976.

DILLER, L. Neuropsychological Rehabilitation. In: M. Meier; A. Benton; L. Diller **(Edit.)**. **Neuropsychological Rehabilitation**. New York: Guilford, 1987. p. 3-18.

GIANUTSOS, R. Cognitive rehabilitation: A neuropsychological specialty comes of age. **Brain Injury**, 5, p. 363-368, 1991.

GILBERT, P. (Ed.). **Compassion: Conceptualisation, Research and Use in Psychotherapy**. London: Routledge, 2005.

GILBERT, P. **Compassion focussed therapy: Distinctive features**. London: Routledge, 2005.

GOLDSTEIN, K. **Die Behandlung, Fürsorge und Begutachtung der Hirnverletzten.Zugleich ein Beitrag zur Verwendung psychologischer Methoden in der Klinik**. Leipzig: F.C.W. Vogel, 1919.

GOLDSTEIN, K. **After-effects of brain injuries in war: Their evaluation and treatment**. New York, NY: Grune & Stratton, 1942.

GOODKIN, R. Case studies in behavioral research in rehabilitation. **Perceptual and Motor Skills**, 23, p. 171-182, 1966.

GOODKIN, R. Changes in word production, sentence production and relevance in an aphasic through verbal conditioning. **Behaviour Research and Therapy**, 7, p. 93-99, 1969.

GRACEY, F; EVANS, JJ; MALLEY, D. Capturing process and outcome in complex rehabilitation interventions: A Y-shaped model. **Neuropsychol Rehabil**, 19(6):867-90, 2009.

GROSS, Y.; SCHUTZ, L. E. Intervention models in neuropsychology. In: B. P. Uzzell; Y. Gross (Eds.). **Clinical Neuropsychology of Intervention**. Boston: Martinus Nijhoff, 1986. pp. 179-205.

HART, T. Treatment definition in complex rehabilitation interventions. **Neuropsychological Rehabilitation**, 19, p. 824-840, 2009.

HART, T.; TSAOUSIDES, T.; ZANCA, J. M. et al. Toward a theory-driven classification of rehabilitation treatments. **Archives of Physical Medicine and Rehabilitation**, 95, S33-S44, 2014.

INCE, L. P. **Behavior Modification in Rehabilitation Medicine**. Baltimore: Williams & Wilkins, 1976.

INCE, L. P. **Behavior Psychology in Rehabilitation Medicine**. Williams and Wilkins, Baltimore, 1980.

JETTEN, J.; HASLAM, C.; HASLAM, S. A. **The social cure: identity, health and well-being**. New York, NY: Psychology Press, 2012.

JUDD, D.; WILSON, S. L. Psychotherapy with brain injury survivors: An investigation of the challenges encountered by clinicians and their modifications to therapeutic practice. **Brain Injury**, 19, p. 437-497, 2005.

KEITH, R. A.; LIPSEY, M. The role of theory in rehabilitation assessment, treatment, and outcomes. In: R. GLUECKAUF; L, SECHREST; G, BOND; E, McDonel (Eds.). **Improving Assessment in Rehabilitation and Health**. Newbury Park: Sage Publications, 1993. pp. 33-58.

LINCOLN, N. B. Behavioural modification in physiotherapy. **Physiotherapy**, 64, p. 265-267, 1978.

LOSCHIAVO-ALVARES, F.Q.; FISH, J.; WILSON, B. A. Applying the comprehensive model of neuropsychological rehabilitation to people with psychiatric conditions. **Clinical Neuropsychiatry**, v. 15, n. 2, p. 83-93, 2018.

MATEER CA; SIRA, CS. Cognitive and emotional consequences of TBI: Intervention strategies for vocational rehabilitation. **NeuroRehabilitation**, 21(4):315-326, 2006.

MCLELLAN, D. L. Functional recovery and the principles of disability medicine.

In: M. Swash; J. Oxbury (Eds.). **Clinical Neurology**. Edinburgh: Churchill Livingstone, 1991.

MCMILLAN, T. M.; GREENWOOD, R. J. Models of rehabilitation programmes for the brain-injured adult – II: Model services and suggestions for change in the UK. **Clinical Rehabilitation**, 7, p. 346-355, 1993.

MITCHUM, C. C.; BERNDT, R. S. The cognitive neuropsychological approach to treatment of language disorders. **Neuropsychological Rehabilitation**, 5, p. 1-16, 1995.

OWNSWORTH, T. Self-Identity after Brain Injury Hove: **Psychology Press**, 2014.

OWNSWORTH, T.; GRACEY, F. Cognitive behavioural therapy for people with brain injury. In: B.A. Wilson; J. Winegardner; C. van Heugten; T. Ownsworth (Eds.). **Neuropsychological Rehabilitation**: The International Handbook. Abingdon: Routledge. p. 313-326, 2017.

PRIGATANO, G. P. **Personality and psychosocial consequences of brain injury**. In: G. P.

PRIGATANO; D. J. FORDYCE; H. K., ZEINER; J. R. ROUECHE; M. PEPPING; B. C. WOOD (Eds.). **Neuropsychological rehabilitation after brain injury**. Baltimore; London: The Johns Hopkins University Press, 1986. p. 29-50.

PRIGATANO, G. P. **Principles of Neuropsychological Rehabilitation**. New York: Oxford University Press, 1999.

ROBERTSON, I. H. Book review. **Neuropsychological Rehabilitation**, 1, p. 87-90, 1991.

SALKOVSKIS, P. M. (Ed.). **Frontiers of Cognitive Therapy**. New York, NY: The Guilford Press, 1996.

SERON, X.; DELOCHE, G. (Eds.). **Cognitive Approaches in Neuropsychological Rehabilitation**. Lawrence Erlbaum Associates, Hillsdale, NJ, 1989.

SHIEL, A.; WILSON, B. A.; HORN, S. et al. Can patients in coma following traumatic head injury learn simple tasks? **Neuropsychological Rehabilitation**, 3, p. 161-175, 1993.

SOHLBERG, M.M.; MATEER, C.A. **Cognitive rehabilitation; an integrative neuropsychological approach**. New York: The Guilford Press, 2001.

SUNDBERG, N. S.; TYLER, L. E. **Clinical Psychology**. New York, NY: Appleton-Century-Crofts, 1962.

TAJFEL, H.; TURNER, J. An integrative theory of intergroup conflict. In: W. G. Austin; S. Worchel (Eds.). **The social psychology of intergroup relations**. Monterey, CA: Brooks-Cole, 1979. p. 33-48.

TATE, R.; TAYLOR, C.; AIRD, V. Applying empirical methods in clinical practice: Introducing the model for assessing treatment effect. **Journal of Head Trauma Rehabilitation**, 28, p. 77-88, 2013.

TIERSKY L. A; ANSELMI V; JOHNSTON M. V. A trial of neuropsychological rehabilitation in mild spectrum TBI. **Archives of Physical and Medical Rehabilitation**, 86 p. 1565-1574, 2005.

WILLIAMS W. H. Neuro-rehabilitation and cognitive behaviour therapy for emotional disorders and acquired brain injury. In: B.A Wilson (Ed). **Neuropsychological Rehabilitation: Theory and Practice**. Lisse: The Netherlands. Swets and Zeitlinger, 2003. p. 115-136

WILLIAMS, W. H.; EVANS, J. **Neuropsychological Rehabilitation**: Special issue on biopsychosocial approaches in neurorehabilitation. Hove: Psychology Press, 2003.

WILSON, B. A. Behaviour therapy in the treatment of neurologically impaired adults. In: P. R. Martin (Ed.). **Handbook of behavior therapy and psychological science: An integrative approach**, New York, NY: Pergamon Press, 1991. p. 227-252.

WILSON, B.A. **Case Studies in Neuropsychological Rehabilitation**. New York, NY: Oxford University Press, 1999.

WILSON, B.A. Towards a comprehensive model of cognitive rehabilitation. **Neuropsychological Rehabilitation**, 12, p. 97-110, 2002.

WILSON, B.A. The Development of Neuropsychological Rehabilitation: An Historical Examination of Theoretical and Practical Issues. In: B. A. Wilson; J., Winegardner; C., van Heugten; T., Ownsworth (Eds.). **Neuropsychological Rehabilitation**: The International Handbook, Abingdon: Routledge, 2017. p. 6-16.

WILSON B.A; BETTERIDGE, S. **Essentials of Neuropsychological Rehabilitation**. New York: Guilford press, 2019.

WILSON, B.A.; EVANS, J. J.; GRACEY, F.; BATEMAN, A. **Neuropsychological Rehabilitation: Theory, models, therapy and outcomes**. Cambridge: Cambridge University Press, 2009.

WILSON, B. A.; PATTERSON, K. E. Rehabilitation for cognitive impairment: Does cognitive psychology apply? **Applied Cognitive Psychology**, 4, p. 247-260, 1990.

WILSON, B. A.; ROBERTSON, C.; MOLE, J. **Identity Unknown: How Acute Brain Disease Can Affect Knowledge of Oneself and Others**. Hove: Psychology Press, 2015.

WILSON, B.A.; ROUS, R.; SOPENA, S. The current practice of neuropsychological rehabilitation in the United Kingdom. **Applied Neuropsychology**, 15, p. 229-240, 2008.

ZARKOWSKA, E. Discrimination and generalisation. In: W. Yule; J. Carr (Eds.). **Behaviour Modification for People with Mental Handicaps**. London: Croom Helm, 1987. p.79-94.

11. CONSIDERAÇÕES ACERCA DA AVALIAÇÃO PARA A REABILITAÇÃO NEUROPSICOLÓGICA E AVALIAÇÃO DE NOVAS INTERVENÇÕES – ABORDAGEM CIENTÍFICA

Barbara A. Wilson

APRESENTAÇÃO

Este capítulo considera os propósitos da realização de avaliações neuropsicológicas e discute como elas podem informar as decisões de tratamento e influenciar a maneira pela qual neuropsicólogos e membros de outras disciplinas podem trabalhar de forma integrada a fim de projetar e avaliar programas de reabilitação neuropsicológica (RN).

Após uma ampla introdução aos princípios e propósitos gerais da reabilitação, o capítulo examina o significado da avaliação, analisando diferentes abordagens, comparando avaliações padronizadas e funcionais e refletindo por que as avaliações são necessárias para planejar a reabilitação. Isto é seguido por um exame de alguns exemplos práticos de como as avaliações neuropsicológicas podem ajudar os terapeutas a planejar a intervenção. E, por fim, é feita uma descrição das maneiras pelas quais os programas de tratamento e reabilitação podem ser avaliados.

INTRODUÇÃO

O primeiro passo da intervenção em RN é a avaliação para identificar os pontos fortes e fracos do indivíduo e determinar em quais problemas funcionais ele precisa de ajuda. A maneira como isso é feito depende do objetivo da avaliação e das perguntas a serem respondidas. A avaliação se preocupa com julgamento, estimativa, avaliação, análise, podendo ser definida como a coleta, organização e interpretação sistemática de informações sobre uma pessoa e sua situação.

É preciso também prever o comportamento de alguém em novas situações. Framlingham (2016) ressaltou que a avaliação psicológica é um procedimento de teste que usa uma combinação de técnicas para ajudar a produzir certas hipóteses sobre uma pessoa e seu comportamento, personalidade e capacidades. Podemos considerar nossos procedimentos de avaliação como uma caixa de ferramentas, sendo necessárias, portanto, diversas ferramentas para diferentes propósitos.

Testes padronizados são aqueles administrados e pontuados exatamente da mesma maneira para todos os participantes. Certas perguntas podem ser respondidas bem ou razoavelmente bem por testes padronizados, desde que tenham sido desenvolvidos e administrados adequadamente. Podemos, por exemplo, dizer como uma pessoa se compara a outras da mesma idade ou do mesmo grupo de diagnóstico; se a pessoa tem um tipo específico de distúrbio de linguagem ou memória e se o nível de funcionamento é ou não consistente com o que seria esperado da capacidade intelectual geral da pessoa.

Os testes padronizados podem esclarecer outras questões, como se a pessoa terá problemas com o estudo ou se é provável que ela sofra acidentes. Se uma pessoa não conseguir recuperar informações após um atraso em um teste padronizado de memória, ela provavelmente terá dificuldades com o novo aprendizado. Das pessoas que falham nos testes de cancelamento padronizados, por terem negligência espacial unilateral, podemos esperar que sofram mais acidentes do que aquelas sem essa negligência. Os testes padronizados, no entanto, não respondem a muitas das grandes questões da reabilitação, como o que a pessoa e a família consideram mais angustiantes, que tipo de trabalho é mais adequado e como ensinar o uso de um auxílio compensatório. As respostas para essas perguntas requerem uma avaliação funcional ou comportamental.

Além das avaliações, devemos sempre tentar determinar se o que estamos fazendo é ou não eficaz: O que está sendo feito está fazendo alguma diferença para os pacientes em tratamento? Como devemos determinar se isso está acontecendo? Essas perguntas serão o foco da parte final deste capítulo.

TESTES PADRONIZADOS

Existem vários modelos envolvidos na realização de procedimentos padronizados de avaliação neuropsicológica. Estes incluem:

1) a abordagem psicométrica;
2) localizar a área de dano cerebral;
3) testes derivados de modelos teóricos de funcionamento cognitivo;
4) avaliações utilizando modelos de exclusão e
5) procedimentos ecologicamente válidos.

As abordagens psicométricas são baseadas em análises estatísticas. Primeiro, um procedimento para administração pressupõe que as normas sejam coletadas de uma amostra representativa, com a determinação de um procedimento de pontuação, sendo verificadas a confiabilidade e validade do teste. Os testes de QI e memória da Wechsler são alguns dos exemplos bem conhecidos.

No que diz respeito à localização de lesões cerebrais, nos tempos mais pretéritos, esse era o objetivo principal da avaliação neuropsicológica. Atualmente, com o advento dos procedimentos de neuroimagem, esse deixou de ser o foco. Entretanto, os neuropsicólogos interessados em anatomia ainda podem usar os testes de localização.

A respeito dos testes derivados do funcionamento cognitivo, alguns tiveram uma grande influência em procedimentos recentes de avaliação, particularmente modelos de linguagem e leitura, como o PALPA (Avaliação Psicolinguística do Processamento de Linguagem em Afasia) (KAY, COLTHEART e LESSER, 1992). Outros testes foram desenvolvidos a partir de estudos teóricos da memória, percepção e atenção.

Para a memória, destaca-se o teste Doors and People, de Evocação e Reconhecimento Visual e Verbal (BADDELEY, EMSLIE & NIMMO-SMITH, 1994), baseado no modelo de memória de Baddeley e Hitch (1974). Warrington e James, 1991, desenvolveram o VOSP (Bateria de Percepção Espacial e Objeto Visual) com base em um modelo de reconhecimento visual (MCCARTHY, RA & WARRINGTON, EK, 1990).

Na área de atenção, Robertson, Nimmo-Smith, Ward e Ridgeway (1994) desenvolveram o Teste de Atenção Diária com base em aspectos teóricos e clínicos da atenção. No que concerne à definição por exclusão, esta foi uma das primeiras abordagens da avaliação neuropsicológica (LIEPMAN, 1900, traduzido por BOHNE, 1977). A suposição básica é de que é necessário excluir outras explicações possíveis para uma síndrome ou distúrbio. Por exemplo, para determinar se alguém tem ou não apraxia, é necessário excluir paralisia, fraqueza, baixa compreensão, e assim por diante, como explicações para o distúrbio do movimento. Da mesma forma, para diagnosticar a "Agnosia de Objetos Visuais", o avaliador deve excluir visão deficiente, dificuldades de nomeação e similares.

Essa abordagem também tem a possibilidade de ser usada indiretamente: por exemplo, diante da necessidade de exclusão se as queixas de memória de um paciente podem ser decorrentes de um quadro de ansiedade, ou deve-se a um comprometimento atencional ou até mesmo a uma dificuldade de nomeação, por exemplo. Já as avaliações com validade ecológica são projetadas para prever problemas do dia a dia.

Frequentemente, uma pontuação baixa em um teste tradicional não nos diz muito sobre problemas da vida real. Exemplos de avaliações ecológicas incluem o RBMT (The Rivermead Behavioral Memory Test: WILSON, COCKBURN &

BADDELEY, 1985), BADS (Behavioral Assessment of the Dysexective Syndrome) (WILSON, EMSLIE, ALDERMAN, EVANS & BURGESS, 1996), inclusive citada nos Capítulos 18 e 21 como medida de eficácia da RN, The BIT (Behavioral Inattention Teste: WILSON, COCKBURN & HALLIGAN, 1987) e The WHIM (Matriz de Lesões na Cabeça Wessex: SHIEL, WILSON, McLELLAN, WATSON & HORN, 2000).

PROCEDIMENTOS DE AVALIAÇÃO COMPORTAMENTAL OU FUNCIONAL

A partir do pressuposto que a RN está preocupada em lidar com os problemas cotidianos, torna-se obvia a necessidade de procedimentos adicionais para medir essas dificuldades. Testes padronizados com validade ecológica podem prever se alguém experimentará ou não problemas na vida real, entretanto provavelmente não são específicos o suficiente para especificar em detalhes os objetivos precisos para a seleção do tratamento. E é aqui que as medidas comportamentais/funcionais vêm à baila. Elas respondem às seguintes perguntas: "Como os problemas identificados nos testes padronizados se manifestam na vida cotidiana?" ou "Quais estratégias de enfrentamento são usadas pelo paciente e pela família?" e "Essa pessoa consegue voltar ao trabalho/escola/lar?"

Assim, embora os testes padronizados possam criar um perfil dos pontos fortes e fracos cognitivos de uma pessoa, eles não podem nos dizer tudo o que é necessário saber. É preciso avaliar o funcionamento da vida real mais detalhadamente do que como é feito nos testes ecológicos. Isso pode ser feito com observações, medidas de automonitoramento, entrevistas, questionários, escalas de classificação e listas de verificação. Esta abordagem foi trabalhada mais detalhadamente nos **Capítulos 4** e **5**.

OBSERVAÇÕES

Observações no ambiente natural são fundamentais. Como o objetivo da reabilitação é melhorar o funcionamento da vida cotidiana, muitas vezes as observações nos contextos do paciente tornam-se necessárias. As observações podem revelar comportamentos não detectados por avaliações, entrevistas, questionários, escalas de classificação ou listas de verificação.

Wilson (1999) descreve Clive, um músico amnésico que sofria explosões frequentes de arrotos e empurrões, considerados de origem epiléptica. Observações de um psicólogo estagiário, Avi Schmueli, mostraram que as explosões eram mais frequentes quando havia uma mudança de atividade, como um visitante entrando em seu quarto ou passando de um teste para outro. Essa descoberta teria sido difícil de detectar sem a observação. Além disso, é possível observar como um paciente prefere passar seu tempo, o que pode incluir ficar sentado sem fazer nada, ler, conversar com outras pessoas ou assistir à televisão; essas atividades podem ser empregadas como motivadoras ou reforçadoras.

Alguns comportamentos não são passíveis de observação direta porque ocorrem em particular ou porque a observação muda o comportamento ou a preocupação é com atitudes, crenças ou sentimentos. Nesses casos, pode ser necessário usar outras medidas, incluindo questionários ou escalas de classificação, os quais serão discutidos mais adiante.

Vale a pena considerar as observações simuladas em algumas situações, como quando é necessário medir um comportamento pouco frequente; para verificar como uma pessoa lida com uma nova mensagem telefônica ou com uma observação crítica. As situações simuladas também tendem a ser usadas em uma urgência do observador que se encontra com pouco tempo ou quando pode apenas fazer a observação em um intervalo restrito de situações.

É possível que situações simuladas levem a informações imprecisas, contudo se alguém estiver razoavelmente confiante de que as situações simuladas e naturalistas estão próximas, então há muito a ser dito sobre elas. Pode-se solicitar aos pacientes que encenem, a fim de observar um aspecto de seu comportamento. A maioria dos departamentos de Terapia Ocupacional possui uma cozinha onde é possível verificar quão bem as pessoas cozinham uma refeição ou seguem uma receita, e esse princípio pode ser aplicado a um escritório, a uma sala de aula ou a uma loja simulada.

Há ocasiões em que as observações podem ser usadas como tratamento. Um paciente adulto, por exemplo, que sofreu um dano no lobo frontal devido ao rompimento de um aneurisma na artéria comunicante anterior, frequentemente falava em voz infantil, usando frases infantis como "Por favor, diga-me que eu sou um bom garoto." ou "É o Sr. Piggy Wiggy." Com a permissão para gravar esse comportamento, descobriu-se que o homem parava a voz e as frases infantis sempre que o gravador era ligado! Assim, o gravador acompanhou o homem às suas sessões de reabilitação e às refeições para impedir que o comportamento ocorresse.

MEDIDAS DE AUTOMONITORAMENTO

Em 1970, Kanfer postulou que as técnicas de automonitoramento, quais sejam, de observar o próprio comportamento, podem levar a aumentos ou diminuições no comportamento alvo. Registrar a quantidade que a pessoa fuma, por exemplo, pode levar a uma redução no número de cigarros fumados. Às vezes, o automonitoramento é usado na reabilitação, geralmente para tentar obter um registro dos comportamentos a serem modificados.

Pode ser solicitado aos pacientes o registro dos lapsos de atenção ou do número de vezes que uma pergunta é feita. O problema com o uso de medidas de automonitoramento em sobreviventes de lesão cerebral é que eles podem se esquecer de registrar incidentes ou não reconhecer o comportamento que deveriam monitorar. Às vezes, isso pode ser superado por meio do treinamento.

Alderman, Fry e Youngson (1995) descrevem como eles ensinaram uma paciente com lesão cerebral a melhorar seu automonitoramento; Kime, Lamb e Wilson (1996) também melhoraram o automonitoramento em um paciente amnésico.

ENTREVISTAS COMPORTAMENTAIS

O objetivo de uma entrevista comportamental é entender os antecedentes do comportamento problemático, descrevendo-o de maneira precisa e inequívoca, identificando as consequências que o mantêm. Existem algumas situações em que entrevistas comportamentais são úteis, como com pessoas que apresentem repetição de uma mesma pergunta, história ou piada *ad infinitum*, pois pode haver circunstâncias que desencadeiem e mantenham isso. A repetição constante cria situações bem difíceis para parentes e cuidadores.

Uma entrevista comportamental pode provocar gatilhos que causam o comportamento. A um jovem que havia sofrido um TCE era feita a seguinte pergunta "Como você está hoje?". Sua resposta era "Acabando de superar minha ressaca". Embora divertida a princípio, a resposta rapidamente se tornou irritante. Este foi um caso com associação direta. O antecedente de sua repetida "piada" foi a pergunta "Como você está hoje?" O comportamento problemático foi sua resposta "Acabei de superar minha ressaca" e a consequência de manter o comportamento foi que ele não se lembrava de ter dito isso antes. A solução foi simples: mudar nossa pergunta e fazer uma afirmação em vez de uma frase, como "Vamos começar agora".

Outro exemplo (ver WILSON, 1999) foi o paciente amnésico Clive, mencionado anteriormente. Clive costumava dizer que sua situação era como estar morto. Normalmente, ele dizia: "Este é o primeiro gosto que tive, a primeira visão que tive, é como estar morto." Se as pessoas simpatizavam com ele ou repetiam de volta para ele "É como estar morto?", ele ficava cada vez mais agitado. Certas perguntas acionavam esse comportamento, assim como os testes de memória. Estes foram os antecedentes. No caso de Clive, o comportamento foi a afirmação "É como estar morto". As consequências de manter o comportamento foram respostas, indicando simpatia ou empatia. O problema diminuiu quando os cuidadores ou terapeutas mudaram de assunto e, em vez de simpatizar, perguntaram-lhe algo com o que ele se sentia à vontade, como "Com que idade uma criança deve começar a aprender a tocar música?" ou "Qual é o melhor instrumento para uma criança aprender a tocar?". Isso o acalmava e as mesmas perguntas calmantes podiam ser feitas sempre que necessário, pois Clive não se lembrava de ter sido perguntado das mesmas coisas antes.

A entrevista comportamental pode não levar a informações precisas com muitas pessoas com lesões cerebrais, pois elas não conseguem se lembrar do que são, e não conseguem se lembrar ou, em outras palavras, esquecem o que elas esquecem. Como alternativa, eles podem ter uma visão negativa. Neste caso, também se pode entrevistar parentes, cuidadores e terapeutas, uma vez que eles estejam cientes das situações e forneçam informações mais precisas.

QUESTIONÁRIOS, ESCALAS E *CHECKLIST*

Questionários, Escalas e *Checklist* são usados desde os tempos mais remotos da Psicologia (por exemplo, GALTON, 1907) e alguns de seus empregos em pessoas com *déficit* de memória podem ser encontrados em Wilson (1999). Um questionário bem estabelecido para analisar os problemas enfrentados por pessoas com a síndrome disexecutiva é o Questionário de Sintomas Disexecutivos – DEX, da BADS (WILSON et al., 1996), revisado por Simblett, Ring e Bateman (2017) e por Loschiavo-Alvares et al. (2013) que fez a adaptação cultural para o português do Brasil e aplicou em uma amostra de pacientes com Transtorno Afetivo Bipolar. Nos **Capítulos 18** e **21** são descritos casos clínicos e há a aplicação da DEX-R como medida de mensuração da eficácia da RN nestes.

A DEX é administrada ao paciente e a seus familiares para procurar discrepâncias entre os dois. Outro questionário útil e psicometricamente robusto é o EBIQ (European Brain Injury Questionnaire (TEASDALE et al., 1997; BATEMAN TEASDALE & WILLMES, 2009). Já o Mayo-Portland Questionnaire (MALEC, 2004) é uma medida amplamente usada para avaliar o funcionamento das pessoas durante a fase pós-aguda após lesão cerebral e para avaliar a eficácia dos programas de reabilitação.

Em 2016, Alderman, Williams e Wood publicaram a Swansea Neurobehavioural Outcome Scale (SASNOS) para medir o resultado após uma lesão cerebral. Muitos outros questionários, escalas de classificação e listas de verificação estão disponíveis.

Uma avaliação geral da utilidade e do valor psicométrico de vários desses testes pode ser encontrada em Tate (2010).

PRINCIPAIS DIFERENÇAS ENTRE PROCEDIMENTOS DE AVALIAÇÃO PADRONIZADOS E FUNCIONAIS

Wilson (2009) citando Mischel (1968), que apontou as principais diferenças entre medidas padronizadas e funcionais, ressaltou que testes padronizados tendem a dizer o que uma pessoa possui. Assim, uma pessoa pode ter amnésia global, disfasia de Broca ou negligência unilateral.

Por outro lado, uma avaliação comportamental aponta o que uma pessoa faz. Assim, um homem com negligência pode queimar a mão no radiador, esbarrar nas portas e deixar o braço nos raios da cadeira de rodas. Outra diferença é que, em testes padronizados, o comportamento observado é visto como um sinal; portanto, se alguém perseverar em um teste de fluência, essa ação será um sinal de dano no lobo frontal, enquanto que, em uma avaliação comportamental, o comportamento observado é visto como uma amostra, portanto, estamos amostrando se a perseveração ocorre na vida cotidiana, como quando o homem faz a barba, lava ou penteia os cabelos.

Avaliações padronizadas geralmente ocorrem em uma situação, como no consultório do terapeuta, sob a suposição de que o comportamento que está sendo testado é relativamente estável. As avaliações funcionais, por outro lado, têm maior probabilidade de serem realizadas em uma variedade de situações, como em um *setting* de terapia ocupacional ou na enfermaria. Desta forma, o comportamento pode variar dependendo da hora do dia ou se a pessoa está ansiosa, estressada ou cansada.

O QI de uma pessoa, medido por um teste padronizado, não varia muito se medido pela manhã ou à noite. Uma pessoa com síndrome amnésica será incapaz de recordar um fato de uma conversa, independentemente das circunstâncias, mas, às vezes, o comportamento é variável. Para uma pessoa com déficits mais moderados, fadiga, ansiedade e estresse, os problemas podem aumentar e a quantidade dessa variabilidade precisa ser estabelecida. Enquanto uma avaliação tradicional é feita uma vez, as avaliações mais funcionais geralmente são realizadas várias vezes em diferentes situações.

Os testes padronizados, portanto, tendem a ser diagnósticos: eles atestam se uma pessoa é afásica ou amnésica ou qualquer outra coisa. Em contraste, os procedimentos funcionais geralmente são realizados para ajudar a selecionar o tratamento. Não estaríamos interessados em medir o comportamento dos problemas, a menos que planejássemos fazer algo sobre eles.

Nos testes padronizados, a relação com o tratamento é indireta, pois não se trata alguém, ou não se deve tratar para que passe no teste. Não queremos pedir o cognitivamente impossível de um paciente, por isso precisamos entender se há dificuldades de memória, fala ou leitura, por exemplo.

Por outro lado, abordagens comportamentais têm uma relação muito mais direta com o tratamento. Avaliamos porque queremos impedir que o paciente repita a mesma pergunta ou para ajudá-lo a se lembrar de ativar o freio da cadeira de rodas antes de uma transferência ou para garantir que o paciente encontre a cama certa na enfermaria.

Finalmente, avaliações padronizadas são normalmente realizadas antes do tratamento. Às vezes, elas podem ser feitas durante ou após o tratamento, porém não fazem parte do teste, diferentemente das avaliações comportamentais. De fato, muitas vezes, é difícil decidir quando a avaliação termina e o tratamento começa. Estamos avaliando quantas vezes alguém esbarra nas portas ou faz a mesma pergunta, enquanto tentamos encontrar maneiras de mudar a recorrência do problema. Na prática, ambos os tipos de avaliação são úteis, pois fornecem informações complementares.

AVALIAÇÃO DOS PROGRAMAS DE RN

Muitos profissionais de serviços de saúde, gerentes e economistas da saúde acreditam que a maneira de avaliar a eficácia da reabilitação é por meio do uso de ensaios clínicos randomizados e controlados (ECR), preferencialmente sob condições de duplo cego.

No entanto, psicólogos e terapeutas não podem ser cegos para o tratamento que estão aplicando e, na maioria dos casos, os pacientes não podem ser cegos para o tratamento que estão recebendo. Ensaios de ocultação, em que um avaliador não sabe qual tratamento foi fornecido, podem, em algumas circunstâncias, ser empregados. Na reabilitação, porém, estamos lidando com indivíduos e precisamos avaliá-los, bem como o grupo.

Delineamentos Experimentais de Caso Único

Os profissionais precisam avaliar seu trabalho para verificarem a eficácia, bem como para informar os outros membros da equipe e pessoas relevantes sobre o progresso de sua intervenção.

Para cada paciente que vemos, devemos nos perguntar: "Esse paciente está mudando e, em caso afirmativo, é a mudança devida ao que estamos fazendo (ou fizemos) ou teria acontecido de qualquer maneira?". As medidas antes e depois do tratamento são limitadas, pois não sabemos se alguma mudança ocorreu ou não por meio da recuperação natural, efeitos da prática, chance ou alguma outra causa inespecífica. Desta forma, recomenda-se empregar um delineamento experimental de caso único (SCED), como um *design* de reversão ou um *design* de linha de base múltipla.

Os SCEDs não devem ser confundidos com relatos de caso único. Em vez disso, são experimentos realizados em nível individual e não em grupo. Um experimento é um teste ou ensaio configurado para demonstrar um fato ou testar uma hipótese. Os SCEDs permitem determinar se um paciente está se beneficiando ou não do tratamento.

Eles foram usados pela primeira vez na Psicologia Comportamental para fins de avaliações comportamentais. O principal valor dos SCEDs é que eles permitem avaliar a resposta de um indivíduo ao tratamento, verificar se o cliente está mudando ao longo do tempo e descobrir se alguma alteração é devida à recuperação natural ou à própria intervenção. Em outras palavras, podemos provocar os efeitos do tratamento dos efeitos da recuperação espontânea e de outros fatores não específicos. Um exemplo de aplicação deste delineamento é apresentado no **Capítulo 19**.

Dado que a reabilitação é planejada para indivíduos, a avaliação deve ocorrer tanto no indivíduo quanto no nível do grupo, e a escolha de um desenho individual ou de grupo dependerá do tipo de perguntas que precisam ser respondidas. Assim, se quisermos descobrir se uma pessoa com lesão cerebral, em particular, está se beneficiando de um tipo específico de procedimento de treinamento de atenção, precisaríamos empregar um SCED. Se quiséssemos descobrir quantas pessoas pareciam se beneficiar desse procedimento, realizaríamos um estudo em grupo.

Os estudos em grupo analisam um conjunto de pessoas sob diferentes condições ou analisam dois ou mais grupos, sendo um deles o controle. Os estudos em grupo medem o desempenho médio, e, por conseguinte, as diferenças individuais são mascaradas.

Os SCEDs, por outro lado, usam linhas de base e medidas repetidas como seus processos de controle. Os principais tipos SCEDs são os modelos ABAB ou de reversão (em que A significa linha de base e B para tratamento), com variações nesse desenho, e *designs* de linha de base múltipla, em que a introdução do tratamento é escalonada. Esses delineamentos podem ser classificados quanto à qualidade metodológica com o uso da Escala de Perdices e Tate (2008). Referências mais atualizadas sobre questões metodológicas relacionadas ao SCEDS incluem Tate e Perdices (2017 e 2019).

Quando os Delineamentos Experimentais de Casos Únicos (SCEDS) são inadequados?

Obviamente, existem outras perguntas a serem respondidas na reabilitação. Podemos, por exemplo, desejar saber quão eficazes são nossos grupos de memória ou de solução de problemas ou quantos acidentes ocorrem em uma enfermaria antes que os pacientes sejam reabilitados. Todos os profissionais podem fazer com que seu trabalho clínico faça parte da pesquisa.

Para aqueles que dizem estar clinicamente ocupados demais para responder qualquer pesquisa, sugerimos que a pesquisa não seja algo extra acrescentado ao trabalho, mas sim parte essencial da prática clínica. Se nos preparamos para nossos clientes/pacientes e escrevermos notas sobre sua resposta ao tratamento, isso pode ser a base da pesquisa. Quando as sessões de terapia são projetadas para tratar pacientes e responder a perguntas, a pesquisa já está em andamento.

Qualquer pesquisa precisa começar com uma pergunta, colocada de maneira a ser respondida. Perguntas gerais, como: "Os medicamentos funcionam?", são essencialmente difíceis de responder. Em vez de fazer a pergunta "A reabilitação funciona?", devemos fazer perguntas específicas como: "As pessoas aprendem melhor quando impedidas de cometer erros durante a aprendizagem?" ou "As pessoas com um distúrbio de consciência causado por uma lesão cerebral traumática são mais prováveis de recuperar a consciência do que aqueles, cujo distúrbio é causado por uma lesão hipóxica?"

No que diz respeito à metodologia, pesquisas, observações e experimentos podem ser empregados, dependendo da pergunta a ser respondida. Existem várias razões pelas quais alguém pode querer fazer uma pesquisa. Pode ser necessário identificar um problema em um estudo preliminar, como quantos pacientes têm financiamento recusado para reabilitação. Pode-se estabelecer o tamanho e a extensão de um problema, como a porcentagem de pacientes com TCE em nosso serviço que permanecem com um distúrbio de consciência após um ano ou pode-se desejar fornecer uma linha de base para que os efeitos de um programa de intervenção subsequente possam ser monitorados, como quantas pessoas desenvolvem pneumonia por inalação antes da introdução de uma avaliação especializada da deglutição.

A pesquisa observacional é, talvez, subutilizada e subvalorizada. O RBMT e o WHIM já mencionados foram desenvolvidos por meio da observação de como os pacientes realmente se comportavam. Observações podem ser realizadas para gerar uma hipótese ou para confirmar ou não esta; podem ser úteis na avaliação dos efeitos dos procedimentos de tratamento; podem ser realizadas em ambientes naturais ou simulados e por observadores dependentes ou independentes.

Às vezes, as gravações de vídeo podem ser importantes. As observações conseguem revelar comportamentos não relatados em entrevistas, listas de verificação, questionários ou testes e tendem a evitar interferências, inerentes a muitos procedimentos de avaliação.

Algumas perguntas podem ser respondidas por meio de observações, como: "Qual é a natureza e a frequência dos acidentes sofridos por pacientes com AVE do hemisfério direito em uma enfermaria de reabilitação ao longo de um mês?" e "Com que frequência as pessoas com deficiência de memória usam auxiliares de memória durante uma semana antes e depois do treinamento específico?" ou "Quais comportamentos surgem primeiro à medida que as pessoas se recuperam do coma?"

Por fim, podemos usar experimentos para responder nossas perguntas ou determinar a eficácia das intervenções. Como foi dito, um experimento é um teste ou ensaio configurado para demonstrar um fato ou testar uma hipótese.

Lorge (1930), por exemplo, queria descobrir se as pessoas aprendiam melhor uma tarefa motora com a prática em massa ou distribuída. Para isso, ele usou três grupos de participantes, cada um com 20 ensaios de um minuto. O primeiro grupo teve 20 tentativas consecutivas. O segundo grupo teve quatro séries de 5 tentativas com intervalos entre cada série. O grupo final teve 20 tentativas de um minuto com um intervalo de dois minutos entre cada tentativa. O terceiro grupo teve melhor desempenho. Esse foi o começo da pesquisa de prática distribuída e concentrada, levando à regra de "pequena e frequente" (WILSON, 2009). Este estudo usou três grupos de sujeitos, mas os experimentos podem ser realizados com qualquer número de grupos e com indivíduos, como visto.

Um delineamento com dois grupos geralmente envolve um grupo experimental e outro controle. Normalmente, é preciso garantir (o melhor possível) que a única diferença nas circunstâncias entre os dois grupos seja o tratamento avaliado: por exemplo, ambos devem ter a mesma quantidade de tempo e atenção. Existem delineamentos envolvendo três ou mais grupos, grupos cruzados e outros, mas esses desenhos provavelmente estão além do escopo dos terapeutas que desejam avaliar seus programas de reabilitação. Um resumo da pesquisa para problemas específicos pode ser encontrado em Winson, Wilson e Bateman (2017).

CONCLUSÃO

As avaliações podem ser realizadas por meio de testes padronizados ou de medidas funcionais, como observações, medidas de automonitoramento, entrevistas, questionários, escalas de classificação e *Checklist*.

Todos os tipos de avaliação são úteis, pois fornecem informações complementares. Os procedimentos padronizados nos permitem criar uma imagem dos pontos fortes e fracos de uma pessoa, ao passo que as medidas funcionais nos ajudam a identificar os problemas funcionais alvo para o tratamento.

Ao avaliar nossos programas de reabilitação, a escolha do delineamento depende das perguntas que fazemos. Perguntas sobre um indivíduo requerem um SCED, enquanto perguntas sobre grupos exigem um *design* de grupo. Não existe uma maneira única e ideal de medir a eficácia; esta depende das perguntas a serem respondidas, das instalações e do tempo disponíveis, das considerações éticas e de outros fatores.

REFERÊNCIAS

ALDERMAN, N; FRY, R. K; YOUNGSON, H.A. Improvement of self-monitoring skills, reduction of behavioural disturbance and the dysexecutive syndrome: comparison of response cost and a new programme of self-monitoring training. Neuropsychological Rehabilitation, 5, p. 193-221, 1995.

ALDERMAN, N; WILLIAMS, C; WOOD, R. Ll. **Measuring neurobeha-**

vioural disability using the SASNOS: applications and new developments. ACNR 2016;16:24-25, 2016.

BADDELEY, A.D; EMSLIE, H; NIMMO-SMITH, I. **Doors and People**: A Test of Visual and Verbal Recall and Recognition. Manual. Bury St Edmunds: Thames Valley Test Company, 1994.

BADDELEY, A. D.; HITCH, G. Working memory. In: G. H. Bower (Ed.). **The Psychology of Learning and Motivation**, vol. 8. New York, NY: Academic Press, 1974. p. 47-89.

BATEMAN, A; TEASDALE, T; WILLMES, K. Assessing construct validity of the self-rating version of the European Brain Injury Questionnaire (EBIQ) using Rasch analysis. **Neuropsychological Rehabilitation**, 19. p. 941-954, 2009.

FRAMINGHAM, J. What is Psychological Assessment? **Psych Central**. Retrieved from: https://psychcentral.com/lib/what-is-psychological-assessment, 2016.

GALTON, F. **Inquiries into the human faculty and its development**. 2nd ed. New York: E.P. Dutton, 1907.

KANFER, F. H. Self regulation: research issues and speculations. In: C. Neuringer; M. L. Michael (Eds). **Behavior Modification in Clinical Psychology**. New York: Appleton-Century-Crofts, 1970.

KAY, J; COLTHEART, M; LESSER, R. **PALPA**: Psycholinguistic Assessments of Language Processing in Aphasia. Hove: Lawrence Erlbaum Associates, 1992.

KIME, S. K.; LAMB, D.G.; WILSON, B. A. Use of a comprehensive program of external cuing to enhance procedural memory in a patient with dense amnesia. **Brain Injury**, 10, p. 17-25, 1996.

LIEPMANN, H. Translated by Bohne 1977. From Monatsschrift für Psychiatrie und Neurologie, 1900, vol 8:15-44. In: ROTTENBERG, D. A; HOCHBERG, FH (eds). **Neurological classics in modern translation**. New York: Hafner Press, 1977.

LOSCHIAVO-ALVARES, F.Q.; SEDIYAMA, C.Y.N.; VASCONCELOS, A.G. et al. Clinical Application of DEX-R for patients with Bipolar Disorder type I and II. **Clinical Neuropsychiatry**, v. 10, n. 2, p. 86-94, 2013.

LORGE, I. **Influence of regularly interpolated time intervals upon subsequent learning**: Quoted in H. H. Johnson & R. L. Solso. An introduction to experimental design in psychology: A case approach. New York: Harper & Row, 1930.

MALEC, J. F. The Mayo-Portland Participation Index (M2PI): A brief and psychometrically-sound measure of brain injury outcome. **Archives of Physical Medicine & Rehabilitation**, 85, p. 1989-1996, 2004.

MCCARTHY, R.A; WARRINGTON, E. K. **Cognitive Neuropsychology**: An Introduction Amsterdam. Elsevier, 1990.

MISCHEL, W. **Personality and Assessment**. New York, NY: Wiley, 1968.

ROBERTSON, I. H.; WARD, T.; RIDGEWAY, V. et al. **The test of everyday attention**. Bury St Edmunds: Thames Valley Test Company, 1994.

SHIEL, A.; WILSON, B.A.; MCLELLAN, L.; et al. **The Wessex Head Injury Matrix (WHIM)**. Bury St Edmunds: Thames Valley Test Company, 2000.

SIMBLETT, S.K; RING, H; BATEMAN A. **The Dysexecutive Questionnaire Revised (DEX-R): an extended measure of everyday dysexecutive problems after acquired brain injury Neuropsychological\Rehabilitation**. 2017 18 1124-1141, 2017.

TATE, R. A compendium of tests, scales and questionnaires: The practitioner's guide to measuring outcomes after acquired brain injury. Hove: **Psychology Press**, 2010.

TATE, R.; PERDICES, M. Avoiding bias in evaluating rehabilitation. In: B.A. Wilson; J. Winegardner; C. van Heugten; T. Ownsworth (Eds.). **Neuropsychological Rehabilitation**: The International Handbook. Abingdon: Routledge, 2017. p. 547-558.

TATE, R; PERDICES, M. **Single-Case Experimental Designs for Clinical Research and Neurorehabilitation Settings: Planning, Conduct, Analysis and Reporting Abingdon**: Routledge, 2019.

TEASDALE, T. W.; CHRISTENSEN, A.-L.; WILMES, K. et al. Subjective experience in brain-injured patients and their close relatives: A European Brain Injury Questionnaire study. **Brain Injury**, 11, p. 543-563, 1997.

WARRINGTON E. K; JAMES, M. **The Visual Object and Space Perception Battery Bury**. St Edmunds: Thames Valley Test Company, 1991.

WILSON, B.A. **Case Studies in Neuropsychological Rehabilitation**. New York: Oxford University Press, 1999.

WILSON, B.A. **Memory rehabilitation: integrating theory and practice**. New York; Guilford Press, 2009.

WILSON, B.A.; ALDERMAN, N.; BURGESS, P. et al. **Behavioural Assessment of the Dysexecutive Syndrome**. Bury St Edmunds, Suffolk: Thames Valley Test Company, 1996.

WILSON, B.A.; COCKBURN, J. BADDELEY, A.D. **The Rivermead Behavioural Memory Test**. Bury St Edmunds: Thames Valley Test Company, 1985. [ISBN 0-9514322-0-6].

WILSON, B. A.; COCKBURN, J.; HALLIGAN, P.W. **The Behavioural Inattention Test**. Bury St Edmunds: Thames Valley Test Company, 1988. [ISBN 0-9514322-1-4].

WINSON R; WILSON, B.A; BATEMAN, A (Eds). **The Brain Injury Rehabilitation Workbook**. New York: Guilford Press, 2017.

12. INTERVINDO EM DIFERENTES NÍVEIS: QUAL SERÁ O FOCO? DIFERENTES ABORDAGENS PARA A REABILITAÇÃO

Barbara A. Wilson

INTRODUÇÃO

A reabilitação neuropsicológica (RN) é um processo pelo qual as pessoas são habilitadas a retornar à vida o mais próximo possível da condição previa a uma enfermidade ou transtorno. Embora seja improvável que a restauração do funcionamento cognitivo ocorra em pessoas com níveis de pré-lesão, na maioria dos casos, há muito que pode ser feito para permitir que as pessoas com problemas cognitivos e seus parentes entendam, aceitem, reduzam e compensem suas dificuldades.

Muitas pessoas com lesões cerebrais, assim como muitos pacientes psiquiátricos, apresentarão vários problemas cognitivos, como *déficits* de memória, de atenção, dificuldade em encontrar palavras, problemas de julgamento e raciocínio e velocidade de processamento de informações lentificada. Além disso, poderão ter consequências emocionais, como ansiedade, depressão e baixa autoestima; outros problemas como isolamento social, alterações comportamentais, fadiga, os quais devem ser abordados como parte de um programa de reabilitação, como já mencionado no **Capítulo 11.**

A reabilitação é realizada de várias maneiras, como por meio de tentativas de restaurar o funcionamento perdido, de incentivar a reorganização anatômica, de ajudar os pacientes a aprender com mais eficiência, de ensinar estratégias compensatórias, modificando ou reestruturando o ambiente.

Este capítulo considera os pontos fortes e fracos de algumas dessas abordagens e reconhece que a maioria dos neuropsicólogos britânicos que trabalham na reabilitação de lesões cerebrais em adultos usam os três últimos com mais frequência (WILSON, ROUS & SOPENA, 2008).

RESTAURAÇÃO DE FUNÇÃO

Não está claro até que ponto podemos restaurar o funcionamento perdido e o quanto isso depende da própria função cognitiva. Embora não exista evidência, por exemplo, de que o funcionamento da memória possa ser restaurado em alguém com síndrome amnésica (Wilson, 2009), é possível que possamos restaurar outras funções, como atenção ou linguagem (Evans, 2009; Raymer & Turkstra, 2017). Às vezes, podemos melhorar as habilidades de atenção das pessoas por meio do treinamento, mas essas melhorias tendem a não generalizar para as tarefas diárias (Fish, 2017). Além disso, pode haver discordância sobre se a mudança é devida à restauração ou à compensação. Considere a solução de problemas, por exemplo. Existem evidências de que o treinamento em solução de problemas leva a uma melhora nesta habilidade (Levine et al., 2000; Rath, Simon, Langengahn, Sherr & Diller 2003; Evans, 2009), mas não está claro se isso significa que a capacidade de solucionar problemas foi otimizada ou se as pessoas com dificuldades neste domínio aprenderam uma estratégia compensatória para lidar com seus problemas.

No Oliver Zangwill Center, nossos clientes recebem um pequeno cartão laminado com as etapas de treinamento em gerenciamento de objetivos, o GMT (ver **Capítulos 13** e **21**) (descritas por Levine et al., 2000) impressas nele. Muitos usam o cartão por anos e o aplicam a problemas na vida real (Wilson, Ashworth & Winegardner, 2014). Essa é uma restauração da capacidade de resolver problemas ou é uma estratégia compensatória para lidar com os *déficits* na solução de problemas? Argumentos podem ser construídos para ambos os pontos de vista.

No passado, a RN geralmente consistia em dar aos pacientes um conjunto de exercícios, às vezes computadorizados, para serem trabalhados. A lógica era que isso remediaria o *déficit* subjacente, ou seja, restauraria o funcionamento perdido ou os exercícios ensinariam o paciente a lidar com os problemas cognitivos.

Os primeiros programas seguiram essa abordagem (Diller, 1976). Alguns ainda acreditam que este é o caminho para a realização da reabilitação cognitiva e do chamado "treinamento cerebral", sendo, estes, os métodos de escolha para fornecer reabilitação para dificuldades cognitivas. Entretanto, Fish (2017), citando as conclusões do Instituto Max Plank de 2014, acredita que as alegações sobre o sucesso desse treinamento para restaurar o funcionamento perdido configuram-se em uma falácia. Fasotti (2017) argumenta que esse treinamento não fornece generalizações para as atividades da vida diária, portanto não há ganhos funcionais.

Outros questionamentos com relação à abordagem de exercícios ou ao treinamento puro para tentar restaurar o funcionamento perdido são que eles não conseguem resolver os problemas da vida real; há pouca ou nenhuma evidência de eficácia (Fish, 2017), não abarcam a generalização, ou seja, os benefícios não são transferidos para a vida cotidiana, e não abordam as consequências sociais e comportamentais emocionais de uma pessoa com as suas dificuldades cognitivas e não cognitivas.

REORGANIZAÇÃO ANATÔMICA

Há uma crença equivocada no senso comum de que usamos apenas uma parte do cérebro e que existem partes não utilizadas, as quais podem ser recrutadas após danos cerebrais. Embora não seja verdade que partes do nosso cérebro não sejam utilizadas, existe, no entanto, certa plasticidade pela qual uma parte não danificada do cérebro pode assumir o funcionamento de uma parte lesionada. Essa reorganização é conhecida como plasticidade cerebral.

Duffau (2006) ressalta que a plasticidade cerebral é "o potencial dinâmico do cérebro para se reorganizar durante a ontogenia, a aprendizagem ou após possíveis insultos" (DUFFAU, 2006, p. 885). Até recentemente, essa ideia era desacreditada como uma explicação para a recuperação em adultos, embora as opiniões agora estejam mudando. Bütefisch (2004) argumenta que o cérebro humano adulto mantém a capacidade de se reorganizar ao longo da vida. Cecatto e Chadi (2007) sugerem que a experiência comportamental e a estimulação neuronal desempenham um papel na modificação da organização funcional do tecido cortical remanescente e podem levar a importantes melhorias clínicas. Fasotti (2017) disse que, após uma lesão, o cérebro é capaz de se autorreparar e que esse autorreparo é promovido pelas condições ambientais e de aprendizado, daí a relevância da RN.

Em geral, a plasticidade é melhor em crianças mais novas, de modo que as pessoas que fazem hemisferectomia esquerda podem desenvolver linguagem no hemisfério direito, mesmo que isso custe o comprometimento de algumas funções deste (DENNIS & KOHN, 1975).

A visão de que as pessoas mais jovens mostram mais plasticidade do que as mais velhas, data do trabalho de Kennard (1940). Este trabalho mostrou que os primatas jovens com lesões no córtex motor e pré-motor exibiam uma recuperação parcial da função motora. Suas descobertas passaram a ser conhecidas como "o princípio de Kennard" e, provavelmente, encorajaram a crença bastante difundida de que as crianças se recuperam melhor quando comparadas a adultos, após um insulto ao cérebro (JOHNSON, ROSE, BROOKS & EYERS, 2003). No entanto, até Kennard reconheceu que tal fato nem sempre ocorria e que alguns problemas pioravam com o tempo. Vários estudos posteriores mostraram que crianças mais novas exibiam pior recuperação quando comparadas às mais velhas (FORSYTH et al., 2001; KONCZAK et al.; HESSEN, NESTVOLD & ANDERSON, 2007) e, portanto, sugeriram que crianças mais jovens, principalmente aquelas menores de dois anos, se saíam pior a longo prazo do que as mais velhas. Os estudos que sugeriram o contrário (MONTOUR-PROULX et al., 2004) ou mostraram que não havia diferença (MOSCH et al., 2005), possivelmente, devem-se ao fato de observarem crianças com lesões focais em vez de difusas.

Vargha-Khadem e colegas (1997) relatam um garoto com Síndrome de Sturge-Weber que ficou mudo até os 9 anos de idade quando teve uma hemisferectomia. Ele então desenvolveu uma linguagem claramente articulada, bem estruturada e apropriada. Aos 15 anos, ele possuía as habilidades linguísticas de um adolescente de 8 a 10 anos. No entanto, Raymer e Turkstra (2017) afirmam que existem evidências de alguns *déficits* de linguagem, mesmo em crianças pequenas com *déficits* focais.

Wilson e Betteridge (2019) abordam a questão da reorganização anatômica e relatam o famoso estudo dos taxistas de Londres (MAGUIRE et al., 2000). Quando as imagens de ressonância magnética foram feitas nos cérebros dos taxistas com amplo conhecimento das rotas de Londres e comparadas com os sujeitos que não eram taxistas, verificou-se que os hipocampos posteriores dos taxistas eram significativamente maiores do que aqueles das pessoas que não eram taxistas e a diferença em tamanho ainda foi correlacionada com a quantidade de tempo de experiência enquanto motorista de táxi. Van Heugten (2017) também descreve outros estudos que demonstram aumento em várias regiões do cérebro, em adultos, após prática extensiva. No entanto, não está claro até que ponto isso pode ser usado como estratégia de tratamento na reabilitação de lesões cerebrais.

OTIMIZANDO A APRENDIZAGEM

Uma das consequências mais comuns da lesão cerebral é a dificuldade em aprender novas informações (WILSON, 2009). Familiares, pacientes e outras pessoas frequentemente acreditam que a melhor estratégia é a repetição. Embora amplamente usada, a repetição por si só é insuficiente.

Desde 1973, ficou claro que não havia relação entre o tempo de ensaio (número de repetições) e a quantidade da informação aprendida (CRAIK & WATSON, 1973). Mesmo em circunstâncias em que as práticas repetidas levam a melhorias, pode não haver a tão almejada generalização.

Um famoso experimento realizado por Ericcson, Chase e Falconer (1980) envolveu o treinamento de um aluno para aumentar seu *span* de dígitos a partir da norma de 7 mais ou menos dois (MILLER, 1956). Após 20 meses de prática, o período do aluno aumentou de 7 para fenomenais, 80 dígitos, ou seja, depois de ouvir os 80 dígitos apenas uma vez, ele poderia repeti-los corretamente, na mesma ordem apresentada originalmente. No entanto, para fazer isso, ele teve que convertê-los em algo significativo. Ele era um atleta que imaginava os dígitos como representando tempos de corrida ou distâncias ou outras informações atléticas. Por mais impressionante que esse desempenho tenha sido, esta melhoria não foi observada em outras tarefas de memória, nem mesmo para lembrar consoantes, demonstrando, assim, que o ensaio repetitivo, ou a simples repetição de informações, tem valor bastante limitado.

Existem, porém, métodos que ajudam a melhorar o aprendizado. Três que são usados regularmente, pelo menos na reabilitação da memória, são: recuperação espaçada (também conhecida como ensaio expandido), aprendizado sem erros e apagamento de pistas, que serão apresentados a seguir.

Recuperação Espaçada

A recuperação espaçada (RE) ou ensaio expandido, como também é conhecido, é um método desenvolvido a partir do trabalho de Landauer e Bjork (1978). É mais frequentemente usada para ensinar um novo nome, número de telefone ou endereço curto, por exemplo. O princípio basal a ser seguido aqui é a prática distribuída. O material a ser lembrado é apresentado e testado imediatamente.

A maioria das pessoas tem uma memória imediata normal ou quase normal, por isso estamos capitalizando esse sistema. As informações são testadas novamente depois de um intervalo muito curto (apenas um ou dois segundos), e este é expandido paulatinamente. Desta forma, o intervalo de retenção é aumentado gradualmente. Ao tentar aprender algo, as pessoas aprendem melhor quando as ocasiões de aprendizado se distribuem por um período de tempo, em vez de se apresentarem de forma maciça.

Baddeley e Longman (1978) descrevem um experimento em que as pessoas foram ensinadas a digitar. O estudo contou com três grupos e cada um teve 12 horas de aula, sendo que um grupo passou uma hora por dia aprendendo a tarefa ao longo de 12 dias; outro grupo passou duas horas por dia durante 6 dias e o terceiro grupo passou 6 horas por dia durante dois dias. Aqueles que aprenderam a digitar uma hora por dia tiveram melhor desempenho que os indivíduos dos outros dois grupos, e se esqueceram menos.

A RE também tem sido usada em pessoas com demência (CAMP et al., 1996). Hopper et al. (2005) analisaram 15 estudos e recomendaram a RE para pessoas com demência, o mesmo feito por Sohlberg et al. (2005). Wilson (2009) descreve mais detalhadamente a pesquisa por trás de alguns dos estudos de RE e sucesso com pacientes não progressivos.

Brush e Camp (1998), por sua vez, fornecem algumas diretrizes aos terapeutas quando na aplicação deste método, explicitadas a seguir.

- Mantenha o contato visual sempre.
- Monitore seu tom de voz e linguagem corporal para sempre transmitir uma atitude e uma mensagem positivas.
- Se a tarefa de RE perturbar o cliente, PARE.
- Essa experiência deve ser divertida e gratificante.
- O indivíduo deve esperar participar com você.
- O aprendizado deve ser relativamente fácil, pois se baseia na memória implícita.

A RE funciona porque a prática distribuída é melhor do que a prática em massa (BADDELEY & LONGMAN, 1978), mas pode funcionar ainda melhor quando combinada com a técnica da aprendizagem sem erros.

Aprendizagem sem Erros

A aprendizagem sem erros (ASE) é uma técnica de ensino na qual as pessoas são impedidas, na medida do possível, de cometer erros enquanto aprendem uma nova habilidade ou adquirem novas informações. Isso pode ser realizado de várias maneiras, como fornecer instruções faladas ou escritas ou orientar a pessoa em uma tarefa. O princípio é evitar erros cometidos durante o aprendizado e minimizar a possibilidade de respostas erradas.

A ASE foi descrita pela primeira vez por Terrace (1963, 1966) em seu trabalho com pombos. Ele ensinou os pássaros a discriminar uma chave vermelha de uma chave verde, uma tarefa difícil para estes animais. Metade foi ensinada usando um método em que pouquíssimos erros foram cometidos, enquanto a outra metade foi ensinada no método tradicional de tentativa e erro.

No método de ASE, a resposta de bicar a chave vermelha foi estabelecida pela primeira vez. Então, a chave foi escurecida e exposta muito brevemente, enquanto cada pombo estava em uma posição em que era difícil bicar; assim, o pássaro foi impedido de dar uma resposta incorreta. A chave escura foi mostrada por períodos crescentes e mudou gradualmente de vermelho para verde. O resultado foi que o pombo que aprendeu via ASE bicou apenas a chave correta. Este método também foi usado para ensinar uma discriminação ainda mais complexa entre linhas horizontais e verticais. Além disso, os pombos mostraram menos emoção ao serem ensinados pelo método ASE, do que quando ensinados por tentativa e erro. Não temos certeza de como julgar a emocionalidade em pombos, mas observamos um comportamento menos emocional em adultos com lesão cerebral quando o método da ASE foi usado.

Depois da aprovação do trabalho de Terrace publicado, a técnica foi adotada no campo da dificuldade de aprendizagem. Sidman e Stoddard (1967), por exemplo, adaptaram esse método para ensinar crianças com deficiência intelectual a discriminar entre círculos e elipses. Eles poderiam ter ensinado algo mais prático, talvez? Cullen (1976) ensinou cor, tamanho, peso e forma usando princípios de ASE, enquanto Walsh e Lamberts (1979) usaram esse método para ensinar habilidades de leitura a crianças com atraso no desenvolvimento, e Llorente e Gaffan (1989) ensinaram discriminação de moedas.

Por muitos anos, a ASE tem sido amplamente utilizada por pessoas com dificuldades de aprendizagem decorrentes do desenvolvimento. Cullen (1976) acreditava que, se erros fossem cometidos durante o aprendizado, seria mais difícil lembrar o que havia sido aprendido. Além disso, é explícito o benefício da recompensa na ASE, uma vez que ocorre maior reforço na aprendizagem.

A Psicologia comportamental é uma importante vertente teórica por trás do sucesso da ASE. A outra fonte vem de estudos de aprendizagem implícita (aprendizagem sem lembrança consciente) da Psicologia Cognitiva (GRAF & SCHACTER, 1985). Sabemos, por esse trabalho, que pessoas com amnésia apresentando muitas dificuldades para aprender algo novo podem fazê-lo. Normalmente, ou quase normalmente sob algumas circunstâncias. Isso ocorre com tarefas implícitas de aprendizado, como rastreamento motor, leitura espelhada ou tarefas de imagem fragmentada (preparação perceptiva), nas quais o aprendizado sem lembrança consciente pode ser demonstrado. Às vezes, anomalias podem ser vistas. Portanto, em uma tarefa de imagem fragmentada, embora possa haver uma melhoria geral ao longo do tempo, uma resposta equivocada, um erro, pode persistir, não importa quantas vezes a resposta correta seja dada. Isso levou Baddeley e Wilson (1994) a proporem a seguinte pergunta "As pessoas com amnésia aprendem mais se impedidas de cometer erros enquanto aprendem?"

Para tanto, eles conduziram um experimento com três grupos: 16 controles jovens; 16 controles idosos e 16 pessoas com amnésia grave (operacionalmente definida como falha em recordar qualquer coisa de uma conversa após um intervalo). Uma tarefa de complementação de letras para descobrir uma palavra foi realizada sob duas condições: com erro e sem erro. Na condição de erro, os participantes foram forçados a cometer erros. Eles foram solicitados a adivinhar uma palavra começando com duas letras. Após três erros, eles foram informados da palavra correta e solicitados a anotá-la. Na condição de ASE, eles foram impedidos de cometer erros. Eles receberam duas letras de uma palavra, disseram a palavra antes que pudessem adivinhar e pediram para anotá-la. Tudo foi contrabalançado, de modo que alguns participantes tiveram a condição de ASE primeiro e outros a segunda. As próprias palavras também foram equilibradas, algumas vezes na condição de erros, e outras na condição de sem erros. Após três tentativas de aprendizado, houve um teste em que as pessoas foram informadas de que uma das palavras que haviam escrito começava com duas letras específicas. Assim, era requisitado que os indivíduos se lembrassem da palavra. Houve um pequeno efeito a favor do ASE com os participantes jovens e idosos do controle, enquanto todos os pacientes amnésicos se saíram melhor com a condição de ASE. A descoberta foi tão robusta que a pesquisadora mudou imediatamente seu comportamento clínico e nunca mais solicitou que pessoas com problemas de memória adivinhassem mais, a menos que estivessem fazendo um teste. Além disso, os familiares dos pacientes foram informados de que eles estavam comparando o aprendizado quando as pessoas podiam cometer erros e quando impedidas de cometer erros.

Alguns parentes então relataram o uso espontâneo da técnica de ASE. Por exemplo, a esposa de um homem que recentemente havia saído do hospital após uma encefalite relatou que seu marido tentou ajudá-la a guardar as coisas na cozinha, mas nunca se lembrava de onde deveriam ir as colheres, as tigelas, os pratos, e assim por diante. Depois de esperar, sem sucesso, que ele se lembrasse sozinho, ela disse que o levou pelos lugares corretos várias vezes dizendo "as colheres ficam aqui, as tigelas vão aqui, os pratos vão ali" enquanto mostrava. Dessa forma, ele aprendeu onde colocar a louça e os talheres.

As conclusões de Baddeley e Wilson (1994) foram que a ASE era mais eficaz que a aprendizagem por tentativa e erro e essa vantagem foi maior para as pessoas com amnésia, portanto, não se deve pedir às pessoas com amnésia que adivinhem qualquer coisa. No entanto, os resultados de experimentos para responder a uma pergunta de reabilitação precisam ser aplicáveis a problemas da vida real. Assim, o próximo passo foi verificar se os princípios da ASE poderiam ser aplicados a estas dificuldades.

Wilson, Baddeley, Evans e Shiel (1994) fizeram isso com quatro indivíduos. O primeiro experimento ensinou o reconhecimento de objetos a um homem com amnésia e agnosia; o segundo ensinou a um homem com síndrome de Korsakoff como programar um organizador eletrônico; o terceiro ajudou um homem que sofreu um derrame talâmico a aprender o nome das pessoas e o quarto ensinou itens de orientação a um homem com amnésia pós-traumática. Em cada caso, metade dos estímulos utilizados foi apresentada de maneira a estimular a erro e a outra metade foi na forma de ASE. Todos se beneficiaram mais quando o método da ASE foi usado.

Para resumir as diretrizes fornecidas por Ehlhardt et al. (2008), o ASE envolve (a) decompor a tarefa alvo em etapas ou unidades pequenas e discretas; (b) fornecer modelos suficientes antes que o paciente seja solicitado a executar a tarefa alvo; (c) incentivá-lo a evitar adivinhações; (d) fazer a correção imediata de erros; e (e) instruções cuidadosamente esmaecidas. Isso contrasta com o aprendizado de tentativa e erro, em que a adivinhação é incentivada durante a aquisição.

Em conclusão, a ASE tem sido usada para ensinar várias tarefas diárias a pessoas de diferentes grupos de diagnóstico, de diferentes idades e em diferentes momentos após o insulto. Portanto, esta técnica é superior ao aprendizado por tentativa de erro para pessoas com problemas graves de memória. Também houve um interesse considerável em usar a ASE para pessoas com *déficits* de linguagem. A principal conclusão (comunicação pessoal de Lambon-Ralph) é que não há muita diferença entre o benefício da ASE quando comparada com erro, no entanto, pelo menos para aqueles com déficits graves, a ASE é preferida. Provavelmente, é mais gentil e menos propenso levar o indivíduo ao fracasso.

A razão pela qual a ASE funciona é provavelmente porque, para nos beneficiarmos de nossos erros, precisamos ser capazes de lembrá-los. Page et al. (2006) acreditam que a ASE é dependente da memória implícita e esse sistema não é bom na eliminação de erros, uma vez que esta é uma atribuição da memória episódica. Portanto, se as pessoas que dependem do funcionamento implícito da memória responderem incorretamente, essa resposta poderá ser fortalecida. Também sabemos de vários estudos que erros anteriores causam mais interferência para aqueles mais dependentes de memória implícita (JACOBY et al., 2010).

Apagamento de Pistas

O apagamento de pistas (AP) é um método pelo qual as pistas são fornecidas e depois desaparecem gradualmente. Relatado pela primeira vez por Glisky, Schacter e Tulving (1986), vários estudos, desde então, relataram algum sucesso (WILSON, 2009). Por exemplo, Clare, Wilson, Breen e Hodges (1999) usaram a AP em combinação com a RE e ASE para ensinar um homem diagnosticado com a doença de Alzheimer, há seis anos, a lembrar-se do nome das pessoas em seu clube. Cada nome foi ensinado da seguinte maneira: ao homem, primeiro, foi mostrada uma fotografia da pessoa cujo nome ele deveria aprender e perguntado como ele poderia se lembrar de Gloria ou Caroline (ou quem quer que fosse). Para Gloria, ele disse "Gloria com o sorriso brilhante". O próximo passo envolveu o AP. Ele foi solicitado a copiar o GLORIA, depois o copiou do GLORI_ e preencheu a letra final. Ele então teve que completar as duas letras finais GLOR_ _ e assim por diante. Depois de concluir todas as letras, a recuperação espaçada foi empregada para garantir que o nome fosse mantido. Ele também foi convidado a não adivinhar e só se lembrar do nome se tivesse certeza; se não tivesse certeza, ele poderia virar a fotografia para ver o nome impresso no verso. Ele aprendeu todos os nomes dessa maneira. O AP provavelmente atua de forma tão benéfica porque é uma abordagem de ASE (ou, pelo menos, uma redução de erros).

Estratégias Compensatórias

Auxílios externos, não necessariamente tecnológicos, são as intervenções mais eficazes e amplamente utilizadas para a reabilitação de deficiências de memória (SOHLBERG & MATEER, 2005). Eles também podem ser usados para compensar outras deficiências cognitivas, como distúrbios de linguagem, problemas executivos, déficits de cálculo, problemas de reconhecimento e negligência unilateral.

Um dos primeiros trabalhos que descreve o uso de um auxílio eletrônico para uma pessoa com dano cerebral foi de Kurlychek (1983). Este estudo foi importante porque examinou a influência do auxílio em ajudar o sujeito a resolver um problema da vida real, a saber verificar seu horário. Kirsch e seus colegas (KISRCH et al., 1987) projetaram um sistema interativo de orientação de tarefas para ajudar pessoas com lesões cerebrais a executar tarefas funcionais. Desde então, existem inúmeros trabalhos relatando o uso bem-sucedido da tecnologia em pessoas com lesão cerebral.

Boake (2003) inclui a discussão de alguns dos primeiros programas de reabilitação cognitiva com base em computador, e um artigo de Wilson et al. (2001)

usou um projeto de cruzamento de controle randomizado para demonstrar que é possível reduzir os problemas cotidianos de pessoas com problemas neurológicos com memória e/ou dificuldades de planejamento usando um sistema de *pagers*. Em 1986, Glisky et al. ensinaram terminologia de computador para pessoas com deficiência de memória e um de seus participantes conseguiu encontrar emprego como operador de computador.

Muitos estudos podem ser encontrados fornecendo evidências da eficácia de auxílios compensatórios. Uma revisão sistemática de sete estudos de Jamieson et al. (2014) mostrou efeitos significativos quando as pessoas usavam auxílios externos de memória. Para uma atualização mais recente sobre o uso de dispositivos por computador na reabilitação neuropsicológica, consulte O'Neill, Jamieson e Goodwin (2017). Eles consideram várias áreas em que a tecnologia assistiva pode ser usada não apenas para *déficits* cognitivos, mas também para dificuldades com a percepção do tempo e para o reconhecimento de objetos, ações, emoções e rostos. É provável também que os robôs sejam cada vez mais utilizados na reabilitação. Moyle (2017), por exemplo, discute o uso de robôs para pessoas com demência e observa como eles podem ser usados em auxílio no cuidado a esta população, além de reduzir a sensação de isolamento social.

A área tecnológica final a ser mencionada é a Realidade Virtual (RV), pois é cada vez mais provável que ela seja usada na reabilitação em geral e na RN em particular. A RV pode ser tanto uma ferramenta de avaliação, como uma técnica de ensino. Refere-se ao uso de *hardware* e *software* de computador, além de tecnologias auxiliares para criar simulações e ambientes interativos. Isso permite oportunidades de envolvimento em ambientes que se assemelham e se parecem com interações do mundo real. O objetivo final da intervenção baseada em RV é possibilitar que os clientes se tornem mais capazes de participar da vida da comunidade (KIZONY, 2011).

A tecnologia de RV simula ambientes e situações do mundo real que podem ser facilmente adaptados às necessidades e características de vários grupos e permite o treinamento de estratégias cognitivas em vários contextos, para facilitar sua transferência ao mundo real.

No ambiente virtual, os usuários recebem diferentes tipos de modalidades de *feedback* para seu desempenho. Isso inclui *feedback* visual, auditivo e, com menos frequência, *feedback* háptico e vestibular (WEISS et al., 2006). Rose et al. (2005) discutem o uso da RV para avaliação e tratamento de problemas de memória, *déficits* executivos, dificuldades visuo-espaciais e negligência unilateral. A oportunidade de aprendizado experimental e ativo em um ambiente relevante incentiva e motiva o usuário. O aprimoramento da motivação é especialmente importante para clientes com *déficits* cognitivos que geralmente apresentam baixos níveis de motivação e adesão durante o processo de reabilitação. O mesmo se aplica a clientes com *déficits* executivos que afetam sua capacidade de iniciar o desempenho e de estabelecer metas. Alguns exemplos de RV na reabilitação neuropsicológica incluem uma cozinha virtual para avaliar as habilidades cognitivas durante o preparo das refeições em pessoas com lesão cerebral traumática (CHRISTIANSEN et al., 2001); um shopping virtual (RAND et al., 2009) para examinar as funções executivas; uma tarefa baseada em biblioteca (RENISON et al., 2012), exigindo que os participantes priorizem e concluam várias tarefas enquanto gerenciam interrupções e novas informações, as quais exigem uma mudança na abordagem (esta tarefa avalia sete tipos de funcionamento executivo); uma sala de aula virtual; uma cidade virtual e um hospital virtual (JANSARI et al., 2014). Enfim, o objetivo final da RV é possibilitar que os pacientes se tornem mais capazes de participar da vida comunitária.

Modificando ou Reestruturando o Ambiente

Às vezes, é necessário ajustar o ambiente físico ou verbal para adaptá-lo à necessidade de funcionamento cognitivo. Essa estratégia é particularmente útil para pessoas com problemas graves e generalizados, mas também pode ser usada para outras pessoas com problemas menos graves. Casas inteligentes, sinalização e rotulagem podem ser empregadas e até o ambiente verbal também pode ser alterado (WILSON, 2009).

Por exemplo, alguém que sempre faz a mesma pergunta ou conta a mesma piada pode fazer isso em resposta a um gatilho verbal de um parente ou membro da equipe, e a repetição pode ser evitada se o parente ou membro da equipe escolher uma forma diferente de empregar as palavras. Assim, CW, um paciente, (WILSON, 1999), dizia regularmente a todos que acabara de acordar. Se as pessoas simpatizavam ou repetiam a frase, CW ficava cada vez mais agitado. A solução foi mudar de assunto e perguntar a ele algo com que se sentisse confortável.

Mais frequentemente, porém, é o ambiente físico que precisa mudar. Assim como as pessoas com deficiências físicas graves podem usar sistemas de controle ambiental para abrir e fechar portas, virar as páginas de um livro, atender ao telefone e assim por diante, também as pessoas com déficits cognitivos conseguem diminuir a demanda de certas funções cognitivas, desde que o ambiente seja estruturado de maneira mais terapêutica. Assim, alguém com *déficits* executivos graves tem a possibilidade de funcionar em um ambiente estruturado, sem distrações, em que não há necessidade de resolver problemas, pois a tarefa em questão é clara e inequívoca.

Da mesma forma, pessoas com problemas graves de memória podem não ser prejudicadas em ambientes em que não há demandas de memória. Assim, se portas, armários, gavetas e frascos de armazenamento estiverem claramente etiquetados, se houver espaço para equipamentos perigosos, se alguém lembrar ou acompanhar a pessoa com problemas de memória na hora de ir ao dentista ou jantar, a pessoa poderá lidar razoavelmente bem com estas tarefas (WILSON, 2009).

Kapur et al. (2004) dão outros exemplos. Os itens podem ser deixados na porta da frente para as pessoas que se esquecem de levar seus pertences quando saem de casa se lembrarem; uma mensagem pode ser deixada no espelho, no corredor, e um fluxograma simples ser usado para ajudar as pessoas a procurarem em lugares prováveis quando não conseguem encontrar um pertence perdido (MOFFAT, 1989). Carros, telefones celulares e outros itens podem apresentar alarmes intrínsecos para lembrar as pessoas de realizarem as ações. Eles podem ser combinados com mensagens de voz para lembrar as pessoas o porquê de o alarme estar tocando. Discussões adicionais sobre este tópico estão disponíveis em Wilson e Betteridge (2019).

CONCLUSÃO

A RN, como já mencionado, preocupa-se com a melhoria dos *déficits* cognitivos, emocionais, psicossociais e comportamentais causados, tanto por um insulto ao cérebro, como por transtornos neuropsiquiátricos, sendo este o maior foco deste livro.

Em 2002, Wilson argumentou que a reabilitação é uma disciplina que necessita de uma ampla base teórica, incorporando estruturas, teorias e modelos de várias áreas distintas, e colocou que a restrição de um modelo teórico pode levar a uma prática clínica incipiente.

A reabilitação pode ser realizada de várias maneiras: por meio de tentativas de restaurar o funcionamento perdido, de incentivos à reorganização anatômica, de ajuda aos pacientes com relação ao aprendizado com mais eficiência, do ensino de estratégias compensatórias e da modificação ou reestruturação do ambiente.

Este capítulo considera essas abordagens e reconhece que no Reino Unido, pelo menos, três são usadas principalmente na reabilitação neuropsicológica, ajudando os pacientes a aprender com mais eficiência, no uso de auxílios compensatórios e de ajuste do ambiente. A aplicação destas e de outras estratégias, em casos clínicos, está explicitada nos Capítulo da seção 5.

REFERÊNCIAS

BADDELEY, A. D; LONGMAN, D. J. A. The influence of length and frequency on training sessions on the rate of learning to type. **Ergonomics**, 21, p. 627-635, 1978.

BADDELEY, A. D.; WILSON, B. A. When implicit learning fails: Amnesia and the problem of error elimination. **Neuropsychologia**, 32, p. 53-68, 1994.

BETHESDA, MD; AOTA, Press; KONCZAK, J. et al. Functional recovery of children and adolescents after cerebellar tumour resection. **Brain**, 128, p. 1428-1441, 2005.

BOAKE, C. Stages in the history of neuropsychological rehabilitation. In: B. A. Wilson (Ed.). **Neuropsychological Rehabilitation**: Theory and Practice. Lisse: Swets & Zeitlinger, 2003. p. 11-21.

BRUSH, J. A; CAMP, C. J. **A therapy technique for improving memory**: spaced retrieval. Beachwood, OH; Menora Park Center for senior living, 1998.

BÜTEFISCH, C. M. Plasticity in the human cerebral cortex: Lessons from the normal brain and from stroke. **Neuroscientist**, 10, p. 163-173, 2004.

CAMP, C. J.; FOSS, J. W.; STEVENS, A. B. et al. M. Improving prospective memory performance in persons with Alzheimer's Disease. In: M. A. Brandimonte; G. O. Einstein; M. A. McDaniel (Eds.). **Prospective memory**: Theory and Applications. Mahwah, New Jersey: Lawrence Erlbaum Associates, 1996.

CECATTO, R.B.; CHADI, G. The importance of neuronal stimulation in central nervous system plasticity and neurorehabilitation strategies. **Functional Neurology**, 22, p. 137-143, 2007.

CHRISTIANSEN, C. H.; HUDDLESTON, N.; OTTENBACHER, K. J. Virtual reality in the kitchen. **American Journal of Physical Medicine and Rehabilitation**, 80, p. 597-604, 2001.

CLARE, L.; WILSON, B. A.; BREEN, E. K. et al. Errorless learning of face-name associations in early Alzheimer's disease. **Neurocase**, 5, p. 37-46, 1999.

CRAIK F. I. M; WATKINS, M. J. The role of rehearsing in short term memory. **Journal of verbal learning and verbal behaviour**, 12, p. 599-607, 1973.

CULLEN, C. N. Errorless learning with the retarded. **Nursing Times**, p. 45-47, 1976.

DENNIS, M.; KOHN, B. Comprehension of syntax in infantile hemiplegics after cerebral hemidecortication: Left hemisphere superiority. **Brain and Language**, 4, p. 72-482, 1975.

DILLER, L. A model for cognitive retraining in rehabilitation. **The Clinical Psychologist**, 29 p. 13-15, 1976.

DUFFAU, H. Brain plasticity: From pathophysiological mechanisms to therapuetic applications. **Journal of Clinical Neuroscience**, 13, p. 885-897, 2006.

EHLHARDT, L. A; SOHLBERG, M. M; KENNEDY, M. et al. Evidence-based practice guidelines for instructing individuals with neurogenic impairments: what have we learned in the past 20 years? **Neuropsychological Rehabilitation** 18, p. 25-29, 2008.

ERICCSON, K. A; CHASE, W. D; FALCONER, S. Acquisition of a memory skill. **Science**, 208, p. 1181-1182, 1980.

EVANS, J. J. The cognitive group part 1: Attention and goal management. In: B. A.Wilson; J. J. Evans; F. Gracey; A. Bateman. **Neuropsychological Rehabilitation**: Theory, models, therapy and outcomes. Cambridge: Cambridge University Press, 2009. p. 81-97.

FASOTTI, L. Mechanisms of recovery after acquired brain injury. In: B. A. Wilson; J. Winegardner; C. VAN Heugten; T. Ownsworth (Eds). **Neuropsychological Rehabilitation**: The International Handbook. Abingdon: Routledge, 2017. p. 25-35.

FISH, J. Rehabilitation of attention disorders: Adults. In: B. A. Wilson; J. Winegardner; C. VAN Heugten; T. Ownsworth (Eds.). **Neuropsychological Rehabilitation**: The International Handbook. Abingdon: Routledge, 2017. p. 172-178.

FISH, J. E.; MANLY, T. Working Memory. In: B. A. Wilson; J. Winegardner; T. Ownsworth; C. VAN Heugten (Eds.). **Neuropsychological rehabilitation**: An international handbook. Abingdon: Routledge, 2017. p. 186-195.

FORSYTH, R. J.; WONG, C. P.; KELLY, T. P. et al. Cognitive and adaptive outcomes and age at insult effects after non-traumatic coma. **Archives of Disease in Childhood**, 84, p. 200-204, 2001.

GLISKY, E. L.; SCHACTER, D. L.; TULVING, E. Computer learning by memory impaired patients: Acquisition and retention of complex knowledge. **Neuropsychologia**, 24, p. 313-328, 1986.

GRAF, P.; SCHACTER, D. L. Implicit and explicit memory for new associations in normal and amnesic subjects. Journal of Experimental Psychology: Learning, Hopper T. Mahendra N. Kim E., Azuma T., Bayles K.A., Cleary S. J., Tomoeda C.E. **Journal of Medical Speech–Language Pathology**, 13 (4), p. Xxvii-xxxiv, 1985.

JACOBY, L. L.; WAHLHEIM, C. N.; RHODES, M. G.. et al. Learning to diminish the effects of proactive interference: reducing false memory for young and older adults. **Memory & cognition**, 38(6), p. 820-829, 2010.

JAMIESON, M.; CULLEN, B.; MC-GEE-LENNON, M. et al. The efficacy of cognitive prosthetic technology for people with memory impairments: A systematic review and meta-analysis. **Neuropsychological Rehabilitation**, 24, p. 419-444, 2014.

JANSARI, A.S.; DEVLIN, A.; AGNEW, R.; AKESSON, K. Ecological assessment of executive functions: a new virtual reality paradigm. **Brain Impairment**, 15, p. 71-87, 2014.

JOHNSON, D. A.; ROSE, F. D.; BROOKS, B. M.; EYERS, S. Age and recovery from brain injury: Legal opinions, clinical beliefs and experimental evidence. **Pediatric Rehabilitation**, 6, p. 103-109, 2003.

KAPUR, N.; GLISKY, E. L. WILSON, B. A. External memory aids and computers in memory rehabilitation. In: A. D. Baddeley; M. D. Kopelman; B. A. Wilson (Eds.). **The Essential Handbook of Memory Disorders for Clinicians**. Chichester: John Wiley & Sons Ltd., 2004. p. 301-327.

KENNARD, M. A. Relation of age to motor impairment in man and subhuman primates. **Archives of Neurology and Psychiatry**, 44, p. 377-397, 1940.

KIRSCH, N. L.; LEVINE, S. P.; FALLON-KRUEGER, M. et al. The microcomputer as an "orthotic" device for patients with cognitive deficits. **Journal of Head Trauma Rehabilitation**. 2, p. 77-86, 1987.

KIZONY, R. Using virtual reality in cognitive rehabilitation. In: KATZ, N. (Ed.). **Cognition, occupation and participation across the life span**. 3rd ed. 2011. p.143-158.

KURLYCHEK, RT. Use of a digital alarm chronograph as a memory aid in early dementia. **Clinical Gerontologist**, 1:93-94, 1983.

LANDAUER, T. K.; BJORK, R. A. Optimum rehearsal patterns and name learning. In: M. M. Gruneberg; P. E. Morris; R. N. Sykes (Eds.). **Practical aspects of memory**, London: Academic Press, 1978. p. 625-632.

LEVINE, B.; ROBERTSON, I. H.; CLARE, L. et al. Rehabilitation of executive functioning: An experimental--clinical validation of Goal Management

Training. **Journal of the International Neuropsychological Society**, 6, p. 299-312, 2000.

LLORENTE, C.; GAFFAN, E. Coin Identification and Relative Value: A Training Programme for Adults with Mental Handicap. **Behavioural and Cognitive Psychotherapy**, 17(4), p. 332-346, 1989.

MAGUIRE, E.A.; GADIAN, D.G.; JOHNSRUDE, I. S. et al. Navigation-related structural change in the hippocampi of taxi drivers. **Proceeding of the National Academy of Sciences of he United States of America**, 97, p. 4398-4403, 2000.

MILLER, G. A. The magical number seven, plus or minus two: some limits on our capacity for processing information. **Psychological Review**, 63, p. 81-97, 1956.

MONTOUR-PROULX, I; BRAUN, C. M. J; DAIGNEAULT, S. et al. Predictors of intellectual function after a unilateral cortical lesion: Study of 635 patients from infancy to adulthood. Journal of Child Neurology, 19, p. 935-943, 2004.

MOFFAT, N. Home-based cognitive rehabilitation with the elderly. In: L. W. Poon, D. C. Rubin & B. A. Wilson, (Eds). **Everyday cognition in adulthood and late life**. Cambridge: Cambridge University Press, 1989. p. 659-680.

MOSCH, S.C.; MAX, J. E.; TRANEL, D. A matched lesion analysis of childhood versus adult-onset brain injury due to unilateral stroke: Another perspective on neural plasticity and recovery of social functioning. **Cognitive and Behavioral Neurology**, 18, p. 5-17, 2005.

MOYLE, W. Social robotics in dementia care. In: B. A. Wilson; J. Winegardner; C. VAN Heugten; T. Ownsworth (Eds.). **Neuropsychological Rehabilitation**:

The International Handbook. Abingdon: Routledge, 2017. p. 458-466.

O'NEILL, B.; JAMIESON, M.; GOODWIN, R. Using technology to overcome impairments of mental functions. In: B. A. Wilson; J. Winegardner; C. VAN Heugten. et al. (Eds.). **Neuropsychological Rehabilitation**: The International Handbook. Abingdon: Routledge, 2017. p. 434-446.

PAGE, M.; WILSON, B. A.; SHIEL, A. et al. What is the locus of the errorless-learning advantage? **Neuropsychologia**, 44, p. 90-100, 2006.

RAND, D.; BASHA-ABU RUKAN, S.; WEISS, P.L. et al. Validation of the Virtual MET as an assessment tool for executive functions. **Neuropsychological Rehabilitation**, 19, p. 583-602, 2009.

RATH, J. F; SIMON, D; LANGENBAHN, D. M. et al. Group treatment of problem-solving deficits in outpatients with traumatic brain injury: A randomised outcome study. **Neuropsychological Rehabilitation**, 13:4, 2003.

RAYMER, A., TURKSTRA, L. Rehabilitation of language disorders in adults and children. In: B. A. Wilson; J., Winegardner; C. VAN, Heugten; T. Ownsworth (Eds.). **Neuropsychological Rehabilitation: The International Handbook**. Abingdon: Routledge, 2017. p. 220-233

RENISON, B.; PONSFORD, J.; TEST, R. et al. The ecological and construct validity of a newly developed measure of executive function: The Virtual Library Task. **Journal of the International Neuropsychological Society**, 8, p. 440-450, 2012.

ROSE, F. D.; BROOKS, B. M.; RIZZO, A. A. Virtual Reality in Brain Damage Rehabilitation: Review.

Cyberpsychology and Behaviour, 8, p. 243-251, 2005.

SIDMAN, M; STODDARD, L. T. The effectiveness of fading in programming a simultaneous form discrimination for retarded children. **Journal of the Experimental Analysis of Behavior**, 10, p. 3-15, 1967.

SOHLBERG, M. M. External aids for management of memory impairment. In: W. M. High Jr.; A. M. Sander; M. A. Struchen; K. A. Hart (Eds.). **Rehabilitation for traumatic brain injury**, p. 47-70. New York: Oxford University Press, 2005.

SOHLBERG, M. M.; MATEER, C.A. **Introduction to Cognitive Rehabilitation**: Theory and Practice. New York, NY: Guilford Press, 1989.

TERRACE, H. S. Discrimination learning with and without "errors". **Journal of Experimental Analysis of Behavior**, 6, p. 1-2, 1963.

TERRACE, H. S. Stimulus control. In: W. K., Honig (Ed.). **Operant behavior: Areas of research and application**. New York: Appleton-Century-Crofts, 1966. p. 271-344.

VAN HEUGTEN, C. M. Outcome measures. In: B. A. Wilson; J. Winegardner; C. Van Heugten; T. Ownsworth (Eds.). **Neuropsychological Rehabilitation**: The International Handbook. Abingdon: Routledge, 2017. p. 537-546.

VARGHA-KHADEM, F; CARR, L J; ISSACS, E. et al. Onset of speech after left hemispherectomy in a nine-year-old boy. **Brain**, 120:159-82, 1997.

WALSH, B. F.; LAMBERTS, F. Errorless discrimination and fading as techniques for teaching sight words to TMR stu-

dents. **American Journal of Mental Deficiency**, 83, p. 473-479, 1979

WEISS, P. L; KIZONY, R.; FEINTUCH, U. et al. Virtual reality in neuro-rehabilitation. In: M. Selzer; S. Clarke; L. Cohen; et al. **Textbook of Neural Repair and Rehabilitation**. Cambridge: Cambridge University Press, 2006. p. 182-187.

WILSON, B.A. **Case Studies in Neuropsychological Rehabilitation**. New York: Oxford University Press, 1999.

WILSON, B.A. **Memory rehabilitation: integrating theory and practice**. New York: Guilford Press, 2009.

WILSON, B. A.; BADDELEY, A. D.; EVANS, J. J. et al. Errorless learning in the rehabilitation of memory impaired people. **Neuropsychological Rehabilitation**, 4, p. 307-326, 1994

WILSON, B. A; BETTERIDGE, S. **Essentials of Neuropsychological Rehabilitation**. New York: Guilford press, 2019.

WILSON, B. A., EMSLIE, H. C., QUIRK, K., & EVANS, J. J. Reducing everyday memory and planning problems by means of a paging system: A randomised control crossover study. **Journal of Neurology, Neurosurgery, and Psychiatry**, 70, p. 477-482, 2001.

WILSON, B. A; ROUS, R; SOPENA, S. The current practice of neuropsychological rehabilitation in the United Kingdom. **Applied Neuropsychology**, 15, p. 229-240, 2008.

WILSON, B. A; WINEGARDNER, J.; ASHWORTH, F. **Life After Brain Injury**: Survivors' Stories Hove. Psychology Press, 2014.

Seção 4

O PACIENTE E A FAMÍLIA

13. O PROCESSO DE REABILITAÇÃO NEUROPSICOLÓGICA NA PSIQUIATRIA – A FORMULAÇÃO CLÍNICA PARA INTERVENÇÃO

Barbara A. Wilson
Fabricia Quintão Loschiavo Alvares

INTRODUÇÃO

O Modelo Abrangente de Reabilitação Neuropsicológica (RN), bem como seus componentes, de forma aprofundada, já foram abordados no Capítulo 1 (LOSCHIAVO-ALVARES, FISH, WILSON, 2018). Desta forma, o propósito do presente capítulo é a apresentação de um mapa mental para os clínicos da área, a fim de fornecer subsídios pragmáticos para a estruturação do raciocínio clínico para intervenção.

Logo, aqui serão abordados o estabelecimento de metas, a conceituação e estratégias de intervenção para os domínios cognitivos universalmente comprometidos nos transtornos psiquiátricos, como atenção, funções executivas e memória, ressaltando que os específicos serão abordados nos capítulos da Seção 5, onde há a descrição de casos clínicos, com os modelos pertinentes a cada condição clínica. Por fim, será discutido o processo de formulação clínica, seguido pela apresentação do supracitado mapa mental com a contextualização da aplicação em um caso clínico.

No primeiro capítulo foi feita alusão de que à medida que o leitor caminhasse por esta obra iria, degrau por degrau, angariando recursos, coordenadas para a estruturação do seu raciocínio clínico visando à intervenção. Assim, este capítulo representa a etapa final do arcabouço que veio sendo edificado e, a partir deste, o profissional da reabilitação terá em mãos uma estrutura na qual ancorará todos os recursos para a condução da RN em seus pacientes com transtornos psiquiátricos.

A COGNIÇÃO NOS TRANSTORNOS PSIQUIÁTRICOS

A cognição é um fator fulcral que impacta diretamente o funcionamento diário e a qualidade de vida. O comprometimento desta é um sintoma comum presente em vários transtornos psiquiátricos, o que dificulta a funcionalidade dos pacientes. Dado que o comprometimento cognitivo tem efeitos devastadores, e que a medicação reduz a severidade dos sintomas, não ocorrendo o mesmo com os ganhos cognitivo e funcional, como já pontuado no **Capítulo 8**, a reabilitação neuropsicológica (RN) desponta como grande ferramenta terapêutica para esta população. A reabilitação para pessoas com transtornos psiquiátricos surge a partir dos esforços para integrar a neurociência e as psicopatologias (CUTHBERT & INSEL, 2013; INSEL et al., 2010). Tem como propósito central impulsionar os processos cognitivos para auxiliar as pessoas que vivem com transtornos psiquiátricos (WYKES et al., 2011) a melhorar suas capacidades a longo prazo em suas ocupações, na vida diária, incluindo a reintegração nos ambientes social e de trabalho.

Nos últimos 50 anos, vários estudos e pesquisas foram conduzidos, e importantes evidências empíricas acumuladas, corroboram a eficácia da RN no tratamento dos distintos transtornos psiquiátricos.

Em 2013, Kahn e Keefe postularam que classificar a esquizofrenia como um distúrbio psicótico é uma grande falácia conceitual, a qual muito contribuiu para a falta de progresso em nossa compreensão sobre essa doença e, portanto, ao longo de décadas, dificultou o desenvolvimento de tratamentos adequados. Considerando que não apenas os baixos desempenhos cognitivo e intelectual sempre demonstraram ser fatores de risco para a esquizofrenia, vários trabalhos apontaram um declínio no funcionamento cognitivo precedente ao início da psicose em quase uma década. Assim sendo, não apenas a cognição deve ser reconhecida como o componente principal deste transtorno, mas os esforços de diagnóstico precisam enfatizar as mudanças nas funções cognitivas que ocorrem precocemente no desenvolvimento. O comprometimento na cognição é generalizado, observado na maioria dos domínios cognitivos, ressaltando-se os declínios na velocidade de processamento, memória, funções executivas, linguagem e função cognitiva social (GALDERISI et al., 2009; PALMER et al., 2009; DERE, PAUSE & PIETROWSKY, 2010).

No transtorno bipolar, o declínio cognitivo está associado tanto aos episódios de alteração do humor, como de eutimia, sendo também generalizado, como na esquizofrenia, mas menos grave quando comparado a esta (DIXON et al., 2004; DABAN et al., 2006). Já pessoas com o transtorno depressivo maior experimentam um declínio nas funções cognitivas, como atenção, aprendizado e memória, velocidade de processamento e funções executivas (AUSTIN et al., 2001; LEE et al., 2012). Sabe-se, ainda, que o comprometimento cognitivo prediz tanto a não resposta ao tratamento do transtorno depressivo quanto ao comprometimento funcional e está relacionada à menor qualidade de vida.

O transtorno do deficit de atenção e hiperatividade (TDAH) é caracterizado pela diminuição do tempo de atenção, pelos declínios na memória operacional, pelas funções executivas e de velocidade de processamento (VAIDYA & STOLLSTORFF, 2008; UEKERMANN et al., 2010). Em relação ao transtorno do estresse pós-traumático (TEPT), sabe-se que há um declínio na atenção, memória de trabalho e capacidade de velocidade de processamento (TWANLEY et al., 2009; HORNER & HAMNER, 2002). Vários estudos apontaram que pacientes com transtorno obsessivo compulsivo (TOC) apresentavam funcionamento aquém nas funções executivas e na capacidade de memória, sendo tais comprometimentos relacionados à maior gravidade da doença (CAVALLARO et al., 2003; SHIN et al., 2004).

Conforme exposto acima, o prejuízo cognitivo e, por conseguinte, funcional e ocupacional, é uma característica comum e central nas doenças psiquiátricas. Os domínios mais comumente acometidos, portanto considerados domínios "universais", são a atenção, a memória e as funções executivas, havendo também, conforme o diagnóstico, o prejuízo de funções específicas, como a linguagem, a cognição social e etc.

Neste sentido, Millan et al. (2012) abordaram de forma magistral a caracterização dos circuitos cerebrais subjacentes ao comprometimento cognitivo nos transtornos psiquiátricos, visando à definição da natureza e às causas deste. Um sumário de seus achados está demonstrado na **Figura 1**.

Figura 1 – Uma visão global da cognição e de seu comprometimento nos transtornos psiquiátricos

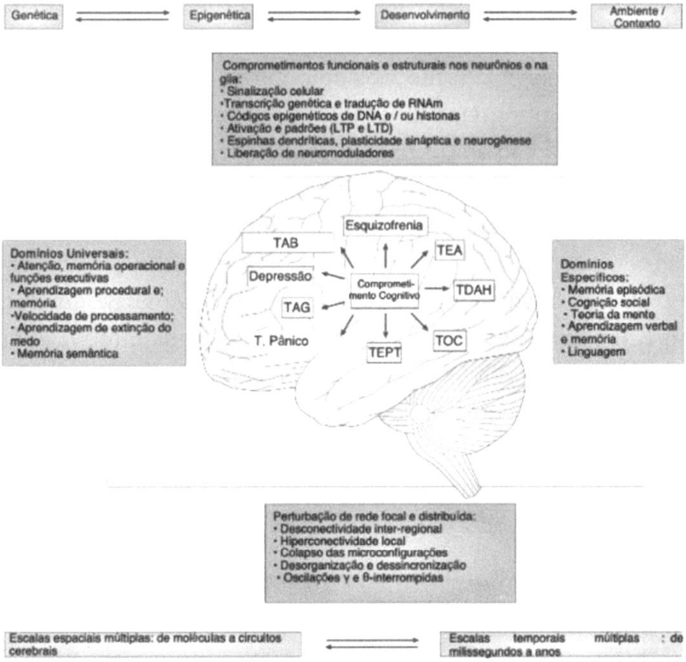

(MILLAN et al., 2012)
Legenda: TAB: Transtorno Afetivo Bipolar; TDAH: Transtorno do *Déficit* de Atenção e Hiperatividade; TEA: Transtorno do Espectro Autista; TAG: Transtorno de Ansiedade Generalizada; LTD: Desativação a Longo Prazo; LTP: Potenciação a Longo Prazo; TOC: Transtorno Obsessivo-Compulsivo; TEPT: Transtorno do Estresse Pós-Traumático.

Os autores ressaltam que o prejuízo cognitivo decorre da interação entre os fatores genéticos, epigenéticos, de desenvolvimento e ambientais. As mudanças são expressas tanto no nível dos neurônios quanto na glia (da transcrição gênica alterada às mudanças no disparo/ativação neuronal), como ao nível das redes neurais (localmente e entre as regiões cerebrais interligadas). A disfunção subjacente ao comprometimento cognitivo é hierárquica e espacialmente diversa e representada em uma escala temporal que varia de milissegundos (por exemplo, disparo celular) a horas (por exemplo, síntese de proteínas) e a anos (por exemplo, arquitetura sináptica). Alguns fatores de suscetibilidade, como a linha germinativa e fatores epigenéticos, podem ser transmitidos de geração a geração. Certas causas de comprometimento cognitivo tendem a ser passíveis de compensação, entretanto, as mudanças de rede a níveis molecular e sistêmico não são necessariamente reversíveis, destacando-se, portanto, a relevância da prevenção e do tratamento precoce, como a RN, que são fatores cruciais para um melhor prognóstico.

O ESTABELECIMENTO DE METAS PARA INTERVENÇÃO

Os principais objetivos da RN são permitir que as pessoas com algum tipo de deficiência ou comprometimento atinjam um nível satisfatório de bem-estar, portanto reduzir o impacto de seus problemas no desempenho das tarefas que lhes são relevantes ajudam-nas a retornar aos seus próprios contextos mais apropriados. Por conseguinte, a RN não tem como objetivo ensinar as pessoas a pontuar melhor nos testes ou a aprender listas de palavras ou a melhorar o desempenho em tarefas computadorizadas. Pelo contrário, acreditamos que a reabilitação deve: (a) focar em metas relevantes para a vida cotidiana do paciente; (b) ser implementada no ambiente em que o paciente vive, ou, se isso não for possível, ser generalizada para esse cenário; (c) ser colaborativa; e (d) visar a redução da incapacidade e melhorar o funcionamento na vida real. Assim, a reabilitação é orientada para metas e concentra-se na conquista de objetivos significativos e funcionalmente relevantes para o paciente e para a família.

Como meta entende-se o que o paciente deseja alcançar como resultado da sua reabilitação (WADE, 1999). Em última instância, o foco é auxiliar o indivíduo na participação de atividades pessoalmente valorizadas, como autocuidado, atividades domésticas, trabalho, educação, lazer, família e vida social. Estes podem ser considerados como objetivos de vida.

Nair e Wade (2003) entrevistaram 93 sobreviventes de lesão cerebral para determinar seus objetivos mais importantes. No topo da lista estava a família, seguida pelos cuidados pessoais, formatações residenciais e, por fim, um parceiro. Outras metas reconhecidas como extremamente importantes foram contato social, situação financeira, lazer, religião e trabalho. Sem dúvida, diferentes populações classificariam esses objetivos de maneira diferente. Por exemplo, se uma população mais jovem que tivesse sofrido uma lesão cerebral fosse entrevistada, seria provável que o trabalho ocuparia o posto mais alto da lista, ao passo que em um estudo feito com pacientes psiquiátricos, as metas mais comumente estabelecidas versariam o engajamento em uma atividade valorizada, ter uma perspectiva de futuro, não ser dominado pelos sintomas e estar conectado a uma rede de amigos e a uma comunidade (HANCOCK et al., 2015).

Já no Oliver Zangwill Centre, as metas mais comumente definidas são compreender a lesão cerebral, trabalhar, ter atividades de lazer, dirigir, implementar sistemas de memória, comunicar, lidar com os problemas de humor – como ansiedade ou depressão –, e desempenhar as atividades da vida diária (AVD's). Algumas dessas metas podem ser abordadas por qualquer membro da equipe, enquanto outras demandam, obrigatoriamente, de habilidades especializadas.

Psicólogos, fonoaudiólogos e terapeutas ocupacionais podem conduzir os grupos e atividades de compreensão da lesão cerebral. Entretanto, cabe aos psicólogos a abordagem das questões de humor, aos fonoaudiólogos a concentração nas áreas de comunicação e aos terapeutas ocupacionais a intervenção nas AVD's, nas ocupações e na funcionalidade.

Siegert e Levack (2017) apontam que "existe um consenso geral de que o estabelecimento de metas é uma característica da reabilitação contemporânea e que as habilidades neste caracterizam os profissionais de saúde que trabalham neste campo" (p. 4). Ylvisaker e Feeney (2000) acreditam que "... a reabilitação precisa envolver temas, atividades, cenários e interações pessoalmente significativos" (p. 13).

O estabelecimento de metas tem uma longa história no campo empresarial e no esporte, entretanto, tem sido usado na reabilitação de lesões cerebrais desde, pelo menos, 1975 (Evans & Krasny-Pacini, 2017). Os objetivos mudarão dependendo da gravidade do quadro e do tipo de reabilitação oferecida. Assim, os pacientes em estágio crônico, nos centros de reabilitação, normalmente preocupam-se com retomar a direção, trabalhar, usar auxílios compensatórios e assim por diante. Pacientes agudos, recém-admitidos no hospital, podem ter objetivos definidos como "manter o contato visual e sustentar uma conversa por dois minutos em uma sala silenciosa e sem distrações", enquanto que os objetivos para pacientes minimamente conscientes podem ser "olhar para a pessoa e prestar atenção" ou "estabelecer uma resposta Sim/Não".

É comum a referência ao acróstico SMART (do ingles, Specific, Measurable, Achievable, Realistic, Timeframe) que no português significa específica, mensurável, realizável, realista e temporalmente definida (EVANS & KRASNY-PACINI, 2017), ou SMARTER, com o acréscimo das duas últimas letras, ER, que em português denotam envolvente e recompensadora ou avaliar e revisar. (MACLEOD, 2013).

Entretanto, atualmente, tem sido questionado se as metas SMART ou SMARTER configurar-se-iam, realmente, em um caminho a ser percorrido.

A reabilitação está intrinsecamente relacionada à capacitação do indivíduo para que este desempenhe e participe de atividades, as quais lhes sejam pessoalmente significativas. Em outras palavras, o objetivo da reabilitação é permitir que os pacientes atinjam os seus objetivos pessoais. Será que as metas SMART permitem que eles façam isso?

Plant e colaboradores (2016), em seu estudo sobre pacientes pós-acidente vascular encefálico (AVE), argumentaram que os métodos atuais de definição de metas durante estágio agudo da reabilitação neurológica não se mostraram eficazes. Havia diferenças tanto na perspectiva dos pacientes, quanto da equipe ao estabelecerem as metas, e essa discrepância levou alguns a questionar se a definição de metas conduzida pelo paciente era realista ou desejável durante a reabilitação do AVE em estágio inicial. Ao passo que, após a alta, bem como nas fases posteriores da reabilitação, os pacientes mostraram-se mais capazes de identificar e negociar objetivos pessoalmente significativos.

Neste aspecto, a definição de metas mais "tradicional", focada no paciente, foi mais apropriada. Alguns pacientes, por sua vez, relataram não gostar da necessidade de estabelecer metas, pontuando que, para eles, as atividades básicas da vida diária eram "senso comum". As atividades diárias, como caminhar, lavar-se e vestir-se eram "coisas normais do dia a dia", que todos queriam e precisavam fazer, sendo, portanto, uma necessidade e não uma meta a ser escolhida. Outros consideraram desnecessário um processo formal de estabelecimento de metas; o *feedback* da equipe seria suficiente ou eles recuperariam de qualquer forma, sendo as metas estabelecidas ou não. Alguns preferiram manter suas esperanças e seus planos pessoais ou estavam preocupados com o fato de suas opiniões limitarem o escopo da reabilitação. As experiências anteriores dos pacientes em estabelecer metas também foram um fator determinante. Essas experiências estiveram frequentemente associadas ao local de trabalho, onde estas eram usadas como medidas de desempenho. Isso, portanto, teve conotações negativas para o estabelecimento de metas durante a reabilitação e fez com que os pacientes estivessem menos interessados em se envolver no processo. Já os membros da equipe não tinham como quantificar o quanto de recuperação seria possível, principalmente nos estágios iniciais da reabilitação.

Outra contribuição deste artigo é que a identificação de metas pode ser mais difícil, caso os pacientes não tenham claro o que almejam. As expectativas dos pacientes podem não ser realistas, e assim, criar uma barreira para o estabelecimento de metas eficazes. Alguns pacientes almejavam metas mais ambiciosas, enquanto outros queriam metas simples e facilmente alcançáveis.

Considerando o que foi exposto, o ponto principal é que as metas SMART/SMARTER podem, às vezes, ser desafiadas. Alguns pacientes acham que seus objetivos devem ser menos estruturados porque o que eles realmente querem é estar mais confiantes, sentir-se seguros e ter esperanças em relação ao futuro. Essas devem ser as metas valorizadas, e não as SMART, que, neste caso, poderiam ser restritivas.

Outra questão a ser ressaltada é que os pacientes podem não ser capazes de dizer o que é mais importante para eles no início da reabilitação e as metas mudarem à medida que eles progridem em sua jornada. O ponto principal aqui ressaltado é que o processo de reabilitação deve permitir a descoberta das pessoas daquilo que realmente elas precisam. Talvez não devêssemos incentivar ativamente nossos pacientes a aspirarem a grandes feitos, em vez de nos concentrarmos no passo a passo das SMART?

McPherson et al. (2017) questionam se os objetivos precisam ser alcançáveis, realistas e dentro de um prazo, ou, em outras palavras, com um prazo determinado. Os autores acreditam que as metas nem sempre podem ser alcançadas, mas que mesmo assim, podem trazer resultados positivos. Além disso, nem sempre os objetivos precisam ser realistas, pois os objetivos aspiracionais tendem a incentivar a motivação, e nem sempre precisam ser limitados no tempo, pois a fixação no desempenho em curto prazo pode reduzir o potencial de adaptação em longo prazo.

Em conclusão, tendo em vista a clínica da RN, em que pese o carater *sine qua non* da presença de metas, o processo de estabelecimento destas pode ser SMART/SMARTER ou não. Portanto, recomenda-se aos profissionais que trabalhem de uma forma mais flexível, considerando o perfil e as demandas de cada caso. Assim, o processo de estabelecimento de metas pode advir de uma fusão de metas SMART e não SMART. Os objetivos SMART trazem vários prós, uma vez que são específicos, as etapas são menores, segmentadas, facilitando a mensuração das mudanças. Entretanto, estes não englobam aspirações, e pacientes que almejam metas associadas à esperança, confiança e compreensão podem não ser capazes de dizer o que querem e mudarem o que querem durante o processo de reabilitação.

ESTRATÉGIAS DE INTERVENÇÃO EM REABILITAÇÃO NEUROPSICOLÓGICA

Atenção, Funções Executivas e Memória

Os domínios citados são, conforme já mencionado, os universalmente comprometidos nos transtornos psiquiátricos, variando em gravidade, conforme o diagnóstico. Peterson e Posner (2012) ressaltam que a atenção é composta por três funções cognitivas diferentes, a saber: o sistema de alerta, o sistema de orientação e o sistema executivo. As funções executivas, por sua vez, envolvem programação, regulação e verificação da ação (LURIA, 1966). Lezak (1982) sugere que estas funções estão relacionadas à formulação de objetivos, planejamento e à execução eficaz de planos direcionados a objetivos, enquanto a memória se refere à capacidade de adquirir ou codificar, armazenar e evocar informações, sendo a primeira etapa completamente dependente do sistema atencional. Assim, há uma sobreposição entre a atenção, o funcionamento executivo e a memória. Desta forma, os conceitos, os modelos clínicos e as estratégias de intervenção (muitas vezes interpostas) são apenas, por fins didáticos, apresentados separadamente nos tópicos que se seguem.

Atenção e Estratégias de Intervenção

Conforme Kandel (2009), prestar atenção em algo significa dar foco a determinados aspectos e, ao mesmo tempo, eliminar (ou ignorar) vários outros que estão ao redor, logo, o autor refere-se à atenção como "um filtro", a partir do qual alguns itens ganham maior destaque, em detrimento de outros. Neste sentido, Myers (2012, p. 68) afirma que atenção é um feixe de luz: "Por meio da atenção seletiva, sua atenção consciente focaliza, como um feixe de luz, apenas um aspecto muito limitado de tudo aquilo que você vivencia".

Já Solhberg e Mateer (2015) propõem cinco componentes para organizar tanto a avaliação, a atenção, quanto às estratégias de intervenção, conforme explicitado a seguir.

a) Atenção focada: compreendida como a resposta básica ao estímulo, como virar a cabeça para estímulo auditivo.

b) Atenção mantida/sustentada: este componente engloba tanto a vigilância, ou seja, a manutenção da atenção ao longo do tempo durante atividade contínua, como também tem como pré-requisito a memória operacional, um componente executivo que faz a sustentação e a manipulação da informação alvo.

c) Atenção seletiva: capacidade de selecionar os estímulos alvo, atuando livre da distratibilidade (incapacidade de filtrar estímulos externos irrelevantes).

d) Atenção alternada: envolve a capacidade de flexibilidade mental, outro componente de interseção com as funções executivas.

e) Atenção dividida: corresponde à habilidade para responder simultaneamente a duas tarefas.

Neste sentido, os autores propuseram quatro grupos de estratégias de intervenção para problemas atencionais: os processos de treinamento de atenção, o uso de estratégias e suportes ambientais, o uso de dispositivos externos e o suporte psicossocial.

Os primeiros têm como pressuposto que as habilidades atencionais podem ser aprimoradas, proporcionando oportunidades de simular um aspecto particular da atenção. Neste sentido, como selecionar a tarefa/atividade específica? Tal pergunta é respondida levando-se em conta qual o componente da atenção que a atividade a ser proposta ativa; quais outras atividades poderiam ser usadas a fim de simular o mesmo tipo de processamento atencional; quais os métodos de pontuação dos parâmetros de desempenho objetivo e subjetivo, tais como precisão, velocidade e tipos de erros que poderiam ser empregados; e, por fim, cabe ao terapeuta refletir como manipular os componentes da atividade a fim de fazê-la mais fácil ou mais difícil, ou quais as outras atividades que poderiam formar uma hierarquia com esta atividade.

Desta forma, em concordância com Solhberg e Mateer (2015), seguem alguns exemplos para a abordagem dos componentes atencionais, considerando o modelo clínico supracitado.

a) Atenção mantida: ouvir palavras-alvo ou sequências em gravações para atenção e pressionar uma campainha quando o alvo for identificado.

b) Atenção alternada: ouvir um tipo de palavra-alto ou sequência em gravações para atenção, e depois alterar para ouvir um tipo diferente de palavra ou sequência.

c) Atenção Seletiva: qualquer uma das tarefas de atenção mantidas com distratores barulhentos ou movimentos ao fundo.

d) Atenção dividida: leitura de parágrafos para compreensão e procura simultânea de uma palavra ou letra alvo.

Indo ao encontro do proposto por Solhgerg e Mateer (2015), Fish et al. (2017) fornecem dicas e exercícios úteis para melhorar a atenção. Os autores ressaltam que, para minimizar as dificuldades causadas por problemas de atenção, é fundamental perceber quando ocorre algum problema, para que possam ser identificadas as estratégias corretas de monitoramento a serem usadas. Por exemplo, para praticar a atenção auditiva sustentada, o terapeuta consegue solicitar ao paciente que escute programas de rádio, como previsões meteorológicas, reportagens ou resultados de futebol. Assim, cabe ao paciente escutar as principais informações, levando em consideração se a tarefa é mais fácil, caso o assunto seja do seu interesse.

Alguém que está interessado em futebol, por exemplo, pode achar mais fácil se concentrar nos resultados dos jogos do que, por exemplo, na previsão do tempo. Pode-se pedir ao paciente que se lembre de outros detalhes, uma vez que este pode ficar tão voltado na tarefa de escutar as informações-alvo que podem não se atentar ao restante do conteúdo.

O terapeuta pode discutir o exercício com o paciente e pedir-lhe que pense em como isso consegue impactá-lo no seu dia a dia. Eles podem ser incentivados a tentar a tarefa novamente, usando uma estratégia apropriada, como o uso de um feixe de atenção para focalizar a atenção. Isso significa focar em algumas coisas enquanto ignora outras. Se as tarefas são muito simples para o paciente, é possível aumentar o desafio, introduzindo ruídos de fundo, interrupções ou distrações visuais, como um ambiente com estímulos distratores. Para os pacientes que acharem a tarefa difícil, o terapeuta pode minimizar e controlar as distrações visuais e auditivas, sendo este também um critério de hierarquia e dificuldade na tarefa.

Quanto ao uso de estratégias e suportes ambientais, estes abarcam as de autocontrole (principalmente as rotinas autoinstrucionais que ajudam o indivíduo a focar sua atenção na atividade em curso) e os suportes ambientais, que envolvem o controle da tarefa e modificações ambientais. Neste sentido, é de suma importância oferecer educação sobre a natureza da atenção, bem como sobre o funcionamento executivo (haja vista a intrínseca relação entre estes), os quais são afetados por vários fatores que também impactam em outros domínios do funcionamento neuropsicológico. Tais fatores incluem o ambiente circundante, como outras pessoas, ruído, música e televisão. O humor é outro exemplo e incluiria pensamentos preocupantes, estresse, ansiedade, raiva e depressão. Fatores físicos como cansaço, dor, fome, doença também seriam incluídos (Fish, Hicks & Brentnall, 2017; Winegardner, 2017). Desta forma, cabe ao terapeuta atentar-se a todas estas possíveis influências e intervir de forma ativa no ambiente do paciente, bem como capacitá-lo a fazê-lo, a fim de evitar, remover ou minorar o impacto delas no desempenho ocupacional do indivíduo.

Já o uso de dispositivos externos inclui, por exemplo, o uso de calendário com planejamentos diários, a escrita de listas de verificação, organizadores eletrônicos e aplicativos, gravadores de mensagem ativados pela voz, dispositivos específicos para a realização de uma tarefa alvo, enfim, qualquer tipo de facilitador externo que auxilie no desempenho da atividade. Por fim, o suporte psicossocial, não menos importante.

Em todo comprometimento cognitivo há um lastro psicossocial, assim, o emprego de abordagens psicoterápicas, mais uma vez frisando a importância do trabalho integrado com a Psicologia, que capacita os indivíduos a entender e modificar suas circunstâncias, auxiliando substancialmente no melhor prognóstico da RN.

Funções Executivas e Estratégias de Intervenção

Existem diversos modelos de funções executivas, dentre eles ressalta-se o Solberg e Mateer (2015). Neste, foram considerados diferentes componentes das funções executivas com alta relevância clínica, quais sejam:

a) Iniciação e conduta: compreendida como a habilidade de iniciar um comportamento de forma voluntária, respondendo às informações do contexto.

b) Inibição de respostas: capacidade de inibir respostas em curso ou respostas prepotentes, com comportamento flexível, visando ao alcance de um objetivo.

c) Persistência na tarefa: habilidade de manter um comportamento, persistindo neste até completar a tarefa. Tal domínio está intrinsecamente associado à resposta inibitória.

d) Organização: capacidade de controlar e administrar a informação de forma que ela fique organizada e sequenciada. Seu bom funcionamento é dependente da memória operacional. A identificação do objetivo, o planejamento, a noção e a gestão de temporais estão relacionadas a esta.

e) Pensamento criativo: habilidade de propor distintas soluções para um problema, sendo, portanto, a flexibilidade cognitiva, componente fundamental.

f) Conscientização: habilidade para identificar as próprias ações e sentimentos, bem como de compreender e responder ao *feedback* ambiental a fim de modificar o próprio comportamento.

A partir das definições expostas, os autores propõem o modelo clínico das Funções Executivas, apresentado, com exemplos clinicamente contextualizados na **Tabela 1**.

Tabela 1 – Modelo Clínico das Funções Executivas

Domínios do Modelo de Funções Executivas	Síndrome Disexecutiva aplicada a problemas de comunicação	Síndrome Disexecutiva aplicada a problemas AVD's – tarefa de compras
Iniciação e Conduta	Dificuldade de iniciar uma conversação, com apresentação de afeto superficial com expressões limitadas.	Dificuldade em ir às compras, mesmo ao observar e perceber a necessidade de reposição de itens alimentares.
Inibição de Respostas	Uso de comentários inapropriados, dificuldade em esperar o momento de falar.	Compras impulsivas e de itens desnecessários.
Persistência na Tarefa	Perda de interesse na conversação, dificuldade em manter o foco.	Desistência das compras.
Organização	Pobre organização verbal; uso de volteios, sem abordar a temática central.	Não confecção de lista de compras, não organização dos itens por categorias, ineficiente manejo do tempo na tarefa de compras.
Abstração	Dificuldade em generalizar a conversação e em responder questões mais gerais.	Dificuldade em encontrar produtos substitutos para compras.
Conscientização	Dificuldade em compreender pistas de outras pessoas, relacionadas ao não interesse na sua fala, não consciência das suas dificuldades na comunicação.	Não tem consciência que a realização de compras seja um motivo de preocupação.

Adaptado de: SOHLBERG e MATEER (2015).
Legenda: AIVD's (atividades instrumentais de vida diária).

Desta forma, tendo por base o que foi exposto, as funções executivas compreendem um conjunto de funções que nos permitem traduzir empenho em desempenho, e na comparação entre o objetivo inicial com o produto, geramos parâmetros que balizarão nossas próximas condutas, conforme **Figura 2**.

As pessoas que apresentam o quadro de disfunção executiva, em linhas gerais, costumam facear problemas tanto no planejamento, quanto na avaliação se a situação não se encontra conforme o planejado, demandando, portanto, da habilidade de flexibilidade cognitiva, resolução de problemas e tomada de decisão.

Figura 2 – Fluxograma Executivo

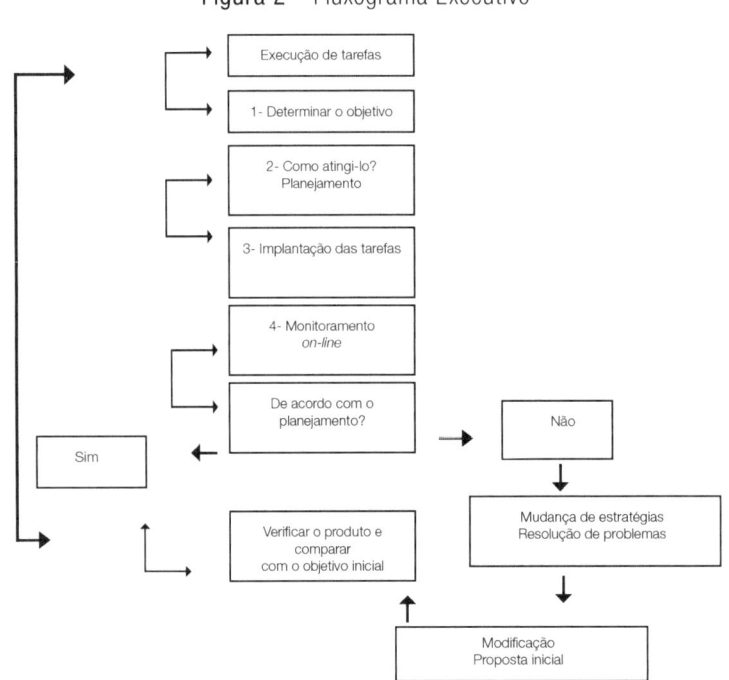

Estratégias de Reabilitação das Funções Executivas

O conjunto de estratégias de reabilitação das funções executivas divide-se em quatro grupos principais de técnicas, a saber: as relacionadas ao controle ambiental, ao treinamento de rotinas específicas das tarefas e de seleção e a execução dos planos cognitivos e as estratégias autoinstrucionais (SOHLBERG & MATEER, 2015).

O controle ambiental tem como objetivo fulcral a organização do ambiente do paciente ou seu mundo externo, a fim de prevenir problemas que possam emergir devido às deficiências na iniciativa e autorregulação. O foco é que o ambiente deve sempre elicitar o comportamento alvo, como um paciente que precisa concentrar-se para estudar, deve fazê-lo em um ambiente livre de distratores, iluminado, com os materiais necessários ao alcance da mão. Assim, estas estratégias, abarcam a organização do espaço físico e a manipulação dos fatores fisiológicos, como nutrição, sono, nível de atividade, medicação. Desta forma, considerando a demanda do paciente, é condição *sine qua non* a realização de atendimentos domiciliares, ou no ambiente de trabalho para a devida organização executiva destes. Abordando ainda a estruturação da rotina, considerando o ritmo circadiano e o equilíbrio entre as ocupações, o sono, a atividade física e os fatores fisiológicos que, em muito, influenciam e desempenho cognitivo e funcional, como apresentado no Capítulo 3.

Já o treinamento de rotinas específicas das tarefas tem como mote principal habilitar o paciente para que ele desenvolva um comportamento ou uma série de comportamentos que constituem uma adaptação para o alcance de uma meta específica. Assim, a partir da meta funcional, o terapeuta trabalha com o paciente as habilidades de desmembrar a rotina em etapas simples e em sequência lógica, desenvolvendo e implementando uma lista de verificação das etapas da rotina, de forma que o paciente possa julgar qual etapa e tarefa foi completada com êxito, sempre proporcionando prática suficiente para cada uma, implantando reforço e motivação para a realização da tarefa como um todo. Considerando um paciente que tenha como meta a entrega de um trabalho de conclusão de curso no prazo, será necessário, hipoteticamente, estabelecer o tema da investigação, realizar a revisão de literatura, selecionar os artigos relevantes ao tema, lê-los, organizá-los em tabelas, escrever os resultados, elaborar a discussão e, por fim, escrever a conclusão. Dependendo do perfil do paciente, cada uma das oito etapas poderia ainda ser subdividida em outras tarefas. E cada uma destas configuraria em itens a serem checados, considerando o cronograma de execução do trabalho.

O treinamento de seleção e execução de planos cognitivos é complementar ao de rotinas específicas das tarefas. Neste, a meta alvo de reabilitação, por exemplo, apresentar uma palestra no trabalho ou preparar uma refeição, é trabalhada em uma sequência hierárquica. Assim, inicialmente, começamos com cenários planejados, que visam à progressão do planejamento de tarefas hipotéticas para uma organização real da atividade planejada, passando pela proposta para complementação das tarefas, a fim de direcionar o planejamento, o sequenciamento, a iniciativa e a execução (ex.: ir à loja para saber do horário de funcionamento, descobrir as etapas para se tirar um passaporte) e, por fim, desenvolver tarefas de controle de tempo para a aquisição/adequação da habilidade de calcular, de forma precisa, a passagem de tempo, uma vez que é muito comum para as pessoas com disfunção executiva a perspectiva irreal do tempo, levando-as ou à subestimação ou à hiperestimação deste.

Por fim, ressaltam-se as estratégias autoinstrucionais, cujo maior objetivo é o controle da execução de uma tarefa alvo, desde seu planejamento até sua completa integralização. Dentre as técnicas mais utilizadas está o treinamento de gerenciamento de objetivos, ou o Goal Management Training (GMT) (ROBERTSON,

1996), derivado do conceito de Duncan de Negligência da Meta (Goal Neglect) como o principal *déficit* executivo (1986).

Essencialmente, o GMT é uma série de etapas que os pacientes são incentivados a seguir para resolver problemas, englobando uma lista de verificação com perguntas que o paciente é estimulado a fazer-se, quando no desempenho de suas atividades (LEVINE et al., 2010). Os pacientes podem praticar isso primeiro com problemas hipotéticos, e depois, usar as etapas para problemas da vida real. Eles são estimulados a internalizar essas etapas ou podem imprimi-las em um pequeno cartão laminado, o qual pode ter sempre consigo. Esta lista é composta por seis perguntas, com o propósito do paciente mediante o desempenho de uma atividade que lhe seja relevante parar e pensar, definir o que fazer, listar as etapas, aprender se está fazendo o que se propõe, fazer e depois verificar, semelhante ao fluxograma executivo apresentado na **Figura 1**.

GMT

- O que estou fazendo? (PARE)
- Definir tarefa principal. (DEFINA)
- Listar etapas. (LISTE)
- Perguntar a si mesmo se sabe as etapas. (APRENDA)
- Executar a tarefa. (FAÇA)
- Perguntar: "Estou fazendo o que planejei?" (VERIFIQUE)

Já Stuss (2011), em seu modelo, postula que existem quatro tipos de dificuldades executivas, a saber: regulamentação da ação, executivo cognitivo, autorregulação comportamental/emocional e metacognição.

O primeiro está associado ao "fazer", o segundo ao "pensar", o terceiro ao "sentir e agir" e o quarto ao "conscientizar e socializar". Winegardner (2017) desenvolveu estratégias de tratamento para cada uma dessas áreas.

As estratégias para gerenciar problemas de ativação incluem: 1. rotinas estruturadas; 2. alertas; 3. autoinstrução e 4. gerenciamento de sono e fadiga. As estratégias para gerenciar os problemas cognitivos executivos são: 1. parar/pensar; 2. aumentar/diminuir o pensamento; 3. vinte perguntas (para praticar a solução de um problema); 4. gerenciamento de pressão de tempo (FASOTTI, 2017); e 5. GMT. As estratégias para gerenciar o descontrole emocional/comportamental são: 1. entender a natureza do problema (educação); 2. reconhecer sinais precoces de emoções crescentes; e 3. usando estratégias calmantes. Finalmente, as estratégias para gerenciar os problemas de metacognição e conscientização incluem: 1. aumentar/diminuir o pensamento; 2. *Feedback*; e 3. experimentos comportamentais. Winegardner (2017) ainda explicita que problemas relacionados à metacognição e à conscientização criam sérias barreiras à mudança para os pacientes, contribuindo enormemente com as interrupções interpessoais. Eles também podem ser os problemas mais difíceis de tratar, pois o paciente pode não perceber a necessidade de mudança e, portanto, pensar não ser necessária uma maior conscientização e sensibilidade para com os outros. Outros exemplos de intervenção para problemas executivos em adultos podem ser encontrados em Spikman (2017), e para crianças em Krasny-Pacini, Limond e Chevignard (2017).

Memória e Estratégias de Intervenção

A memória pode ser definida como a capacidade de receber, armazenar e recuperar informações. Embora não seja possível restaurar o funcionamento da memória, é possível que as pessoas compensem, contornem ou reduzam seus problemas diários, e assim, vivam com mais eficiência em seus próprios ambientes de forma mais apropriada e funcional.

Existem três maneiras principais de ajudar as pessoas com dificuldades de memória, a saber: auxiliar as pessoas a aprender de forma mais eficiente, ajudá-las a compensar seus problemas e adaptar o ambiente físico e verbal para diminuir a demanda de memória.

Novos Aprendizados para Pessoas com Comprometimento de Memória

A incapacidade de aprender novas informações é um dos aspectos mais prejudiciais do comprometimento da memória e grande parte da reabilitação está preocupada com esse problema. O método de apagamento de pistas, de recuperação espaçada e de aprendizado sem erro são maneiras pelas quais podemos facilitar os novos aprendizados nas pessoas com *déficits* de memória. O ensaio mecânico, ou simplesmente a repetição do material a ser aprendido, é amplamente utilizado pela população em geral, mas não é uma estratégia de aprendizado particularmente efetiva. Podemos ouvir ou ler algo várias vezes e ainda não nos lembramos; a informação pode simplesmente "entrar em um ouvido e sair pelo outro".

As estratégias mencionadas já se mostraram mais efetivas para a otimização do aprendizado. O método de apagamento de pistas é um sistema pelo qual os avisos são fornecidos e depois retirados gradualmente. Por exemplo, pode-se esperar que alguém, aprendendo um novo nome, copie primeiro o nome inteiro e a última letra seja excluída; as duas últimas letras seriam excluídas e o processo repetido até que todas as letras fossem concluídas pela pessoa com problemas de memória. Glisky, Schacter e Tulving (1986) foram os primeiros a relatar esse método com pessoas com *déficits* de memória. Desde então, vários estudos foram publicados com pacientes com quadros não progressivos e com demência (ver WILSON, 2009 para uma discussão completa).

A recuperação espaçada (RE), também conhecida como ensaio expandido (LANDAUER & BJORK, 1978), envolve a apresentação do material a ser lembrado, seguido de testes imediatos e, em seguida, uma ampliação gradual do intervalo de retenção. A recuperação espaçada pode funcionar porque é uma forma de prática distribuída, ou seja, de distribuir as tentativas de aprendizado por um período de tempo, em vez de agrupá-las em um único bloco. Sabe-se que a prática distribuída é mais eficaz do que a prática maciça, conforme Baddeley (1999). A questão central é, para que nos beneficiemos de nossos erros, como ocorre com a aprendizagem por tentativa e erro, precisamos ser capazes de lembrar-nos destes e, é claro, as pessoas com deficiência de memória têm dificuldade nisso, assim, o que acontece é o fortalecimento da resposta errônea. Essa é a lógica por trás da aprendizagem sem erros (ASE), uma técnica de ensino, cuja probabilidade de erros durante a aprendizagem é minimizada na medida do possível. Os erros são evitados por meio do fornecimento de instruções faladas ou escritas, ou até mesmo, na condução do paciente em uma tarefa específica, modelando uma a uma as etapas de um procedimento.

Atualmente, existem evidências consideráveis de que o aprendizado sem erros é superior ao aprendizado por tentativa e erro para pessoas com *déficits* graves de memória. Em uma meta-análise de aprendizado sem erros, a combinação de aprendizado sem erros e recuperação espaçada mostrou-se ser uma poderosa estratégia de aprendizado para pessoas com condições progressivas, além daquelas com condições não progressivas (WILSON, 2009).

Dispositivos Externos e Estratégias Compensatórias

A tecnologia é cada vez mais usada na reabilitação, não apenas por meio do emprego de procedimentos sofisticados de imagem, mas, inclusive, considerando nossos propósitos para auxiliar as pessoas a compensar problemas cognitivos e de memória. Os computadores, por exemplo, podem ser usados como próteses cognitivas, dispositivos compensatórios, ferramentas de avaliação ou ferramentas de treinamento.

As estratégias de compensações provaram ser particularmente úteis para pessoas com *déficits* de memória, visando contornar a área do problema e ensinar ao indivíduo como usar certas estratégias para resolver problemas funcionais. Provavelmente, o primeiro artigo a usar um auxílio eletrônico na ajuda a um homem com lesão cerebral a aprender a verificar sua agenda foi o de Kurlychek (1983). Glisky et al. (1986) ajudaram as pessoas a aprender terminologia em computadores e, em um caso, um indivíduo foi capaz de conquistar um emprego remunerado como operador de computador.

Agora, os robôs estão sendo usados para ajudar pessoas com demência. O'Neill et al. (2017) consideram várias áreas em que a tecnologia assistiva pode ser usada não apenas para *déficits* cognitivos, mas também para dificuldades com a percepção do tempo e para o reconhecimento de objetos, ações, emoções e rostos. Essa é uma área em que provavelmente veremos uma expansão considerável na próxima década.

A tecnologia mudou a sociedade nos últimos dez ou vinte anos, também mudando, de forma substancial, a face da reabilitação.

Estratégias de Modificação Ambiental

Norman (1988) explicita que o conhecimento deveria estar no mundo e não na cabeça. Com isso, ele quer dizer, por exemplo, que se nos aproximarmos de uma porta, deve estar óbvio se devemos empurrar ou puxar para abri-la. Se estivermos usando um fogão, deve também ser óbvio qual botão funciona com qual queimador. Não devemos ter que lembrar conscientemente dessas coisas, uma vez que cabe ao *design* torná-las óbvias. Esse é o mesmo princípio por trás do conceito da modificação ambiental.

Assim como as pessoas com deficiências físicas graves podem usar sistemas de controle ambiental para abrir e fechar portas, virar as páginas de um livro, atender ao telefone e assim por diante, também as pessoas com *déficits* cognitivos podem minimizar a demanda, por exemplo, da memória, nas suas atividades, desde que o contexto seja adequado e estruturado.

Alguém com problemas de memória pode ter certa autonomia e certo desempenho mais eficiente com a redução da requisição da memória, por exemplo, com o uso de placas em gavetas e frascos de armazenamento claramente identificados, com cômodos adaptados, sem objetos que possam oferecer riscos, com um acompanhante presente para lembrar de um compromisso ou acompanhar na realização deste. Assim, tanto para sair para o dentista como para arrumar-se, configurariam em atividades em que a pessoa poderia lidar razoavelmente bem.

Os itens podem ser deixados na porta da frente para as pessoas que se esquecem de levar seus pertences ao saírem de casa; uma mensagem pode ser deixada no espelho do corredor e um fluxograma simples usado para ajudar as pessoas a procurar, em lugares prováveis, quando não conseguem encontrar um objeto perdido. Carros, telefones celulares e outros itens podem ter alarmes pré-programados para lembrar as pessoas de fazerem as atividades. É possível combiná-los com mensagens de voz para lembrá-los de o porquê do alarme estar tocando. É possível fazer alterações nos ambientes verbais para evitar comportamentos irritantes, como a repetição de uma pergunta, história ou piada, identificando um "gatilho" ou um antecedente que provoque tal comportamento. Assim, ao eliminar o "gatilho", consegue-se evitar o comportamento repetitivo.

FORMULAÇÃO CLÍNICA PARA REABILITAÇÃO NEUROPSICOLÓGICA

"Conte-me e eu esqueço. Mostre-me e eu apenas me lembro. Envolva-me e eu compreendo." Este é um provérbio chinês que representa, de forma significativa, a relevância da formulação clínica para a intervenção em RN. Formulação é o

processo de derivar hipóteses sobre a natureza, causas e fatores que influenciam os problemas atuais vivenciados por um paciente. A infinidade de possíveis influências no nível de funcionamento global de um indivíduo, considerando todas as instâncias já mencionadas nesta obra, significa que uma formulação dos fatores é extremamente útil para auxiliar todos os envolvidos, desde a equipe clínica, à família do paciente, a entenderem os problemas atuais enfrentados pelo indivíduo, a compreenderem a intervenção e a prospectarem os passos futuros.

Em conformidade com Sperry et al. (1992), a formulação para intervenção psiquiátrica é um processo de vincular um grupo de dados e informações para definir um padrão coerente, auxiliando o estabelecimento do diagnóstico e traçando a intervenção apropriada, fornecendo explicações, a fim de preparar o clínico, o paciente e a família para o trabalho terapêutico e o estabelecimento de expectativas. Neste sentido, Sim et al. (2005) a definiram como um processo de descrição sucinta das principais características do caso, abarcando as opções de tratamento e o prognóstico do problema do paciente.

No que tange especificamente a formulação clínica na saúde mental de adultos, Butler (1998) ressalta que esta tem caráter ainda mais educativo, uma vez que os pacientes e suas famílias enfrentam uma série de preconceitos, assim ela os auxilia a tornar os significados dos sintomas mais benignos. Isso, por sua vez, fornece procedimentos para lidar com os sintomas de uma forma mais saudável. A formulação ajuda, ainda, a reunir os resultados de muitas avaliações realizadas por diferentes membros da equipe em uma única fonte coerente. Quando esses resultados são apresentados em um formato visual, as informações são resumidas e isso promove um entendimento compartilhado entre os membros da equipe, viabilizando a intervenção. Logo, ela requer uma descrição do que aconteceu com o paciente e a patologia ou diagnóstico. Também é preciso conhecer o contexto familiar e social e como a pessoa se vê antes da lesão ou doença.

Os resultados das avaliações cognitivas, emocionais, físicas e psicossociais são relatados junto aos pontos fortes e fracos dessas avaliações. É necessário, ainda, conhecer as consequências funcionais e se o paciente está ciente de suas perdas. Para mais informações sobre a formulação para reabilitação, consulte Wilson e Betteridge (2019).

Portanto, a formulação clínica vai além do diagnóstico, do desenvolvimento de uma conceituação do quadro clínico atual e futuro, da etiologia, abarcando, principalmente, o manejo do paciente no contexto de seus domínios biopsicos-socioculturais multidimensionais (Marc & Binyon, 2005). E, na perspectiva da RN, ela envolve todo o processo de estruturação clínica para intervenção, abarcando, inclusive o estabelecimento de metas, a mensuração da eficácia, enfim, um fluxograma abrangente, a partir do qual há a identificação das características chaves do paciente, a definição de alvos para intervenção, a especificação dos resultados desejados, contextuais e ocupacionalmente significativos, o delineamento da conduta, a implementação, considerando as fases de aquisição, proficiência e manutenção dos ganhos funcionais, conforme demonstrado na **Figura 3**.

Ressalta-se que coerentemente com o modelo já apresentado (**Capítulo 1**), as seções deste estão representadas em cores diferentes, conforme a legenda expressa no canto superior direito.

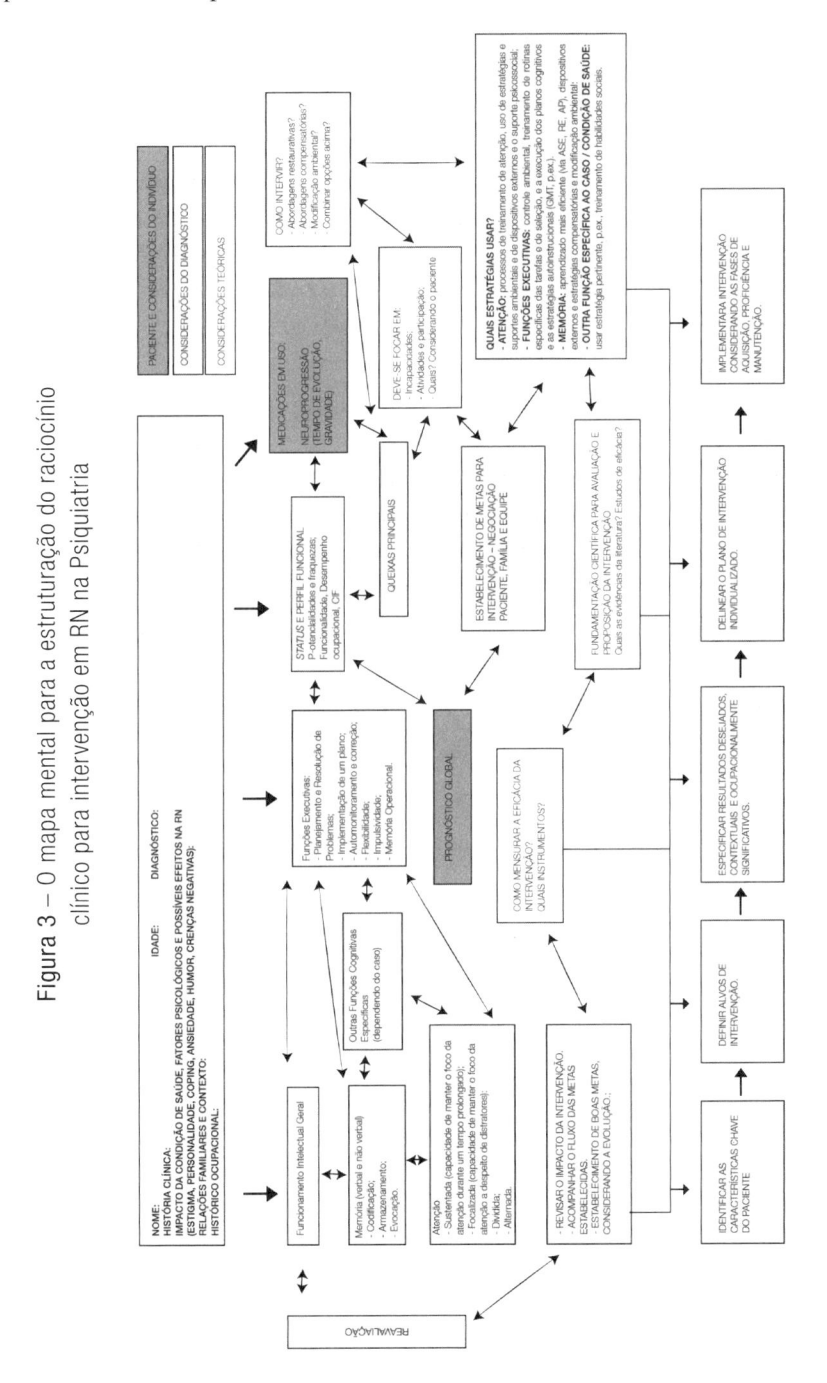

Figura 3 – O mapa mental para a estruturação do raciocínio clínico para intervenção em RN na Psiquiatria

DESCRIÇÃO DO CASO CLÍNICO

Trata-se de Inês (nome fictício), 47 anos, divorciada, arquiteta, residente com seus pais e tem um filho de 24 anos. Os sintomas do Transtorno Afetivo Bipolar (TAB) tipo I iniciaram-se aos 17 anos, com história familiar positiva para o transtorno (família materna). Desde então, a paciente já passou por quatro internações psiquiátricas, sendo submetida na última a protocolo de 20 sessões de eletroconvulsoterapia (ECT), devido ao grave quadro de mania. Conforme a mãe, principal informante familiar: "Ela quer, ela sente, ela faz. Não avalia, não planeja" (sic, mãe).

Inês tem ainda dificuldades de concentração, não conseguindo alinhavar um assunto até o fim, não conseguindo se organizar e dar sequência às atividades, não se engajando em nenhum objetivo, de acordo com sua família. Ao referir-se a si mesma, Inês ressalta: "Minha memória acabou. Tenho medo de voltar a estudar e não dar certo. Preciso acabar minha pós-graduação em *design* de interiores, mas não me lembro de mais nada". A paciente ainda tem histórico de 9 tentativas de autoextermínio não violentas (ingestão de comprimidos), sendo que em todas recebeu a rápida assistência da família, a qual a encaminhou para serviços de urgência que com intervenções a tempo reverteram os quadros.

Acerca da história do impacto na condição de saúde e dos possíveis efeitos na RN, Inês diz sentir-se estagnada. É atenciosa e carinhosa com seu filho, mas relata sentir-se muito culpada, "a pior pessoa do mundo", achando-se incapaz (ao se referir ao processo de interdição judicial movido por sua família). O estigma é um importante viés; há um "Autopreconceito" (sic, a paciente).

A caracterização funcional está expressa na **Figura 4**, conforme fluxograma da CIF (ver **Capítulo 4**).

Figura 4 – Caso Inês na perspectiva da CIF

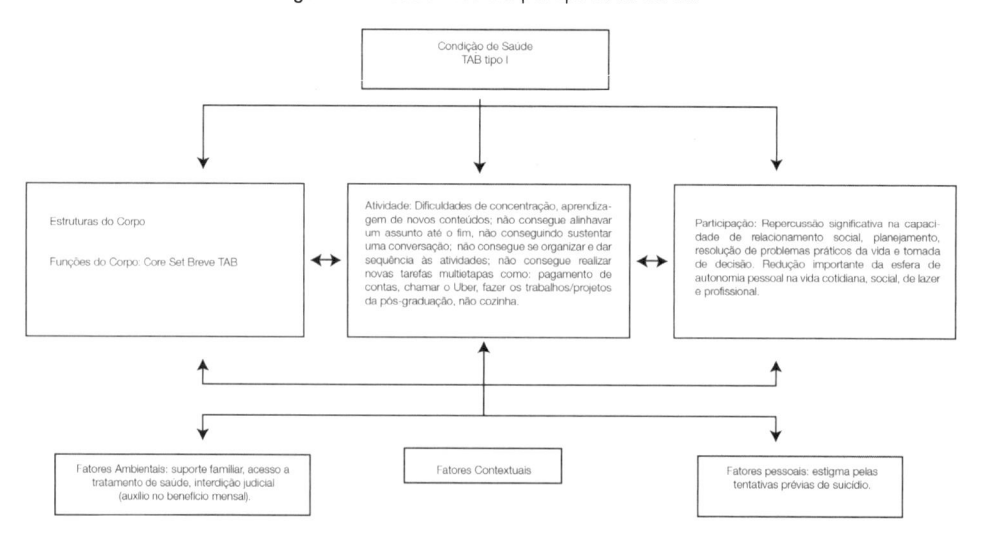

Referente ao perfil neuropsicológico, a avaliação evidenciou comprometimento atencional, mnemônico (dificuldades na codificação, armazenamento e, por conseguinte, na evocação) e de funções executivas (comprometimento concernente à falta de monitorização, impulsividade, miopia para o futuro, dificuldades de antecipar as consequências do próprio comportamento).

Desta forma, na construção do raciocínio entre os construtos cognitivos, *déficits* e comprometimentos funcionais e as respectivas estratégias de intervenção, foi delineada a tabela a seguir.

Tabela 2 – Caracterização Clínica para Formulação

Construtos Cognitivos	*Déficits* cognitivos	Impacto/Prejuízo Ocupacional: Parâmetros Relevantes para o Indivíduo	Técnicas/Estratégias
Atenção e Memória	• Baixa resistência a estímulos distratores, dificuldades de atenção.	• Não consegue reter novos conteúdos. Exemplo: matérias da pós-graduação.	• Estratégias de Autocontrole: rotinas autoinstrucionais. • Dispositivos ambientais: calendário com planejamentos diários, listas de verificação. • Técnicas de aprendizado de domínios específicos do conhecimento: RE, ASE, AP.
Funções Executivas	• Impulsividade. Dificuldade de planejamento – sequenciamento, organização, tomada de decisão, dificuldades no manejo temporal e resolução de problemas.	• Não consegue sustentar uma conversação (não consegue alinhavar um assunto até o fim). • Não consegue se organizar e dar sequência às atividades, portanto não realiza nenhuma AIVD, não cozinha. • Não consegue aprender novas tarefas multietapas como: pagamento de contas, chamar o Uber, fazer os trabalhos da pós-graduação.	• Controle Ambiental Treinamento das rotinas específicas da tarefa. • Treinamento da seleção e execução dos planos cognitivos (proposta para complementação das tarefas – organizada para direcionar o planejamento, sequenciamento, iniciativa e execução; tarefas de controle de tempo). • Terapia autoinstrucional (GMT).

Em que pese as informações apresentadas na **Tabela 2**, foram então estabelecidas as seguintes metas e delineado o plano de intervenção com as propostas terapêuticas, as quais podem ser vistas na **Figura 5**.

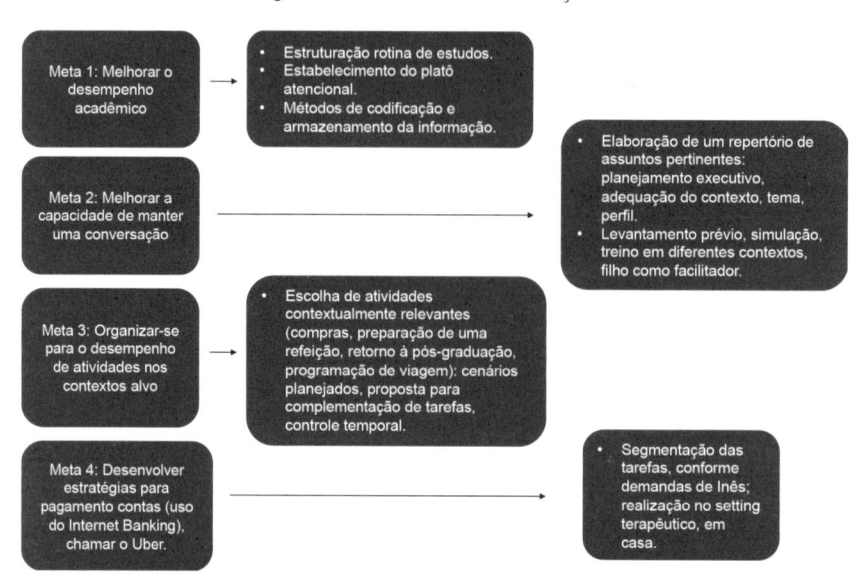

Figura 5 – Metas e Plano de Ação

Como ferramentas de mensuração da eficácia foram adotados o Core Set Breve para o TAB da CIF (**Capítulo 4**), a Escala de Modos de Enfrentamento de Problemas (EMEP) (SEIDL et al., 2001), para avaliação das habilidades de coping, e, para a avaliação funcional do impacto do comprometimento atencional, executivo e mnemônico, utilizou-se a DEX-R (WILSON, 1996; LOSCHIAVO-ALVARES et al., 2013; 2014). Para ambas as avaliações, ver **Capítulos 18** e **21**.

Tendo em vista o passo a passo explicitado, o mapa mental com a formulação clínica para intervenção em RN, no caso de Inês, está representado na **Figura 6**.

Figura 6 – Formulação Clínica – Mapa Mental Caso Inês

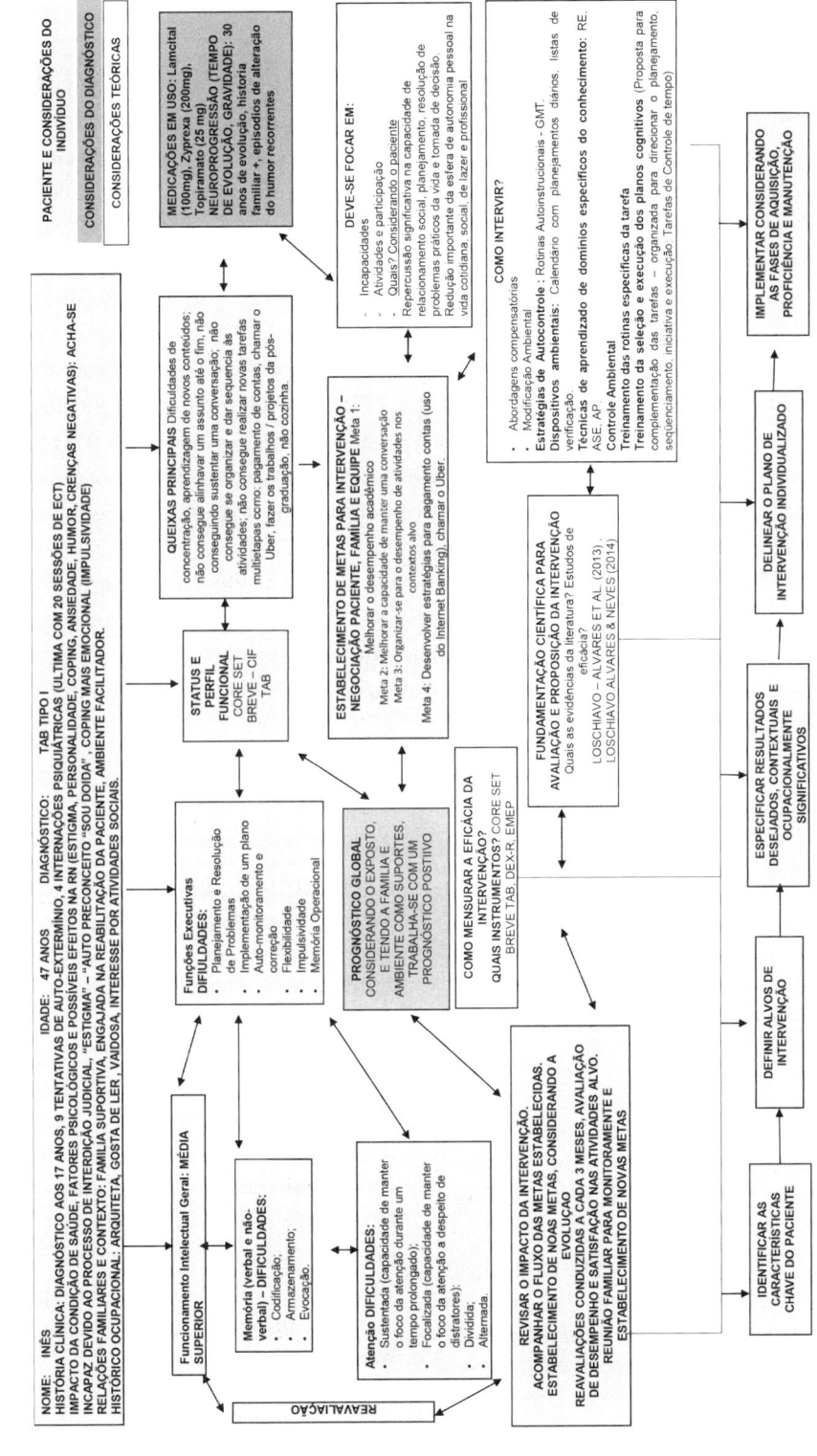

CONCLUSÃO

Em face do que foi apresentado, não resta dúvidas da relevância da RN no manejo clínico dos transtornos psiquiátricos. Entretanto, para o estabelecimento do processo de RN, a formulação clínica subjacente é elemento terapêutico de destaque, que inclui a identificação das características chaves do paciente, a definição de alvos para intervenção, a especificação dos resultados desejados, contextuais e ocupacionalmente significativos, o delineamento da conduta, a implementação, considerando a fase de aquisição, proficiência e manutenção dos ganhos funcionais, conforme visto neste capítulo.

Ressalta-se que sempre as decisões de tratamento devem ser fundamentadas nos dados de desempenho do cliente, que a intervenção deve ser delineada a fim de facilitar ativamente a generalização dos ganhos, desde o início do tratamento, usando atividades ocupacionalmente relevantes, e hierarquicamente organizadas, considerando a capacidade do indivíduo e complexidade da tarefa, sendo sempre, o formato da terapia, flexível e personalizado.

O alvo maior é, portanto, reabilitar pessoas, não domínios cognitivos, ou melhorar desempenho em testagens cognitivas, mas sim, fazer com que os indivíduos, a despeito de suas condições de saúde de base, sejam seres ativos, funcionais e desempenhem suas ocupações com o máximo de autonomia e independência possível. Este é o grande mote da RN.

REFERÊNCIAS

AUSTIN, M. P.; MITCHELL, P.; GOODWIN, G. M. Cognitive deficits in depression. **Br J Psychiatr**, v. 178, p. 200-206, 2001.

BADDELEY, A. D. **Essentials of Human Memory**. Hove: Psychology Press, 1999.

BUTLER, G. Clinical formulation. In: BELLACK, A. S.; HERSEN, M. (Eds.). **Comprehensive clinical psychology**. Oxford, England: Pergamon, 1998.

CAVALLARO, R.; CAVEDINI, P.; MISTRETTA, P.; BASSI, T.; et al. Basal-corticofrontal circuits in schizophrenia and obsessive-compulsive disorder: a controlled, double dissociation study. **Biol Psychiatr**, v. 54, p. 437-43, 2003.

CUTHBERT, B. N.; INSEL, T. R. Toward the future of psychiatric diagnosis: the seven pillars of RDoC. **BMC Medicine**, v. 11, 126, 2013.

DABAN, C.; MARTINEZ-ARAN, A.; TORRENT, C.; TABARÉS-SEISDEDOS, R.; BALANZÁ- MARTÍNEZ, V.; SALAZAR-FRAILE, J.; et al. Specificity of cognitive deficits in bipolar disorder versus schizophrenia. **Psychother Psychosom**, v. 75, p. 72-84, 2006.

DERE, E.; PAUSE, B. M.; PIETROWSKY, R. Emotion and episodic memory in neuropsychiatric disorders. **Behav Brain Res.**, v. 215, p.162-71, 2010.

DIXON, T.; KRAVARITI, E.; FRITH, C.; MURRAY, R. M.; MCGUIRE, P.

K. Effect of symptoms on executive function in bipolar illness. **Psychol Med.**, v. 34, p. 811-821, 2004.

DUNCAN, J. Disorganization of behavior after frontal lobe damage. **Cognitive Neuropsychology**, v. 3, p. 271-290, 1986.

EVANS, J. J.; KRASNY-PACINI, A. Goal setting in rehabilitation. In: B. A. Wilson; J. Winegardner; C. van Heugten; T. Ownsworth (Eds). **Neuropsychological Rehabilitation: The International Handbook**, p. 49-58. Abingdon: Routledge, 2017.

FASOTTI, L. Mechanisms of recovery after acquired brain injury. In: WILSON, B.A.; WINEGARDNER, J.; VAN HEUGTEN, C.; OWNSWORTH, T. (Eds). **Neuropsychological Rehabilitation: The International Handbook**, p. 25-35. Abingdon: Routledge, 2017.

FISH, J.; HICKS, K; BRENTNALL, S. Attention. In: WINSON, R.; WILSON, B.A.; BATEMAN, A. (Eds.). **The Brain Injury Rehabilitation Workbook**. New York, NY: Guilford Press, p. 36-67, 2017.

GALDERISI, S.; DAVIDSON, M., KAHN, R. S. et al. Correlates of cognitive impairment in first episode schizophrenia: the EUFEST study. **Schizophr Res.**, v. 115, p. 104-114, 2009.

GLISKY, E. L.; SCHACTER, D. L.; TULVING, E. Computer learning by memory-impaired patients: acquisition and retention of complex knowledge. **Neuropsychologia**, v. 24, n. 3, p. 313-328, 1986.

HANCOCK, N.; SCANLAN, J.; HONEY, A. et al. Recovery assessment scale-Domains and stages (RAS-DS): Its feasibility and outcome measurement capacity. **Australian and New Zealand Journal of Psychiatry**, v. 49, n. 7, p. 624-633, 2015.

HORNER, M. D.; HAMNER, M. B. Neurocognitive functioning in posttraumatic stress disorder. **Neuropsychol Rev.**, v. 12, p. 15-30, 2002.

INSEL, T.; CUTHBERT, B.; GARVEY, M. et al. Research domain criteria (RDoC): toward a new classification framework for research on mental disorders. **American Journal of Psychiatry**, v. 167, n. 7, p. 748-751, 2010.

KAHN, R. S.; KEEFE, R. S. E. Schizophrenia Is a Cognitive Illness. **JAMA Psychiatry**, v. 70, n. 10, p. 1107, 2013.

KANDEL, E. R. **Em busca da memória**. São Paulo: Companhia das Letras, 2009.

KRASNY-PACINI, A.; LIMOND, J.; CHEVIGNARD, M. Rehabilitation of executive functions Children. In: WILSON, B. A; WINEGARDNER, J; VAN HEUGTEN, C.; OWNSWORTH, T. (EDS). **Neuropsychological Rehabilitation: The International Handbook.** Abingdon:Routledge, p. 213-219, 2017.

KURLYCHEK, R. T. Use of a digital alarm chronograph as a memory aid in early dementia. **Clinical Gerontologist**, v. 1, p. 93-94. 1983.

LANDAUER, T. K.; BJORK, R. A. Optimum rehearsal patterns and name learning. In: GRUNEBERG, M. M.; MORRIS, P.; SYKES, R. N. (Eds.). **Practical aspects of memory**. London: Academic Press, 1978.

LEE, R. S.; HERMENS, D. F.; PORTER, M. A. et al. A meta-analysis of cognitive deficits in first-episode major depressive disorder. **J Affect Disord.**, v. 140, p. 113-124, 2012.

LEVINE, B.; ROBERTSON, I. H.; CLARE, L. et al. Rehabilitation of executive functioning: An experimental-clinical validation of Goal Management Training. **Journal of the International Neuropsychological Society**, v. 6, p. 299-312, 2000.

LEZAK, M. D. The problem of assessing executive functions. **International Journal of Psychology,** v. 17, p. 281-297, 1982.

LOSCHIAVO-ALVARES, F. Q.; FISH, J.; WILSON, B. A. Applying the comprehensive model of neuropsychological rehabilitation to people with psychiatric conditions. **Clinical Neuropsychiatry**, v. 15, n. 2, p. 83-93, 2018.

LOSCHIAVO-ALVARES, F. Q.; NEVES, F. S. Efficacy of neuropsychological rehabilitation applied for patients with bipolar disorder. **Psychology Research**, v. 10, p. 779-791, 2014.

LOSCHIAVO-ALVARES, F. Q.; SEDIYAMA, C. Y. N.; NEVES, F. S.; et al. Neuropsychological Rehabilitation for Bipolar Disorder – A Single Case Design. **Translational Neuroscience**, v. 4, p. 1-8, 2013.

LURIA A. R. **Higher Cortical Functions in Man**. New York: Basic Books, 1966.

MACE, C.; BINYON, S. Teaching psychodynamic formulation to psychiatric trainees. Part 1: Basics of formulation. **Adv Psychiatr Treat**, v. 11, p. 416-423, 2005.

MACLEOD, L. Making SMART goals smarter. Physician executive, v. 38, p. 68-70, 2013.

MCPHERSON, K. M.; KAYES, N. M.; KERSTEN, P. Meaning as a smarter approach to goals in rehabilitation. In: SIEGERT, R. J.; LEVACK, W. M. M (Eds.). **Rehabilitation Goal Setting: Theory, Practice and Evidence**, p.105-119. Boca Raton Fl: CRC Press, 2017.

MILLAN, M.; AGID, Y.; BRÜNE, M. et al. Cognitive dysfunction in psychiatric disorders: characteristics, causes and the quest for improved therapy. **Nat Rev Drug Discov**, v. 11, p. 141-168, 2012.

MYERS, David G. **Psicologia**. 9a ed. São Paulo: LTC, 2012.

NAIR, K. P. S.; WADE, D. T. Life goals of people with disabilities due to neurological disorders. **Clinical Rehabilitation,** v. 17, p. 521-527, 2003.

NORMAN, D. A. **The psychology of everyday things**. New York: Basic Books, 1988.

O'NEILL, B.; JAMIESON, M.; GOODWIN, R. Using technology to overcome impairments of mental functions. In: WILSON, B. A.; WINEGARDNER, J.; VAN HEUGTEN, C.; OWNSWORTH, T. (Eds.). **Neuropsychological Rehabilitation**: The International Handbook. Abingdon: Routledge, 2017. p. 434-446.

PALMER, B.W.; DAWES, S. E.; HEATON, R. K. What do we know about neuropsychological aspects of schizophrenia? **Neuropsychol Rev**. v. 19, p. 365-384, 2009.

PETERSON, S. E.; POSNER, M. I. The attention system of the human brain. **Annual Review of Neuroscience**, v. 13, p. 25-42, 2012.

PLANT, S. E.; TYSON, S. F.; KIRK, S.; PARSONS, J. What are the barriers and facilitators to goal-setting during rehabilitation for stroke and other acquired brain injuries? A systematic review and meta-synthesis. **Clinical rehabilitation**, v. 30, n. 9, p. 921-930, 2016.

ROBERTSON, I. H. **Goal Management Training**: A clinical manual. Cambridge: UK: PsyConsult, 1996.

SEIDL, E. M. F; TRÓCCOLI, B. T.; ZANNON, C. M. L. M. Análise fatorial de uma medida de estratégias de enfrentamento. **Psicologia**: Teoria e Pesquisa, v. 17, p. 225-234, 2001.

SHIN, M. S.; PARK, S. J.; KIM, M. S.; et al. Deficits of organizational strategy and visual memory in obsessive-compulsive disorder. **Neuropsychology**, v. 18, p. 665, 2004.

SIEGERT, R. J.; LEVACK, W. M. M. **Rehabilitation Goal Setting**: Theory, Practice and Evidence, p.105-119. Boca Raton Fl: CRC Press, 2017.

SIM, D. K.; GWEE, D. K. P.; BATEMAN, D. A. Case formulation in psychotherapy: Revitalizing its usefulness as a clinical tool. **Acad Psychiatry**, v. 29, p. 289-292, 2005.

SOHLBERG, M. M.; MATEER, C. A. **Reabilitação cognitiva**: uma abordagem neuropsicológica integrada. São Paulo: Gen, 2015.

SPERRY, L.; GUDEMAN, J.; BLACKWELL, B.; et al. **Psychiatric case formulations**. Washington, DC: American Psychiatric Press, 1992.

SPIKMAN, J. Rehabilitation of executive functions Adults. In: WILSON, B. A; WINEGARDNER, J.; VAN HEUGTEN, C.; OWNSWORTH, T. (Eds). **Neuropsychological Rehabilitation**: The International Handbook. Abingdon: Routledge, 2017. p. 207-212.

STUSS, D. T. Traumatic Brain Injury: relation to executive function and the frontal lobes. **Current Opinion in Neurology**, v. 24, p. 584 -589, 2011.

TWAMLEY, E.W.; ALLARD, C. B.; THORP, S. R. et al. Cognitive impairment and functioning in PTSD related to intimate partner violence. **J Int Neuropsychol Soc.**, v. 15, p. 879-887, 2009.

UEKERMANN, J.; KRAEMER, M.; ABDEL-HAMID, M. et al. Social cognition in attention-deficit hyperactivity disorder (ADHD). **Neurosci Biobehav Rev.**, v. 34, p. 734-43, 2010.

VAIDYA, C.J.; STOLLSTORFF, M. Cognitive neuroscience of attention deficit hyperactivity disorder: current status and working hypotheses. **Dev Disabil Res Rev.**, v. 14, p. 261-267, 2008.

WADE D. T. Goal planning in stroke rehabilitation: What? **Topics in Stroke Rehabilitation**, v. 6, p. 8-15, 1999.

WILSON, B.A.; ALDERMAN, N.; BURGESS, P. W. et al. **Behavioural assessment of the Dysexecutive Syndrome**. Bury St. Edmunds, UK: Thames Valley Test Company, 1996.

WILSON, B.A. **Memory Rehabilitation**: Integrating Theory and Practice. New York: The Guilford Press, 2009.

WILSON, B. A.; BETTERIDGE, S. **Essentials of Neuropsychological Rehabilitation**. New York: Guilford press, 2019.

WINEGARDNER, J. Executive Functions. In: WINSON, R.; WILSON, B. A.; BATEMAN, A. (EDS.). **The Brain Injury Rehabilitation Workbook**. New York, NY: Guilford Press, 2017. p. 106-138.

WYKES, T.; SPAULDING, W. D. Thinking about the future cognitive remediation therapy – what works and could we do better? **Schizophrenia Bulletin**, 37 (Suppl. 2), S80-90, 2011.

YLVISAKER, M.; FEENEY, T. Reconstruction of Identity After Brain Injury. **Brain Impairment**, v. 1, n. 1, p. 12-28, 2000.

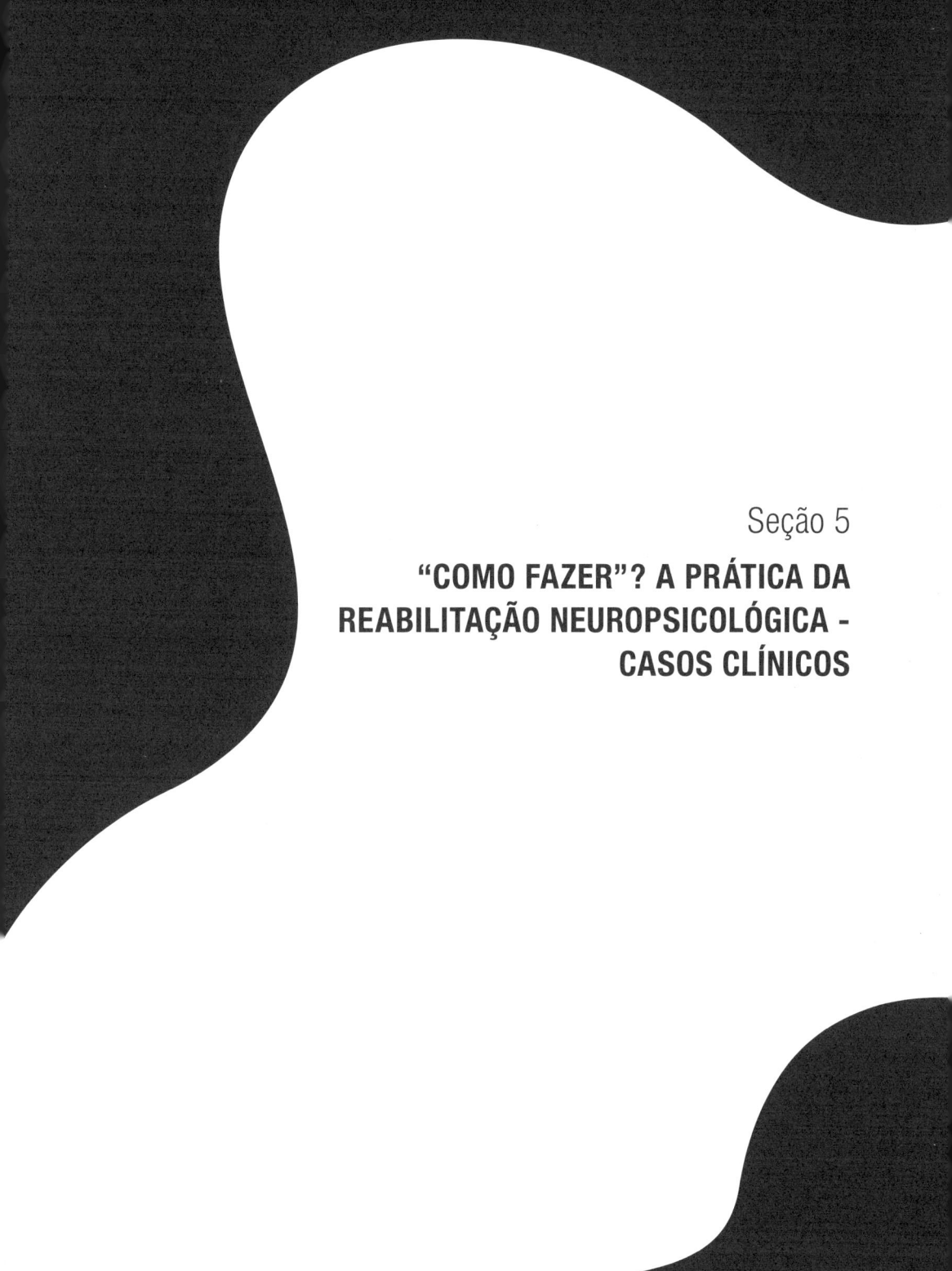

Seção 5

"COMO FAZER"? A PRÁTICA DA REABILITAÇÃO NEUROPSICOLÓGICA - CASOS CLÍNICOS

14. INTERVENÇÕES NEUROPSICOLÓGICAS E PSICOLÓGICAS PARA CRIANÇAS COM O TRANSTORNO DO DÉFICIT DE ATENÇÃO E HIPERATIVIDADE – TDAH

James Tonks
Ruth Marlow
Jenny Limond

O QUE É ATENÇÃO?

Em nenhum lugar do mundo encontraremos um contexto que demonstre mais a natureza incrível da atenção do que a rodovia moderna. Vamos nos teletransportar para alguns carros e dar uma olhada no que está acontecendo.

Primeiro, sentamos ao lado de uma estudante de 18 anos que acabou de entrar na rodovia pela primeira vez. Ela precisa manter-se nela até chegar ao segundo cruzamento. É algo como 20 minutos de distância. Seus processos de atenção seletiva estão sendo bombardeados pelas complexas informações sensoriais ao seu redor (CHERRY, 1953; MORAY, 1959; TREISMAN, 1964). A velocidade, o tamanho e a direção dos outros veículos estão sendo processados da melhor maneira possível, enquanto ela também monitora sua própria velocidade, verifica seus espelhos, etc. Sua atenção sustentada precisa aguentar apenas 20 minutos para alcançar a segunda saída (DEGANGI & PORGES, 1990). A atenção dela também está direcionada aos seus sentimentos. Ela está ansiosa, até com medo, mas suas emoções estão mantendo sua atenção fixa no trabalho em questão (GRAY, BRAVER & RAICHLE, 2002).

Agora nos teleportamos para um carro diferente. Trata-se de um empresário de meia-idade que dirige nas estradas desde os 18 anos de idade. Seus sistemas cognitivos estão planejando o dia seguinte. Ele está totalmente relaxado ouvindo sua música. Ele ainda está vendo a estrada, mas não está prestando atenção da maneira que a estudante está. Ele pensa: Qual abordagem deve usar para obter a venda? Ele está farto da condução que faz? A visão familiar de vários conjuntos de luzes de freio vermelho interrompe seus pensamentos. Sua atenção voltou-se para a estrada em um instante. O monitoramento inconsciente também é uma característica da atenção (TREISMAN, 1964).

A cada segundo do dia, nossos sentidos estão sendo sobrecarregados com informações. Simplesmente, não podemos processar tudo conscientemente, então eles devem competir dentro do cérebro, onde existem vários sistemas de informação que operam em paralelo (HEUER, 1996). Então, quase magicamente, nosso cérebro direciona os recursos de atenção para os eventos sensoriais que mais importam. Aqui, o brilho vermelho das luzes de freio é o possível perigo pendente.

Enquanto isso, a estudante chegou à segunda saída. Ela segue os conselhos do seu GPS. "Na subida da estrada, pegue a primeira saída na rotatória." Mas há um semáforo e está vermelho. O GPS diz "agora vire à esquerda". Sua atenção alterna entre a luz e a instrução para "agora vire à esquerda" (MILLER & COHEN, 2001). A estudante tem que inibir sua resposta intrínseca para virar. Se ela tem pouco controle de impulso, este é o momento em que ela pode errar. Ela para porque pode avaliar simultaneamente as opções e ver que precisa. Ela tem um bom tempo de reação (ver MONSELL, 2003 para uma revisão dos processos de alternância de tarefas).

Obviamente, não desenvolvemos esse complexo conjunto multidimensional de processos que chamamos de "atenção" para poder dirigir carros. Aqueles de nós que não foram capazes de monitorar inconscientemente o meio ambiente ou desviar os recursos de atenção, provavelmente não sobreviveriam à evolução. Atenção é um conjunto de comportamentos que foi extremamente importante em nossa sobrevivência evolutiva como espécie, junto com todos os outros sobreviventes evolutivos que chamamos de mamíferos. É um conjunto muito antigo de habilidades neurocognitivas.

É um fato infeliz que a atenção não seja um quociente ilimitado (NORMAN & BARROW, 1975). De fato, é fácil atingir o limiar da quantidade de informações que é possível atender conscientemente e simultaneamente. Verificou-se que o uso dos telefones celulares durante a condução tem um impacto negativo, se considerarmos a relação inversa entre velocidade e tempo de reação. Simplificando, se você dirige rápido demais, não tem tempo para reagir. Se você sobrecarregar sua atenção com o telefone, não poderá se concentrar com segurança na direção. Mas é claro que há a questão da variabilidade humana.

Alguns de nós (geralmente pilotos de caça) podem reagir mais rapidamente do que o restante de nós. Para ser um bom acadêmico, você provavelmente precisará de uma capacidade razoavelmente boa para manter e focar a atenção. A questão aqui é o que acontece quando você tem um *déficit* atencional.

O QUE É TDAH?

O Manual Diagnóstico e Estatístico de Transtornos Mentais (DSM-5, usado para classificar várias condições) postula que o Transtorno de *Déficit* de Atenção e

Hiperatividade (TDAH) é um distúrbio que se inicia na primeira infância, e que o TDAH é caracterizado por sintomas de hiperatividade, desatenção e impulsividade, os quais interferem no funcionamento diário e ocupacional.

O TDAH manifesta-se durante o curso do desenvolvimento como dificuldades para manter a atenção nas tarefas, comportamento geralmente desatento e impulsivo, hiperatividade, baixa capacidade de concentração, fáceis distrações e problemas com a organização, o planejamento e a sequência de ideias. Essas dificuldades devem ser em um grau que não seja o esperado para a idade da criança (APA, 2013).

Quando lemos a definição aqui, ela provavelmente descreve bem a maioria das crianças pequenas. Isso ocorre porque o desenvolvimento da atenção segue um curso de desenvolvimento. Ela começa como um recém-nascido na manutenção do contato visual e, a partir daí, seria de esperar que houvesse fases rápidas de mudança no neurodesenvolvimento. Quando lemos a descrição no DSM, estaríamos preocupados com uma criança prestes a fazer a transição para o ensino médio que apresentasse essas dificuldades. Dos 11 aos 12 anos, as habilidades de atenção parecem aumentar drasticamente em crianças e jovens (Tonks et al, 2011; 2017). Geralmente, é o momento em que vemos crianças com TDAH não diagnosticado que procuram ajuda, pois podem não se desenvolver tão rapidamente quanto seus colegas e começam a se destacar mais em seu grupo.

O TDAH representa problemas comuns e significativos para pais, educadores e desenvolvedores. Em um adulto, a atenção é uma função, se você a perder por meio de um evento neurológico, como lesão cerebral, obviamente isso não é bom, mas para crianças que não desenvolvem habilidades de atenção adequadamente à medida que crescem, os efeitos são ainda mais catastróficos.

A atenção e o controle atencional não são uma função, mas sim uma ferramenta para o aprendizado. Todo o desenvolvimento é criticamente dependente dele para que a criança adquira o aprendizado no ritmo apropriado. Se essas crianças não prestam atenção às ações e à comunicação de colegas e outras pessoas ao seu redor, há uma falta de sincronicidade nas interações sociais. Há um risco aumentado de isolamento social por meio da competência social reduzida, pela falta de reciprocidade emocional e pelo aprendizado emocional. Assim, o TDAH não apenas gera impacto no desenvolvimento acadêmico de uma criança, como também é prejudicial ao seu desenvolvimento social e emocional, se não for reconhecido e tratado.

Os resultados finais podem incluir uma série de apresentações clínicas que não necessariamente se destacam imediatamente como o TDAH, incluindo problemas de saúde mental aumentados – geralmente ansiedade social, recusa escolar e comportamento agressivo, opositor e desafiador. É incalculável o nível de "tortura" que essas crianças devem suportar quando lhes é exigido que fiquem quietas por 5 horas ou mais por dia, enquanto exigimos sua atenção. Obviamente, elas não conseguem e são visitantes frequentes das áreas de exclusão (isolamento, sala de reflexão). Elas colecionam notificações de comportamento e pontos negativos, como se estivessem indo para um registro e, geralmente, seus professores respiram aliviados quando chegam ao final da lição. Em suma, o TDAH não pode ser não diagnosticado ou deixado de ser tratado.

A Neuropsicologia do TDAH

Antes de tudo, é importante salientar que a base neurológica do TDAH não foi demonstrada conclusivamente. Em vez disso, o TDAH é reconhecido de acordo com o fenótipo comportamental. Em termos simples, reconhecemos (e diagnosticamos) o TDAH de acordo com o padrão comportamental.

Certamente, existem crianças com quem trabalhamos clinicamente que têm um distúrbio genético. Há um número infinito de deleções e duplicações, e muitas das crianças com essas anormalidades genéticas apresentam sintomas de TDAH. É provável que um único genótipo se mostre indescritível. Deve-se considerar também que um diagnóstico apropriado para essas crianças talvez deva ser "desordem genética" em vez de TDAH, e em vez de uma criança com TDAH adquirido após lesão cerebral, talvez deva ser reconhecida como lesão cerebral como diagnóstico primário e não TDAH.

Os estudos de ressonância magnética funcional e estrutural baseados nas neurociências têm sido úteis para demonstrar que o TDAH tem alguns correlatos neuroanatômicos. Existe correlação cortical pré-frontal com reduções de volume (FILPEK, SERMUD-CLIKEMAN, STEINGRAD, KENNEDY & BEIDERMAN, 1997). As redes neurais cerebrais e estriatais também foram implicadas no comportamento do TDAH, junto com o corpo caloso (FILPEK et al., 1997; HYND, SERMUD-CLIKEMAN, LORYS, NOVEY & ELIOPOS, 1991).

Esses estudos sugerem predominantemente que o TDAH é um problema de conectividade no cérebro. Como os neurônios disparam juntos, determinará como o cérebro se une. As experiências ambientais corretas provavelmente também terão um impacto no desenvolvimento da atenção, bem como no aspecto neurológico ou organicamente do TDAH como um produto do desenvolvimento.

Se nunca exigirmos que as crianças concentrem sua atenção e a mantenham, ela ainda se desenvolverá? Suas habilidades de atenção serão baseadas mais exclusivamente na reatividade intrínseca que vemos em uma criança mais nova? Na verdade, é isso que vemos quando trabalhamos com crianças que foram expostas a ambientes abusivos e hostis nas mãos de vários cuidadores por um período prolongado.

O TDAH tem inúmeras causas, incluindo questões neurológicas ou genéticas, ambientais ou uma interação complexa destas. Em tais circunstâncias, é menos complexo identificar o TDAH de acordo com o fenótipo comportamental.

Isso não significa que não haja marcadores neuropsicológicos ou perfis de atenção diferentes em crianças com TDAH, pelo contrário.

Voltemos ao exemplo da autoestrada. A estudante se aproximou da rotatória. O GPS disse "pegue a primeira saída", mas o semáforo está vermelho. O semáforo está alertando-a para parar e não seguir as instruções intrínsecas para pegar a primeira saída. Aqui, o tempo de reação dela é a variável crítica de interesse, ou mesmo se ela reagirá. Existem dois perfis de atenção identificáveis em crianças com TDAH que podem ser testados com segurança, alertando a criança para inibir uma resposta em favor de outra, e ambos dependem do tempo de reação.

O primeiro se encaixa melhor com nosso cenário de semáforo. É aqui que a criança demonstra tempos de reação lentos e variáveis em tarefas rápidas de tomada de decisão. O segundo é aquele em que a criança dará respostas precipitadas e erradas em tarefas lentas e mais precisas. Essas dificuldades são conhecidas como *déficits* de alerta. (OOSTERLAN, LOGAN & SERGENT, 1998). Isso ficou conhecido como a variante "desatenta" do TDAH, geralmente chamada de TDA. Na verdade, não há muita evidência para apoiar a visão de que o TDA está associado à deterioração da atenção ao longo do tempo. É ruim desde o início e persiste em uma trajetória igualmente ruim à medida que as tarefas continuam (SERGENT, OOSTERLAN & VAN DE MERE, 1999). No entanto, houve alguma sugestão de que o TDAH é um problema característico em meninos, em que a hiperatividade tem sido a componente central, enquanto que o TDA é mais comum em meninas. Ao considerar os estudos de TDAH/TDA, é possível que tenham incluído muito poucas meninas na amostra. Como resultado, a literatura científica sobre TDAH/TDA é mais substancialmente baseada em participantes do sexo masculino.

Diferenças de Gênero

E as garotas? Um estudo de Beiderman et al., (1999), financiado pelo Instituto Nacional de Saúde Mental, em um grande grupo de meninas com e sem TDAH/TDA de fontes de referência pediátrica e psiquiátrica examinou os correlatos clínicos de TDAH/TDA em meninas, para investigar diferenças e semelhanças nos achados relacionados aos meninos com TDAH/TDA. Até o momento, este é provavelmente o maior e mais abrangente estudo de meninas com TDAH/TDA que foi publicado. Foram relatadas taxas de prevalência de TDAH/TDA indicando que 59% das meninas tinham o Tipo Combinado (sintomas desatentos e hiperativos/impulsivos); 27% tinham o TDA (subtipo desatento), e apenas 7% tinha o tipo Hiperativo/Impulsivo. Assim, mais meninas tiveram desatenção de acordo com pais e parentes que relataram sintomatologia, em comparação com sintomas hiperativos ou impulsivos. Nessa medida, 93% das meninas com a condição não apresentam o subtipo desatento hiperativo predominante. Desta forma, constatou-se que o TDA é um fenômeno real, mais provável de ser observado em meninas do que em meninos.

Inibição da resposta: voltemos ao cenário GPS e luz vermelha pela última vez. Este é útil para entender essa função neuropsicológica que também costuma ser problemática no TDAH. Essas dificuldades serão mais evidentes quando houver dois conjuntos de informações concorrentes. As informações sujeitas ao processamento mais automático aqui provavelmente estão seguindo as instruções do GPS. Pode-se fazer isso praticamente sem atenção para onde está indo. O segundo conjunto de informações requer inibição da resposta automática em favor da "regra de semáforo". A evidência para indicar que ações impulsivas são parte integrante do TDAH é aparente a partir de dados e relatórios de observação. Os testes de inibição de resposta (por exemplo, testes de Stroop) que são comumente usados como testes independentes, no entanto, indicam apenas dificuldades mínimas com o desempenho em crianças com TDAH.

Como costuma ser o caso nos testes neuropsicológicos, quando as funções cognitivas são avaliadas independentes, estas podem parecer muito mais eficientes do que quando são dadas tarefas diárias para um indivíduo executar. Somente quando a carga real é colocada em vários sistemas de processamento de informações, e estes operam em paralelo, é que vemos a verdadeira natureza debilitante do TDAH. Essas são tarefas, ou seja, tarefas funcionais, ocupacionais que exigem atenção, foco, tempo de reação proficiente e controle de impulsos de forma simultânea.

Como Apoiar Crianças com TDAH

É essencial que as intervenções sejam apropriadas ao desenvolvimento (LIMOND, ADLAM & CORMACK, 2014). As crianças pequenas exigirão estímulos, sugestões e apoios significativos dos cuidadores ou educadores para produzir o comportamento apropriado (por exemplo, parar e escolher uma boa resposta em vez de dar a primeira resposta impulsiva), adaptações ambientais, como remover distrações e fornecer reforço positivo para uma atenção bem-sucedida à tarefa.

À medida que as crianças se desenvolvem, enquanto as evidências são variadas, há algumas que sugerem que programas que exigem que as crianças pratiquem repetidamente tarefas de atenção, desde que se tornem cada vez mais desafiadoras podem ser benéficos (por exemplo, GALBIATI et al., 2009). Para crianças, na infância média e tardia, seria apropriado considerar apoiar o processo de compreensão de suas dificuldades e seguir uma abordagem mais focada em objetivos para gerenciar os desafios que são frequentemente enfrentados pelos jovens com TDAH.

Nos últimos anos, o *coaching* para TDAH, também conhecido como *coaching* para funções executivas (CFE) ou *neurocoaching*, tem sido cada vez mais avaliado. O CFE é uma intervenção psicossocial (i) projetada para ajudar os indivíduos a atingir seus objetivos, com base em psicoeducação (por exemplo, entender o TDAH e como ele pode ser uma vantagem ou desvantagem, dependendo da situação, e como medicamentos, sono e dieta podem afetar a experiência de TDAH) e (ii) técnicas de TCC, incluindo atividades terapêuticas, com o objetivo de ajudar a compensar dificuldades como organização, estabelecimento de metas realistas, planejamento, gerenciamento de tempo e regulação emocional (GOUDREAU & KNIGHT, 2015; PARKER & BOUTELLE, 2009), – ver caso clínico descrito no Capítulo 21.

Foi demonstrado que o CFE é bem-sucedido na melhoria de estratégias de estudo e aprendizado, autoestima, bem-estar emocional e satisfação (PREVATT & YELLAND, 2015; WENTZ, NYDEN & KREVERS, 2012). Resultados positivos foram relatados em melhorias funcionais na vida diária (KUBRIK, 2010), qualidade de vida (EVANS, SCHULTZ & DEMARS, 2014), melhor comportamento social (EVANS, SCHULTZ & DEMARS, 2014), relações familiares e qualidade de vida otimizadas (EVANS, SCHULTZ & DEMARS, 2014).

Um ponto de partida útil reside em reconhecer os "gargalos terapêuticos". Aqui nos baseamos em nossas experiências clínicas e observações comuns. Defendemos que crianças e jovens com TDAH podem ser altamente engenhosos, se em um ambiente que apoia a criatividade, as escolas puderem tirar o máximo proveito dos alunos com TDAH, oferecendo-lhes oportunidades de usar sua capacidade de "pensar fora da caixa" para se destacar. Infelizmente, isso geralmente não é o caso. Muitas crianças e adolescentes com TDAH, portanto, lutam no meio acadêmico. As habilidades de poder ficar parado e prestar atenção por longos períodos de tempo não são aquelas em que as crianças com TDAH se destacam.

Compreensivelmente, a escola pode ser um desafio considerável para uma criança com TDAH. Dadas as duas apresentações predominantes (TDAH e TDA), junto com uma apresentação combinada, o quadro geral para as pessoas com TDAH é de que elas não conseguem ficar paradas e nem se concentrar. As crianças que não conseguem ficar quietas são frequentemente punidas, geralmente, conforme descrito, com tempo nas salas de reflexão ou no isolamento, em que o requisito é novamente sentar-se imóvel. Isso pode significar explosões de frustração e raiva, as quais se tornam incontroláveis. Esse excesso de energia também pode surgir nas salas de aula, tentando distrair os colegas. As crianças com TDAH podem se tornar facilmente excitáveis e barulhentas por causa desse excesso de energia no *playground* ou durante os esportes. As escolas podem gerenciar com êxito esses desafios, dando tempo a estas crianças para executar as tarefas que exigem esforço físico.

Uma criança que vimos na clínica recebeu com êxito a tarefa de fazer vídeos de alta energia em seu intervalo para mostrar aos professores todos os dias. Na sala de aula, as crianças com TDAH também podem fazer uso de cadeiras de balanço, bolas de equilíbrio, por exemplo.

Se considerarmos o caso de uma criança desatenta que não consegue prestar atenção na aula, podemos perceber o quão fácil elas podem ser negligenciadas. A maioria dos jovens com TDAH descreve a distração como uma das principais dificuldades que eles têm. A distração pode assumir duas formas: distrações externas (barulhos, pessoas em movimento etc., todos abundantes nas escolas) ou distrações cognitivas internas, recorrentes na mente de uma criança. A dificuldade com a distração é que ela envolve além do processo de se distrair em si mesma, o fato de reconhecer/localizar quando se distraiu. A consequência aqui resulta na falta, no não registro do que está sendo ensinado, nas instruções sobre a lição de casa, etc. O resultado composto é uma experiência negativa da escola, sem entender, errar, sentir-se em pânico e exposto quando desafiado. As crianças desatentas raramente se destacam como um "problema de gestão" nas escolas, o que significa que elas geralmente são negligenciadas.

Se identificado e apoiado, existem técnicas que podem auxiliar essas crianças. Mudar o estilo de ensino para incluir atividades diferentes as ajudará de forma substancial, como fazer uso de jogos educativos, realizar trabalho em grupo, ou ter um assistente terapêutico que, com frequência e gentileza, solicitará à criança e redirecionará sua atenção para a lição. A tecnologia assistiva também pode ser útil nesse sentido, como um sistema de *prompt* automatizado para solicitar à criança que verifique seu foco atencional.

Cursos e provas apresentam numerosos desafios para quem tem *déficits* atencionais, de organização, de memória e impulsividade. Se pensarmos nos desafios de atenção, as tarefas que têm reforço intrínseco limitado (recompensa) são particularmente difíceis para as pessoas com TDAH. Tarefas que incluem jogos de computador de reforço embutidos, como vídeos curtos no You Tube – provavelmente chamarão a atenção de um jovem com TDAH. Isso pode dar uma imagem confusa de sua atenção.

Tarefas de casa são incrivelmente difíceis para as crianças com TDAH gerenciarem, por conta tanto do reforço limitado, como da exigência de muitas horas de atenção sustentada. Além disso, elas exigem a capacidade de planejar e organizar um projeto às vezes muito grande. Isso significa que os jovens com TDAH geralmente se sentem imediatamente sobrecarregados e sua confiança é comprometida para poder enfrentar o desafio.

Ajustes podem ser feitos para ajudar os alunos com TDAH a concluírem tais tarefas. Por exemplo, o "mapeamento mental", por meio de *software* ou aplicativos móveis, consegue ajudar os alunos a organizarem seus pensamentos e planejarem uma maneira de concluir uma tarefa de maneira lógica. A tecnologia de ditado e transcrição consegue ajudar com os elementos práticos da redação do trabalho do curso. Existem vários aplicativos de *software* que podem ler texto em voz alta, que alguns alunos consideram mais interessantes. O uso de recompensas e intervalos frequentes também pode ser útil.

Os exames exigem outro conjunto de habilidades difíceis para as pessoas com TDAH, o que fornece obstáculos para o sucesso nesse domínio. Muitas vezes, os alunos lutam para organizar e planejar a quantidade de revisão necessária para a tarefa. As crianças com TDAH têm um desejo de velocidade na precisão, o que significa que ler as perguntas completamente e fornecer respostas completas pode ser um desafio. Portanto, o apoio nos exames para garantir que a pessoa tenha lido toda a pergunta, geralmente envolvendo tempo extra, será útil.

Desafios Familiares

Vemos vários pais exasperados em nosso trabalho. Depois de administrar anos de comportamento hiperativo ou desatenção, com frequentes intervenções escolares, os pais podem ter dificuldades significativas. Os pais são confrontados com o desafio de apoiar uma criança a desenvolver habilidades essenciais relacionadas à independência à medida que a criança cresce.

Em famílias resilientes e com bons recursos, os pais se encontrarão no papel de acompanhar as experiências da criança. Se retornarmos à estudante de 18 anos no exemplo da rodovia, mas agora adicionarmos o TDAH, antes que ela entre na rodovia, é provável que seus pais tenham adotado uma estratégia para garantir que ela não perca suas chaves. Quando ela voltou para a casa, talvez eles tenham que ter pedido a ela para lembrar-se de pegar um dinheiro ou o cartão para abastecer o carro. Mesmo antes disso, é muito provável que seus pais tenham tido que apoiá-la para manter sua atenção ao preencher os formulários de licença e estudar para a prova. Talvez isso não seja incomum para os pais de adolescentes, mas para os pais de pessoas com TDAH essas são ocorrências diárias que parecem não melhorar ao longo do tempo. Essa luta contínua de incentivo e apoio ao adolescente para ele se desenvolver e se tornar semi-independente pode ser exaustiva.

Para os jovens com TDAH, seus sintomas e a estrutura de diagnóstico tem um impacto real no dia a dia. Para os seus pais, as lutas estiveram presentes ao longo da vida da criança, com a complexidade das diferentes características da condição, tornando-se presentes em diferentes estágios de desenvolvimento, quando outras crianças estavam desenvolvendo algumas habilidades em áreas que seus filhos estavam longe de alcançar.

Nas famílias que não possuem esses recursos ou resiliência, é provável que o quadro seja significativamente diferente. O componente genético do TDAH é importante aqui. As crianças podem nascer em famílias onde essas características estão presentes entre gerações. Isso significa que eles tendem a ter pais que lutam para desenvolver suas próprias habilidades de atenção, organização e memória. Portanto, sua capacidade de apoiar outra pessoa pode ser drasticamente reduzida. É possível que a criança com TDAH consiga ser deixada por conta própria, lutando até com as demandas básicas da educação, mas não chegar à escola a tempo, esquecer-se do que é necessário para o dia, não concluir a lição de casa, não conseguir gerenciar seus níveis de excitação e, assim, desenvolver relacionamentos conflitantes com os professores. Isso também pode significar abandonar a educação.

Por sua vez, isso leva a uma maior vulnerabilidade, a uma variedade de dificuldades comuns de saúde mental e a uma dificuldade de se envolver novamente com a sociedade. Frequentemente, essas crianças têm problemas com a autoridade e querem afirmar sua independência. Geralmente, isso significa abandonar o tratamento para o TDAH, o que novamente produz uma maior vulnerabilidade e piores resultados no longo prazo.

Dificuldades Sociais

A tendência do adolescente de não pensar nas consequências de suas ações e agir com maior impulsividade é exacerbada naqueles que tem o TDAH. Essa tendência crescente à impulsividade e à hiperatividade pode confluir em uma apresentação difícil de gerenciar, resultando em atos impulsivos e mal pensados, que tendem a levá-los a cometer infrações, conduzindo-os aos sistemas de justiça criminal.

O relacionamento com os pares pode se tornar problemático, seja por meio do desenvolvimento de relacionamentos com outros que talvez tenham características semelhantes, seja por meio do desengajamento de sistemas estruturais que apoiam o desenvolvimento social, como a educação.

As pessoas com TDAH têm muito mais probabilidade de se envolver com o sistema de justiça criminal, apresentando uso abusivo de drogas e álcool ao longo da vida. Também pode haver algumas características socialmente desejadas associadas ao TDAH em grupos de pares. Níveis elevados de impulsividade significam que crianças com TDAH costumam ser populares por seus comportamentos de risco. Muitas vezes, as crianças com TDAH podem se destacar por causa de seus altos níveis de energia e processos de pensamento rápido. Isso, para os colegas, pode ser emocionante e gratificante.

Como vimos, o TDAH tem um impacto significativo no desenvolvimento emocional e social das crianças. Geralmente, existem algumas dificuldades sociais residuais, por exemplo, as pessoas se descrevem como "irritantes" para os outros devido à sua hiperatividade ou lutam para não deixar escapar as coisas ou falar sobre outras pessoas.

Dificuldades Psicológicas e Emocionais Associadas ao TDAH

As consequências dessas difíceis experiências, supracitadas, podem se acumular em inúmeras dificuldades emocionais e psicológicas, as quais serão apresentadas aqui.

Muitas vezes, os jovens com TDAH costumam ter baixa autoestima, embora isso possa ser mascarado por uma aparente autoconfiança. Medos pelas experiências passadas, talvez deixando escapar as coisas, sendo irritante para os outros por meio da hiperatividade ou sentindo-se irritante para os outros. Isso leva à ansiedade social e a preocupações com qualquer interação que eles possam ter.

O impacto mais amplo dessa baixa autoestima pode afetar a confiança. Essa baixa autoestima não surge apenas de dificuldades interpessoais, mas também de outras experiências negativas da vida, como passar apuros na escola, falhar nos trabalhos escolares e, talvez, envolver-se em situações difíceis fora da escola.

Portanto, essa crença de que a criança é um fracasso em vários domínios pode ser generalizada à medida que elas passam para a adolescência. Se a criança teve falta de experiências protetoras ou experiências em que houve oportunidades para o desenvolvimento de autoestima positiva (por meio de atividades extracurriculares, como esporte, música, etc., em que suas habilidades podem ser altamente valorizadas), o impacto pode ser ainda pior.

Normalmente, as crianças com TDAH podem responder a isso, aspirando a ser perfeitas para evitar críticas ou fracassos, mas inevitavelmente isso pode resultar em fracasso, pois a perfeição é inatingível. Essa consequência emocional de viver com TDAH significa que essas crianças podem ter mais dificuldades com a procrastinação, além da carga emocional exacerbada mediante a falha percebida. Essa ansiedade, resultante em torno de tarefas e atividades da vida diária, é muito comum para pessoas com TDAH, dadas essas experiências pregressas.

Devemos considerar os padrões relacionais criados a partir dessas experiências. A vida escolar e familiar conseguem, na pior das hipóteses, ser um ambiente de confronto e altamente crítico. Mesmo que não pensemos no pior cenário, as pessoas com TDAH experimentam mais frequentemente estilos parentais críticos e mantêm relações negativas com figuras de autoridade, como as da escola, e mesmo, da sociedade, da polícia, etc.

O que entendemos é que os relacionamentos iniciais impactam os relacionamentos posteriores em termos de quais papéis desempenhamos e quais os outros desempenham, sendo uma resultante comum, um quadro depressivo secundário.

O CASO DE KYLE

Kyle (15) é descrito como um adolescente inteligente, mas que nunca alcançou o seu verdadeiro potencial na escola. A escola estava preocupada com alguns aspectos de seu comportamento em relação ao desafio e à falta de envolvimento nas aulas. Ele acha difícil trabalhar em grupos e prefere fazer as atividades por conta própria.

Em casa, ele luta para dormir, ficando em seu *video game* até de madrugada, relatando que não está cansado. Se ele tenta dormir cedo, e isso raramente funciona, ele fica perturbado a noite toda. Sempre foi difícil para seus pais estabelecer e impor rotinas para Kyle. Ele adora esporte e relata que se sente mais calmo nos dias em que faz exercícios.

A escola observou que, além de ter um comportamento desafiador, Kyle é bastante retraído e mostra sinais de mau humor. Eles estão preocupados com o fato de ele não estar concluindo os cursos. Ele é acompanhado no serviço de saúde devido ao humor rebaixado e à baixa autoestima. Kyle descreve uma reticência em ir à escola, mas está conseguindo assistir às aulas, desfrutando principalmente dos aspectos sociais da vida escolar.

Kyle relata que se esforça para se concentrar, por qualquer período de tempo, nos trabalhos escolares ou nas conversas, mas frequentemente se esquece do que deve ser feito. Ele gosta de jogar e o faz por horas. Não há evidências ou relatos de que Kyle use drogas ou faça consumo de álcool.

Na reunião com a equipe do serviço de saúde, seus pais citam sua preocupação relativa a pouca motivação do adolescente. Além disso, ambos os pais relatam que Kyle se esforçou para planejar seus estudos e que luta para se organizar no dia a dia do que ele precisa para a escola.

Essas dificuldades são de longa data. Desde criança, e atualmente, eles perceberam sua dificuldade em se concentrar em qualquer coisa por um período de tempo prolongado, incluindo filmes, precisando se levantar e se movimentar. Quando estão conversando com ele, percebem que ele tende a "sonhar acordado e a não estar realmente presente". Em casa, a mãe descreve que Kyle precisa de estímulo constante. Uma preocupação dos pais e da escola mais recentemente é a mudança de humor. Na entrevista, a baixa autoestima de Kyle era evidente; ele foi capaz de falar sobre a falta de confiança que sente ao realizar uma nova tarefa.

Kyle cumpriu todos os seus marcos de desenvolvimento e os pais não relatam dificuldades com ele quando bebê ou criança. Eles se lembram de perceber dificuldades quando ele tinha cerca de 7 anos de idade. Foi quando os pais perceberam que Kyle começou a ficar para trás na escola, sem saber o que era solicitado para a lição de casa e não completando o trabalho na escola. Ele era visto como uma criança com habilidades sociais positivas, sendo prestativo e cooperativo com os pais e na escola primária.

Observações na escola confirmaram que a despeito de Kyle lutar para manter sua atenção na sala de aula, distraia-se facilmente. Nas conversas com a escola, ficou claro que o comportamento de Kyle estava se tornando cada vez mais difícil, com essa defesa se transformando em frustração verbal em determinados momentos. Ele tem se mostrado menos interativo com os colegas e mais preocupações foram levantadas sobre seu estado de humor.

Após a avaliação e o diagnóstico do TDAH, nosso primeiro pensamento foi que precisávamos considerar a atenção normal de um jovem de 15 anos e fornecer apoio adequado ao seu desenvolvimento. A atuação de um acompanhante terapêutico na escola foi considerada a melhor opção, pois não queríamos fazer Kyle se diferenciar de seus colegas. Metas desejáveis específicas foram acordadas para incluir "parar, pensar e escolher" uma boa resposta, em vez de dar a primeira resposta impulsiva. Em casa, várias adaptações ambientais (removendo distrações e fornecendo abordagens de reforço positivo) foram realizadas.

Foi oferecido um trabalho individual com Kyle, o qual era essencialmente treinamento em TDAH, para ajudá-lo a identificar e alcançar seus objetivos, considerando medicamentos, sono e dieta. Parte do trabalho individual se baseou nas técnicas da Terapia Cognitivo Comportamental, incluindo a lição de casa da terapia, com o objetivo de ajudar nas dificuldades, como organização, estabelecimento de metas realista, planejamento, gerenciamento de tempo e regulação emocional. O objetivo central aqui foi o de melhorar as estratégias de estudo e aprendizagem, a autoestima, o bem-estar emocional e a satisfação. Os resultados positivos logo foram observados na vida diária em termos de melhoria do comportamento social, melhoria das relações e qualidade da vida familiar, e as sessões individuais foram fortuitas para que Kyle pudesse resolver os problemas e analisar os pontos positivos e negativos de sua decisão quando surgissem dificuldades.

Com o trabalho, Kyle tornou-se menos impulsivo, mais planejado, mais capaz de chegar à escola a tempo, seu sono melhorou e ele se sentiu mais capaz de lidar com as tarefas do dia a dia. A ansiedade social residual diminuiu, embora ele ainda experimentasse mudanças de humor dentro da faixa normal para a idade.

CONCLUSÃO

Neste capítulo, discutimos processos de atenção que operam em paralelo como vários processos que envolvem a atenção, a seleção de informações a serem atendidas, o controle inibitório, e assim por diante. Observamos que crianças com TDAH geralmente sofrem com um ou mais aspectos da atenção.

Embora haja relatos de diferenças de gênero na forma como o TDAH pode apresentar, ele é mais bem compreendido e reconhecido como um conjunto de padrões comportamentais. Existem indiscutivelmente elementos predisponentes neuropsicológicos, biológicos e genéticos ao TDAH, mas a contribuição dos elementos ambientais e interpessoais é evidente.

O TDAH afeta o indivíduo em termos de aprendizado, desenvolvimento social, relacionamento com a função familiar e saúde mental. Embora os medicamentos para o TDAH possam ser uma "varinha mágica" para melhorar os processos intrínsecos de atenção, a atuação dos profissionais na RN é fator crucial.

REFERÊNCIAS

AMERICAN PSYCHIATRIC ASSOCIATION. **Diagnostic and statistical manual of mental disorders**. 5th ed. Washington DC. USA, 2013.

BEIDERMAN, J.; FARAONE, S. V.; MILBERGER, S., CURTIS, S. et al. Predictors of persistence and remission of ADHD: Results from a four-year prospective follow-up study of ADHD children. **Journal of the American Academy of Child and Adolescent Psychiatry**, 38, p. 966-975, 1999.

CHERRY, E. C. Some experiments on the recognition of speech with one and with two ears. **Journal of the Acoustical Society of America**, 25, p. 975-979, 1953.

DeGANGI, G.; PORGES, S. **Neuroscience foundations of human performance**. Rockville, MD: American Occupational Therapy Association, 1990.

EVANS, S. W.; SCHULTZ, B. K.; DEMARS, C. E. High school-based treatment for adolescents with attention-deficit/hyperactivity disorder: Results from a pilot study examining outcomes and dosage. **School Psychology Review**, 43, p. 185-202, 2014.

FILPEK, P.A.; SERMUD-CLIKEMAN, M.; STEINGRAD, R. et al. Volumetric MRI analysis: Comparing subjects having attention-deficit hyperactivity disorder with normal controls. **Neurology**, 48, p. 589-601, 1997.

GALBIATI, S.; RECLA, M.; PASTORE, V.; LISCIO, M. et al. Attention remediation following traumatic brain injury in childhood and adolescence. **Neuropsychology**, 23, p. 40-9, 2009.

GOUDREAU, S. B.; KNIGHT, M. Executive function coaching: Assisting with transitioning from secondary to postsecondary education. **Journal of Attention Disorders**, 22, p. 379-387, 2015.

GRAY, J. R.; BRAVER, T.S.; RAICHLE, M.R. Integration of emotion and cognition in the lateral prefrontal cortex. **PNAS**, p. 4115-4120, 2002.

HEUER, H. Dual Task Performance. In: NEUMAN, O.; SAUNDERS, A. F. **Handbook of Perception and Action**. London: Academic Press, 1996.

HYND, G.W.; SERMUD-CLIKEMAN, M.; LORYS, A. R.; NOVEY, E.S.; & ELIOPOS D. Corpus callosum morphology in attention-deficit hyperactivity disorder: morphometric analysis of MRI. **Journal of Learning Disability**, 24, p. 141-146, 1991.

KUBRIK, J.A. Efficacy of ADHD Coaching for Adults With ADHD. **Journal of Attention Disorders**, 13, p. 442-453, 2010.

LIMOND, J.; ADLAM, A.L.R.; CORMACK, M. A Model for Paediatric Neurocognitive Interventions: Considering the Role of Development and Maturation in Rehabilitation Planning. The Clinical Neuropsychologist, 28, p. 181-198, 2014.

MILLER, E. K.; COHEN, J. D. An integrative theory of prefrontal function. Annual **Review of the Neurosciences**, 24, p. 167-202, 2001.

MONSELL, S. Task switching. **Trends in Cognitive Sciences**. 2003;7(3):134-140.

MORAY, N. P. Attention in dichotic listening: Affective cues and the influence of instructions. **Quarterly Journal of Experimental Psychology**, 11, p. 56-60, 1959.

OOSTERLAAN, J.; LOGAN, G. D.; SERGEANT, J.A. Response inhibition in AD/HD, CD, comorbid AD/HD+CD, anxious, and control children: A meta-analysis of studies with the stop task. **Journal of Child Psychology and Psychiatry**, 39, p. 411-425, 1998.

PARKER, D. R.; BOUTELLE, K. Executive function coaching for college students with learning disabilities and ADHD: A new approach for fostering self-determination. Learning Disabilities **Research & Practice**, 24, p. 204-215, 2009.

PREVATT, F.; YELLAND, S. An Empirical Evaluation of ADHD Coaching in College Students. **Journal of Attention Disorders**, 19, p. 666-677, 2015.

SERGEANT, J. A.; OOSTERLAAN, J.; VAN DER MEERE, J. J. In: QUAY, H.; HOGAN, A. E. (Eds.). **Handbook of disruptive behaviour**. New York: Plenum Press, 1999. p. 75-104.

TONKS, J.; WILLIAMS, W. H.; MOUNCE, L. et al. Trails B or not Trails B? Is attention-switching a useful outcome measure. **Brain Injury**, 25, p. 958-964, 2011.

TONKS J.; WILLIAMS, W. H.; SLATER, A. M; FRAMPTON, I. J. Is damage to the pre-frontal cortex dormant until adolescence, or difficult to detect? Looking for keys that unlock executive functions in children in the wrong place. **Medical Hypotheses**, 108, p. 24-30, 2017

TREISMAN, A. Selective attention in man. **British Medical Bulletin**, 20, p. 12-16, 1964.

WENTZ, E.; NYDÉN, A.; KREVERS, B. Development of an Internet-Based Support and Coaching Model for Adolescents and Young Adults with ADHD and Autism Spectrum Disorders A Pilot Study. **European Child & Adolescent Psychiatry**, 21, p. 611-622, 2012.

15. INTERVENÇÕES NEUROPSICOLÓGICAS PARA CRIANÇAS COM OS TRANSTORNOS DO ESPECTRO AUTISTA

James Tonks
Emma Castell

O QUE É AUTISMO?

Ser capaz de interpretar, agir e influenciar o estado emocional de outras pessoas é uma habilidade de comunicação fundamental e básica, que antecede a comunicação verbal no desenvolvimento. Esta parece ser uma qualidade quase inata. Com base em estudos detalhados de mães e bebês, Trevarthen (1980; 2000) sugere que, desde o nascimento, os bebês são biologicamente predispostos a se engajarem em uma interação coordenada e, a partir disso, surgem significados e emoções. A pesquisa de Trevarthen (1980) em bebês enfatiza a centralidade da expressão emocional na comunicação e seu papel em facilitar a influência mútua no relacionamento (Trevarthen, 1980; 2000). Na comunicação cotidiana do adulto, a capacidade de simpatizar com o estado mental das pessoas ao nosso redor, de reconhecer ou inferir intenções ou fazer julgamentos sobre seu estado emocional é um pré-requisito inconsciente do relacionamento e não é menos importante.

Ser incapaz de monitorar, processar ou reconhecer a expressão emocional, de teorizar sobre o estado emocional de outras pessoas, em qualquer idade, perturbaria a sincronização da interação entre os indivíduos, e assim, a comunicação de emoção e a influência mútua seriam perdidas. Nas crianças, esse *déficit* tem efeitos devastadores no desenvolvimento social e intelectual. O conjunto de dificuldades que estamos descrevendo aqui é conhecido como Transtornos do Espectro Autista (TEA). O TEA é um conjunto bem documentado de dificuldades de desenvolvimento neurológico na cognição social (Leekam, 2016). É uma das causas mais comuns de neuro-incapacidade e atraso no desenvolvimento, ocorrendo em 1 de 68 crianças nos Estados Unidos e na Europa, com taxas de prevalência que variam de 1,9/10.000 a 72,6/10.000, com um valor mediano de 10,0/10.000. Estes transtornos normalmente persistem por toda a vida útil e podem ser identificados desde os 2 anos.

Crianças com TEA apresentam amplas dificuldades sociais ao longo de um espectro de gravidade (ZWAIGENBAUM et al., 2013). O DSM-5 descreve três áreas principais de dificuldade, quais sejam, a reciprocidade socioemocional problemática, a comunicação social não verbal ruim e as dificuldades com o desenvolvimento e manutenção de relacionamentos (AMERICAN PSYCHOLOGICAL ASSOCIATION, 2013).

A compreensão das causas reais do TEA ainda é uma narrativa em andamento. É provável que um conjunto complexo de fatores de risco genéticos e ambientais interaja para resultar nestes transtornos (HALLMAYER et al., 2011). Vários distúrbios genéticos que afetam o desenvolvimento do cérebro podem resultar no TEA. Certamente, pelo menos duas décadas de pesquisa apoiam a visão de que existem diferenças no funcionamento neuroanatômico de populações com o TEA (ECKER et al., 2015); no entanto, a natureza precisa das relações entre o comportamento social e correlatos neurais ainda não foi compreendida.

Aqui está um problema, pois o TEA é um termo genérico que abrange um conjunto bastante vasto e abrangente de dificuldades de comunicação social em crianças. Há crianças que não conseguem entender a emoção e não estão interessadas em interagir com outras pessoas, mas também há crianças que querem desesperadamente ser sociais, porém simplesmente não sabem como. Existem teorias do TEA baseadas em planejamento e competência social deficientes (teorias de funções executivas), teorias do TEA que supostamente são sobre integração sensorial.

Depois, existem outros rótulos emergentes no campo do autismo, como "Evitação da demanda patológica". Acrescente a isso que o TEA é uma condição de espectro – o que significa que pode ser subclínico (não é possível diagnosticar, mas existem características) – e temos uma imagem extremamente complexa de um problema (ou conjunto de problemas) que envolve não uma única área do cérebro, mas muitas áreas dele.

E se todas essas teorias estiverem corretas? Há razões para acreditar que provavelmente existem muitas causas de dificuldades com a competência social que levarão o diagnóstico de uma criança com TEA. Além disso, existem tantos níveis de processamento envolvidos na função social e emocional que problemas de desenvolvimento podem afetar uma criança em um único nível ou em vários níveis. Para entender isso, é útil considerar como as funções sociais e emocionais (e os níveis de processamento subjacentes a essas funções) evoluíram.

Emoção como Forma de Comunicação Social em Humanos e em Outros Animais

Se você possui um gato e um cachorro já teve o privilégio de testemunhar, em primeira mão, a mais espetacular incompatibilidade de comunicação social e transferência emocional quando esses dois animais se encontram. O cachorro abana o rabo quando está feliz, o gato abana o rabo quando não está. O gato se agacha quando mostra comportamento ameaçador; o cachorro faz a mesma coisa, mas é claro que está se encolhendo em resposta ao gato.

Como cada animal entende os sentimentos do outro? A resposta é simples: eles não o fazem. O problema real é como cada animal se sente internamente ao ler o comportamento socialmente comunicativo do outro. As reações socioemocionais afetam a ativação interna do sistema nervoso como sensações fisiológicas básicas. No entanto, tais reações também podem induzir o abanar e agachar a cauda em cães e gatos, além das exibições faciais/posturais e vocais externas em humanos. Portanto, as emoções funcionam como uma resposta a estímulos sociais reconhecíveis, mas também existem em humanos e animais como um poderoso sinal comunicativo. Pesquisadores de animais normalmente classificam reações emocionais em animais de acordo com estados comportamentais simples, como aproximação/afastamento (abanando e agachando a cauda) ou estados motivacionais, como recompensa/punição (cachorro balançando o rabo enquanto gato intenta atacá-lo com suas garras), enquanto nos estudos sociais humanos, os psicólogos enfatizaram emoções sociais mais complexas, como orgulho, vergonha, ciúme ou amor (ADOLPHS, 2002).

Assim, Adolphs (2002) sugere que categorias de emoção humana podem variar de emoções primitivas a emoções com valor socialmente comunicativo mais complexo, como mostra a **Tabela 1** a seguir.

Tabela 1 – Esquemas de classificação para emoções

Estados Comportamentais	Estados Motivacionais	Humor e Emoções de Base	Sistemas Emocionais	Emoções Básicas	Emoções Sociais
Abordagem Evitação	Recompensa Punição Sede Fome Dor Ânsia	Depressão Ansiedade Mania Alegria Contentamento Preocupação	Busca Pânico Raiva Medo	Felicidade Medo Raiva Nojo Tristeza Surpresa Desprezo	Orgulho Embaraço Culpa Vergonha Amor maternal Interesse sexual Paixão Admiração Ciúmes

Fonte: ADOLPHS, 2002.

SISTEMAS DE PROCESSAMENTO

Excitação Emocional Intrínseca e Comunicação Social

A fim de entender como os sinais podem surgir ao longo do desenvolvimento, talvez seja útil compreender como o processamento emocional funciona. Darwin (1809-1882) viu todas as exibições emocionalmente expressivas como tendo valor comunicativo. Sua teoria enfatizava a emoção como um produto da evolução, semelhante a outros comportamentos que ocorrem naturalmente. De acordo com essa perspectiva, exibições emocionalmente expressivas em animais eram precursoras de certos comportamentos e, como tal, mantinham uma vantagem adaptativa por meio da função comunicativa.

No entanto, por meio da capacidade de sinalizar hostilidade, atos reais de hostilidade se tornam menos necessários. Assim, Darwin sugeriu que o elo entre a expressão emocional da intenção social e a inevitabilidade dos comportamentos associados poderia se perder.

O Cérebro Social nos Mamíferos

A expressão da emoção é apenas parte da reação emocional. Adolphs (2002) coloca maior ênfase nos correlatos fisiológicos da emoção. As respostas fisiológicas são reguladas pelo sistema endócrino, composto pelo hipotálamo e pela glândula pituitária. A glândula pituitária secreta hormônios (substâncias neurotransmissoras como a acetilcolina e epinefrina) no sangue, que tem um efeito de ativação no ramo simpático do sistema nervoso autônomo sobre o ramo parassimpático. A ativação simpática prepara o corpo para respostas de luta/fuga, aumentando as funções corporais, como a frequência cardíaca, enquanto a ativação parassimpática tem um efeito suprimidor nas respostas autonômicas elevadas.

As duas outras estruturas cerebrais subcorticais envolvidas na excitação emocional intrínseca, anteriores à regulação hipotalâmica e hipofisária, evoluíram comumente em todos os animais. Papez (1937) identificou a amígdala e o hipocampo como centrais na mediação dos correlatos fisiológicos da emoção como parte do "sistema límbico"; ou seja, um sistema formado por centros cerebrais que governam impulsos primitivos e motivações que determinam a emoção. Como o sistema límbico humano se assemelha tão surpreendentemente ao encontrado em mamíferos primitivos, também é referido como "o velho cérebro de mamífero".

Aproximadamente dois milhões de anos atrás, uma maior capacidade cerebral conferia uma vantagem adaptativa a categorias específicas de hominoides bípedes (ver **Figura 1**) (DEACON, 1997). O registro fóssil indica que aumentos dramáticos no tamanho do cérebro ocorreram a partir desse momento.

Este período também é reconhecido como acompanhado por uma melhoria acentuada no uso sofisticado de ferramentas, o que é sugestivo de habilidades cooperativas na troca de ideias relacionadas a técnicas e conhecimentos (BRADSHAW, 1997). Em tais contextos sociais, os comportamentos grosseiros de abordagem/evitação foram inevitavelmente substituídos por uma proficiência emocional e socialmente comunicativa mais complexa.

Propõe-se que habilidade de imitação, ensino, aprendizado, inteligência social e teoria da mente foram as qualidades que transmitiram uma vantagem de sobrevivência contra a pressão evolutiva (DEACON, 1997). Assim, a inteligência emocional e social, um produto do espaço cortical mais disponível nos lobos frontais do cérebro humano, foi essencial na seleção natural do *homo sapiens* como os sobreviventes evolutivos.

Figura 1 – Alterações no tamanho do cérebro em fósseis hominoides de 3 milhões de anos atrás até o presente. Datas e volumes cerebrais foram obtidos a partir de estimativas publicadas. Os dados são de fontes heterogêneas, portanto, podem haver vieses. Aumentos dramáticos no tamanho cerebral, no entanto, são aparentes.

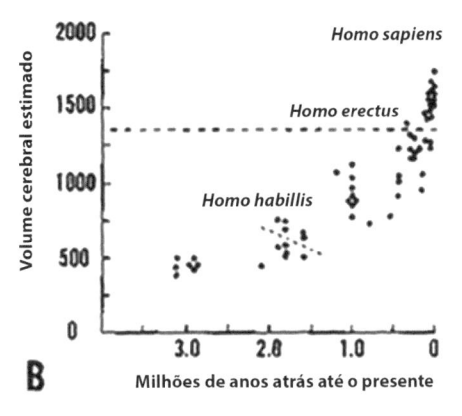

Adapted from: Deacon, 1997.

QUANDO O SISTEMA DE EXCITAÇÃO SOCIOEMOCIONAL INTRÍNSECO SE DESENVOLVE EM CRIANÇAS?

Os córtices cerebrais e os sistemas de processamento cortical de nível superior não são formados funcionalmente em recém-nascidos. No entanto, Trevarthen (1980; 2000) sustenta que, desde o nascimento, os bebês são biologicamente predispostos a se engajarem em uma interação coordenada e, a partir disso, surgem significados e emoções. É uma probabilidade lógica, portanto, que grande parte dos circuitos cerebrais utilizados inicialmente no aprendizado, via associação, esteja realmente operante desde o nascimento. Skuse (2003), por exemplo, cita evidências de funcionamento da amígdala, apontando o fato de que os bebês preferem rostos que os envolvem em olhar mútuo desde o nascimento.

As habilidades de processamento emocional mais sofisticadas se desenvolvem rapidamente no início da vida. Skuse (2003) mostra que a partir dos quatro meses de idade, o processamento direto do olhar é aprimorado. Aitken e Trevarthen (1997) demonstram que crianças pequenas (sorrindo, por exemplo) respondem ao olhar egocêntrico dos olhos com uma complexidade cada vez maior, enfatizando a capacidade de usar a expressão facial na interação (SKUSE, 2003). Em geral, a literatura indica que a excitação emocional intrínseca é funcional desde o nascimento e que, nos estágios iniciais da infância, esse mecanismo inato de aprendizado forma associações emocionalmente significativas baseadas em estímulos ambientais. Tais associações permanecem úteis na análise sensorial das demonstrações sociais de emoção ao longo da vida.

Sistema de Processamento 2: Entrada e Análise do Sistema Sensorial

Quando as emoções "básicas" e "sociais", apresentadas por Adolphs (2002) (na **Tabela 1**) são consideradas, os seres humanos têm a capacidade de expressar uma rica variedade de emoções socialmente comunicativas em interação. Essas emoções requerem análises sensoriais sofisticadas na interpretação dos estados emocionais dos outros.

Skuse (2003) sugere que respostas sociais apropriadas dependem da interação entre os sistemas primitivos e o processamento cortical, que envolverá avaliação completa da expressão facial e o contexto social em que o contato ocular ocorre. Isso resulta em uma resposta consciente de "sentimento". Nessa interação, a atividade recíproca ocorre entre os subsistemas de análise inconsciente e análise consciente.

Diz-se que monitorar o olhar é "alocêntrico", com o objetivo de detectar a direção em que o olhar está olhando, ou "egocêntrico", com o objetivo de envolver e controlar a interação social. Esses sistemas trabalhando juntos permitem uma reação emocional rápida e a capacidade de reter respostas emocionais inconscientes.

A Formação dos Subsistemas de Análise Sensorial

Uma riqueza de evidências corrobora a probabilidade de a formação de subsistemas de processamento de análises sensoriais ocorrer muito precocemente. Três sinais óbvios de sinalização social que podemos considerar aqui são o olhar, a análise vocal e a expressão facial. A capacidade de processar essas pistas emocionais parece se desenvolver em um período pré-verbal distinto de ontogênese, sem o auxílio de sistemas de memória conscientes que dependem amplamente do processamento cortical já maduro.

Shaffer (2003) destaca que o olhar tem qualidades biologicamente baseadas, e que os bebês, nas primeiras semanas de vida, sorriem reflexivamente para estímulos rudes que podem se parecer com os olhos. Este autor cita a pesquisa de Lester, Hoffman e Brazelton (1995) sobre os ciclos do olhar, para mostrar como os bebês se envolvem em períodos rítmicos de olhar e desviar o olhar, a fim de moderar os níveis de excitação, garantindo o controle sobre a ativação adquirida ao olhar para outra pessoa. Tais ciclos dobram nos primeiros seis meses de vida, sugerindo maior capacidade de controlar a estimulação com o desenvolvimento cortical.

Com relação à análise vocal, Shaffer (2003) afirma que "prosódia afetiva" e expressão facial transmitem mensagens sobre o estado emocional e o temperamento, essenciais como fontes de informações interpessoais, e que os bebês são capazes de fazer a diferenciação dos estados emocionais das mães, aos cinco meses. Assim, os bebês podem responder emocionalmente às mães relativamente cedo, enquanto o rápido desenvolvimento cortical permite e aprimorar o uso hábil dessas dicas de sinalização social.

O trabalho de Serrano et al. (1995) endossa ainda mais a visão de que esses subsistemas se desenvolvem no início da vida ao relatarem bebês de quatro meses de idade não apenas distinguindo entre diferentes expressões faciais, mas também respondendo adequadamente a elas, sorrindo para um rosto feliz, por exemplo.

A AQUISIÇÃO DE "PERCEPÇÃO DO AFETO" E A "TEORIA DA MENTE"

A pesquisa na área do autismo e da "teoria da mente" (BARON-COHEN, 2002) sustenta a ideia de que sistemas distintos, especificamente para o propósito de processar emoções, desenvolvem rapidamente desde o nascimento, como já mencionado.

Baron-Cohen (2002) distingue entre os processos de "sistematização", localizados no hemisfério esquerdo, e "Empatia", compreendida como "a unidade para identificar as emoções e pensamentos de outra pessoa e responder a estes com emoção apropriada." (p. 248). Sendo esta mais relacionada ao hemisfério direito.

Essa é uma visão sugerida por escritores anteriores, como Buck (1984), que distinguiram entre comunicação espontânea – envolvendo expressão emocional e outros sistemas instintivos e reflexivos especializados –, localizada no hemisfério direito, e comunicação simbólica, envolvendo cognição sequencial e analítica, específica para a linguagem, relacionada ao hemisfério esquerdo. Da mesma forma, Fridlund (1994), ao discutir a noção de que áreas cerebrais para exposições faciais podem estar localizadas no hemisfério direito, sugere-se que a homologia verbal-não verbal pode ser uma correspondência do hemisfério esquerdo-direito.

Em relação a crianças pequenas (na fase pré-operacional), Baron-Cohen (2002) demonstra que as meninas são predispostas a um melhor desempenho em tarefas de "empatia", e isso reflete em resposta ao sofrimento de outras pessoas desde o primeiro ano de idade, usando a teoria da mente a partir dos três anos de idade, enquanto os meninos desenvolvem essas habilidades mais tarde, mas têm melhor desempenho na "sistematização". Baron-Cohen considera o autismo como um sistematismo extremo, ou um extremo do perfil cerebral masculino, e sugere que a presença de níveis mais altos de testosterona no útero podem beneficiar o desenvolvimento do hemisfério esquerdo sobre o hemisfério direito, causando o autismo. Mais adiante será feita menção a esta teoria.

Uma suposição subjacente nesta pesquisa é a noção de que os centros especificamente para a empatia estão presentes no hemisfério direito e começam a se desenvolver desde o nascimento. As indicações de que as crianças possuem tais habilidades empáticas não são inteiramente recentes. Light & Light (1979), citado em Roth (2000), por exemplo, demonstram a capacidade de crianças pré-operacionais (de três anos) em julgar emoções. Este trabalho sugere que as crianças têm a capacidade de identificar emoções correspondentes a partir de cinco expressões faciais, porém mais significativamente indica uma capacidade de reconhecer situações em que essas reações emocionais seriam apropriadas. Assim, a empatia com os outros é demonstrada.

SISTEMA DE PROCESSAMENTO 3: SÍNTESE DO SISTEMA EXECUTIVO E FUNÇÕES DO LOBO FRONTAL NA INTEGRAÇÃO DE EMOÇÃO E COGNIÇÃO

Um pré-requisito importante do funcionamento social é a síntese de emoção e cognição, que determina pensamento e ação apropriados para orientar as várias respostas comportamentais que ocorrem em contextos sociais. Esse processamento funciona parcialmente na execução de efeitos inibitórios sobre a excitação emocional intrínseca.

A literatura indica que, nos estágios finais do processamento emocional, o estado emocional fisiológico exerce uma influência inconsciente sobre a cognição para modular os comportamentos de pensamento e resposta. Por exemplo, na teoria do funcionamento cognitivo de Damasio (1994; 1999), existe a noção de "marcadores somáticos", representações essencialmente cognitivas, baseadas em imagens analógicas de estímulos no mundo externo. Eles interagem com representações internas de estado emocional relevante (DAMASIO, 1994). Essas últimas representações, fundamentadas na experiência acumulada, têm a função de organizar o pensamento, não apenas por desencadear imagens associadas de relevância, mas também por fornecer carga emocional que pode tornar os pensamentos inapropriados, enquanto força os outros a focar a atenção. Nesse sentido, estados emocionais denominados "marcadores somáticos", servem ao propósito de alocar e manter os recursos limitados de atenção na memória de trabalho (DAMASIO, 1994; 1996).

Outras teorias sobre o papel do córtex pré-frontal no processamento emocional concentram-se mais especificamente no funcionamento dessa região no controle consciente do comportamento socialmente adequado planejado. Frith e Frith (2003) indicam que a capacidade evoluída de fazer inferências sobre as intenções emocionais de outros é derivada de vários subsistemas no cérebro humano, operacionalizados na análise da expressão facial ou de gestos físicos, por exemplo. A teoria da capacidade da mente, a qual surgiu da necessidade de entender a intenção emocional de outras criaturas a partir de seus movimentos e gestos em estados primitivos anteriores, utiliza essa informação. As áreas pré-frontais mediais são identificadas como essenciais na integração de informações sobre o comportamento de outras pessoas e de informações sobre os próprios estados mentais. O mecanismo que facilita a teoria da mente própria e de outras mentes resulta de uma capacidade cognitiva evoluída de introspectar (ou monitorar a própria mente), uma habilidade derivada de um cérebro social mais antigo, utilizada no monitoramento do comportamento de outras pessoas.

Skuse (2003) concentra-se mais exclusivamente no controle consciente do comportamento socialmente adequado e planejado, sugerindo a formação de tais capacidades ocorridas porque uma proporção da evolução humana se deu em ambientes sociais cooperativos. Em situações sociais, qualidades adaptativas, como o medo do reconhecimento de expressões faciais exibidas por outros, teriam sido aprimoradas por uma capacidade derivada cortical de interpretar o que outro indivíduo, que expressa medo, está pensando. As áreas cerebrais que evoluíram para realizar o processamento secundário da "teoria da mente" na compreensão de outras pessoas e em situações de ameaças não diretas exerceram um efeito modulador sobre as respostas emocionais, tornando-se os sistemas usados na compreensão dos estados emocionais dos outros e na execução de comportamentos planejados, em interação sincronizada como exaptação.

QUANDO AS HABILIDADES DE FUNCIONAMENTO SOCIAL DO CÓRTEX FRONTAL SE DESENVOLVEM?

Fica claro pelas evidências que habilidades específicas na leitura de emoções se desenvolvem mais rapidamente do que o resto do sistema cognitivo. No entanto, deve-se afirmar que os estágios mais altos do processamento emocional, envolvendo a síntese frontal, estão muito mais "em sintonia" com o desenvolvimento cognitivo. Isso está associado ao crescimento do córtex pré-frontal, o qual continua a se desenvolver até a idade adulta.

É provável que as funções comportamentais/cognitivas, com as quais as crianças operam, se desenvolvam em graus cada vez maiores de sofisticação, à medida que a criança avança para a idade adulta. Com a maturidade e o aumento das demandas ambientais, maior carga cognitiva é colocada sobre os sistemas frontais, modulando as respostas adequadamente na interação social. O desenvolvimento cortical pré-frontal é essencial para facilitar essas alterações (Tonks et al., 2017).

A percepção do afeto parece se desenvolver rapidamente desde o nascimento (e, nesse sentido, é vista como um subsistema distinto), mas também está inextricavelmente ligada à compreensão social. Baron Cohen (2000), por exemplo, demonstra que a percepção do afeto, indicada pela capacidade de detectar o *Faux Pas* social, se torna mais sofisticada com o amadurecimento. Essa dimensão de desenvolvimento só pode ser associada ao crescimento do córtex pré-frontal, que, por sua vez, influencia a compreensão perceptiva dos estados afetivos de outros.

A **Figura** 2 mostra o modelo de Tonks (2009) sobre o sistema de processamento socioemocional, que demonstra os três níveis de processamento envolvidos na orientação da competência social, apropriada em crianças, aqui descritos.

Figura 2 – Modelo de Processamento Socioemocional

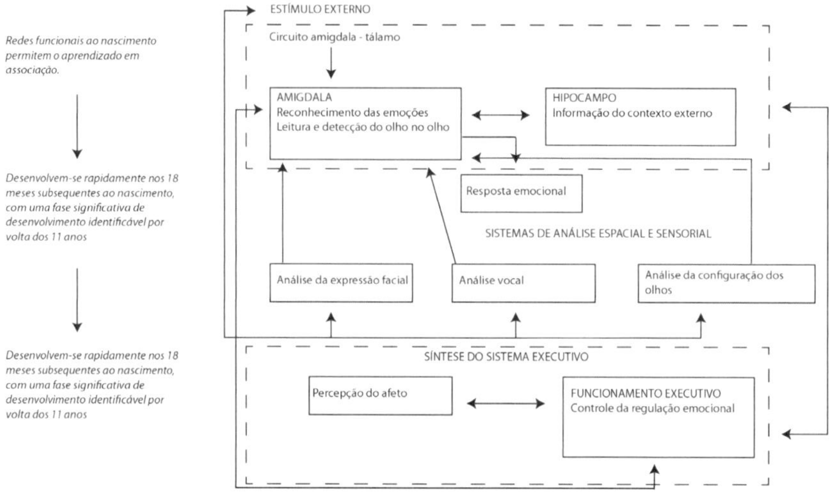

Adaptado de: Tonks et al. (2009).

Neste ponto, cabe-nos salientar que representar um fenômeno tão bonito quanto a emoção humana e a reciprocidade social e reduzi-lo a sete caixas em um diagrama de fluxo, parece-nos um tanto autista. Duvidamos que nossa definição aqui seja aprovada por escritores sobre experiências humanas, como Shakespeare.

É possível escrever sobre o amor como Shakespeare, como uma força selvagem e apaixonada com vontade própria, ou você pode fazê-lo por meio do nosso diagrama aqui. Esta, de forma alguma é como o cérebro realmente funciona. É apenas uma representação para nos ajudar a entender os processos, ou a falta deles, que representam vários tipos de apresentação autística e, crucialmente, se encaixa em algumas das teorias concorrentes mais reconhecidas do TEA. Estas são resumidas brevemente a seguir.

TEORIAS DO TEA

Autismo e Teoria da Mente

Essa teoria abrange todos os três níveis do nosso modelo (BARON-COHEN et al., 2000). Essa teoria ganhou seu lugar no DSM 5 como o primeiro dos critérios diagnósticos.

A comunicação prejudicada é baseada na interação social ruim. É vista como um conjunto de dificuldades em antecipar estados mentais de intenções comportamentais e prever o comportamento social de outros. A inferência social faz parte do território da teoria da mente e, portanto, as crianças com TEA podem ser auxiliadas a decompor o comportamento social em "bits" de informações menores, a fim de processá-lo de forma mais eficaz.

As Teorias de Funções Executivas e o TEA

Essa teoria está diretamente alocada no nível três do modelo, sendo o nível 1 relevante. Os problemas costumam decorrer da incapacidade de regular a excitação e ativação emocional intrínseca. Este tema tem sido cada vez mais abordado desde que os autores (PENNINGTON & OZONOFF, 1996 e outros) começaram a sugerir *links* entre as funções executivas e o TEA. Tornou-se, então, o segundo critério de diagnóstico no DSM 5. Embora o foco do DSM seja restrito a padrões estereotipados de comportamento, interesses e atividades de pessoas com TEA, é importante ter em mente a variedade de funções envolvidas no funcionamento executivo, incluindo a tomada de decisões, o planejamento, a iniciativa, a atribuição de prioridade, o sequenciamento, o controle motor, a regulação emocional, a inibição, a resolução de problemas, o controle de impulsos, o estabelecimento de metas, o monitoramento dos resultados da ação e a autocorreção (MIYAKE, FRIEDMAN, EMERSON, WITZKI & HOWERTER, 2000). A reabilitação aqui é frequentemente focada no aprendizado de estratégias (listas de verificações internas a serem executadas) a serem aplicadas em situações sociais.

O Modelo da Pobre Coerência Central do TEA

Nessa teoria está o nível 2 do modelo, contudo ele se baseia em aspectos do nível 3. Essencialmente, descreve o TEA como uma dificuldade em integrar e sintetizar informações em uma perspectiva coerente. Essa teoria foi citada pela primeira vez no trabalho de Frith (1989).

No nível sensorial, a análise perceptiva é um componente-chave da teoria, observando que indivíduos com TEA têm propensão a se concentrar primeiro em detalhes específicos de imagens ou objetivos, e não em um todo integrado.

Da mesma forma, eles podem não ter sucesso na identificação do significado contextual e da relevância do conhecimento anterior. O resultado é que no TEA a pessoa não entenderá situações ou contextos que já viu antes. Na avaliação, eles geralmente demonstram pontos fortes nas tarefas de raciocínio perceptivo, que tratam de ver os componentes individuais da tarefa.

A Teoria da Empatia e Sistematização no TEA

Como teoria, esta se baseia nos Níveis 1 e 3. Essa é uma teoria complexa, também originária de Simon Baron-Cohen (2002), que identifica essencialmente o TEA como um extremo do perfil cerebral masculino, evidente na população principal.

Baron-Cohen já havia vinculado a teoria às evidências de ressonância magnética das diferenças no tamanho do hemisfério cerebral e demonstrado os pontos fortes da sistematização extrema no TEA se comparada à empatia. A teoria se encaixa melhor com o "TEA feminino" porque há o reconhecimento de que pessoas com este espectro podem aprender "empatia cognitiva", mas isso não é o mesmo que atividade intrínseca e excitação.

Há um pequeno elemento na teoria que se relaciona ao nível 2 do modelo, o qual sugere que o sentimento recíproco de emoção (empatia real) está ausente no TEA, sistematizado extremo. Nesta teoria, há o reconhecimento da propensão para as pessoas com TEA se refugiarem nas regras. Eles tentarão entender a interação, buscando as regras das situações.

Terapia de Lego – uma abordagem de interação estruturada provou ser útil para crianças que gostam de tais abordagens. Eles tendem a desenvolver um comportamento de coleta seletiva (obsessivo-limite) altamente específico, localização de trens, coleta de objetos ou conhecimento de motores ou carros. Se não houver essa ordem, existe o potencial de indivíduos com essas dificuldades procurarem um sistema baseado em regras, a fim de estabelecer uma previsibilidade e ordem para as coisas.

INTERVENÇÕES NO TEA

As teorias supramencionadas apresentam modelos de TEA bem definidos. Começamos este capítulo afirmando que o TEA é um termo genérico. Na prática clínica, crianças com este espectro raramente apresentam conjuntos de comportamentos que se encaixam em qualquer teoria. Em vez disso, elas geralmente exibem alguns recursos de cada uma dessas teorias. A avaliação e as recomendações para tratamento e suporte, em seguida, logicamente devem se concentrar na identificação de recursos que podem ser atribuídos ao TEA como um conceito geral, mas considerando reatividade intrínseca, leitura de emoções espaciais sociais/sensoriais, síntese executiva e percepção do afeto.

Defendemos que uma abordagem útil deve procurar descobrir a compreensão do perfil individual da criança com autismo e as nuances exibidas por essas crianças, para que os adultos ao seu redor possam apoiá-las efetivamente. Isso será demonstrado a seguir nos exemplos de casos.

Caso 1: Thomas, 8 anos

Dependência excessiva de estrutura e da rotina: necessidade de previsibilidade. Thomas depende da estruturação de sua rotina.

Durante as férias escolares, ele luta com a mudança de rotina. Seus pais acharam útil ter um feriado estruturado. Por exemplo, atividades diárias durante as férias, usando um horário para ajudar Thomas a entender como serão suas férias.

Na escola, o professor de Thomas também usa um horário visual e Thomas é um dos ajudantes que garantem que o horário esteja atualizado.

Thomas tem interesses intensos e fixos. Geralmente, tudo isso consome e afeta a comunicação de Thomas com outras pessoas. Por exemplo, se conversar com Thomas sobre seus interesses, ele às vezes fará contato visual e vai parecer estar envolvido em comunicação recíproca.

Se a conversa mudar, Thomas se desligará e tentará continuar pensando em seu interesse. Por exemplo, ele perguntará adequadamente se pode realizar uma atividade diferente (ou seja, desenhar). Os desenhos de Thomas estão relacionados aos seus interesses e ele, muitas vezes, apenas voltará a conversar quando estiver pronto, oferecendo-se para compartilhar seus desenhos.

Thomas acha difícil gerenciar mudanças e, quando ocorrem, Thomas se concentra mais em seus interesses. Thomas fica rapidamente angustiado se algo inesperado acontece. Por exemplo, se eles estão fazendo compras e a família precisa ir a uma loja que não fazia parte originalmente do plano, Thomas ficará imediatamente muito angustiado. Seus pais descobriram isso e passaram a compartilhar com Thomas seus planos de compras, por exemplo, dizendo a ele quantas lojas eles visitarão e em qual ordem. Thomas costuma "encarregar-se" das compras e lembra seus pais qual rota eles precisam seguir no *shopping*. Seus pais descobriram que isso ajuda Thomas a gerenciar a atividade e a diminuir seus níveis de ansiedade.

– Induzindo Thomas a reconhecer sua própria ansiedade: os pais de Thomas o descrevem como feliz em brincar sozinho. Ele se envolve em jogos sociais recíprocos com eles, embora isso seja por curtos períodos de tempo. Thomas parece ficar contente com suas atividades.

Seus pais o incentivam a ter um "intervalo" quando percebem que ele está ansioso. Eles compartilham suas observações com Thomas, por exemplo, sinais físicos de ansiedade: "Thomas, você está com calor e está começando a torcer as mãos, eu me pergunto, será que você está preocupado com alguma coisa?". Thomas responde bem a essas solicitações, pois reconhece os sintomas físicos e recebe apoio de estratégias que o ajudam a gerenciá-los, como exercícios de respiração profunda, distração.

– Suporte aos relacionamentos com colegas: Thomas se envolve com colegas quando eles iniciam a interação. Ele fala com seus pais sobre os comportamentos que ele percebe que seus amigos estão tendo, por exemplo, não jogar pelas regras – no caso, no seu entendimento das regras. Thomas também disse ao seu professor, na frente de seus colegas, por que seus colegas não concluíram suas tarefas em sala de aula (por exemplo, estavam muito ocupados conversando e olhando livros). Thomas não entende o porquê de esse comportamento poder causar dificuldades no relacionamento, ressaltando que ele estava apenas dizendo ao professor o que aconteceu, uma vez que seus amigos não sabiam. O trabalho com a classe que apoiará Thomas na manutenção de relacionamentos com os colegas ajudará aqui. Essas abordagens podem incluir "tempo de círculo", "círculo de amigos" ou um "sistema de amigos" para Thomas.

Caso 2: Anna, 9 anos

Anna é muito empenhada e se destaca em seu trabalho acadêmico. Seus professores a descrevem como uma aluna tranquila, que trabalha bem e é muito útil. Anna prefere passar o tempo ajudando os professores nas atividades em sala de aula do que brincando com seus colegas.

– Emoção e autorregulação: Anna acha difícil expressar e gerenciar suas emoções. Ela "engarrafará" as preocupações e frustrações que foram desencadeadas durante o dia escolar. Se Anna passou por frustrações na escola (geralmente associadas a situações que ela considera desafiadoras), ela demonstrará ansiedade e angústia em casa. Ela pode ter sentimentos intensos de estar sobrecarregada e pode ter dificuldades para controlar seu humor quando seus irmãos não querem jogar o jogo de acordo com suas regras, ou quando acha um trabalho de casa difícil. Como resultado, Anna se apresenta de maneira diferente na escola em comparação com o lar.

– Reconhecimento de emoção: foi realizado um trabalho com a professora de Anna sobre as dificuldades dela em reconhecer e gerenciar suas emoções e sua tendência a ficar rapidamente sobrecarregada. Como turma, eles têm "intervalos cerebrais" regulares para ajudar Anna a gerenciar as demandas do trabalho acadêmico e há uma "zona de refrigeração" na turma, em que as crianças podem ir se precisarem de um tempo. A assistente de ensino da sala de aula monitora o trabalho de Anna e solicita que ela faça um "intervalo" durante as tarefas mais desafiadoras, lembrando Anna que ela pode continuar quando voltar e como isso ajuda a concluir o trabalho se ela fizer "uma pausa para o seu cérebro".

– Concentrar-se em detalhes ou objetivos específicos: os pais de Anna sabem que não podem interrompê-la quando ela estiver envolvida em uma tarefa, principalmente se a tarefa fizer parte de seu interesse. Quando Anna é interrompida, ela pode ficar frustrada e precisar recomeçar do início o que estava fazendo, como ao cantar uma música, ela volta ao começo. Seus pais notaram que Anna sempre inicia conversas dizendo "mãe" ou "pai". Se Anna for interrompida durante a conversa, ela começará novamente. Anna nem sempre responde aos outros quando eles fazem uma pergunta ou lhe dão uma instrução. Quando é garantido que outras pessoas verbalizem o nome dela no início da instrução/pergunta, Anna tem mais chances de responder. Dizer o nome de Anna a ajuda a processar as informações que seus pais e professores estão fornecendo e isso indica que eles estão falando com ela.

Caso 3 Dominic, 10 anos

Dominic faz as coisas de maneira diferente quando comparado aos seus irmãos mais velhos e a seus colegas. Dominic acha difícil entender a intervenção de seus pais quando ele está agindo de forma inadequada. Seus pais observam que é como se Dominic não pudesse ver o ponto de vista deles ou porque estão frustrados com ele quando o mesmo não conclui uma tarefa, por exemplo, na atividade quando Dominic e seu irmão se revezam para pôr a mesa do jantar.

O irmão recentemente se ofereceu para ajudar Dominic no dia em que era sua vez. Dominic ficou muito frustrado com o irmão e o empurrou. Quando seus pais perguntaram a Dominic sobre a discussão, ele disse que era a vez dele e não do irmão. Ele não conseguia entender que seu irmão estava apenas tentando ser útil e, por isso agiu de maneira inadequada, empurrando-o.

Dominic também acha difícil se envolver em conversas familiares. Ele fala sobre o irmão e fica frustrado quando seus pais o incentivam a deixar o irmão compartilhar a opinião dele. Essas dificuldades foram resolvidas levando Dominic a usar uma "bola falante" ao iniciar conversas em família (a pessoa que fala deve estar segurando a bola falante). O professor de Dominic agora também usa uma "bola falante" durante uma discussão em sala de aula e Dominic responde bem a essa estratégia.

Dominic acha realmente difícil quando lhe dizem que ele não pode fazer algo. O uso de palavras alternativas para dizer "não" foi útil para gerenciar essas situações.

Dominic fixou interesses nos quais ele se concentra muito, como o Lego: Dominic passa horas criando objetos de Lego, prestando atenção ao processo e formação da estrutura do brinquedo, em vez de criar modelos. Na verdade, ele não se envolve na criação de carros ou prédios imaginativos.

Dominic usa sua própria linguagem. Por exemplo, ele criou suas próprias palavras para certos objetos e fica frustrado se as pessoas o corrigem ou não as usam.

Dominic tem um entendimento literal da linguagem. Quando outros usam metáforas comuns, Dominic interpreta o significado literal. Por exemplo, ele procurou ativamente um gato quando sua mãe disse que "deixara o gato fora da bolsa" quando Dominic disse à irmã qual era o presente-surpresa de aniversário dela.

Dominic tem dificuldade em entender o espaço pessoal e o comportamento socialmente aceitável. Por exemplo: quando em um ônibus está ocupado, ele faz comentários em voz alta sobre as apresentações de estranhos. Conversar sobre "histórias sociais" ajudou a ensinar Dominic sobre o espaço pessoal e o comportamento socialmente aceitável. Quando está fora, seus pais lembram Dominic de respeitar o espaço pessoal, fazendo com que ele fique atento à sua "bolha pessoal do espaço" e mostrando a ele um desenho que ele fez para representar sua bolha.

CONCLUSÃO

Neste capítulo, discutimos a evolução do processamento emocional e da comunicação social no contexto da morfologia e organização cerebral.

Observamos que a sincronicidade na interação social é uma característica crítica do desenvolvimento e que quando uma criança tem o autismo, a sincronicidade da interação é perdida.

Destacamos que a comunicação social depende de vários sistemas de emoção e processamento social no cérebro, operando em paralelo. Existem diferentes teorias concorrentes a respeito do TEA e, dada a complexidade dos sistemas cerebrais que permitem uma função social proficiente, isso não é surpreendente.

Em seguida, apresentamos casos que demonstram crianças com TEA com um conjunto de sintomas, conforme mencionado nas diferentes correntes teóricas. Portanto, sempre é importante adotar uma abordagem individualizada para o manejo clínico de crianças com o TEA. Essa abordagem reconhecerá os padrões idiossincráticos de comportamento que essas crianças têm e auxiliará na adaptação e no emprego de estratégias de reabilitação personalizada e de fatos eficientes.

REFERÊNCIAS

ADOLPHS, R. Neural Systems. In: Recognising Emotion. **Current Opinion In Neurobiology**, 12, p. 1-9, 2002.

AITKEN, K. J.; TREVARTHEN, C. Self-other organization in human psychological development. **Development and Psychopathology**, 9:651-75, 1997.

AMERICAN PSYCHIATRIC ASSOCIATION. **Diagnostic and statistical manual of mental disorders**, 5th ed. Washington DC, USA, 2013.

BARON-COHEN, S.; TAGER-FLUSBERG, H.; COHEN, D.J. **Understanding others minds**: Perspectives from developmental cognitive neuroscience. Oxford University Press, 2000. p. 409-411.

BARON-COHEN, S. The Extreme Male Brain Theory Of Autism. **Trends In Cognitive Sciences**, 6, p. 248-254, 2002.

BRADSHAW, J. L. **Human Evolution**: A Neuropsychological Perspective. Hove, UK: Psychology Press, 132, 1997.

BUCK, R. **The communication of emotion**. New York, USA: The Guildford Press, viii, 1984.

DAMASIO, A. R. Descartes Error: Emotion Reason and The Human Brain. London: Heinemann. In: DENNET, C. D. Review of Damasio's Descartes Error. **The Times Literary Supplement**. Aug 25th 1995. p. 3-4.

DAMASIO, A. R. The somatic marker hypothesis and the possible functions of the prefrontal cortex. **Philosophical Transactions of the Royal Society London B**: Biological Sciences, 351, p. 1413-1420, 1996.

DAMASIO, A. R. The Feeling Of What Happens: Body Emotion & The Making Of Consciousness. London: Heinemann. In: CHARLTON, B. G. Review of The Feeling Of What Happens: Body Emotion & The Making Of Consciousness. **JRSM**, 93, p. 99-101, 1999.

DEACON, T. **The Symbolic Species. The Co-evolution Of Language And The Human Brain**. London, UK: Penguin, 1997. p. 340-49.

ECKER, C.; SUCKLING, J.; DEONI, S. C. et al. Brain anatomy and its relationship to behavior in adults with autism spectrum disorder: a multicenter magnetic resonance imaging study **Archives of General Psychiatry**, 69, p. 195-209, 2012.

FRIDLUND, A. J. **Facial expression**: An evolutionary view. London, UK: Academic Press, 39, 1994.

FRITH, U. Autism: Explaining the Enigma. Oxford: Blackwell Publishing, 1989.

FRITH, U.; FRITH, C. D. Development and neurophysiology of mentalizing. **Philosophical Transactions of the Royal Society B**: Biological Sciences, 358, p. 459-473, 2003.

HALLMAYER J.; CLEVELAND S.; TORRES A. et al. Genetic heritability and shared environmental factors among twin pairs with autism. **Archives of General Psychiatry**, 68, p. 1095-1102, 2011.

LEEKHAM, S. **Social cognitive impairment and Autism**: what are we trying to explain? Philosophical Transactions of the Royal Society B: Biological Sciences, 371(1686), p.1-8, 2016.

LESTER, B.; HOFFMAN, J.; BRAZELTON, T.B. The Rhythmic Structure of Mother-Infant Interaction in Term and Pre-Term Infants. **Child Development**, 56, p. 15-27, 1985.

MIYAKE, A.; FRIEDMAN, N. P.; EMERSON, M. J. et al. The unity and diversity of executive functions and their contributions to complex "frontal lobe" tasks: A latent variable analysis. **Cognitive Psychology**, 41, p. 49-100, 2000.

PAPEZ J. W. A proposed mechanism of emotion. **Arch Neurol Psychiatry**, 38, p. 725-43, 1937.

PENNINGTON, B. F.; OZONOFF, S. Executive functions and developmental psychopathology. **Child Psychology & Psychiatry**, 37, p. 51-87, 1996.

ROTH, I. **Introduction to psychology (Vol 1)**. Milton Keynes, UK: Psychology Press in assoc. with O.U., p.110, 114, 2000.

SERRANO J. M.; IGLESIAS J.; LOECHES, A. Infants' responses to adult static facial expressions. **Infant Behavior and Development**, 18, p. 477-482, 1995.

SHAFFER, R. H. In: SLATER, A.; BREMNER, G. **An Introduction To Developmental Psychology**. Padstow, UK: Blackwell.172-175, 2003.

SKUSE, D. Fear recognition and the neural basis of social cognition. **Child & Adolescent Mental Health**. 8, p. 50-57, 2003.

TONKS J.; WILLIAMS, W. H.; SLATER, A. M. et al. Is damage to the pre-frontal cortex dormant until adolescence, or difficult to detect? Looking for keys that unlock executive functions in children in the wrong place. **Medical Hypotheses**, 108, p. 24-30, 2017.

TONKS, J.; SLATER, A.; FRAMPTON, I. et al. The development of emotion and empathy skills after childhood brain injury. **Developmental Medicine and Child Neurology**, 51, p. 8-16, 2009.

TREVARTHEN, C. The foundations of intersubjectivity: Development of interpersonal and cooperative understanding. In: Olson, D. (Ed.). **The social foundation of language and thought: Essays in the honor of Jerome Bruner**, New York: Norton, 1980. p. 316-341.

TREVARTHEN, C. Autism as a neurodevelopmental disorder affecting communication and learning in early childhood: prenatal origins, post-natal course and effective educational support. **Prostaglandins, Leukotrienes, and Essential Fatty Acids**. 63: 41-6, 2000.

ZWAIGENBAUM, L.; BRYSON, S.; GARON, N. Early identification of autism spectrum disorders. **Behavioural Brain Research**, 251, p. 133-146, 2013.

16. A REABILITAÇÃO NEUROPSICOLÓGICA PARA CRIANÇAS E ADOLESCENTES EM HOSPITAL DIA INFANTOJUVENIL

Adriana Dias Barbosa Vizzotto
Cristiana Castanho de Almeida Rocca
Telma Pantano

INTRODUÇÃO

A literatura é robusta quanto à quantidade de pesquisas que delinearam a presença de *déficits* cognitivos em transtornos psiquiátricos, tanto na população adulta quanto na infantil. As funções cognitivas são recrutadas em todas as ações e as formas de pensamento utilizadas no funcionamento diário, sendo que problemas cognitivos poderão impactar negativamente a qualidade de vida à medida que interferem no desempenho funcional do indivíduo (KIM et al., 2018).

Nos transtornos psiquiátricos, as alterações são abrangentes e a disfuncionalidade surge em diversos processamentos, tanto de ordem cognitiva quanto emocional, incluindo linguagem, atividades de vida diária, desorganização no reconhecimento e na funcionalidade das emoções, bem como em processos cognitivos básicos, como processamentos auditivos e visuais, atenção, memórias e funções executivas.

As consequências tendem a ser vistas e observadas em diferentes contextos e ambientes, como sociais, educacionais e na vida diária. Com relação às atividades de vida diária, essas crianças são frequentemente consideradas dependentes e/ou demoram a adquirir habilidades e hábitos da rotina familiar de forma adequada e dinâmica. Da mesma forma, muitas vezes a família acaba fazendo essas atividades para as crianças, tornando-as cada vez mais dependentes da regulação externa.

Socialmente, as questões de linguagem, a falta de reconhecimento e a autorregulação emocional trazem dificuldades de relacionamento inter e intrapessoal por meio da imaturidade no reconhecimento dos sinais que poderiam levar a uma leitura ambiental adequada, permitindo uma maior regulação das emoções. Dessa forma, tanto o comportamento verbal quanto o não verbal se tornam imprecisos e deslocados do contexto situacional, trazendo prejuízos nos relacionamentos e na autorregulação.

As questões apresentadas refletem diretamente no ambiente educacional já que a grande exigência é, sem dúvida, a autonomia e a estruturação das interações sociais. Comumente, observamos queixas relativas às dificuldades em aceitar atividades estruturadas e com longos períodos de estimulação, às dificuldades na retenção de informações e na manipulação de conteúdos de forma intra (estruturação do pensamento) e interlinguísticas (ao passar o pensamento verbal para a escrita, considerando o interlocutor), além das falhas na organização e no planejamento de atividades educacionais na promoção de um contexto educacional saudável.

O ambiente familiar encontra-se, então, extremamente fragilizado no contexto dessas patologias, seja como causa ou como consequência da apresentação das características das patologias. Se somarmos a essas questões os fatores sociais e o preconceito com relação às patologias psiquiátricas, é possível ter ideia da desorganização familiar que essas crianças vivenciam. É cada vez mais frequente os sentimentos de impotência dos familiares e as críticas sociais com relação às terapias, aos tratamentos, às estimulações e, de forma prioritária, à medicalização nessa população, trazendo às famílias maior instabilidade e falta de apoio social.

Sem dúvida, a interação entre cérebro e ambiente é a grande responsável pelas diferentes apresentações observadas nessas populações com relação aos aspectos citados, além de aspectos como idade de início da sintomatologia e a fase do desenvolvimento na qual a criança se encontra. De uma forma geral, quanto mais precoce o início dos sintomas, maior a desorganização e as disfunções observadas.

Sendo assim, vem se observando na literatura científica esforços para delinear programas de intervenção, que tragam evidências empíricas (KIM et al., 2018).

As intervenções em Neuropsicologia, sejam aquelas denominadas como reabilitação ou remediação cognitiva e RN, são formas de atuar que precisam considerar as características desenvolvimentais da criança e do adolescente, bem como as necessidades de interação com equipe multidisciplinar. De forma específica, nos transtornos neuropsiquiátricos, a patologia de base e as questões ambientais que vão se inserindo provocam alterações no funcionamento neuronal, o qual se torna disfuncional.

REABILITAÇÃO NEUROPSICOLÓGICA (RN)

O termo Reabilitação Neuropsicológica (RN) refere-se a programas que buscam a recuperação funcional de pacientes com quadros neurológicos, psiquiátricos ou mesmo desenvolvimentais, em diferentes domínios do conhecimento. Não se refere exclusivamente a profissionais de uma área específica, mas possui uma abordagem multidisciplinar por sua natureza, uma vez que a integração cérebro-ambiente deve ser a prioridade nas mais diversas áreas de atuação, visando a melhora do funcionamento global do paciente.

O principal diferencial de programas de RN é a consistência na intervenção, uma vez que eles devem se basear em pressupostos teóricos, os quais considerem a interface cérebro-comportamento. Eles devem envolver sessões bem estruturadas e com controles de processos a serem estimulados intra e extrassessões; ou seja, a reabilitação deve envolver a manipulação e o controle das variáveis envolvidas a serem estimulada. Assim, uma RN da atenção precisa envolver uma avaliação dos processos atencionais que servirão de Base para o controle do progresso funcional do paciente (controle extrassessão). Da mesma forma, cada sessão deve ter objetivos claros e ser controlada por medidas precisas de ganhos e/ou processos realizados por meio de controles, como tempo e ganhos cognitivos/emocionais (controle intrassessão).

Ao final do programa, são necessárias novas avaliações para a verificação dos ganhos cognitivos, emocionais e, principalmente, funcionais. Dessa forma, o processo deve ser objetivo e mensurável. Técnicas de compensação tendem a ser necessárias para contribuir com a melhora do paciente, já que algumas habilidades têm a possibilidade de estar prejudicadas de forma permanente, principalmente após quadros neurológicos.

Entretanto, o mais comum em patologias neuropsiquiátricas é a necessidade de reorganização ambiental, cognitiva e emocional devido às disfuncionalidades e não às lesões. Conhecer o diagnóstico primário e a progressão da doença permite, ao profissional que aplica a RN, melhorar, compensar ou impedir a evolução de algum *déficit* cognitivo ou estressor ambiental, visando a melhoria da qualidade de vida do paciente em diversos ambientes, sejam familiares, sociais ou escolares.

A atuação torna-se, então, multidisciplinar e o trabalho em parceria se mostra fundamental (SANTOS, 2004; 2006; SOHLBERG & MATEER, 2011; ABRISQUETA-GOMES, 2012). Os dados da avaliação devem estar disponíveis para toda a equipe multidisciplinar e são um importante parâmetro de atuação clínica e resposta funcional do paciente. As testagens devem ser pensadas e organizadas de forma a fornecer dados não só em situações de avaliação, mas também em situações ecológicas, ou seja, de vida diária. Os dados devem ser objetivos e permitir o uso de medidas comparativas de forma longitudinal.

As entrevistas, escalas e testes específicos devem ser selecionados proporcionando uma medida real do funcionamento cognitivo e comportamental de cada paciente. Sabe-se que há relação entre os problemas cognitivos, emocionais e psicossociais, assim, as funções cognitivas não podem ser dissociadas da emoção e da motivação, sendo importante entender e considerar estas relações na estruturação de um programa de intervenção.

O objetivo é traçar as funções que estão deficitárias e serão alvo do processo de reabilitação em relação ao tempo de intervenção. As funções com um desenvolvimento adequado, ou com maior potencial de funcionamento, devem ser utilizadas como recursos motivacionais, auxiliando as funções deficitárias.

Dessa forma, será possível estabelecer metas a serem traçadas e recursos a serem disponibilizados para a criação de estratégias, visando atingir a meta (em curto prazo) e os objetivos (em longo prazo) (WILSON, 1997; HAMDAN et al., 2011; SOHLBERG & MATEER, 2011; ABRISQUETA-GOMES, 2012).

INTERVENÇÕES MULTIDISCIPLINARES

Os programas descritos a seguir foram formatados para atender a demanda de pacientes do Hospital dia infantojuvenil (HDI) do Instituto de Psiquiatria do Hospital das Clínicas da Faculdade de Medicina da Universidade de São Paulo (IPQ-HC-FMUSP), no qual as semi-internações ocorrem pelo período de três meses, e os pacientes, entre 06 e 17 anos e 09 meses, participam junto com seus pais ou cuidadores de várias abordagens terapêuticas grupais e individuais.

Em relação às atividades grupais, foram estruturados programas de estimulação de habilidades cognitivas (atenção, memória e funções executivas para o estudo) e de cognição social (habilidades sociais, socioemocionais, pragmática e reconhecimento de emoções) e o programa de terapia ocupacional.

A escolha de funções cognitivas presentes nestes programas, e que os intitulam, decorreu das características dos pacientes que entravam para este regime de internação parcial. Apesar da diversidade de possíveis diagnósticos, uma característica comum desses pacientes é a desregulação comportamental, a qual tem a interferência de aspectos cognitivos e emocionais. Assim, sabe-se que a atenção é uma função cognitiva que se encontra alterada, em alguma instância, na maioria dos quadros psiquiátricos, e soma-se a isso a interferência das alterações atencionais na memória, à medida que possibilita o registro de poucas informações do paciente, embora ele possa recordá-las após intervalo controlado de tempo.

As habilidades sociais e o reconhecimento das próprias emoções e da emoção dos outros também são aspectos que se mostram pouco desenvolvidos, uma vez que uma característica comportamental frequente nestes pacientes são os comportamentos disruptivos. O treino em pragmática vem complementar as habilidades linguísticas necessárias para a reabilitação de habilidades sociais, uma vez que enfoca as questões funcionais da comunicação verbal e não verbal por meio de recursos visuais e auditivos.

As funções executivas envolvem a capacidade de iniciativa, a organização e o planejamento, a flexibilidade mental e o controle inibitório, aspectos estes fundamentais para um comportamento funcional, seja na vida prática ou acadêmica, sendo assim, consideradas nos programas oferecidos.

As atividades de vida diária enfocam desde as atividades básicas, como higiene, alimentação e vestuário, até as instrumentais de vida diária, como organização do dia a dia, uso do transporte, uso do dinheiro, cuidado com objetos pessoais, bem como atividades de lazer e repouso (Aota, 2014), sendo trabalhadas pela equipe de terapia ocupacional.

As sessões têm a duração de uma hora, com frequência semanal para cada grupo de estimulação. Os grupos de estimulação acontecem em 12 sessões, e tanto o paciente como seu acompanhante participam. Esta decisão foi tomada a partir do referencial de que o adulto cuidador é o agente generalizador das intervenções cognitivas e comportamentais que se faz com crianças.

A avaliação neuropsicológica multidisciplinar ocorre durante o período de internação, como parte do protocolo de atendimento, entretanto não é específica para a inserção nestes grupos. O protocolo de avaliação é bastante abrangente, oferecendo dados para a equipe multiprofissional tanto sobre o funcionamento cognitivo, a linguagem, atividades de vida diária como sobre o desenvolvimento emocional.

Para avaliar as habilidades sociais e de emoção expressa foram utilizadas escalas de atenção no início e no final dos grupos, além da elaboração de um questionário, pelas responsáveis dos programas de estimulação da atenção e da memória, em que os participantes avaliam o processo. Para todos os grupos, é utilizada uma **Ficha de identificação do paciente**, na qual constam as seguintes informações: nome, idade, diagnóstico, medicação utilizada, data da entrada e da saída da internação. O **Quadro 1**, que você verá adiante, apresenta as escalas utilizadas nos grupos de estimulação.

As sessões são estruturadas com o uso do programa *Power Point*, em que os *slides* contêm definições teóricas sobre a função cognitiva trabalhada, sua correlação com o comportamento na vida prática e atividades a serem realizadas durante a sessão.

O objetivo de apresentar definições teóricas, com vocabulário adaptado, é de promover a psicoeducação sobre as funções cognitivas trabalhadas, e assim, favorecer a capacidade de auto-observação e de observação e monitoramento do filho em relação ao comportamento que ele emite, o qual pode estar sob a interferência da dificuldade naquela função (atenção, memória, habilidades sociais e reconhecimento de emoções).

As atividades selecionadas sempre atendem a todas as idades, pois esta é outra característica dos participantes, e o importante é a mediação da terapeuta em como realizá-las, portanto, pacientes, pais ou cuidadores que tenham mais dificuldade recebem maior atenção em termos de mediação.

A mediação é uma prática usada pela terapeuta para ir *"guiando"* o participante, por meio de questionamentos e dicas, na realização da atividade, promovendo a capacidade de resolução de problema. Atividades são apresentadas em *Power Point* e realizadas oralmente e em folhas, de forma individual ou em duplas: criança – pais/cuidador.

Em todo início de sessão, os pacientes relembram pontos principais abordados na sessão anterior e, frequentemente, há tarefas para realizarem em casa, recolhidas ou conversadas no início da sessão posterior. Os grupos são abertos porque esta é uma necessidade do programa do HDI, ou seja, os participantes podem iniciar sua participação em qualquer sessão em curso, assim que são aceitos no HDI, porém eles precisam cumprir as 12 sessões.

As sessões, embora retomadas sequencialmente, não são necessariamente ligadas umas as outras. Há um início e um fim para cada sessão, contudo, ao final do programa, os participantes terão passado por todas as definições e atividades que o compõem.

Ganhos quantitativos não são mapeados com avaliações extensas e testes neuropsicológicos; o foco centra-se na melhora funcional, avaliada com escalas de comportamento. Sendo assim, a avaliação final segue um enfoque mais qualitativo, de autopercepção sobre aquisições obtidas, seja por esclarecimento teórico, ou por conseguir fazer uso das estratégias e orientações aprendidas. Foi em decorrência desta forma de organização que se optou pela nomenclatura *"estimulação"* (**Quadro 1**).

Quadro 1 – Instrumentos de avaliação utilizados nos grupos de estimulação para caracterizar a funcionalidade e o perfil dos cuidadores

Grupos de Estimulação	Escalas de Avaliação
Atenção	Questionário SNAP-IV (validado por Mattos et. al., 2006).
Memória	Ficha de avaliação pré e pós-intervenção (elaborada especificamente para avaliar o programa).
Habilidades Sociais	SMHSC – Sistema multimídia de habilidades sociais de crianças de 7 a 12 anos (Del Prette, Del Prette, 2005). IHSA – Inventário de habilidades sociais para adolescentes de 12 a 17 anos (Del Prette, Del Prette, 2009). IHS – Inventário de habilidades sociais (Del Prette, Del Prette, 2001).
Reconhecimento de emoções e habilidades socioemocionais	Escala das emoções (Eckman, 2011).
Funções Executivas e Estudo	Escala de estratégias de aprendizagem (EAVAP-EF) (Oliveira, Boruchovitch & Santos, 2010). Narrativa produzida pelo paciente.
Pragmática	Escala de perfil pragmático (Dewart & Summers, 1995 – Tradução de Fontes, 2009).
Terapia Ocupacional e Atividades de Vida Diária	The Roll Evaluation of Activities of Life (The Real™) (Roll and Roll, 2013). DO-EAT (Josman, Goffer, Rosenblum, 2010).
Áreas de Observação	Escalas de Avaliação
Aspectos cognitivos e funcionais	*Core set* da Classificação Internacional de Funcionalidade (CIF-CJ, 2011).
Atuação neuropsicológica com os pais	IEP – Inventário de Estilos Parentais – Manual (Gomide, 2006). Questionário de emoção expressa (Friedmann & Goldstein, 1993). Burden Interview Scale – versão Brasileira (Scazufca, 2002).

CASO CLÍNICO

História do Paciente

A coleta de dados sobre a história de vida do paciente foi feita por meio de entrevistas e escalas realizadas com a mãe, o pai e o próprio paciente *Bruno* (nome fictício), observação de fotos, vídeos e cadernos de escola, revisão de prontuário e de relatórios de profissionais que acompanharam o paciente.

Identificação

B. de 15 anos, sexo masculino, solteiro, estudante do 7º ano do ensino fundamental (EMEF), católico, filho único por parte de pai e mãe, natural de São Paulo – capital. Chegou ao HDI-IPQ-HC-FMUSP após um relato de que ele *"havia ficado diferente"* (sic).

Situação Familiar

Mora com a mãe e tem contato frequente com um primo e outros poucos familiares. Quando tinha oito anos, os pais se divorciaram. Hoje em dia, tem pouco contato com o pai, que o leva para passear, mas tem dificuldade em conversar com ele.

Gestação e Parto

Não houve intercorrências no período gestacional. O parto foi normal e a termo. O pai contou que ao momento do nascimento, o médico informou que faltava uma artéria no cordão umbilical do paciente e que poderia haver ausência ou defeito de órgãos internos, o que motivou a busca por avaliações. Teve suspeita de pé torto congênito e, ao caminhar, quadro compatível com encurtamento do tendão de Aquiles.

Desenvolvimento Neuropsicomotor

Ele apresentou atrasos no desenvolvimento neuropsicomotor, diagnosticado por neurologista infantil e tomografia computadorizada de crânio normal aos dois anos de idade, porém a família justificava que eram muito *"leves"* (sic).

Intervenções Realizadas

Aos três anos iniciou acompanhamento com fonoaudióloga e foi sugerido que iniciasse atividades na creche para estimular seu desenvolvimento. A fonoaudióloga, que o acompanhou dos três aos 10 anos de idade, informou que acompanhava o paciente por diagnóstico de atraso do desenvolvimento e o avaliou como distante, com comportamentos e linguagem estereotipada. Segundo relato dos pais, dos seis aos oito anos, B. *"não conversava normal, só falava de brinquedos e desenhos"*.

Vida Escolar)

Segundo relato da mãe, *"ele sempre foi normal"* no ambiente escolar. Relata que *"sempre se deu bem em matemática"* e *"tem a mania"* de ver TV de lado e tomar líquidos com canudo, que a mãe leva ainda hoje. Mãe refere que *"nunca foi de conversar"*, *"não é de se relacionar com crianças, só os primos"*. Aos oito anos, a mãe foi chamada pelo professor de esportes que perguntou se havia algo de errado com o paciente, pois achou que ele era *"pouco motivado"*. Aos 11 anos, voltou da escola e perguntou à mãe o que significava um termo escatológico de uso comum dito por outros alunos, e aos 12 obedecia às meninas da sala que pediam para que ele fizesse coração com as mãos e mandasse *"beijinhos"* para os meninos, não compreendendo o que isto significava.

Características de Comportamento

De acordo com relato familiar, B. era uma criança pouco sociável, mas sem prejuízos funcionais nos ambientes escolar e familiar.

História do Problema Atual

Pais relataram que a abertura do quadro ocorreu após um acidente de carro sofrido pela família, no qual ficaram presos nas ferragens por bastante tempo. Após este episódio, o paciente ficou muito amedrontado, passou a dormir de porta trancada. Os sintomas persistiram de modo menos intenso no início, mas meses depois a mãe percebeu o paciente mais parado e triste. Os pais referem que por alguns dias ele apresentou alucinações auditivas que diziam que a mãe não era sua mãe real e o obrigava a dormir na sala. O paciente ficou duas semanas com dificuldades para alimentar-se e para dormir, passou a apresentar pensamento e comportamento desorganizados, ideação persecutória (*"os carros vão bater na gente"*) e, em um episódio que estava na casa da avó, pegou uma faca e colocou na garganta dela. Segundo relato da mãe, ele se referia uma voz mandando machucar as pessoas; segundo o próprio paciente, quando conseguiu organizar melhor o relato, ele achou que a avó tinha alguma relação com os assaltantes.

Os pais procuraram assistência médica e o paciente foi medicado com antipsicótico. Segundo relato da mãe, nesta época, um primo contou ouvir o paciente falar que ainda estava ouvindo uma voz o mandando fazer coisas e que estava sendo perseguido ("*o ladrão está lá na escola*"). B. referia que estava "*ficando esquecido*", "*não lembrava o dia da semana*" e "*não conseguia arrumar a mochila da escola*", levando a mudanças no antipsicótico utilizado. Nesta época, o pai relata que não conseguia desenvolver conversações e recorda-se de levar o paciente ao cinema e observá-lo olhando para baixo.

Posteriormente, a mãe percebeu que ele iniciou comportamento de perambular pela casa sem motivo aparente, o que vinha associado a solilóquio. Em agosto, "*a letra piorou*", os escritos do caderno foram substituídos por rabiscos, os conteúdos das respostas às avaliações tornaram-se incompreensíveis e a forma desagregada. Houve nova mudança medicamentosa, o que deixou o paciente insone, inquieto e com piora do solilóquio. B. foi então encaminhado para o serviço do HDI-IPQ-HC-FMUSP acima relatado.

Hipóteses diagnósticas: Transtorno do espectro autista; Esquizofrenia de início na infância.

Avaliações Multidisciplinares

Após a triagem para inserção no HDI, B. iniciou o processo de avaliação inicial, o qual constava da entrevista psiquiátrica para a obtenção de dados de desenvolvimento e da história clínica, bem como a determinação do regime medicamentoso. A partir daí, B. e sua mãe receberam a grade de atendimento, na qual constavam os horários de atendimento de todas as intervenções realizadas. Um primeiro mapeamento, que visa orientar aos profissionais quanto às condições de funcionamento de B. é o preenchimento do *Core-set* da CIF (2011), que está ilustrado no **Quadro 2**.

Quadro 2 – Funcionalidade Core-Set – CIF (entrada)

Funções Mentais	Início
B114 – Orientação	2
B130 – Energia e Impulsos	4
B140 – Atenção	3
B144 – Memória	3
B147 – Psicomotoras	3
B156 – Percepção	3
B160 – Pensamento	3
Cognitivos superiores	
B1641 – Organização e Planejamento	3
B1642 – Gerenciamento do Tempo	3

Funções Mentais	Início
B1645 – Julgamento	3
B1646 – Resolução de Problemas	3
B167 – Funções Mentais da Linguagem	4
B310 – Funções da voz	2
B320 – Funções da articulação	0
B330 – Funções da Fluência e do Ritmo da Fala	0
Atividade e Participação	
D110 – Observar	3
D155 – Aquisição de Habilidades	3
D160 – Concentrar a Atenção	3
D163 – Pensar	3
D175 – Resolver Problemas	3
D177 –Tomar Decisões	3
D115 – Ouvir	3
D130 – Imitar	4
D131 – Aprender por meio da interação com os objetos	4
D132 – Adquirir Informação	4
D133 – Adquirir Linguagem	4
D134 – Desenvolvimento da Linguagem	3
D137 – Adquirir conceitos	4
D140 – Aprender a Ler	0
D145 – Aprender a Escrever	0
D163 – Pensar	3
D175 – Resolver problemas	3
D177 – Tomar decisões	3
D310 – Comunicar e receber mensagens orais	3
D315 – Comunicar e receber mensagens não verbais	4
D325 – Comunicar e receber mensagens escritas	3
D330 – Falar	1
D335 – Produzir mensagens não verbais	4

Tarefas e Demandas Gerais	
D2100 – Realizar uma Tarefa Simples	3
D2101 – Realizar uma Tarefa Complexa	3
D2102 – Realizar uma Tarefa de Forma Independente	3
D2103 – Realizar uma Tarefa Única em Grupo	3
D230 – Executa a Rotina Diária	3
Comunicação	
D350 – Conversar com uma ou mais pessoas	3
Relações e Interações Interpessoais	
D710 – Interações Interpessoais Básicas	3
D740 – Relações Formais (com equipe)	3

Legenda: 0 – Nenhuma deficiência; 1 – Deficiência ligeira; 2 – Deficiência moderada; 3 – Deficiência grave; 4 – Deficiência completa; 9 – não se aplica.

Em seguida ao preenchimento do *Core-Set* da CIF, B. foi encaminhado para as avaliações de áreas específicas as quais estão descritas a seguir:

Neuropsicologia

A avaliação neuropsicológica é um exame que visa traçar um mapeamento das características cognitivas e emocionais, as quais possibilitam a obtenção de dados que promovam o conhecimento de como o paciente lida com informações que lhe são novas, ou que foram aprendidas anteriormente, e se existe, entre a modalidade verbal e não verbal, uma melhor forma de funcionamento, bem como a velocidade de processamento das informações e o desenvolvimento de funções executivas fundamentais para a adaptação e os processos de aprendizagem. A análise dos dados cognitivos é feita a partir de normatizações de cada instrumento (HARVEY, 2012).

Na esfera emocional, busca-se a descrição de aspectos que estejam dificultando as relações interpessoais, além da percepção que ele tem quanto ao ambiente que o cerca. Tais dados são passados para a equipe e redigidos em um laudo que será entregue à família no final do processo de internação parcial.

A seguir será apresentada a tabela de resultados dos testes cognitivos e a discussão destes com comentários qualitativos (**Tabelas 1 e 2**).

Tabela 1 – Pontuação obtida na Escala Wechsler de Inteligência para crianças

Função Avaliada	Normas Brasileiras	
	Q.I. (percentil)	Faixa de desempenho
Desempenho global	70 (02)	Limítrofe
Índice de compreensão verbal	88 (21)	Média inferior
Índice de organização perceptual	83 (13)	Média inferior
Índice de memória operacional	74 (04)	Limítrofe
Índice de velocidade para processar a informação	52 (0,1)	Abaixo da média
Resultados Obtidos Subtestes	**Resultado ponderado (percentil)**	Faixa de Desempenho
Raciocínio abstrato verbal (Semelhanças)	09 (37)	Média
Conhecimentos gerais (Informação)	05 (05)	Limítrofe
Conhecimento semântico (Vocabulário)	09 (37)	Média
Julgamento e crítica (Compreensão)	06 (09)	Limítrofe
Capacidade de análise, síntese e planejamento (Cubos)	06 (09)	Limítrofe
Raciocínio lógico abstrato (Raciocínio Matricial)	07 (16)	Média inferior
Capacidade para identificar detalhes (Completar Figuras)	05 (05)	Limítrofe
Raciocínio abstrato visual (Conceitos Figurativos)	07 (16)	Média inferior
Análise de situações sociais na prática (Arranjo de Figuras – WISC III)	03 (01)	Abaixo da média
Raciocínio aritmético (Aritmética)	03 (01)	Abaixo da média
Memória operacional (Seq. números e letras)	05 (05)	Limítrofe
Atenção auditiva (repetição de dígitos) Dígitos Diretos Dígitos Inversos	04 (02) 05 (05) 06 (09)	Abaixo da média Limítrofe Limítrofe
Rapidez visomotora (Código)	02 (01)	Abaixo da média
Rapidez para análise visual (Procurar Símbolos)	02 (01)	Abaixo da média

Fonte: WISC – IV, 2013.

Legenda: Q.I. = quociente intelectual // Seq. = sequência.

Tabela 2 – Pontuação dos testes atencionais BPA e Figura Complexa de Rey

BPA	Percentil (por idade)	Faixa de Desempenho	Percentil (por escolaridade)	Faixa de Desempenho
Atenção Concentrada	20	Abaixo da média	30	Média inferior
Atenção Alternada	10	Abaixo da média	25	Média inferior
Atenção Dividida	20	Abaixo da média	30	Média inferior
Geral	15	Abaixo da média	25	Média inferior
Organização Perceptual Figura Complexa de Rey	Resultado Bruto	Média e (Desvio Padrão)	Percentil	Faixa de Desempenho
Cópia	13,5	33,96 (2,74)	<0,1	Abaixo da média
Evocação	–	19,96 (7,42)	–	–

Fonte: RUEDA, 2013.

O comportamento de B. durante o processo de avaliação neuropsicológica foi de pouco interesse pelo processo, demonstrando fadiga rápida, pouca tolerância a desafios, frustrações e necessidade de empreender esforço mental. Assim, as sessões duravam de 20 a 30 minutos apenas. Apesar da idade, todas as provas foram iniciadas de itens muito fáceis, anteriores a idade base dele, mas, mesmo assim, B. desanimava rápido, requerendo estimulações e incentivos constantes. É importante descrever estas atitudes, pois podem se repetir nas intervenções. Atividades de memória, que consistiam em memorizar histórias e cenas, foram recusadas por ele.

A avaliação do nível e da eficiência intelectual foi realizada por uma bateria composta por provas que exigiam por um lado a mediação da linguagem para a elaboração das respostas e, por outro as capacidades de análise espacial, integração visual e motora, além das habilidades de rapidez visomotora e da atenção.

Os resultados obtidos por B. revelaram que seu perfil cognitivo estava marcado por limitações importantes em todas as esferas avaliadas: compreensão verbal, organização perceptual, atenção/memória operacional e velocidade de processamento, revelando um nível de dificuldade muito comprometedor para o processo de aprendizagem e de adaptação geral.

O perfil cognitivo encontrado será descrito de forma resumida:

Em relação ao raciocínio abstrato, função cognitiva de fundamental importância para entender e relacionar conceitos quando se aprende sobre um tema, bem como para compreender a ligação entre diferentes conhecimentos, B. apresentou melhor rendimento na tarefa verbal em comparação com as tarefas não verbais (subtestes Semelhanças versus Raciocínio Matricial e Conceitos Figurativos). O desempenho de B. nestas três provas deu mostras de que ele é um menino que realiza com esforço atividades que recrutam raciocínio lógico verbal e enfrenta muitas dificuldades em atividades nas quais precisa pensar via imagens.

Seu conhecimento léxico estava na faixa média e ele foi avaliado por uma tarefa que requeria a definição de vocábulos (subteste Vocabulário).

Ao ter que responder a perguntas que faziam referência ao seu conhecimento sobre normas e regras sociais (capacidade de julgamento e de crítica), ou seja, que tinham por objetivo verificar se ele sabia o que seria considerado um comportamento certo ou errado, B. teve um rendimento aquém do esperado (subteste Compreensão).

Ele apresentou dificuldades para lembrar conteúdos relacionados com informações gerais e para entender e resolver problemas matemáticos (subtestes Informação e Aritmética).

Houve dificuldade também em tarefas que recrutavam as habilidades práxicas, tanto na atividade de converter imagens visuais em projetos práticos, em prova que demandava análise visual de um modelo apresentado no plano gráfico e sua transposição para o plano prático, utilizando cubos coloridos, como na atividade de copiar uma figura formada por elementos geométricos. Ambas as tarefas requeriam além da capacidade de organização perceptual, requeriam a capacidade para sustentar a atenção e o nível motivacional, sendo estes últimos muito fragilizados, principalmente diante de tarefas práticas (subteste Cubos e prova: Figura Complexa de Rey). A evocação desta figura ficou impossibilitada, provavelmente pela dificuldade de cópia e mesmo de memória propriamente dita.

A dificuldade de organização de dados visuais e planejamento destes surgiu ainda em uma prova na qual ele precisava organizar histórias apresentadas em forma de quadrinhos (subteste Arranjo de Figuras). Nesta tarefa, B. precisava sequencializar uma série de figuras temáticas dentro de um encadeamento lógico. O estabelecimento de um encadeamento lógico de ideias, relacionado a conjuntos de estímulos, exige a análise cuidadosa de detalhes e a integração das informações. Neste sentido, foi difícil para ele estabelecer uma relação de causa e efeito nas ações dos personagens. Falhas nesta função podem estar relacionadas com problemas na identificação dos motivos subjetivos que levam as pessoas a agirem de determinadas maneiras na vida social, o que é fundamental para nortear o comportamento nas relações interpessoais.

B. realizou tarefas visuais que requeriam atenção aliada à velocidade para identificar estímulos de forma lentificada e com falhas na precisão da resposta. Estas provas avaliavam os seguintes processos atencionais:

a) **Capacidade de atenção concentrada e seletividade atencional**: a atenção concentrada é comumente descrita como atentividade, que se refere à habilidade de se concentrar em uma coisa enquanto se excluí outras que estão no entorno. Em uma das provas, ele teve que selecionar apenas um desenho entre outros (prova BPA – atenção concentrada) e na outra, ele teve que analisar dois estímulos visuais e decidir se símbolos-alvos pertenciam ou não ao conjunto analisado. Em cada linha da atividade havia dois símbolos para análise e comparação com outros cinco para encontrar se apenas um se repetia. A exigência de seletividade era alta (subteste Procurar Símbolos). A seletividade atencional se refere à capacidade do indivíduo de privilegiar determinados estímulos em detrimento de outros. Esta habilidade possibilita a filtragem de uma informação considerada relevante em um dado momento e, desta forma, o indivíduo conseguiria responder mais rápido e adequadamente aos estímulos considerados relevantes.

b) **Capacidade de dividir a atenção entre três tipos de estímulos:** atenção dividida é a habilidade de responder simultaneamente a múltiplas tarefas, processando duas ou mais respostas ou reagindo a duas ou mais demandas diferentes simultaneamente (prova BPA – atenção dividida).

c) **Habilidade para alternar o foco atencional entre estímulos na execução de uma tarefa** (prova BPA – atenção alternada).

B. lentificou muito a velocidade de resposta na prova que requeria coordenação visomotora para associar símbolos a números. Esta prova exigia que ele aliasse a rapidez de rastreio à motricidade fina, recrutando, assim, o movimento ocular semelhante a quando se faz cópias (subteste Código). Atividades de leitura e escrita podem ser mais trabalhosas para ele devido à lentificação, observada nas duas provas acima descritas.

A capacidade para identificar detalhes, faltantes em figuras conhecidas, se revelou deficitária (subteste Completar figuras), sugerindo que a atenção para estímulos visuais ambientais estaria prejudicada. O mesmo padrão ocorreu na avaliação anterior.

Quanto ao processamento de informações áudio-verbais, B. mostrou muita dificuldade para armazenar na memória sequências numéricas e reproduzi-las, num primeiro momento na ordem direta (atenção auditiva) de apresentação, e, num segundo momento, na ordem inversa (memória operacional) (subteste Dígitos).

A tarefa de repetição de dígitos na ordem direta avaliava a capacidade do *span* atencional (quantidade de estímulos que consegue captar em um dado momento) e a repetição de dígitos inversos, sendo que a organização mental de séries que envolviam números e letras avaliava a memória operacional. O *span* atencional áudio-verbal também se limitou ao registro de quatro elementos, e na memória operacional ele consegue manipular de três a quatro informações apenas.

A memória operacional está envolvida na compreensão de textos e na busca da informação já memorizada. Trata-se de uma memória crucial tanto no momento da aquisição como da evocação de toda e qualquer memória. Por meio desta memória, é possível armazenar temporariamente informações úteis para o raciocínio imediato, resolver problemas e elaborar o comportamento. Assim, consiste na informação armazenada para completar propósitos presentes ou metas breves. Há necessidade de estimulação da atenção e da memória operacional áudio-verbal.

As respostas da mãe a SNAP–IV (validado por Mattos et. al., 2006) revelavam problemas atencionais, mas não de agitação ou de conduta.

Aspectos da Cognição Social

Os resultados na escala de habilidades sociais (IHSA) mostravam dificuldades nas seguintes áreas: empatia, assertividade, abordagem afetiva e desenvoltura social (percentis na faixa limítrofe ou abaixo da média), mas ele considerou que as habilidades de civilidade e autocontrole estavam adequadas. Interessante notar que a avaliação da mãe para inserção no grupo de treino das habilidades sociais também apontava para certa dificuldade em alguns aspectos, quais sejam: enfrentamento e autoafirmação com risco, autoexposição a desconhecidos e situações novas e autocontrole da agressividade. No entanto, ela se avaliava como sendo uma pessoa com boas habilidades de conversação e desenvoltura social, bem como de autoafirmação na expressão de sentimento positivo, características estas que poderiam favorecer sua adaptação à nova situação.

Em relação ao reconhecimento de emoções em faces, B. apresentou muita dificuldade em identificar raiva, medo, tristeza, nojo, desprezo, surpresa, alegria (Ekman, 2011). Ele conseguiu discriminar apenas as emoções alegria e tristeza, as emoções medo, nojo, já raiva e surpresa eram difíceis para ele, por vezes medo era identificado como nojo ou como surpresa; enquanto raiva era percebida como medo.

Observações sobre o Desenvolvimento Emocional

O desenvolvimento emocional cursa com experiências relacionais (de apego e vinculação) e com o estabelecimento da própria identidade.

Nas provas projetivas foram identificados os seguintes aspectos:

a) Visão negativa da autoimagem e do autoconceito apoiadas na diferença que percebe entre ele e seus pares de idade. Há indícios de que ele tem alguma consciência do estranhamento que causa no outro decorrente da sua forma de agir.

b) Sentimentos de culpa, menos valia e estranheza assolam seu mundo interno, com o risco de acompanharem ideias delirantes.

c) Ideias persecutórias e fantasias terroríficas que faziam referência a perseguições com ataques agressivos e destrutivos.

d) Tendência ao isolamento e baixa energia para ação, falta de interesse nas relações sociais, diminuição da expressão emocional no contato interpessoal, preferência por atividades predominantemente solitárias e de conteúdo mais concreto do que abstrato.

O questionário de emoção expressa da entrada, respondido pela mãe sobre o comportamento de B. nos últimos três meses, mostrava que ele apresentava pouca expressividade das seguintes emoções: receptivo, ativo, cooperativo, amistoso, fácil de relacionar ou amoroso. Por outro lado, ele se mostrava muito bravo, entediado, hostil, irritável ou rude. Desta forma, a avaliação feita pela mãe quanto a sobrecarga de cuidado com o filho, revelava que ela se sentia muito estressada e temerosa pelo futuro do menino.

Fonoaudiologia

A linguagem, numa visão neurocientífica, é reconhecida como um organizador cerebral bastante importante. É graças a essa capacidade que podemos expressar e tomar consciência do que se passa no nosso cérebro. Inicialmente, o desenvolvimento da linguagem se dá por meio de padrões pré-linguísticos e podem ser observados de padrões vocais, corporais e faciais, entonacionais e melódicos que acontecem em situações de interação social e durante a exploração corporal e ambiental. Com o início da fase linguística e a produção das primeiras articulações com padrões da língua que a criança está inserida, é possível observar as relações simbólicas que começam a se estabelecer para representar os mundos interno e externo.

Os testes foram aplicados em momentos de maior estabilidade emocional e após a vinculação com o terapeuta. Foram evitadas testagens longas e intensas para o paciente (máximo de 30 minutos), assim como a realização dos testes após momentos de atividades que provocam a instabilidade emocional e cognitiva.

B. foi avaliado com relação aos processos cognitivos relacionados à linguagem e à aprendizagem no HDI – SEPIA-IPQ-HC-FMUSP. Durante a avaliação, B. não se apresentou motivado ou mesmo interessado em realizar as atividades, porém não teve posturas de recusa para realizar as atividades mais estruturadas e/ou dirigidas. Foi necessário suporte constante e intensivo, inclusive com a retomada das instruções para a conclusão das atividades. Apresentou falhas lúdicas e criativas com dificuldades de abstração, simbolismo e criatividade mesmo com suporte. A rigidez e a inflexibilidade cognitiva foram uma constante durante todo o processo de avaliação.

Com relação à linguagem oral, não foram observadas alterações fonéticas ou fonológicas (ABFW, 2000). Com relação à fluência, foi observada lentificação do ritmo de fala, porém sem rupturas de produção ou disfluências. Pragmaticamente, apresentou-se com falhas no uso de comunicação gestual e facial em seu discurso oral. No questionário de perfil pragmático (DEWART & SUMMERS, 1995), foram observadas discrepâncias evidentes com relação ao comportamento que envolva relações horizontais. Quando B. pode contar com o direcionamento e a contextualização de comportamentos e ações por parte de um adulto (relação vertical) o comportamento pragmático apresenta-se bem mais adequado. Nestes momentos, B. apresenta dificuldades na leitura ambiental e apresenta comportamentos inadequados que acabam por gerar dificuldades de relacionamento no grupo (**Quadro 3**).

Quadro 3 – Funções comunicativas e linguísticas

Funções Comunicativas	Início
1.1. Dirigir a atenção	Adequado
1.2. Reivindicar	Inadequado
1.3. Fornecer informação	Adequado
1.4. Fornecer instruções	Inadequado
1.5. Narração	Inadequado
1.6. Humor	Inadequado
Resposta à comunicação	
2.1. Conseguir a atenção da criança	Adequado
2.2. Compreender pedidos indiretos	Inadequado
2.3. Frases idiomáticas	Inadequado
2.4. Sarcasmo	Inadequado
2.5. Percepção metalinguística	Inadequado
2.6. Reação com divertimento	Inadequado
2.7. Negociação	Inadequado
Interação e conversa	
3.1. Interesse na interação	Adequado
3.2. Manter uma conversa	Inadequado
3.3. Presunção de conhecimentos partilhados	Inadequado
3.4. Retomada da conversa	Inadequado
3.5. Juntar-se a uma conversa	Inadequado
Variação contextual	
4.1. Pessoas/objeto	Adequado
4.2. Situação	Inadequado
4.3. Tempo	Inadequado
4.4. Variação de Tópicos	Inadequado
4.5. Livros como um contexto de conversa	Inadequado
4.6. Uso da linguagem em jogos	Adequado
4.7. Interação com os pares	Inadequado
4.8. Uso de convenções sociais	Inadequado

Com relação à nomeação, ele apresentou boa capacidade de nomeação dos objetos por meio do teste ABFW (ANDRADE et al., 2000), porém nos testes de fluência fonológica e semântica apresentou baixa capacidade de acesso e desorganização na estruturação de redes semânticas (falhas em funções executivas e de registro das memórias de longo prazo semântica e fonológica).

Apresentou bom desempenho com relação à compreensão textual tanto para textos lidos quanto para textos ouvidos, porém, com o aumento da complexidade textual, dificuldades de elaboração e organização discursiva na recontagem mostraram-se evidente. O mesmo foi verificado na produção de narrativas orais em que foram observadas alterações relativas ao planejamento e à organização, o que dificultou de forma geral o seu rendimento. Com relação à elaboração de textos narrativos orais apresentou dificuldades de realizar a elaboração geral da narrativa (elementos de resolução e conclusão) devido à desorganização na elaboração dos elementos narrativos.

Encontra-se no período ortográfico de escrita. Foram observadas trocas com relação ao uso do traço de nasalidade e dúvidas predominantemente de cunho ortográfico. No teste de desempenho escolar (TDE – STEIN, 1994), ele apresentou desempenho mediano com relação à escrita e à leitura e às habilidades matemática. Nos testes de leitura (PROLEC – CAPELLINI, 2010), apresentou boa capacidade de decodificação de palavras e não palavras, assim como na compreensão de palavras, frases e textos, mesmo quando envolviam complexidade sintática.

Terapia Ocupacional

As avaliações utilizadas na Terapia Ocupacional e aplicadas em B. foram:

a) **The Roll Evaluation of Activities of Life (The Real™)** é um instrumento que avalia a capacidade de crianças e adolescentes de 2-18:11 (anos) realizarem as atividades básicas de vida diária (ABVD) e as atividades instrumentais de vida diária (AIVD). O instrumento é aplicado nos pais e/ou cuidadores que relatam a capacidade ou não em determinadas atividades de vida diária. O resultado nos dá o nível de independência (faixa etária do desempenho ocupacional) que a criança ou adolescente se encontra em cuidar de si mesma em casa, na escola e na comunidade (ROLL AND ROLL, 2013). Veja o **quadro 4** e os resultados do The Real de B.

Quadro 4 – Resultados obtidos do The Real de B.

Domínio	Escore Bruto Total	Escore Padrão	Percentil	Nota obtida do Desempenho Ocupacional
ABVD	113	93.5	29%	+/-9 anos
AIVD	86	91.4	18%	+/- 8 anos

b) **DO-EAT** é um teste ecológico composto de 3 atividades relacionadas, desempenhadas uma atrás da outra, semelhante a sequências necessárias na vida diária. Cada atividade é desenhada de acordo com uma sequência de tarefas necessárias para desempenhar a atividade como um todo. A observação e a pontuação são desempenhadas em duas dimensões: (1) observação e análise das tarefas necessárias para cada atividade e (2) uma observação paralela e análise das habilidades de desempenho (sensório-motora, funções executivas e medidas comportamentais e emocionais). A criança precisa desempenhar 3 atividades: (1) fazer um sanduíche, (2) preparar um copo de leite com chocolate em pó e (3) completar um desenho para si mesmo. A pontuação do teste varia de 1 (desempenho não satisfatório) a 5 (desempenho muito bom).

Na execução das tarefas propostas no DO-EAT, cada etapa avalia o desempenho ocupacional. As habilidades avaliadas são: análise sensório-motora (relação entre a postura e a movimentação, planejamento motor, coordenação bilateral, coordenação motora fina e sensação); e as de funções executivas (atenção, iniciação, sequenciamento, transição de uma atividade para a outra, organização espacial e de tempo, inibição, resolução de problemas e recordação de instruções) (JOSMAN, GOFFER, ROSENBLUM, 2010).

O desempenho de B. foi regular no aspecto sensório-motor, em postura, planejamento motor e coordenação motora fina bilateral. Já em funções executivas, o desempenho foi regular em atenção, iniciação, transição de uma atividade para outra, organização espacial e resolução de problemas.

REABILITAÇÕES

Evolução Comportamental Clínica

No início do acompanhamento de internação parcial, B. apresentava pouca interação com a equipe e com os outros pacientes, frequentemente desenvolvendo ações solitárias ou sentando-se sozinho nas cadeiras ou no chão, sem fazer qualquer atividade. Com o seguimento, ele começou a participar mais das atividades, embora fosse ainda necessária muita insistência da equipe. Sem estimulação, desistia com facilidade, abandonava a atividade e perambulava pela sala ou por áreas de circulação, demonstrando predileção por padrões de cor do chão.

Na transição de fevereiro para março, apresentou melhora na organização do comportamento e da forma do pensamento. Evoluiu progressivamente com pensamento mais estruturado e organizado de forma sequencial, atualmente apresentando afrouxamento de associações frequentes. À medida que organizou melhor o pensamento, o paciente conseguiu referir dados da história e alucinações auditivas, que antes se confundiam com outros elementos privados. Recebeu alta com comportamento estabilizado, interagindo de forma adequada (porém restrita) e ainda relatando alucinações auditivas que não comprometem (além do quadro de base) o funcionamento social.

Intervenções Multidisciplinares

Neuropsicologia

B. e sua mãe participaram dos grupos de estimulação da atenção e da memória, do treino de habilidades sociais e de reconhecimento de emoções, além de sua mãe participar de grupos de orientação neuropsicológica que tinham por objetivo trabalhar estratégias relacionadas ao manejo e à melhora do estresse parental (ver **Quadro 5**).

Quadro 5 – Grupos de estimulação e escalas de avaliação

Grupos de Estimulação	Escalas de Avaliação
Atenção	Questionário SNAP – IV (validado por Mattos et. al., 2006) .
Memória	Ficha de avaliação pré e pós-intervenção (elaborada especificamente para avaliar o programa).
Habilidades Sociais	IHSA – Inventário de habilidades sociais para adolescentes de 12 a 17 anos (Del Prette, Del Prette, 2009). IHS – Inventário de habilidades sociais (Del Prette, Del Prette, 2001).
Reconhecimento de emoções e habilidades socioemocionais	Atividade de reconhecimento de emoções (Ekman, 2011).
Áreas de Observação	Escalas de Avaliação
Aspectos cognitivos e funcionais	Core set da Classificação Internacional de Funcionalidade (CIF-CJ, 2011).
Atuação neuropsicológica com os pais	IEP – Inventário de Estilos Parentais – Manual (Gomide, 2006). Questionário de emoção expressa (Friedmann & Goldstein, 1993). Burden Interview Scale – versão Brasileira (Scazufca, 2002).

Os programas de intervenção de atenção, memória, habilidades sociais e reconhecimento de emoções foram desenvolvidos para serem aplicados em grupos nos quais pacientes (crianças e adolescentes) e responsáveis participam juntos, uma vez que a generalização dos aprendizados só poderá ser feita pela família.

São 12 sessões de cada grupo a serem realizadas uma vez por semana durante uma hora e estes grupos são abertos, uma vez que esta é uma necessidade do programa, pois a entrada ou alta dos participantes ocorre em momentos diferentes. As sessões não são necessariamente ligadas umas as outras e, ao final do programa, os participantes terão passado por todas as definições e atividades que o compõem.

Os conteúdos a serem trabalhados são apresentados em programa de *Power Point*, com *slides* que mostram definições teóricas da função cognitiva trabalhada e sua correlação com o comportamento na vida prática. Atividades específicas são também realizadas durante a sessão.

Todo aparato teórico é apresentado com vocabulário adaptado para promover a psicoeducação, cujos objetivos são:

- Favorecer a capacidade de auto-observação pessoal.
- Estimular os responsáveis quanto ao monitoramento de comportamentos desadaptados que o filho emite e pode estar sob a interferência da dificuldade naquela função (atenção, memória, habilidades sociais e reconhecimento de emoções).

As atividades selecionadas são relativamente simples, atendendo a todas as idades ou condição funcional, o importante é a mediação da terapeuta, tanto quanto a explicar a realização da tarefa como em instrumentalizar os responsáveis sobre formas de resolver impasses. A prática da mediação é guiada por questionamentos e dicas, promovendo a capacidade de reflexão e resolução de problemas.

Em termos de avaliação da produtividade, os ganhos quantitativos não são mapeados com avaliações extensas, apenas com escalas de comportamento, e a avaliação de alta tem um enfoque mais qualitativo, de autopercepção, sobre aquisições obtidas, seja por esclarecimento teórico, ou por conseguir fazer uso das estratégias e orientações aprendidas (ROCCA et al., 2016).

Fonoaudiologia

As atividades, conforme descrito anteriormente, contaram com 12 sessões, uma por semana, com duração de 60 minutos. Na intervenção pragmática foram utilizadas as seguintes estratégias cognitivo-comportamentais: modelação, ensaio comportamental e *feedback*, a fim de promover autoconsciência e capacidade de mentalização.

Na modelação, um modelo é apresentado e compõe-se do comportamento estabelecido como meta a ser atingida, permitindo que o sujeito aprenda por meio da observação. A modelação tem a diferença de evidenciar componentes não verbais e paralinguísticos presentes em determinados comportamentos interpessoais.

O ensaio comportamental possibilita a apresentação de modos efetivos de enfrentamentos de situações reais tidas como problemas para os sujeitos. O objetivo dessa estratégia é que o indivíduo aprenda padrões de respostas adaptativos e modifique seu repertório comportamental.

O *feedback* consiste no fornecimento de informações específicas ao sujeito, permitindo-lhe desenvolver e progredir em habilidades determinadas.

De acordo com o referido, foi utilizado o treino de Pragmática desenvolvido para o HDI. Na primeira sessão são acertadas algumas condições de automonitoramento da comunicação com recursos verbais, vocais e gestuais que devem ser observados em cada sessão do grupo. Trabalham-se questões do uso de recursos não verbais, gestuais, e principalmente vocais, que devem fazer parte da análise das situações comunicativas, assim como, para o uso e reabilitação de cada uma dessas situações. Nas demais sessões são oferecidas 11 situações da vida real que precisam ser trabalhadas pelos profissionais por meio das estratégias já citadas e de jogos e imagens fornecidos com o intuito de tornar o aprendizado mais ecológico e, em especial, significativo.

As 11 sessões trabalhadas referiram-se: à ida ao restaurante; à festa de aniversário; à ida ao cinema; à ida ao supermercado; à ida para a escola; ao piquenique no parque; à compra de um lanche; à ida à papelaria; ao levar o cachorro no Pet Shop; à viagem para a praia; e à ida à casa dos amigos dos pais.

Abordagens e Técnicas utilizadas em Terapia Ocupacional

B. foi avaliado e acompanhado pela TO durante os três meses de tratamento no HDI. Um protocolo de avaliação foi aplicado nos familiares, além da observação clínica dos terapeutas ocupacionais durante as sessões de TO, atividades lúdicas na brinquedoteca, grupo de jogos e grupo de orientação de atividades de vida.

Os atendimentos de TO foram em grupo com faixas etárias similares e grupos de no máximo 6-7 pacientes. Após a primeira semana de observação nos grupos e relatos iniciais dos pais, iniciou-se a avaliação de B., não só por meio do protocolo, mas também da observação do paciente durante as sessões terapêuticas.

Os aspectos observados foram os domínios cognitivos, funcionais e o desempenho ocupacional em atividade de vida diária. Os referenciais teóricos e as técnicas utilizadas baseavam-se em aspectos sensoriais, dinâmicos, cognitivos e funcionais. A seguir será explicitado o uso dos referenciais, de acordo com o detalhamento do caso de B.

Durante as sessões de TO em grupo no HDI, os recursos utilizados com B. foram jogos cognitivos, tarefas funcionais, atividades manuais, além de brinquedos de acordo com a faixa etária. O referencial teórico baseou-se na reabilitação cognitiva funcional e no uso da técnica de aprendizagem sem erros (LESHNER,

TOM, KERN, 2013), além de alguns aspectos da Terapia Ocupacional Dinâmica (BENETTON, MARCOLINO, 2013).

No contexto do dinâmico, observa-se a relação triádica, terapeuta-paciente-atividade, e o grupo como quarto elemento. B. mostrou-se inicialmente uma criança com lentificação psicomotora, com dificuldade de regulação do comportamento a partir de leitura social, dificultando as relações interpessoais com a terapeuta e com os demais membros do grupo. Durante a execução das atividades terapêuticas, desde reabilitação cognitiva até as atividades mais funcionais, seu desempenho foi abaixo do esperado para a sua faixa etária **(Tabela 1)**, com prejuízos nas funções mentais e na capacidade de tarefas e demandas gerais da vida cotidiana.

Perfil Ocupacional

O perfil ocupacional de B. baseou-se no relato da mãe e na observação dele durante as sessões de TO. A mãe relatou que B. é totalmente dependente nas atividades de vida diária, desde as atividades de autocuidado até as atividades mais complexas do dia a dia. Seu perfil ocupacional mostrou-se prejudicado inicialmente, mas apresentou uma melhora gradual após ser estimulado nas sessões de TO e os pais orientados a ajudá-lo a desenvolver autonomia nas atividades diárias.

Desempenho Ocupacional

No que diz respeito às **Atividades Básicas de Vida Diária (ABVD)**, B. precisou ser estimulado e treinado para executar suas atividades de autocuidado (higiene, alimentação e vestuário) de forma independente. Cabe ressaltar que a maioria destas atividades é realizada pela mãe (banho, separação do vestuário, alimentação, etc.), possibilitando que o paciente mantenha um comportamento dependente dos pais. Embora B. apresente prejuízos cognitivos e funcionais, ele tem capacidade de executar tarefas simples, como escovar os dentes, banhar-se, alimentar-se e escolher sua própria vestimenta, sendo apenas supervisionado por um adulto.

Quanto às **Atividades Instrumentais de Vida Diária (AIVD)**, B. também se encontra abaixo da faixa etária, por serem estas mais complexas. Seus pertences (brinquedos, materiais escolares, objetos pessoais, etc.) encontram-se muito desorganizados, além de não realizar atividades de simples execução, tais como: preparar refeições simples (suco, lanches, etc.), lidar com dinheiro, uso de agenda escolar e, principalmente, ter noções básicas de segurança. Seus prejuízos cognitivos, em especial de funções executivas, mostram a dificuldade que B. apresenta na execução destas tarefas funcionais.

Em relação ao desempenho em **Atividades Lúdicas** (brincadeiras e jogos), B. apresentou bastante resistência inicialmente para a realização das atividades terapêuticas propostas nos grupos de TO, devido ao seu comportamento opositor, à dificuldade atencional e de persistência nas tarefas. Teve dificuldades de participar de brincadeiras coletivas, devido à falta de controle de impulsos e ao comportamento opositor, mas conseguia envolver-se melhor quando o Brincar era individualizado, embora apresente muita dificuldade de manter-se na brincadeira por muito tempo. Em jogos mais estruturados, B. apresentou muitos prejuízos, sendo aplicado apenas jogos de simples execução (nível fácil e instruções simples). Suas produções expressivas são empobrecidas.

Na esfera da **Participação social**, B. mostrou contato interpessoal prejudicado, devido ao comportamento passivo e lentificado.

RELATÓRIO DE ALTA DO HDI

O *Core set* da CIF foi novamente aplicado no final do processo de internação parcial e está ilustrado no quadro a seguir (**Quadro 5**).

Quadro 5 – Funcionalidade Core-Set – CIF (saída)

Funções Mentais	Início	Alta
B114 – Orientação	2	1
B130 – Energia e impulsos	4	2
B140 – Atenção	3	2
B144 – Memória	3	2
B147 – Psicomotoras	3	2
B156 – Percepção	3	2
B160 – Pensamento	3	0
Cognitivo Superiores		
B1641 – Organização e planejamento	3	2
B1642 – Gerenciamento do tempo	3	2
B1645 – Julgamento	3	2
Cognitivo Superiores		
B1646 – Resolução de problemas	3	2
B167 – Funções mentais da linguagem	4	3
B310 – Funções da voz	2	2
B320 – Funções da articulação	0	0
B330 – Funções da fluência e do ritmo da fala	0	0
Atividade e Participação		
D110 – Observar	3	2

D155 – Aquisição de habilidades	3	3
D160 – Concentrar a atenção	3	2
D163 – Pensar	3	3
D175 – Resolver problemas	3	2
D177 – Tomar decisões	3	2
D115 – Ouvir	3	2
D130 – Imitar	4	2
D132 – Adquirir informação	4	3
D133 – Adquirir linguagem	4	3
D134 – Desenvolvimento da linguagem	3	2
D137 – Adquirir conceitos	4	4
D140 – Aprender a ler	0	0
D145 – Aprender a escrever	0	0
D163 – Pensar	3	3
D175 – Resolver problemas	3	2
D177 – Tomar decisões	3	2
D310 – Comunicar e receber mensagens orais	3	1
D315 – Comunicar e receber mensagens não verbais	4	3
D325 – Comunicar e receber mensagens escritas	3	3
D330 – Falar	1	1
D335 – Produzir mensagens não verbais	4	2
Tarefas e Demandas Gerais		
D2100 – Realizar uma tarefa simples	3	1
D2101 – Realizar uma tarefa complexa	3	3
D2102 – Realizar uma tarefa de forma independente	3	2
Tarefas e Demandas Gerais		
D2103 – Realizar uma tarefa única em grupo	3	2
D230 – Executa a rotina diária	3	2
Comunicação		
D350 – Conversar com uma ou mais pessoas	3	2
Relações e Interações Interpessoais		
D710 – Interações interpessoais Básicas	3	2
D740 – Relações formais (com equipe)	3	2

Legenda: 0 – Nenhuma deficiência; 1– Deficiência ligeira; 2 – Deficiência moderada; 3 – Deficiência grave; 4 – Deficiência completa.

Quanto às intervenções específicas, seguem os principais resultados:

Fonoaudiologia

Observam-se dificuldades persistentes no uso social da comunicação verbal e não verbal mesmo após a intervenção, porém essas dificuldades foram bastante reduzidas com relação à apresentação inicial. Dificuldades na capacidade de adaptar a sua comunicação ao contexto ambiental, utilização de regras e convenções sociais permanecem, assim como dificuldades na compreensão de conteúdos em sentidos não convencionais. Necessária continuidade da intervenção em linguagem.

Terapia Ocupacional

B. apresentou melhora em seus aspectos cognitivos e funcionais de acordo com a *Core set* da CIF-CJ, reabilitação de algumas atividades de vida diária e com as orientações que foram fornecidas aos pais nos grupos de orientação de atividades de vida diária.

Em relação ao seu funcionamento executivo, avaliado pelo DO-EAT, ainda há necessidade de muita reabilitação cognitiva e funcional. A TO individual pode ser uma alternativa terapêutica para a melhora principalmente de funções executivas e, consequentemente, para funcional nas atividades do cotidiano.

Neuropsicologia

A mãe avaliou como sendo positiva a psicoeducação e a estimulação recebidas nos grupos de atenção e de memória, mas o grupo que mais a instrumentalizou foi o de habilidades sociais e de reconhecimento de emoções. Nos grupos com pais, ela pôde entender as características dos transtornos mentais de início na infância e as formas de manejo com comportamentos mais desadaptados.

Embora fosse difícil para B. participar das discussões ou atividades nos grupos de estimulação, o que ocorria muito em decorrência da pouca compreensão ou de interpretações enviesadas que ele fazia, a mãe se percebia mais apta a orientá-lo quanto a diferentes questões. Ela havia aprendido a estimulá-lo quanto ao reconhecimento das próprias emoções, bem como a dos outros, e ao nomear e validar o que ele sentia, B. se acalmava, tanto quanto estava mobilizado pelo medo como pela raiva.

No grupo de habilidades sociais, a mãe aprendeu a perguntar: *"Você acha que esta sua atitude vai aumentar ou diminuir problemas?"* e a conduzi-lo a pensar nas consequências. Ela havia aprendido também que, antes de iniciar uma conversa, precisava recrutar a atenção dele, que ficava bastante difusa.

Quando B. refez a prova de reconhecimento de emoções, as emoções raiva e medo passaram a ser mais bem discriminadas, mas ainda provocavam dúvida. A mãe informou que o percebia olhando mais para o rosto das outras pessoas e, por vezes, perguntava-lhe o que ela estava sentindo.

Desta forma, na reaplicação do questionário de emoção expressa, a mãe revelou que o percebia mais receptivo e amistoso; e bem menos hostil, rude e bravo. As dificuldades de se relacionar eram evidentes, contudo com melhora das reações. Na reavaliação quanto à sobrecarga de cuidado com o filho, a mãe continuava se sentindo estressada e temerosa pelo futuro do menino, mas o convívio com outras mães fez com que ela passasse a dedicar um pouco de tempo a ela, fazendo crochê e cuidando melhor da sua aparência. O **Quadro 6** mostra os dois momentos de resposta da mãe a Burden Interview, que é originalmente uma escala para cuidadores, sendo adaptada para uso no HDI (SCAZUFCA, 2002).

Quadro 6 – Resposta da mãe de B. na Burden Interview, entrada (T1) e saída (T2)

		Nunca 0	Raramente 1	Algumas Vezes 2	Frequente 3	Sempre 4
1	Sente que seu(a) filho(a) pede mais ajuda do que necessita?				T1 e T2	
2	Sente que por causa do tempo que o Sr/Sra passa com ele, não tem tempo para si mesmo(a)?			T2	T1	
3	Sente-se estressado(a) entre cuidar de seu(a) filho(a) e suas outras responsabilidades com a família e o trabalho?			T2		T1
4	Sente-se envergonhado(a) com o comportamento de seu(a) filho(a)?			T2	T1	
5	Sente-se irritado(a) quando seu(a) filho(a) está por perto?			T1 e T2		
6	Sente que seu(a) filho(a) afeta negativamente seus relacionamentos com outros membros da família ou amigos?			T2	T1	
7	Sente receio pelo futuro de seu(a) filho(a)?					T1 e T2
8	Sente que seu(a) filho(a) depende do(a) Sr/Sra?					T1 e T2
9	Sente-se tenso(a) quando seu(a) filho(a) está por perto?			T2'	T1	
10	Sente que sua saúde foi afetada por causa do seu envolvimento com seu(a) filho(a)?		T2	T1		
11	Sente que o Sr/Sra não tem tanta privacidade como gostaria por causa de seu(a) filho(a)?			T2	T1	
12	Sente que a sua vida social tem sido prejudicada porque o(a) Sr(a) está cuidando de seu(a) filho(a)?			T2		T1

		Nunca 0	Raramente 1	Algumas Vezes 2	Frequente 3	Sempre 4
13	Não se sente à vontade de receber visitas em casa por causa de seu(a) filho(a)?			T2		T1
14	Sente que seu(a) filho(a) espera que o(a) Sr(a) cuide dele(a) como se fosse a única pessoa de quem ele(a) pode depender?				T1 e T2	
15	Sente que não tem dinheiro suficiente para cuidar de seu(a) filho(a), somando-se as outras despesas?			T2	T1	
16	Sente que será incapaz de cuidar de seu(a) filho(a) por muito mais tempo?				T2	T1
17	Sente que perdeu o controle de sua vida desde a doença de seu(a) filho(a)?			T2		T1
18	Gostaria de simplesmente deixar que outra pessoa cuidasse de seu(a) filho(a)?			T2		T1
		Nunca 0	Raramente 1	Algumas Vezes 2	Frequente 3	Sempre 4
19	Sente-se em dúvida sobre o que fazer com seu(a) filho(a)?			T2		T1
20	Sente que deveria fazer mais por seu(a) filho(a)?		T2		T1	
21	Sente que poderia cuidar melhor de seu(a) filho(a)?		T2		T1	
22	De uma maneira geral, quanto o(a) Sr(a) se sente sobrecarregado(a) por cuidar de seu(a) filho(a)?			T2		T1

Os resultados na escala de habilidades sociais (IHSA) de B. não mostraram diferenças significativas, mas a escala da mãe revelava que ela tinha melhorado quanto à autoexposição a desconhecidos e a situações novas, e ao autocontrole da agressividade.

INDICAÇÕES PÓS-ALTA

Tendo em vista os resultados obtidos nas avaliações finais foram feitas as seguintes sugestões de manejo:

a) Estimular B. a desempenhar as atividades de vida diária de forma independente. Iniciar com as atividades básicas (autocuidado) e ampliar gradativamente para atividades instrumentais de vida diária (organização de brinquedos, do quarto, preparação de alimentos simples).
b) Estimular atividades lúdicas coletivas e atividades esportivas (jogos e brincadeiras) com crianças da sua faixa etária.
c) Realizar atividades de lazer com o B.

d) Indicação de TO individual e de treino cognitivo.

e) Estimulação de linguagem nos contextos sociais e clínicos envolvendo de forma predominante os aspectos funcionais e paralinguísticos da comunicação.

f) Acompanhamento terapêutico em centros de saúde pública ou clínicas universitárias.

CONCLUSÃO

Transtornos mentais, de início, na infância, trazem consequências que perpassam todos os âmbitos da vida prática, impactando o paciente e sua família. *Déficits* cognitivos, incluindo a cognição social, podem ser observados em diversos diagnósticos e, em casos em que a gravidade sintomatológica é maior, comumente se observa a desregulação comportamental, a qual afeta a socialização, os relacionamentos familiares e o aprendizado de conteúdos escolares/pedagógicos.

Quando a internação parcial se faz necessária, é preciso oferecer programas de intervenção a estes pacientes que possam instrumentalizá-los quanto ao reconhecimento das dificuldades e dos problemas, bem como na possibilidade de manejo destes, ou seja, é preciso que o paciente e seus responsáveis aprendam estratégias para lidar com as dificuldades que enfrentam. Esta instrumentalização, bem como todo o tratamento necessário, requer uma equipe multidisciplinar, na qual cada profissional, com sua especificidade, pode abordar um aspecto do comportamento, da dinâmica pessoal e familiar com vistas a melhora do quadro. Sabe-se que as mudanças estruturais em termos cognitivos são de extensão pequena, ficando o foco do trabalho nas mudanças funcionais. Para tal, é preciso que avaliações bem delimitadas e específicas quanto a um aspecto comportamental possam ser feitas, assim como as narrativas e *feedbacks* dos envolvidos precisam ser considerados.

Quando o trabalho necessita ser feito em grupo, como na situação de um hospital dia infantojuvenil, as metas acabam sendo mais gerais, porém sem que se perca a singularidade de cada caso. Há a necessidade de inserção ou de revisão de metas e objetivos a serem atingidas de forma conjunta e da atribuição de papéis e atuações específicas no processo de reabilitação.

REFERÊNCIAS

AGUIAR, J. S. R; SILVA, A. I. P; AGUIAR, C. S. R, et al. **A Influência da intensidade emocional no reconhecimento de emoções em faces por crianças brasileiras**. Universitas Psychologica, 15(5), 2017.

AMERICAN OCCUPATIONAL THERAPY ASSOCIATION (AOTA). Occupational therapy practice. Framework: domain and process, 3. ed. **American Journal of Occupational**. 2014; 68(1):S1-S48.

ANDRADE, C.R.F. et al. **ABFW – Teste de Linguagem infantil nas áreas de Fonologia, pragmatic, nomeação e fluência**. Carapicuíba: Pró-fono, 2000.

BENETTON, J; MARCOLINO, T. Q. **As atividades no método terapia ocupacional dinâmica**. Cad. Ter Ocup. UFSCar (São Carlos), 21(3):645-52, 2013.

CAPELLINI, S. A; OLIVEIRA, A. M; CUETOS, F. **PROLEC**: provas de avaliação dos processos de leitura. São Paulo (SP): Casa do Psicólogo, 2010.

CATALÃO, A; GONZALEZ, de ARTAZA; M, BUSTAMANTE S. et al. Diferenças no reconhecimento de emoções faciais entre psicose no primeiro episódio, transtorno de personalidade borderline e controles saudáveis. **PLoS One**, 11 (7), 2016.

DEL PRETTE, ZAP; DEL PRETTE, A. **Inventário de Habilidades Sociais**: Manual de Aplicação, Apuração e Interpretação. São Paulo: Casa do Psicólogo, 2001.

DEL PRETTE, A; DEL PRETTE, ZAP. **Sistema multimídia de habilidades sociais de crianças (SMHSC)**. São Paulo: Casa do Psicólogo, 2005.

DEL PRETTE, ZAP; DEL PRETTE, A. **Inventário de habilidades sociais para adolescentes (IHSA-Del-Prette)**: manual de aplicação, apuração e interpretação. São Paulo: Casa do Psicólogo, 2009.

DEWART, H.; SUMMERS, S. **The pragmatic profile of early communication skills**. Revised edition. Windsor. NFER–Nelson, 1995.

EKMAN, P. **A linguagem das emoções**: Revolucione sua comunicação e seus relacionamentos reconhecendo todas as expressões das pessoas ao redor. Tradução de EKMAN, Paul; SZLAK, Carlos. São Paulo: Lua de Papel, 2011.

FRIEDMANN, M. S; GOLDSTEIN, M. J. **Relatives' awareness of their own expressed emotion as measured by a self-report adjective checklist**. Fam Process, 32(4):459-71, 1993.

GOMIDE, P. I. C. **Inventário de Estilos Parentais**. Modelo teórico: manual de aplicação, apuração e interpretação. Petrópolis: Vozes, 2006.

HARVEY, P. D. Clinical applications of neuropsychological assessment. **Dialogues Clin Neurosci**, 14(1): 91-99, 2012.

JOSMAN, N; GOFFER, A. ROSENBLUM. Development and standardization of a "do-eat" activity of daily living performance test for children. **Am J Occup Ther**, 64(1):47-58, 2010.

KIM, E. J; BAHK, Y-C; OH, H. et al. Current Status of Cognitive Remediation for Psychiatric Disorders: A Review. Front. **Psychiatry** 9:461, 2018.

LESHNER, A. F; TOM, S. R; KERN, R. Errorless learning and social problem solving ability in schizophrenia: an examination of the compensatory effects of training. **Psychiatry**, Re 2013

Mar 30;206(1):1-7. doi: 10.1016/j.psychre2012.10.007. Epub 2012 Nov 13. PubMed PMID: 23158835.

MATTOS, P; SERRA-PINHEIRO, MA; ROHDE, L. A; Pinto, D. Apresentação de uma versão em português para uso no Brasil do instrumento MTA-SNAP-IV de avaliação de sintomas de transtorno do *déficit* de atenção/hiperatividade e sintomas de transtorno desafiador e de oposição. **Rev. Psiquiatr**. 28(3), 2006.

OLIVEIRA, M. S. **Figuras Complexas de Rey**: teste de cópia e de reprodução de memória de figuras geométricas complexas. Manual: André Rey. Revisão técnica e Trad.: Teresinha Rey; Lucia C. F. Franco. São Paulo: Casa do Psicólogo, 1999.

OLIVEIRA, K. L; BORUCHOTVITCH E, SANTOS AAA. **Escalas de avaliação das estratégias de aprendizagem para o ensino do fundamental**: EAVAP-EF. São Paulo: Casa do Psicólogo, 2010.

ORGANIZAÇÃO MUNDIAL DE SAÚDE (OMS). CIF-CJ: **Classificação Internacional de Funcionalidade, Incapacidade e Saúde: versão para crianças e jovens**. São Paulo: Edusp, 2011. p. 312.

RIBERTO, M. *Core sets* da Classificação Internacional de Funcionalidade, Incapacidade e Saúde. **Rev Bras Enferm**, 64(5): 938-46. Brasília, 2011, set-out.

ROCCA, C. C. A; OLIVEIRA, G. M. R; RIBEIRO, L. P. et al. Reabilitação neuropsicológica para crianças e adolescentes com transtornos mentais: aspectos gerais. In: BOARATI, M. A; PANTANO, T; SCIVOLETTO, S. **Psiquiatria da infância e adolescência. Cuidado Multidisciplinar**. cap. 23, p. 579-601, 2016.

ROLL, K; ROLL, W. The Real. The roll evaluation of activities of life. User's guide: the evaluation of activities of daily living skills (ADLs) and the instrumental activities of daily living skills (AIDLs). **Green Valley Drive Bloomington**: Pearson, 2013.

RUEDA, J. M. R. **Bateria Psicológica para Avaliação da Atenção – BPA**. Vetor Editora, 2013.

SCAZUFCA, M. Brazilian version of the Burden Interview scale for the assessment of burden of care in carers of people with mental illnesses. Versão brasileira da escala Burden Interview para avaliação de sobrecarga em cuidadores de indivíduos com doenças mentais. **Rev Bras Psiquiatr**, 24(1):12-7, 2002.

STEIN, L. M. TDE – Manual de Aplicação e Interpretação – Teste de Desempenho escolar. Vetor Editora, 1994.

WECHSLER, D. **WISC IV – Escala Wechsler de Inteligência para Crianças – Manual Técnico. Adap. Brasileira de** Fabián Javier Marín Rueda; Ana Paula Porto Noronha; Fermino Fernandes Sisto. et al. **Editora Casa do Psicólogo**, 2013.

17. A REABILITAÇÃO NEUROPSICOLÓGICA NOS TRANSTORNOS DE APRENDIZAGEM – DISLEXIA E DISGRAFIA

Aline Moreira Lucena
Rita de Cássia Duarte Leite

Transtorno Específico da Aprendizagem é um transtorno do neurodesenvolvimento de origem neurobiológica que inclui uma interação de fatores genéticos, epigenéticos e ambientais, os quais influenciam a capacidade do cérebro para perceber ou processar informações verbais ou não verbais com eficiência e exatidão (DSM V, 2014).

Os transtornos de aprendizagem são inabilidades específicas de leitura, escrita ou matemática em indivíduos que, embora tenham inteligência normal, apresentam resultados significativamente abaixo do esperado para seu nível de desenvolvimento, escolaridade e capacidade intelectual (OHLWEILER In ROTTA, 2006). A caracterização geral dos transtornos de aprendizagem não difere muito entre os manuais utilizados para conclusão diagnóstica: Manual Diagnóstico e Estatístico de Transtornos Mentais: DSM V e Classificação Estatística Internacional de Doenças e problemas relacionados à Saúde: CID 10, que, em breve, será substituído pelo CID 11.

Portanto, é de fundamental importância ter claras as características que os manuais descrevem para facilitar na detecção e na classificação do transtorno. O DSM V nomeia os transtornos de aprendizagem como Transtornos Específicos da Aprendizagem e define-os em 4 critérios diagnósticos.

Os quatro critérios devem ser preenchidos, com base em uma síntese clínica da história do indivíduo, em relatórios escolares e em avaliação multiprofissional.

a) Dificuldades na aprendizagem e no uso de habilidades acadêmicas, conforme indicado pela presença de, ao menos, um dos sintomas a seguir que tenha persistido por pelo menos 6 meses, apesar da provisão de intervenções dirigidas a essas dificuldades:

1. Leitura de palavras isoladas de forma imprecisa ou lenta e com esforço.
2. Dificuldade para compreender o sentido do que é lido.
3. Dificuldade para ortografar (adição, substituição ou omissão de letras).
4. Dificuldades com a expressão escrita (erros de pontuação e gramaticais – sintaxe inadequada, falta de clareza das ideias).
5. Dificuldades para dominar o senso numérico, fatos numéricos ou cálculo.
6. Dificuldades no raciocínio matemático.

b) As habilidades acadêmicas afetadas estão substancial e quantitativamente abaixo do esperado para a idade cronológica do indivíduo, causando interferência significativa no desempenho acadêmico, profissional ou nas atividades cotidianas, além do uso de medidas de desempenho acadêmico ou profissional ou nas atividades cotidianas, confirmada por meio de medidas de desempenho padronizadas, administradas individualmente e por avaliação clínica abrangente. Para indivíduos com 17 anos ou mais, história documentada das dificuldades de aprendizagem com prejuízo pode substituir a avaliação padronizada.

c) As dificuldades de aprendizagem iniciam-se durante os anos escolares, mas podem não se manifestar completamente até que as exigências pelas habilidades acadêmicas afetadas excedam as capacidades limitadas do indivíduo, como em testes cronometrados, em leitura ou escrita de textos complexos, longos e em alta sobrecarga de exigências acadêmicas.

d) As dificuldades de aprendizagem não podem ser explicadas por deficiências intelectuais, acuidade visual ou auditiva não corrigida, outros transtornos mentais ou neurológicos, adversidade psicossocial, falta de proficiência na língua de instrução acadêmica ou instrução educacional inadequada.

É importante codificar o tipo de transtorno, além de especificar todos os domínios e sub-habilidades acadêmicos prejudicadas.

Código	Tipo	Características
315.00	**Com prejuízo na Leitura** (Dislexia)	Especificar se na precisão na leitura de palavras, na velocidade ou fluência da leitura, na compreensão da leitura.
315.2	**Com prejuízo na Expressão Escrita** (**Disortografia/Disgrafia**)	Especificar se na precisão na ortografia, na precisão na gramática e na pontuação, na clareza ou organização da expressão escrita.
315.1	**Com prejuízo na Matemática** (Discalculia)	Especificar se no senso numérico, na memorização de fatos aritméticos, na precisão ou fluência de cálculo, na precisão no raciocínio matemático.

O Manual CID 10 nomeia os transtornos de aprendizagem em:

- F.81.0 – Transtorno específico de leitura.
- F.81.1 – Transtorno específico da soletração.
- F.81.2 – Transtorno específico da habilidade em Aritmética.
- F.81.3 – Transtorno misto de habilidades escolares.
- F.81.8 – Outros transtornos do desenvolvimento das habilidades escolares.

Esses transtornos podem ser classificados em:

Leve	Moderado	Grave
Alguma dificuldade em aprender habilidades em um ou dois domínios acadêmicos, mas com gravidade suficientemente leve, a qual permita ao indivíduo ser capaz de compensar ou funcionar bem quando lhe é propiciado adaptações ou serviços de apoio adequados, especialmente durante os anos escolares.	Dificuldades acentuadas em aprender habilidades em um ou mais domínios acadêmicos, de modo que é improvável o indivíduo se tornar proficiente sem alguns intervalos de ensino intensivo e especializado durante os anos escolares. Algumas adaptações ou serviços de apoio, por, pelo menos, parte do dia na escola, no trabalho ou em casa podem ser necessários para completar as atividades de forma precisa e eficiente.	Dificuldades graves em aprender habilidades, afetando vários domínios acadêmicos, de modo que é improvável o indivíduo aprender essas habilidades sem um ensino individualizado, especializado e contínuo durante a maior parte dos anos escolares. Mesmo com um conjunto de adaptações ou serviços de apoio adequados em casa, na escola ou no trabalho, o indivíduo pode não ser capaz de completar todas as atividades de forma eficiente.

Conhecer detalhadamente a história do paciente e fazer uma boa avaliação clínica é a primeira etapa proposta pelo modelo de reabilitação neuropsicológica descrito no artigo de Loschiavo et al. (2018). Segundo as autoras, para atingir o paciente em nível terapêutico, é necessário ter considerações específicas do sujeito, conhecer suas condições, ou seja, as considerações específicas do diagnóstico, o que inclui as influências biológicas e farmacológicas que o caso pode ter, conhecer o perfil cognitivo do indivíduo, fazer um levantamento do prognóstico e considerações teóricas sobre o caso.

A história clínica deve ser checada, uma vez que, para o transtorno específico de aprendizagem existir, é necessário que os prejuízos estejam presentes desde os primeiros anos de vida.

Pinheiro, Marques e Leite (2018) alertam para o diagnóstico diferencial entre os Transtornos Específicos do Desenvolvimento das Habilidades Escolares (CID 10), os Transtornos Específicos de Aprendizagem (DSM-V) e as Dificuldades de Aprendizagem, vistos que os dois primeiros referem-se ao mesmo transtorno e o adjetivo "específico" marca que habilidades cognitivas específicas estarão prejudicadas (leitura, escrita e cálculo, ou a combinação destas). Já, o terceiro, as

Dificuldades de Aprendizagem, são caracterizadas por dificuldades escolares gerais e podem advir de outras condições biomédicas (Deficiência Intelectual, Deficiência auditiva ou visual, dentre outras), fatores ambientais (negligência familiar, desmotivação, baixa autoestima e outros) e fatores de aprendizagem (inadequação da metodologia de alfabetização, plano pedagógico deficiente e outros).

Conheça a seguir casos reais de pacientes que foram identificados com o Transtorno Específico de Aprendizagem.

PACIENTE ADULTO

Dados da Anamnese

Paciente D.M.L., 32 anos, relatou desenvolvimento gestacional dentro do esperado, sem intercorrências específicas. Em relação ao período escolar, ele repetiu três vezes a primeira série do ensino fundamental e uma vez a quinta série, decorrente das dificuldades de leitura e escrita. Fez tratamento fonoaudiológico quando criança, sendo que nos exames de audição (audiometria) sempre constaram normalidade. Formou-se em Engenharia de Produção e, dois anos depois, especializou-se em Segurança do Trabalho. No período da faculdade, o desempenho acadêmico sempre foi dentro do esperado. Paciente não apresentou queixas de dificuldade de compreensão, nem de desatenção, e sim, queixa permanente de dificuldade de escrita, bem como restrição comportamental para questões que demandava escrita.

- Encaminhado para a equipe de atuação multidisciplinar, o paciente foi avaliado e investigaram-se as seguintes funções e habilidades:
- Inteligência Geral.
- Memória episódica (aprendizagem, evocação imediata, evocação tardia, reconhecimento), memória de curto prazo e longo prazo, funções executivas (conceituação, fluência verbal, planejamento, flexibilidade cognitiva, controle inibitório).
- Habilidades visioespaciais.
- Praxias.
- Linguagem.

  Para tanto, a bateria de testes utilizada para avaliar o caso foi composta por:

  a) CONFIAS – Teste de consciência fonológica (teste infantil, aplicado de forma adaptada).

  b) Cubos de Corsi.

c) Escala de Inteligência Weschler (WAIS-III).

d) Figura Complexa de Rey.

e) Fluência Verbal semântica e verbal.

f) Teste de aprendizagem auditivo verbal de Rey.

g) *Checklist* de dislexia em adultos.

h) *Continuous Performance Test* (CPT): Teste de Trilhas – A e B.

A seguir, veja uma tabela com os resultados obtidos após as sessões de avaliação.

Função	Descrição	Teste	Carlos Victor	Parâmetro/ Desvio Padrão	Interpretação
Inteligência	Habilidade de resolver problemas ou gerar produtos significadamente reconhecidos em um ou mais contextos culturais.	QI geral (WAIS-III) QI total QI verbal QI de execução Organização perceptual (WAIS-III) Compreensão verbal (WAIS-III) Memória operacional (WAIS-III) Velocidade de processamento (WAIS-III)	112 113 110 116 120 82 91	100 (15,0) 100 (15,0) 100 (15,0) 100 (15,0) 100 (15,0) 100 (15,0) 100 (15,0)	Médio Superior Médio Superior Médio Superior Médio Superior Superior Médio Superior Médio
Memória	Capacidade de adquirir (apender), armazenar (consolidação) e recuperar (evocar/ lembrar) informações.	Figura Complexa de Rey Imediata Teste de Aprendizagem Auditivo Verbal de Rey – RAVLT	14,5 (ver tabela 1)	18,7 (6,6)	Médio
Linguagem e Memória Semântica	Capacidade de nomeação de objetos comuns.	Semelhanças (WAIS-III) Vocabulário (WAIS-III)	19 12	10 (3,0) 10 (3,0)	Acima da Média Média

Habilidades Visoespaciais	Capacidade de organização espacial.	Figura Complexa de Ray Cópia Cubos (WAIS-III)	32 11	32,8 (3,19) 10 (3,0)	Média Média
Funções Executivas –Controle Inibitório	Capacidade de inibir uma resposta para a qual o indivíduo apresenta uma forte tendência, mas que não é adaptativa. Capacidade de alternar entre rotinas atencionais automáticas e controladas, inibição de estímulos distratores interferentes, capacidade de interromper uma resposta em curso quando ela se mostra pouco eficiente ou quando há uma alternativa mais vantajosa.	*Continuous Performance Test (CPT)* Omissões Comissão	8 8	....	Média Média
Funções Executivas – Memória de curto prazo e memória de trabalho	A memória operacional permite ao indivíduo atuar sobre a informação processada utilizando-a para resolver problemas de natureza diversificada.	*Span* de dígitos Direto Inverso Cubos de Corsi Direto Inverso	4 3 6 6	6,1 (1,3) 4,8 (1,3) 6,2 (1,3) 5,5 (1,1)	Abaixo da Média Abaixo da Média Média Média

Funções Executivas – Flexibilidade Cognitiva	O comportamento da flexibilidade cognitiva está relacionado à sustentação de condutas que se mostram inapropriadas e pouco adaptativas. O erro perseverativo é um exemplo da falha na flexibilidade cognitiva.	Teste 5 pontos Perseverações Teste de trilhas Parte B	1 45"	1,3 (1,8) 61,3" (17,8)	Média Média
Funções Executivas – Fluência	Capacidade de o indivíduo emitir comportamentos sequenciais e cadenciados dentro de uma estrutura lógica de regras específicas (verbais ou não verbais).	Fluência Verbal Semântica Categoria Animais Fluência Verbal Fonêmica (F.A.S.) Teste 5 pontos Desenhos Originais	18 29 37	23,4 (5,1) 45 (11,8) 31,9 (8,4)	Média Abaixo da Média Média
Atenção e Velocidade de Processamento	Capacidade de manter a atenção e a velocidade com que o cérebro processa a informação que lhe foi passada.	Teste de trilhas Parte A	28"	27,5" (9,4)	Média
Depressão	Sintomas depressivos como tristeza, culpa, irritabilidade, dentre outros.	Inventário de depressão de Beck	11	Ponto de corte 10	Sintomas Mínimos

Tabela 1 – RAVLT – Teste de aprendizagem Auditivo-Verbal de Rey

Teste de Aprendizagem Auditivo Verbal de Rey

NÚMERO DE PALAVRAS CORRETAS

	A1	A2	A3	A4	A5	DISTRATOR	EVOCAÇÃO IMEDIATA	EVOCAÇÃO TARDIA	RECUPERAÇÃO
– – Paciente	8	11	14	13	14	6	13	14	14
—— População Controle	6	8,8	10,8	12	13	5,1	11	10,7	12,6

Lê-se:
A1 a A5: Capacidade de aprendizagem.
Evocação imediata: Capacidade de recordação imediata – Memória episódica.
Evocação Tardia: Capacidade de recordação tardia – Memória episódica.
Reconhecimento: Reconhecimento das palavras contidas na lista A.

A respeito da avaliação específica de linguagem realizada pela fonoaudióloga da equipe, existe uma carência de instrumentos únicos para avaliação de casos na idade adulta. Haja vista, os dados de prevalência indicados no DSM V são de aproximadamente 4% de transtorno específico de aprendizagem na população adulta, enquanto entre crianças em idade escolar, a prevalência é de 5 a 15%. Contudo, foram aplicados alguns testes, cujos resultados foram estudados, segundo os achados qualitativos da produção do paciente.

O paciente não apresenta alterações fonéticas/fonológicas durante a fala espontânea e dirigida.

D.M.L corresponde ao nível de consciência fonológica esperada para o seu nível de escrita alfabética. Realizou a tarefa em tempo satisfatório, compreendendo os comandos e respondendo com sucesso a maioria dos itens. Entretanto, apresentou dificuldade para responder às solicitações de rima e transposição, na avaliação do nível intrassilábico e silábico, respectivamente, apenas um erro para identificação do fonema final, em nível fonêmico.

O paciente relatou preferir leitura silenciosa a oral. Realizou a leitura silenciosa em tempo esperado e demonstrou compreensão do texto lido. Material: artigo de revista sobre assuntos gerais.

D.M.L realizou leitura oral com fluência satisfatória, embora tenha apresentado autocorreções ao longo da tarefa e ainda dificuldade em utilizar adequadamente a pontuação exposta no texto. Ao final da leitura, ele respondeu aos questionamentos corretamente. Material: artigo de revista.

Já para a leitura oral de palavras isoladas, D.M.L apresentou substituição de fonema: /k/ > /g/. Material: subteste leitura – TDE.

E, por fim, durante a leitura de pseudopalavras, o paciente manteve atenção focada. Realizou leitura correta de 88,7% das pseudopalavras e algumas autocorreções. Os erros foram inconstantes por substituição de fonemas ou letras (grafemas) semelhantes.

Na prova de escrita, o paciente não se queixou de dor ao escrever. Utilizou preensão funcional do lápis ou caneta nas tarefas de escrita. Apresentou letra legível, embora irregular. Ele demonstrou ser capaz de compreender a própria letra. Na prova de ditado, D.M.L obteve apenas 30% de acertos, resultado considerado ruim para a idade e escolaridade. Durante tarefa de redação, os erros também foram constantes, tanto para ortografia, quanto para a coerência e concordância na exposição das ideias na dissertação de tema livre. Os erros ortográficos apresentados pelo paciente são classificados por Jaime Zorzi (2009) como: representações múltiplas, apoio na oralidade, omissões de letras, generalização de regras, substituição de fonemas (grafemas) surdos/sonoros.

Na prova de distúrbios associados, foi aplicado teste de discriminação auditiva em que o paciente apresentou ótimo desempenho – 100% de acertos.

No *checklist* de dislexia em adultos (SMYTLE, 2000, In JARDINI, 2006), o paciente pontuou 21 respostas positivas no teste, resultado este que refere, segundo o autor, a um grau moderado de dislexia, "onde o indivíduo ressente-se de seu desempenho lexical e tenha talvez recebido atendimento, não necessariamente em área específica da leitura e escrita, como por exemplo, terapia psicológica".

Síntese dos Resultados e Conclusão

O paciente avaliado apresenta inteligência média-superior quando comparado com adultos de mesma idade e escolaridade. Em relação às funções cognitivas, como memória episódica, atenção, funções executivas, D.M.L encontra-se dentro da média. No entanto, em relação à memória de trabalho, o paciente encontra-se abaixo do esperado, destacando a fluência verbal fonêmica, também abaixo da média.

Somando os achados quantitativos, qualitativos e a história do paciente, é possível verificar características do quadro de Dislexia = Transtorno Específico da Leitura – DSM IV 315.00. A perturbação da leitura interfere significativamente nas atividades cotidianas, acadêmicas e sociais do paciente.

Tendo em vista o perfil neuropsicológico do paciente, fica claro no processo avaliativo que o mesmo se beneficiaria das estratégias de reabilitação cognitiva. D.M.L foi encaminhado para a terapia cognitivo-comportamental com psicóloga, para a reabilitação com enfoque em leitura e escrita com fonoaudióloga, que possui especialização em Neuropsicologia, e para a avaliação do Processamento Auditivo Central.

A avaliação específica da audição excluiu Distúrbio de Processamento Auditivo Central.

Reabilitação para Adulto

As características traçadas no processo avaliativo e as competências cognitivas são norteadores da reabilitação. No caso de D.M.L, a terapeuta responsável pela leitura e escrita optou por trabalhar com textos de interesse do paciente. Livros que o mesmo optava por ler e ainda revisava junto ao paciente textos enviado por *e-mail* no dia a dia do trabalho.

Uma das estratégias adotadas para o desenvolvimento da memória de trabalho em nível de compreensão de regras ortográficas foi: palavras que o paciente escrevia de forma incorreta eram guardadas no bolso da calça. Todos os dias ele era estimulado a trocar estas palavras. Era sugerido ter no máximo três palavras por dia, podiam ser menos palavras, mas não mais do que 3. Era comum, durante as sessões de terapia, ele produzir as listas de palavras que durante a semana iriam ser carregadas no bolso da calça. Durante o dia, com frequência, ele tinha acesso ao "papelzinho" com as palavras e fazia a leitura das mesmas para memorização.

Na sessão da semana seguinte, este mesmo vocabulário era utilizado em frases e textos construídos conjuntamente à terapeuta com o objetivo de fortalecer o uso e evoluir na memorização do mesmo.

Outra atividade realizada com D.M.L para treino de planejamento de leitura, ganho em velocidade e fluência foi a busca rápida por palavras pré-determinadas pela terapeuta no texto. O paciente devia desenvolver um planejamento para então conseguir localizar os vocábulos. Após esta tarefa, fazer uma sugestão do que o texto abordaria e, somente após esta "conversa com o texto", realizar a leitura ativa.

Foi enfatizada com o paciente a diferença entre leitura ativa e passiva, sendo que a leitura ativa requer que o indivíduo leia, pense criticamente sobre o que leu e realize atividades para entender melhor o conteúdo. Já a leitura passiva é aquela que o leitor apenas decodifica o texto, sem refletir sobre a mensagem, é o "passar de olhos", sem ter um real interesse pelo que está escrito e, por vezes, não memorizar a informação.

Após intervenção semanal com sessões de 1 hora de duração, foi possível observar ganhos em controle inibitório, flexibilidade, memória operacional, repertório de estratégias de aprendizagem e de compreensão. Ocorreu melhora em leitura e compreensão dos textos, e o paciente pode utilizar o conteúdo trabalhado durante as sessões de forma funcional no dia a dia.

PACIENTE ADOLESCENTE

Paciente, B.L.R, 16 anos, sexo masculino, destaque para este caso por ter comorbidade com o Transtorno do *Déficit* de Atenção e Hiperatividade. Ele é filho de pai disléxico.

Este paciente chegou à clínica já depois de ser avaliado e concluída a hipótese diagnóstica de Dislexia associada ao Transtorno de *Déficit* de atenção e Hiperatividade.

A saber, a bateria neuropsicológica para avaliação de criança/adolescente com queixa em leitura e escrita pode conter: (LIMA, et al, 2017)

- Testes de Cancelamento (TC): avaliam a atenção sustentada visual.
- Figuras Complexas de Rey: avalia a memória de curto prazo visual.
- Teste de aprendizagem auditivo-verbal de Rey: instrumento que avalia a memória de curto prazo auditivo-verbal.
- Stroop Color-Word Test (SCWT): avalia o controle inibitório (capacidade de inibir resposta automática para emissão de resposta controlada) e atenção seletiva visual (seleção entre informações relevantes e irrelevantes).
- Trail Making Test – TMT-A/B: composto por duas versões que avaliam a atenção visual (TMT-A) e a flexibilidade cognitiva (TMT-B), expressas por escores de tempo (em segundos) e total de erros.
- Teste Wisconsin de Classificação de Cartas – Wisconsin Card Sorting Test (WCST): avalia a flexibilidade cognitiva por meio da capacidade de mudança do uso de estratégias.
- Backward Corsi Block-Tapping Task: avalia a alça visuoespacial da memória operacional e foram considerados os *spans* da ordem direta e indireta.
- Tower of London (ToL): avalia a habilidade de planejamento e o raciocínio lógico. O teste oferece o escore total de acertos.
- Iowa Gambling Test (IGT): avalia a capacidade de tomada de decisão.
- Verbal Fluency Test (FAS): avalia a capacidade de produção de palavras verbalmente.
- por meio de pistas fonológicas (FVF) ou semânticas (FVS).
- Metacognitive awareness of reading strategies inventory – avalia o uso de estratégias durante a leitura.
- Executive functioning semistructured interwiew (EFSI): entrevista administrada com os pacientes, pais e professor para avaliar diferentes dimensões das funções executivas aplicadas aos contextos escolar e familiar.

- Leitura e compreensão de texto: texto do gênero narrativo, com 210 palavras e estrutura proposicional de 61 partes. Observa nível de leitura, estratégia de decodificação, velocidade e compreensão.
- Teste de Cloze: texto do gênero narrativo para avaliar a compreensão leitora com 40 vocábulos omitidos.

Reabilitação para Adolescente

Os adolescentes já se sentem "donos de si". Eles possuem rotina própria e conseguem dizer com clareza o que querem ou não executar. Portanto, se a necessidade de intervenção não for clara, não haverá motivação e nem mesmo ação para que o terapeuta o conduza ao acerto. E, neste sentido, foi traçada a reabilitação de B.L.R.

Nesta etapa da vida, o treino de funções executivas é mais aplicado às competências de estudo, com o intuito de organizar o adolescente para as atividades que exigem maior atenção de leitura e escrita. É necessário, junto ao paciente, desenvolver estratégias que auxiliem na administração do tempo, na organização de materiais e no ambiente de estudo, na lição de casa e no estudo para provas.

Tentamos com B.L.R utilizar o aplicativo de agenda do iPad, entretanto ele teve melhor resposta ao quadro de horários concreto, feito de papel cartão e afixado na parede do quarto. Após algum tempo, por volta de 3 meses, otimizamos o uso da agenda escolar, e assim, o paciente fluiu durante o restante do semestre com maior sucesso em organização.

Quando o paciente estava mais emotivo, isto é, em dias de grandes acontecimentos, como comemorações, aniversários, discussões entre familiares (mãe e padrasto), ele se desorganizava e era visível a queda no rendimento para a execução das tarefas de leitura e escrita.

É importante que o terapeuta tenha diálogo fluente, investigue detalhes sobre os interesses do adolescente que, por sinal, podem variar constantemente. Além disso, desenvolver uma conversa semidirigida para a explicação da existência do cérebro humano e das funções que o mesmo exerce sobre o comportamento e emoções.

No caso do paciente descrito, as explicações teóricas tornavam mais interessantes quando associadas a experimentos e desafios. B.L.R se mostrava sempre motivado aos desafios cognitivos, sendo o uso de *tablet* ou *notebook* um recurso facilitador.

Para adolescentes, o uso da informática, como computadores e materiais multimídia, são grandes aliados para reforçar o interesse pelo plano terapêutico. Existem aplicativos de domínio da *App Store* e *Playstore* que induzem os adolescentes a terem interesse em treinar as funções executivas como:

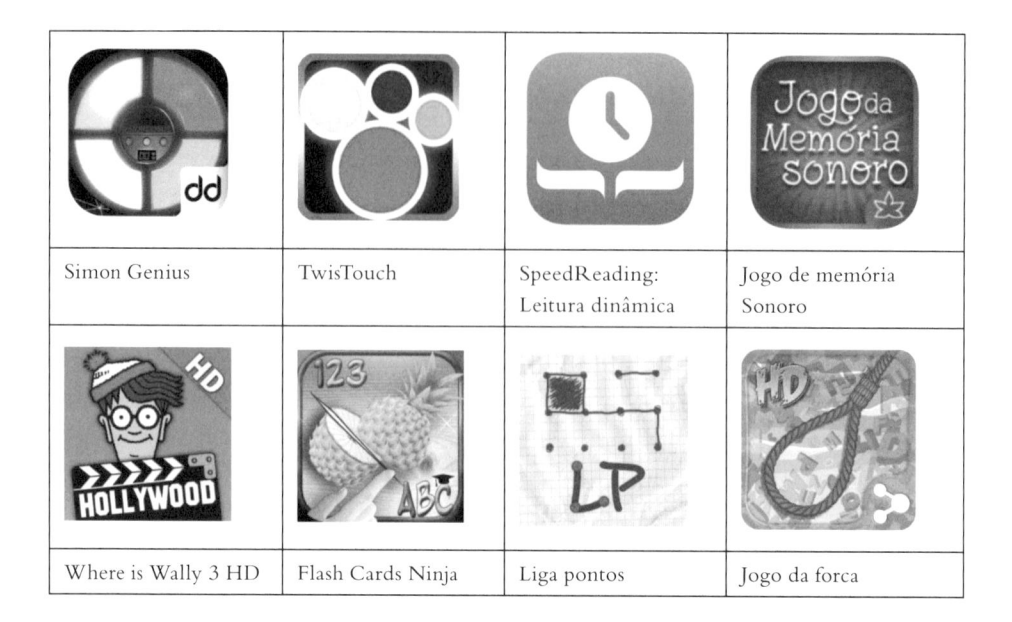

Simon Genius	TwisTouch	SpeedReading: Leitura dinâmica	Jogo de memória Sonoro
Where is Wally 3 HD	Flash Cards Ninja	Liga pontos	Jogo da forca

Outro exemplo de atividade em que obtivemos sucesso com B.L.R foi a criação de uma história apresentada no programa do *Windows*: *Power Point*. A história foi desenvolvida pelo paciente, registrada no caderno e depois transcrita para o programa. Nesta etapa, aplicando estratégias metacognitivas, o paciente realizava autocorreções. Era necessário manter atenção sustentada, fazer planejamento para construção e adequação das funções do *Power Point* a fim de que gerassem a animação do desenho conciliada à história transcrita.

Cabe ao terapeuta, transformar qualquer atividade pela qual o paciente se interesse em estímulo nos diversos níveis de linguagem: fonológico, ortográfico, semântico, pragmático (contextual).

PACIENTE CRIANÇA

A avaliação da criança segue no mesmo padrão das avaliações citadas anteriormente, iniciando por uma conversa detalhada com os pais, com o estudo do nível cognitivo da criança, e então, com a avaliação específica de leitura e escrita.

Os instrumentos para a avaliação de criança são inúmeros, sendo divididos por faixa etária. Os mais utilizados atualmente são:

1) Protocolo de Identificação Precoce dos Problemas DEL (CAPELLINI, CÉSAR & GERMANO, 2017) para alunos do 1º e 2º anos do ensino fundamental. Identifica os escolares de risco para dificuldades de leitura e pode ser utilizado por profissionais da saúde e da educação, no contexto clínico de educacional.

2) Protocolo de Avaliação das Habilidades Cognitivo-Linguísticas para Escolares (Silva & Capellini, 2019). O protocolo tem como objetivo verificar o desempenho de escolares de 6 a 7 anos e 11 meses de idade em habilidades preditoras para a alfabetização, como processamento auditivo e visual, consciência fonológica, velocidade de processamento, leitura de palavras e não palavras, ditado de palavras e não palavras.

3) Prohfon – Protocolo de Avaliação das Habilidades Metafonológicas (Germano & Capellini, 2016). Pode ser utilizado por fonoaudiólogos, pedagogos e psicopedagogos. Ele é indicado para avaliar escolares do 2º ao 5º anos do ensino fundamental em habilidades metafonológicas no nível silábico, fonêmico e intrassilábico.

4) Procomle – Protocolo de Avaliação da Compreensão de Leitura (Cunha & Capellini, 2019). É indicado para alunos do 3º ao 5º anos do ensino fundamental e pode ser utilizado por profissionais da saúde e da educação. O Procomle verifica o tipo de dificuldade que os escolares apresentam por não responderem perguntas após terem lido um texto com proficiência. Além de verificar em quais níveis da estrutura do texto encontram-se as dificuldades de compreensão de leitura.

5) PROLEC – Provas de Avaliação dos Processos de Leitura (Capellini, Oliveira & Cuetos, 2014). É composto por tarefas diversas que exploram os processos envolvidos na leitura. Observam-se desde as estratégias de leitura do escolar até os mecanismos que estão inadequados, impossibilitando uma leitura proficiente.

6) ADFLU – Avaliação do Desempenho em Fluência de Leitura (Martins & Capellini, 2018). É indicado para escolares a partir de 6 anos. Avalia, monitora e treina a fluência de leitura. Os escolares podem ler e cronometrar a leitura em voz alta em três diferentes níveis.

7) TDE – Teste de Desempenho Escolar, que tem uma edição lançada recentemente: TDE II, 2ª Edição (Giacomoni; Stein; Fonseca, 2019). O TDE II pode ser aplicado em escolares do 1º ao 9º anos do ensino fundamental. Avalia habilidades de leitura, escrita e aritmética. Além de ser utilizado como triagem do desempenho acadêmico nas três áreas, pode ser incluído na bateria de instrumentos diagnósticos e clínicos.

Vamos exemplificar um caso de criança, L.A.P.R, 10 anos, que foi diagnosticada como Transtorno Específico de Aprendizagem com prejuízo na Escrita em grau leve.

Dados da Anamnese

L.A.P.R é filha única. Ela começou a falar e a andar por volta de um ano de idade. Não há queixas quanto ao sono. A mãe relatou uma otite importante da filha aos 4 anos de idade e uma alteração anatômica das membranas timpânicas, a qual o médico otorrinolaringologista solicitou alerta (Não soube fornecer melhores detalhes sobre esse achado médico. Sem laudo.). Nos exames auditivos realizados, há indicação de quadro de perda auditiva leve neurossensorial na OE e perda leve a moderada, em graves, de modo neurossensorial na OD.

Na imitanciometria, observou-se curva do tipo C. No exame BERA, realizado posteriormente, verificou-se atraso global de latências sugestivo de patologia condutiva à direita. Aos oito anos de idade, fez avaliações psicológicas e concluiu diagnóstico de TDAH. No período, por indicação do neurologista, iniciou com Ritalina-30mg, mas na época da avaliação já estava em uso do Venvanse-20mg.

L.A.P.R desenvolveu-se adequadamente no decorrer dos anos escolares, mas segundo a mãe e relatórios, apresentava queixas comportamentais como resistência às mudanças, comportamento "desafiante", hiperatividade motora e desatenção. Ocorreu decline no rendimento em algumas disciplinas a partir do 2º ano escolar, mas sem história de repetição de ano letivo. A partir do 4º ano e início do acompanhamento com o neurologista ocorreu melhora significativa do desempenho escolar da paciente, embora persistam erros na escrita.

A paciente recebia apoio da mãe para realizar os deveres de casa, e quando não foi mais possível ter este amparo, passou a frequentar o "centro de apoio à escola" para realizar deveres de casa e fazer aulas particulares.

Mãe relata que ela também teve dificuldade para leitura e escrita durante o processo de alfabetização e desenvolvimento infantil.

Sobre o Processo Avaliativo

Em situação espontânea e dirigida pelo teste, a paciente não apresentou alterações fonêmicas. O vocabulário apresentado pela paciente durante os diálogos é adequado à idade. Não foi realizado teste quantitativo para avaliação do vocabulário.

No CONFIAS, a paciente correspondeu adequadamente ao nível de consciência fonológica esperada para o seu nível de escrita alfabética. Apresentou maior dificuldade na última etapa a nível fonêmico: Transposição.

Nas provas de leitura, a paciente prefere leitura silenciosa à oral.

- **Leitura Silenciosa**: realizou em tempo esperado. Demonstrou compreensão do texto lido.
- **Leitura Oral**: fluência satisfatória, entretanto em alguns momentos acelera, demonstrando ansiedade em finalizar tarefa e, neste momento, acomete substituições de palavras. O uso de pontuação é adequado. Não é necessário movimentos associados como apoio digital para realização da tarefa. Ao final da leitura, a paciente respondeu aos questionamentos corretamente, demonstrando boa compreensão e interpretação do texto lido.

- **Leitura de Pseudopalavras**: durante a leitura de pseudopalavras, a paciente manteve atenção focada. Entretanto realizou leitura incorreta de 20% das pseudopalavras e autocorreções. Ocorreram confusões grafemas/fonemas do tipo: / ʃ / por / ʒ /, / v / por / f /, / d / por / t /, / g / por / k / e / z / por / s /.

Nas provas de escrita: a paciente é destra apresenta preensão aparentemente funcional do lápis durante a escrita. Não se queixa de dores ao escrever. Apresenta letra legível e constante/regular. Ela foi capaz de compreender a própria letra. Durante as tarefas de cópia, redação e ditado, a paciente apresentou erros na grafia, classificados como omissões de letras, acentuação, pontuação, além de substituições grafema/fonema vozeados e desvozeados inconstantes. O texto produzido foi criativo, coerente, entretanto com falhas em sintaxe.

Os erros ortográficos apresentados pela paciente são classificados por Zorzi (2009) como representações múltiplas, apoio na oralidade, omissões de letras, generalização de regras, substituição de fonemas (grafemas) surdos/sonoros.

Vale destacar aqui a análise do material escolar, como agenda, boletins, cadernos e avaliações, nos quais verificamos presença de erros ortográficos, acentuação incorreta e uso incorreto de letras maiúsculas/minúsculas. De uma forma geral, os cadernos são organizados, caprichados, assim como a exposição das respostas nas avaliações. O desempenho em notas nas avaliações é ascendente e não há perda de médias no primeiro trimestre.

Durante a avaliação dos possíveis distúrbios associados à leitura e à escrita, pode-se verificar habilidades de associação de ideias, sequência lógica e análise-síntese satisfatória. A paciente conhece bem os números e as letras do alfabeto. Apresentou ótimo desempenho em tarefa de cópia de traços e figuras. Devido à desmotivação da paciente para o processo avaliativo, outras tarefas não foram solicitadas.

No Teste de Desempenho Escolar: L.A.P.R apresentou desempenho inferior nas provas de leitura, matemática e escrita, considerando sua faixa etária e escolaridade.

Síntese dos Resultados e Conclusão

A análise total dos resultados (quantitativa e qualitativa) indica que o TDAH prejudica o rendimento da paciente nas tarefas de leitura e aritmética; para a escrita, os erros foram mais evidentes e além do esperado para o quadro, por este motivo, é citado a hipótese de Transtorno Específico de Aprendizagem com Prejuízo na Escrita (DSM V 315.2) em grau leve, (ou Transtorno da Expressão Escrita/disgrafia pelo CID 10 F81.8), entretanto pode ser ainda apenas um quadro de Dificuldade de Aprendizagem e, por este motivo, neste caso, há necessidade de reavaliação após intervenção e melhor investigação em nível de processamento auditivo da paciente.

Na época, foi recomendado retorno ao acompanhamento psicológico, manter tratamento medicamentoso com acompanhamento do médico, realizar avaliação de Processamento Auditivo Central, observação mais cuidadosa, devido ao comportamento desatento da criança e desmotivação da criança para execução de tarefas escolares e reavaliação após intervenção fonoaudiológica de um ano.

Reabilitação Criança

Na reabilitação neuropsicológica com crianças podemos adotar condutas mais comportamentais, um sistema de recompensa para que ocorra volume de treino das funções e automatização das habilidades. As funções executivas podem ser trabalhadas conciliadas a atividades motoras globais que envolvam a criança.

Para as crianças, o treino de funções executivas é aplicado à compreensão de leitura, iniciando de palavras, e progredindo a frases, parágrafos, pequenos textos e gradativamente aumentando o número de palavras e complexidade para interpretações e compreensão dos textos. São desenvolvidas estratégias que auxiliam na compreensão de textos por meio de recursos metacognitivos: criando junto ao paciente consciência e estratégias próprias para o aprendizado acontecer.

No caso, L.A.P.R gostava de passear. Em uma das sessões, a paciente foi convidada a passear no *shopping* e ler os nomes das lojas, todos os letreiros que ela conseguisse. Em seguida, sentadas na praça de alimentação, a tarefa consistiu em escrever o nome de todas as lojas que ela lembrasse. Após o lanche, percorremos o mesmo caminho e a paciente fazia a correção da atividade, verificando se tinha realizado corretamente a grafia dos nomes das lojas.

L.A.P.R questionava muito sobre as regras ortográficas, gostava de criar músicas ou versos para lembrar as regras. E quando estudava textos longos, optava por fazer desenhos para facilitar a memorização do conteúdo.

Tiveram dias em que L.A.P.R estava bastante agitada, e a atividade era desenvolvida com circuitos. Funcionavam da seguinte maneira: (1) os exercícios eram listados, escritos em pedaços de papéis e (2) ordenados em um quadro. Assim, a paciente se programava quanto à ordem de execução, diminuía a ansiedade. (3) A cada tarefa motora realizada, por exemplo: pular corda dez vezes, ela voltava ao quadro e (4) realizava uma tarefa de leitura e escrita.

O sucesso terapêutico é facilitado quando o profissional se envolve no material a ser utilizado, nos personagens e nos temas de interesse do paciente.

Considerações Gerais sobre a Reabilitação Neuropsicológica

É importante que a intervenção agregue aspectos neuropsicológicos de correlação estrutura-função, estimulação das habilidades cognitivas e técnicas com componentes da Psicoterapia, atingindo, assim, uma integração do indivíduo na família, escola/faculdade/ ambiente de trabalho e sociedade.

Os indivíduos com dislexia do desenvolvimento (DD) apresentam *déficits* em diferentes domínios cognitivos. Organizar as funções executivas (FE) garantirá maior competência para estudar e desenvolver as habilidades escolares.

Estudo de Lima et al., 2017 comprova efeito positivo para pacientes com dislexia, quando a reabilitação neuropsicológica tem por base intervir nas funções executivas. Quando realizada, os disléxicos apresentaram melhora em atenção, memória, controle inibitório, flexibilidade cognitiva, fluência verbal, uso de estratégias de aprendizagem e de leitura e ainda no desempenho de compreensão leitora.

PIRÂMIDE DE WILLIAM GLASSER

A pirâmide do aprendizado, proposta por William Glasser, descreve que para ocorrer a aprendizagem, é necessário que além de receber a informação, por via auditivo e visual, ocorra a absorção do conteúdo: refletindo, debatendo sobre o assunto e então fazendo o uso da informação para que se solidifique o aprendizado. De acordo com esse modelo, a experiência direta, o uso prático ou o ensino aos outros seriam as formas mais eficazes de aprendizado. (SILVA & MUZARDO, 2018)

Na RN, a consciência do problema também segue na mesma amplitude traçada na pirâmide de William Glasser, se o indivíduo apenas ver o erro, ele será minimamente conduzido ao acerto, diferentemente, se ele além de ver, escuta o outro, questiona e tenta modificar a partir de elaborações de textos, revisões e outros produtos de leitura e escrita, ou mesmo verbal.

O caminho é levar o paciente à consciência do próprio problema para que ele consiga se autoestruturar para o enfrentamento das dificuldades e reorganizar suas funções. Se a reabilitação não se inicia pela consciência do *déficit*, não há mudança. Pois o erro está automatizado e, portanto, estará sempre a frente na ocorrência.

CONSCIÊNCIA > MOTIVAÇÃO > AUTOCONSTRUÇÃO DO CONHECIMENTO

É comum as crianças que apresentam problemas, como a não aprendizagem evoluírem com *déficits* comportamentais e, talvez, a consequência mais comum seja a perda da confiança e da autoestima. Elas se sentem incapazes e "diferentes" em relação aos outros colegas, o que gera um círculo vicioso de fracasso escolar. (Smith & Strick, 2001)

O modelo de RN proposto por Wilson (2002) reconhece a importância de todos os processos, desde a avaliação ao tratamento. E reforça que o sucesso da reabilitação está em focar atenção nas dificuldades cognitivas, emocionais e psicossociais do indivíduo.

O funcionamento cognitivo é um preditor significativo de prognóstico positivo no tratamento psiquiátrico. A RN busca maximizar as funções cognitivas e minimizar as consequências dos *déficits* cognitivos que limitam o rendimento do paciente.

Escolares com transtornos Específicos de Aprendizagem com prejuízo na leitura (Dislexia) apresentam alterações em funções neuropsicológicas e fonológicas, sendo as mais comuns: organização perceptivo-motora, processamento visual e auditivo e processamento fonológico, indicando disfunções no córtex têmporo-parieto-occipital (Pino, Harb, Bassi & Samper, 2007). Lima, Salgado e Ciasca (2008) apontaram dificuldades em escolares disléxicos quanto à atenção sustentada visual, à flexibilidade, à capacidade de inibição cognitiva.

Por isso, há de se considerar que a intervenção deve estar, também, centrada nos aspectos do processamento fonológico (memória operacional fonológica, velocidade de processamento e consciência fonológica) e, quando necessário, efetuar o processo de realfabetização com métodos fônicos, baseados na psicolinguística e na neurociência (Pinheiro, Marques & Leite, 2018), além de utilizar técnicas com o objetivo de adequar a fluência e a compreensão de leitura, bem como o processo ortográfico. Não se esquecendo da intervenção neuropsicológica centrada na atenção e nas funções executivas.

Para tal, faz-se necessário o estabelecimento de metas de longo e curto prazo e a permissão para que o paciente influencie na decisão do tratamento. Além disso, a terapia deve ser criativa, o que garante o envolvimento do paciente e busca pela motivação.

Vale ressaltar que o sucesso terapêutico com um paciente com Transtorno de Aprendizagem é o envolvimento dos terapeutas que o acompanham, e o esforço conjunto do paciente com os profissionais e familiares para que o conteúdo trabalhado durante a sessão se estenda ao dia a dia e às tarefas no ambiente escolar, sendo, portanto, funcionais.

REFERÊNCIAS

AMERICAN PSYCHIATRIC ASSOCIATION. **Diagnostic and Statistical Manual of Mental Disorders** (DSM--V). 5. ed. Washington, DC, 2014.

CAPELLINI, Simone Aparecida; CÉSAR, Alexandra Beatriz Portes de Cerqueira; GERMANO, Giseli Donadon. **Protocolo de identificação precoce dos problemas de leitura – IPPL**. Book Toy, 2017. p. 72.

CAPELLINI, Simone Aparecida; OLIVEIRA, Adriana Marques; CUETOS, Fernando. **PROLEC – Provas de Avaliação dos Processos de Leitura**. 2 ed. Casa do Psicólogo, 2014.

CID 10: Classificação de Transtornos Mentais e de Comportamento da CID-10: Descrições clínicas e diretrizes diagnósticas. **Organização Mundial de Saúde (Org.)**. Porto Alegre: Artes Médicas, 1993.

CUNHA, Vera Lúcia Orlandi; CAPELLINI, Simone Aparecida. **Procomle – Protocolo de Avaliação da Compreensão de Leitura**. Book Toy, 2019.

GERMANO, Giseli Donadon; CAPELLINI, Simone Aparecida. **PROHFON – Protocolo de Avaliação das Habilidades Metafonológicas**. Book Toy, 2016.

GIACOMONI, Claudia Hofheinz; STEIN, Lilian Milnitsky; FONSECA, Rochele Paz. **TDE II – Teste de Desempenho Escolar**. 2 ed. Vetor Editora, 2019.

JARDINI, Renata Savastano; et al. **Método das Boquinhas**: Alfabetização e Reabilitação dos Distúrbios da Leitura e Escrita. São Paulo: Casa do Psicólogo. 3 ed. 2006. p. 62-64.

LIMA, Ricardo Franco. **Programa de Reabilitação Neuropsicológica em Funções Executivas para Estudantes com Dislexia do Desenvolvimento**: Elaboração e Eficácia. Universidade Estadual de Campinas. Faculdade de Ciências Médicas. Campinas, 2015.

LIMA, Ricardo Franco; et al. Efeitos de uma Reabilitação Neuropsicológica para Pacientes com Dislexia. **Revista Brasileira de Terapias Cognitivas**, 2017, 13(1), pp. 39-48. Disponível em: http://pepsic.bvsalud.org/pdf/rbtc/v13n1/v13n1a07.pdf.

LIMA, Ricardo Franco de; SALGADO, Cíntia Alves; CIASCA, Sylvia Maria. Desempenho neuropsicológico e fonoaudiológico de crianças com dislexia do desenvolvimento. **Rev. Psicopedag.** [online], vol. 25, n. 78, p. 226-235, 2008. Disponível em: http://pepsic.bvsalud.org/scielo.php?script=sci_arttext&pid=S0103-84862008000 300005&lng=pt&nrm=iso.

LOSCHIAVO-ALVARES, Fabricia Q.; FISH, Jessica; WILSON, Barbara A. Applying the comprehensive model of Neuropsychological rehabilitation to people with psychiatric conditions. **Clinical Neuropsychiatry** (2018) 15, 2, 83-93.

MARTINS, Maíra Anelli; CAPELLINI, Simone Aparecida. **ADFLU – Avaliação** do Desempenho em Fluência de Leitura. Book Toy, 2018.

PINHEIRO, Ângela Maria Vieira; MARQUES, Karina Almeida; LEITE, Rita de Cássia Duarte. Protocolo de avaliação para o diagnóstico diferencial dos transtornos específicos da aprendizagem. **Rev. Paideia**. Belo Horizonte. n. 19, p. 13-18, 2018.

PINO, Jorge Alfredo Herrera; HARB, Soraya Lewis; BASSI, Norella; et al. Fundamentos neuropsicológicos de la dislexia evolutiva. **Psicología desde el Caribe**. 2007; 19:222-68. Disponível em: https://www.redalyc.org/pdf/213/21301910.pdf.

ROTTA, N. T, et al. **Transtornos da Aprendizagem**. Abordagem Neurobiológica e Multidisciplinar. Porto Alegre: Artmed. 2006.

SILVA, Cláudia; CAPELLINI, Simone Aparecida. **Protocolo de Avaliação das Habilidades Cognitivo-Linguísticas para Escolares**. Book Toy, 2019.

SILVA, Fábio Luiz; MUZARDO, Fabiane Taís. Pirâmides e cones de aprendizagem: da abstração à hierarquização de estratégias de aprendizagem. **Dialogia.** São Paulo. N. 29, 2018. p. 169-179.

SMITH, C; STRICK, L. **Dificuldades de aprendizagem de A a Z**: um guia completo para pais e educadores. Porto Alegre: Artes Médicas, 2001.

WILSON, Bárbara; **Towards a comprehensive model of cognitive rehabilitation.** Neuropsychological Rehabilitation, 12, p. 97-110, 2002

ZORZI, Jaime Luiz. **Como escrevem nossas crianças? Estudo de desempenho ortográfico de alunos das séries iniciais de ensino fundamental de escolas públicas.** São José dos Campos: Pulso Editorial, 2009.

18. A REABILITAÇÃO NEUROPSICOLÓGICA NA DEPRESSÃO

Fabricia Quintão Loschiavo Alvares

INTRODUÇÃO

A depressão, notoriamente, configura-se em um problema de saúde pública, que cursa com um importante comprometimento no desempenho das atividades ocupacionais do indivíduo (BLAS & KURUP, 2010). Conforme estes autores, estima-se que, em 2020, a depressão será a segunda causa de incapacidade em saúde. Considerando os 350 milhões de indivíduos em todo o mundo que apresentam transtornos mentais, quase 41% deste total apresentam transtornos depressivos (WHITEFORD et al., 2010).

Em conformidade com o DSM-V (APA, 2014), para o diagnóstico do transtorno depressivo maior, pelo menos cinco dos seguintes sintomas descritos devem ter estado presentes quase todos os dias durante o mesmo período de 2 semanas, sendo que um deles deve ser humor deprimido ou perda de interesse ou prazer.

- Humor deprimido durante a maior parte do dia.
- Diminuição acentuada do interesse ou prazer em todas ou quase todas as atividades durante a maior parte do dia.
- Ganho ou perda de peso significativo (> 5%) ou diminuição ou aumento do apetite.
- Insônia ou hipersonia quase todos os dias.
- Agitação ou atraso psicomotor observado por outros (não autorrelatado).
- Fadiga ou perda de energia.
- Sentimentos de inutilidade ou culpa excessiva ou inapropriada.

- Capacidade diminuída de pensar, concentrar-se ou indecisão.
- Pensamentos recorrentes de morte ou suicídio, tentativa de suicídio ou um plano específico para cometer suicídio.

Como apontado no estudo de Daskapoulou et al. (2016), há evidências de que a presença de depressão aumenta o risco de várias doenças cardiovasculares, incluindo infarto, acidente vascular encefálico hemorrágico e doença arterial periférica, sendo considerada, portanto, um fator independente tão importante quanto os clássicos fatores de risco para doenças crônicas. Em contrapartida, a depressão pode também configurar-se como o resultado das incapacidades e limitações que acompanham as doenças crônicas, delineando, desta forma, um circuito vicioso entre sentimentos depressivos e comorbidades físicas (BARROS et al., 2017).

COGNIÇÃO E DEPRESSÃO

O perfil neuropsicológico da depressão é caracterizado por um comprometimento de múltiplos domínios cognitivos, tais como funções executivas, atenção, velocidade psicomotora e memória episódica (KALSKA et al., 2013). Os supracitados *déficits* são observados tanto em pacientes sob medicação, bem como em pacientes não medicados (PORTER, GALLAGHER, THOMPSON & YOUNG, 2003), em indivíduos mais jovens ou idosos (PURCELL, MARUFF, KYRIOS & PANTELIS, 1997) ou em diferentes níveis de gravidade da depressão.

Embora seja estabelecido que a depressão curse com comprometimentos cognitivos, como já apontado, evidências recentes vêm demonstrando que tais comprometimentos persistem durante a remissão clínica (AUSTIN, MITCHELL & GOODWIN, 2001) e encontram-se relacionados à vulnerabilidade a maiores episódios, assim como a cronificação deste transtorno, comprometendo o funcionamento ocupacional e a eficácia social (MILLAN, 2006; GORWOOD et al., 2008).

As relações entre emoção, cognição e motivação e seus mecanismos cerebrais subjacentes têm recebido crescente atenção na literatura. Concernente ao substrato neurobiológico (PALMER et al., 2015), ressaltam-se dois modelos, não mutuamente exclusivos, relacionados ao transtorno depressivo: o da rede límbico-cortical e córtico-estriatal. O primeiro, delineado por Mayberg (2003), sugere que a depressão está ligada à atividade excessiva em áreas límbicas, tradicionalmente associadas ao processamento emocional e à inibição inadequada por áreas pré-frontais (MAYBERG et al., 1999). Entende-se que este modelo abarca o córtex pré-frontal lateral e medial, o orbitofrontal, o cingulado anterior, o hipocampo, o tálamo e a amígdala. Já no segundo, o modelo corticostriatal, a ênfase maior é atribuída às estruturas subcorticais no processamento da informação, com as conexões córtico-estriatais-pálidas-talâmicas e a disfunção estriatal associada a sintomas como retardo psicomotor (Bora et al., 2012). Neste sentido, Crocker et al. (2013) apontam que os *déficits* na cognição, particularmente os nas funções executivas, são causados por distúrbios emocionais e motivacionais. Analogamente, Gotlib e Joormann (2010) ressaltam que os *déficits* em funções executivas específicas, como controle inibitório e flexibilidade, são, também responsáveis pelas principais características cognitivas, emocionais e motivacionais da depressão, incluindo os vieses cognitivos, a disfunção relacionada à motivação e ao prejuízo nas habilidades de regulação emocional, o que corrobora a intrínseca relação dos circuitos supracitados.

Na medida em que as dificuldades cognitivas em pacientes deprimidos são consistentes e preditoras de uma pior qualidade de vida e desempenho funcional (Kennedy, Eisfeld & Cooke, 2001), torna-se importante a proposição de intervenções, como a reabilitação neuropsicológica (RN). Esta tem como objetivo evitar e/ou minimizar a deterioração cognitiva nesse grupo clínico, bem como propiciar a estes pacientes a recuperação e/ou otimização de suas habilidades funcionais.

REABILITAÇÃO NEUROPSICOLÓGICA NA DEPRESSÃO

Concernente às publicações na área, a RN aplicada à depressão tem sido consistentemente indicada e estudos mais recentes, ressaltando o de Pryamvada, Ranjan e Chaudhury (2015), apontaram a reabilitação como uma ferramenta útil e funcionalmente significativa para a melhora dos comprometimentos cognitivos e funcionais na depressão. O *n* desta investigação foi composto por 30 pacientes, avaliados pré e pós-intervenção, e no *follow-up,* período de três meses após integralização da RN. O programa de intervenção foi composto por 15 sessões, divididas em sete, destinadas à reabilitação da atenção e da concentração, e oito para a reabilitação da memória. No primeiro bloco foram empregadas estratégias e tarefas específicas para a estimulação da atenção e da concentração, tais como: estímulos para ativação, orientação a estímulos auditivos e visuais, tarefas de discriminação, concentração, controle mental, atenção imediata e treinamento de resistência a interferências. Nas sessões destinadas à reabilitação da memória foram usados exercícios e repetições contextualmente relevantes, estratégias mnemônicas, pareamento de estímulos, técnicas de recapitulação mental, organização verbal e elaboração semântica (método PQRST), dispositivos e suportes externos e adaptação ambiental. Nas medidas pré e pós *follow-up* empregadas foi evidenciada uma melhora significativa na atenção e na memória, com ganhos relatados inclusive nas esferas ocupacionais.

Tendo em vista o que foi exposto, e a fim de ilustrar a aplicação do modelo abrangente de RN (Loschiavo-Alvares, Fish & Wilson, 2018) na depressão, será apresentado um caso clínico, da avaliação à intervenção, com a comparação pré e pós-intervenção.

CASO CLÍNICO

M.O.G, sexo feminino, 29 anos, advogada. Ela foi diagnosticada com depressão aos 19 anos. Tem uma tentativa de suicídio prévia, por ingestão de quantidade abusiva de comprimidos, mas foi logo socorrida pela família e encaminhada ao pronto atendimento para lavagem estomacal, evoluindo bem clinicamente. Foi encaminhada por seu psiquiatra para a RN devido a importantes queixas funcionais relacionadas às suas atividades laborativas, acadêmicas e no manejo do seu dia a dia, embora estivesse em remissão dos sintomas depressivos, Inventário Beck de Depression – BDI escore < 10 (CUNHA, 2001).

Uma avaliação neuropsicológica foi realizada para a caracterização do perfil cognitivo observado, considerando o perfil esperado (ROBINSON et al., 2006; SIMONSEN et al. 2008; TORRES et al. 2007). Os resultados da testagem estão expressos na **Tabela 1** e **Figura 1**, e corroboram dados de estudos prévios (PAPAZACHARIAS & NARDINI, 2012; KALSKA et al., 2013), ao apontarem importantes comprometimentos nas funções atencionais, executivas e mnemônicas.

Tabela 1 – Perfil Cognitivo Observado

Testes	Escores (X; SD) or (X; %) ou Percentil	
Iowa Gambling Task (IGT) Net Score	8 (Percentil 15)	Deficitária
Continuous Performance Test (CPT-II) Omissões Commissões Hit RT	14 (4%) 20 (56%) 521,83ms	Média Deficitária Deficitária
Wisconsin Card Sorting Test (WCST) WCST Categorias	1(5,58)	Deficitária
Rey Additive Verbal Learning Test (RAVLT) – A6 (Recordação Imediatal) A7 (Recordação Tardia) ITP (Interferência Pró-ativa) ITR (Retroactive Interference) VE (Velocidade de Esquecimento)	9 (11,9; 1,9) 8 (11,8; 1,4) 0,67 (1; 0,3) 0,67 (0,9;0,2) 1 (1,0; 0,2)	Deficitária Deficitária Deficitária Deficitária Deficitária

Figura 1 – Curva de Aprendizagem do RAVLT

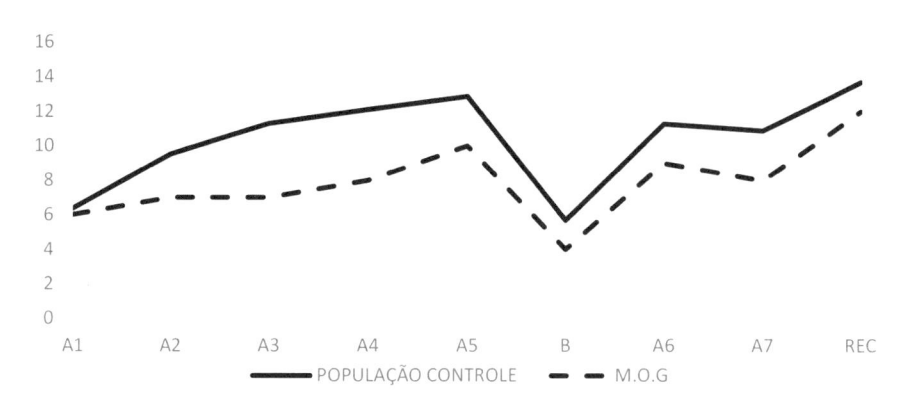

Funcionalmente, M.O.G. relatou que frequentemente esquecia as datas (prazos) de seus compromissos profissionais, o que resultou em problemas substanciais, uma vez que não estava sendo capaz de gerenciar seus clientes e seus respectivos processos (referente aos prazos e trâmites processuais destes). Ela também ressaltou desorganização e dificuldades de planejamento cotidianas, que resultavam em constantes perdas de objetos, como chaves e documentos, por exemplo, desorganização da rotina, que lhe rendia importantes dificuldades em se engajar em uma alimentação saudável por não conseguir planejar e executar os menus conforme a orientação de seu nutricionista.

Diante do exposto, a paciente apontou como suas metas para a RN: 1 – melhorar o gerenciamento de seus compromissos profissionais (não perder mais prazos recursais, melhorando seus sistemas de automonitoramento); 2 – não perder mais objetos e nem documentos; 3 – melhorar a organização de sua rotina, estabelecendo dia de planejamento executivo do seu cardápio semanal, levantamento de ingredientes e compra destes. Na **Tabela 2** está a descrição do caso, conforme as associações propostas, desde os construtos cognitivos, metas, até as estratégias para intervenção.

Tabela 2 – Caracterização Clínica para Intervenção

Construtos Cognitivos	*Déficits* Cognitivos	Metas Funcionais	Estratégias de Intervenção
Atenção e Memória	Atenção: baixa resistência a estímulos distratores. Memória: dificuldades na memória episódica.	Melhorar o gerenciamento de seus compromissos profissionais (não perder mais prazos recursais, melhorando seus sistemas de monitoramento). Não perder mais objetos e nem documentos.	Estratégias de autogerenciamento (procedimentos de orientação), suportes ambientais (modificações ambientais, como blocos de notas) e dispositivos e auxílios externos (*checklists* e uso do calendário do Google, com alarmes diários). Estratégias de aprendizado de domínios específicos do conhecimento (pareamento de estímulos, aprendizagem sem erro, recuperação espaçada).
Funções Executivas	Impulsividade. Prejuízos no planejamento. Sequenciamento. Organização. Tomada de decisão. Gerenciamento de tempo. Solução de problemas.	Melhorar o gerenciamento de seus compromissos profissionais (não perder mais prazos recursais, melhorando seus sistemas de monitoramento). Melhorar a organização de sua rotina, estabelecendo dia de planejamento do cardápio semanal, levantamento de ingredientes e compra destes.	Gerenciamento Ambiental (organização do espaço físico e manipulação de fatores fisiológicos). Treinamento de Seleção e Execução de Planos Cognitivos (planejamento, visando à conclusão de tarefas, gerenciamento de tempo visando à priorização de atividades, segmentação de tarefas complexas em tarefas mais simples com estimativas temporais mais realistas, considerando suas atividades e projetos). Rotinas de aprendizagem de tarefas específicas (planejar, praticar e promover atitudes terapêuticas – *checklist* e análise de tarefas). Estratégias metacognitivas. Treinamento autoinstrucional (Treinamento em gerenciamento de metas – GMT: pare, defina, liste, aprenda, faça e verifique).

Concernente à Classificação Internacional de Funcionalidade (CIF), como já visto no Capítulo 4, esta destaca o fato de que as deficiências cognitivas são construções conceituais derivadas de observações comportamentais e que as deficiências associadas não são, em si mesmas, especificamente atribuíveis a um único *déficit* cognitivo, o que corrobora a necessidade de uma ampla intervenção (Bowie et al., 2010). Deve-se, portanto, sempre considerar a pessoa em seu contexto e relacionamento (Jaeger et al., 2007), conforme proposto no modelo abrangente de RN para os transtornos psiquiátricos, proposto neste livro. De fato, no caso de M.O.G, como já destacado, a intervenção visou às suas atividades e níveis de participação (**Figura 2**).

A intervenção teve duração de quatro meses, com atendimentos semanais, alternando sessões domiciliares, no escritório da paciente e no consultório. Foram empregadas as técnicas/estratégias já mencionadas, de maneira contextualizada e considerando para a proposição de atividades, o histórico, as preferências e demandas ocupacionais da paciente. Considerando os fatores contextuais destacados no modelo mencionado, a família do M.O.G esteve envolvida em seu tratamento, e eles receberam informações específicas de psicoeducação que incluíam como gerenciar uma pessoa com alterações de humor, a relevância da farmacoterapia e os *déficits* cognitivos encontrados em pessoas com depressão.

Figura 2 – Caso clínico na perspectiva da CIF

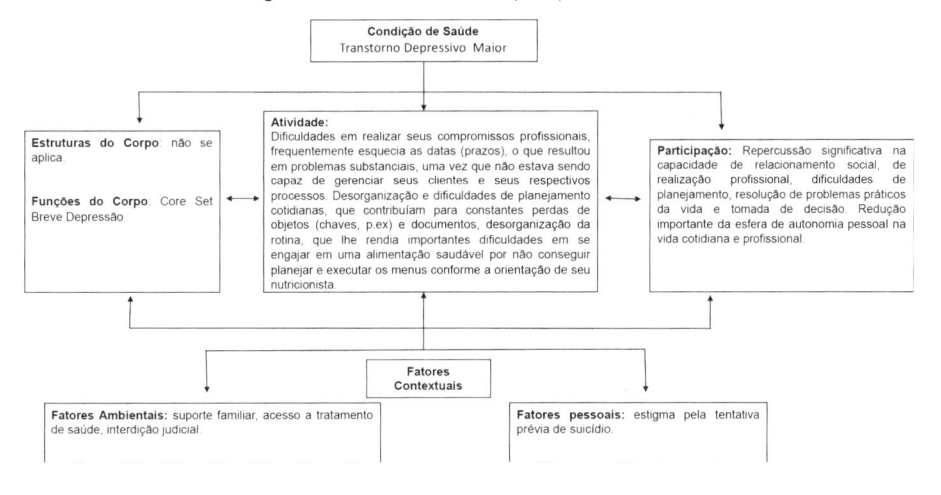

Em relação à avaliação da eficácia da intervenção, foram feitas comparações com o número absoluto das ocorrências cotidianas das queixas funcionais da paciente na fase pré-intervenção, pós-intervenção (4 meses) e acompanhamento (2 meses), usando Formulário para identificação da frequência cotidiana das queixas funcionais (**Figura 3**), e também, empregados o *Core Set* Breve de Depressão, a Escala de Modos de Enfrentamento de Problemas (EMEP) (Seidl et al., 2001), para avaliação das habilidades de coping e, para a avaliação funcional do impacto do comprometimento atencional, executivo e mnemônico, utilizou-se a DEX-R (Wilson, 1996; Loschiavo-Alvares et al., 2013; 2014).

A EMEP é dividida em quatro fatores, a saber: estratégias de enfrentamento focalizadas no problema, estratégias de enfrentamento focalizadas na emoção, busca de práticas religiosas/pensamento fantasioso e busca de suporte social (SEIDL et al., 2001).

Já a DEX-R consiste em um questionário com itens que abordam comprometimentos cotidianos relativos à disfunção executiva, incluindo dificuldades com memória, atenção, processamento de informação, controle comportamental, regulação emocional e autorregulação. Este instrumento foi traduzido e adaptado para o português do Brasil (LOSCHIAVO-ALVARES, 2013) e já foi usado, junto com a EMEP, como medidas de eficácia, em um estudo para avaliação do efeito da eficácia da RN no transtorno afetivo bipolar (TAB) (LOSCHIAVO-ALVARES& NEVES, 2014).

Ressalta-se que a observação da ocorrência das queixas funcionais, nos três momentos (pré, pós-intervenção e acompanhamento), foi feita no período de uma semana. Durante este período, M.O.G e sua mãe (informante externa) anotaram a frequência dos problemas relatados quando da admissão no programa de RN (**Tabela 3**).

Houve uma diminuição expressiva da ocorrência das dificuldades cotidianas, com uma respectiva melhora em suas habilidades funcionais, com diminuição significativa nos níveis de incapacidade, em concordância com os dados comparativos do *Core set* de Depressão da CIF (**Figura 4**). Diferenças notáveis também foram observadas na comparação pré e pós-intervenção dos escores da EMEP (**Figura 5**) e da DEX-R (**Figura 6**).

Na primeira houve um incremento pronunciado nas habilidades de coping focadas nos problemas, ou seja, habilidades mais executivas, que demandam uma análise mais racional de prós e contras e de controle inibitório, e um aumento geral nas habilidades de enfrentamento. Na DEX-R houve uma melhora objetiva em todos os construtos medidos, após a intervenção de RN, bem como também na pontuação geral. Desta forma, tanto na avaliação subjetiva como na avaliação funcional objetiva, nos três instrumentos, a RN trouxe importantes ganhos funcionais e ocupacionais para M.O.G.

Tabela 3 – Comparação Pré, Pós e Follow-up

Fases da Intervenção	Ocorrências Cotidianas das Queixas Funcionais (Média do número absoluto conforme observação da paciente e de sua mãe durante 1 semana)		
	Esquecimento de datas/prazos de seus compromissos profissionais (referente aos trâmites processuais de seus clientes).	Perdas de objetos em casa.	Episódios de desorganização da rotina (não cozinhar sua comida, ou não ter um ingrediente programado, comer algo fora de sua dieta por não ter programado a reposição do item faltante).
Pré-intervenção (Baseline)	7	4	6
Pós-intervenção (4 meses)	0	1	1
Acompanhamento (Follow-up – 2 meses após a alta)	0	0	0

Figura 3 – Formulário para identificação da frequência cotidiana das queixas funcionais

NOME:_____ DATA:_____														
PROGRAMA DE REABILITAÇÃO NEUROPSICOLÓGICA														
PROBLEMAS OBSERVADOS NO DESEMPENHO DAS ATIVIDADES DO DIA A DIA (MEMÓRIA, ATENÇÃO E ORGANIZAÇÃO E ETC.)	QUANTIDADE DE VEZES QUE CADA PROBLEMA ACONTECEU NO SEU DIA A DIA													
	SEXTA	SÁBADO	DOMINGO	SEGUNDA	TERÇA	QUARTA	QUINTA	SEXTA	SÁBADO	DOMINGO	SEGUNDA	TERÇA	QUARTA	QUINTA	SEXTA
OBSERVAÇÃO: PREENCHER AO FINAL DO DIA, ESCREVENDO QUANTAS VEZES CADA PROBLEMA ACONTECEU NO SEU DIA A DIA.														

Figura 4 – Comparação Core Set Breve de Depressão da CIF, Pré X Pós-intervenção

Funções do Corpo		Pré-intervenção (Incapacidade)					Pós-intervenção (Incapacidade)				
		0	1	2	3	4	0	1	2	3	4
B1263	Estabilidade Psíquica	■	■				■				
B1265	Otimismo			■				■			
B1300	Nível de Energia		■				■				
B1301	Motivação		■				■				
B1302	Apetite			■	■		■				
B140	Funções de Atenção		■	■			■				
B147	Funções Psicomotoras		■				■				
B1521	Regulação da Emoção		■				■				
B1522	Regulação da Emoção		■				■	■			

Atividades e Participação			Pré-intervenção (Dificuldade)					Pós-intervenção (Dificuldade)				
			0	1	2	3	4	0	1	2	3	4
D163	Pensamento	D	■	■				■				
		C	■					■				
D175	Resolução de Problemas	D	■	■				■				
		C	■					■				
D177	Tomada de Decisões	D	■	■				■				
		C	■					■	■			
D2301	Gerir rotinas Diárias	D	■	■	■			■				
		C	■		■			■			■	
D2303	Gerir seu próprio nível de atividade	D	■	■				■				
		C	■					■	■			
D240	Lidar com o estresse e outras exigências psicológicas	D	■					■				
		C	■	■				■				
D350	Conversação	D	■					■				
		C	■	■				■				
D510	Lavar-se	D	■					■				
		C	■					■				
D570	Cuidar da Própria Saúde	D	■					■				
		C	■					■				
D760	Relacionamentos Familiares	D	■					■				
		C	■					■				

Atividades e Participação		Pré-intervenção						Pós-intervenção					
		Dificuldade						Dificuldade					
			0	1	2	3	4		0	1	2	3	4
D845	Obter, manter e sair de um emprego	D	■	■				D	■				
		C						C					

Fatores Ambientais		Facilitador					Barreira				Facilitador					Barreira			
		+4	+3	+2	+1	0	1	2	3	4	+4	+3	+2	+1	0	1	2	3	4
E1101	Drogas																		
E310	Família Imediata																		
E320	Amigos																		
E325	Conhecidos, pares, colegas, vizinhos e membros da comunidade																		
E355	Profissionais de Saúde																		
E410	Atitudes individuais de membros da família próxima																		
E415	Atitudes individuais de membros da família alargada																		
E450	Atitudes individuais de profissionais de saúde																		
E580	Serviços, sistemas e políticas relacionadas à saúde																		

Figura 5 – Comparação EMEP Pré X Pós-Intervenção

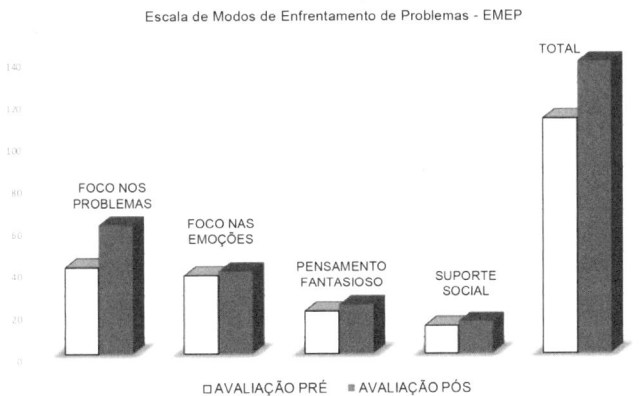

Escala de Modos de Enfrentamento de Problemas - EMEP

FOCO NOS PROBLEMAS FOCO NAS EMOÇÕES PENSAMENTO FANTASIOSO SUPORTE SOCIAL TOTAL

□ AVALIAÇÃO PRÉ ■ AVALIAÇÃO PÓS

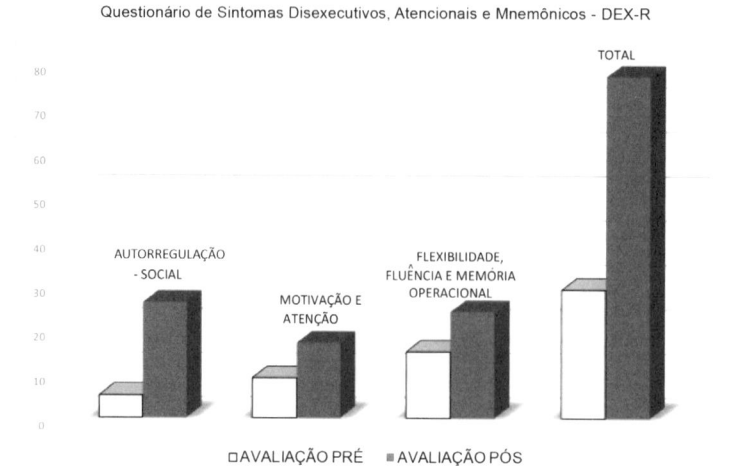

Figura 6 – Comparação DEX-R Pré X Pós-Intervenção

Questionário de Sintomas Disexecutivos, Atencionais e Mnemônicos - DEX-R

CONCLUSÃO

Na depressão, o comprometimento cognitivo é persistente e intrinsecamente relacionado à incapacidade, com recuperação inversamente correlacionada com a gravidade dos *déficits*.

Assim, diante do exposto neste Capítulo, considerando o comprometimento cognitivo como preditor substancial de uma menor funcionalidade e qualidade de vida em pacientes com depressão, fazem-se particularmente necessárias abordagens de intervenção que tenham como fim o incremento de habilidades cognitivas, visando ganhos consequentes no desempenho funcional.

Neste contexto, enquadra-se a RN como uma importante ferramenta terapêutica, cujo objetivo é a maximização das funções cognitivas por meio do bem-estar psicossocial e do aprimoramento de habilidades necessárias para o desempenho funcional de atividades básicas e instrumentais da vida diária, laborativas, acadêmicas e do relacionamento social, como demonstrado no caso clínico apresentado.

REFERÊNCIAS

AMERICAN PSYCHIATRIC ASSOCIATION. **Manual diagnóstico e estatístico de transtornos mentais: DSM-5**. 5. ed. Porto Alegre: Artmed, 2014.

ARTHANAT, S.; NOCHAJSKI, S. M.; STONES, J. The international classification of functioning, disability and health and its application to cognitive disorders. **Disability and Rehabilitation**, v. 26, p. 235-245, 2004.

AUSTIN, M. P.; MITCHELL, P.; GOODWIN, G. M. Cognitive deficits in depression: possible implications for functional neuropathology. **British Journal of Psychiatry**, p. 200- 206, 2001.

BARROS, M. B. A.; LIMA, M. G.; AZEVEDO, R. C. S.; et al. Depressão e comportamentos de saúde em adultos brasileiros – PNS 2013. **Rev Saude Pública**, Supl 1:8s, 2017.

BEN-YISHAY, Y. Foreword. **Neuropsychological Rehabilitation**, p. 513-521, 2008.

BLAS, E.; KURUP, A. S. **Equity, social determinants and public health programmes**. Geneva: WHO, 2010.

BORA, E.; HARRISON, B. J.; DAVEY, C. G. et al. Meta-analysis of volumetric abnormalities in cortico-striatal-pallidal-thalamic circuits in major depressive disorder. **Psychol. Med.**, v. 42, p. 671-681, 2012.

BOWIE, C. R.; DEPP, C.; MCGRATH, J. A.; et al. Prediction of realworld functional disability in chronic mental disorders: A comparison of schizophrenia and bipolar disorder. **Am. J. Psychiatry**, 167, p. 1116-1124, 2010.

CROCKER, L. D.; HELLER, W.; WARREN, S. L.; O'HARE, A. J. et al. Relationships among cognition, emotion, and motivation: implications for intervention and neuroplasticity in psychopathology. **Frontiers in Human Neuroscience**, 7, p. 1-19, 2013.

CUNHA, J. **Manual em português das escalas Beck**. São Paulo: Casa do Psicólogo, 2001.

DASKALOPOULOU, M.; GEORGE, J.; WALTERS, K. et al. Depression as a risk factor for the initial presentation of twelve cardiac, cerebrovascular, and peripheral arterial diseases: Data Linkage Study of 1.9 Million Women and Men. **PLoS One**, v. 11, n. 4, 2016.

GORWOOD, P.; CORRUBLE, E.; FALISSARD, B. et al. Toxic effects of depression on brain function: impairment of delayed recall and the cumulative length of depressive disorder in a large sample of depressed outpatients. **Am. J. Psychiatry**, v. 165, p. 731-739, 2008.

GOTLIB, I. H.; JOORMANN, J. Cognition and depression: Current status and future directions. **Annu Rev Clin Psychol**, v. 6, p. 285-312, 2010.

JAEGER, J.; BERN, S. S.; LOFTUS, S. et al. Neurocognitive test performance predicts functional recovery from acute exacerbation leading to hospitalization in bipolar disorder. **Bipolar Disorders**, 9, 93-102. doi: 10.1111/j.1399-5618.2007.00427.x, 2007.

KALSKA, H.; PESONEN, U.; LEHIKOINEN, S. et al. Association between neurocognitive impairment and the short allele of the 5-HTT Promoter Polymorphism in depression: a pilot study. **Psychiatry Journal**, v. 849346, p. 1-6, 2013.

KENNEDY, S. H.; EISFELD, B. S.; COOKE, R. G. Quality of life: an important dimension in assessing the treatment of depression? **Journal of Psychiatry and Neuroscience**, v. 26, Suppl. S23-8, p. 23-28, 2001.

LOSCHIAVO-ALVARES, F. Q.; FISH, J.; WILSON, B. A. Applying the comprehensive model of neuropsychological rehabilitation to people with psychiatric conditions. **Clinical Neuropsychiatry**, v. 15, n. 2, p. 83-93, 2018.

LOSCHIAVO-ALVARES, F. Q.; NEVES, F. S. Efficacy of neuropsychological rehabilitation applied for patients with bipolar disorder. **Psychology Research**, v. 10, p. 779-791, 2014.

LOSCHIAVO-ALVARES, F.Q.; SEDIYAMA, C.Y.N.; NEVES, F.S. et al. Neuropsychological Rehabilitation for Bipolar Disorder – A Single Case Design. **Translational Neuroscience**, v. 4, p. 1-8, 2013.

LOSCHIAVO-ALVARES, F.Q.; SEDIYAMA, C.Y.N.; VASCONCELOS, A. G. et al. Clinical Application of DEX-R for patients with Bipolar Disorder type I and II. **Clinical Neuropsychiatry**, v. 10, n. 2, p. 86-94, 2013.

MAYBERG, H. S. Modulating dysfunctional limbic-cortical circuits in depression: towards development of brain-based algorithms for diagnosis and optimised treatment. **Br. Med. Bull.**, v. 65, p. 193-207, 2003.

MAYBERG, H. S.; LIOTTI, M.; BRANNAN, S. K. et al. Reciprocal limbic-cortical function and negative mood: converging PET findings in depression and normal sadness. **Am. J. Psychiatry,** v. 156, p. 675-682, 1999.

MILLAN, M. J. Multi-target strategies for the improved treatment of depressive states: conceptual foundations and neuronal substrates, drug discovery and therapeutic application. **Pharmacol. Ther.**, v. 110, p. 135-370, 2006.

ORGANIZAÇÃO MUNDIAL DA SAÚDE. **Classificação internacional de funcionalidade, incapacidade e saúde (CIF)**. Lisboa, Portugal: Direcção Geral da Saúde, 2004.

PALMER, S.M.; CREWTHER, S.G.; CAREY, L.M.; START PROJECT TEAM. A meta-analysis of changes in brain activity in clinical depression. **Front Hum Neurosci.**, v. 8, n. 1045, 2015.

PAPAZACHARIAS, A.; NARDINI, M. The relationship between depression and cognitive deficits. **Psychiatr Danub**, 2012, v. 24, Suppl 1, p. 79-82, 2012.

PORTER, R. J.; GALLAGHER, P.; THOMPSON, J. M.; YOUNG, A. H. Neurocognitive impairment in drug-free patients with major depressive disorder. **British Journal of Psychiatry**, v. 182, p. 214-220, 2003.

PRIYAMVADA, R.; RANJAN, R.; CHAUDHURY S. Cognitive rehabilitation of attention and memory in depression. **Industrial Psychiatry Journal**, v. 24, n. 1, p. 48-53, 2015.

PURCELL, R.; MARUFF, P.; KYRIOS, M.; PANTELIS, C. Neuropsychological function in young patients with unipolar major depression. **Psychological Medicine**. v. 27, p. 1277-1285, 1997.

ROBINSON, L. J.; THOMPSON, J. M.; GALLAGHER, P.; GOSWAMI, U.; et al. A meta-analysis of cognitive deficits in euthymic patients with bipolar disorder. **J. Affect Disord.**, v. 93, p. 105-115, 2006.

SEIDL, E. M. F; TRÓCCOLI, B. T.; ZANNON, C. M. L. M. Análise fatorial de uma medida de estratégias de enfrentamento. **Psicologia**: Teoria e Pesquisa, v. 17, p. 225-234, 2001.

SIMONSEN, C.; SUNDET, K.; VASKINN, A.; BIRKENAES, A. B. et al. Neurocognitive profiles in bipolar I and bipolar II disorder: differences in pattern and magnitude of dysfunction. **Bipolar Disorder**, v. 10, p. 245-255, 2008.

TORRES I. J.; BOUDREAU, V. G.; YATHAM, L. N. Neuropsychological functioning in euthymic bipolar disorder: a meta-analysis. **Acta Psychiatr. Scand. Suppl.**, v. 434, p. 17-26, 2007.

WHITEFORD, H. A.; DEGENHARDT, L.; REHM, J. et al. Global burden of disease attributable to mental and substance use disorders: findings from the Global Burden of Disease Study 2010. **Lancet**, v. 382, n. 9904, p. 1575-86, 2010.

WILSON, B. A.; ALDERMAN, N.; BURGESS, P. W. et al. **Behavioural assessment of the Dysexecutive Syndrome**. Bury St. Edmunds, UK: Thames Valley Test Company, 1996.

19. A REABILITAÇÃO NEUROPSICOLÓGICA NO TRANSTORNO AFETIVO BIPOLAR

Fabricia Quintão Loschiavo Alvares

INTRODUÇÃO

Como já explicitado em outros Capítulos deste livro, os *déficits* cognitivos são achados comuns em doenças neuropsiquiátricas e contribuem para restrições nas habilidades produtivas e no desempenho social e diário (CORRIGAN et al., 2007; GRANT & ADAMS, 2009). O perfil neuropsicológico dos transtornos psiquiátricos, como o transtorno afetivo bipolar (TAB), está relacionado a prejuízos extensos no desempenho funcional e ocupacional, acarretando em importantes impactos na esfera social (BEARDEN et al. 2011; VOLKOW, BALER & GOLDSTEIN, 2011). Consequentemente, o funcionamento cognitivo preservado é um preditor significativo de um prognóstico positivo na intervenção psiquiátrica (CORRIGAN et al., 2007).

O TAB é um transtorno do humor caracterizado pela alternância de episódios de depressão, mania ou hipomania. É uma doença crônica que cursa com grande sofrimento, afetando negativamente a vida dos indivíduos em diversas áreas, em especial no trabalho, no lazer e nos relacionamentos interpessoais (CALABRESE et al., 2003), acarretando um prejuízo significativo e um impacto negativo na qualidade de vida dos pacientes (PHILIPS & KUPFER, 2013). O TAB, de acordo com Collins et al. (2011), é a quarta maior causa de prejuízo funcional entre os transtornos neuropsiquiátricos, sendo superado apenas por depressões unipolares, transtornos associados ao uso do álcool e à esquizofrenia (BOWIE et al., 2010). É responsável por 7% do total de anos de vida perdidos ajustados por incapacidades relacionadas a doenças neuropsiquiátricas, de acordo com a Organização Mundial da Saúde.

A síndrome maníaca é um componente fundamental para o diagnóstico do TAB. Suas principais características são: exaltação do humor, aceleração do pensamento (taquipsiquismo) com fuga de ideias e aumento da atividade motora, aumento de energia (com diminuição da necessidade de sono), pressão de fala e taquilalia, irritabilidade, paranoia, hipersexualidade e impulsividade. A intensidade, o tipo e a cronicidade desses sintomas determinam a subdivisão do diagnóstico entre mania ou hipomania (PHILIPS & KUPFER, 2013). Nesta última, as alterações são mais moderadas e podem ou não resultar em sérios problemas para o indivíduo. Entretanto, em episódios mais intensos, as alterações impactam profundamente a vida dos pacientes e de suas famílias.

Os episódios depressivos do TAB, em contraste direto com os episódios de mania, são geralmente caracterizados por uma lentificação ou diminuição de quase todos os aspectos de emoção e comportamento: velocidade de pensamento e da fala, energia, sexualidade e capacidade de sentir prazer. Assim, como nos episódios maníacos, a gravidade pode variar consideravelmente – de uma discreta lentificação física e mental, com quase nenhuma distorção cognitiva ou perceptiva, até quadros graves, com delírios e alucinações. A depressão associada ao TAB em nada se diferencia quanto à sintomatologia em relação a outros quadros depressivos. É a história prévia de um episódio maníaco ou hipomaníaco ao longo da vida que define o quadro depressivo como depressão bipolar (PHILIPS & KUPFER, 2013).

De acordo com a quinta edição do Manual Diagnóstico e Estatísticos de Transtornos Mentais (DSM 5), o TAB se diferencia em dois tipos principais: o Tipo I, em que a elevação do humor é grave e persiste (mania), e o Tipo II, em que a elevação do humor é mais branda (hipomania). A utilização do especificador "com características mistas" se aplica aos estados em que há a ocorrência concomitante de sintomas maníacos e depressivos, embora estes sejam vistos como polos opostos do humor. Já o quadro de Transtorno Ciclotímico se caracteriza pela alternância entre períodos hipomaníacos e depressivos ao longo de, pelo menos, dois anos em adultos (ou um ano em crianças) sem, entretanto, atender os critérios para um episódio de mania, hipomania ou depressão maior (APA, 2014).

Em estudos recentes com pacientes com transtorno bipolar, foram encontrados *déficits* cognitivos persistentes, não apenas nas fases de mania e depressão, mas, inclusive, após a remissão dos sintomas (MARTINEZ-ARAN et al., 2004).

A metanálise realizada por Robinson et al. (2006) demonstrou a presença de *déficits* importantes nas habilidades de memória verbal imediata e tardia, funções executivas, atenção e habilidades psicomotoras em pacientes na fase eutímica. Em relação aos diferentes subtipos cognitivos do TAB, o estudo de Hsiao et al. (2009) apontou que o tipo I é caracterizado por um desempenho pior nas habilidades de memória, memória operacional, funções psicomotoras e executivas, enquanto no tipo II foram evidentes os *déficits* na memória operacional e nas funções psicomotoras. Nas pesquisas conduzidas por Martinez-Aran et al. (2004; 2005), a memória verbal foi a função cognitiva mais prejudicada pelo impacto de múltiplos episódios de alteração do humor, além dos medicamentos. Como a memória é uma das funções cognitivas intrinsecamente relacionadas ao desempenho funcional, a intervenção precoce é muito importante para fins de profilaxia (MARTINEZ-ARAN et al., 2007).

Segundo Krauss e Keefe (2007), a compreensão do acometimento cognitivo e do impacto ocupacional decorrente deste, em diferentes doenças psiquiátricas, é uma ferramenta essencial para o planejamento de intervenções mais eficientes.

Alinhado ao que foi mencionado, destaca-se o estudo de Loschiavo & Neves (2014), que avaliou a eficácia da RN nas funções executivas, atenção, memória, qualidade de vida e coping, em uma amostra de pacientes eutímicos com TAB tipo I e tipo II, com n total de 50 pacientes ambulatoriais. O grupo combinado RN (reabilitação neuropsicológica) e a intervenção farmacoterápica foi comparado com o grupo controle, composto por pacientes que receberam apenas o tratamento medicamentoso. O protocolo de RN foi aplicado por 14 semanas, e era dividido em três módulos. O primeiro foi direcionado ao monitoramento do humor, o seguinte focado em estratégias de funções executivas, e o terceiro abarcou estratégias de atenção e reabilitação da memória. Como medidas de eficácia foram empregados um questionário ecológico de funções executivas, atenção e memória, a DEX-R, indicadores de qualidade de vida, fornecidos pela Whoqol-Brief, e o coping foi avaliado com a Escala de Modo de Enfrentamento de Problemas (EMEP). Os resultados evidenciaram melhoras significativas em todas as medidas de eficácia no grupo tratamento combinado, RN e farmacoterapia, o que não ocorreu no grupo tratamento medicamentoso. A avaliação da magnitude de efeito, também revelou um tamanho de efeito robusto para o grupo que recebeu o protocolo de RN (d > 0,80), demonstrando, desta forma, a eficácia da reabilitação neuropsicológica e sua superioridade, quando comparada ao tratamento habitual, restrito à farmacoterapia.

Assim, considerando os dados suprarreferenciados e a relação entre comprometimento cognitivo e qualidade de vida, é que se destaca a relevância da reabilitação neuropsicológica (RN) para esta população clínica (BRISSOS et al., 2008). De acordo com Ben-Yishay (2008), o objetivo da RN é minimizar as consequências dos *déficits* cognitivos, para que os pacientes encontrem os meios apropriados para atingir objetivos funcionais específicos, além de obter maior entendimento, o que resulta em melhor monitoramento das reações emocionais, sendo que o propósito final, sempre almejado, é a reintegração do paciente ao seu ambiente acadêmico, profissional, social, enfim, às suas ocupações.

A fim de clarificar e contextualizar a aplicação do Modelo Abrangente de Reabilitação Neuropsicológica para os Transtornos Psiquiátricos proposto neste livro, aqui aplicado no TAB, será descrito na sequência um caso clínico, exemplificando, inclusive, a aplicação do delineamento experimental de caso único (Loschiavo-Alvares et al., 2013).

CASO CLÍNICO

E.M.B, 61 anos, divorciada, professora aposentada. Ela procurou assistência em serviço ambulatorial específico após receber diagnóstico de TAB. Naquela época, ela usava estabilizadores de humor, mas, apesar disso, apresentava-se com humor deprimido, pensamentos de morte, ideação suicida, ansiedade e comportamento impulsivo.

Sua história clínica mostrou que o primeiro episódio depressivo ocorreu aos trinta e nove anos de idade, após o nascimento da filha, mas, nesta época, ela não recebeu tratamento. Após essa primeira alteração de humor, episódios depressivos mais recentes ocorreram, intercalados com episódios maníacos com sintomas de euforia, pensamentos acelerados, compras compulsivas, hipersexualização, heteroagressidade, comportamentos descontextualizados, diminuição da necessidade de sono e taquipsiquismo.

Quando iniciou o tratamento psiquiátrico, os estabilizadores de humor não estavam sendo eficazes para reduzir os episódios de alteração do humor, assim a Risperidona foi prescrita. De acordo com Rendell et al. (2006), este medicamento é eficaz na redução dos sintomas maníacos. E, após os primeiros três meses de tratamento farmacoterapêutico, quando E.M.B mostrou-se eutímica (conforme escores das Escala de Depressão de Beck e de Manida de Young, **Tabela 1**), ela foi encaminhada para a terapia ocupacional, visando tratamento de reabilitação neuropsicológica, devido ao seu extenso comprometimento funcional e ocupacional.

Perfil Cognitivo e Queixas Funcionais

A avaliação neuropsicológica foi realizada para caracterizar o perfil cognitivo da paciente, antes de iniciar a intervenção de RN e testes cognitivos específicos foram utilizados (**Tabela 1**).

Para avaliar a memória verbal foi conduzido o Teste de Aprendizagem Auditivo Verbal de Rey (RAVLT) (Malloy-Diniz et al., 2007). A Figura Complexa de Rey foi utilizada para a avaliação do planejamento e da memória não verbal. Já o Teste de Desempenho Contínuo (CPT-II) (Conners, 2003) foi empregado para avaliar a atenção. Para a avaliação das funções executivas foram aplicados o Iowa Gambling Task (IGT) (Malloy-Diniz et al., 2008) e o Wisconsin Card Sorting Test (WCST) (Malloy-Diniz et al, 2008). Finalmente, para a avaliação da impulsividade, foi utilizada a Escala de Impulsividade de Barratt (BIS-11) (Barratt, 1993).

Tabela 1 – Perfil Cognitivo de E.M.B

Testes	Escores (X; DP) ou (%) Percentil
Escala de Depressão de Beck (BDI)	10
Escala de Mania de Young (YMRS)	5
Escala de Impulsividade Barratt BIS-11	
Impulsividade Atencional	22 (80%)
Impulsividade Motora	30 (80%)
Impulsividade por não planejamento	25 (60%)
Total	77 (80%)
Iowa Gambling Task (IGT)	
Bloco 1	0 (65%)
Bloco 2	-2 (25%)
Bloco 3	-4 (5%)
Bloco 4	-2 (10%)
Net Score	-14 (10%)
Continuous Performance Test (CPT-II)	
Omissões	5 (70,6%)
Comissões	9 (38,5%)
Hit RT	63,63 (92,8%)
Wisconsin Card Sorting Test (WCST)	
WCST Categorias	1(6-10%)
Rey Auditive Verbal Learning Test (RAVLT)	
A6 (Recordação imediata)	13 (11.1; 1.6)
A7 (Recordação tardia)	10 (10.6; 2.4)
ITP (Interferência proativa)	2,3 (0.8;0.2)
ITR (Interferência retroativa)	1,0 (0.9;0.1)
VE (Velocidade de Esquecimento)	0,7 (1.0; 0.2)

X – MÉDIA
DP – DESVIO PADRÃO

Concernente às queixas funcionais, E.M.B relacionou dificuldades específicas com a perda constante de objetos e o esquecimento de compromissos, o que contribuiu para muitos problemas sociais e familiares. Ela também relatou gastos excessivos (no início do programa de RN, a paciente estava endividada com quatro financeiras), atraso nos compromissos devido à desorganização e aos erros diários causados por falta de planejamento.

Para a caracterização clínica da paciente, visando à construção do raciocínio clínico para a intervenção, foi feita uma análise funcional e ocupacional das queixas descritas, considerando a quais deficiências cognitivas elas estariam relacionadas, haja vista o perfil cognitivo da paciente. Assim, de acordo com o perfil dela, os problemas com a perda de objetos e o esquecimento de compromissos estavam relacionados aos *déficits* de memória e atenção, e as demais queixas estariam relacionadas ao comprometimento das funções executivas.

Na **Tabela 2** estão explicitadas as informações, desde construtos cognitivos até as estratégias de intervenção.

Tabela 2 – Caracterização Clínica para Intervenção

Construtos Cognitivos	*Déficits* Cognitivos	Queixas Funcionais	Metas de Intervenção	Estratégias de Intervenção
Atenção e Memória	Atenção: baixa resistência a estímulos distratores. Memória: dificuldades na memória episódica	Perda constante de objetos. Esquecimento de compromissos.	Diminuir a frequência da perda de seus objetos. Organizar-se melhor para não esquecer os seus compromissos.	Estratégias de autogerenciamento (procedimentos de orientação). Suportes ambientais (modificações ambientais, como blocos de notas) e dispositivos e auxílios externos (*checklists*). Estratégias de aprendizado de domínios específicos do conhecimento (pareamento de estímulos, aprendizagem sem erro, recuperação espaçada).
Funções Executivas	Impulsividade. Prejuízos no planejamento. Sequenciamento. Organização. Tomada de decisão. Gerenciamento de tempo. Solução de problemas.	Gastos excessivos (Oniomania). Atraso para compromissos, devido ao tempo desnecessário gasto com tarefas não relevantes ao contexto alvo. Erros cotidianos causados por falta de planejamento.	Diminuir os gastos excessivos e realizar programação financeira eficiente para a quitação dos débitos junto às financeiras. Melhorar o cumprimento dos compromissos diários. Melhorar o planejamento diário para a realização das atividades pertinentes à sua rotina.	Gerenciamento Ambiental (organização do espaço físico e manipulação de fatores fisiológicos). Treinamento de Seleção e Execução de Planos Cognitivos (planejamento, visando a conclusão de tarefas, o gerenciamento de tempo, a priorização de atividades, a segmentação de tarefas complexas em tarefas mais simples com estimativas temporais mais realistas, considerando suas atividades e projetos). Rotinas de aprendizagem de tarefas específicas (planejar, praticar e promover atitudes terapêuticas – *checklists* e análise de tarefas). Estratégias metacognitivas/ treinamento autoinstrucional (Treinamento em gerenciamento de metas – GMT: pare, defina, liste, aprenda, faça e verifique).

O Protocolo de Intervenção de RN

O protocolo de intervenção foi baseado no estudo de Dekersbach et al. (2010) e adaptado por Loschiavo & Neves (2014). No total, o protocolo consistiu em catorze sessões semanais individuais (cinquenta minutos cada), divididas em três módulos (cada um com quatro sessões): o primeiro direcionado ao monitoramento do humor, o segundo focado na reabilitação das funções executivas e o último módulo direcionado à atenção e à reabilitação da memória (**Tabela 3**). A primeira sessão foi destinada à apresentação do programa de RN e a última teve como objetivo o uso contínuo de técnicas aprendidas e de competências adquiridas. Durante todos os módulos e respectivas sessões, todas as estratégias foram usadas com foco nas demandas funcionais de E.M.B. Dessa forma, toda a intervenção foi direcionada para reduzir as deficiências funcionais causadas pelos *déficits* nas habilidades de memória, atenção e funções executivas, conforme caracterização feita na **Tabela 2**. As sessões foram realizadas em distintos contextos de interesse, a saber, casa da paciente, *shoppings*, instituições bancárias.

Tabela 3 – Protocolo de intervenção

Módulos	Sessões	Conteúdo das Sessões
-	1	Apresentação do protocolo e estabelecimento das metas funcionais.
Módulo 1: Psicoeducação	2	O que é o TAB? Conscientização do transtorno e a importância da manutenção de um estilo de vida saudável e rotina regular.
	3	Farmacoterapia no TAB: questão da adesão.
	4	Cognição e TAB.
	5	Meus sintomas: o gráfico do humor.
Módulo 2: Reabilitação da Atenção e da Memória	6	O que é atenção e como otimizá-la: uso de estratégias – autogerenciamento (procedimentos de orientação), suportes ambientais (modificações ambientais, como blocos de notas) e dispositivos e auxílios externos (*checklists*).
	7	Aplicação, conforme demandas funcionais, das estratégias de intervenção.
	8	O que é memória e como otimizá-la: uso de estratégias – agenda e dispositivos externos, pareamento de estímulos, aprendizagem sem erro, recuperação espaçada.
	9	Aplicação, conforme demandas funcionais, das estratégias de intervenção.
Módulo 3: Reabilitação das Funções Executivas	10	O que são as funções executivas e como otimizá-la: uso de estratégias – Treinamento de Seleção e Execução de Planos Cognitivos (planejamento, visando a conclusão de tarefas, gerenciamento de tempo visando a priorização de atividades, segmentação de tarefas complexas em tarefas mais simples com estimativas temporais mais realistas, considerando suas atividades e projetos).
	11	Estratégias metacognitivas. Treinamento autoinstrucional (treinamento em gerenciamento de metas – GMT: pare, defina, liste, aprenda, faça e verifique).
	12	Rotinas de aprendizagem de tarefas específicas (planejar, praticar e promover atitudes terapêuticas – *checklists* e análise de tarefas).
	13	Aplicação, conforme demandas funcionais, das estratégias de intervenção.
	14	Uso contínuo de técnicas aprendidas e de competências adquiridas

Design

Para avaliar a eficácia da reabilitação cognitiva, foi utilizado o delineamento experimental de caso único. Esse desenho experimental, de acordo com Tate et al. (2008), fornece um estudo intensivo e prospectivo do indivíduo, utilizando uma metodologia específica, que inclui observação sistemática, manipulação de variáveis, repetição de medidas e análise de dados. Assim, esses delineamentos são particularmente úteis em sua capacidade de adaptar uma intervenção individualmente às características específicas do indivíduo, enquanto ainda fornecem evidências empíricas para apoiar as intervenções terapêuticas específicas.

As informações coletadas em estudos de caso cuidadosamente descritos podem ser aplicadas a intervenções projetadas para outros indivíduos com dificuldades semelhantes (MATEER, 2009).

O desenho experimental A1-B1-A2-B2... individual foi utilizado. A fase A envolveu uma série de observações de linha de base da frequência natural do(s) comportamento(s) alvo(s) em tratamento. Na fase B, a variável tratamento, ou seja, a RN, foi introduzida e alterações na medida dependente (os comportamentos alvo) foram observadas (BARLOW & HERSEN, 1984). Neste estudo, cinco comportamentos-alvos divididos em dois parâmetros de linha de base foram considerados. Assim, o grau de cada uma das incapacidades funcionais previamente estabelecidas como porcentagens de ocorrências de problemas nas tarefas diárias (coletadas por entrevista e questionários específicos) foi usado como linha de base antes do início do programa de RN (A1-A2-... -A5).

Como o protocolo estendeu-se por quatorze semanas, as medidas repetidas foram coletadas quinzenalmente (B1-B2-... -B5). As medidas pós-intervenção foram administradas após o término da intervenção e após 1 mês de acompanhamento. Para melhor demonstrar o diagrama do protocolo observe a **Figura 1**.

Para análise estatística do delineamento experimental de caso único, o desempenho de E.M.B foi comparado ao de controles sem o TAB, correspondentes à sua idade e ao nível de escolaridade (n = 6), em relação aos comportamentos funcionais citados, conforme exigido no método estatístico de Crawford.

Figura 1 – Diagrama da Aplicação do Protocolo e das Medidas Longitudinais

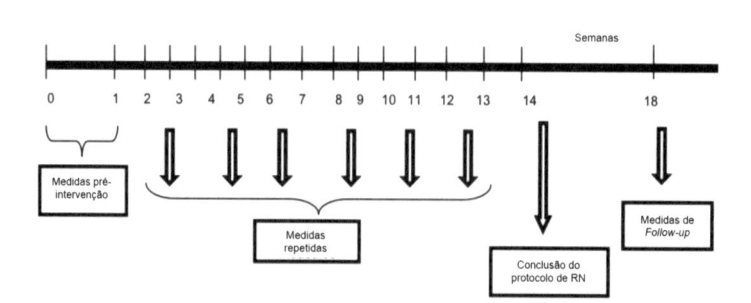

Resultados

Análise Estatística

A comparação da pontuação de um indivíduo com uma amostra normativa é uma característica fundamental do processo de avaliação em Neuropsicologia clínica (CRAWFORD & HOWELL, 1998). De acordo com Crawford (2004), os avanços na teoria neuropsicológica ocorrem a um ritmo avançado, enquanto o processo de elaboração de medidas práticas de novas construções ainda é um processo complicado. Portanto, para a apresentação deste caso, foi utilizado um *design* caso-controle. Em outras palavras, um delineamento no qual são feitas inferências sobre o desempenho de um único caso, comparando o caso a uma amostra correspondente a controles saudáveis, proposta por Crawford e Howell (1998).

Este método usa o teste t modificado para realizar comparações, portanto trata a amostra de controle como uma amostra. Crawford e Garthwaite (2002) estenderam esse método para estabelecer o intervalo de confiança (ICs) na anormalidade de uma pontuação. Esses ICs quantificam a incerteza resultante do uso de estatísticas amostrais para estimar parâmetros populacionais (CRAWFORD, 2004) e, com o tamanho do efeito, fornecem todas as informações pertinentes necessárias para o julgamento do desempenho de um caso nas tarefas/atividades analisadas (CRAWFORD, GARTHWAITE & PORTER, 2010).

Nesta perspectiva, para realizar as análises estatísticas, foi utilizado o programa Singlims_ES.exe. Este implementa métodos clássicos para comparação de uma pontuação de caso único com as pontuações obtidas em uma amostra de controle e estima o tamanho do efeito para a diferença entre caso e controle (CRAWFORD, GARTHWAITE, 2002). Foi feita uma comparação do desempenho de E.M.B nas fases de pré-intervenção, pós-intervenção e acompanhamento/*follow-up*. Foram utilizados os dados de frequência de ocorrências de problemas na rotina de seis indivíduos de controle saudáveis nas cinco demandas funcionais apontadas por E.M.B no início da intervenção de RN.

Comparações no Desempenho nas Demandas Funcionais entre as Fases de Pré, Pós-intervenção e Follow-up)

Os resultados estão expressos na **Tabela 4**.

Tabela 4 – Resultados da Comparação do Desempenho de E.M.B, em Relação aos seus Controles Saudáveis

	Amostra Controle				Teste de Significância		Percentual estimado da população (controle que obtém uma pontuação menor que E.M.B)		Magnitude de efeito estimada	
Pré-Intervenção Queixas funcionais	n	Média	SD	Escore E.M.B	t	p	Percentil	(95% IC)	Ponto	(95% CI)
Perda de objetos	6	20	7.42	75	6.77	0.00	99.87	(99.34 to 100)	7.41	(2.48 to 12.44)
Esquecimento de compromissos	6	6.6	2.7	85	26.51	0,00	99.99	(100 to 100)	29.04	(10.08 to 48.48)
Gastos excessivos	6	3.6	3.04	85	24.44	0.00	99.99	(100 to 100)	26.77	(9.29 to 44.71)
Atrasos em compromissos	6	5.6	3.64	80	18.66	0.00	99.99	(100 to 100)	20.44	(7.07 to 34.14)
Erros cotidianos	6	3.4	2.7	80	25,89	0.00	99.99	(100 to 100)	28.37	(9.85 to 47.38)
Pós-Intervenção Queixas funcionais	n	Média	SD	Escore E.M.B	t	p	Percentil	(95% IC)	Ponto	(95% CI)
Perda de objetos	6	20	7.42	13	-0,86	0,21	21.89	(2.34 to 56.81)	- 0,94	(- 1.98 to 0.17)
Esquecimento de compromissos	6	6.6	2.7	13	2,16	0.05	95.18	(70.85 to 99.99)	2.37	(0.55 to 4.15)
Gastos excessivos	6	3.6	3.04	13	2.82	0.03	97.62	(80.39 to 99)	3.09	(0.85 to 5.31)
Atrasos em compromissos	6	5.6	3.64	20	3.61	0.01	98.87	(88.4 to 100)	3.95	(1.2 to 6.73)
Erros cotidianos	6	3.4	2.7	15	3.92	0.00	99.13	(90.85 to 100)	4.29	(1.33 to 7.29)
Follow-up (1 mês) Queixas Funcionais	n	Média	SD	Escore E.M.B	t	p	Percentil	(95% IC)	Ponto	(95% CI)
Perda de objetos	6	20	7.42	22	0.25	0.41	59.11	(26.08 to 87,47)	0.27	(- 0.64 to 1.15)
Esquecimento de compromissos	6	6.6	2.7	9	0.81	0.23	76.87	(41.88 to 97.21)	0.89	(- 0. 20 to 1.91)
Gastos excessivos	6	3.6	3.04	6	0.72	0.26	74.45	(39.47 to 96.24)	0.79	(- 0.27 to 1.78)
Atrasos em compromissos	6	5.6	3.64	10	1.1	0.17	84.42	(49.27 to 99.09)	1.20	(- 0.02 to 2.36)
Erros cotidianos	6	3.4	2.7	8	1.55	0.09	90.26	(59.45 to 99.90)	1.70	(0.24 to 3.11)

Conforme demonstrado na **Tabela 4**, as pontuações de E.M.B para todas as demandas funcionais são significativamente maiores do que a dos controles, na pré-intervenção. As magnitudes de efeito são muito grandes, as pontuações da paciente são altamente discrepantes e, por causa disso, espera-se que quase toda a sua população controle exiba pontuações inferiores as dela. Na fase pós-intervenção, as magnitudes de efeito são inferiores às da pré-intervenção e, na primeira demanda funcional, E.M.B demonstrou o nível de desempenho semelhante à amostra de controle, ou seja, não foram encontradas diferenças. Enquanto na fase de *follow-up*, para todas as demandas funcionais, E.M.B exibiu desempenho semelhante ao de seus controles. Portanto, ao contrário da primeira fase, não há evidências de *déficit* no desempenho nas demandas funcionais, uma vez que as pontuações da paciente não diferem significativamente da dos controles, as magnitudes de efeito são bastante modestas e estima-se que uma grande porcentagem do controle população obteria pontuações como as observadas no paciente.

Para a inspeção visual dos dados de E.M.B, na **Figura 2**, há dois gráficos que expressam o impacto funcional nas tarefas da paciente. Para facilitar as análises, os dados foram agrupados em habilidades de Atenção e Memória e habilidades de Funções Executivas, como na caracterização clínica (**Tabela 2**).

Figura 2 – Resultados no impacto funcional de E.M.B, considerando as medidas pré e pós-intervenção

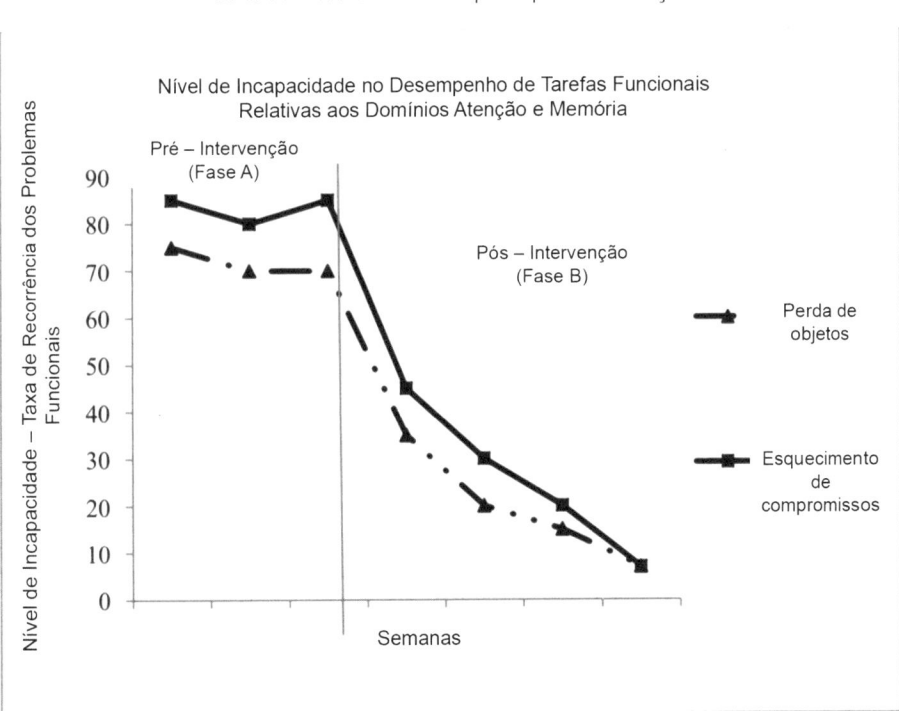

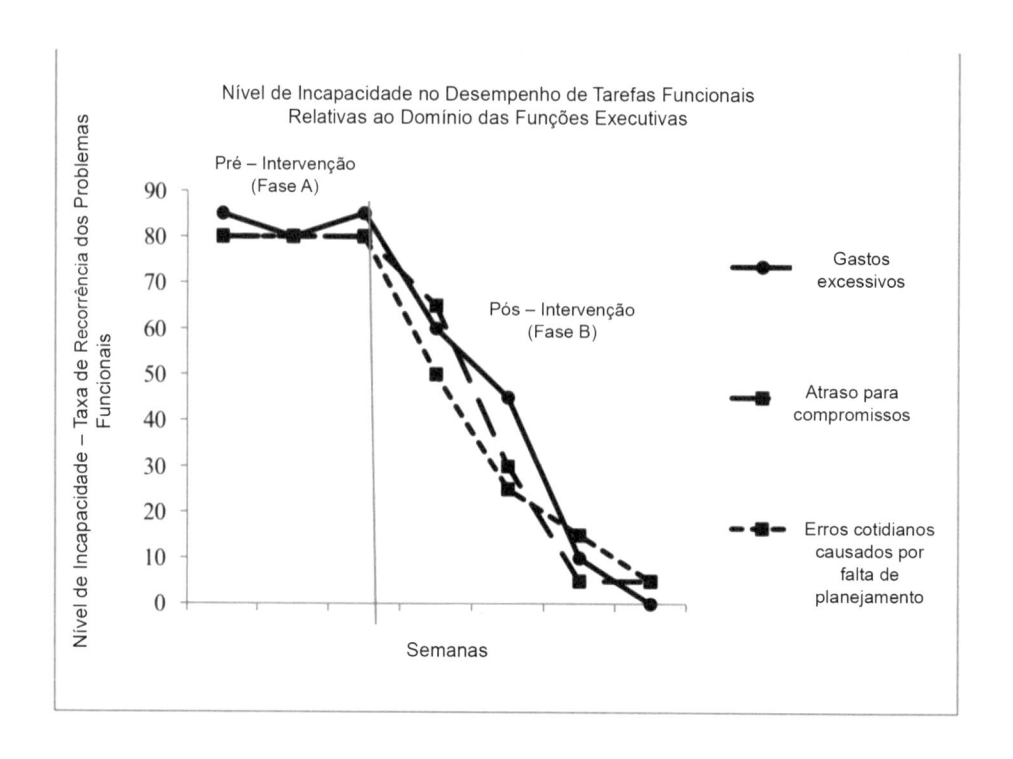

O nível de incapacidade de E.M.B diminuiu consideravelmente, como pode ser visto pela comparação entre as fases A e B, conforme os gráficos apresentados. Desta forma, por meio de análises estatísticas e inspeção visual, pré-requisitos do delineamento experimental de caso único, foi possível concluir a efetividade do protocolo de RN proposto.

CONCLUSÃO

Uma das tarefas mais importantes em qualquer programa de reabilitação é a identificação de problemas da vida cotidiana (LOSCHIAVO-ALVARES et al., 2011). De acordo com McMillan e Sparkes (1999), desde 1990, é possível observar uma ênfase crescente no desenvolvimento e no uso de medidas de resultados funcionais na RN como ferramentas para estimar a eficácia.

Nesta perspectiva, o uso da avaliação de metas no contexto da RN abrange o desenvolvimento de um perfil preciso do funcionamento de um indivíduo (SOHLBERG; MATEER, 2001). Portanto, na área de RN, existem muitos estudos que investigaram a eficácia da RN (LOSCHIAVO-ALVARES et al., 2011). Estes foram estabelecidos como um parâmetro para avaliar a eficácia da intervenção como medida do desempenho na própria tarefa. E o objetivo da RN, conforme já mencionado anteriormente neste livro, baseia-se no desempenho satisfatório de situações ecológicas, conforme as demandas da reabilitação do paciente (CICERONE et al. 2004, DERWINGER et al. 2005, FARINAMD et al. 2006). Assim sendo, os resultados descritos ilustram a eficácia da RN no TAB, corroboram os achados prévios da literatura, ao mostrarem melhora significativa em todos os aspectos funcionais, demonstrando, dessa forma, o ganho no desempenho ocupacional da paciente, tanto após a conclusão do programa de RN, como na reavaliação. Depois de 1 mês, E.M.B mostrou um aumento em suas habilidades funcionais, com diminuição significativa no nível de incapacidade.

Prigatano (1999) e Wilson (2002) propõem que as intervenções de RN devem ser entendidas de maneira mais ampla, considerando as pessoas em seus contextos, atividades e relacionamentos. O principal objetivo da RN é o desenvolvimento de um conjunto de comportamentos mais adaptativos e funcionais, ganhos em qualidade de vida, independência e autonomia (ROYAL et al., 2007), objetivo este alcançado no caso de E.M.B, que a despeito do transtorno de humor de base, após a RN, por conseguir usar de maneira funcional as estratégias de reabilitação empregadas, considerando os respectivos construtos cognitivos abordados, foi capaz de desempenhar suas ocupações de forma funcional, contextualizada e, para ela, significativa.

REFERÊNCIAS

APA. **Manual Diagnóstico e Estatístico de Transtornos Mentais**. 5 ed. Porto Alegre: Artme, 2014.

BARLOW, D. H.; HERSEN, M. **Single case experimental designs – strategies for studying behavior change**. 2 ed. New York, USA: Pergamon Press, 1984.

BARRATT, E. S. Impulsivity: integrating cognitive, behavioral, biological and environmental data. In: MCCOWAN, W.; JOHNSON, J.; SHURE, M. (Eds.). **The impulsive client:** theory, research, and treatment. Washington, DC: American Psychological Association, 1993.

BEARDEN, C. E.; SHIH, V. H.; GREEN, M. F. et al. The impact of neurocognitive impairment on occupational recovery of clinically stable patients with bipolar disorder: a prospective study. **Bipolar Disorders,** v. 13, n. 4, 323-333, 2011.

BEN-YISHAY, Y. Foreword. **Neuropsychological Rehabilitation,** v. 18, n. 5/6, p. 513-521, 2008.

BOWIE, C. R.; DEPP, C.; MCGRATH, J. A. et al. Prediction of real-world functional disability in chronic mental disorders: a comparison of schizophrenia and bipolar disorder. **The American Journal of Psychiatry**, v. 167, n. 9, p. 1116-1124, 2010.

BRISSOS, S.; DIAS, V. V.; KAPCZINSKI, F. Cognitive Performance and Quality of Life in Bipolar Disorder. **Canadian Journal of Psychiatry**, v. 53, n. 8, p. 517-524, 2008.

CALABRESE, J. R.; HIRSCHFELD, R. M.; REED, M. et al. Impact of bipolar disorder on a U.S. community sample.

J Clin Psychiatry. v. 64, n. 4, p. 425-432, 2003.

CICERONE, K. D.; MOTT, T.; AZULAY, J. et al. Community integration and satisfaction with functioning after intensive cognitive rehabilitation for traumatic brain injury. **Archives of Physical Medicine and Rehabilitation**, v. 85, n. 6, p. 943-950, 2004.

CONNERS, K. Continuous performance test performance in a normative epidemiological sample. **Journal Abnormal Child Psychology**, v. 31, n. 5, p. 555-562, 2003.

COLLINS, P. Y.; PATEL, V.; JOESTL, S. S. et al. Grand challenges in global mental health. Nature. v. 475, n. 7354, p. 27-30, 2011.

CORRIGAN, P. W.; MUESER. K. T, B. G. R.; DRAKE, R. E. et al. **The Principles and Practice of Psychiatric Rehabilitation: An Empirical Approach.** New York: Guilford, 2007.

CRAWFORD, J. R. Psychometric foundations of neuropsychological assessment. In: GOLDSTEIN, L. H.; MCNEIL, J. (Eds.) **Clinical Neuropsychology: A Practical Guide to Assessment and Management for Clinicians**. pp. 121-140. Chichester: Wiley, 2004.

CRAWFORD, J. R.; HOWELL, D. C. Comparing an individual's test score against norms derived from small samples. **The Clinical Neuropsychologist**, v. 12, p. 482-486, 1998.

CRAWFORD, J. R. GARTHWAITE, P. H. Investigation of the single case in neuropsychology: Confidence limits on the abnormality of test scores and test score differences. **Neuropsychologia**, v. 40, p. 1196-1208, 2002.

CRAWFORD, J. R.; GARTHWAITE, P. H.; PORTER, S. Point and interval estimates of effect sizes for the case – controls design in neuropsychology: Rationale, methods, implementations, and proposed reporting standards. **Cognitive Neuropsychology**, v. 27, p. 245-260, 2010.

DECKERSBACH, T.; NIERENBERG, A.A.; KESSLER, R. et al. Cognitive rehabilitation for bipolar disorder: an open trial for employed patients with residual depressive symptoms. **CNS Neuroscience & Therapeutics**, v. 16, p. 298-307, 2010.

DERWINGER, A.; STIGSDOTTER, N. A.; BÄCKMAN, L. Design your own memory strategies! Self-generated strategy training versus mnemonic training in old age: an 8-month follow-up. **Neuropsychological Rehabilitation**, v. 15, n. 1, p. 37-54, 2005.

FARINAMD, E.; MANTOVANI, F.; FIORAVANTI, R. et al. Evaluating two group programmes of cognitive training in mild-to-moderate AD: is there any difference between a "global" stimulation and a "cognitive-specific" one? **Aging & Mental Health**, v. 10, n. 3, p. 211-218, 2006.

GRANT, I.; ADAMS, K. M. **Neuropsychological assessment of neuropsychiatric and neuromedical disorders**. 3a. ed. New York: Oxford University Press, 2009.

HSIAO, Y. L.; WU, Y. S.; WU, J. W. et al. Neuropsychological functions in patients with bipolar I and bipolar II disorder. **Bipolar Disorder**, v. 11, p. 547-554, 2009.

KRAUSS, M.S.; KEEFE, R.S.E. Cognition as an outcome measure in schizophrenia. **The British Journal of Psychiatry**, v. 191, s. 50, p. 46-51, 2007.

LOSCHIAVO-ALVARES, F. Q.; SEDIYAMA, C. Y. N.; RIVERO, T. S. et al. Tools for efficacy's assessment of neuropsychological rehabilitation programs. **Clinical Neuropsychiatry**, v. 8, n. 3, p. 1-11, 2011.

LOSCHIAVO-ALVARES, F. Q.; SEDIYAMA, C. Y. N.; NEVES, F. S. et al. Neuropsychological Rehabilitation for Bipolar Disorder – A Single Case Design. **Translational Neuroscience**, v. 4, n. 1, p. 1-8, 2013.

LOSCHIAVO-ALVARES, F. Q.; NEVES, F. S. Efficacy of neuropsychological rehabilitation applied for patients with bipolar disorder. **Psychology Research**, v. 10, p. 779-791, 2014.

MALLOY-DINIZ, L. F.; LASMAR, V. A. P.; GAZINELLI, L. S. R. et al. The Rey Auditory-Verbal Learning Test: applicability for the Brazilian elderly population. **Revista Brasileira de Psiquiatria,** v. 29, n. 4, p. 324-329, 2007.

MALLOY-DINIZ, L.F.; LEITE, W.B.; MORAES, P.H.P. et al. Brazilian Portuguese version of Iowa Gambling Task: transcultural adaptation and discriminant validity. **Revista Brasileira de Psiquiatria**, v. 30, n. 2, p. 144-148, 2008.

MARTINEZ-ARAN, N. A.; VIETA, E.; REINARES, M. Cognitive function across manic or hypomanic, depressed, and euthymic states in bipolar disorder. **American Journal of Psychiatry,** v. 161, p. 262–270, 2004.

MARTÍNEZ-ARÁN, A.; VIETA, E.; COLOM, F.; TORRENT, C. et al. Do cognitive complaints in euthymic bipolar patients reflect objective cognitive impairment? **Psychotherapy and Psychosomatic**, v. 74, n. 5, p. 295-302, 2005.

MARTINEZ-ARAN, A.; VIETA, E.; TORRENT, C. et al. Functional outcome in bipolar disorder: the role of clinical and cognitive factors. **Bipolar Disorder**, v. 9, n. 1-2, p. 103-113, 2007.

MATEER, C. A. Neuropsychological interventions for memory impairment and the role of single-case design methodologies. **Journal of the International Neuropsychological Society**, v. 15, p. 623-628, 2009.

MCMILLAN, T.; SPARKES, C. Goal Planning and Neurorehabilitation: The Wolfson Neurorehabilitation Centre Approach. **Neuropsychological Rehabilitation**, v. 9, n. 3-4, p. 241-251, 1999.

PHILLIPS, M. L.; KUPFER, D. J. Bipolar disorder diagnosis: challenges and future directions. **Lancet**, v. 381, n. 9878, p.1663-1671, 2013.

PRIGATANO, G. **Principles of neuropsychological rehabilitation**. New York: Oxford University Press, 1999.

RENDELL, J. M.; GIJSMAN, H. J.; BAUER, M. S. et al. Risperidone alone or in combination for acute mania. **Cochrane Database of Systematic Reviews**, v. 1, 2006.

ROBINSON, L. J.; THOMPSON, J. M.; GALLAGHER. P. A metaanalysis of cognitive deficits in euthymic patients with bipolar disorder. **Journal of Affect Disorder**, v. 93, p. 105-115, 2006.

ROYALL, D. R.; LAUTERBACH, E. C.; KAUFER, D. et al. The Cognitive Correlates of Functional Status: A Review From the Committee on Research of the American Neuropsychiatric Association. **Journal of Neuropsychiatry Clinical Neuroscience**, v. 19, n. 3, 2007.

SOHLBERG, M.; MATEER, C. A. **Cognitive rehabilitation**: an integrative neuropsychological apprpoach. New York: The Guildford Press, 2001.

TATE, R. L.; MCDONALD, S.; PERDICES, M. et al. Rating the methodological quality of single-subject designs and n -of-1 trials: Introducing the Single-Case Experimental Design (SCED) Scale. **Neuropsychological Rehabilitation**, v. 18, n. 4, p. 385-401, 2008.

VOLKOW, N. D.; BALER, R. D.; GOLDSTEIN, R. Z. **Addiction: pulling at the neural threads of social behaviors**. Neuron, v. 69, n. 4, p. 599-602, 2011.

WILSON, B. Toward a comprehensive model of cognitive rehabilitation. **Neuropsychological Rehabilitation**, v. 12, n. 2, p. 97-110, 2002.

20. A REABILITAÇÃO NEUROPSICOLÓGICA NO TRANSTORNO OBSESSIVO COMPULSIVO

Luan Carvalho
Marcelo Camargo Batistuzzo
Anita Taub

INTRODUÇÃO

Inicialmente considerado raro, o transtorno obsessivo-compulsivo (TOC) possui taxa de prevalência de 1-3% na população adulta (Torres et al., 2006; Fontenelle et al., 2006), independentemente da cultura (Karno et al., 1998; Kessler et al., 2005; Ruscio et al., 2010), do sexo (Raines et al., 2018) e do nível socioeconômico (Lewis-Fernández et al., 2010).

O TOC é um transtorno psiquiátrico importante por ser considerada uma condição crônica ao longo da vida (Skoog & Skoog 1999; Mataix-Cols et al., 2002; Bloch et al., 2013) e por conta da incapacitação provocada por seus sintomas: a maioria dos pacientes tem a noção de que os seus sintomas compulsivos são excessivos e gostaria de ter um maior grau de controle sobre eles. Também não é raro que os pacientes evitem situações as quais poderiam elicitar as obsessões, o que leva a interferências prejudiciais no funcionamento sócio-ocupacional. Como decorrência dessa interferência, pode ser gerado um grande sofrimento, chegando em índices de risco de suicídio até 10 vezes maior em pacientes com TOC (Fernández de la Cruz, 2017).

As duas formas convencionais de tratamento são os antidepressivos, em especial os inibidores seletivos de recaptura da serotonina (ISRS), e a terapia cognitivo-comportamental (TCC), individual ou em grupo (Stein et al., 2019). Uma meta-análise de ensaios clínicos indicou um maior tamanho de efeito para a TCC em comparação à farmacoterapia (Hirschtritt et al., 2017). Dentro das técnicas utilizadas na TCC, cabe destacar a exposição e prevenção de respostas (EPR), uma intervenção comportamental que envolve exposição longa e gradual aos estímulos aversivos, combinada com instruções para a não realização das compulsões (Huppert & Franklin, 2005). A escala considerada "padrão-ouro" para medir a gravidade dos sintomas obsessivo-compulsivos (SOC) é a Yale-Brown Obsessive-Compulsive Scale (Y-BOCS) (GOODMAN et al., 1989).

NEUROPSICOLOGIA DO TOC

Em relação aos achados neuropsicológicos, tradicionalmente os pacientes com TOC têm sido descritos na literatura com dificuldades nas funções executivas (FE) (KUELZ et al., 2004; BANNON et al., 2006; BEDARD et al., 2009), o que está em concordância com os achados dos circuitos córtico-estriado-pálido-talâmico--cortical (CEPTC) (DOUGHERTY et al., 2018; VAN DEN HEUVEL et al., 2016), mas também apresentam *déficits* em habilidades visuo-espaciais (GRISHAM et al., 2009; BATISTUZZO et al., 2015) e em outras funções cognitivas, como a memória (HENIN et al., 2001; SAVAGE et al., 1999), ou funções motoras (GRISHAM et al., 2009).

Revisões meta-analíticas (ABRAMOVITCH et al., 2013; SHIN et al., 2014; SNYDER et al., 2015) indicam alterações neuropsicológicas significativas em diferentes funções cognitivas, embora nesses estudos as alterações mais consistentes tenham sido aquelas relacionadas às FE. Uma das meta-análises, inclusive, encontrou *déficits* nos pacientes com TOC na maior parte das funções analisadas, indicando um prejuízo global (não específico) em FE, que não era explicado por lentidão motora ou sintomas de depressão (SNYDER et al., 2015). Contudo, os achados neuropsicológicos na literatura de pacientes com TOC ainda não são bem estabelecidos: o tamanho de efeito desses estudos, por exemplo, varia entre pequeno e médio, ou seja, não há uma única função cognitiva que esteja mais impactada, além do fato de que o efeito moderador de algumas variáveis, tais como idade, sexo e uso de medicação, ainda não está bem estabelecido.

Algumas das hipóteses para explicar tal variabilidade dos achados são as características demográficas dos participantes, a presença de comorbidades e o uso de diferentes testes para avaliar o mesmo domínio cognitivo. Sob o ponto de vista clínico, por outro lado, este prejuízo global e inespecífico nas FE, além de ser compatível com o modelo neurobiológico da doença, possui convergência com a observação clínica dos casos: basta observarmos as dificuldades enfrentadas pelos pacientes com TOC para flexibilizar ações em andamento, focar nas partes mais importantes de uma informação (ao invés disso, se concentram nos detalhes) e superar o perfeccionismo.

Na literatura, por muito tempo, houve a hipótese de que os pacientes teriam um desempenho intelectual elevado, o que não se confirmou em estudos recentes (ABRAMOVITCH et al., 2018). Ao contrário do que era especulado, a conclusão é de que, embora haja um pequeno tamanho de efeito na direção da redução do QI total, nos diversos estudos, o escore médio dos pacientes com TOC se situa dentro da média normativa.

REABILITAÇÃO NEUROPSICOLÓGICA NO TOC

Treinamento Cognitivo

O primeiro estudo a propor um treino cognitivo em pacientes com TOC foi o de Park e colegas (2006). Os autores usaram os cubos das escalas Wechsler de inteligência para adultos (WAIS), em nove sessões de treinamento em grupo, com uma hora de duração cada: um total de 90 padrões (10 por sessão) foi apresentado, dos quais 15 deveriam ser construídos com nove blocos e 75 com 16 blocos (formando um quadrado de 4×4 blocos).

No grupo que treinou, os modelos eram apresentados e as instruções eram dadas para que os pacientes conseguissem realizar as construções mais facilmente. O desempenho deste grupo melhorou nas estratégias de organização do desenho da Figura de Rey, além de apresentar melhores escores na cópia, evocação imediata e tardia, ao passo que o grupo que não sofreu intervenção não melhorou. Além disso, os autores apontam melhora nos sintomas obsessivo-compulsivos (SOC) dos participantes que foram submetidos ao treino, sugerindo uma generalização dos seus efeitos.

Em 2013, Calkins e Otto investigaram os efeitos de três sessões computadorizadas (30 minutos cada) para treino de controle atencional visual e auditivo em indivíduos com altos níveis de SOC. O desenho do estudo foi um ensaio clínico randomizado, no qual 48 participantes foram aleatorizados para a intervenção (treino de controle atencional visual e auditivo que ia aumentando progressivamente a dificuldade) ou para uma tarefa controle também computadorizada (treino de visão periférica). Os resultados foram negativos para os SOC, mas o grupo que passou pela intervenção reduziu a quantidade de sintomas de afetos negativos, medidos pelo Inventário de Depressão de Beck (BDI) (CALKINS & OTTO, 2013).

Dois estudos testaram a eficácia do fornecimento de estratégias para o paciente com o objetivo de melhorar o desempenho na evocação em um teste de memória episódica. No primeiro deles, os autores sugerem que os pacientes com TOC possuem dificuldade em implementar espontaneamente estratégias para a classificação de palavras (agrupamento semântico), mas quando o faziam, seu desempenho mnêmico melhorava (DECKERSBACH et al., 2005). No segundo estudo a Figura de Taylor foi utilizada para mostrar que a imagem poderia ser "quebrada" em partes mais simples, chamadas de unidades significativas (ou macroestruturas). Depois de identificadas essas macroestruturas, os participantes deveriam preencher os detalhes, melhorando seu desempenho na evocação. Neste sentido, os autores apontam que os pacientes com TOC também apresentam falhas na implementação espontânea de estratégias de organização das informações visuoespaciais. Porém, quando é empregado o uso de estratégias compensatórias baseadas na organização visual, seu desempenho final é beneficiado (BUHLMANN et al., 2006).

Recentemente um relato de caso de um grupo indiano reportou os efeitos do treino para as funções cognitivas e para prejuízos funcionais em um paciente com TOC de 29 anos, que convivia com os SOC há 14 anos (KASHYAP et al., 2019). A intervenção proposta de 12 encontros (um por semana) consistia em encontros com o terapeuta e lições de casa, nas quais um aplicativo para celular desenvolvido para estimulação cognitiva era usado – os autores pediram para que o sujeito não passasse mais do que 30 minutos por dia no aplicativo, para minimizar o risco de abuso de tecnologia. No final das 12 semanas, além de reportarem melhoras nas funções cognitivas, tais como fluência verbal, planejamento, atenção e memória operacional, os autores também notaram melhora nos sintomas ansiosos, depressivos e SOC, bem como na funcionalidade subjetiva percebida nas tarefas do trabalho, em casa, ou socialmente. Os autores concluem dizendo que a intervenção com treino cognitivo tem implicações promissoras para indivíduos com TOC que apresentam prejuízos cognitivos e funcionais persistentes, apesar de melhora clínica.

Dada a ausência de um protocolo estabelecido de reabilitação neuropsicológica no TOC e a semelhança de algumas características fenotípicas com os Transtornos Alimentares, incluindo a rigidez cognitiva, os comportamentos ritualísticos, além da formação excessiva de hábitos, nós decidimos então incorporar, adaptar e testar algumas tarefas de um protocolo de remediação cognitiva desenvolvido para transtornos alimentares (TCHANTURIA et al., 2014) para um protocolo desenvolvido especificamente a pacientes com TOC. Este protocolo de remediação cognitiva para TOC está em fase final de desenvolvimento. Para visualização do protocolo completo proposto por Tchanturia, acesse: <www.katetchanturia.com/publications>. Há, inclusive, uma versão do protocolo traduzida para o Português, em 2019, pela doutoranda Andreza Lopes, Prof. Dr. Táki Cordás e Dra. Mariana Flaks (TCHANTURIA et al., 2010).

A perspectiva de utilizar a terapia de remediação cognitiva (TRC) para transtornos alimentares em sujeitos com TOC também está sendo testada por um grupo de pesquisadores holandeses por meio de um ensaio clínico para investigar efeitos cognitivos e respostas ao tratamento (VAN PASSSEL et al., 2016).

No protocolo deste estudo, as sessões ocorrem no formato de grupo, com frequência de 2 vezes por semana, com duração aproximada de 45 minutos cada. O principal objetivo desta intervenção é melhorar a capacidade de mudança de set, a flexibilidade mental, o processamento de informações, a redução da autoexigência e a ampliação da consciência dos pacientes em relação aos seus pensamentos disfuncionais. Embora ainda não tenham sido publicados seus resultados, o estudo está em andamento e disponível para consulta na base de dados de ensaios clínicos da Holanda (registro: NTR 3865).

Treinamento Metacognitivo

Amalgamado nos pressupostos da TCC e da terapia de aceitação e compromisso (ACT), Moritz e colaboradores (2010) desenvolveram um protocolo específico e autoaplicável para o treinamento metacognitivo para o TOC (myMCT) composto por 14 sessões que objetivam treinar a capacidade do paciente em identificar distorções de pensamento típicas deste quadro, assim como estratégias alternativas para superá-las.

O autor reitera que as distorções do pensamento são formas de receber e processar as informações, que levam ao surgimento e/ou à perpetuação das obsessões e compulsões, por exemplo: a atenção elevada para situações perigosas, o perfeccionismo e a autocobrança no desempenho, ou o exagero da própria responsabilidade em relação a acontecimentos ruins.

Neste sentido, um dos objetivos do myMCT é aumentar o nível de consciência dos pacientes sobre os vieses cognitivos que parecem contribuir para os sintomas do TOC. A evidência de que esse protocolo é efetivo vem de um estudo que randomizou 86 pacientes para o grupo de myMCT (n = 43) ou para lista de espera (n = 43). Os participantes foram avaliados antes e depois de 4 semanas, havendo uma maior redução dos sintomas (principalmente nas obsessões) nos pacientes que foram aleatorizados para o myMCT (em média redução de 2,5 pontos na Y-BOCS, com tamanho de efeito médio, d = 0.43) em comparação a lista de espera, que não apresentou mudanças (MORITZ et al., 2010).

Para visualização gratuita e *download* deste protocolo em Português, incluindo todas as tarefas propostas e folhas de exercícios para que os pacientes façam as atividades em casa, acesse o *site*: <https://clinical-neuropsychology.de/mymct-ocd-manual-portuguese/>. Embora seja um protocolo desenvolvido para que os pacientes façam as atividades de maneira independente (sem a necessidade do terapeuta, em contextos onde não há terapia disponível ou os pacientes não queriam se submeter), é interessante um acompanhamento do terapeuta próximo das tarefas e da evolução do paciente.

PROPOSTA DE UM PROTOCOLO DE INTERVENÇÃO NEUROPSICOLÓGICA NO TOC

Apresentamos a seguir um protocolo de intervenção baseado na experiência clínica dos autores no tratamento destes pacientes, em diferentes níveis de gravidade e em tarefas propostas pelos protocolos apresentados anteriormente (TCHANTURIA et al., 2010; MORITZ et al., 2010). Em fase final de desenvolvimento, investigações futuras serão conduzidas a fim de avaliar sua eficácia.

O principal objetivo deste protocolo é ampliar a percepção do paciente sobre seu estilo de processamento de informações (treinamento/raciocínio metacognitivo) por meio de tarefas e exercícios que simulem as dificuldades encontradas em seu dia a dia. As sessões são planejadas para serem conduzidas com foco na generalização do aprendizado adquirido em sessão com o auxílio do terapeuta. Idealizamos 16 sessões com frequência de 2 vezes por semana por 8 semanas, com duração aproximada de 60 minutos cada. A proposta é que as sessões sejam flexíveis, podendo sofrer adaptações conforme a necessidade e as metas específicas de cada paciente. O protocolo é estruturado em 3 etapas, por motivos didáticos, no entanto, sabe-se que estão interligadas e acontecem juntas durante a sessão.

Psicoeducação – Ênfase na Compreensão acerca do TOC

Objetivo: o paciente deve compreender sobre seu transtorno, especialmente sobre o que ajuda a mantê-lo e também como enfrentar seus sintomas. Para atingir esse objetivo, uma série de informações é ensinada ao paciente, incluindo as possíveis causas do TOC, fatores psicológicos associados e como a tentativa de controlar os pensamentos intrusivos é prejudicial para o tratamento. Explicações sobre os pressupostos das atividades de exposição (EPR), incluindo emoções potencialmente desagradáveis que serão enfrentadas, também devem ser discutidas. Leituras complementares, filmes, documentários e elementos adicionais são utilizados como recurso extra. Cordiolli (2008) propõe uma estrutura dos principais assuntos que devem ser incluídos na psicoeducação do TOC, incluindo: i) diferenciação de obsessões e compulsões; ii) identificação dos sintomas; iii) dados acerca da doença (prevalência, curso e impacto na vida, fatores neurobiológicos associados); iv) apresentação da TCC; v) Preenchimento das escalas do TOC.

Sob o ponto de vista clínico, é importante que o profissional estimule o paciente a não tentar controlar os pensamentos que geram emoções desagradáveis, já que este é um dos principais ciclos mantenedores do transtorno.

Intervenções Neuropsicológicas

Objetivo: fortalecer a capacidade do paciente de adotar novas formas de enfrentamento, no aspecto funcional, cognitivo e comportamental. Busca-se a transferência e generalização dos resultados alcançados por meio do uso de técnicas de remediação cognitiva, treinamento das funções executivas e estimulação ao raciocínio metacognitivo aos diferentes contextos e dia a dia do paciente.

O paciente é introduzido ao conceito de *"estilo de pensamento"*, como capacidade de pensar de modo flexível *versus* perfeccionismo, capacidade de olhar o todo *versus* visão detalhista. Essa compreensão pode ser alcançada por meio de atividades que auxiliem o paciente a identificar o seu próprio estilo de pensamento. O papel principal do profissional é estimular o raciocínio metacognitivo por meio da identificação dos estilos de pensamento, das reflexões sobre vantagens e desvantagens de cada estilo de acordo com a situação e de estratégias que podem ser utilizadas em diferentes contextos. O paciente com TOC, por exemplo, pode ser auxiliado na identificação de quando comportamentos perfeccionistas podem ser funcionais e quando podem se tornar prejudiciais. Por fim, é de extrema importância que os objetivos do trabalho sejam discutidos com o paciente, assim como a transferência do aprendizado alcançado nas sessões em seu dia a dia.

Os pacientes com TOC podem apresentar tendência em focar nos detalhes ao invés de compreender o contexto geral. Neste sentido, o exercício nomeado "Imagens Complexas" pode ser conduzido de maneira a habilitar o paciente a monitorar como realizou a tarefa, incentivando-o a praticar o pensamento em termos de visão global (coerência central), ao invés de focar nos componentes das imagens como entidades separadas.

Exemplos de tarefas: é pedido ao paciente que descreva uma das imagens complexas para que o profissional possa desenhar segundo a sua descrição verbal. O profissional precisa seguir à risca as instruções fornecidas pelo paciente. Não é dada nenhuma instrução ao paciente sobre a forma de descrever a figura que vê, já que o objetivo é que ao final o paciente avalie se sua descrição foi eficiente, se ele descreveu a imagem focada nos detalhes ou considerou a visão do todo. A seguir, é possível visualizar alguns exemplos de estímulos visuais semelhantes aos que serão utilizados.

Figura 1 – Formas Geométricas utilizadas na Tarefa "Imagens Complexas"

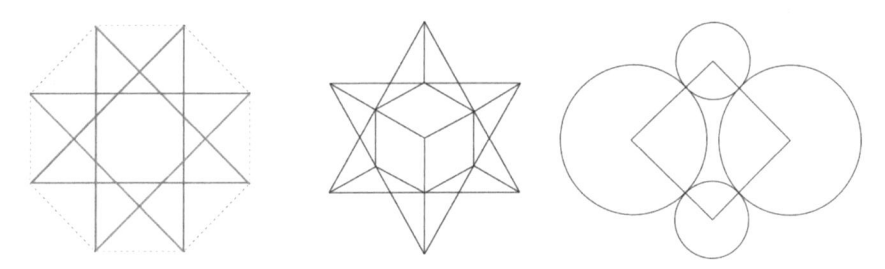

Ao final da sessão, o profissional pode estimular o raciocínio metacognitivo do paciente por meio de algumas perguntas como: "Quais são as vantagens e desvantagens do pensamento focado e detalhado e do pensamento global nesta tarefa?", ou "Alguma vez você já tentou descrever para alguém um filme que você tenha visto ou um livro de que você tenha gostado? Sua descrição começou pelos detalhes?", ou "Se você estivesse em meu lugar, conseguiria desenhar a imagem segundo a forma como a descreveu?".

O profissional deve almejar conduzir a discussão para o desenvolvimento de estratégias a fim de alcançar uma percepção mais ampla, seja buscando pelos elementos principais da figura ou até mesmo mudando a forma como descreveu a imagem (menos focada aos detalhes e mais direcionada para a visão global). Outra forma de estimular a generalização dos resultados é pedir ao paciente que faça um registro das vantagens e desvantagens da estratégia aprendida na sessão, aumentando, assim, a probabilidade de seu uso em situações cotidianas. Veja um exemplo prático do raciocínio metacognitivo após o exercício das imagens complexas na **Tabela 1**.

Tabela 1 – Entendendo a Visão Global – refletindo sobre meu estilo de pensamento

Exercício realizado durante a sessão	Qual foi meu estilo de pensamento durante o exercício?	Como esse estilo de pensamento pode me ajudar nos meus objetivos e metas?	Como esse estilo de pensamento pode me atrapalhar nos meus objetivos e metas?
Descrição verbal das imagens para meu terapeuta desenhar.	"Percebi que fiquei muito presa na parte de cima. Acho que então fui detalhista."	"Acho que na real, não me ajuda. Pois preciso de mais tempo."	"Eu fico voltando e voltando e voltando. Se faço algo no Excel, preciso conferir as fórmulas."
Descrição das imagens usando a estratégia que aprendi (visão global).	"Depressão que vi um quadrado no meio, ficou fácil juntos os lados. Consegui ver tudo."	"Poder fazer as coisas mais rápido."	"Acho que não atrapalha, se eu ver que no Excel o resultado está certo. Não preciso olhar todas as células, né?"

Nas atividades de remediação e treino cognitivo, recomenda-se separar uma atividade para cada domínio cognitivo alvo, facilitando assim que o paciente discrimine os diferentes processos cognitivos. Outro exemplo de exercício que requisita a coerência central é a "Tarefa das Cartas". Nesta tarefa são apresentadas grandes quantidades de informação escrita aos pacientes, na forma de cartas e *e-mails*, e é solicitado que eles extraiam o que é relevante do todo.

Instruções: leia a carta e tente resumi-la em um par de frases. Se o paciente se sentir confortável fazendo isso, você pode então pedir-lhe para escrever a carta no formato de uma mensagem de texto e, finalmente, que dê um título para o texto. Se ele apresentar dificuldades para realizar esta tarefa, estimule-o a resumir um parágrafo de cada vez e, em seguida, em sessões posteriores, aumente gradativamente a quantidade de informações que devem ser resumidas. Veja abaixo um exemplo de estímulo baseado na publicação de Tchanturia e colaboradores (2010), com adaptação ao contexto brasileiro.

São Paulo, 02 de Janeiro de 2019.

Prezado Sr Afonso,

O liquidificador que eu comprei de você no dia 15 de Dezembro de 2018 acabou sendo uma grande decepção. Embora ele parecesse o mesmo que eu vi anunciado em seu *site*, ele não funciona da mesma forma. Seguindo as instruções, eu coloquei apenas uma fruta no equipamento com um litro de água e, para meu espanto, o produto começou a soltar fumaça e um horrível cheiro de queimado. Agora, quando eu ligo o liquidificador, tudo que ele faz é um zumbido baixo. Já não funciona de jeito nenhum.

> Eu entrei em contato com a filial onde adquiri o produto e me disseram que eu não poderia receber um reembolso, porque eu não consegui provar que eu não tinha o tinha quebrado.
>
> Tenho um recibo, nº 2763873926/2007 e entrei em contato novamente com a central no dia 30 de Dezembro de 2018 (protocolo nº 20.283/19), mesmo assim o meu caso não foi resolvido.
>
> O atendente da central da loja sugeriu que eu escrevesse para você diretamente pedindo um reembolso, nos termos da garantia de reembolso que veio com o produto. Assim, eu estou devolvendo o liquidificador a você, junto com uma cópia do recibo que eu recebi ao comprá-lo, e peço que você me providencie um reembolso total. Eu não estou interessado em trocar por outro aparelho.
>
> Atenciosamente,
> Paulo.

Legenda: Estímulo adaptado para realização da tarefa das cartas.

Esta tarefa também pode ser realizada com vários outros recursos, como resumo de notícias de jornais, artigos de opinião ou cartas. O clínico pode aumentar o nível de dificuldade da tarefa ao: i) selecionar um conteúdo mais complexo para ser resumido (com maiores níveis de detalhes); ii) solicitar que faça os resumos diminuindo progressivamente o tempo; iii) associar os dois desafios na mesma tarefa. Independente da forma ou do tempo utilizado, o profissional deve manter em mente que o propósito dessa tarefa é estimular o raciocínio metacognitivo na vida prática, além de treinar a capacidade de síntese. Caso o sujeito não perceba as próprias dificuldades, ou não consiga criar estratégias para ser mais sintético, o profissional pode sugerir: i) iniciar a síntese elencando tópicos; ii) solicitar ao paciente que converse com ele mesmo, utilizando o tempo: "a ideia principal desta frase é…"; iii) sublinhar os pontos principais do texto, pulando os detalhes técnicos.

A flexibilidade cognitiva pode ser treinada por meio de tarefas baseadas no efeito Stroop. Estas tarefas foram concebidas para treinar a alternância entre diferentes aspectos ou regras dos estímulos de forma rápida e precisa. Neste caso, o objetivo é estimular o controle mental e a fluidez no manejo das ideias e das tarefas. O exemplo a seguir desenvolvido por Tchanturia e colegas (2010) requisita que o paciente alterne nomear a imagem e ler a palavra que está sobreposta à imagem (**Figura 2**).

Figura 2 – Tarefa de Stroop

Figura adaptada de: Tchanturia et al., 2010.
As figuras não correspondem ao que está escrito, o que causa um conflito. Ora o paciente deve se orientar pela figura e dizer o nome do objeto que vê naquela imagem, ora deve ler aquilo que está escrito sobre a figura.

Outros estímulos podem ser desenvolvidos baseados neste mesmo paradigma. Independentemente de qual recurso visual ou verbal tenha sido utilizado, é importante que o clínico busque: i) estimular a autopercepção do paciente (raciocínio metacognitivo); ii) expô-lo gradativamente a tarefas que requisitam mais este domínio cognitivo (treinamento); iii) associar as estratégias e práticas aprendidas em sessão a situações da rotina (generalização). Todos estes processos ocorrem de maneira concomitante. Veja um exemplo a seguir.

Sra. A., 45 anos, atua como analista de contabilidade há 12 anos. Iniciou o processo de reabilitação neuropsicológica após dois processos psicoterapêuticos com resultados parcialmente satisfatórios (a primeira de orientação psicodinâmica e a segunda comportamental). Um de seus principais sintomas é fazer verificações constantes antes de chegar e ao sair do trabalho. Ao final do exercício a mesma referiu: "Meu Deus, é muito difícil para mim ter que mudar. Parece que eu travei, isso deve ser do TOC. Ficou ainda mais complicado continuar com o exercício quando vejo que errei. A mesma coisa acontece no meu trabalho, eu tento fazer tudo da maneira perfeita e acabo demorando demais, para evitar justamente isso, o erro. Odeio errar (Sic)."

Caso o paciente tenha dificuldades para desenvolver um raciocínio meta-cognitivo, o profissional pode estimulá-lo por meio de perguntas que o auxilie a pensar sobre a maneira como realiza as atividades propostas. Dentre elas: i) "Quando pode ser útil alternar a atenção rapidamente?"; ii) "Você percebeu que ao final do exercício, após a repetição, você alternou a atenção mais rápido do que nas primeiras vezes? O que você acha que isso significa?"; iii) Você enfrenta alguma situação em sua rotina em que é difícil alternar a atenção?" Ao final da sessão, recomenda-se discutir com o paciente ações em sua rotina que podem ser cumpridas de maneira diferente de como está acostumado. Essas atividades podem contemplar desde ouvir uma nova *playlist* de músicas de um artista desconhecido ou até mesmo mudar a maneira como o paciente cozinha. É comum que, neste momento, pacientes com TOC percebam a dificuldade para mudar a maneira como geralmente conduzem sua rotina, representando assim uma boa oportunidade para retomar os pressupostos da EPR já discutidos na etapa da psicoeducação.

As tarefas propostas para treino de planejamento, coerência central e visuoconstrução basearam-se no modelo de intervenção neuropsicológica proposto por Park e colaboradores (2006).

Instruções: solicite a paciente que reproduza a montagem de cubos tridimensionais a partir de modelos dispostos à sua frente. Veja alguns exemplos.

Figura 3 – Estímulos visuais adaptados do subteste cubos

Adaptado de: Rozencwajg & Corroyer, 2001.

Durante a atividade, o terapeuta estimulará o participante a identificar como está realizando o exercício, apresentando novas formas de raciocínio, dentre elas observar figuras e elementos visuais centrais em vez de se focar nos detalhes. Ao final, sugere-se discutir com o paciente: i) se a atenção às estruturas principais ajudou-o a realizar os exercícios propostos; ii) como o paciente conseguiu alternar a visão focada em detalhes para a observação de elementos; iv) o uso da estratégia de tentar observar a mesma situação sob uma nova perspectiva.; v) selecionar uma atividade de sua rotina para aplicar esta estratégia.

O profissional deve ter em mente que o objetivo não é a realização da tarefa da forma "correta", ou de forma veloz, mas sim estimular a percepção dos estímulos de forma alternativa, mesmo que para isso ele precise de mais tempo. A associação entre as situações experimentadas na sessão com situações do cotidiano é especialmente desafiadora e importante em pacientes com TOC que tenham baixo nível de crítica sobre os seus sintomas (*insight* prejudicado).

Os aspectos psicológicos do TOC, incluindo o perfeccionismo e a baixa tolerância ao desprazer, podem ser incorporados nas discussões com o paciente. É importante que as estratégias para lidar com tais aspectos psicológicos e cognitivos sejam propostas da forma mais clara e concisa possível, garantindo assim a compreensão por parte do paciente. Recomenda-se que o paciente seja encorajado a registrar tais observações e estratégias aprendidas em seu caderno de terapia, como um resumo/síntese da sessão, de forma que possa voltar a elas em outras oportunidades.

O repertório de resolução de problemas é trabalhado neste protocolo por meio do modelo proposto por Duncan (1996). O terapeuta irá ensiná-lo a utilizar o formulário com exemplos de tarefas do seu cotidiano ou sugerir exemplos se o paciente apresentar dificuldades. Como em todas as tarefas do protocolo, adaptações podem ser realizadas conforme a necessidade e dificuldade apresentada por cada paciente.

A tarefa "Priorização" desafia o paciente a descrever as etapas necessárias para planejar um evento específico, utilizando até 10 etapas (planejar uma viagem de trem, fazer uma viagem no feriado, procurar um novo emprego, redecorar um cômodo de sua casa). A ideia desta atividade é retomar as estratégias vistas anteriormente de coerência central, concomitante aos processos de planejamento. Esta também é uma boa oportunidade para discutir às influências de emoções desagradáveis e a tomada de decisão adotada pelo(a) paciente para solucionar o problema apresentado. Conheça outro exemplo.

Maria, 24 anos, recém-formada em direito, possui dificuldade em concluir as tarefas do trabalho, pois realiza constantes verificações, relendo diversas vezes o que escreveu por causa do desconforto gerado pelo pensamento "de que pode ter cometido um erro". Dentre suas maiores preocupações está a combinação simétrica das palavras dispostas na folha. Após concluir as tarefas propostas no protocolo de reabilitação, a mesma disse: "Eu percebi que fico muito angustiada porque quero que saia tudo certo. Eu tenho intolerância a sentir sentimentos ruins quando estou planejando, quero que tudo saia certo. Eu tento lembrar que esses sentimentos fazem parte da vida, e que em vez de fugir deles eu devo aceitá-los e esperar eles irem embora, igual tô tentando fazer com meus pensamentos. Exceto quando passa da frequência 'normal', porque se estou sentindo muita, muita, muita tristeza pode ser um sinal da depressão voltando. Sabe, é tipo um 'loop', quando eu me preocupo em não sentir o desconforto. Não adianta eu perder mais tempo no estágio tentando controlar, só está piorando (Sic)."

Atividade pós-sessão

Com o modelo de planejamento em mãos, o paciente é convidado a resgatar os objetivos e metas definidos no início da intervenção. Solicita-se que ele registre em até 10 etapas as ações necessárias para concluí-los. Caso o paciente encontre dificuldade em estabelecer essas ações por uma ordem lógica, o reabilitador deve então resgatar as estratégias aprendidas ao longo do tratamento.

Encerramento Terapêutico

Com o objetivo de fortalecer as habilidades adquiridas durante o tratamento, recomenda-se que, ao término das atividades, o profissional possa promover alguma atividade que marque a conclusão deste processo. Uma sugestão é a troca de cartas entre o reabilitador e o paciente. O conteúdo pode ser direcionado às dificuldades encontradas durante o processo, às estratégias compensatórias aprendidas, aos ganhos percebidos pelo paciente após realizar o treinamento de funções cognitivas específicas, e, principalmente, a como tem sido a aplicação do que aprendeu nas atividades da rotina.

Apesar do conjunto de intervenções neuropsicológicas proposto anteriormente ter como meta ganhos funcionais, sabemos que estas intervenções não são suficientes nos casos de pacientes graves e com a funcionalidade muito comprometida.

Nestes casos, a adoção de técnicas isoladas não abarca a complexidade da doença em suas especificidades comportamentais, neurológicas, neuropsicológicas, sociais e funcionais. Portanto, estas intervenções podem ser adotadas como parte de um programa mais amplo de intervenção, o qual conte com treinamentos funcionais em atividades da rotina do paciente; adaptações ambientais (que incluem a não facilitação de comportamentos compulsivos), intervenções psicológicas baseadas na terapia cognitivo-comportamental, estimulação de habilidades interpessoais, entre outros.

CONCLUSÃO

Até o presente momento, não existem estudos publicados no modelo de reabilitação neuropsicológica compreensiva para sujeitos com TOC. A partir da nossa experiência clínica, adaptamos alguns exercícios de remediação e treinamento cognitivo, cujo eixo principal é ampliar o conhecimento do paciente sobre seu estilo de funcionamento cognitivo e suas repercussões funcionais.

Essa proposta de trabalho objetiva a transferência e generalização dos resultados para o cotidiano do paciente, contribuindo para o alcance de seus objetivos e metas. Apesar da escassez de programas com alcance mais amplo, nosso objetivo foi apresentar algumas possibilidades de intervenção neuropsicológica com o objetivo de nortear o trabalho clínico.

O protocolo apresentado aqui se encontra em fase final de elaboração e nosso próximo objetivo será testar sua eficácia por meio de um estudo aberto, para posteriormente conduzir um ensaio clínico randomizado.

REFERÊNCIAS

ABRAMOVITCH, A. et al. Meta-Analysis of Intelligence Quotient (IQ). In: Obsessive-Compulsive Disorder. **Neuropsychology review**, v. 28, n. 1, p. 111-120, 2018.

ABRAMOVITCH, A.; ABRAMOWITZ, J. S.; MITTELMAN, A. The neuropsychology of adult obsessive–compulsive disorder: A meta-analysis. **Clinical Psychology Review**, v. 33, n. 8, p. 1163-1171, dez. 2013.

BANNON, S. et al. Executive functions in obsessive-compulsive disorder: state or trait deficits? **The Australian and New Zealand journal of psychiatry**, v. 40, n. 11-12, p. 1031-8, 2006.

BATISTUZZO, M. C. et al. Visuospatial Memory Improvement after Gamma Ventral Capsulotomy in Treatment Refractory Obsessive-Compulsive Disorder Patients. **Neuropsychopharmacology**, v. 40, n. 8, p. 1837-45, jul. 2015.

BÉDARD, M.-J. et al. Executive functions and the obsessive-compulsive disorder: on the importance of subclinical symptoms and other concomitant factors. **Archives of clinical neuropsychology**, v. 24, n. 6, p. 585-98, set. 2009.

BLOCH, M. H. et al. Long-term outcome in adults with obsessive-compulsive disorder. **Depression and Anxiety**, v. 30, n. 8, p. 716-722, ago. 2013.

BUHLMANN, U. et al. Cognitive retraining for organizational impairment in obsessive-compulsive disorder. **Psychiatry research**, v. 144, n. 2-3, p. 109-16, 15 nov. 2006.

CALKINS, A. W.; OTTO, M. W. Testing the Boundaries of Computerized Cognitive Control Training on Symptoms of Obsessive Compulsive Disorder. **Cognitive Therapy and Research**, v. 37, n. 3, p. 587-594, 9 jun. 2013.

CORDIOLLI, A. V. **Vencendo o transtorno obsessivo-compulsivo**. 2 ed. Porto Alegre: Artmed Editora S.A, 2008.

DE MATHIS, M. A. **Características fenotípicas do transtorno obsessivo-compulsivo com idade de início precoce dos sintomas**. Universidade de São Paulo, 2007.

DECKERSBACH, T. et al. Spontaneous and directed application of verbal learning strategies in bipolar disorder and obsessive-compulsive disorder. **Bipolar disorders**, v. 7, n. 2, p. 166-75, abr. 2005.

DOUGHERTY, D. D. et al. Neuroscientifically Informed Formulation and Treatment Planning for Patients With Obsessive-Compulsive Disorder: A Review. **JAMA psychiatry**, v. 75, n. 10, p. 1081-1087, 2018.

DUNCAN, J. et al. Intelligence and the frontal lobe: The organization of goal-directed behavior. **Cognitive Psychology**, v. 30, n. 3, p. 257-303, 1996.

FERNÁNDEZ DE LA CRUZ, L. et al. Suicide in obsessive-compulsive disorder:

a population-based study of 36 788 Swedish patients. **Molecular psychiatry**, v. 22, n. 11, p. 1626-1632, 2017.

FONTENELLE, L. F.; MENDLOWICZ, M. V; VERSIANI, M. The descriptive epidemiology of obsessive-compulsive disorder. **Progress in neuro-psychopharmacology & biological psychiatry**, v. 30, n. 3, p. 327-37, maio 2006.

GOODMAN, W. K. et al. The Yale--Brown Obsessive Compulsive Scale. I. Development, use, and reliability. **Archives of general psychiatry**, v. 46, n. 11, p. 1006-11, nov. 1989.

GRISHAM, J. R. et al. Childhood neuropsychological deficits associated with adult obsessive-compulsive disorder. **The British journal of psychiatry**, v. 195, n. 2, p. 138-41, ago. 2009.

HENIN, A. et al. Is age at symptom onset associated with severity of memory impairment in adults with obsessive--compulsive disorder? **The American journal of psychiatry**, v. 158, n. 1, p. 137-9, jan. 2001.

HIRSCHTRITT, M. E.; BLOCH, M. H.; MATHEWS, C. A. Obsessive-compulsive disorder advances in diagnosis and treatment. **JAMA Psychiatry**, v. 317, n. 13, p. 1358-1367, abr. 2017.

HUPPERT, J. D.; FRANKLIN, M. E. Cognitive behavioral therapy for obsessive-compulsive disorder: An update. **Current Psychiatry Reports**, v. 7, n. 4, p. 268-273. 2005.

KARNO, M. et al. The Epidemiology of Obsessive-Compulsive Disorder in Five US Communities. **Archives of General Psychiatry**, v. 45, n. 12, p. 1094-1099, 1988.

KASHYAP, H. et al. Cognitive training for neurocognitive and functional impairments in obsessive compulsive disorder: A case report. **Journal of Obsessive--Compulsive and Related Disorders**, p. 100-480, set. 2019.

KESSLER, R. C. et al. Lifetime prevalence and age-of-onset distributions of DSM-IV disorders in the national comorbidity survey replication. **Archives of General Psychiatry**, v. 62, n. 6, p. 593-602, jun. 2005.

KUELZ, A. K.; HOHAGEN, F.; VODERHOLZER, U. Neuropsychological performance in obsessive-compulsive disorder: a critical review. **Biological Psychology**, v. 65, n. 3, p. 185-236, fev. 2004.

LEWIS-FERNÁNDEZ, R. et al. Culture and the anxiety disorders: Recommendations for DSM-V. **Depression and Anxiety**, v. 27, n. 2, p. 212-229, fev. 2010.

MATAIX-COLS, D. et al. Symptom stability in adult obsessive-compulsive disorder: data from a naturalistic two--year follow-up study. **The American journal of psychiatry**, v. 159, n. 2, p. 263-8, mar. 2002.

MORITZ, S. et al. How to treat the untreated: effectiveness of a self-help meta-cognitive training program (myMCT) for obsessive-compulsive disorder. **Dialogues in clinical neuroscience**, v. 12, n. 2, p. 209-20, 2010.

PARK, H. S. et al. Effect of cognitive training focusing on organizational strategies in patients with obsessive-compulsive disorder. **Psychiatry and clinical neurosciences**, v. 60, n. 6, p. 718-26, dez. 2006.

RAINES, A. M. et al. Examining the role of sex differences in obsessive-compulsive symptom dimensions. **Psychiatry Research**, v. 259, p. 265-269, 1 jan. 2018.

ROZENCWAJG, P.; CORROYER, D. Strategy development in a block design task. **Intelligence**, v. 30, n. 1, p. 1-25, jan. 2001.

RUSCIO, A. M. et al. The epidemiology of obsessive-compulsive disorder in the National Comorbidity Survey Replication. **Molecular Psychiatry**, v. 15, n. 1, p. 53-63, jan. 2010.

SAVAGE, C. R. et al. Organizational strategies mediate nonverbal memory impairment in obsessive-compulsive disorder. **Biological psychiatry**, v. 45, n. 7, p. 905-16, 1 maio 1999.

SHIN, N. Y. et al. Cognitive functioning in obsessive-compulsive disorder: a meta-analysis. **Psychological Medicine**, v. 44, n. 06, p. 1121-1130, 19 abr. 2014.

SKOOG, G.; SKOOG, I. A 40-year follow-up of patients with obsessive-compulsive disorder. **Archives of general psychiatry**, v. 56, n. 2, p. 121-7, mar. 1999.

SNYDER, H. R. et al. Obsessive-Compulsive Disorder Is Associated With Broad Impairments in Executive Function: A Meta-Analysis. **Clinical Psychological Science**, v. 3, n. 2, p. 301-330, 1 mar. 2015.

STEIN, D. J. et al. Disease Primers OCD. **Nature Reviews Disease Primers**, p. 1-21, 2019.

TCHANTURIA, K. et al. **Terapia de Remediação Cognitiva para Anorexia Nervosa**. Protocolo traduzido para o Português por Lopes ACS, Cordás TA, Flaks M., 2019. Disponível em: https://131e99a4-b06b-135c-641a-44c-0c057bded.filesusr.com/ugd/2e1018_ddb443ba641b498aabc50b459c592dde.pdf.

TCHANTURIA, K. **Cognitive Remediation Therapy (CRT) for Eating and Weight Disorders**. London: Routledge, 2014.

TORRES, A. R., et al. Obsessive-compulsive disorder: prevalence, comorbidity, impact, and help-seeking in the British National Psychiatric Morbidity Survey of 2000. **The American journal of psychiatry**, v. 163, n. 11, p. 1978-85, nov. 2006.

VAN DEN HEUVEL, O. A. et al. Brain circuitry of compulsivity. **European Neuropsychopharmacology**, v. 26, n. 5, p. 810-827, maio 2016.

VAN PASSEL, B. et al. Cognitive remediation therapy (CRT) as a treatment enhancer of eating disorders and obsessive compulsive disorders: Study protocol for a randomized controlled trial. **BMC Psychiatry**, v. 16, n. 1, 10 nov. 2016.

WILSON, B. A., et al. **Neuropsychological Rehabilitation The International Handbook**. 1st Edition ed. London: Routledge, 2017.

21. A REABILITAÇÃO NEUROPSICOLÓGICA NO TRANSTORNO DO DÉFICIT DE ATENÇÃO E HIPERATIVIDADE NO ADULTO

Fabricia Quintão Loschiavo Alvares

Gustavo Henrique Malta Magella

INTRODUÇÃO

O transtorno do *déficit* de atenção e hiperatividade (TDAH) é um dos transtornos do desenvolvimento mais comumente diagnosticados na infância, afetando aproximadamente 5% das crianças em idade escolar em todo o mundo (POLANCZYK et al., 2014; 2007), continuando na idade adulta, com uma prevalência estimada de 2,5 % (SIMON et al., 2009).

Em conformidade com o DSM-V, o TDAH é definido como "um padrão persistente de desatenção e/ou hiperatividade-impulsividade que interfere no funcionamento e no desenvolvimento". Conforme o DSM-V, os sintomas devem aparecer antes dos 12 anos de idade, além de existirem evidências claras de que estes interferem (ou afetam qualitativamente) o funcionamento social, acadêmico ou profissional do indivíduo (APA, 2014).

A etiologia do transtorno pode estar relacionada tanto com fatores ambientais quanto com neurobiológicos. Os fatores ambientais referem-se à prematuridade, às condições psicológicas e sociais adversas. Já os neurobiológicos referem-se à hereditariedade e ao aporte insuficiente de determinados neurotransmissores ao cérebro, especialmente dopamina e norepinefrina na região do córtex pré-frontal (MALLOY-DINIZ et al., 2008), e em termos de estrutura cerebral, a imagem por ressonância magnética (IRM) e estudos de imagem por tensão difusora têm mostrado diferenças no volume, medidas de superfície (espessura cortical, área de superfície e girificação), e integridade da substância branca em diferentes regiões cerebrais em crianças e adultos com TDAH, se comparados com valores normativos populacionais. São também descritas anormalidades nos gânglios da base, estruturas pré-frontais, e corpo caloso, sendo importante ressaltar que estudos multimodais, que combinam métodos estruturais e funcionais têm mostrado intercorrelação entre anormalidades estruturais e funcionais no TDAH (ALBAJARA, VILLEMONTEIX & MASSAT, 2019).

Dentre os sintomas comumente descritos, a caracterização clínica do TDAH envolve sintomas marcantes de desatenção, impulsividade e hiperatividade, além de apresentar-se clinicamente de maneira bastante heterogênea. Queixas como dificuldade de manter a atenção, de organização e de problemas escolares, comportamento impulsivo, agitação permanente, além de evitar o esforço cognitivo são amplamente descritos tanto pelas crianças com indicação ou com o diagnóstico de TDAH, como pelos seus familiares. Além dos principais domínios dos sintomas (desatenção, hiperatividade e impulsividade), conforme já relatado, o TDAH está associado ao aumento do risco de limitações sociais e emocionais, restrições educacionais e ocupacionais, comprometimentos relacionados à saúde e comorbidades psiquiátricas (NIGG, 2013; SPENCER, BIEDERMAN & MICK, 2007), frequentemente, resultando em pior qualidade de vida (DANCKAERTS et al., 2010; AGARWAL et al., 2012).

O transtorno conta com três apresentações: 1) Tipo predominante desatento, em que seis ou mais sintomas de desatenção e menos de seis sintomas de hiperatividade são apresentados; 2) Tipo predominantemente hiperativo/impulsivo, em que seis ou mais sintomas de hiperatividade e menos de seis sintomas de desatenção estão presentes; 3) Apresentação combinada, quando o paciente apresenta seis ou mais sintomas de desatenção e de hiperatividade/impulsividade (TORRES, 2015).

Sob uma perspectiva neuropsicológica, dentre as funções cognitivas mais afetadas pelo transtorno, estão os distintos subcomponentes da atenção (atenção focalizada, seletiva, sustentada e alternada) e as funções executivas. As funções executivas são, conforme Malloy-Diniz et al. (2010), um conjunto de processos cognitivos que, de forma integrada, permitem ao indivíduo direcionar comportamentos a metas, avaliar eficiência e a fazer adequação desses comportamentos, abandonar estratégias ineficazes em prol de outras mais eficientes. Referem-se, portanto, a um termo "guarda-chuva" e incorporam todos os processos cognitivos complexos necessários para gerenciar o comportamento humano. Logo, são aquelas responsáveis por iniciar e desenvolver uma atividade que tenha um objetivo final determinado.

Vários processos cognitivos fazem parte de seu sistema funcional, como: planejamento, controle inibitório, tomada de decisões, flexibilidade cognitiva, memória operacional, atenção, categorização e fluência. Tais processos favorecerão a possibilidade de soluções para novos problemas propostos, pois atuam no planejamento e na regulação do comportamento adaptativo, a fim de atingir um objetivo específico. Em função desses papéis que desempenham, as funções executivas são críticas para uma interação flexível com as mudanças da tarefa e/ou condições ambientais e claramente relevantes para a performance de habilidades laborativas, cotidianas, acadêmicas, sociais e de lazer.

Os psicoestimulantes têm sido utilizados no tratamento deste transtorno desde a década de 50, sendo o metilfenidato e a lisdexanfetamina os fármacos disponibilizados no Brasil para a terapêutica do TDAH. Entretanto, em uma revisão recente da literatura, Shaw e colaboradores (2012) estudaram os resultados em longo prazo no TDAH e descobriram que, mesmo quando tratados, os indivíduos afetados apresentaram resultados piores nas principais áreas da vida, incluindo educação, ocupação e atividades sociais e participação. Üstün (2007) ressaltou a relevância da proposição de intervenções destinadas ao manejo funcional e ocupacional dos *déficits* cognitivos e, neste sentido, surge a reabilitação neuropsicológica (RN), com evidências sólidas, como propedêutica eficaz neste transtorno.

Neste sentido, O`Connell e colaboradores (2006), investigaram a eficácia de alertas periódicos para melhorar o desempenho atencional em tarefas contextuais em crianças com o TDAH. Os alertas vinham com uma sugestão para que os participantes adotassem uma postura mais supervisora em seu desempenho. Embora as dicas de alerta não tenham alterado o número total de erros de comissão, cometidos por crianças com o TDAH em um bloco de tarefas, elas produziram uma redução significativa de curto prazo nos erros de comissão no período imediatamente após a sugestão de alerta. Os dados, portanto, demonstram que o desempenho da atenção sustentada pode ser aprimorado em crianças com TDAH, usando uma estratégia simples de adaptação ambiental, via um dispositivo externo. Os autores concluem ressaltando que as estratégias de RN, como um todo, podem ser empregadas de forma efetiva no tratamento de pessoas com o TDAH.

A metanálise de Cortese et al. (2015), conduzida para avaliar os efeitos do treinamento cognitivo sobre os sintomas do TDAH, nos *déficits* neuropsicológicos e habilidades complementares em crianças/adolescentes com o transtorno, encontrou evidências limitadas relativas ao valor clínico do treinamento cognitivo, estando este restrito apenas ao domínio treinado, ou seja, o treinamento em memória de trabalho melhorou o funcionamento deste constructo. Os autores salientam que, considerando a heterogeneidade neuropsicológica do TDAH (BUTZBACH et al., 2019), esforços futuros devem ser direcionados ao desenvolvimento de protocolos, visando ganhos neuropsicológicos específicos para padrões diários de comprometimento funcional por meio de abordagens de intervenção ecologicamente delineadas, ressaltando-se, neste sentido, a reabilitação neuropsicológica (RN) (TAJIK-PARVINCHI, WRIGHT & SCHACHAR, 2014).

CASO CLÍNICO

A fim de contextualizar clinicamente o que foi exposto, aqui será apresentado um caso escrito especialmente a quatro mãos. As minhas, somadas às do Gustavo, um rapaz de 30 anos que, como resultado de um ano e meio de reabilitação neuropsicológica, produziu o texto que se segue.

Conforme Katz & Keren (2011), a intervenção em terapia ocupacional, tendo por base o contexto da RN, é compreendida como um processo de utilização de uma ampla variedade de estratégias deliberadas centradas na pessoa, que estimulam o desenvolvimento ou o uso de recursos de que se dispõe para obter um bom desempenho ocupacional, e, por conseguinte, está alinhada ao postulado da RN, o qual explicita que as intervenções devem ser entendidas de maneira mais ampla, considerando as pessoas em seus contextos, atividades e relacionamentos (PRIGATANO, 1999; WILSON, 2002).

O eixo fulcral é, portanto, o desenvolvimento de um conjunto de comportamentos mais adaptativos e funcionais, ganhos em qualidade de vida, independência e autonomia (ROYAL et al., 2007). Desta forma, enquanto terapeuta ocupacional e profissional da reabilitação neuropsicológica, não haveria melhor maneira de explicitar a RN aplicada ao TDAH, desde a psicoeducação, passando pela avaliação para intervenção e estabelecimento de metas, emprego de estratégias atencionais, executivas e mnemônicas, até a avaliação da eficácia da intervenção, do que compartilhar sob a ótica do Gustavo, suas próprias construções de seu percurso clínico na reabilitação. E, ao final, ele nos brinda com um relato muito representativo e generoso, o qual, enquanto profissional, deixo para meus colegas utilizarem na psicoeducação de seus pacientes.

Falamos sempre de propósito da intervenção, de contexto, função, ocupação, pessoas e de vida, e é sobre isto que este livro, e particularmente, este capítulo versa. Assim, perguntas e temas como o que é o TDAH, o TDAH na adolescência e início da vida adulta, o dia "D" – início da RN, dificuldades do TDAH, emprego de estratégias de RN no dia a dia –, mecanismos para "burlar" o TDAH e os ganhos da RN, são, com maestria, bom-humor e genialidade, discutidos por Gustavo.

Na sequência, o processo de reabilitação será contextualizado e os resultados pré e pós-intervenção serão apresentados, considerando as medidas de eficácia empregadas.

O TDAH – Conceitos, a Reabilitação Neuropsicológica e as Reflexões sobre a Vida

Gustavo H. M. Magella

O que é o TDAH?

Falar atualmente sobre o TDAH é como me reconectar diretamente com minha infância, adolescência e início da fase adulta. Até pouco tempo atrás, era muito difícil identificar essas fases, elas passaram por mim quase que desapercebidas.

Mas o que é o TDAH? (A meu ver!)

Basicamente, é uma dificuldade latente em se conectar com as atividades, prazos, entregas, desde as mais simples até as mais complexas.

Concentração? Esquece. Uma simples mosca, uma rachadura na parede, som de carro engraçado, passarinho cantando, azulejos tortos na parede, todos esses elementos me conectam com outro mundo, que, em muitos casos, é muito mais interessante que nossa realidade atual. Quando não é, essa inquietude se transforma em hiperatividade pura, transcendendo essa energia toda para meus gestos, meu corpo, etc.

Mas falar do TDAH sem contar um pouco da minha história seria impossível.

Preciso de alguns fatos para tentar ilustrar um pouco, a minha angústia e luta na convivência com este transtorno. Posso dividir minha explicação do TDAH nas seguintes fases:

TDAH na Infância: O Garoto Prodígio/Levado

Aprendizado/Escola

Desde pequeno, eu sempre tive dificuldade de me concentrar em algumas atividades, inclusive quando o assunto era escola.

Na verdade, nunca entrou na minha cabeça o motivo de ter que fazer 100 exercícios de fixação de matemática, por exemplo, ou qualquer outra matéria que envolva cálculo ou outros exercícios mais enfadonhos. Sempre fui uma criança extrovertida e criativa. Quando o assunto era criatividade, eu sempre me despontava entre os demais. No entanto, eu dava muito trabalho aos meus professores.

Sempre que havia alguma reunião de conselho de classe, meu nome sempre aparecia entre os nomes dos alunos mais "levados" da escola.

Houve uma vez que um professor chamou minha mãe para conversar. Ela foi até o colégio para ouvir o sermão, já esperando uma coisa muito ruim. Ele disse a ela o inevitável: Olha, porque você não procura um psicólogo para lhe ajudar com o Gustavo? Ele é um menino muito bom, nunca nos desrespeitou, nunca usou palavras ofensivas, xingamentos, etc. Mas ele não consegue parar quieto UM MINUTO SEQUER. Ele termina as atividades antes dos colegas, e fica conversando, brincando, batucando (é, eu sei, meu ponto fraco/forte sempre foi a música) e não deixa os outros colegas aprenderem por si só.

Minha mãe, então, seguiu o conselho. No entanto, não foi descoberto NADA! Nadica de Nada!

Logo, por eu ser de família muito simples, não deram bola para isso tudo. Na verdade, o que todos falavam era que eu precisava era de umas boas palmadas, que menino arteiro se corrige dando uns petelecos!

Voltando à escola, sempre gostei de ajudar meus colegas e, muitas vezes, eu fazia até mesmo o dever de casa para eles. Isso se deve ao fato de eu aprender muito rápido, mas também, em contrapartida, perdia o interesse pelas coisas na velocidade do meu aprendizado.

Nunca repeti um ano na escola. Sempre fui aluno regular. Mas, na medida em que os anos foram passando, eu sentia um pouco mais de dificuldade em ser aprovado, devido às complexidades.

Desde a 5ª série, todo ano foi a mesma coisa. Enrolava durante os dois primeiros bimestres, depois corria atrás, feito um louco, nos últimos para passar de ano.

Várias vezes, os professores me indagavam por que eu agia dessa forma. Mas eu não sabia o que estava acontecendo.

Eu simplesmente não CONSEGUIA PRESTAR ATENÇÃO EM ALGUMAS AULAS, NEM POR DECRETO.

No entanto, disciplinas como História, Geografia, Ciências, eu literalmente me dava MUITO BEM. Sempre tirava notas altas. Houve um conselho de classe em que os professores ficaram tão "nervosos" que resolveram me chamar na reunião. Pois, alguns me descreviam como um aluno exemplar, outros me descreviam como "a razão das rugas e dores de cabeça".

Nunca vou me esquecer dessa imagem: entrei na sala da supervisora, quase todos os meus professores estavam lá.

Ela, então, os perguntou:

– É esse o Gustavo de que estamos falando?

Todos eles responderam: Sim, é esse mesmo!

A supervisora: – Olha, senta aqui. Não pode ser. Você tem alguma coisa contra esses três professores aqui?

Eu respondi: Não!

A Supervisora: – E a favor daqueles quatro professores ali?

Eu respondi: Ah, eles são legais! Gosto de como eles falam e se comunicam!

Ela sorriu meio sem graça e disse: Ok! Pode retornar para sua sala.

Havia uma dificuldade ENORME em me conectar com esse tipo de professor. Muitas vezes, eu me esforçava tanto para entender o que eles falavam que minha cabeça doía bastante.

Por VÁRIAS VEZES, eu me peguei escutando apenas "blá blá blá blá blá blá blá", mesmo eu me esforçando para tentar entender o que eles estavam falando.

Eu olhava ao meu redor e via meus colegas prestando atenção, enquanto na minha cabeça apenas ecoava "blá blá blá blá blá blá".

Um dia, até cheguei a pensar que eu estava ficando doido! Pensei: Gente, como pode? Não consigo entender nada que esse professor está falando!

Mas eu não tinha argumentos e nem uma maneira contundente de me expressar e, principalmente, de fazer com que as pessoas entendessem a minha dificuldade. Importante frisar: A criança que tem TDAH NÃO SABE QUE TEM TDAH e, muitas vezes, ela tenta se comunicar, tenta avisar de alguma forma. Pode ser fazendo bagunça na sala de aula, desobedecendo, não fazendo lição de casa, ou até mesmo se recusando a ir à escola.

O fato é que, por se tratar de uma condição clínica, é IMPOSSÍVEL enxergar o TDAH sem a ajuda se um especialista. Hoje, vejo que eu tentei de várias formas avisar meus pais. Mas eu não tinha conhecimento de como isso poderia ser feito de maneira eficaz.

Mesmo em alguns casos, que eu falava com meus pais, como: "Mas Mãe, Pai, eu não consigo entender nada que o professor tal fala. Eu não consigo me concentrar na aula dele porque é chata!", sempre recebia em contrapartida: "Olha meu filho, escola é chata mesmo, mas você precisa passar por isso. Mas então porque História, Geografia, Português, Ciências são tão legais, e as outras matérias são chatas? Porque eu não posso só estudar História, Geografia ou Ciências?

Questões Familiares

Minha família nunca compreendeu o fato de eu ter TDAH, e dele ter se agravado com o tempo.

Para o meu pai, menino arteiro era normal. Anormal, se eu fosse um menino que ficasse sentado olhando para a parede.

Para minha mãe, menino arteiro era falta de corrigenda.

No entanto, sempre gostei de me envolver com atividades que fossem mais voltadas para arte, música, etc. Nesse campo, eu poderia extrapolar minha criatividade. No entanto, sempre deixava algo por fazer sempre que essa coisa se tornasse "desinteressante".

TDAH na Adolescência: O Adolescente Reprimido

Na adolescência, lidar com o TDAH talvez seja ainda um pouco pior! É uma fase muito conturbada. Hormônios a mil por hora. O sistema que rege a adolescência é um sistema duro, frio, cruel.

Somos obrigados, desde a 8ª série, a escolher uma carreira, a tentar buscar algo e pensar no futuro.

Futuro? Qual futuro?

Estamos falando de uma criança que tem TDAH, que não foi diagnosticada e muito menos tratada. Está prestes a passar por um período de transição avassalador, tendo que lidar com as diferenças hormonais, o primeiro amor, as primeiras desilusões, transformações no corpo, e claro, com o SISTEMA.

Porque quando se é adolescente você TEM QUE ANDAR NA MODA. Você PRECISA SER ACEITO POR UM GRUPO. Você PRECISA SE IDENTIFICAR COM ALGO. Você NÃO PODE "PAGAR MICO". Caso contrário, as pessoas caem na sua alma, riem de você ate não poder mais, e claro, o *bullying* é inerente nesses casos.

Nesse caso, o que me salvou de não ter uma adolescência tão ruim foi a música.

Sempre fui uma criança musical. Toco cavaquinho desde os 7 anos de idade, depois fui evoluindo para o violão, guitarra, bateria. Na minha adolescência, usei a música como escudo e fiz o que eu bem entendi com ela. Tive muitas bandas, miniprojetos, toquei em feira de ciências, apresentação de trabalho, etc. Era a minha forma de expressar o que sentia, como eu estava, como eu gostaria de ser visto, com um simples acorde de uma guitarra.

Passei pela adolescência, já entrando na fase adulta, com uma série de questões a resolver desde a infância, com dificuldade de aprendizado (que além de te acompanhar, evolui) até questões pessoais e de transformação do ser humano.

Saí do Ensino Médio com uma interrogação enorme na cabeça. E agora? O que vou fazer da minha vida?

A pressão era muita! A vida da GRANDE MAIORIA DOS MEUS COLEGAS DE CLASSE era passar em uma Universidade Federal. Recordo-me bem que SUCESSO naquela época era você fazer um cursinho pré-vestibular (o qual vai tentar compilar três anos de ensino médio, em seis meses de curso!), tentar vestibular para uma Universidade Federal (UFMG), segunda opção Universidade Estadual (UEMG), terceira opção PUC Minas.

Quarta Opção? Não existe. Fazer faculdade em outro lugar? Sério? Inconcebível!

As outras universidades menores não são para pessoas inteligentes (Era o que diziam.). Contudo, vocês acham mesmo que nessa altura do campeonato, com o TDAH "gritando", recém-formado, iniciando a fase adulta, eu iria me enclausurar em um curso pré-vestibular para tentar passar em uma Universidade Pública?

Sério mesmo?

Acharam certo!

Mais uma vez, o SISTEMA e o *MODUS OPERANDI* da sociedade me levaram a tomar essa atitude. E lá vai eu, me matricular em um curso pré-vestibular para "tentar a sorte" em uma Universidade Federal.

Munido de pouco entusiasmo, mas de uma pressão absurda (tanto da minha namorada na época, quanto da minha família) fui em busca do sonho dos outros.

Porque o MEU SONHO MESMO não era aquele. Na verdade, eu nem sabia qual era!

Comecei o pré-vestibular, matei mais aula que assisti (ninguém fica vigiando você, se não quer assistir aula, só se levantar e ir embora).

Matérias maçantes, professores ruins, conteúdo mal explicado. Pouco uso para todas aquelas matérias. É, meu amigo, acho que eu já vi esse filme antes, não é verdade? No entanto, lutei firme com as armas que eu tinha (Na realidade, quase nenhuma!).

Concluí o pré-vestibular, mas nem tentei vestibular para uma federal.

Eu sempre duvidava do meu potencial (Sério? Passei com 60% "na risca" nos últimos 3 anos. "Não gosto de estudar", "Sou burro", "Sou incapaz"). Todas essas frases eu repetia para mim mesmo, vendo de cadeira cativa o sucesso de todos os meus colegas que passaram em uma Universidade Federal, Estadual, ou na PUC.

Um belo dia, minha ex-namorada também teve a felicidade de ser aprovada na Universidade Federal, o que gerou um enorme comparativo entre meus familiares. "Você viu a fulana? Sua namorada? Passou na UFMG, que gracinha! Quando vai ser sua hora? Será que você dá conta?"

Com todas essas afirmações ecoando na minha cabeça, e ainda esses fatores externos, eu estava certo de que eu realmente não era capaz. Conclui o pré-vestibular e tentei uma vaga em uma Universidade menos famosa e "mais fácil", afinal de contas era o que eu podia fazer e o que eu dava conta, não é mesmo?

Iniciei meus estudos um pouco frustrado comigo mesmo. Era como ganhar o segundo lugar em alguma coisa. Como se eu só estivesse ali, cumprindo um papel, apenas "batendo ponto".

TDAH no Início da Fase Adulta: Entregas, Prazos, Demissão! É mole, ou quer mais?

Início de Tudo: Ou de Nada, na verdade!

Como eu disse anteriormente, iniciei a faculdade, no caso, de Jornalismo.

Coloquei na minha cabeça que meu sonho era ser como o Willian Bonner. Apresentar um jornal, levar a notícia para as pessoas, comunicar! Afinal de contas, nisso eu sou bom. Comunico-me bem! (Até que enfim achei alguma coisa!!). No entanto, o obvio me fez repensar essa trajetória, e desisti do curso no primeiro período (85% da última turma formada estava desempregada).

Com isso, voltei a estaca zero e comecei a repensar minha vida. Não estava mais cursando uma faculdade, logo, eu já não atendia mais os padrões da "sociedade", a qual minha ex-namorada se incluía agora.

Todos MEGA INTELIGENTES, cursando uma Universidade Federal, com relevância no mercado. Mesmo que por dentro fossem apenas moleques arrogantes, que passaram em uma prova formatada, usando métodos repetitivos de ensino, em que te doutrinariam a aprender e a executar, à exaustão, fórmulas, métodos e respostas decoradas (Esse é o famoso SISTEMA de que eu tanto falo!).

A diferença entre eu e essas pessoas, naquele momento, era GRITANTE. Mas hoje, para mim, não mais existe. Logo, meu relacionamento, na época, não se sustentou.

Ouvi algumas vezes, de algumas pessoas próximas, que minha ex-namorada estava em um nível muito maior que o meu. Mesmo vindo de um berço simples, igual ao meu, o nível intelectual dela não era o mesmo do meu.

Aí é que entra o TDAH. Uma coisa é você achar que não é capaz de fazer uma determinada coisa. Mas, neste caso, eu tinha todos os indícios, causa, motivo, razão, circunstâncias, provas de que tudo isso (mesmo sendo uma grande mentira) era uma grande verdade.

Então, desliguei por um momento meu mecanismo de defesa contra o TDAH (que todos nós temos) e me deixei levar pelas circunstâncias.

Enfrentei uma "quase depressão", mas como eu sempre fui muito criativo, rapidamente me levantei e fui buscar consolo onde eu sempre ia buscar: na música e na tecnologia!

Oi? Tecnologia? Mas até aqui eu não falei nada sobre ela!

Pois, então! Desde pequeno, eu sempre fui aficionado por Tecnologia! Em saber como as coisas funcionam, etc. Sempre "mexi com computador"! (era assim que minha família dizia). Consertava, estragava, fazia de gato e sapato. Como nasci em uma família muito humilde, os poucos contatos que eu tive com computador na minha infância foram no escritório que meu pai trabalhava, ou na casa de amigos.

Fui crescendo e, com isso, aprendi a consertar os computadores de toda a vizinhança. Comecei a ganhar uma graninha aqui, um dinheirinho ali. (Opa, agora já tenho condições de ir para o cinema). Mas nesse intermédio, sempre usei isso como válvula de escape. Está triste? Vou mexer ali numa placa. Está chateado? Vou tocar guitarra! Ficou incomodado? Vou ver como funciona um HD de computador.

E assim fui indo, sem perceber que eu estava estudando. É mole?

Logo, com o tempo fui ficando craque no negócio e tive minha primeira oportunidade de trabalho com 19 Anos. E adivinha com o quê? Isso mesmo, com Tecnologia! Iniciei as atividades quando eu era apenas um menino assustado. Lembro-me, até hoje, de me assustar com meu primeiro salário R$ 730 reais! (Cara, eu estou rico!!!)

Continuei me esforçando, lendo bastante sobre segurança da informação, *hackers*, etc.

Mas espera, o que um *hacker* faz? Burla algum mecanismo, certo? Isso significa que eu posso burlar o TDAH?! Bingo!

Sem saber o que eu estava fazendo, eu FIZ.

Durante esse tempo (desde meus 19 anos), desenvolvi mecanismos próprios para burlar o TDAH e, em alguns casos, ele nem aparece. Desenvolvi uma paixão pela tecnologia, e o fato de ESTUDAR deixou de ser maçante para ser algo prazeroso e desafiador.

Um cara que não tinha paciência de assistir a uma aula de Física, agora tem paciência de ler durante 4 horas uma apostila, e devorar os livros de tecnologia. Que coisa hein? Eu não era burro?!

Com isso, fui crescendo, aprendendo. Dentro da mesma empresa (meu primeiro emprego), eu obtive 5 promoções. Fui de Técnico de Suporte 1 para 3. De 3 para 5. De 5 para 8. De Técnico de Suporte 8 para Analista de Suporte, deste, para Coordenador do Setor (Isso com 23 anos de Idade!!).

Com o tempo, a empresa em que eu estava trabalhando (por ser pequena, e não ser focada tanto em tecnologia) não conseguiu me segurar por muito tempo. Tive uma proposta de outra empresa para ganhar um pouco mais. No entanto, eu teria outros desafios, também muito interessantes.

Sem titubear, peguei a proposta (com muito frio na barriga), deixei as portas abertas na outra empresa que trabalhava e fui trilhar uma nova história.

Parênteses: nunca tive medo de "resetar" minha vida/carreira ou o que seja. Sempre encontro no recomeço uma nova oportunidade de acertar mais que errar, levando em consideração todos os aprendizados que eu já tive.

Iniciei na outra empresa e, com o tempo, fui promovido também (Bom, até que para um ser sem futuro, burro, sem capacidade, eu estava indo bem, não é verdade?).

Com o tempo e com meu TDAH um pouco controlado, pude me dedicar mais aos estudos e novas oportunidades foram surgindo. Recebi outra proposta de outra empresa e aceitei o desafio. Agora, o ambiente era maior. Riscos maiores, ganhos maiores. Mas nesse meio tempo, eu me perguntava: Cara, e agora? Preciso fazer disso uma carreira séria! Foi quando eu iniciei minha graduação em Redes de Computadores, pela Universidade Estácio de Sá.

Fiz minha matrícula, iniciei as aulas e pronto! Um novo mundo se abriu para mim.

Como eu já lidava com tecnologia desde a infância, eu passei pelas matérias como que passeando por um bosque. Foi tudo tão simples! Eu me recordo dos colegas brincarem e me chamarem de "Google" (Guga – Google), pois sempre participava das discussões na sala de aula, contribuindo com o professor e, algumas vezes, até acertando "de primeira" as perguntas!

Opa! Então é isso? Achei o que eu gosto? Espera aí! Isso que é estudar? É sobre isso que as pessoas tanto falam? "Caraca"!!!! ESTUDAR SOBRE O QUE VOCÊ AMA, NÃO É ESFORCO! É DIVERSÃO!!!!!!

Mesmo sendo um tanto desconexo, passei a entender melhor um pouco desse mundo de aprendizado.

Como é possível? EU, GUSTAVO MAGELLA, gostar de estudar? O quê? Está doido? Mas fui indo, fazendo o curso e evoluindo. Aprendendo bastante!

Em 2014, meu pai faleceu, vítima de um câncer no pulmão. Lembro-me de ter estado com ele em seus últimos dias no hospital. À época, estava lendo o capítulo de um livro do Tanembaum (Quem for profissional de redes de computadores, vai me entender!) enquanto esperávamos a enfermeira para trocar o acesso dele. Desde esse dia, qualquer dia, era dia, qualquer hora, era hora. Sacava um livro e começava a ler.

Formei-me em Junho de 2014, aos trancos e barrancos, REGULARMENTE! Mesmo sem meu pai aqui na Terra comigo, busquei forças em Deus e na minha família, e terminei a faculdade, sem repetir nenhuma matéria!

Recordo-me até hoje que dos 60 alunos que entraram no curso, apenas 8 alunos formaram regularmente. Eu e mais 7! Após o período de formatura, continuei minha história no mercado de trabalho, trabalhando e me esforçando ainda mais.

No final de 2014, senti um vazio. Sentia falta das aulas, das discussões, do conhecimento. Isso me dava forças para continuar na minha carreira. Então, finalmente eu descobri uma "nova" paixão: o conhecimento!

Em 2014 mesmo fiz minha inscrição para uma Pós-Graduação em Segurança da Informação (área que sou apaixonado e entusiasta desde pequeno) e segui estudando. Conclui a Pós-graduação no final de 2015, com uma nota/aproveitamento do curso acima de 85% (Mas eu não era burro?).

Parênteses: para todas as pessoas que possuem TDAH, somos incapazes mesmo. Não conseguimos, fraquejamos. Porque é muito difícil manter-se atento e desenvolver metodologias adequadas para viver no "mundo". Logo, é normal pensar assim. A diferença é ter do nosso lado, pessoas que não nos deixam desistir dos nossos sonhos e que apostam em nós! Em meio a essas pessoas, conheci minha esposa. Mas não vou falar muito sobre isso. No entanto, ela teve (e ainda tem) um papel muito importante em todas as minhas conquistas que estavam no por vir.

Graduado, Pós-Graduado, com várias certificações no currículo. Agora eu realmente estava no controle da situação, não é verdade?

AÍ É QUE EU ME ENGANEI, E DEIXEI O TDAH TOMAR CONTROLE DA SITUAÇÃO PELA PRIMEIRA VEZ.

Comecei a enrolar com minhas atividades no trabalho. Dava desculpas, deixava para depois. Jogava videogame na empresa (era permitido, viu?) até após o expediente. Sempre chegava atrasado, nunca deixava claro no que eu estava trabalhando, sempre me escondendo atrás de títulos e certificações.

Em paralelo a isso, eu entregava excelentes resultados. As atividades que estavam em dia eram sempre muito bem executadas, e inclusive, ganhei uma promoção nessa empresa e alguns reconhecimentos pelo meu trabalho e engajamento. No entanto, meu superior não gostava nem um pouco desse meu "jeito de levar as coisas". Eu me importava com isso, mas com o tempo fui "deixando para lá" (TDAH falando aqui) e meus "pensamentos automáticos" começaram a entrar em ação.

Até que em um belo dia fui DEMITIDO!

OI? DEMITIDO? COMO ASSIM?

Nunca vou me esquecer desse dia. Foi minha primeira demissão! Guardo até hoje, com muito carinho, minha carta de despensa que dizia: Não necessitaremos mais de seus serviços.

Eu estava recém-casado, com um apartamento VAZIO para mobiliar e pagar (Havia contraído uma dívida de 15 anos com a compra do imóvel). Foi nesse momento que minha esposa entrou em ação (Como eu disse, nunca deixe de apoiar alguém que necessite de seu apoio, independentemente do TDAH ou qualquer outra condição). Fui abalado para casa e muito triste. Escondi da minha mãe e de meus familiares todo o tempo que fiquei desempregado.

Após 24 dias em casa, recebo uma ligação dizendo que eu havia passado em um processo seletivo para começar em uma nova empresa. Com as condições bem similares a que me encontrava antes, fui alegre, satisfeito e com a balança do aprendizado cheia e equilibrada. Desde então, utilizei todas essas experiências (mais as negativas do que as positivas) para construir uma nova história na minha carreira.

Os meses subsequentes foram bem interessantes: troquei de emprego mais três vezes, fui angariando mais experiências e aprendizados e galgando meu espaço no mercado de tecnologia.

No entanto, minha carreira voltou a ficar estagnada por um tempo. Até que, em Janeiro de 2018, em uma viagem que fiz para Toronto, no Canadá, para visitar meu irmão, tivemos uma discussão interessante. Analisando comigo os fatos, ascensão de carreira, dificuldades que expus em várias conversas, eis que ele vem com a seguinte afirmação: Gu, acho que você tem TDAH!

Lidando com o TDAH: o Início

A primeira vez que ouvi essa frase foi do meu próprio irmão. Minha primeira reação foi: está doido? Não sou doente!

Baseado em que você fala isso? Você estudou o cérebro humano por acaso? Quem é você para dizer isso?

Um ataque de IRA me acometeu e discutimos feio. Como pode, meu próprio irmão, dizer que sou "DOENTE DA CABEÇA"?

Até que ele mesmo me faz uma proposta: Porque você não procura um profissional? Eu conheço uma EXCELENTE em Belo Horizonte (Cidade onde eu morava) e acredito que ela pode te ajudar.

Respondi: Você está maluco? Já disse: NÃO SOU DOENTE! NUNCA FUI!

Ele riu e replicou: Vamos fazer o seguinte. Vou te passar o contato dela, você marca a consulta. Se você não gostar, eu pago a sua consulta.

Aceitei a proposta com ressalvas. Na minha cabeça eu pensava: "pois bem, vou nessa consulta, falo com ele que não gostei, pego o dinheiro de volta, tiro ele do meu pé e pronto".

Voltei para BH e a primeira coisa que eu fiz foi marcar a tal consulta.

O Dia D! O Início da Reabilitação Neuropsicológica

Não gostava da ideia, na minha opinião, conselhos de como deve-se levar a vida, como devemos ser e agir são questões pessoais, e não deveriam ser discutidas por terceiros. Ainda mais por uma pessoa que não estava inserida na minha vida. Enfim, com muito custo, fui à minha primeira consulta.

Lembro-me, até hoje, quando entrei no consultório da Dra. Fabricia Loschiavo. Ela me recebeu com um sorriso largo, lindo! Com uma alegria e animação que eu me perguntava: Gente, o quê que esta mulher tem? Porque que ela está tão feliz em me atender? Mal sabe ela que eu só estou aqui por obrigação. Enfim, pelo menos ela estava com boa vontade de me atender, assim eu poderia fazer minha consulta e ir embora rápido.

Até que a consulta terminou. O quê? Já?

Mas e a consulta? Foi esse bate papo? Sobre mim? E esse tanto de pergunta? Eu queria ter respondido mais coisa. Ainda tenho coisa pra falar!

Ela, cautelosamente, me disse, que se eu quisesse eu poderia marcar uma segunda consulta, para continuarmos com o papo e inserir alguns testes para eu entender o funcionamento do meu cérebro.

Fiquei realmente estarrecido! Não era NADA DAQUILO QUE EU PINTAVA. A consulta foi muito agradável e bem humana. Saí de lá com um misto de felicidade e frustração. Eu havia perdido a aposta para eu mesmo, e eu estava realmente inclinado a finalmente saber o que se passava comigo, desde a infância (Fatos estes que, anteriormente, contei com clareza porque apenas agora eu pude saber das respostas que antes eu não sabia.).

Nas próximas sessões (isso mesmo, no plural) eu fiz vários testes. Cores, formas, números, etc. Até que, no fim de uma das sessões, veio o *feedback* (agora, de uma especialista, PHD na Universidade de Cambridge): Gustavo, você TEM SIM TDAH!

Foi um soco no estômago. Chorei, senti bastante. Dra. Fabricia disse que não tinha com o que eu me preocupar, que isso era "normal" e que ela estava muito surpresa com os diversos mecanismos que eu havia criado, por mim mesmo, para viver com o TDAH, mesmo sem consciência de que eu era portador desse transtorno.

Dificuldades do TDAH

Eu já sabia de todas as dificuldades que eu havia passado na infância, adolescência e fase pré-adulta. Mas será que eu era capaz de identificar as minhas atuais dificuldades como adulto? Porque minha "vida" não anda "para frente"? Por que eu sinto como se minha evolução estivesse "obstruída"? Como se eu não conseguisse crescer?

Durante todo meu tratamento de reabilitação neuropsicológica para o TDAH (que faço até hoje), fui descobrindo uma série de gatilhos e dificuldades que nós, portadores do transtorno temos, e que muitas pessoas não têm.

Vou tentar listar alguns:

• Raciocínio Lógico

Embora eu seja uma pessoa muito lógica, eu sempre tive (e, em alguns casos, ainda tenho) dificuldade em executar algumas tarefas, por mais triviais que elas sejam. Muitas vezes, eu ficava me perguntando: "Não é possível que eu consigo fazer uma coisa extremamente difícil, e esta atividade, que é tão fácil, eu não estou conseguindo entregar". Logo, a sensação de frustração toma conta do meu cérebro, onde eu hospedo todas as minhas afirmações do tipo: "você não é capaz", "você é burro", "você é deficiente", "você não consegue", dentre outras.

• Tarefas Repetitivas

Definitivamente, eu sou um ser humano que DETESTA tarefas repetitivas. Coisas simples como conferir uma lista simples uma, duas, três vezes sempre foi um TORMENTO. Isso explica o porquê de eu não gostar de exercícios de fixação repetitivos.

Com o TDAH, meu cérebro tem certa dificuldade de prestar atenção em atividades as quais eu julgo "sem importância".

• GAP no Aprendizado e Metodologias

De tanto sofrer com professores, transformei-me em autodidata. Desde pequeno, eu aprendo sozinho com livros, vídeos, etc. Aprendi Inglês sozinho (ouvindo música e assistindo a seriados), estudo sozinho para provas de certificação, etc., ou seja, ensinar uma pessoa com TDAH é REALMENTE um DESAFIO IMENSO! Distraímos facilmente. As coisas perdem a graça, os assuntos fogem, e se você não tiver uma didática MUITO BOA, um aluno com TDAH jamais prestará atenção em sua aula ou explicação (por mais simples que seja!) nem por um minuto sequer!

Por exemplo: existem pessoas que me explicam coisas, como um caminho por exemplo. Só ouço a primeira frase e meu cérebro descarta o restante. Funciona como se a pessoa falasse assim: Bom, sabe aquela rua ali? Então, aquela ali meio, como eu vou dizer, aquela ali, meio atrás assim, meio... Nesta hora, entra o TDAH que começa a traduzir pra mim assim: blá, blá, blá; blé, blé, blé; bli, bli, bli; blo, blo, blo; blu, blu, blu, aí, lá em cima a direita. De toda a explicação que a pessoa me deu, eu só peguei a parte: *Lá em cima à direita.*

Era como se o meu cérebro não conseguisse se conectar com a explicação da pessoa e, ao mesmo tempo, eu estivesse vendo o cachorro passar, o ônibus buzinar, o avião no céu, a blusa colorida do rapaz que passou, o telefone que tocou na padaria... Olhaaaa!! Tem uma padaria ali! Gente, não é que hoje está frio?

Parece loucura, mas se não há uma identificação com o interlocutor, eu sinto muita dificuldade em entender, e muitas vezes não escuto.

• Concentração (Dificuldade e Facilidade)

Neste assunto o TDAH nos brinda! Se estou imerso em alguma atividade que exige muita concentração, caso eu consiga me conectar com essa atividade, pronto: HIPERFOCO. O mundo pode cair que eu pouco me importo. Esse é o motivo de trabalhar com tecnologia hoje e me dar bem. Sou APAIXONADO com a tecnologia, a ponto de ficar sentado por HORAS observando um processo, estudando um comportamento, escrevendo um *script*, lendo artigos e pesquisando, SEM VER o tempo passar. Assim como com a música.

Passei anos levando "puxões de orelha" da minha mãe, das namoradas e de todas as pessoas ao meu entorno que falavam: quando o Gustavo pega o violão, pode esquecer. Você pode soltar uma caixa de FOGUETE ao lado dele que possivelmente ele não vai ouvir. E eu juro a vocês, é realmente dessa forma. Meu poder de concentração é ENORME, quando o assunto me interessa ou quando o assunto se conecta comigo.

• Curva de Aprendizado

Quando o assunto é aprendizado, é um pouco mais complicado! Temos dois cenários:

Didática Precisa: quando encontro um material bem escrito, com exemplos teóricos, práticos, contextualizados, apostilas onde o autor praticamente extrapola para explicar as coisas, meu aprendizado realmente acontece de maneira AVAS-SALADORA. Aprendo SUPER rápido e consigo aplicar o aprendizado quase que instantaneamente na minha vida/carreira.

Ausência de Didática Precisa: no entanto, em situação contrária, a informação não FIXA no cérebro! E o pior, quando eu tenho que aprender algo com alguém que não possui uma boa didática, ou com algum material mal escrito ou mal formulado, é certo que não aprenderei nada! Com isso, para não gastar meu tempo e nem mesmo o tempo de outra pessoa, prefiro aprender sozinho, lendo, executando e quebrando a cabeça.

• Curva de Execução

Sou ótimo para executar atividades complexas. Adoro problemas "cabeludos" aqueles que ninguém resolve. No entanto, sou PÉSSIMO com atividades repetitivas. Se você me der um problema "casca grossa", pode ser que eu resolva rápido, ou talvez nem tanto. Mas é certo que eu vou me esforçar, ao máximo, para resolver. No entanto, se você me passar uma demanda simples, sem complexidade, que seja repetitiva, como: preciso que confira nesta lista todos os nomes que começam com A, e todos os sobrenomes com M., eu possivelmente vou enrolar para fazer, e vou entregar alguma coisa "meia-boca". Hoje não é mais assim, pois faço a reabilitação. No entanto, no passado era dessa forma que eu me comportava. Logo, optei por seguir uma carreira técnica a uma carreira de gestão. Gosto mais da "mão na massa"!

Mas onde mora o perigo nisso tudo? No que diz respeito à sua vida e à carreira?

– Curva de Aprendizado x Curva de Execução: quando a curva de aprendizado acompanha a curva de execução, as coisas ficam um pouco mais complicadas.

Recentemente, me mudei de país, estou morando em Dublin (Irlanda), trabalhando em uma empresa multinacional, na área de Cloud Computing. No entanto, são muitos os desafios diários (inclusive, o desafio do idioma), bem diferentes do mercado brasileiro (que está um pouco atrás do que vivemos aqui na Europa, não desmerecendo o Brasil, e sim exemplificando o que vivo diariamente aqui). Contudo, possuo vários desafios e tarefas que preciso responder, simultaneamente, considerando a aprendizagem e a execução.

No Brasil funcionava da seguinte forma: eu estudava, fazia provas de certificação e treinava fazendo laboratórios de uma determinada solução. Até que um dia, meses depois, surgia um projeto no qual eu poderia colocar 60% do que eu tinha estudado, antes, em prática. Havia um tempo, e como eu já tinha treinado várias vezes, fazia sem titubear, com excelência e com pouca ou quase nenhuma dificuldade.

Com isso, fui galgando meu espaço, construindo minha carreira, e claro, adaptando-me melhor ao mercado brasileiro, sem muitas surpresas.

Depois que me mudei para a Europa (e pasmem, só tem dois meses!) tem acontecido da seguinte forma: Sou inserido em um novo projeto que vai utilizar novos recursos que eu já havia estudado, mas nunca aplicado. E, em paralelo, utilizarei outros recursos e processos que NUNCA HAVIA VISTO NA VIDA. Porém, isso acontece em tempo real, ou seja, não tenho tempo hábil (em alguns casos) para analisar, propor cenários paralelos, fazer experiências, laboratórios etc. Tem que ser *Just-in-Time*, chegou, executou! Com isso, a curva de aprendizado corre bem rente, simultânea à curva de execução, e se você não tiver o controle e a consciência de que isso acontece no seu cérebro, você "dança".

• Dificuldades Recentes

Recentemente, em outubro de 2019, passei por desafios bem interessantes. Tenho respondido bem na maioria das vezes, mas somos humanos, certo?

Por alguns dias, eu me esqueci de alguns recursos que usava. Um belo dia, no meio do trabalho, era quase 11 horas da manhã, quando eu TRAVEI. Sim, travei! Não sabia o que estava fazendo. Na verdade, eu sabia EXATAMENTE o que precisava ser feito. E eu sabia fazer. Mas eu não sabia começar a atividade. Meu cérebro simplesmente me disse: Olha cara, até sei fazer isso aí, mas são tantos processos, tem tanta coisa para fazer, por que você não toma um café? Já viu que tem sol hoje? Por um acaso está sentindo esse cheiro de perfume? Olha que tênis legal no pé desse seu amigo.

Por umas 2 horas eu travei. Fiquei tão desorientado, que me levantei e fui dar uma volta na rua, para respirar novos ares, tomar um café, ver o movimento.

Quando eu voltei para o trabalho, continuei travado. E então o desespero bateu: são 15 horas, eu preciso entregar essa atividade, HOJE, às 17 horas. Eu só tenho 2 horas para fazer, e não sei nem por onde começar. Foi onde, num lapso de desespero com execução eu resolvi fazer uma reunião comigo mesmo.

Meu diálogo interno foi o seguinte:

Eu: Gustavo, você sabe fazer essa atividade?

Eu Respondi: Sim, Claro!

Eu: Então, me explica quais são os passos para fazer a atividade?

Eu Respondi: Sim. Primeiro faço isso, depois aquilo, depois aquilo.

Eu: Então! Vamos criar uma lista simples, com todos esses passos. À medida que você for fazendo um passo, você risca da lista.

EU NO FINAL: BOOOOMMM!!

Tive um clarão! SIM! GOAL MANAGEMENT TRAINING!

Uma lista simples salvou meu dia! Listei todos os passos para essa atividade, dos menores, aos mais grandiosos. Fui executando e cortando, executando e cortando. Até que deu 17 horas, e eu havia feito TODA A ATIVIDADE. E ainda havia implementado uma melhoria nela, processo que eu só precisaria daqui a algumas semanas.

Mecanismos para Burlar o TDAH [e te ajudar a viver melhor]

Lembra que eu disse que eu sempre gostei muito da área de segurança da informação? Que eu gostava de estudar sobre as brechas de seguranças, procedimentos *hackers* e até mesmo Ethical Hacking? Pois bem, em meio a esses estudos, eu descobri que desde a infância eu desenvolvi mecanismos próprios para burlar o TDAH, os quais me ajudaram (e muito) a chegar SÃO (ou nem tanto!) onde estou hoje. São procedimentos simples que eu uso no meu dia a dia (não tem nada de fórmula mágica, nem segredos exclusivos, ou processos executivos brilhantes) apenas processos simples que, muitas vezes, não usamos, mas se usarmos, COM CERTEZA alavancamos MUITO os nossos resultados.

Para executar alguns desses processos, você vai precisar de dois itens muito caros e bem raros de encontrar hoje em dia: Caneta e Papel!!! (Ou lápis, se preferir).

Sério! Dúvida? Quer ver? Olha só:

Lista de Atividades

Uma das alegações das pessoas que convivem ou conviveram comigo (mãe, pai, tia, avo, ex-namoradas, amigos, esposa) era a de que eu era O ESQUECIDO.

Cresci ouvindo: Gustavo é esquecido! Você pediu ao Gustavo para trazer? A única certeza é a de que ele vai esquecer, dentre outras afirmações.

Com isso, eu criei algumas listas (algumas eu até tenho no celular) de tarefas simples que eu preciso executar durante o meu dia. Como funciona esse processo?

- **Preparando a Lista:** todos os dias antes de ir dormir (literalmente antes de dormir mesmo, quando eu já estou deitado), faço um resumo do meu dia, e busco na memória o que eu julgo importante para fazer no próximo dia. Anoto tudo em formato de lista. Por exemplo:

  #Segunda-Feira#
  Acordar às 07:30hs.
  Arrumar para o trabalho.
  Tomar remédios ou Vitaminas.
  Tomar café antes de sair de casa.
  Ir para o trabalho (Não se esquecer de levar um item X que eu prometi ao fulano!).
  Pegar o Trem.
  Chegar ao Trabalho.
  <Lista do Trabalho Aqui>
  Sair do Trabalho.
  Passar no Supermercado.
  <Lista do Supermercado Aqui>
  Ir para Casa.
  Chegar em casa antes das 19hs.
  19hs às 21hs [Estudar assunto X]
  <Lista dos tópicos a serem estudados>
  21hs às 22hs [Horário Livre]
  22hs às 23hs: Tomar banho e me preparar para o próximo Dia.
  00hs [*DEAD LINE* PARA O SONO]

- **Executando a Lista:** vocês viram que em meio a essa listagem simples, eu tenho várias listas, certo? SIM. Eu crio lista para praticamente TUDO. Isso me ajuda a não me esquecer de QUASE nada. Com isso, eu posso priorizar o que eu realmente tenho que priorizar, e adiar o que não tem importância. Mas você pode me perguntar: Você faz lista para coisas simples do dia a dia? Sério? Tomar remédio? Tomar café? Por que isso é necessário? Meus amigos, pelo simples fato de hoje vivermos em um mundo globalizado e tão corrido, que muitas das vezes não dá tempo nem de TOMAR ÁGUA. Com isso, por mais simples que uma atividade seja, eu a mantenho no meu planejamento. Preciso COMER para VIVER. Para estar bem, sem fome, sem alteração de humor para tomar decisões, etc.

Defina Prazos – Dead Line *É Importante*

Defina prazos para você mesmo. Quando você vai pendurar a TV? Quando vai lavar o tênis? Quando vai arrumar o quarto? Defina DATAS. Somente com DATAS eu consigo trabalhar. Dessa forma, eu consigo limpar essa lista de tarefas e aí sim ir para o PROXIMO passo que á bem importante.

Postergação de Recompensas – *O controle da Impulsividade*

Para quem tem TDAH, qualquer atividade relacionada ao vício, como bebida, cigarro, drogas, jogos de azar, jogos, etc., é um prato cheio para um desperdício de vida. Fato curioso pessoal: eu não bebo e não fumo. Nunca experimentei bebidas alcoólicas ou fumei, NADA!

No entanto, tenho certo vício que é a música. Tenho também uma inclinação por videogames. Não digo que sou *gamer*, mas gosto bastante de jogar. Logo, o que eu faço com isso tudo? Crio pequenos desafios para eu mesmo.

Exemplo

Questão: Gostaria de comprar um jogo novo, ou gostaria de jogar *video game* hoje a noite toda.

Perguntas que me faço antes disso:

- Você já revisou sua lista?
- Suas atividades estão em dia?
- Seu trabalho está em dia?
- Você está devendo alguma entrega muito urgente?
- Não? Então deixa eu ver sua lista!

Se não há NADA de urgente ou algo que eu esteja devendo em minha lista, eu a repasso mais uma vez, buscando no meu cérebro se está faltando algo. Com certeza eu vou achar novas questões, que prontamente irão para a lista!

Com isso, reviso a lista, coloco no meu *backlog* pessoal e pronto! Estou livre para jogar *video game* por hoje, no entanto eu sei das responsabilidades que me esperam após isso.

Caso eu tenha alguma atividade mais urgente, infelizmente, não jogo. Executo a atividade, limpo meu *backlog* e tento novamente no próximo dia.

É chato? Depende. Às vezes, é necessário você ser senhor do seu tempo, e seu próprio "Chefe/Líder". Se você não controlar seu tempo e suas atividades (tendo TDAH) ficará EXTREMAMENTE COMPLICADO você pegar o "fio da meada" novamente.

Exemplo: quando acontece de me descuidar 2 dias consecutivos, eu gasto quase 4 dias me planejando novamente, isto devido a todas as dificuldades cognitivas que eu tenho, em detrimento do TDAH. Logo, eu evito passar mais de 1 dia sem atualizar minhas listas e planejamentos.

Com tudo planejado, é hora de dormir, certo? Claro! A próxima dica é referente a esse lindo amigo que temos chamado: Sono.

Sono, o Lixeiro da Mente

Cada ser humano possui uma necessidade diferente de sono. Uns necessitam de mais, outros necessitam de menos. Eu, por exemplo, funciono da seguinte forma: se eu dormir menos de 6 horas, e mais de 8 horas, eu acordo UM CACO. Sim, exatamente. Meu ciclo de sono eficaz é de 6 a 7 horas. Como eu descobri isso? No meu caso, foi testando mesmo, e isso demora. Mas existem exames que você pode fazer que vão lhe ajudar a mapear seu perfil de sono. Mas não é só deitar a cabeça, dormir e pronto. Lembra que uma dessas últimas dicas que eu dei era uma listagem?

Exatamente! Quando você faz uma listagem antes de dormir, pelo menos para mim, é como se você falasse com seu cérebro: *Ei cara, descanse, que eu já estou com tudo anotado aqui. Amanha não vamos nos esquecer de nada!*

E funciona que é uma beleza! Quando eu durmo, sem atualizar minha listagem, parece que falta algo. Tenho uma noite inquieta de sono e, muitas vezes, acordo durante a noite (juro, isso é sério!).

Limpeza/Higiene do sono

Banho tomado, dentes escovados, orações feitas, listagem atualizada, estou pronto para dormir, certo? Bom, em partes sim. Você tem feito sua "limpeza do sono"? O que é isso?

Antes de dormir, eu tenho meu ritual, assim como muitas pessoas. E nesse ritual, eu incluo minha "limpeza do sono".

- Coloco meu Celular no Modo Avião. Infelizmente, se acontecer algo urgente na madrugada, eu possivelmente ficarei sabendo no outro dia, a não ser que venham à minha casa me contar.
- Desligo todos os dispositivos eletrônicos do meu quarto. Todas as luzinhas do quarto são desligadas, sejam elas de carregador, televisão, filtro de energia, etc., ou seja, o quarto fica todo escuro.
- Nunca vou dormir assistindo a NADA! Hora de dormir, é hora de DORMIR.
- Deito e faço uma reflexão do meu dia, Vou acalmando meus pensamentos até o sono vir (Calma, ele virá!). Não adianta ouvir música para dar sono, ou dormir ouvindo música. Seu cérebro NÃO DESCANSA e, possivelmente, não será possível consolidar todas as informações que você aprendeu durante o dia, que são consolidadas no ciclo do sono.

Seja mais leve com você!

Minha última dica: Relaxe. Eu digo para mim mesmo: você vai esquecer as coisas e seu cérebro vai falhar. Até porque você tem TDAH, e além do mais, é um ser humano. No entanto, caso isso aconteça, o mais importante é você saber que aconteceu, o que aconteceu, como aconteceu, e como fazemos para que não aconteça novamente.

Anote tudo, analise e siga em frente sem culpa. Fique tranquilo, estamos aqui para ERRAR e aprender com os erros! Devagar e sem culpas.

Reabilitação Neuropsicológica

Sem dúvidas, a reabilitação neuropsicológica foi muito necessária para que eu pudesse entender o meu funcionamento cerebral e como meu cérebro recebe as mensagens e lida com elas. A melhor forma de você lidar com o TDAH, que é um transtorno do cérebro, é você entender COMO SEU CÉREBRO FUNCIONA. Somente dessa forma, você terá êxito em seu tratamento, podendo, até mesmo, livrar-se das inúmeras ciladas que o TDAH cria automaticamente dentro da nossa cabeça.

Com o tratamento, certo você se torna mais executivo, assertivo no entendimento de suas dificuldades e também aprende sobre como você aprende. Isto é de suma importância: entender COMO VOCÊ APRENDE!

Entendendo o funcionamento cerebral, você se torna mais seguro e menos rigoroso desnecessariamente consigo mesmo, entendendo seu processo cognitivo, suas potencialidades e fraquezas. Com isso, fica muito mais fácil atuar e buscar soluções para nossos dilemas do dia a dia.

Hoje, para mim, é mais fácil buscar aprendizado sobre qualquer assunto ou área, sendo correlata à tecnologia, ou não. Consigo entender exatamente quais são os métodos que eu devo utilizar para estimular meu aprendizado, sem a necessidade de esperar por outras metodologias ou por terceiros.

Ganhos após a Reabilitação Neuropsicológica

Meu tratamento do TDAH iniciou-se em abril de 2018, mas parece que já se passaram anos e anos. Após o início da reabilitação, e no desenvolvimento, eu fui capaz de entender minhas dificuldades, meus pontos fortes, e o mais importante: como meus pontos fortes podem ajudar a melhorar meus pontos fracos. Sim!!!! É possível!!! Passamos a vida toda buscando melhorar os pontos fracos, mas esquecemos de aprimorar ainda mais os pontos fortes. Não estou dizendo que não devemos evoluir e melhorar os pontos fracos, mas vale a pena frisar que nossos pontos fortes nos levam mais longe que os fracos. E sim, eles podem mesmo nos ajudar a melhorar os fracos.

Execução e Planejamento

Planeje muito mais do que você executa. Faça listas, anotações, planejamentos, planeje 1, 2, 3, 4, 5 até 1000 vezes, se for necessário, para depois executar alguma atividade ou iniciar um novo projeto.

Na minha opinião, a execução faz parte de apenas 20% de todo projeto que eu participo, seja ele pessoal ou até mesmo no trabalho.

Autoestudo

Com o tempo, é possível desenvolver a habilidade de entender-se. E entender como você se coloca em diversas situações sem querer, e que, muitas vezes, você consegue sair dessas situações por si só.

No entanto, muita leitura e estudo são necessários. Então, fica a dica: se você tem TDAH, busque ler sobre esse transtorno. Tente entender um pouco mais sobre o funcionamento cerebral. Entenda suas dificuldades e onde o TDAH age. Dessa forma, você será capaz de listar essas dificuldades e até mesmo agir antes que elas aconteçam. Acreditem, agora, muitas vezes, eu consigo agir, antes do meu cérebro cair em um *loop* infinito!

Conscientização

Após um tempo de reabilitação neuropsicológica com um profissional qualificado, no meu caso, a Dra. Fabricia, é possível adquirir conhecimentos para ser capaz de se entender e se analisar. Isso ajuda, e muito, no processo de identificação de *gaps* e padrões de funcionamento cerebral, e de expor isso para o profissional que te acompanha na busca pela chave do sucesso no tratamento.

Não tenha medo. Escreva, anote, desenhe, grave vídeos, ou seja, obtenha qualquer informação que seja útil para você identificar um padrão disfuncional. Há um tempo atrás, eu li um artigo, o qual dizia que muitos pacientes não levam informações importantes para os profissionais, por julgarem serem desnecessárias. Não se esqueça: O TDAH vai utilizar de coisas banais, como comprar um pão, escolher uma roupa, fazer uma compra ou coisas do gênero, para confundir e fazer você gastar tempo, recursos e esforços totalmente desnecessários para essas funções, pelo simples fato de você não identificar esse ciclo vicioso e silencioso.

Resiliência

Não desista! Essa é a frase mais clichê, que todos falam, mas ela tem uma função muito importante em todo esse ciclo. Não vai ser fácil, pelo contrato, por termos TDAH é muito mais difícil do que parece. Então, não desista no primeiro obstáculo. Se esqueceu de fazer a lista? Não esquenta; pega e faz!

Errou pela nonagésima vez, ao fazer a mesma atividade? Respire fundo, converse consigo mesmo, e veja se está tudo bem com seu planejamento e execução. Cheque o passo a passo!

Paciência

A paciência é uma virtude. Se conhecer é importante, mas isso leva tempo. Eu tenho atualmente 30 anos de idade, e me arrisco dizer que, talvez, a Dra. Fabricia me conheça melhor que eu mesmo. Vira e mexe ela encontra algo, alguma postura minha que eu tenho de corrigir, que o TDAH já encontrou e já se apossou, e transformou uma simples ação em um *gap*, ou ciclo vicioso. Logo, ela entra em ação me lembrando dos processos e das estratégias a serem empregadas, identificando essa ação. No início, eu não tinha muita paciência com meus erros, eu me julgava muito, me culpava muito. Mas hoje, eu tenho em mente que preciso ser mais paciente com meus erros, e que com o tempo irei me conhecer melhor, e entender a maioria das minhas dificuldades.

Nota: espero que com um pouco da minha história você possa se identificar e que eu tenha ajudado um pouco nessa busca pelo entendimento sobre o TDAH. Ainda estou em uma busca contínua pelo entendimento das minhas dificuldades e, inclusive, sobre o TDAH. A cada dia que pesquiso surgem novas dúvidas, questões e novos paradigmas. Esta vida com o TDAH não é fácil, meus amigos!

É isto, busquem um profissional capacitado, o conhecimento sobre seu funcionamento cerebral e tentem seguir, ao menos um pouquinho, desses passos que eu exemplifiquei nesse capítulo. Um forte abraço, cheio de luz, e boas vibrações!

O PROCESSO DE REABILITAÇÃO NEUROPSICOLÓGICA

Gustavo, com maestria, sabedoria e uma especial riqueza de detalhes, já se apresentou, e, sob seu ponto de vista, trouxe a sua caracterização clínica. Foram estabelecidas como metas de intervenção a diminuição da procrastinação, a melhora no controle emocional (diminuição da impulsividade), a melhora na execução das tarefas programadas e, por conseguinte, aumento nas entregas do trabalho, estabelecimento de rotinas de planejamento e checagem das tarefas em curso.

Entre a avaliação para a intervenção e a reavaliação transcorreram-se cinquenta e quatro sessões. Para o cumprimento das metas funcionalmente estabelecidas, ao longo delas, foram empregadas as técnicas de controle ambiental, treinamento de seleção e execução de planos cognitivos e de rotinas específicas das tarefas (ver descrição de cada uma das técnicas no Capítulo 13), além do GMT, conforme descrito no percurso clínico por Gustavo.

Sobre esta última técnica, Braek et al. (2012) realizaram um estudo de reabilitação neuropsicológica em adultos com TDAH, e investigaram a eficácia do emprego do GMT nesta população. Portanto, foram comparados o grupo intervenção, composto por indivíduos que receberam o protocolo do GMT com o grupo controle, composto por pacientes que receberam apenas a psicoeducação sobre o transtorno. Os resultados foram unânimes em apontar uma superioridade do grupo GMT, corroborando a eficácia desta estratégia para adultos com o TDAH.

Como medidas de eficácia de intervenção, foram adotados o *Core set* da CIF para o TDAH no adulto, a Escala de Modo de Enfrentamento de Problemas (EMEP) (Seidl et al., 2001), para a avaliação das habilidades de *coping* e a DEX-R

(LOSCHIAVO-ALVARES et al., 2013; 2014), que consiste em um questionário com itens que abordam comprometimentos cotidianos relativos à disfunção executiva, incluindo, ainda, dificuldades com memória, atenção, escalas estas já descritas previamente no Capítulo 18. As comparações pré e pós-RN estão expressas nas **Figuras 2, 3 e 4** que seguem, demonstrando o ostensivo ganho funcional após a condução da RN.

Figura 2 – Comparação pré e pós RN, conforma o Core Set Breve da CIF – TDAH Adulto

	Código da Categoria	Título da Categoria	Pré-RN	Pós-RN
Funções do Corpo	b125	Disposições e Funções Intrapessoais	1	1
	b130	Função das Energias e dos Impulsos	3	1
	b134	Funções do Sono	3	0
	b140	Funções da Atenção	4	0
	b147	Funções Psicomotoras	1	1
	b152	Funções Emocionais	3	0
	b164	Funções Cognitivas de Nível Superior	4	0
Atividades e Participação	d160	Concentrar a atenção	4	1
	d161	Direcionamento da atenção	4	1
	d175	Resolver Problemas	4	1
	d177	Tomar Decisões	4	1
	d220	Realizar Tarefas Múltiplas	4	1
	d230	Realizar a Rotina Diária	3	0
	d240	Lidar com o Estresse e outras Exigências Psicológicas	3	1
	d250	Gerenciando o Próprio Comportamento	4	0
	d475	Conduzir	1	0
	d570	Cuidar da Própria Saúde	3	0
	d571	Cuidando da Própria Segurança	3	0
	d640	Realizar Tarefas Domésticas	3	0
	d710	Interações Interpessoais Básicas	3	0
	d720	Interações Interpessoais Complexas	3	0
	d740	Relacionamento Formal	3	0
	d760	Relacionamentos Familiares	4	0
	d770	Relacionamentos Íntimos	3	0
	d820	Educação Escolar	4	0
	d825	Fornação Profissional	3	0
	d830	Educação de Nível Superior	3	0
	d845	Obter, Manter e Sair de um Emprego	3	0
	d850	Trabalho Remunerado	3	0
	d870	Autossuficiência Econômica	3	0
	d920	Recreação e Lazer	2	0

	Código da Categoria	Título da Categoria	Pré-RN	Pós-RN
	e110	Produtos ou Substâncias para Consumo Pessoal	0	0
	e115	Produtos e Tecnologias para uso Pessoal na Vida Diária	0	0
	e125	Produtos e Tecnologias para a Comunicação	0	0
	e130	Produtos e Tecnologias para a Educação	0	0
	e240	Luz	0	0
	e250	Som	0	0
	e310	Família Próxima	3	0
	e315	Familia Alargada	3	0
	e320	Amigos	3	0
	e330	Pessoas em Posição de Autoridade	3	0
Fatores Ambientais	e355	Profissionais de Saúde	0	0
	e410	Atitudes Individuais de Membros da Família Próxima	3	0
	e415	Atitudes Individuais de Membros da Família Alargada	3	0
	e420	Atitudes Individuais de Amigos	3	0
	e425	Atitudes Individuais de Conhecidos, Colegas, Vizinhos e Membros da Comunidade	2	0
	e430	Atitudes Individuais de Pessoas em Posições de Autoridade	2	0
	e450	Atitudes Individuais de Profissionais de Saúde	0	0
	e460	Atitudes Sociais	3	0
	e465	Normas, Práticas e Ideologias Sociais	0	0
	e570	Serviços, Sistemas e Políticas Relacionados com a Segurança Social	0	0
	e575	Serviços, Sistemas e Políticas Relacionados com o Apoio Social Geral	0	0
	e580	Serviços, Sistemas e Políticas Relacionados com a Saúde	0	0
	e585	Serviços, Sistemas e Políticas relacionados com a Educação e a Formação Profissional	0	0
	e590	Serviços, Sistemas e Políticas Relacionados com o Trabalho e o Emprego	0	0

Figura 3 – Comparação pré e pós-RN, conforme a DEX-R

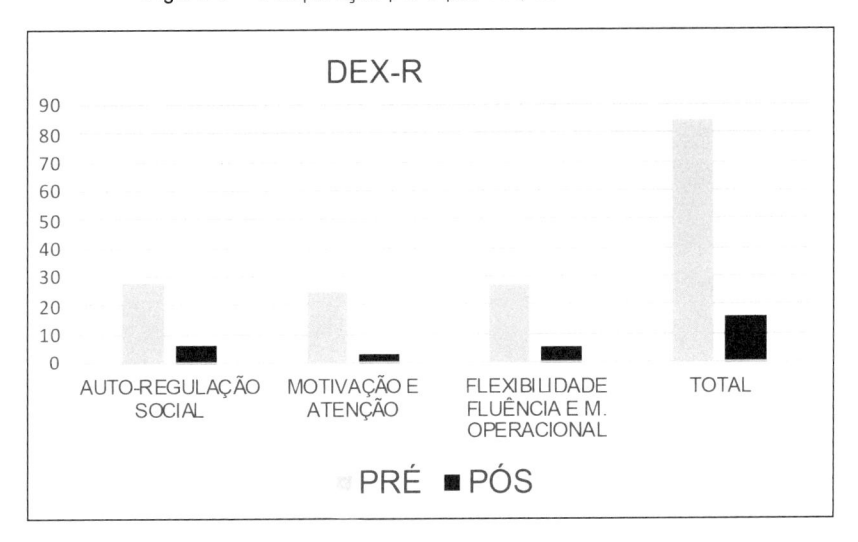

Figura 4 – Comparação pré e pós-RN, conforme a EMEP

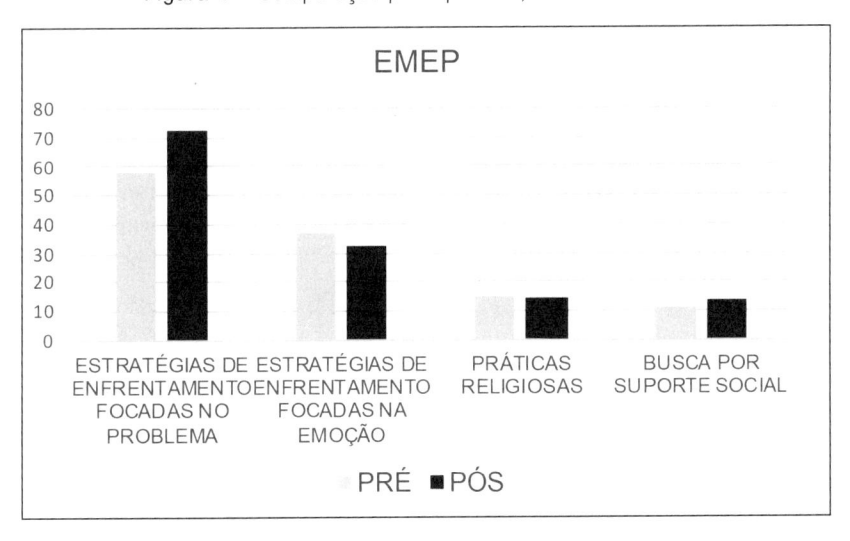

CONCLUSÃO

Tanto por intermédio de dados prévios da literatura, como em conformidade com o caso exposto, em que a partir da comparação dos dados pré e pós-intervenção, que demonstram a diminuição do impacto funcional, conforme a CIF e DEX-R e EMEP, com o incremento das habilidades de *coping* focalizadas no problema, mais executivas, a RN configura-se em importante ferramenta terapêutica na clínica do TDAH.

Reduzir as incapacidades, ou seja, o impacto funcional dos *déficits* na atividade e na participação dos pacientes, viabilizando para que o empenho se torne desempenho, deve sempre ser o alvo maior da intervenção em RN.

A partir da função, devemos avaliar e intervir, respaldar nosso arcabouço clínico, para que, desta forma, efetivamente, possamos contribuir para o desempenho ocupacional de nossos pacientes, como demonstrado no caso do Gustavo.

REFERÊNCIAS

AGARWAL, R.; GOLDENBERG, M.; PERRY, R. et al. The quality of life of adults with attention deficit hyperactivity disorder: a systematic review. **Innov Clin Neurosci**, v. 9, p. 10-21, 2012.

ALBAJARA, S. A.; VILLEMONTEIX, T.; MASSAT, I. Structural and functional neuroimaging in attention-deficit/hyperactivity disorder. **Dev Med Child Neurol.**, v. 61, n. 4, p. 399-405, 2019.

AMERICAN PSYCHIATRIC ASSOCIATION. **Manual Diagnóstico e Estatístico de Transtornos Mentais**. 5 ed. Porto Alegre, 2014.

BRAEK, D. M. J. M.; DIJKSTRA, J. B.; PONDS, R. W.; JOLLES, J. Goal management training in adults with ADHD: an intervention study. **Journal of Attention Disorders**, v. 21, n. 13, p. 1130-1137, 2012.

BUTZBACH, M.; FUERMAIER, A. B. M; ASCHENBRENNER, S.; WEISBROD, M.; TUCHA, L.; TUCHA, O. Basic processes as foundations of cognitive impairment in adult ADHD. **Journal of Neural Transmission**, v. 126, p. 1347-1362, 2019.

CORTESE, S.F.; MAITE, B.; BUITELAAR, D.; DALEY, J., et al. Cognitive Training for Attention-Deficit/Hyperactivity Disorder: Meta-Analysis of Clinical and Neuropsychological Outcomes From Randomized Controlled Trials. **Journal of the American Academy of Child and Adolescent Psychiatry**, v. 54, n. 3, p.164-174, 2015.

DANCKAERTS, M.; SONUGA-BARKE, E. J. S.; BANASCHEWSKI, T. et al. The quality of life of children with attention deficit/hyperactivity disorder: a systematic review. **Eur Child Adolesc Psychiatry**, v. 19, p. 83-105, 2010.

KATZ, N.; KEREN, N. Effectiveness of occupational goal intervention for clients with schizophrenia. **American Journal of Occupational Therapy**, v. 65, n. 3, p. 287-296, 2011.

LOSCHIAVO-ALVARES, F. Q.; SEDIYAMA, C. Y. N.; VASCONCELOS, A. G. et al. Clinical Application of DEX-R for patients with Bipolar Disorder type I and II. **Clinical Neuropsychiatry**, v. 10, n. 2, p. 86-94, 2013.

LOSCHIAVO-ALVARES, F. Q.; NEVES, F. S. Efficacy of neuropsychological rehabilitation applied for patients with bipolar disorder. **Psychology Research**, v. 10, p. 779-791, 2014.

MALLOY-DINIZ, L. F. et al. Exame das funções executivas. **Avaliação Neuropsicológica.** 1 ed. Porto Alegre: Artmed, 2010, p. 94-113.

NIGG, J. T. Attention-deficit/hyperactivity disorder and adverse health outcomes. **Clin Psychol Rev.**, v. 33, p. 215-228, 2013.

O'CONNELL, R. G.; BELLGROVE, M. A.; DOCKREE, P. M. et al. Cognitive remediation in ADHD: Effects of periodic non-contingent alerts on sustained attention to response. **Neuropsychological Rehabilitation**, v. 16, n. 6, p. 653-665, 2006.

POLANCZYK, G.; DE LIMA, M. S.; HORTA, B. L. et al. The worldwide prevalence of ADHD: a systematic review and metaregression analysis. **Am J Psychiat**, v. 164, p. 942-948, 2007.

POLANCZYK, G.V.; WILLCUTT, E.G.; SALUM, G.A. et al. prevalence estimates across three decades: an updated systematic review and meta-regression analysis. **Int J Epidemiol**, v. 43, p. 434-442, 2014.

PRIGATANO, G. **Principles of neuropsychological rehabilitation**. New York: Oxford University Press, 1999.

ROYALL, D. R.; LAUTERBACH, E. C.; KAUFER, D. et al. The Cognitive Correlates of Functional Status: A Review From the Committee on Research of the American Neuropsychiatric Association. **Journal of Neuropsychiatry Clinical Neuroscience**, v. 19, n. 3, 2007.

SEIDL, E.M.F; TRÓCCOLI, B.T.; ZANNON, C.M.L.M. Análise fatorial de uma medida de estratégias de enfrentamento. **Psicologia: Teoria e Pesquisa**, v. 17, p. 225-234, 2001.

SHAW, M.; HODGKINS, P.; CACI, H. et al. A systematic review and analysis of long-term outcomes in attention deficit hyperactivity disorder: effects of treatment and non-treatment. **BMC Med,** v. 10, n. 99, 2012.

SIMON, V.; CZOBOR, P.; BÁLINT, S. et al. Prevalence and correlates of adult attention-deficit hyperactivity disorder: meta-analysis. **Br J Psychiatry**, v. 194, p. 204-211, 2009.

SPENCER, T. J.; BIEDERMAN, J.; MICK, E. Attention-deficit/hyperactivity disorder: diagnosis, lifespan, comorbidities, and neurobiology. **J Pediatr Psychol**, v. 32, p. 631-642, 2007.

SOHLBERG, M. M.; MATEER, C. A. Controle dos sintomas disexecutivos. In: SOHLBERG, M. M.; MATEER, C. A. **Reabilitação cognitiva: uma abordagem Neuropsicológica Integrada**. São Paulo: Gen, 2015. cap. 8.

TAJIK-PARVINCHI, D.; WRIGHT, L.; SCHACHAR, R. Cognitive Rehabilitation for Attention Deficit/Hyperactivity Disorder (ADHD): Promises and Problems. **J Can Acad Child Adolesc Psychiatry.**, v. 23, n. 3, p. 207-217, 2014

TORRES, J. R. F. Subtipos de transtorno de *déficit* de atenção/hiperatividade. In: A. E., Nardi; J. Quevedo; A. G. Silva. (Org.). **Transtorno de *Déficit* de Atenção/Hiperatividade**. Porto Alegre: Artmed, 2015, p. 43-47.

ÜSTUN, B. Using the International Classification of Functioning, Disease and Health in attention-deficit/hyperactivity disorder: separating the disease from its epiphenomena. **Ambul Pediatr,** v. 7, p. 132-139, 2007.

WILSON, B. Toward a comprehensive model of cognitive rehabilitation. **Neuropsychological Rehabilitation**, v. 12, n. 2, p. 97-110, 2002.

22. ABORDAGEM INTEGRADA DE REABILITAÇÃO NEUROPSICOLÓGICA EM UM CASO DE TDAH COMORBIDO COM ALCOOLISMO – TERAPIA OCUPACIONAL E PSICOTERAPIA EXISTENCIAL FENOMENOLÓGICA

Letícia Fonseca Talarico
Fabricia Quintão Loschiavo Alvares

INTRODUÇÃO

O Transtorno de *Déficit* de Atenção e Hiperatividade (TDAH) é um dos transtornos neuropsicológicos mais frequentes na infância com prevalência de 5,29% na população infantil. Diagnosticado mais em crianças do sexo masculino do que nas do sexo feminino, persiste após a adolescência em uma taxa de 70% e com uma prevalência na vida adulta de 2,9 a 4,4%.

Considerando a fase adulta, vários estudos têm demonstrado uma alta taxa de comorbidade entre TDAH e abuso ou dependência de drogas na adolescência e, principalmente, na idade adulta (9% a 40%). A prevalência desta comorbidade é tão significativa que, dentre os pacientes adultos que recebem tratamento por abuso de álcool e outras drogas, a taxa de TDAH foi estimada em aproximadamente 25% (WILENS, 1998). Uma taxa semelhante de diagnóstico de TDAH, cerca de 30%, foi encontrada entre os adolescentes em tratamento para transtornos por uso de álcool e outras drogas (MOLINA et al., 2002).

Considerando tanto a relevância quanto a recorrência do que foi exposto na clínica, será, portanto, apresentada uma abordagem integrada, em um caso de um paciente adulto com diagnóstico de TDAH comórbido com Alcoolismo. O objetivo é enaltecer a importância do trabalho em equipe interdisciplinar, considerando a colaboração da Psicologia e da Terapia ocupacional. À primeira, cabendo os atendimentos individual e em grupo, conforme o arcabouço da existencial fenomenológica, e à segunda, a condução da RN, considerando as demandas funcionais e ocupacionais do paciente.

FUNDAMENTAÇÃO TEÓRICA – CONTRIBUIÇÕES DA PSICOLOGIA EXISTENCIAL FENOMENOLÓGICA PARA O DESENVOLVIMENTO PESSOAL

Influenciada pela Fenomenologia e pelo Existencialismo, a Psicologia Existencial Fenomenológica busca facilitar o encontro do indivíduo com a "autenticidade" de sua existência. Isso significa que esta abordagem contribui para que o paciente torne suas escolhas mais conscientes e saudáveis. O ser humano torna-se mais autêntico para tomar decisões à medida que se conhece e sente-se livre para vislumbrar as diversas possibilidades à sua volta. Uma pessoa adoecida psiquicamente tem dificuldade de perceber sua realidade e de responsabilizar-se pelo seu destino.

Para Forguiere (2007), enfrentamos diversos obstáculos para alcançarmos as verdadeiras possibilidades de escolhas: o ambiente, os registros, os acidentes e os condicionamentos constituem limites extrapessoais e pessoais à vida de todos nós. A abordagem Existencial Fenomenológica considera que independente do diagnóstico, a enfermidade se instala no momento em que o indivíduo perde a capacidade adaptativa frente as diversas situações da sua vida.

Para Monique Augras (1996), haverá doença se o indivíduo permanecer em um comportamento estereotipado, invariante, alheio às estimulações do ambiente ou reagindo inadequadamente.

> Nesse caso, a saúde do indivíduo será avaliada em sua habilidade para não só manter o equilíbrio, mas também superar a crise do ambiente, utilizando a sua capacidade criadora para transformar esse meio inadequado em um mundo satisfatório. Vê-se que essa definição da saúde como processo de criação constante do mundo e de si integra também o conceito de doença: saúde e doença não representam opostos, são etapas de um mesmo processo. (AUGRAS, 1996, p. 12.)

O diagnóstico tentará, portanto, elucidar em que ponto da existência o paciente se encontra e quais as possibilidades de significados ele constrói em si e no mundo. Para isso, o terapeuta ficará atento à relação do indivíduo com o "mundo" em que ele convive. Desta forma, conforme Forghiere (2004), os métodos psicoterapêuticos têm por finalidade devolver a pessoa, na medida do possível, à livre disposição de suas possibilidades existenciais de comportamento, as quais respondem aos dados do mundo.

As características principais do encontro terapêutico em Psicoterapia Existencial são: a coerência (comportamento mútuo de correlação), o carácter fortuito, uma vez que o encontro pode chegar no instante de forma imprevista (acontece...), a liberdade de deixar o outro ser como é, e a abertura a novas possibilidades. Isso envolve também o face a face porque o encontro se dá no olhar. As grandes finalidades relacionam-se com facilitar ao cliente o aceitar-se (como se é), querer-se (a si mesmo), sentir-se e escolher-se.

A RECONEXÃO CONSIGO MESMO E O DESPERTAR PARA A PRÓPRIA VIDA: CONTRIBUIÇÕES DA PSICOTERAPIA EXISTENCIAL FENOMENOLÓGICA ASSOCIADA À REABILITAÇÃO NEUROPSICOLÓGICA

A caminhada do ser humano em busca de sua realização pessoal é feita por um percurso que requer, principalmente, autoconhecimento, aprendizado, esforço e persistência. Por meio de estudos clínicos, a Psicologia Fenomenológica tem demonstrado que o ser pode perder sua capacidade de viver de forma saudável à medida que se desconecta de si próprio, dos seus projetos, da sua própria vida. O efeito de situações mal elaboradas pode culminar na manutenção de registros e comportamentos negativos, potencializando a desconexão do ser humano consigo próprio, distanciando-se de suas ferramentas para enfrentar os desafios da vida.

Com base nesse referencial, no próximo tópico, serão abordados os conceitos (e as contribuições) da Psicoterapia Existencial Fenomenológica e as principais técnicas utilizadas para auxiliar o paciente na percepção de si mesmo. Em seguida, será apresentado um caso clínico em que a abordagem Existencial Fenomenológica foi conduzida em conjunto com a Reabilitação Neuropsicológica. Por fim, será possível refletir sobre o sucesso da comunicação dessas duas abordagens – a Psicoterapia Existencial Fenomenológica e a reabilitação neuropsicológica – como o somatório de ferramentas para auxiliar pacientes a funcionarem de forma saudável na própria vida.

CASO CLÍNICO

Apresentação

Vilmar (nome fictício), 32 anos, técnico de enfermagem, estudante de psicologia, procurou atendimento psicológico com o intuito de melhorar a sua autoestima. Reclamou da vergonha que tinha em apresentar trabalhos da faculdade, da sua "falta de memória" para registrar o conteúdo das matérias e da vontade incessante de conseguir assumir um namoro sério. Era a primeira vez que buscava ajuda terapêutica, e o fez por demanda espontânea.

Muito tímido, relatou: "Sempre fui mau aluno, eu era distraído, me achava 'burro' e não sei até hoje como passava de ano. Na época do vestibular não tive autoestima para escolher um curso superior. Fiz o curso de técnico de enfermagem para ter logo um emprego garantido. Depois de seis anos trabalhando no mesmo hospital, tive coragem de fazer vestibular e passei. Estou com muito medo de não conseguir fazer as provas. Escrevo mal, não consigo expressar minhas ideias e não sei falar em público".

Durante algumas sessões de Psicoterapia, à medida que o paciente ia sendo encorajado a expor com mais detalhes os trâmites de sua história, Vilmar, aos poucos, compreendia a sua forma de existir no "mundo circundante", no mundo interno consigo próprio e com os outros – "ser com o outro". E a condução por meio do Método Fenomenológico permitiu que o paciente tomasse contato com sua experiência imediata.

Ele percebeu que, desde pequeno, como filho caçula de três irmãos, não recebia estímulos para ter autonomia: "Eu vivia atrás da minha mãe. Meu pai trabalhava fora e voltava muito tarde. Parecia que eu tinha sido aquele filho escolhido para ser a companhia de minha mãe. Ela fazia tudo para mim, eu era realmente mimado por ela, nem as tarefas da escola ela me cobrava. Embora fizesse o que quisesse, fui um menino inseguro, com medo de tudo".

À medida que o paciente ia tomando consciência da repetição de padrões comportamentais na sua vida, ele mesmo sentia-se encorajado para conquistar sua autonomia por meio da responsabilidade por suas escolhas: "Se eu fui esse menino mimado e inseguro, eu entendo que preciso fazer diferente. Eu quero conseguir focar minha atenção e cumprir com minhas obrigações. Preciso recuperar o tempo perdido. Quero apender o que eu não consegui antes."

O paciente já estava em um ponto da terapia, em que ele, por si só, já reconhecia a necessidade de mudança. Ele conseguia vislumbrar um futuro diferente e sabia que, para que isso acontecesse, ele precisaria de disciplina e esforço para treinar suas novas habilidades. Após três meses de sessões psicoterapêuticas, ele foi encaminhado para a Terapia Ocupacional, visando a realização da reabilitação neuropsicológica, com o intuito de ser ajudado nas questões práticas do seu dia a dia.

Logo após algumas sessões de Reabilitação Neuropsicológica, era nítida a alegria do paciente em se sentir nivelado com as pessoas de sua turma de Psicologia: "Eu não imaginava que pudesse tirar boas notas. Parece que agora posso sonhar com o meu mestrado em cinema e Psicologia".

Sentindo-se mais empoderado de si mesmo, demandou trabalhar sua relação com as mulheres: "É difícil falar isso para você que é mulher, mas até hoje eu não consegui ter uma namorada. Será que minha timidez atrapalha de me declarar para alguém? A bebida me ajuda a tomar coragem para 'chegar' na minha paquera, mas não passa do primeiro encontro. Fico sem saber o que falar com a garota no outro dia. Fico triste porque geralmente é uma pessoa legal. Fico olhando horas para o telefone sem saber o que dizer para ela. E se ela me der 'um fora'? E se ela quiser sair comigo? Vou levar ela onde? Sofro tanto com isso que no final acabo no bar com meu grupo de amigos, pago cerveja para eles e fico por lá, só sonhando e pensando como seria se eu tivesse tido a coragem para chamar a menina para sair... às vezes eu sonho demais, perco muito tempo imaginando como poderia ser diferente e não faço nada. Preciso de ajuda para ser uma pessoa diferente do que já fui".

Apesar de relatar sobre o uso abusivo do álcool, o paciente não percebia os malefícios deste para a sua vida social e pessoal. Ele dizia: "Sei no racional os malefícios do álcool, mas não sinto motivação para interromper. Todos os meus amigos bebem e eu adoro estar com eles. A bebida me leva para outro lugar, outra dimensão. Fico tranquilo e mais espontâneo para chegar até nas meninas".

Após a melhora de algumas habilidades de Vilmar, ficou nítido o seu pedido de ajuda para interromper o uso indevido da bebida. Por meio de reuniões clínicas, foi possível traçar algumas estratégias que pudessem contribuir para a melhora e bem-estar do paciente. O uso indevido do álcool estava piorando seu desempenho cognitivo, dificultando o encontro com sua autoconfiança e prejudicando a construção de um relacionamento amoroso.

O TRABALHO ORQUESTRADO: CONTRIBUIÇÕES DA PSICOLOGIA E DA TERAPIA OCUPACIONAL

A fim de clarificar e contextualizar clinicamente o caso de Vilmar, as suas queixas foram relacionadas às técnicas de intervenção da Psicologia, tendo como referencial o Método Existencial Fenomenológico, e da Terapia Ocupacional, na intervenção em Reabilitação Neuropsicológica (ver **Tabela 1**). A *posteriori*, seguem-se as explicações das estratégias empregadas, considerando as intervenções conduzidas.

Tabela 1 – Intervenção integrada – Psicologia e Terapia Ocupacional

Queixas de Vilmar	Psicologia – Abordagem Fenomenológica Existencial	Terapia Ocupacional – Reabilitação Neuropsicológica
"Sempre fui mau aluno, eu era distraído, me achava 'burro' e não sei até hoje como passava de ano."	Foco: Baixa autoestima. **Intervenção** • Análise dos aspectos do "mundo": circundante, humano e próprio. • Mentalização – "Trabalho com a criança interna."	Foco: Compreensão do TDAH, relação entre atenção e aprendizagem. **Intervenção** • Psicoeducação, Cognição e TDAH.
"Estou com muito medo de não conseguir fazer as provas. Escrevo mal, não consigo expressar minhas ideias e não sei falar em público."	**Foco:** Medo, timidez, autopercepção negativa e baixo autoeficácia. **Intervenção** Psicoterapia de Grupo.	Foco: Tradução do empenho em desempenho. **Intervenção** • Estratégias para Otimização da Codificação da Informação – Interface, Atenção, Memória e Funções Executivas. • PQRST, mapas mentais, formulação executiva para produção textual.

Queixas de Vilmar	Psicologia – Abordagem Fenomenológica Existencial	Terapia Ocupacional – Reabilitação Neuropsicológica
"Às vezes eu sonho demais, perco muito tempo imaginando como poderia ser diferente e não faço nada. Preciso de ajuda para ser uma pessoa diferente do que já fui."	**Foco:** Procrastinação e desconexão com o presente. **Intervenção** • Técnicas de enfrentamento.	**Foco:** Procrastinação. **Intervenção** • Reabilitação de funções executivas – Técnicas autoinstrucionais – Goal Management Training (GMT).

A CONDUÇÃO DA PSICOLOGIA

Queixa 1 – Foco: Baixa autoestima

Análise do Mundo: Circundante, Humano e Próprio

Por meio do ambiente terapêutico, o paciente é estimulado a responder e analisar perguntas que se referem ao seu histórico de vida. Refletir e questionar o seu próprio modo de existir encoraja o paciente a ampliar a sua visão a respeito de sua forma de se relacionar com a vida, com as pessoas e consigo mesmo. Conforme Forghieri (2007), o processo terapêutico constitui-se de vivências imediatas e pré-reflexivas entre o terapeuta e o cliente, e da reflexão de ambos sobre elas, que vão permitir a elaboração e a expressão racional dos conhecimentos nela contidos.

Para este caso específico foi criada uma anamnese que retratou:

- **Histórico do sistema familiar**: investigação do contexto familiar, sendo histórico dos avós, dos pais, profissão de ambos, religião, crenças e traumas transgeracionais.
- **Histórico de nascimento**: análise da vida intrauterina, da gestação, do comportamento na infância, da qualidade de vínculo afetivo com os pais ou responsáveis.
- **Histórico escolar**: análise do comportamento e aproveitamento escolar.
- **Histórico de sintomas físicos e psicológicos**: investigação dos registros emocionais e sintomas físicos ao longo da história do paciente.
- **Histórico das relações interpessoais**: investigação sobre as formas de se relacionar com o outro e consigo próprio.

A partir dessas análises feitas verbalmente em consultório, Vilmar percebeu o contexto em que perdeu a confiança em si próprio, os fatores emocionais que reforçavam sua baixa autoestima e as ferramentas que poderia desenvolver para se tornar mais autoconfiante.

Mentalização: O Trabalho com a Criança Interna

Com base no trabalho de Robles (2005), a técnica de mentalização foi utilizada para auxiliar Vilmar a elaborar registros negativos da infância que ainda atuavam na sua vida atual.

O paciente passou a se posicionar de forma mais corajosa diante de suas inseguranças.

Queixa 2 – Foco: Medo, Timidez, Autopercepção Negativa e Baixa Autoeficácia

Psicoterapia de Grupo

A psicoterapia de grupo foi recomendada como ferramenta terapêutica no intuito de oferecer ao paciente um ambiente em que ele pudesse aprender com seus sintomas, ampliar a consciência de si próprio e transformar suas dificuldades em habilidades por meio do "laboratório social" que a psicoterapia de grupo oferece.

Yalon (2006) demonstra que a psicoterapia de grupo pode ser um importante recurso terapêutico na reabilitação do sujeito. Além de conviver com outras pessoas e trocar experiências, ela pode promover educação, suporte, desenvolvimento emocional e treinamento de habilidades sociais, proporcionando ao indivíduo uma melhor qualidade de vida.

O grupo de psicoterapia foi composto por oito integrantes, com idades entre 24 e 30 anos. Os encontros aconteciam quinzenalmente, com duração de uma hora e meia. Após alguns meses de psicoterapia de grupo, Vilmar já se mostrava mais assertivo e confiante nas suas relações interpessoais.

Outro benefício proporcionado pelo grupo foi a conscientização concernente ao alcoolismo. Após um relato comovente de uma das integrantes do grupo, Vilmar ficou tocado com o sofrimento de uma colega que passou a infância buscando o pai, também alcoólatra nos bares.

Vilmar apresentava uma dependência afetiva com seu grupo de bebida. Ele conseguiu reestabelecer a segurança suficiente para não ser mais "comandado" pelo grupo de amigos.

Queixa 3 – Foco: Procrastinação e Desconexão com o Agora

Intervenção de Enfrentamento

Vilmar tinha o diagnóstico de TDAH comórbido com o alcoolismo. Após a medicação e as intervenções da Terapia Ocupacional, ele passou a se empenhar melhor na tentativa de compreender e modificar seu modo de realizar as atividades.

Sonhador e procrastinador, Vilmar sofria por não conseguir realizar atividades no seu cotidiano. A Psicoterapia Fenomenológica não trabalha o ser humano a partir de um diagnóstico, e sim, a partir de seu modo de existir no mundo.

Uma das ferramentas utilizadas para melhorar a procrastinação junto ao seu "estado sonhador" foi o enfretamento dos temas que estavam associados à procrastinação:

- O Perfeccionismo. "Eu vou adiando meus trabalhos, porque no fundo, eu gostaria de entregar o melhor trabalho da turma. Não me conformo de fazer um trabalho mais ou menos".
- O Estado de Idealização x Realidade. Outro tema associado ao seu estado de "desconexão" com a realidade, tinha a ver com a dificuldade em aceitar-se. Embora essa desconexão consigo próprio seja um sintoma do TDAH, abordamos sua autoaceitação como caminho para a autor-realização.

A CONDUÇÃO DA TERAPIA OCUPACIONAL

A Terapia Ocupacional é uma profissão da saúde que vê os seres humanos como seres ocupacionais, cujo bem-estar e qualidade de vida está intrinsecamente ligado à sua capacidade de envolver-se e participar de uma série de tarefas e atividades que lhes são significativas, suas ocupações, englobando autocuidado, trabalho, lazer. Tem, portanto, como objetivo, capacitar o indivíduo a participar de ocupações propositivas que sejam significativas e importantes para ele.

Dessa forma, este pode tornar-se um participante ativo em diferentes situações cotidianas, base para sua saúde, bem-estar, autoconfiança e qualidade de vida. A intervenção é adaptada à idade, habilidades/limitações, papéis, valores e *background* cultural do indivíduo, e é realizada em participação com o indivíduo, sua família e/ou outros significativos. Por sua vez, a Reabilitação Neuropsicológica (RN), como já conceitualizada em diversas passagens desta obra, é um processo em que pessoas com comprometimentos cognitivos, resultantes ou de lesões adquiridas ou de transtornos psiquiátricos, cooperam com profissionais de saúde, familiares e membros da comunidade mais ampla, para tratar ou minimizar o impacto do comprometimento acima explicitado nas diversas ocupações (WILSON, 2002).

Dentre os objetivos, ressalta-se a capacitação das pessoas com incapacidades para que elas adquiram um ótimo nível de bem-estar, reduzindo o impacto de seus comprometimentos na vida diária e auxiliar no retorno/inserção nos seus diversos contextos, a fim de que adquiram suas metas pessoais (LOSCHIAVO-ALVARES et al., 2011).

De acordo com Averbuch & Katz (1992), a intervenção em RN é tradicionalmente incluída na prática da Terapia Ocupacional, cujo intuito é de restaurar, reforçar e melhorar o desempenho ocupacional (HOPKINS, 1993; PEDRETTI, 1996).

Neste contexto, o desempenho ocupacional refere-se à habilidade de escolher, organizar e desempenhar satisfatoriamente ocupações significativas, culturalmente definidas e adequadas à idade para cuidar de si mesmo, desfrutar a vida e contribuir para o contexto social e econômico de uma comunidade (BAUM & LAW, 1997). Logo, em concordância com Uomoto (1992), a cognição é considerada como um dos principais componentes que influenciam o desempenho ocupacional porque muitas atividades diárias de vida, trabalho e lazer demandam algum grau de capacidade perceptiva e de pensamento.

Dado o que foi exposto acima, assim como realizado na condução da Psicologia, as estratégias de intervenção adotadas na Terapia Ocupacional serão apresentadas à luz das queixas do paciente.

Queixa 1 – Foco: Compreensão do TDAH, Relação entre Atenção e Aprendizagem

Psicoeducação Cognição e TDAH

A Psicoeducação, abordagem muito empregada na terapia cognitivo comportamental, baseia-se, dentre outros aspectos, no fornecimento de informações ao paciente com o propósito de ampliar seu entendimento em relação à sua condição de saúde (LEMES, 2017), de forma que este obtenha um entendimento não fragmentado acerca de seu diagnóstico (COLE & LACEFIELD, 1982), e tenha consciência e preparo para lidar com as mudanças a partir de estratégias de enfrentamento, fortalecimento da comunicação e da adaptação (BHATTACHARJEE et al., 2011).

Assim sendo, foram abordados os seguintes tópicos com Vilmar e seus familiares: o que é TDAH, o que é atenção, quais as dificuldades cognitivas vivenciadas por pessoas com o TDAH, o que é cognição, o que é aprendizagem e como posso otimizá-la.

As sessões psicoeducativas foram feitas em consultório, com material formal, usando estímulos verbais e visuais, compatíveis com interesses e contextos de Vilmar.

Queixa 2 – Foco: Tradução do Empenho em Desempenho

Estratégias para Otimização da Codificação da Informação – Interface Atenção, Memória e Funções Executivas

Peterson e Posner (2012) ressaltam que a atenção é composta por três funções cognitivas diferentes, a saber: o sistema de alerta, o sistema de orientação e o sistema executivo.

As funções executivas, por sua vez, envolvem programação, regulação e verificação da ação (LURIA, 1966), compreendendo um conjunto de funções que nos permitem traduzir empenho em desempenho, e na comparação entre o objetivo inicial com o produto geramos parâmetros que balizarão nossas próximas condutas. Enquanto à memória, refere-se à capacidade de adquirir ou codificar, armazenar e evocar informações, sendo a primeira etapa, completamente dependente do sistema atencional.

Vilmar, por conta do TDAH, apresentava expressivas dificuldades em codificar as novas informações, devido ao problema atencional e, por conseguinte, mnemônico. Por isso também, apresentava dificuldades acadêmicas, tinha a percepção que estudava e não aprendia, e por mais que se esforçasse não conseguiria um bom desempenho. Desta forma, em que pese a já citada sobreposição entre a atenção, o funcionamento executivo e a memória, foram, para a abordagem das demandas acadêmicas, empregadas estratégias atencionais, de memória e executivas, considerando que estas estratégias já foram extensivamente descritas e explicadas em capítulos prévios (ver **Capítulos 13, 21 e 26**). Para a compreensão da conduta adotada no caso de Vilmar, as estratégias usadas serão apenas citadas, uma vez que elas já foram explicadas no **Capítulo 13**, seguindo de comentários pertinentes ao caso.

Estratégias de Reabilitação de Atenção

O uso de estratégias e suportes ambientais foram empregados; o uso de dispositivos externos, como agendas, verificadores contextualizados às necessidades de Vilmar, sendo que o suporte psicossocial/psicoterapêutico já estava em curso.

Estratégias de Reabilitação das Funções Executivas

Ressalta-se o uso das estratégias relacionadas ao controle ambiental, ao treinamento de rotinas específicas das tarefas e de seleção e execução dos planos cognitivos e as estratégias autoinstrucionais (abordadas na **Queixa 3**).

Quanto às primeiras, vários atendimentos foram conduzidos na casa do paciente. Seu ambiente de estudos foi reestruturado, bem como sua rotina, visando a melhora do desempenho ocupacional do paciente.

Em relação às rotinas específicas e à seleção e execução de planos cognitivos, foram conduzidas atividades ocupacionalmente relevantes, por exemplo, organizar-se para fazer seu trabalho de conclusão de curso, estabelecer suas metas e estimar o tempo de execução de cada etapa, programar sua festa de formatura, organizar sua casa, etc.

Estratégias de Memória Foco na Codificação

Além das estratégias já descritas nos **Capítulos 13, 21 e 26**, foi usada a técnica do PQRST. Esta é uma técnica de estudo que pode ser útil em algumas circunstâncias específicas, como em ambientes de estudo tradicionais (por exemplo, ter que lembrar o conteúdo de um capítulo ou artigo), e em situações mais informais, tais como lembrar artigos de jornais para conversas em um ambiente social.

As letras **PQRST** referem-se a um acróstico, que significa:

- *Preview* (em português, prever) – examine as informações rapidamente, elas são sobre o quê?
- *Question* (em português, perguntar) – quais perguntas você espera responder lendo essas informações?
- *Read* (em português, ler) – leia!
- *State* (em português, dizer) – diga as respostas para suas perguntas.
- *Test* (em português, testar) – quantas informações do artigo você se lembra bem?

Esta técnica foi apresentada a Vilmar, que após receber as instruções e orientações pertinentes, passou a empregá-la em seus estudos. À medida que recebia novos conteúdos, ele lia as referências bibliográficas sugeridas, fazendo o passo a passo do PQRST, e assim, também já produzia seu material de resumo personalizado aos estudos para as atividades avaliativas.

Queixa 3 – Foco: Procrastinação

No que concerne o manejo da queixa da procrastinação, foram empregadas as estratégias autoinstrucionais, cujo maior objetivo é o controle da execução de uma tarefa alvo, desde seu planejamento até sua completa integralização.

Dentre as técnicas mais utilizadas está o treinamento de gerenciamento de objetivos, ou o Goal Management Training (GMT), que abrange uma série de etapas, às quais os pacientes são incentivados a seguir para resolver problemas, e engloba uma lista de verificação com perguntas que o paciente é estimulado a fazer-se a si mesmo, quando no desempenho de suas atividades.

Inicialmente, Vilmar praticou o uso do GMT em problemas hipotéticos e, em seguida, foi feita a transferência para o uso das etapas a seus problemas de vida real. Ele sempre andava com um cartão plastificado com as etapas impressas, e também com um roteiro no quadro do ambiente de estudos em seu quarto. A lista do GMT é composta por seis perguntas, com o propósito do paciente mediante o desempenho de uma atividade que lhe seja relevante, parar e pensar, definir o que fazer, listar as etapas, aprender se está fazendo o que se propõe, fazer e depois verificar.

GMT

- O que estou fazendo? (PARE)
- Definir tarefa principal. (DEFINA)
- Listar etapas. (LISTE)
- Perguntar a si mesmo se sabe as etapas. (APRENDA)

- Executar a tarefa. (FAÇA)
- Perguntar: "Estou fazendo o que planejei?" (VERIFIQUE)

CONCLUSÃO

As ferramentas da abordagem existencial fenomenológica podem ajudar o paciente a tomar consciência de si próprio, assim como desenvolver a autorresponsabilidade pela vida e pelo seu desenvolvimento.

Ressalta-se que tanto nas medidas de desempenho da Psicologia, quanto nas adotadas na avaliação da eficácia da RN, Vilmar apresentou evolução expressiva, estando mais pessoal e socialmente adaptado, descontinuou o uso da bebida alcoólica, obteve melhora importante no seu rendimento acadêmico, até enquanto foi acompanhado, ingressou no mestrado e já atendia em seu consultório particular.

O caso tratado e descrito ilustra e traz à baila a importância do trabalho em equipe, a comunicação entre as áreas profissionais e a soberania e os limites de cada uma, bem como o quanto ambas são complementares e sinérgicas, impactando, positivamente, na vida dos pacientes.

O trabalho em equipe favoreceu a reconexão do paciente com ele mesmo, com sua história, com seus projetos e, à medida que ele ia se descobrindo, ele ia se reabilitando, estando cônscio das suas necessidades, engajando-se com mais afinco na RN, tendo ganhos significativos no seu desempenho ocupacional.

REFERÊNCIAS

AUGRAS, M. **O ser da compreensão**: Fenomenologia da Situação de Psicodiagnóstico. Petrópolis: Ed. Vozes, 1986.

AVERBUCH, S.; KATZ, N. Cognitive rehabilitation: A retraining approach for brain injured adults. In: KATZ, N. (Ed.). **Cognitive rehahilitation**: Models for intervention in occupational therapy. Boston: Andover, p. 219-239, 1992.

BAUM, C. M.; LAW, M. Occupational Therapy Practice: Focusing on Occupational Performance. **American Journal of Occupational Therapy**, v. 51, p. 277-288, 1997.

BHATTACHARJEE, D.; RAI, A. K.; SINGH, N. K. et al. Psycho-education: A measure to strengthen psychiatric treatment. **Delhi Psychiatric Journal,** v. 14, n. 1, p. 33-39, 2011.

COLE, H. P.; LACEFIELD, W. E. Theories of learning, development, and psycho-educational design: Origins and applications in non school settings. **Viewpoints in Teaching and Learning**, v. 58, n. 3, p. 6-16, 1982.

FORGHIERI, Y. **Aconselhamento terapêutico**: origem, fundamentos e prática. São Paulo: Thomson Learning, 2007.

FORGHIERI, Y. **Psicologia fenomenológica**: fundamentos, método e pesquisas. São Paulo: Pioneira Thomson Learning, 2004.

HOPKINS, H. L. An introduction of occupational therapy. In: HOPKINS, H. L.; SMITH, H. D. (Eds.). **Willard and Spackman's Occupational Therapy**. Philadelphia: J. B. Lippincott, 1993, p. 4.

LEMES, C. B.; ONDERE NETO, J. Aplicações da psicoeducação no contexto da saúde. **Temas psicol.**, v. 25, n. 1, p. 17-28, 2017.

MOLINA, B.S.G.; BUKSTEIN, O.G.; LYNAM, K.G. Attention-deficit/hyperactivity disorder and conduct disorder symptomatology in adolescents with alcohol use disorder. **Psychology of Addictive Behaviors**, v. 16, p. 161-164, 2002.

PEDRETTI, L. W. Occupational performance: A model for practice in physical dysfunction. In: PEDRETTI, L. W. (Ed.). **Occupational therapy**: Practice skills for physical dysfunction, 4th ed., pp. 3-12. St. Louis, MO: Mosby-Year Book, 1996.

PETERSON, S. E; POSNER, M. I. The attention system of the human brain. **Annual Review of Neuroscience**, v. 13, p. 25-42, 2012.

ROBLES, T. **Terapia sob medida**. Belo Horizonte: Ed. Diamante, 2005.

UOMOTO, J. M. Neuropsychological assessment and cognitive rehabilitation after brain injury. **Physical Medicine and Rehabilitation Clinics of North America**, v. 3, p. 291-318, 1992.

WILENS, T. E. AOD use and attention deficit/ hyperactivity disorder. **Alcohol Health & Research World**, v. 22, n. 2, p. 127-130, 1998.

YALOM, I. D. **Psicoterapia de Grupo**: teoria e prática. Porto Alegre: Artmed, 2006.

23. A REABILITAÇÃO NEUROPSICOLÓGICA NA ESQUIZOFRENIA

Adriana Dias Barbosa Vizzotto

INTRODUÇÃO

A esquizofrenia é considerada um transtorno mental de mortalidade prematura, e um grande ônus social e financeiro devido aos prejuízos metabólicos, cognitivos e funcionais que a doença proporciona ao indivíduo. Indivíduos com a doença apresentam, em média, 14/15 anos de vida perdida e a expectativa de vida é de 64/67 anos (HJORTHØJ et al., 2017; GBD, 2017).

Na última década, estudos na área da saúde mental se estenderam além da América, e também pela Europa, América do Sul e outros países de baixa renda. Esses dados podem fornecer pistas para os determinantes da heterogeneidade na incidência da esquizofrenia e outros transtornos psicóticos em diferentes populações, auxiliando no planejamento dos serviços e na nossa compreensão da esquizofrenia; ambos são cruciais para o planejamento de respostas efetivas à saúde mental pública (JONGSMA et al., 2019).

A causa da esquizofrenia ainda é desconhecida e a sintomatologia complexa. Costuma-se classificar os sintomas de acordo com as seguintes dimensões:

1. **Positiva** – caracterizada por delírios e alucinações;
2. **Desorganização do pensamento e da conduta;**
3. **Negativa** – embotamento afetivo, retraimento social, anedonia e a diminuição da iniciativa e energia;
4. **Humor** – depressão e excitação maníaca e
5. **Cognitiva** – caracteriza pela perda da capacidade de abstração, comprometimento da memória e funções executivas (KAHN et al., 2015).

O diagnóstico da esquizofrenia é psiquiátrico e deve ser feito por meio de uma anamnese detalhada, que inclui o estado psicopatológico atual, histórico, a personalidade pré-mórbida, antecedentes pessoais e familiares. Os exames laboratoriais e de imagem são necessários para descartar causas orgânicas e a presença de certos sintomas psicóticos (Elkis et al., 2011). Atualmente, os principais sistemas utilizados para o diagnóstico de esquizofrenia são o da Classificação Internacional de Doenças (CID-11) e o Manual Diagnóstico e Estatístico de Transtornos Mentais (DSM-5). Aproximadamente, 20% a 30% dos pacientes com esquizofrenia não apresentam uma resposta satisfatória ao tratamento com antipsicóticos e são denominados de esquizofrenia resistente (Elkis, 2007).

IMPACTO SOCIAL E OCUPACIONAL

Aproximadamente, 80% dos indivíduos com esquizofrenia apresentam *déficits* cognitivos significativos quando comparados a pessoas saudáveis, e estes *déficits* podem afetar até 98% quando considerado o funcionamento pré-mórbido (Green et al., 2000; Fioravanti; Bianchi; Cinti, 2012). Tais *déficits* cognitivos estão diretamente ligados a prejuízos funcionais, impossibilitando os indivíduos com esquizofrenia de terem uma vida independente e um adequado desempenho em atividades de vida diária (Green; Harvey, 2014).

Uma metanálise mostrou que, quando comparados com controles normais, pacientes com esquizofrenia apresentam comprometimento em várias áreas de cognição, tais como: memória, atenção, funções executivas e linguagem (Fioravanti; Bianchi; Cinti, 2012); e, inclusive, o Quociente de Inteligência (QI) é menor que o de indivíduos saudáveis. Estudos de base populacional mostraram que o baixo QI na fase pré-mórbida já apresenta um risco aumentado do indivíduo desenvolver esquizofrenia (Hedman et al., 2013). O comprometimento cognitivo é altamente prevalente em pacientes com esquizofrenia, em comparação com indivíduos saudáveis. Inclusive, o comprometimento cognitivo é um preditor de resultados sociais e profissionais insatisfatórios com grande prejuízo na cognição social.

Funções executivas são processos cognitivos complexos que incluem a iniciativa, o planejamento, a flexibilidade cognitiva e a tomada de decisões, e permitem a uma pessoa engajar-se em atividades do cotidiano de forma independente, direcionado a um objetivo que atenda aos interesses do indivíduo (Lezak, 1995). As funções executivas são requisitadas quando há um plano de ação e uma sequência de etapas e respostas que devem ser completadas para a execução de uma atividade e orientam e regulam as demais funções que também fazem parte do desempenho motor do indivíduo. Hierarquicamente, são superiores na sequência da execução das tarefas de vida diária, incluindo a capacidade de formular objetivos para iniciar o comportamento, prever as consequências de ações, planejar e organizar o comportamento de acordo com sequências lógicas, e em relação ao espaço e ao tempo, sequência de tópicos ou lógica, e para monitorar e adaptar o comportamento a atender a uma tarefa específica ou contexto (CICERONE et al., 2000). Luria (1966) denominou como *déficits,* em funções executivas, a *Frontal Lobe Syndrome* que, atualmente, é conhecida como *Dysexecutive Syndrome.* A *Dysexecutive Syndrome* trata-se de um conjunto de sintomas que o paciente com esquizofrenia apresenta: apatia, inflexível e incapaz de iniciar qualquer atividade, a não ser recebendo instruções; só faz atividades de forma rotineira e nem sempre de forma adequada, não consegue lidar com situações novas, apresenta dificuldade de organizar-se para começar qualquer tarefa, além de apresentar prejuízos de memória e atenção conjuntamente (GRIEVE; GNANASEKARAN, 2010). Estudos baseados em evidências mostram que as funções executivas são os domínios fortemente prejudicados em pacientes com esquizofrenia e os fortes preditores de resultados funcionais em longo prazo, tais como o desempenho nas atividades de vida diária, do que os sintomas positivos e negativos (VELLIGAN; KERN; GOLD, 2006; PALMER; DAWES; HEATON, 2009; ADDINGTON; PISKULIC; MARSHALL, 2010). Portanto, na esquizofrenia, a importância da preservação ou reabilitação do funcionamento executivo está associada ao bom funcionamento social e ocupacional desses indivíduos.

TRATAMENTOS

Tratamento Psiquiátrico

A base do tratamento da esquizofrenia é farmacológica, sendo o uso de antipsicóticos essencial no arsenal terapêutico da esquizofrenia. Os antipsicóticos são classificados em: convencionais, "típicos" ou primeira geração (e.g. haloperidol) e "atípicos" ou segunda geração (clozapina, risperidona, olanzapina, quetiapina, aripiprazol, ziprasidona, entre outros).

Os antipsicóticos típicos estão associados à melhora dos sintomas psicóticos ou positivos, tais como: delírios e alucinações, porém seu uso está associado ao surgimento de sintomas parkinsonianos agudos ou crônicos (distonias, discinesias tardias, etc.), bem como sintomas negativos e depressivos. Já os antipsicóticos atípicos caracterizam-se pela baixa incidência de sintomas extrapiramidais (MUESER; McGURK, 2004).

As evidências mostram que o tratamento farmacológico, sobretudo com os antipsicóticos atípicos, reduz sintomas positivos e previne recaídas, mas não tem o mesmo impacto nos prejuízos cognitivos e funcionais (PENADÉS et al., 2006). Para os quadros de esquizofrenia resistente, a clozapina é um antipsicótico considerado padrão-ouro, e eficaz em cerca de 70% dos pacientes, levando, em muitos casos, a uma completa remissão dos sintomas psicóticos (CHAKOS et al., 2001). Em casos mais graves, quando não há remissão total dos sintomas e o paciente permanece com sintomas psicóticos residuais, considera-se tais pacientes de super-resistentes a clozapina. Nestes casos, é indicado associar outro antipsicótico de potencialização da clozapina, ou outras opções são o uso de eletroconvulsoterapia (ECT) e Estimulação Magnética Transcraniana (EMTr) combinadas a outras abordagens não medicamentosas que serão discutidas a seguir (ELKIS et al., 2011).

É importante ressaltar que, durante o tratamento do paciente com esquizofrenia, devem ser considerados aspectos como: risco de suicídio, sintomas catatônicos, agitação ou violência, não adesão ao tratamento, sintomas depressivos, abusos de substâncias e efeitos colaterais dos antipsicóticos. Para estas intercorrências, medidas específicas podem ser tomadas com a introdução de outros medicamentos apropriados que não sejam antipsicóticos para remissão dos sintomas.

Tratamentos Não Farmacológico

Já está bem estabelecido que a combinação de tratamento farmacológico, intervenções psicossociais e reabilitação neuropsicológica melhoram a evolução da esquizofrenia (BUCHAIN et al., 2003; PFAMMATTER, JUNGHAN, BRENNER, 2006; TURNER et al., 2014; VIZZOTTO et al., 2016).

Tratamento Psicossocial

Uma metanálise de estudos das diversas modalidades de intervenções psicossociais comparadas com placebo mostrou a efetividade da Terapia Cognitiva Comportamental (TCC) e da Psicoeducação na melhora de sintomas positivos e taxas de recaída da doença. As técnicas da TCC ajudam pacientes a identificar e corrigir pensamentos e interpretações errôneas de experiências que atendem à raiz do comportamento aberrante.

Normalmente, pacientes com esquizofrenia têm vieses de processamento de informação e *déficits* no raciocínio abstrato e na flexibilidade cognitiva que podem contribuir para a manutenção de crenças delirantes. A TCC tem como objetivo tentar modificar esses processos e desafiar as crenças subjacentes a delírio e alucinações. Já o Treino de Habilidades Sociais (THS) aborda o funcionamento social de forma sistemática, ensinando novas habilidades interpessoais, tais como: iniciar uma conversação e expressar sentimentos, fazendo uso das estratégias de aprendizado, como modelagem, troca de papéis e tarefas de casa.

O THS vem sendo o foco de extensão de pesquisas e o resultado de vários estudos controlados que indicam a existência de uma melhora significativa no funcionamento social dos pacientes. Os programas de psicoeducação familiar vêm sendo desenvolvidos para reduzir a carga do cuidador/familiar e para melhorar o gerenciamento da esquizofrenia. A metanálise de Pitschel-Walz et al., (2001) evidenciou que programas de psicoeducação de longo prazo são efetivos na redução das taxas de recaídas e hospitalizações de aproximadamente 60% (TURNER et al., 2014).

REABILITAÇÃO NEUROPSICOLÓGICA

A reabilitação cognitiva (RC) e/ou neuropsicológica (RN), termos estes considerados sinônimos por alguns autores e complementares por outros, está presente em vários programas de reabilitação, de diferentes formas no que diz respeito às suas bases teóricas, seus métodos, objetivos e resultados. A palavra "reabilitar" significa "tornar apto novamente", mas, muitas vezes, não é possível o retorno ao padrão de funcionamento e comportamento anterior à doença, e também, consiste na recuperação das habilidades cognitivas.

A RC surgiu da reabilitação do funcionamento cognitivo de indivíduos vítimas de lesões cerebrais. O termo foi descrito por Diller, em 1976 (DILLER, 2005), pela primeira vez, e chamado de Programa de Reabilitação Cognitiva. Eram treinos cognitivos, com o objetivo de corrigir os *déficits* cognitivos subjacentes aos problemas cognitivos. O tratamento reforçava o componente danificado e os resultados eram avaliados por bateria neuropsicológica.

Velligan, Kern e Gold (2006) examinaram oito abordagens baseadas em evidências em RC listadas atualmente, na versão 2.0 (2007) – *Training Grid Outlining Best Practices for Recovery and Improved Outcomes for People with Serious Mental Illness* –, desenvolvida pelo Comitê da Associação Psicológica Americana para os avanços da prática profissional. O **Quadro 1** mostra as principais abordagens de RC.

Quadro 1 – Abordagens de RC

Abordagens	Proposta
Terapia Psicológica Integrada (*Integrated Psychological Therapy – IPT*) (SPAULDING et al., 1999)	Os pacientes são dispostos em subprogramas em uma ordem hierárquica, de acordo com a complexidade da função. Inclui treinamento de abstração, organização conceitual, percepção básica e habilidades de comunicação.
Terapia de Reforço Cognitivo (*Cognitive Enhancement Therapy – CET*) (HOGARTY; FLESHER, 1999)	A ênfase do treinamento é mudar de processamento cognitivo concreto da informação para uma abstração espontânea de temas sociais. Os dois principais componentes do treinamento são: 1. Exercícios cognitivos computadorizados que focam a atenção, memória e resolução de problemas. 2. Treinamento da cognição social. As sessões computadorizadas são conduzidas em duplas com o terapeuta, que incluem uma revisão da tarefa de casa, e tópicos de psicoeducação.
Terapia de Reforço Neurocognitivo (*Neurocognitive Enhancement Therapy – NET*) (BELL et al., 2007)	Similar ao CET no treino cognitivo computadorizado, com o diferencial que foca na reabilitação de trabalho. O treinamento começa com exercícios simples até níveis mais complexos. Os exercícios focam na atenção, memória e funções executivas.

Abordagens	Proposta
Terapia de Remediação Cognitiva (*Cognitive Remediation Therapy*) (WYKES et al., 2011)	A intervenção consiste em aumentar a metacognição em pessoas com esquizofrenia. O programa de treino tem como alvo os *déficits* nos processos executivos cognitivos e consiste em três módulos: flexibilidade cognitiva, memória de trabalho e planejamento. Este programa enfatiza os métodos de ensino e usa a aprendizagem processual, os princípios da aprendizagem sem erros. O programa usa papel e lápis para o treinamento. É uma série de exercícios graduados em nível de dificuldade, começando com exercícios simples, e indo, progressivamente, para os mais complexos.
Abordagem Neuropsicológica Educacional para Reabilitação (*Neuropsychological Educacional Aproach to Rehabilitation*) (MEDALIA; REVHEIM; CASEY, 2002)	Ensina técnicas para promover motivação intrínseca e tarefas de engajamento. O treinamento envolve a participação de exercícios cognitivos em computadores projetados para serem envolventes, agradáveis e intrinsecamente motivadores, que exigem o recrutamento de diversas habilidades cognitivas dentro de um formato contextualizado.
Treinamento do Processo de Atenção (*Attention Process Training*) (SOHLBERG; MATEER, 1987)	Quatro áreas da atenção são as metas para o treino: atenção sustentada, atenção seletiva, dividida e alternada. Quatro diferentes tipos de materiais são usados: tarefas de cancelamento auditiva e visual, controle mental e tarefas da vida diária. Os treinamentos são exercícios distribuídos em hierarquia de dificuldade.
Modelagem da atenção (*Attention Shaping*) (SILVERSTEIN, 2000)	A modelagem envolve diferentes reforços de sucessivas aproximações rumo a um comportamento-alvo. O comportamento que se aproxima do alvo desejado é reforçado; comportamentos indesejados não são. Inicialmente, o treinamento foca no comportamento que tem uma alta probabilidade de ocorrer dentro do repertório comportamental existente do indivíduo.
Habilidades de Pensamento para Programa de Trabalho (*Thinking Skills for Work*) (McGURK et al., 2010)	Programa de Remediação Cognitiva designado para melhorar os resultados relacionados ao mercado de trabalho de pessoas com transtornos mentais graves. O programa fornece suporte (emprego assistido) e inclui quatro componentes: a) avaliação cognitiva e do histórico do trabalho; b) 24 sessões de exercícios de treinamento cognitivo, usando *Cogpack* 6.0 (*software*); c) planejamento colaborativo de busca de emprego; d) consulta de apoio ao trabalho (consultoria de um profissional da reabilitação) para abordar quaisquer problemas relacionados ao trabalho.
Abordagens Compensatórias	
Modelagem da Atenção (*Attention Shaping*) (SILVERSTEIN, 2000)	A Aprendizagem Sem Erros é uma abordagem de treinamento baseada na crença teórica de que a ocorrência de erros afeta a aprendizagem de modo adverso em certos grupos com *déficits* neurológicos. Esta abordagem faz uso de processos de memória implícita que podem estar relativamente privados em pacientes com esquizofrenia em comparação aos processos de memória explícita.
Treino de Adaptação Cognitiva (*Cognitive Adaptation Training* – CAT) (VELLIGAN et al., 2000)	O CAT é uma abordagem compensatória que usa suportes ambientais e adaptações, tais como sinais, listas de checagem, recipientes de medicação com alarmes e a organização de pertences para a sequência de comportamentos-alvo, tais como tomar medicação e cuidar da casa.

As abordagens descritas no **Quadro 1** são utilizadas em pacientes com esquizofrenia, cujo objetivo é melhorar vários domínios cognitivos em pacientes com esquizofrenia. Um dos principais métodos é o de remediação cognitiva (WYKES et al., 2011). Green et al. (2000) descrevem que a realização de qualquer atividade do dia a dia requer uma combinação de muitas habilidades cognitivas. Quadros neuropsiquiátricos, como a esquizofrenia, podem apresentar benefícios com a reabilitação neuropsicológica – RN, termo que eu utilizarei neste capítulo porque a reabilitação de pacientes com esquizofrenia vai além dos *déficits* cognitivos, e também de melhoras funcionais e, em alguns casos, o objetivo é retardar o avanço da doença. Os métodos de remediação cognitiva são variados e a maioria é administrado individualmente, com a utilização de exercícios com lápis e papel (WYKES et al., 2011) ou em computadores (SPAULDING et al., 1999; MEDALIA; REVHEIM; CASEY, 2002; HODGE et al., 2010). A metanálise de McGurk et al. (2007) reuniu 26 ensaios clínicos randomizados (1.151 indivíduos) e avaliou os efeitos do tratamento cognitivo no desempenho cognitivo e funcionamento psicossocial de portadores de esquizofrenia.

A duração média dos programas de RN foi 12 semanas, as intervenções foram o treinamento de domínios cognitivos e funcionamento psicossocial. Houve muitas variações nos resultados: métodos variados, idade dos pacientes e o fato de receberem tratamento psiquiátrico conjuntamente. Conclui-se que a remediação cognitiva tem um impacto favorável em pacientes com esquizofrenia, quando combinada com o tratamento farmacológico.

Os resultados não eram suficientes para respostas funcionais dos pacientes. Apenas no final da década de 1980, o foco estava voltado para a execução de metas funcionais com o ensino de tarefas de atividades básicas, instrumentais e avançadas de vida diária (ABRISQUETA-GOMEZ, 2012). Considerando a necessidade não só da melhora cognitiva, mas também da funcional do paciente com esquizofrenia, destaca-se entre outros tratamentos, a Terapia Ocupacional (TO). A proposta deste capítulo é descrever um método de TO que mostrou ser efetivo na melhora de funções executivas e, consequentemente, na funcionalidade de pacientes com esquizofrenia.

Terapia Ocupacional

A TO iniciou-se como profissão nos Estados Unidos da América, em 1917, na 1ª Guerra Mundial, para atender pacientes psiquiátricos e na reabilitação de soldados incapacitados. A profissão sofreu influências das teorias médicas e psicológicas para atuar e várias sistematizações metodológicas quanto à seleção e ao emprego das atividades de acordo com o grau de incapacidade do doente. Na Inglaterra, e em outros países, a profissão estabeleceu-se tardiamente, na 2ª Guerra Mundial e, no Brasil, apenas em 1957 (MEDEIROS, 2010). No período entre 1942 e 1960 surge o Movimento da Reabilitação e a TO passa a atuar fortemente nos aspectos especificamente funcionais dos indivíduos. A partir desta concepção, a clínica da TO expande-se além do ambiente hospitalar, estendendo-se para o ambiente doméstico, de trabalho e espaços sociais dos pacientes em reabilitação (MEDEIROS, 2010). A prática da TO dá-se por meio do uso terapêutico das atividades (ocupações) com indivíduos ou grupos com o propósito da participação em papéis e situações em casa, na escola, no trabalho, na comunidade e em outros contextos (ROLEY et al., 2008).

As atividades devem ser coordenadas de acordo com o processo terapêutico do indivíduo e propostas com base em critérios de avaliação com eixo referencial, pessoal, familiar, coletivo e social. A intervenção da TO baseada na RN é vista como um processo de utilização de uma ampla variedade de estratégias deliberadas centradas na pessoa, as quais estimulam o desenvolvimento ou o uso de recursos de que se dispõe para obter um bom desempenho ocupacional (KATZ; KEREN, 2011). O termo desempenho ocupacional, na literatura da TO, significa uma interação entre a pessoa-ocupação e o ambiente. Estes três elementos são centrais na TO e os terapeutas ocupacionais utilizam-no para descrever a função de um indivíduo que interage com o ambiente enquanto realiza atividades essenciais, significativas e de participação no cotidiano (KATZ; KEREN, 2011).

A ênfase no desempenho ocupacional requer que a TO empregue estratégias para que o indivíduo perceba suas limitações e dificuldades de desempenhar tarefas, tais como: de autocuidado, manutenção da casa, sono, recreação e lazer (BAUM; LAW, 1997). Para a análise da funcionalidade em TO, são necessárias a avaliação da capacidade funcional e o desempenho ocupacional para o estabelecimento de um raciocínio clínico para a intervenção de TO (KATZ; HARTMAN-MAEIR, 2005). A intervenção da TO atua dentro de estruturas derivadas de modelos teóricos de prática e das teorias da ocupação humana, com o propósito de reunir e organizar informações, avaliar as capacidades e habilidades do indivíduo, com a proposta de envolvê-lo em suas ocupações necessárias e desejo próprio nos contextos em que estas ocorrem (GRIEVE; GNANASEKARAN, 2010).

Por meio da avaliação da capacidade cognitiva e funcional de uma pessoa e na execução das tarefas do cotidiano, é possível detectar os pontos fortes, as limitações e os desafios do desempenho, enquanto o indivíduo tem a possibilidade de aprender habilidades e estratégias ambientais que podem apoiá-lo em seu cotidiano (BURGESS et al., 2006). A funcionalidade engloba a capacidade de o indivíduo executar as atividades que compõem seu cotidiano, e a capacidade funcional envolve a manutenção de habilidades físicas e mentais que foram desenvolvidas ao longo da vida do indivíduo e a capacidade para executar as ocupações e papéis requeridos pela vida diária (HAGEDORN, 1999). A Estrutura da Prática de Terapia Ocupacional (*The Occupational Therapy Practice Framework* – OTPF – versão atualizada – AOTA, 2014), produzida pela *American Occupational Therapy Association*, especifica a necessidade de analisar atividades em termos de suas propriedades e demandas sobre o indivíduo, assim como a capacidade dele para realizar uma atividade. Portanto, habilidades do desempenho (percepto-sensoriais, práxicas e motoras, regulação emocional, cognitivas, entre outras), padrões do desempenho (hábitos, rotinas, papéis, rituais) e demandas da atividade (demandas do espaço e sociais, sequência, tempo, entre outros) são componentes do funcionamento humano e impõem-se sobre as demandas da Classificação Internacional de Funcionalidade (CIF) (Organização Mundial de Saúde, 2003). Portanto, os conceitos incorporados à CIF a tornam complementar e compatível à TO, sendo a CIF, referência na literatura internacional e na prática dos terapeutas ocupacionais.

Partindo desta concepção, o papel do terapeuta ocupacional, no processo de reabilitação cognitiva de pacientes neuropsiquiátricos, especificamente pacientes com esquizofrenia, é avaliar as dimensões cognitivas e funcionais por meio de protocolos e baterias de avaliações que possibilitem captar os prejuízos do desempenho ocupacional, fornecendo um diagnóstico funcional.

A esquizofrenia é considerada uma das populações-alvo da TO, em razão das condições crônicas de saúde e dos prejuízos cognitivos e funcionais relevantes que apresentam de realizar, participar e adaptar-se às atividades do cotidiano, tais como: de higiene pessoal, comer, vestir-se, comunicar-se, realizar atividades domésticas, fazer compras, assistir à TV, entre outras, que se tornam cada vez mais prejudicadas à medida que a doença evolui (Buchain et al., 2003; Semkovska et al., 2004; Josman et al., 2009; Katz; Keren, 2011; Vizzotto et al., 2016).

Modelos de Terapia Ocupacional na Esquizofrenia

Os modelos de RN de TO são amplamente utilizados na reabilitação de quadros neurológicos graves, mas, nos últimos anos, tais modelos estão sendo adaptados para reabilitar portadores de transtornos neuropsiquiátricos, sobretudo em quadros que apresentam uma deterioração cognitiva significativa (esquizofrenia, demência, transtorno bipolar, entre outros) que comprometem a participação do indivíduo no cotidiano.

O **Quadro 2** descreve modelos que contribuem na reabilitação de pacientes com esquizofrenia.

Quadro 2 – Modelos de TO para reabilitação de pacientes com esquizofrenia

Modelos de Terapia Ocupacional	
Modelo Interativo Dinâmico da Reabilitação Cognitiva (*Dynamic Interactional Model to Cognitive Rehabilitation*) (Toglia, 2005)	A abordagem considera a capacidade de a pessoa usar estratégias, de monitorar seu desempenho e seu potencial de aprender. Os indivíduos precisam compreender, organizar, assimilar e integrar novas informações às experiências anteriores; a adaptação envolve o uso de informações que foram adquiridas anteriormente para planejar e estruturar o comportamento para que seja possível atingir objetivos. Neste contexto, a cognição, não é dividida em sub-habilidades: como a atenção, a memória, a organização ou o raciocínio. Ela muda na interação com o ambiente. Uma mesma atividade pode requerer diferentes quantidades de processamento, dependendo de como é realizada.

Modelos de Terapia Ocupacional	
Modelo Interativo Dinâmico na Esquizofrenia (*Dynamic Interactional Model for Schizophrenia – MID*) (JOSMAN, 2014)	Trata-se do potencial de aprendizagem, análise de estratégias e estilos individuais de processamento, fornecendo diretrizes importantes para o tratamento. A avaliação de rastreamento cognitivo é necessária para a informação exata dos *déficits*. Os resultados da avaliação definem a linha de base do desempenho do paciente. Os três componentes do MID integrados são: (1) verificação da consciência; (2) fornecimento de pistas e classificação da tarefa e (3) investigação de estratégias. A principal contribuição do MID é que, na conclusão do processo de avaliação, o terapeuta pode fornecer respostas às seguintes três perguntas: (1) O desempenho pode ser facilitado ou alterado? (2) Quais condições melhoram ou diminuem os sintomas do paciente? (3) Qual é o potencial de aprendizado do paciente? Os terapeutas ocupacionais utilizam-se do MID para avaliar o desempenho ocupacional do paciente com esquizofrenia em seu contexto ambiental.
Abordagem de Retreinamento Neurofuncional (*Neurofunctional Approach*) (GILES, 2005)	Desenvolvimento de hábitos e rotinas por meio do treinamento de habilidades do mundo real com a finalidade de desenvolver o automatismo comportamental. O objetivo é manter um cronograma que possa se tornar rotineiro, realizando as mesmas atividades, na mesma sequência, todos os dias. As capacidades cognitivas não são o alvo, mas precisam ser consideradas. Esta abordagem é aplicada em pacientes com prejuízos cognitivos graves.
Orientação Cognitiva para o Desempenho Ocupacional Diário – COP-OP (*Cognitive Orientation Daily Occupational Performance*) (POLATAJKO; MANDICH, 2005)	É uma abordagem para a solução de problemas, centrada na pessoa e baseada no desempenho que possibilita a aquisição de habilidades por meio de um processo de uso de estratégias e de descoberta guiada. A estratégia para a resolução de problemas é usada no CO-OP: Objetivo, Plano, Realização, Checagem. Depois que o indivíduo escolhe um objetivo que deseja atingir ou uma habilidade que quer aprender, o terapeuta ocupacional ajuda-o e orienta-o no uso da estratégia objetivo-plano-realização-checagem. O COP-OP está baseado no aprendizado, o qual reconhece que, a partir de uma interação com o ambiente, poderão surgir novas habilidades, sendo o terapeuta ocupacional o propiciador deste espaço de aprendizagem.
Abordagem de Tratamento Multicontextual (*Multicontext Treatment Approach*) (TOGLIA, 2005)	Concentra-se na aquisição de estratégias de processamento desenvolvidas para superar áreas com *déficits* cognitivos. Estas estratégias são descobertas pelos pacientes e explicitamente definidas durante a intervenção e, posteriormente, praticadas em uma variedade de contextos, desde as atividades simples até as mais complexas. Esta abordagem é apropriada para pacientes com *déficits* cognitivos de mínimos a moderados, que apresentam áreas preservadas de domínios cognitivos. A abordagem requer certo nível de consciência do *déficit* cognitivo e suas implicações a fim de entender a importância da estratégia e aplicá-la na vida diária.

Modelos de Terapia Ocupacional	
Intervenção de Meta Ocupacional (*Occupational Goal Intervention* – OGI) (KATZ; KEREN, 2011)	É uma abordagem de aquisição de estratégias para pacientes com *déficits* de FE, que envolvem o treinamento no processo de definição de metas, planejamento, avaliação de desempenho e correção em uma variedade de tarefas. No OGI a ação é representada e controlada com uma hierarquia de metas. É um tratamento direcionado para oferecer ao indivíduo habilidades necessárias para que metas de uma atividade e/ou ocupação sejam executadas de forma eficiente. O objetivo deste método é construir um plano de atividades, fazer uma lista do que é necessário, passo a passo, para alcançar uma meta, para mantê-las e recordá-las na mente, e para regular e monitorar o desempenho. O intuito da lista de objetivos é impor coerência no comportamento, controlando a ativação ou inibição de ações que promovam ou impeçam a conclusão da tarefa (KATZ; HARTMAN-MAEIR, 2005). O OGI centra-se na estratégia de aprendizagem de atividades e tarefas diárias.

Neste capítulo, será apresentado o uso de estimulação cognitiva e o método OGI por meio da descrição de um caso clínico de esquizofrenia.

CASO CLÍNICO

Clara (nome fictício) tinha 19 anos quando apresentou sintomas psicóticos (alucinações, delírios e desorganização do pensamento) e um quadro de catatonia, sendo necessária uma internação em unidade psiquiátrica. Permaneceu internada por 2 meses para a remissão dos sintomas e, em seguida, deu continuidade ao tratamento psiquiátrico e à psicoterapia.

Após o surto psicótico, Clara tentou retomar os seus estudos na faculdade de Psicologia, mas logo o interrompeu, no segundo ano, porque não conseguia se concentrar nas aulas e estudar para as provas. Seu rendimento acadêmico foi gradualmente diminuindo. Passou a isolar-se; não queria sair de casa, nem ver os amigos. O tratamento farmacológico melhorou os sintomas psicóticos, mas Clara foi ficando cada vez mais sem motivação para fazer as tarefas do cotidiano. O psiquiatra aplicou a escala psicopatológica para a Avaliação da Síndrome Positiva e Negativa (PANSS) (VESSONI, 1993) que detectou os seguintes sintomas: positivos e gerais moderados e negativos graves.

Diante deste cenário apresentado pela PANSS, declínio cognitivo e quadro disfuncional nas atividades do cotidiano, concluiu-se o diagnóstico de esquizofrenia. Além da aplicação da PANSS, uma bateria neuropsicológica foi aplicada para avaliar quais eram os domínios cognitivos mais prejudicados e o impacto na funcionalidade. Conclui-se que Clara estava apresentando prejuízos abaixo do esperado em atenção, memória, funções executivas e praxia construtiva, além de um QI limítrofe. De acordo com essas conclusões, além do encaminhamento para o tratamento psiquiátrico e psicoterápico, a paciente foi encaminhada para TO.

Avaliação da Terapia Ocupacional

Clara veio encaminhada, no início de 2018, para a avaliação e acompanhamento de TO individual.

Dados da anamnese: atualmente, com 21 anos, filha única, mora com os pais. Nível de escolaridade superior incompleto. Parto sem intercorrências, desenvolvimento neuropsicomotor normal, sem queixas orgânicas relevantes. Segundo a mãe, seu desempenho escolar sempre foi regular, nunca repetiu o ano, mas fazia aulas de reforço com professores particulares. Sempre com poucos amigos e comportamento adequado na sala de aula. Os professores apenas se queixavam que Clara era muito tímida e, devido a tal comportamento, não fazia questionamentos durante as aulas, demonstrando-se bastante desatenta. Finalizou o ensino médio e, depois de 1 ano de cursinho, entrou na faculdade de Psicologia. Estranhou bastante o ambiente universitário, isolando-se dos colegas. Passou a ter dificuldades em entender o conteúdo das disciplinas.

Após o surto psicótico, não conseguiu mais acompanhar os estudos e relatava não sentir-se bem nas aulas; incomodava-se com o olhar das pessoas e ouvia uma voz que dizia "para ela não estudar mais" (SIC). Um protocolo de avaliações foi aplicado no início do tratamento de TO:

ILSS-BR (Inventário de Habilidades de Vida Independente – ILSS-BR – Versão paciente)

São 70 itens agrupados em 10 domínios: Higiene Pessoal, Aparência e Vestuário, Cuidado com os Objetos Pessoais, Preparo dos Alimentos, Saúde, Administração do Dinheiro, Transporte, Lazer, Emprego e Manutenção do Trabalho.

O resultado revelou a porcentagem de habilidade para a vida independente e, quanto maior o valor, melhor a habilidade (MARTINI et al., 2012). Clara relatou que o seu desempenho ocupacional nas atividades de vida diária estava ruim, isto é, abaixo do esperado.

ILSS-BR (Inventário de Habilidades de Vida Independente – ILSS-BR – Versão familiar)

Possui 86 itens que avaliam a autonomia de pacientes crônicos em nove áreas: Alimentação, Cuidados Pessoais, Atividades Domésticas, Preparo e Armazenamento de Alimentos, Saúde, Lazer, Administração do Dinheiro, Transporte e Emprego da vida cotidiana, em termos da frequência com que eles apresentam as habilidades básicas para funcionar de forma independente na comunidade.

Os escores variam de zero a quatro. A pontuação zero significa o grau mais baixo de autonomia, e a pontuação quatro, o mais elevado. Este inventário é aplicado no familiar ou cuidador responsável pelo paciente (BANDEIRA; LIMA; GONÇALVES, 2003). Clara apresentou desempenho ocupacional nas atividades de vida diária abaixo da média, segundo o relato da mãe, o que coincide com o relato da paciente.

DAFS-BR (Direct Assessment of Functional Status)

Avalia a funcionalidade do paciente. Composta por 6 domínios, tendo cada subdomínio pontuação diferente, totalizando um total de 106 pontos e um ponto de corte de 96, separando pacientes normais de funcionamento prejudicado em termos da funcionalidade (PEREIRA et al., 2010).

Clara pontuou 75 no total, apresentando prejuízos nas tarefas realizadas em tempo real, no uso do dinheiro, cálculos simples, além de tarefas que envolvem planejamento.

CORE-SET (CIF)

A avaliação é realizada por meio da impressão clínica do terapeuta ocupacional. Avalia as funções mentais (aspectos cognitivos) e de atividades e participação, isto é, aspectos funcionais (aprendizagem e aplicação do conhecimento; tarefas e demandas gerais, comunicação e relações e interações interpessoais) (ORGANIZAÇÃO MUNDIAL DE SAÚDE, 2003).

Clara apresentou prejuízos em FE e atenção moderados. Em atividades e participação apresenta principalmente falta de iniciativa para executar atividades e resolução de problemas e contato interpessoal empobrecido.

EOITO (Escala de Observação Interativa de Terapia Ocupacional)

É uma escala composta por 16 itens: Cuidado Pessoal, Execução de Atividades, Demonstração de Interesse, Comunicação Verbal, Interação Social, Referência a Fatos Irreais, Alucinações, Orientação, Psicomotricidade Aumentada, Linguagem Acelerada, Irritabilidade, Aceitação de Limites, Expressão de Autoestima e Comportamento Inabitual. Apresenta 3 graduações psicopatológicas. A avaliação consiste não apenas na observação, mas na interação entre avaliador e paciente (OLIVEIRA, 1995).

Clara apresentou cuidado pessoal prejudicado, dificuldade de execução de atividades, falta de interesse e iniciativa e dificuldade de interação pessoal.

EFPT (Executive Function Performance Test)

Têm 3 objetivos: determinar quais as funções executivas que estão comprometidas; determinar a capacidade do indivíduo para o desempenho de tarefas; e determinar o grau de assistência necessário para conclusão de tarefas (BAUM; LAW, 1997)

Em Clara, observaram-se prejuízos na iniciação, execução e organização no desempenho das tarefas propostas em tempo real.

Diante dos resultados apresentados nas avaliações, um plano terapêutico foi estabelecido para melhorar os aspectos cognitivos e funcionais de Clara. Uma combinação de estimulação cognitiva focada nos prejuízos cognitivos elucidados nos resultados das avaliações, mas a utilização do método OGI para a melhora de funções executivas e, consequentemente, com um impacto em funcionalidade e sintomas negativos.

PLANO TERAPÊUTICO

As sessões iniciais com Clara tinham como objetivo detectar quais eram as suas necessidades, dificuldades e atividades significativas que gostaria de retomar ou realizar no cotidiano. Elencamos as principais:

- Melhorar sua rotina de atividades básicas de vida diária (autocuidado).
- Organizar suas tarefas do dia a dia (objetos pessoais, finanças, atividades domésticas, etc.).
- Realizar atividades de entretenimento e lazer.
- Atividades acadêmicas e profissionalizantes.

Primeiramente, Clara e eu criamos uma grade de atividades (**Exemplo 1**) e uma agenda de compromissos (**Exemplo 2**) esporádicos (médicos, passeios, viagens, cursos, etc.).

O objetivo é a visualização das atividades realizadas e não realizadas, e o estabelecimento de uma rotina diária adequada de acordo com as necessidades e desejos de Clara. Conforme as atividades cotidianas ampliam-se, refazemos a grade de atividades.

Exemplo 1 – Grade de Atividades de Vida Diária

	Segunda	Terça	Quarta	Quinta	Sexta	Sábado	Domingo
Incluir as Tarefas Diárias	Rotina diária de autocuidado.						
	Atividades do cotidiano (tarefas de casa e atividades externas). Atividades terapêuticas (TO e psicoterapia).						
	Atividades de entretenimento, lazer, acadêmicas, entre outras.						

Exemplo 2 – Uso de agenda de compromissos

Segunda	Terça	Quarta	Quinta	Sexta	Sábado	Domingo
						01 Cinema
02	03	04 Exames Médicos	05 Cabelereiro	06 Viagem	07	08

Segunda	Terça	Quarta	Quinta	Sexta	Sábado	Domingo
09	10	11 Psiquiatra	12	13	14	15
16	17	18	19	20	21	22
23	24	25	26	27	28	29
30	31					

Após a visualização das atividades realizadas por Clara, montamos 20 sessões que incluíam: estimulação cognitiva e atividades realizadas em tempo real, utilizando o método OGI.

Após o término das 20 sessões, uma reavaliação foi realizada para avaliar os efeitos da TO e, na sequência, um novo plano terapêutico é realizado. É importante ressaltar a importância da análise das atividades feitas pelo terapeuta ocupacional, antes da sua execução, para melhor adaptação e adequação das atividades no cotidiano do paciente.

O **Quadro 3** descreve as sessões que foram realizadas.

Nª Sessões	Atividades
1-10	• Estimulação cognitiva por meio de exercícios de atenção, memória, raciocínio, fluência verbal, planejamento, organização, flexibilidade mental, etc. Realização de tarefas de cálculo simples, organização e planejamento de atividades similares ao cotidiano. Treino e uso de exercícios que serão utilizados na vida cotidiana do paciente. Ex.: cálculos simples, uso do dinheiro, lista de supermercado, etc. • Treinamento do Método OGI.
11-20	• Atividades realizadas em tempo real nas sessões de TO. Organização de rotina de autocuidado (cuidado pessoal, alimentação e vestuário), preparação de alimentos, organização de viagem (preparação de uma mala de viagem), atividades domésticas básicas (organização de objetos pessoais, quarto, etc.), atividades externas (banco, uso do transporte público).

Utilização do Método OGI

O método OGI foi utilizado nas sessões de **Clara,** quando necessário. Foi feito um treinamento para que a paciente aprendesse a utilizar o uso do diagrama e da ficha do OGI, material este incluso no Manual do Método OGI.

A **Figura 1** descreve o diagrama do OGI.*

PARE E PENSE

DEFINA A TAREFA PRINCIPAL

PLANEJAR AS ETAPAS

EXECUTAR A TAREFA

VERIFICAR E AVALIAR OS RESULTADOS

* Versão adaptada do Manual do OGI. Fornecido pela autora Noomi Katz e traduzido pelo Serviço de Terapia Ocupacional do IPQ-HCFMUSP.

O diagrama do método OGI possibilita que o paciente aprenda a seguir os passos do diagrama, tais como, pensar e planejar as atividades antes de serem executadas.

No caso de Clara, utilizamos o diagrama e preenchemos a ficha do OGI conjuntamente (terapeuta-paciente). Desta forma, Clara foi assimilando as etapas da tarefa e aprendendo a codificar e decorar as etapas mentalmente. Veja a seguir o exemplo de uma tarefa descrita na ficha do OGI.

Exemplo 3 – Ficha do Método OGI*

NOME: **Clara** DATA: 12/11/2019

<u>1ª PARTE</u>: PARE E PENSE

META DA SEMANA: organizar o armário do quarto

VOU CONSEGUIR REALIZAR A META DO DIA?

( ) totalmente (**X**) parcialmente ( ) não vou conseguir

ACREDITO QUE A NOTA DO MEU DESEMPENHO SERÁ:

1 2 3 4 5 6 7 8 9 10

<u>2ª PARTE</u>

A - PLANEJE: AS ETAPAS DA META

1. SEPARAR AS ROUPAS, SAPATOS E OBJETOS PESSOAIS

2. LIMPAR AS GAVETAS E PRATELEIRAS.

3. ORGANIZAR POR CATEGORIA DE VESTUÁRIO (CALÇAS, CAMISETAS, SAPATOS, ETC.)

TEMPO ESTIMADO PARA CONCLUIR A TAREFA: 1 DIA

B - DECORE AS ETAPAS

3ª PARTE – EXECUTE A TAREFA

4ª PARTE – AVALIE SEU DESEMPENHO

ALCANCEI MINHA META DO DIA?

(X) TOTALMENTE ( ) PARCIALMENTE ( ) NÃO REALIZEI

QUE EU FIZ: **ORGANIZEI OS MEUS PERTENCES**

DIFICULDADES/PROBLEMAS: **LEVEI MAIS TEMPO PARA EXECUTAR A TAREFA, AINDA ESTOU MUITO LENTA (DOIS DIAS).**

O QUE EU GOSTARIA DE FAZER DE DIFERENTE DA PRÓXIMA VEZ?

GOSTARIA DE SER MENOS LENTA E PLANEJAR MELHOR O MEU TEMPO.

OBSERVAÇÕES: CLARA FOI MUITO BEM NA TAREFA, EMBORA QUEIRA MELHORAR O SEU DESEMPENHO OCUPACIONAL. AVALIAMOS A SUA NOTA E O TEMPO DE EXECUÇÃO. DISCUTIMOS OS PONTOS POSITIVOS E NEGATIVOS.

Versão adaptada do Manual do OGI. Fornecido pela autora Noomi Katz e traduzido pelo Serviço de Terapia Ocupacional do IPQ-HCFMUSP.

Evolução de Clara

A evolução de Clara foi bastante satisfatória após 1 ano de intervenção de estimulação cognitiva e uso do método OGI. A paciente foi reavaliada e observou-se melhora significativa em suas atividades cotidianas. A combinação de estimulação cognitiva (realizadas nas sessões e nos exercícios cognitivos feitos em casa), e atividades realizadas em tempo real, utilizando o método OGI, colaborou na melhora funcional e também em sintomas negativos reavaliados pelo psiquiatra por meio da PANSS.

Clara aprendeu usar o diagrama e a ficha do OGI sempre que encontrava dificuldades na execução das tarefas diárias.

Os pais de Clara também foram orientados a respeito dos objetivos do tratamento e da RN proposta, colaborando e incentivando a paciente a utilizar as estratégias quando necessário, além de estimular que a paciente desenvolvesse o máximo de autonomia em suas atividades de vida diária.

Os pais observaram a melhora no desempenho ocupacional e da motivação no seu dia a dia. A próxima etapa do tratamento será o desenvolvimento de um plano terapêutico direcionado à vida acadêmica. É de fundamental importância considerar que as atividades devem ser analisadas e gradualmente inseridas de acordo com o grau de capacidade e necessidades do indivíduo.

CONCLUSÃO

A literatura científica apresenta evidências de que a RN é um arsenal terapêutico importante em pacientes com esquizofrenia combinado com o tratamento farmacológico adequado.

Cabe ressaltar que a RN não deve ser restrita à estimulação cognitiva, mas também por meio da realização de tarefas ecológicas (funcionais). O *setting* da TO favorece não só o treino de atividades de vida diária, mas também contribui para que o paciente aprenda a estabelecer metas.

REFERÊNCIAS

ABRISQUETA-GOMEZ, J. Fundamentos teóricos e modelos conceituais para prática da reabilitação neuropsicológica interdisciplinar. In: ABRISQUETA-GOMEZ J., et al. **Reabilitação neuropsicológica: abordagem interdisciplinar e modelos conceituais na prática clínica**. Porto Alegre: Artmed, 2012. p. 19-32.

ADDINGTON, J.; PISKULIC, D.; MARSHALL, C. Psychosocial treatments for schizophrenia. **Current Directions in Psychological Science**, v. 19, n. 4, p. 260-263, 2010.

AMERICAN OCCUPATIONAL THERAPY ASSOCIATION (AOTA). Occupational Therapy Practice Framework: domain and process. 3rd edition. **American Journal of Occupational Therapy**, v. 68, suppl. 1, p. S1-S48, 2014.

AMERICAN PSYCHIATRIC ASSOCIATION (APA). **DSM-5: Manual diagnóstico e estatístico de transtornos mentais**. 5 ed. São Paulo: Artmed, 2014.

BANDEIRA, M.; LIMA, L. A.; GONÇALVES, S. Qualidades psicométricas no papel da Escala de Habilidades de Vida Independente de pacientes psiquiátricos (ILSS-BR): fidedignidade do teste e do reteste. **Revista de Psiquiatria Clínica**, v. 30, n. 4, p. 121-125, 2003.

BAUM, C. M.; LAW, M. Occupational therapy practice: focusing on occupational performance. **American Journal of Occupational Therapy**, v. 51, n. 4, p. 277-288, 1997.

BELL, M. et al. Neurocognitive enhancement therapy with work therapy in schizophrenia: 6-month follow-up of neuropsychological performance. **Journal of Rehabilitation Research and Development**, v. 44, n. 5, p. 761-770, 2007.

BUCHAIN, P. C., et al. Randomized controlled trial of occupational therapy in patients with treatment-resistant schizophrenia. **Revista Brasileira de Psiquiatria**, v. 25, n. 1, p. 26-30, 2003.

BURGESS, P. W. et al. The case for the development and use of "ecologically valid" measures of executive function in experimental and clinical neuropsychology. **Journal of the International Neuropsychological Society**, v. 12, n. 2, p. 194-209, 2006.

CHAKOS, M. et al. Effectiveness of second-generation antipsychotics in patients with treatment-resistant schizophrenia: a review and meta-analysis of randomized trials. **American Journal of Psychiatry**. v. 158, n. 4, p. 518-526, 2001.

CICERONE, K. D. et al. Evidence-based cognitive rehabilitation: recommendations for clinical practice. **Archives of Physical Medicine and Rehabilitation**, v. 81, n. 12, p. 1596-1615, 2000.

DILLER, L. Pushing the frames of reference in traumatic brain injury rehabilitation. **Archives of Physical Medicine and Rehabilitation**, v. 86, n. 6, p. 1075-1080, 2005.

ELKIS, H. et al. Esquizofrenia. In: MIGUEL, E. C.; GENTIL, V.; GATTAZ, F. W. **Clínica psiquiátrica**. São Paulo: Manole, 2011. p. 603-649, v. 2.

ELKIS, H. Treatment-resistant schizophrenia. **Psychiatric Clinics of North America**, v. 30, n. 3, p. 511-533, 2007.

FIORAVANTI, M.; BIANCHI, V.; CINTI, M. E. Cognitive deficits in schizophrenia: an updated metanalysis of the scientific evidence. **BMC Psychiatry**, v. 12, p. 64, 2012.

GBD 2017. DISEASE AND INJURY INCIDENCE AND PREVALENCE, et al. Global, regional, and national incidence, prevalence, and years lived with disability for 354 diseases and injuries for 195 countries and territories, 1990-2017: a systematic analysis for the Global Burden of Disease Study 2017. **Lancet**, v. 392, n. 10159, p. 1789-1858, 2018.

GILES, G. A neurofunctional approach to rehabilitation following severe brain injury. In: KATZ, N. (Ed.). **Cognition and occupation across the life spain, models for intervention in occupational therapy**. 2 ed. Baltimore: AOTA, p. 139-165, 2005.

GREEN, M. F., et al. Neurocognitive deficits and functional outcome in schizophrenia: are we measuring the "right stuff"? **Schizophrenia Bulletin**, v. 26, n. 1, p. 119-136, 2000.

GREEN, M. F.; HARVEY, P. D. Cognition in schizophrenia: past, present, and future. **Schizophrenia Research Cognition**, v. 1, n. 1, p. e1-e9, 2014.

GRIEVE, J.; GNANASEKARAN, L. **Neuropsicologia para terapeutas ocupacionais**: cognição no desempenho ocupacional. 3 ed. São Paulo: Santos, 2010.

HAGEDORN, R. Habilidades e processos essenciais. In: _____. **Fundamentos da prática em terapia ocupacional**. São Paulo: Dynamis Editorial, 1999. p. 29-48.

HEDMAN, A. M. et al. IQ change over time in schizophrenia and healthy individuals: a meta-analysis. **Schizophrenia Research**, v. 146, n. 1-3, p. 201-208, 2013.

HJORTHØJ, C. et al. Years of potential life lost and life expectancy in schizophrenia: a systematic review and meta-analysis. **Lancet Psychiatry**, v. 4, n. 4, p. 295-301, 2017.

HODGE, M. A. et al. A randomized controlled trial of cognitive remediation in schizophrenia. **Schizophrenia Bulletin**, v. 36, n. 2, p. 419-427, 2010.

HOGARTY, G.; FLESHER, S. Developmental theory for a cognitive enhancement therapy of schizophrenia. **Schizophrenia Bulletin**, v. 25, n. 4, p. 677-692, 1999.

JONGSMA, H. E., et al. International incidence of psychotic disorders, 2002-17: a systematic review and meta-analysis. **Lancet Public Health**, v. 4, n. 5, p. e229-e244, 2019.

JOSMAN, N. Modelo Interativo Dinâmico. In: KATZ, N. **Neurociências,**

reabilitação cognitiva e modelos de intervenção em terapia ocupacional. 3 ed. Tradução de Shirly Gabay, Terezinha Oppido. São Paulo: Santos, 2014. p. 189-206.

KAHN, R. S. et al. Schizophrenia. **Nature Reviews Disease Primers**, v. 1, p. 15067, 2015.

KATZ, N.; HARTMAN-MAEIR, A. Higher-level cognitive function awareness and executive functions enabling engagements in occupation. In: KATZ, N. (Ed.). **Cognition and occupation across the life spain, models for intervention in occupational therapy**. Baltimore: AOTA, 2005. p. 3-25.

KATZ, N.; KEREN, N. Effectiveness of occupational goal intervention for clients with schizophrenia. **American Journal of Occupational Therapy**, v. 65, n. 3, p. 287-296, 2011.

LEZAK, M. **Neuropsychological assessment**. 3rd ed. New York: Oxford University Press, 1995.

LURIA, A. **Human brain and psychological process**. London: Harper & Row, 1966.

MARTINI, L. C. et al. Adaptação cultural, validade e confiabilidade da versão brasileira do Inventário de Habilidades de Vida Independente: versão do paciente (ILSS-BR/P), na esquizofrenia. **Revista de Psiquiatria Clínica**, v. 39, n. 1, p. 12-18, 2012.

MCGURK, S. R., et al. A meta-analysis of cognitive remediation in schizophrenia. **American Journal of Psychiatry**, v. 164, n. 12, p. 1791-1802, 2007.

MCGURK, S. R. et al. Implementation of the thinking skills for work program in a psychosocial clubhouse. **Psychiatric Rehabilitation Journal**, v. 33, n. 3, p. 190-199, 2010.

MEDALIA, A.; REVHEIM, N.; CASEY, M. Remediation of problem-solving skills in schizophrenia: evidence of a persistent effect. **Schizophrenia Research**, v. 57, n. 2-3, p.165-171, 2002.

MEDEIROS, M. H. R. **Terapia Ocupacional**: um enfoque epistemológico e social. São Carlos: EdUFSCAR, 2010.

MUESER, K. T.; MCGURK, S. R. Schizophrenia. **Lancet**, v. 363, n. 9426, p. 2063-2072, 2004.

OLIVEIRA, A. S. **Adequação e estudo de validade e fidedignidade da Escala Interativa de Observação de Pacientes Psiquiátricos Internados às Situações de Terapia Ocupacional**. Dissertação (Mestrado em Saúde Mental) – Faculdade de Medicina de Ribeirão Preto, Universidade de São Paulo, Ribeirão Preto, 1995.

ORGANIZAÇÃO MUNDIAL DE SAÚDE. **CIF**: Classificação internacional de funcionalidade, incapacidade e saúde. São Paulo: EDUSP, 2003.

PALMER, B. W.; DAWES, S. E.; HEATON, R. K. What do we know about neuropsychological aspects of schizophrenia? **Neuropsychology Review**, v. 19, n. 3, p. 365-384, 2009.

PENADÉS, R. et al. Cognitive remediation therapy for outpatients with chronic schizophrenia: a controlled and randomized study. **Schizophrenia Research**, v. 87, n. 1-3, p. 323-331, 2006.

PEREIRA, F. S. et al. Cross-cultural Adaptation, Reliability and Validity of the DAFS-R in a Sample of Brazilian Older Adults. **Archives of Clinical Neuropsychology**, v. 25, n. 4, p. 335-343, 2010.

PFAMMATTER, M.; JUNGHAN, U. M.; BRENNER, H. D. Efficacy of psychological therapy in schizophrenia: conclusions from meta-analyses. **Schizophrenia Bulletin**, v. 32, suppl. 1, p. S64-80, 2006.

PITSCHEL-WALZ, G. et al. The effect of family intervention on replace and rehospitalization in schizophrenia: a meta-analysis. **Schizophrenia Bulletin**, v. 27, n. 1, p. 73-92, 2001.

POLATAJKO, H. J.; MANDICH, A. Cognitive coordination to daily occupational performance with children with developmental coordination disorder. In: Katz, N. (Ed.). **Cognition and Occupation across the life spain, models for intervention in occupational therapy**. Baltimore: AOTA, 2005. p. 113-130.

ROLEY, S. S. et al. Occupational therapy practice framework: domain & practice. 2nd ed. **American Journal of Occupational Therapy**, v. 62, n. 6, p. 625-683, 2008.

SEMKOVSKA, M. et al. Assessment of executive dysfunction during activities of daily living in schizophrenia. **Schizophrenia Research**, v. 69, n. 2-3, p. 289-300, 2004.

SILVERSTEIN, S. M. Psychiatric rehabilitation of schizophrenia: unresolved issues, current trends, and future directions. **Applied and Preventive Psychology**, v. 9, n. 4, p. 227-248, 2000.

SOHLBERG, M. M.; MATEER, C. A. Effectiveness of an attention-training program. **Journal of Clinical and Experimental Neuropsychology**, v. 9, n. 2, p. 117-130, 1987.

SPAULDING, W. D. et al. Cognitive functioning in schizophrenia: implications for psychiatric rehabilitation. **Schizophrenia Bulletin**, v. 25, n. 2, p. 275-289, 1999.

TOGLIA, J. P. A dynamic international approach to cognitive rehabilitation. In: Katz, N. (Ed.). **Cognition and Occupation across the life spain, models for intervention in occupational therapy**. Baltimore: AOTA, 2005. p. 203-211.

TURNER, D. T. et al. Psychological interventions for psychosis: a meta-analysis of comparative outcome studies. **American Journal of Psychiatry**, v. 171, n. 5, p. 523-538, 2014.

VELLIGAN, D. I. et al. Do specific neurocognitive deficits predict specific domains of community function in schizophrenia? **Journal of Nervous and Mental Disease**, v. 188, n. 8, p. 518-524, 2000.

VELLIGAN, D. I.; KERN, R. S.; GOLD, J. M. Cognitive rehabilitation for schizophrenia and the putative role of motivation and expectancies. **Schizophrenia Bulletin**, v. 32, n. 3, p. 474-485, 2006.

VESSONI, A. **Adaptação e estudo da confiabilidade da escala de avaliação das síndromes positiva e negativa para a esquizofrenia no Brasil**. Dissertação (Mestrado) – Escola Paulista de Medicina, Universidade Federal de São Paulo, São Paulo, 1993.

VIZZOTTO, A. D. B. et al. A pilot randomized controlled trial of the Occupational Goal Intervention method for the improvement of executive functioning in patients with treatment-resistant schizophrenia. **Psychiatry Research**, v. 245, p. 148-156, 2016.

WORLD HEALTH ORGANIZATION. **ICD-11**: International Classification of Diseases for Mortality and Mobility Statistics. Geneva: World Health Organization, 2018.

WYKES, T. et al. A meta-analysis of cognitive remediation for schizophrenia: methodology and effect sizes. **American Journal of Psychiatry**, v. 168, n. 5, p. 472-485, 2011.

24. A REABILITAÇÃO NEUROPSICOLÓGICA NO COMPROMETIMENTO COGNITIVO LEVE

Eliane Correa Miotto

INTRODUÇÃO

O comprometimento cognitivo leve (CCL) caracteriza-se por queixas cognitivas, corroboradas por um informante, preferivelmente (familiar ou profissional da saúde), e pela presença de *déficits* cognitivos objetivos na avaliação neuropsicológica. Geralmente, há a preservação das atividades de vida diária instrumentais (AVDIs), embora alguma ineficiência nessas atividades instrumentais possa ser identificada (PETERSEN et al., 2001; WINBLAD et al., 2004).

Há diferentes subtipos de CCL, incluindo o amnéstico e o não amnéstico, e ambos podem apresentar um único domínio ou múltiplos domínios alterados, como linguagem, funções visuoespaciais, etc. (PETERSEN et al., 2001).

Nos últimos 15 anos, diversos pesquisadores investigaram tratamentos que podiam retardar, ou se possível, evitar a progressão desse quadro para demência. Infelizmente, ainda não há tratamentos farmacológicos eficazes disponíveis e os principais utilizados até o momento incluem os inibidores das colinesterases com o objetivo de manter a acetilcolina disponível na fenda sináptica e neurotransmissão.

Por este motivo, diversos estudos têm investigado a eficácia das intervenções não farmacológicas em pacientes com CCL. Além disto, esses indivíduos possuem preservação do funcionamento cognitivo global e das AVDs instrumentais e ocupacionais, possibilitando o aprendizado de estratégias eficientes (MIOTTO, 2015).

Dentre as principais intervenções cognitivas ou de reabilitação neuropsicológica no CCL, três vêm sendo investigadas de maneira mais estruturada na literatura internacional (CLARE et al., 2003; MIOTTO, 2015, 2017, 2019) e serão descritas a seguir:

(1) Estimulação Cognitiva (EC).
(2) Treino Cognitivo e
(3) Reabilitação Cognitiva (RC).

ESTIMULAÇÃO COGNITIVA

Nesta abordagem, atividades cognitivas são realizadas, geralmente, em grupo com o objetivo de melhorar o funcionamento cognitivo global e atividade social. Porém, não há metas estabelecidas voltadas especificamente para as queixas de cada paciente. Veja exemplos dessas atividades de EC na **Tabela 1**.

Tabela 1 – Atividades de estimulação cognitiva em pacientes com CCL

Terapia de orientação para a realidade (TOR): definidas como atividades que aprimoram a orientação temporal e espacial, por meio do uso de calendários, uso de pistas do ambiente para identificar a estação do ano, local onde se encontra leitura de revistas e jornais.
Terapia de reminiscência (TR): apresentação de temas, fotos, reportagens sobre situações vividas no passado para estimular a produção de memórias remotas.
Grupos de atualidades: discussão de temas da atualidade por meio da leitura de reportagens de jornal ou revistas.
Estimulação cognitiva da atenção, memória, funções executivas, dentre outras; exercícios de estimulação das diversas funções cognitivas (jogo dos sete erros, cancelamento de dígitos, letras ou símbolos, caça-palavras, recordar informações lidas, resumir oralmente tais informações, memorizar listas de palavras por meio da estratégia de categorização, etc.).
Softwares computadorizados ou aplicativos em tablets ou celulares: Lumosity, caça-palavras, jogo dos sete erros, jogos de memória, etc.

TREINO COGNITIVO

O treino cognitivo (TC) é definido como uma intervenção estruturada e sistematizada com metas específicas voltadas para os *déficits* cognitivos (CLARE et al., 2003; HAMPSTEAD, 2014; MIOTTO, 2015, 2017, 2019). As atividades propostas visam promover a melhora das funções cognitivas, dentre elas, o treino de memorização de textos, nomes de pessoas e locais onde se guardam objetos, utilizando a técnica de imagem visual, treino por meio de *softwares* de atenção sustentada, seletiva e alternada, etc.

Em pacientes com CCL, diversos estudos demonstraram resultados benéficos por meio de diversas estratégias que visam a melhora da memória episódica, da atenção e das funções executivas. Como exemplo dessas estratégias há a categorização semântica (agrupamento de itens de acordo com suas categorias), a imagem visual (associação por meio de uma imagem visual), a retirada de pistas (aprendizagem de nomes próprios por meio da retirada gradual de letras/sílabas do nome a ser memorizado), e o treino cognitivo computadorizado (BELLEVILLE et al., 2006; KINSELLA et al., 2009; TROYER et al., 2008; BARNES et al., 2009; HAMPSTEAD et al., 2011, 2012; BALARDIN et al., 2014).

REABILITAÇÃO NEUROPSICOLÓGICA

A reabilitação neuropsicológica, também conhecida como reabilitação cognitiva (RC), envolve um conjunto de intervenções individualizadas a cada paciente e suas dificuldades, especialmente aquelas encontradas na vida diária (CLARE et al., 2003; MIOTTO, 2015, 2017, 2019).

Objetiva aumentar a interação social, melhora das dificuldades cognitivas e realização de atividades diárias por meio de metas individualizadas. Como exemplo desta abordagem, há o treino de estratégias cognitivas descrito acima no TC, aprendizagem sem erros, sessões de psicoeducação com o paciente e familiares e uso de auxílios externos (treino do uso de agenda, GPS, caixa de medicações com dias da semana, alarmes para lembrança de compromissos, etc.).

EVIDÊNCIA DA EFICÁCIA DAS INTERVENÇÕES COGNITIVAS NO CCL

Alguns estudos demonstraram melhora de funções cognitivas em pacientes com CCL após as intervenções cognitivas (BELLEVILLE et al., 2006, 2011; HAMPSTEAD et al., 2011, 2012). Apesar disto, ainda há questionamentos e limitações metodológicas na literatura quanto à eficácia dessas intervenções que dificultam comparações e análises de efeito de tamanho dessas intervenções.

Com o surgimento de técnicas como a neuroimagem funcional, foi possível identificar o potencial das intervenções cognitivas associado ao aumento de plasticidade cerebral, reserva cognitiva, compensação e recrutamento de novas redes cerebrais compensatórias em indivíduos com CCL (BELLEVILLE et al., 2011; HAMPSTEAD et al., 2012; HOSSEINI et al., 2014; BALARDIN et al., 2014; SUO et al., 2016). Em tais estudos, foi possível observar melhora das funções cognitivas treinadas, aumento de atividade neuronal em regiões hipocampais (HAMPSTEAD et al., 2011, 2012; HOSSEINI et al., 2014), parietais e frontais (BELLEVILLE et al., 2011; BALARDIN et al., 2014), e da conectividade entre regiões hipocampais, frontais e precuneus (HAMPSTEAD et al., 2011; SUO et al., 2016).

Atualmente, é possível encontrar diversos estudos na literatura que demonstram mudanças no padrão de ativação e da conectividade cerebral decorrentes de intervenções cognitivas, especialmente da reabilitação neuropsicológica e do treino cognitivo, em pacientes com CCL. No entanto, estudos futuros, com medidas de desfechos semelhantes, amostras mais abrangentes e biomarcadores são necessários para expandir esses achados.

CASO CLÍNICO DE RC EM PACIENTE COM CCL

JJ possui 77 anos de idade, ensino superior completo, é administrador e proprietário de empresas.

Queixas e História Clínica

- Há dois anos, ele vem apresentando episódios de esquecimentos: data atual, fatos recentes, informações lidas em jornal, compromissos, nomes próprios.
- Essas dificuldades se acentuaram nos últimos três meses.
- Apesar de tais dificuldades, continua trabalhando e administrando seus bens.
- Não há alteração do humor atual ou anterior.
- Antecedentes pessoais e familiares: hipertensão arterial controlada, irmão com alteração de memória.
- RM: normal para a idade.
- Medicações atuais: Nexum 80, Higroton 12,5, AAS infantil.

Resultados da avaliação neuropsicológica

Na **Tabela 2** estão descritos os resultados da avaliação neuropsicológica. As linhas com realce vermelho indicam presença de alterações cognitivas.

Tabela 2 – Resultados da avaliação neuropsicológica

Testes Cognitivos	Resultado Bruto (Ponderado)	Percentil	Classificação
Mini Exame do Estado Mental	28/30		
Funções Intelectuais			
R. Verbal (WAIS III – Vocabulário)	(15)	95%	Superior
R. de Execução (WAIS III – Raciocínio Matricial)	(09)	37%	Média

QI Total	104	61%	Média
Memória			
Memória Episódica Verbal			
Evocação Imediata (RAVLT 3+5+6+7+5)	26	11%	Média Inferior
Evocação Tardia (RAVLT)	4	17%	Média Inferior
Reconhecimento	10	18%	Média Inferior
Memória de Curto Prazo (Span Direto: 5; Span Inverso:3)	(11)	63%	Média
Memória Semântica (Vocabulário)	(15)	95%	Superior
Memória Episódica Visuoespacial			
Evocação Imediata (BVMT: 3+1+3)	7/12		Prejudicado
Evocação Tardia	4/12		Prejudicado
Reconhecimento	4/12		Prejudicado
Memória Prospectiva	Verbal: 1/3	Visuespacial: 1/3	Prejudicado

Linguagem			
Repetição/Compreensão			Preservado
Fala Espontânea			Preservado
Boston	54	10-25%	Prejudicado
Habilidades Acadêmicas			
Leitura			Preservada
Escrita			Preservada
Funções Executivas e Atencionais			
Fluência Verbal Fonética (FAS 5+5+5)	15	8%	Limítrofe
Fluência Verbal Categórica (Animais)	9	7%	Limítrofe
Atenção Seletiva (Stroop C)	164"	1%	Deficitário
Atenção Sustentada (TMT A)	103"	8%	Limítrofe

Atenção Alternada (Trail Making Test B)	211"	10%	Media Inferior
Visuoconstrução			
Visuoconstrução (Cubos)	(10)	50%	Média
Relógio	10/15	P.C > 11	Dificuldade
Humor			
BDI (Depressão)	8		
BAI (Ansiedade)	9		
HAD (Depressão)	5		
HAD (Ansiedade)	4		
AVDs			
Pfeffer	3		

ASSOCIAÇÃO ENTRE AS QUEIXAS DO PACIENTE E OS RESULTADOS DA AVALIAÇÃO NEUROPSICOLÓGICA

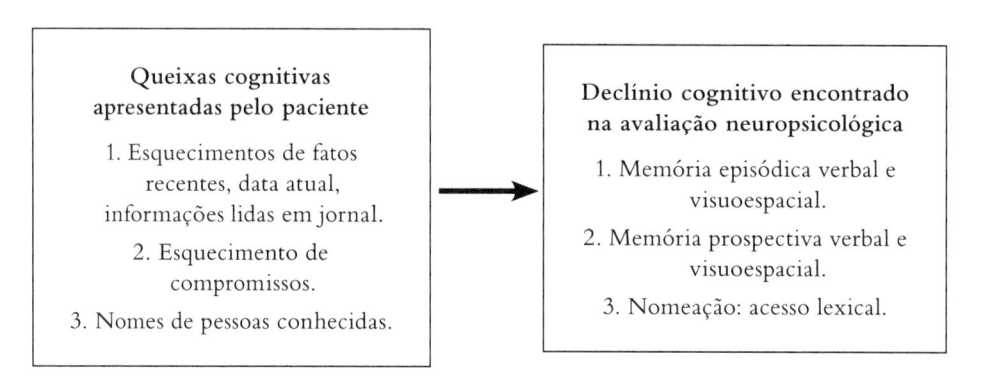

Queixas cognitivas apresentadas pelo paciente

1. Esquecimentos de fatos recentes, data atual, informações lidas em jornal.
2. Esquecimento de compromissos.
3. Nomes de pessoas conhecidas.

Declínio cognitivo encontrado na avaliação neuropsicológica

1. Memória episódica verbal e visuoespacial.
2. Memória prospectiva verbal e visuoespacial.
3. Nomeação: acesso lexical.

METAS DE REABILITAÇÃO NEUROPSICOLÓGICA E ESTRATÉGIAS ADOTADAS

Metas de Longo Prazo (seis meses)

- Aprender a utilizar estratégias eficientes para lembrar-se da data atual.
- Ser capaz de lembrar-se de atividades dos dias anteriores e compromissos.
- Utilizar estratégias que auxiliem na recordação de nomes próprios.
- Utilizar estratégias que auxiliem na lembrança de informações lidas.

Metas de Curto Prazo

- Aprender a utilizar estratégia eficiente para lembrar-se da data atual.
- Meta de curto prazo: utilizar agenda, jornal e calendários diariamente para lembrança de atividades e compromissos.
- Estratégias: TOR, uso de agenda, calendário e jornal. Treinar o cuidador a realizar estas atividades diariamente em casa

  Meta Atingida ( ) Parcialmente atingida ( ) Não atingida ( )

- Ser capaz de lembrar-se de atividades dos dias anteriores e compromissos.
- Meta de curto prazo: utilizar a agenda diariamente, escrevendo ao final do dia as atividades que foram realizadas naquele dia.
- Estratégias: agenda como recurso para se lembrar das atividades realizadas na semana.
- Treinar durante as sessões e supervisão do cuidador na residência.

  Meta Atingida ( ) Parcialmente atingida ( ) Não atingida ( )

- Utilizar estratégias que auxiliem na recordação de nomes próprios.
- Meta de curto prazo: treinar a recordação nome-face usando estratégia mnemônica.
- Estratégias: associação verbal nome-face. Associar uma palavra ao nome da pessoa. "Virginia" lembra o nome do Estado Americano.

  Meta Atingida ( ) Parcialmente atingida ( ) Não atingida ( )

- Meta de curto prazo: treinar uma segunda técnica de associação nome-face.
- Estratégia: associar uma característica do rosto da pessoa ao nome.

  Meta Atingida ( ) Parcialmente atingida ( ) Não atingida ( )

- Utilizar estratégias que auxiliem na lembrança de informações lidas.
- Meta de curto prazo: ser capaz de memorizar as informações lidas em jornais.
- Estratégia: treinar o uso da técnica do PQRST: *Preview* (prévia): leitura inicial do material; *Question* (questione): perguntas são formuladas sobre o material lido; *Read* (leia): nova leitura do material é realizada para responder às perguntas; *State* (expresse em palavras): síntese do material lido e respostas às perguntas; *Test* (teste): testar a compreensão e memorização do material posteriormente.

  Meta Atingida ( ) Parcialmente atingida ( ) Não atingida ( )

REFERÊNCIAS

BALARDIN, J. B; BATISTUZZO, M.C; MARTIN, M. G. M. et al. Differences in prefrontal cortex activation and deactivation during strategic episodic verbal memory encoding in mild cognitive impairment. Front. **Aging Neurosci**.,7:147. doi: 10.3389/fnagi.2015.00147,.

BARNES, D.; YAFFE, K.; BELFOR, N. et al. Computer-based cognitive training for mild cognitive impairment results from a pilot randomized, controlled trial. Alzheimer Dis. **Assoc. Disord**. 23, 205-210, 2009.

BELLEVILLE, S.; GILBERT, B.; FONTAINE, F. et al. Improvement of episodic memory in persons with mild cognitive impairment and healthy older adults: evidence from a cognitive intervention program. Dement. **Geriatr. Cogn. Disord**. 22, 486-499, 2006.

BELLEVILLE, S.; CLÉMENT, F.; MELLAH, S. et al. Training related brain plasticity in subjects at risk of developing Alzheimer's disease. **Brain** 134 (4), doi:10.1093/brain/awr037, 2011.

CLARE, L.; WOODS, R.T.; MONIZ, Cook; et al. Cognitive rehabilitation and cognitive training for early-stage Alzheimer's disease and vascular dementia. **Cochrane Database Syst. Rev**. (4), doi:10.1002/14651858, 2003. Art. No.: CD003260.

HAMPSTEAD, B.M.; STRINGER, A.Y.; STILLA, R.F. et al. Activation and effective connectivity changes following explicit-memory training for face-name pairs in patients with mild cognitive impairment: a pilot study. **Neurorehabil**. Neural Repair 25 (3), 210-222, 2011.

HAMPSTEAD, B. M.; STRINGER, A. Y.; STILLA, R. F. et al. Mnemonic strategy training partially restores hippocampal activity in patients with mild cognitive impairment. **Hippocampus**, 22(8), p. 1652-1658, 2012.

HAMPSTEAD, B. M; MOSTI, C.; B. SWIRSKY-SACCHETTI. Cognitively-based methods of enhancing and maintaining functioning in those at risk of Alzheimer's disease. **J Alzheimers Dis**. 2014; 42 Suppl 4:S483-93. doi: 10.3233/JAD-141476.

HOSSEINI, S.M; KRAMER, J.H; KESLER, S. R. Neural correlates of cognitive intervention in persons at risk of developing Alzheimer's disease. **Frontiers in Aging Neuroscience**, vol. 6, August 2014.

KINSELLA, G. J.; MULLALY, E.; RAND, E. et al. Early intervention for mild cognitive impairment: a randomised controlled trial. J. Neurol. **Neurosurg. Psychiatr**, 80, p. 730-736, 2009.

MIOTTO, E. C. **Reabilitação Neuropsicológica e Intervenções Comportamentais**. Eliane Correa Miotto (Org.). Editora Roca, Grupo Gen, 2015.

MIOTTO, E. C. **Neuropsicologia Clínica**. 2 ed. Organização de MIOTTO; CORREA, Eliane; etal. Editora Roca, Grupo Gen, 2017.

MIOTTO, E. C.; SILAGI, M. L. Reabilitação Cognitiva. In: GAGLIARDO, Rubens J.; TAKAYANAGUI, Osvaldo M. **Tratado de Neurologia – Academia Brasileira de Neurologia (ABN)**. Rio de Janeiro: Editora Elsevier, 2019.

PETERSEN, R.C; DOODY, R; KURZ, A. et al. Current concepts in mild cognitive impairment. **Arch Neurol**, 58: 1985-1992, 2001.

SUO, C.; SINGH, M. F.; GATES, N. et al. Therapeutically relevant structural and functional mechanisms triggered by physical and cognitive exercise. **Molecular Psychiatry**, 21, p. 1633-1642, 2016. doi:10.1038/mp.2016.19, 2016.

TROYER, A.K.; MURPHY, K.J.; ANDERSON, N.D. et al. Changing everyday memory behaviour in amnestic mild cognitive impairment: a randomized controlled trial. **Neuropsychol. Rehabil**, 18, p. 65-88, 2008.

WINBLAD, B; PALMER, K; KIVIPELTO, M. et al. Mild cognitive impairment – beyond controversies, towards a consensus: report of the International Working Group on Mild Cognitive Impairment. **J Intern Med**, 256: 240-246, 2004.

25. A ARTETERAPIA NA INTERVENÇÃO NEUROPSICOLÓGICA DAS DEMÊNCIAS FRONTOTEMPORAIS

Maria Cristina Anauate

APRESENTAÇÃO

A pesquisa sobre a percepção dos conceitos e a ligação dos sistemas perceptivos e motores para a transcrição do que é imaginado (arte no cérebro) tem sido desenvolvida por meio das doenças neurodegenerativas. Este estudo vem embasando profissionais que atuam em intervenções neuropsicológicas por meio da arte, sendo que, nas demências, a arte se constitui num recurso válido, reorganizando circuitos neurais com ampliação de redes, pois promove processos criativos motivacionais ainda possíveis e novos campos de interesse.

Os trabalhos para estes pacientes proporcionam a noção de identidade, combatendo sentimentos de impotência e validando emoções. Os objetivos são minimizar o dano comportamental, sustentar as bases da personalidade e autoestima, promover a comunicação não verbal e dar suporte, manutenção e prevenção ao avanço da demência, por meio da estimulação cognitiva a partir de atividades artísticas, com o foco maior sobre as competências do que sobre as dificuldades. As estratégias envolvem treino cognitivo específico para funções comprometidas e abordagens compensatórias internas e externas em atividades com técnicas artísticas variadas, compondo o desenho do tratamento. Estudos de caso serão apresentados neste capítulo.

Concluindo, a arte nas demências tem um papel organizador e equilibrador, trazendo ao paciente o olhar sobre a própria beleza por meio de suas produções, e assim, mantendo a identidade.

Gostaria de salientar, primeiramente, antes de iniciar esta dissertação, que como Terapeuta Ocupacional, reabilitadora nas áreas de Neurologia, Neuropsicologia e Geriatria (especialmente nas intervenções das doenças neurológicas progressivas no idoso), todos os casos citados com as abordagens artísticas passaram pela reabilitação convencional da Terapia Ocupacional, no que se refere às intervenções cognitivo-funcionais, e concomitantemente foram introduzidas as atividades artísticas dentro de um plano de tratamento previamente realizado a partir dos quadros patológicos.

INTRODUÇÃO E CONCEITOS GERAIS

Atualmente, com os avanços quanto aos estudos dos substratos neuroanatômicos e funcionais da visão e da percepção visuoespacial, novas pesquisas têm sido desenvolvidas quanto à neuropsicologia da produção artística visual, apesar das dificuldades relacionadas à complexidade destas funções no cérebro, por serem altamente subjetivas. Técnicas como a ressonância magnética funcional, associadas a refinados modelos de redes neurais, vêm revolucionando as pesquisas ligadas à produção da arte.

A pesquisa sobre a percepção dos conceitos e a ligação dos sistemas perceptivos e motores para a transcrição do que é imaginado (arte no cérebro) tem sido desenvolvida por meio das doenças neurodegenerativas estudando-se a produção da arte antes e depois do início das doenças, em casos de artistas e não artistas. Este estudo vem embasando profissionais que atuam em intervenções neuropsicológicas por meio da arte, sendo que, nas demências, a arte se constitui um recurso válido, reorganizando e estimulando diversos circuitos neurais com ampliação de redes cognitivas, pois promove processos criativos motivacionais ainda possíveis e novos campos de interesse.

Janson & Janson (1997) propõem que a arte começa com uma imagem mental, seja ela realística ou improvável, do passado ou presente. Durante o processo criativo, o artista manipula materiais para atualizar suas imagens mentais, distinguindo, por exemplo, flores de paisagens. A manipulação de imagens ocorre dentro da mente tão bem como a manipulação de materiais e que assim, como a linguagem, a arte tem seu significado de comunicação, deliberando mensagens e impressões que não podem ser expressas somente por meio de palavras. Seus estudos são de grande importância para o desenvolvimento de pesquisas da arte no cérebro, em especial a arte visual.

A história da evolução de conceituados artistas provê um rico entendimento do substrato neurológico dos processos da arte, sendo, atualmente, associado à imagem estrutural e funcional do cérebro e alguns neurocientistas cognitivos têm estudado este desenvolvimento quanto aos substratos neurológicos para estes processos (ZEKI, 1993, 2000).

As doenças neurodegenerativas, por meio das lesões em diferentes categorias, vêm proporcionando o desenvolvimento de pesquisas ligadas à percepção visuoespacial, imagem visual, memória motora e a processos artísticos no cérebro.

Em alguns casos com demência frontotemporal, a doença pode favorecer a emergência de um novo talento artístico, fenômeno este conceitualizado como uma facilitação paradoxal devido a uma desinibição de áreas cerebrais responsáveis por processamento visuoespacial, liberando assim o paciente de convenções sociais com o aumento da motivação e do prazer (KAPUR, 1996).

As lesões de diversas áreas cerebrais têm impacto sobre a expressão do paciente e podem apresentar os seguintes sintomas: *déficits* de atenção visual com negligência do espaço no papel; alterações na percepção visual de movimento, figura-fundo, discriminação de formas e reconhecimento de cores e, na expressão, a degeneração do traço com a regressão e simplificação do grafismo, presença de perseverações, apraxia construtiva (com sintomas de fragmentação do desenho, configurações sobrepostas, repetição e omissão de linhas), alterações na disposição espacial e apraxia ideatória com relação à utilização de materiais.

Quanto ao conteúdo e à forma, as características que podem surgir na expressão artística são:

- *regressão* com presença de motivos primitivos e infantis e perda da perspectiva;
- *distorção* com representações grotescas ou cômicas;
- *condensação* com sobreposições;
- *transformação* com mudanças anatômicas e características faciais estranhas;
- *estereotipia* com estereótipos ornamentais e repetição de motivos particulares;
- *rigidez* com desenhos diagramáticos e geométricos de figuras emolduradas e perda de profundidade e de movimento e
- *desintegração* com negligência de relações entre objetos e perda de fisionomia em pessoas e animais (MAURER, PRVULOVIC, 2004).

Evidências comprovam que tais sintomas, muitas vezes, conduzem à abstração, mas mantêm a estética, a beleza e o equilíbrio, sendo um tema muito desenvolvido à emergência da abstração na arte como uma manifestação do declínio visuoespacial e cognitivo.

A relativa distribuição da patologia em degeneração lobar frontotemporal (DLFT) com as síndromes clínicas associadas e classificadas de acordo com as variações no acometimento dos territórios frontais e temporais dos hemisférios direito e esquerdo (demência frontotemporal (DFT), variante comportamental, afasia progressiva não fluente (APP) e demência semântica (DS) possibilitam uma janela para a investigação das bases neurológicas de processos artísticos, revelando uma nova preocupação com a arte, ampliando a atenção para estímulos visuais e para o aumento da criatividade em estágios iniciais da doença.

Miller e seus colaboradores (1996; 1998) estudaram a emergência de novas habilidades visuais e musicais em pacientes com DFT nos estágios iniciais e moderados da doença, em que os pacientes passaram por avaliação neuropsicológica e exames de imagem periódicos e praticavam atividades artísticas de cópias realísticas com ausência de abstração ou componentes simbólicos, por meio de imagens da memória visual, sendo que na evolução da doença mostravam maior interesse em finos detalhes de faces e objetos, e também criaram representações visuais a partir de imagens regressas de seus passados. Os autores especularam que a habilidade para recriar cenas da memória de forma realística representava a seletiva preservação da memória semântica e de trabalho (função intacta do córtex pré-frontal dorsolateral).

Outro trabalho do Miller (2000) incluiu pacientes com disfunção unilateral esquerda (APP e DS), com graus de severidade variáveis, comparando doze casos que tiveram experiência em arte no curso da doença com quarenta e seis casos com habilidades visuais ou musicais ausentes. Os que praticavam arte responderam melhor nos testes de tarefas visuais do que nos de tarefas verbais no curso da doença.

Ele concluiu que a perda da função no lobo temporal anterior esquerdo pode facilitar habilidades artísticas ou musicais, abrindo a possibilidade de uma janela para o estudo dos talentos visuais e musicais no cérebro. Em pacientes com DFT, variante comportamental, o trabalho de arte acontece de maneira compulsiva com um estilo surrealista. Ele postula a importância do conhecimento da arte no cérebro no contexto da demência como uma oportunidade para a reabilitação.

Os comportamentos compulsivos, comumente vistos em DFT, podem influenciar a produção artística, levando os pacientes a obsessivas práticas em técnicas artísticas (MILLER, 2000). A natureza compulsiva dos pacientes parece contribuir para seus processos artísticos.

Dentro da atuação do profissional, que se utiliza de recursos expressivos, a música e a pintura se tornaram instrumentos importantes no auxílio à intervenção de indivíduos com lesões cerebrais.

Janson & Janson (2001) ainda sugerem que como a arte envolve a imagem mental e a manipulação de algum instrumento para a materialização dessa imagem, mesmo a cópia de algo do ambiente implicará na interiorização dessa imagem. A pesquisa sobre a percepção dos conceitos e a ligação dos sistemas perceptivos e motores para a fiel transcrição do que é imaginado, tem sido importante base para a prática da intervenção.

No entanto, ainda há dificuldades quanto à individualidade dos sujeitos para o desenvolvimento de baterias padronizadas que quantifiquem a arte. Estas pesquisas nos incentivaram a criar intervenções a partir da arte pelas notáveis possibilidades de respostas em fases iniciais e moderadas que estes pacientes nos apresentam.

Tais respostas variam dependendo do diagnóstico dos tipos patológicos deste espectro, com peculiaridades específicas de investimento em arte.

Nas Afasias Progressivas Não Fluentes (APPs), o investimento em arte é consideravelmente longo no tratamento, mas, após alguns anos de evolução, perdem-se possibilidades abruptamente, pois as perdas motoras e as apraxias tornam-se muito graves, chegando à total dependência funcional.

Nas Demências Frontotemporais (DFT) variante comportamental, a impulsividade da maioria dos casos gera, como já citado nas pesquisas, expressões fortes, com cores quentes, e o desempenho é rápido, sem monitoramento, a quantidade resultante de trabalhos é grande.

Nestes casos, as intervenções são dirigidas, portanto, à maior tranquilidade, com regras, limites, norteando estímulos na arte que possibilitam comportamentos mais estáveis e calmos. Embora a produção seja intensa, o tempo de intervenção na arte é pequeno, pois estes pacientes perdem a capacidade de monitoramento das ações muito rápido. Isto não se aplica aos pacientes com a doença em estágio senil, acima dos oitenta anos, pois a progressão é bem mais lenta, suave, tratando-se de quadros mais benignos.

Nestas situações, o mosaico tem sido muito eficiente, com resultados satisfatórios, além de técnicas de pintura.

Nas Demências Semânticas (DS), as cópias realísticas e pinturas com limites proporcionam bons resultados, inclusive, muito perfeitos, porém simbólica e afetivamente não representam nada para os pacientes por causa do acometimento semântico. Nestes casos, a arte tem um objetivo maior no âmbito ocupacional e de qualidade de vida, mas o percurso de intervenção é longo e paulatino.

A ARTE-REABILITAÇÃO NEUROPSICOLÓGICA

A reabilitação neuropsicológica (RN), com sua visão holística, engloba a intervenção sobre a deficiência cognitiva, os aspectos motores, emocionais e comportamentais, a adaptação funcional e a integração ambiental e social do indivíduo.

A arte-reabilitação neuropsicológica entra como mais um recurso da RN, reorganizando as funções cerebrais, e como já citado, estimulando diversos circuitos neurais com a ampliação de redes e processos criativos altamente motivacionais, abrindo, portanto, novos campos de interesse.

Os objetivos têm como foco maior as competências (para combater os sentimentos de impotência e validar emoções), além dos objetivos de minimizar danos comportamentais, sustentar as bases da personalidade, a identidade e a autoestima, promover a comunicação não verbal e dar suporte, manter e prevenir problemas futuros relacionados aos quadros específicos.

A partir dos conceitos da re(ha)bilitação cognitiva que pontuam a intervenção cognitiva baseada em exercícios de tratamento organizados hierarquicamente, desenhados de forma gradual, sistemática e progressiva, para o envolvimento cada vez mais intenso e compreensivo do sistema cognitivo o qual se encontra comprometido, podemos delinear as abordagens e técnicas ligadas aos processos das atividades artísticas diversas, adaptando-as a esses conceitos, seguindo a análise dos modelos de processamento da informação para processos perceptuais, cognitivos e motores.

As abordagens, portanto, são as mesmas da reabilitação cognitiva (restaurativa ou estimulativa, compensatória, combinada, preventiva e de manutenção), mas utilizando-se da análise de atividades de cunho expressivo. Para tal, é de extrema importância, o conhecimento aguçado do profissional envolvido quanto aos processos de arte, história da arte e técnicas variadas para poder desenhar o tratamento e compor as abordagens numa dança harmoniosa, de acordo com as necessidades do paciente, sejam elas estimulativas e/ou compensatórias.

Além das atividades expressivas visuais, podem-se utilizar atividades ligadas à música e à dança, observando composições e associações temáticas diversas baseadas em redes neurais multimodais.

O plano de intervenção inicia-se com a identificação das áreas de *déficits* dos processos expressivos por meio de uma avaliação minuciosa destes processos.

A avaliação em arte-reabilitação neuropsicológica é desenvolvida principalmente por observação do desempenho em tarefa artística, como também se pode aplicar à bateria do "Protocolo de Arte", uma bateria criada para avaliar ecologicamente, por meio de 3 processos, uma tarefa artística de observação de uma imagem, cópia e colagem da mesma. Esta bateria foi criada para pontuar quantitativamente o desempenho de pacientes com degeneração frontotemporal, como também, outros tipos demenciais, como a doença de Alzheimer e a demência vascular, em tarefas artísticas com o objetivo de comparar estes pacientes com indivíduos controles, verificando se as habilidades artísticas podem ser uma ferramenta útil na avaliação das disfunções cognitivas nesta população. Contudo, pode ser aplicado em qualquer população.

O projeto foi desenvolvido no "Grupo de Doenças Cognitivas e do Comportamento da FMUSP" e envolveu, portanto, a criação de um instrumento de avaliação quantitativo e qualitativo de processos artísticos em atividades específicas, o "PROTOCOLO DE ARTE", comparado também com outras baterias cognitivas convencionais não ecológicas, como a Bateria Dinâmica de Avaliação Cognitiva de Terapia Ocupacional de Loewenstein – LOTCA-D (ANAUATE, 2014).

Na observação do desempenho, desenvolve-se a análise das seguintes funções cerebrais:

- Entradas sensoriais.
- Nível de atenção à atividade proposta (focalizada, sustentada, alternada e na presença de distratores).
- Capacidade perceptiva visual (objetos concretos e imagens em formas, cores e figura-fundo).
- Capacidade perceptiva táctil (texturas, formas, consistências e figura-fundo).

- Capacidade perceptiva auditiva (intervalos, pausas, ritmos, figura-fundo).
- Capacidade perceptiva espacial (direção, posição, rastreamento, reversão, ocupação do espaço amplo e fino, partes e todo).
- Análise conceitual ligada à arte (tamanho, formas geométricas, figura humana e demais conceitos).
- Armazenamento e evocação das informações e experiências artísticas anteriores e do momento presente.
- Análise das funções executivas, tais como:
  - memória de trabalho para a atividade proposta;
  - flexibilização do pensar artístico e da criatividade (redes transmodais, associação de ideias e imagens, abstração, conclusões);
  - criação da ideia principal do trabalho (ideação do projeto);
  - recuperação de informações necessárias ao processo;
  - planejamento de metas e sequência de ações ao processo de expressão;
  - iniciativa;
  - automonitoramento do processo;
  - conclusão e finalização da criação;
  - presença de comportamentos inadequados (agitação, passividade, agressividade);
  - expressão de emoções e sentimentos por meio da comunicação da arte.

Como base para o processo, é muito importante o diagnóstico definido e a avaliação neuropsicológica. Também, como prioridade, é necessário o levantamento das potencialidades e pontos de interesse e motivação, a personalidade e maneiras pessoais de lidar com problemas, o relacionamento familiar e social e a avaliação do grau de conscientização que o paciente tem de seu quadro e de sua situação atual.

A partir da avaliação, delimitam-se e escolhem as atividades expressivas adequadas ao tratamento e o plano de intervenção, este deverá ser paulatino e hierárquico por níveis de complexidade das técnicas expressivas e, para isso, será necessário o conhecimento pelo profissional das técnicas de forma aprofundada.

Em todo o processo, o foco deverá estar na significação do trabalho na vida do paciente (sentido real do FAZER ARTÍSTICO); isto é, na capacidade produtiva e, se possível, social desse indivíduo, pois esta é a maior importância da arte como recurso na reabilitação neuropsicológica.

Acima de tudo, a pintura provê uma atividade suportiva, estruturada, agradável e produtiva com a qual o paciente pode lidar, favorecendo-lhe a autovalorização, a satisfação e o aprimoramento das funções motoras e cognitivas. Os sintomas perseverativos, a fragmentação do desenho, as configurações sobrepostas e a negligência do espaço no papel tornam o trabalho abstrato, mas nem por isso sem estética formal e equilíbrio.

Nos pacientes com quadros progressivos, é possível manter funções cognitivas por algum tempo, principalmente na fase inicial das doenças, sendo depois a função perdida. Portanto, o trabalho com terapias expressivas não cessa a evolução da doença, mas pode ampliar suas etapas, na possibilidade de melhora da qualidade de vida e bem-estar, base indireta para a saúde intelectual.

A decisão de trabalhar com as artes numa etapa mais avançada das doenças degenerativas depende do quadro do paciente. As funções que ficam comprometidas variam. Alguns pacientes não conseguem mais decodificar uma imagem. Nesses casos, fica difícil, porém, pode-se utilizar música, trabalhos corporais e a dança. Nos casos possíveis, ajuda a manter a autoestima e o senso de integridade.

A busca da beleza por meio de técnicas específicas é fundamental para a autoestima, para o bem-estar, para a tranquilidade e memória afetiva das imagens, pois o sucesso é mais codificado na memória do que o fracasso. As obras com resultado simplificado podem ser associadas à história de grandes artistas que apresentaram o uso destes elementos primordiais em suas obras. Cuidados devem ser tomados quanto à ingestão de materiais da arte, utilização da tesoura, simplificação das tarefas para não gerar frustrações e redirecionamento e monitoramento constante nas tarefas.

O profissional que se utiliza da aplicação de recursos artísticos na reabilitação neuropsicológica deve trabalhar numa linha contínua com o paciente, utilizando-se de toda a sua sensibilidade para que a sua análise se prolongue com a análise do paciente e o seu gesto sirva como mediador e instrumento intermediário para facilitar a liberdade do paciente no encontro com as imagens criadas e, portanto, consigo mesmo, desenvolvendo e conduzindo a ação para a realização concreta.

A criatividade e a flexibilidade do profissional devem estar presentes em todo o processo para facilitar os novos rearranjos das expressões, muitas vezes deficitárias, por meio do uso de abordagens compensatórias combinadas advindas de técnicas artísticas.

As limitações geradas pelos *déficits* neuropsicológicos, às vezes, na arte podem se tornar recursos para uma expressão do interno, das suas emoções, validando sentimentos que, muitas vezes, sem a ajuda da arte, poderiam ser expressos de forma inadequada, em comportamentos inapropriados no cotidiano.

Além da abordagem expressiva artística individual, o paciente pode ser conduzido sozinho ou em grupo a passeios em museus para observar obras de arte de pintores renomados antigos ou contemporâneos e participar de atividades nestes espaços museológicos; há ocasiões em que eles conseguem responder a uma pintura ou escultura mesmo sem reconhecê-los. Apesar de não haverem estudos científicos conclusivos na área, acredita-se que o contato com as artes ajude a despertar capacidades interpretativas e expressivas e também despertar emoções (importância afetiva na estimulação da memória).

Atualmente, existem programas em espaços culturais que promovem o acompanhamento de pacientes com *déficits* neurológicos em geral, programas para indivíduos com demências, para idosos sem comprometimento, mas adaptados à idade e para deficientes mentais e sensoriais.

Esta atividade promove a ativação de várias áreas cognitivas, principalmente a memória evocativa episódica e semântica, além do aprendizado de novas experiências que poderão ser utilizadas posteriormente numa abordagem individual expressiva por meio de fotos e livros. No entanto, a maior importância é para a inclusão social, desde que estes indivíduos possam ser inseridos nestas atividades, convivendo com os programas habituais abertos ao público e não em momentos isolados.

O MoMA (Museu de Arte Moderna de Nova York) e o Museu de Belas Artes de Boston, por exemplo, além do MUBE (Museu Brasileiro de Escultura) e a Pinacoteca do Estado de São Paulo, criaram programas específicos para portadores de demências e deficiências sensoriais visando usar a arte como um instrumento terapêutico para esses doentes.

Ressalvas devem ser feitas para a escolha das obras a serem observadas para não causar confusão, aversão, irritação ou agitação, pois existem pinturas com impacto emocional negativo para o paciente, mediante as suas experiências pregressas ou ao momento atual de seus *déficits*. A escolha deve ser feita de acordo com as afinidades e potencialidades, e assim, favorecer a autoestima.

No percurso involutivo em tarefas artísticas, os pacientes podem apresentar simplificações e presenças de perseverações, perda da forma definida, pintura fluida e traços circunscritos, perda da figura-fundo, fragmentação do desenho, fixação em detalhes, tendência à abstração e sobreposição de traçados sobre a imagem. Em muitos casos, a intervenção a partir de mandalas é o que sustenta as bases da personalidade e identidade, com realizações belas e harmoniosas que cursam com as capacidades sensoriais de traçados e cores, num padrão estético implícito. No avanço das doenças, o trabalho com o uso de tintas se torna impossível, ficando apenas por um tempo a possibilidade de trabalhos com o uso de lápis aquarelável. Em todo o processo de evolução da doença, o contato com a arte pode propiciar um estado de tranquilidade e qualidade de vida.

Não podemos deixar de citar as notáveis possibilidades do artesanato para a intervenção nas demências, com mosaicos, colagens, pintura de utilitários entre outros. A finalidade principal é desenvolver a organização, a aceitação de limites e as regras e a memória implícita procedimental, também atenuando distúrbios comportamentais por favorecer a contenção de condutas. O produto final tem grande valor estético-social, favorecendo a aceitação do paciente com limitações em seu meio familiar e social a melhor, portanto, a autoestima do paciente.

As funções neuropsicológicas envolvidas são planejamento e organização; sequenciação; habilidades manuais; manuseio e experimentação de diversos materiais; flexibilização e raciocínio; percepção visuoespacial; automonitoramento; criatividade; atenção sustentada; memória visuoespacial, procedimental, operacional e semântica.

As modalidades de atividades são indicadas de acordo com a afinidade e possibilidades do paciente, sendo que as tarefas podem ser assistidas em suas etapas em direção à conclusão do produto final e, quando possível, orientadas também para casa.

EXEMPLOS DE CASOS CLÍNICOS

Estudo de Caso 1: Demência Semântica

Primeiramente, vamos relatar o caso de um homem (GIS), com 81 anos, engenheiro, iugoslavo, fluente em inglês, francês e português, com um quadro de demência semântica (DS), em fase avançada, com notável avanço da agnosia associativa visual para objetos e figuras e grande alteração da memória semântica verbal e visual.

Em sua última ressonância magnética em 2008, o paciente apresentava atrofia do lobo temporal direito e discreta redução volumétrica do lobo temporal esquerdo, as áreas posteriores parietais e occipitais estavam mais preservadas. Realizou atendimento fonoaudiológico de 2007 a 2010 e, a partir de então, realizou atendimento em terapia ocupacional por alguns anos até a deterioração avançada do quadro, onde não estabelecia mais nenhum contato com o mundo.

Como sintomas do início do tratamento, apresentava grave comprometimento da memória semântica verbal e visual, agnosia associativa visual para objetos e seus respectivos conceitos de utilização, agnosia musical com ausência de respostas aos estímulos musicais, preservação da percepção de formas puras, similaridade de cores, padrões repetitivos e noção de simetria, reconhecimento de números e cartas de baralho, realizando sequências e ordenamentos, manuseio dos objetos de forma automática e sem escolha, disgrafia, compulsão alimentar sem discriminação entre objeto e alimento, apatia, afeto diminuído e isolamento, sendo que, dependia dos outros para estar em contato com o mundo e, finalmente, apenas explorando o ambiente para atividades perseverativas, como deitar-se, jogar gamão de forma automática, pedir comida ou bebida, sendo dependente parcial para autocuidado com necessidade de condução e supervisão.

Em avaliação inicial, além da observação do desempenho no ambiente doméstico, foi aplicada a Bateria Dinâmica de Avaliação Cognitiva de Terapia Ocupacional de Loewenstein (LOTCA – D) e a Escala de Avaliação de Incapacidade em Demência (Disability Assessment For Dementia – DAD).

Como resultados, no LOTCA, tivemos as seguintes pontuações: 2/8 em orientação, 9/24 em percepção e práxis, 10/28 em organização visomotora, 6/26 em operações mentais, 2/4 em atenção e concentração, totalizando 29/90.

O paciente demonstrou dependência parcial em suas atividades básicas de vida diária, sem controle de esfíncteres e um DAD com pontuação de 0,075.

Como proposta inicial, a intervenção funcional foi orientada e adentramos num programa de estimulação cognitiva a partir de atividades artísticas. Apesar de suas áreas visuais posteriores do cérebro estarem mais preservadas, as funções simbólicas e conceituais dos elementos da arte estavam comprometidas e sua percepção acontecia apenas no nível de formas puras (similaridades de formas, cores e padrões e trajetos de linhas – uma função mais preservada do hemisfério direito). Portanto, percebia simetria, apresentava estética e capacidade composicional, mas com funções mais automáticas e sem escolha na presença de apatia e afeto diminuído no contato com o mundo e com os estímulos oferecidos, seu desempenho era totalmente conduzido a cada passo, mas, mesmo assim, fenômenos expressivos se apresentavam em cópias realísticas.

Realizava cópias de desenhos com habilidade preservada das funções visoespaciais para a atividade com ação exclusiva da linha, sem sombreamento, não interagindo com o conteúdo semântico da figura, apenas com os elementos formais da arte (linha, direção, contornos, cores, sem análise formal).

O lápis colorido induzia imediatamente à pintura e à cópia de um desenho colorido, induzia a uma pintura mesmo se era dado o lápis preto, a cor prevalecia sobre a linha. Pintava somente em espaços fechados com pinturas impulsivas, rápidas e pouco precisas, mas com noção de distribuição de cores simetricamente; havia dificuldade para decidir e escolher as cores.

Como uma estratégia compensatória em releituras de obras de arte, foi utilizada a técnica de uma cópia do desenho da pintura pelo interventor, a fim de que ele pudesse, então, copiar em desenho e depois pintar de acordo com a obra. A pintura era escolhida terapeuticamente de acordo com um estilo de formas com limites precisos das imagens da obra.

E com essa estratégia compensatória externa, ele conseguia depois pintar o seu próprio desenho. Era necessário antes decodificar a cor do desenho na obra de arte, para que ele pudesse completar a releitura.

Por exemplo: releitura de Ton Schulten.

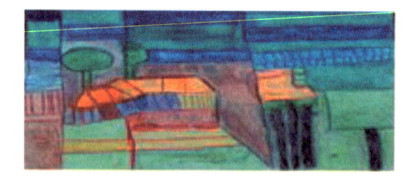

Para casa, foram orientadas pinturas de mandalas já desenhadas em preto e branco, pois havia capacidade para ordenar formas e cores em padrões repetitivos, e assim, esta atividade possibilitou um comportamento menos perseverativo para alimentação e rotinas, possibilitando à família e aos cuidadores um maior tempo para o preparo das demandas do paciente e, portanto, maior qualidade de vida para todos.

Ele participou de atividades grupais de socialização com música e, com isso, passou a apresentar respostas mais afetivas tanto para algumas músicas como para o contato com as pessoas.

Estudo de caso 2: Demência Fronto – Temporal

A paciente M.B.L, com Demência Fronto-temporal em fase moderada, iniciou seu tratamento em Terapia Ocupacional no ano de 2010, com a idade de 78 anos, casada, com 3 filhos, professora de violão, brasileira.

Sua última ressonância magnética foi em 2009, apresentando atrofia discreta dos 2 lobos temporais anteriores. Há aproximadamente 4 anos anteriores, ela iniciou um comportamento de pegar coisas em lugares públicos, com atitudes impulsivas, compulsão alimentar, infantilização, falta de asseio pessoal e desorganização.

Como sintomas apresentados no início do tratamento, ela apresentava alterações comportamentais quanto à impulsividade para objetos, desinibição e compulsão alimentar, *déficits* de crítica e autojulgamento, alterações das funções executivas, em especial o monitoramento, planejamento e organização das ações, execução perseverativa, extremamente rápida das tarefas, com impulsividade, afeto, capacidade perceptiva e linguagem, preservados com leve alteração da memória episódica, aprendizado lento de novas habilidades com baixa assimilação, apresentando também temas religiosos e infantilização em seus trabalhos, necessitando de supervisão para autocuidado.

Em avaliação, aplicamos a Bateria de Avaliação Cognitiva de Terapia Ocupacional Loewenstein (LOTCA – D), com as seguintes pontuações: 6/8 em orientação, 20/24 em percepção e práxis, 15/28 em organização visomotora, 8/26 em operações mentais, 3/4 em atenção e concentração, com um total de 52/90.

Realizamos a Bateria Breve de Rastreio Cognitivo (memória) com as seguintes pontuações: Minc. de 5/10, Mimed de 6/10, Aprendizado de 8/10, M 5min de 6/10, Reconhecimento de 9/10, como também a Bateria de Avaliação Frontal (BAF) com a pontuação de 16/18.

O programa em Terapia Ocupacional consistiu dos seguintes aspectos: organização de rotinas com atividades possíveis para casa, orientação aos familiares/cuidador, exploração da música e poesia (atividades pregressas), exploração de novos potenciais em atividades artísticas e atividades artesanais com controle de ações, sequência, alternâncias, escolhas, planejamento, organização, memória operacional e controle inibitório da impulsividade e realização de atividades produtivas para autoestima e valorização.

No decorrer da intervenção em arte, pudemos observar os seguintes fenômenos expressos em atividade artística da paciente com DFT:

- Em cópia (desenho com lápis), a execução era rápida, sem precisão e análise dos detalhes, porém, quando solicitada a pintar, sobrecarregava em novos traçados, deixando o produto sem distinção entre figura e fundo.

- Colava elementos e escrevia sobre as pinturas, trazendo figuras de seu universo interior, mas sem crítica e julgamento quanto à tarefa proposta com prejuízo da memória operacional.

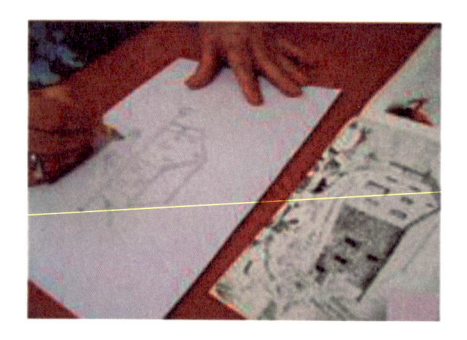 

- A criatividade se expressava livremente, transitando entre diversas linguagens, visuais, musicais e poéticas, mas sem senso lógico, crítica, planejamento e monitoramento.

- Apresentava expressão emergente em versos, grafismos (perseveração de traçados) e figuras religiosas.

- Os fenômenos impulsivos ocorriam em todas as tarefas, seja nos gestos, na prontidão das etapas das tarefas ou nas ideias.

• Os versos refletiam suas sensações da realidade atual. Por exemplo:

Marcas do que se foi...
Sonhos que ainda terei!
O dia nasce novo em cada amanhecer.
Aqui há espaço...
O que meus olhos veem?
O que meu coração sente?
As cores vibram, que escolha é essa?
Será possível?
Uma coisa de cada vez.
O lado "bom" da vida...
Existe ou o que for....
Se der sorte, seria eu o quê?
Ao me sentir livre, descontraída, feliz?
Demais da conta....
O que faço agora?
Basta ser feliz!
Pronto!
O vazio que vá para as "cucuias".
Só por hoje!
Duas vezes!!!

Sendo assim, nesta fase, o artesanato foi introduzido para atenuar a impulsividade (regras, sequência, fases de espera). O resultado foi excelente e pudemos entrar na pintura em tela.

Processo Criativo da Paciente

O processo criativo da paciente aconteceu em sua fase inicial. A paciente trazia o desejo, a intenção, surgiam ideias repentinas em imagens, cores, motivos, advindas de suas experiências pregressas e, a partir de intervenções terapêuticas, o fazer artístico (praxias artísticas) foi sendo organizado com ela de acordo com os materiais, técnicas, substratos e tipo de função da obra (utilitária, decorativa) a ser desenvolvida, além das sequências e finalização. Deste modo, por meio das estratégias executivas, ela foi estimulada quanto à melhora da impulsividade, quanto à sequência das subtarefas, do monitoramento, da percepção do tempo e da conclusão da obra e dos resultados foram altamente satisfatórios.

O nível de satisfação foi positivo, refletindo em suas relações familiares com participação. Portanto, ocorreu a melhora da autoestima e motivação atenuando indiretamente os distúrbios comportamentais.

Concluindo, de maneira geral, a arte produzida por pacientes com Demência Fronto-temporal tendem a dispor de composições simples e desordenadas, desempenhos com realização rápida e impulsiva, com proporções alteradas, presença de perseverações de traçados e cores extremamente vivas, muitas vezes, infantilizadas ou liberadas, com associação da ocorrência de mudanças de humor e agitação, onde os distúrbios de comportamento prejudicam sobremaneira os desempenhos, em especial quanto à intolerância para o tempo das tarefas, como também para as funções executivas envolvidas no planejamento e na organização das etapas.

Estudo de Caso 3: Afasia Progressiva Primária Não Fluente

Outra paciente que vamos relatar é uma mulher de 55 anos (M.R.J), com o diagnóstico de Afasia Progressiva Primária (não fluente) (APP), artista, *designer* e arquiteta. Iniciou seu tratamento em Terapia Ocupacional com um quadro de afasia, apraxia da fala e gestos, alterações das funções executivas.

Neste caso, como a paciente tinha muita consciência de suas perdas com muita dor emocional, decidimos por uma avaliação contínua em processo de intervenção desde o início. Sendo assim, ela foi atendida em domicílio e pudemos realizar amplamente a observação ecológica do desempenho ocupacional em muitas tarefas de seu cotidiano.

No início, ainda podia viver de forma independente, esquentava sua própria comida, saia à rua para compras e era acompanhada pela irmã em seus tratamentos. As apraxias ideatória e construtiva ainda estavam pouco prejudicadas e pudemos criar boas estratégias de ajuda para o dia a dia da paciente. Nesta época, já introduzimos tarefas para casa voltadas à arte e esta intervenção permaneceu até fases avançadas da doença, mesmo em fase de grandes adversidades funcionais.

As técnicas foram se modificando ao longo da evolução, e pudemos adaptar as atividades com o uso de estratégias compensatórias quanto à combinação de técnicas artísticas. Seu conhecimento de História da Arte, experiências artísticas pregressas e paixão pela arte puderam enaltecer as intervenções quanto aos sistemas motivacionais, sendo seu processo permeado integralmente pelo colorido da arte, por aproximadamente 5 anos, quando então suas apraxias se tornaram muito graves e houve perda de habilidades e movimentos em geral.

Nesta fase ainda, a intervenção pela música despertava emoções traduzidas em movimentos expressivos espontâneos numa dança inusitada. Já tinha problemas bastante graves nos órgãos fonoarticulatórios, sem controle de saliva e dificuldades de mastigação e deglutição.

Sendo assim, seu tratamento foi interrompido.

Seguem alguns trabalhos, como artista, antes da doença:

Autorretratos que foram se perdendo em exatidão e eficácia, antes e depois do início da doença.

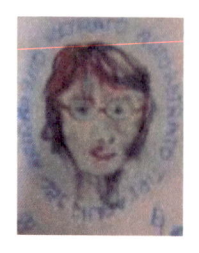 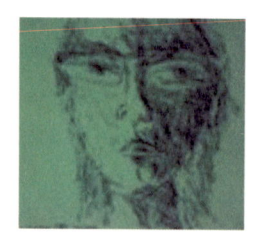 

No início da intervenção, demos grande enfoque na manutenção da funcionalidade e autonomia em treinos específicos para as apraxias e funções complexas de planejamento, e iniciamos a pintura de mandalas desenhadas para manutenção da autoestima.

Realizamos constantemente treinos de escrita e de desenho, em que, ao longo do processo, a escrita se perdeu totalmente, mas permanecia o desenho de grafismos e desenhos de formas mais primitivas que nos possibilitava trabalhos interessantes para pintura, pois a paciente mantinha a estética e a capacidade composicional.

Seus temas eram muito voltados à natureza, colhia folhas nas ruas e as trazia para casa para se inspirar, assim realizamos treinos de traçados e grafismos em atividades artísticas como uma ponte para o estímulo da linguagem a partir de muita motivação e interesse.

Trabalhamos por muito tempo com aquarelas na criação de mandalas e trabalhos livres.

Usamos esquadros e réguas para a criação de desenhos, como também, a diminuição do tamanho da superfície de pintura como estratégias compensatórias externas na construção de mandalas (intervenção da apraxia construtiva) com criações diversas.

Utilizamos o recurso do mosaico para reestruturação espacial e intervenção da apraxia construtiva.

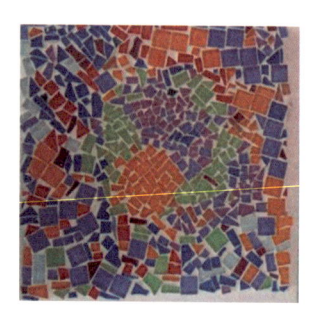 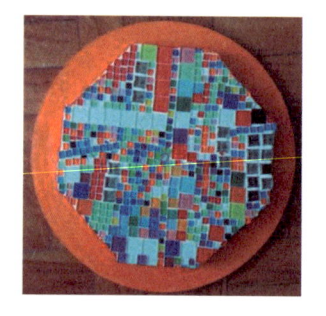

As criações dos *layouts* eram da paciente. Ela trabalhava livremente com as peças, com o tempo, os mosaicos foram perdendo a geometria e se tornando mais abstratos, mas sempre belos.

A deterioração!

Vasos: antes e após a doença!

Trabalhamos também com colagens para ativar as práxis ideacional e construtiva, mas, nesta atividade, nos deparamos com muitas dificuldades práxicas por conta da tesoura e cola.

Fizemos experiências terapêuticas com argila, na tentativa de facilitar as atividades por conta da ausência de instrumentais, mas ela não conseguiu modelar a argila, então decoramos com tinta e adereços os blocos rústicos do material para dar sentido, o que proporcionaram resultados positivos para a paciente.

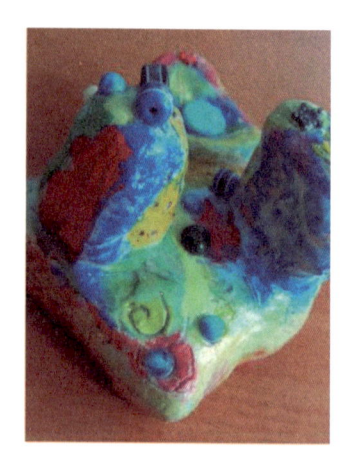

Conjuntamente com as intervenções artísticas, foi realizado o trabalho corporal amplo envolvendo habilidades globais e coordenações motoras amplas, como coadjuvantes em todo o processo (yoga e dança expressiva). A música foi essencial!

Com a ampla participação dela, conseguimos realizar uma exposição individual, unindo a arte de ontem (de seu passado pregresso, antes da doença) à arte do momento atual, contudo, tempos depois, houve o avanço da doença de forma mais abrupta.

Neste período, as questões emocionais foram marcantes em que a paciente se deparou com suas grandes dificuldades de comunicação, as quais ficaram explícitas em sua exposição.

Concluindo, esta paciente foi muito favorecida pela arte em todo o seu processo, e acreditamos que, principalmente a arte, foi que possibilitou maior significância em sua vida, proporcionando-lhes maior qualidade de vida para o enfrentamento desta doença tão grave em uma pessoa tão jovem e repleta de sonhos e aspirações. A arte trouxe maior alegria, colorido e sentido à sua vida.

Seus trabalhos anteriores à doença eram mais sóbrios, com cores frias e temas mais tocantes e profundos e seus trabalhos, após a doença, expressavam uma luta pela sobrevivência, pelo resgate da alegria em cores fortes e vibrantes para poder lidar, como um recurso de atenuação, com a grande tristeza que vivia diante das suas grandes perdas (perdeu seu relacionamento, o contato com a filha, a qual dela se afastou, a perda de sua casa, de sua autonomia e de sua profissão). Por muito tempo, ela ficou consciente de sua situação. E a arte foi inspiradora.

CONCLUSÃO

Atividades artísticas podem ser ferramentas de intervenção desde o início dos processos progressivos das demências até fases avançadas, com produções que geram bem-estar, autoestima e valorização social, sustentando a personalidade.

A arte tem um poder organizador e equilibrador, possibilitando ao paciente o encontro com a beleza própria por meio de suas produções e com a sua identidade. O profissional que atuar como interventor na arte deve ter vínculo e vivência das técnicas, incluindo o conhecimento dos elementos primordiais da arte (linhas, formas e cores) para um melhor entendimento dos sintomas regredidos e primitivos e alcance de possibilidades para a produção do belo apesar das deficiências, e, além disso, faz-se necessário o estudo aprofundado dos tipos patológicos demenciais e seus possíveis sintomas cognitivos e comportamentais degenerativos, portanto um profundo conhecimento da Neuropsicologia.

De acordo com uma citação de Oliver Sacks, 1997:

> Desenvolveu-se uma nova preocupação, um novo vínculo: o do comprometimento com os pacientes, com os indivíduos sob os meus cuidados. Por meio deles, eu exploraria o que é ser humano, permanecer humano em face de adversidades e ameaças inimagináveis. Assim, embora monitorando continuamente sua natureza orgânica – suas complexas e sempre mutáveis fisiopatologias e biologias –, meu estudo e preocupações centrais passaram a ser a identidade – a luta daqueles pacientes para manter a identidade –, observá-la, ajudá-la e, por fim, descrevê-la. Tudo isso estava na junção de biologia e biografia.

Podemos então concluir que todas as formas possíveis de se manter a identidade são de grande valia para estas pessoas com perdas tão grandes em suas capacidades cognitivas, profissionais, funcionais e sociais, sendo a arte um notável veículo para isso, pois atinge níveis altamente motivacionais e significantes.

O homem se reconhece a partir de suas obras.

Através da arte, o homem pode chegar mais perto da alma.

A arte cumpre seu propósito mais elevado e adquire um significado mais valioso quando se torna veículo para a beleza espiritual.
(PAUL BURTON, 1995)

REFERÊNCIAS

ANAUATE, M. C; SANTORO BAHIA, V.; NITRINI, R. et al. Performance of patients with frontotemporal lobar degeneration on artistic tasks: A pilot study. **Dementia & Neuropsychologia**, vol. 8, n. 1, p. 72-78, 2014.

BROWN, J. **Mind, brain, and consciousness. The neuropsychology of cognition**. New York: Academic Press, 1977.

CHATTERJEE, A. The neuropsychology of visual artistic production. **Neuropsychologia**, 42, 1568-1583, 2004.

JANSON, H.W.; JANSON, A. F. **History of Art**. 5th ed., 1997. p. 16-25.

JANSON, H. W.; JANSON, A. F. **The History of Art. Harry N**. Abrams Incorporated, New York. 2001.

KAPUR, N. Paradoxical facilitated function in brain – behaviour research. A critical review. **Brain**, 119, p. 1775-1790, 1996.

MAURER, K.; PRVULOVIC, D. Paintings of an artist with Alzheimer's disease: visuoconstructural deficits during dementia. **J Neural Transm**, 111, p. 235-245, 2004.

MILLER, B. L.; BOONE, K.; CUMMINGS, J. L. Functional correlates of musical and visual ability in frontotemporal dementia. **Br J Psychiatry**, 176, p. 458-463, 2000.

MILLER, B. L.; CUMMINGS, J.; MISHKIN, F. Emergence of artistic talent in frontotemporal dementia. **Neurology**, 51, p. 978-982, 1998.

MILLER, B. L.; HOU, C. E. Portraits of artists: emergence of visual creativity in dementia. **Arch Neurol**, 61, p. 842-844, 2004.

MILLER, B. L.; PONTON, M.; BENSON, D. F. Enhanced artistic creativity in temporal lobe degeneration [letter]. **Lancet**, 348, p. 1744-1745, 1996.

VAN SOMMERS, P. A system for drawing and drawing-related neuropsychology. **Cognitive Neuropsychology**, 6(2), p. 117-164, 1989.

ZEKI, S. A vision of the Brain. **Blackwell Scientific Publications**, 1993.

ZEKI, S. **Inner vision**: An Exploration of Art and the Brain. Oxford University Spress, 2000.

26. A REABILITAÇÃO NEUROPSICOLÓGICA EM PACIENTES COM DEMÊNCIA DE ALZHEIMER

Fabricia Quintão Loschiavo Alvares

INTRODUÇÃO

O envelhecimento, de uma forma geral, encontra-se associado a uma alta frequência de incapacidades, declínio cognitivo, hospitalizações e prejuízos funcionais (MUDGE, O'ROURKE & DENARO, 2010). O referido quadro deve-se tanto à maior vulnerabilidade a doenças, quanto ao declínio das funções orgânicas, estreitando-se assim o limiar entre saúde e doença, havendo uma maior predisposição ao comprometimento funcional.

Dentre as patologias neurodegenerativas mais frequentemente associadas ao envelhecimento, ressalta-se a demência de Alzheimer (DA), que conforme Janus & Westaway (2001) e a Alzheimer's Association (2008), é a doença neurodegenerativa mais frequente associada à idade. Suas manifestações cognitivas e neuropsiquiátricas resultam em uma deficiência progressiva e na incapacitação. Em geral, o primeiro aspecto clínico é o prejuízo da memória recente, enquanto as lembranças remotas são preservadas até certo estágio da doença. Além das dificuldades de atenção e fluência verbal, outras funções cognitivas, globalmente, deterioram-se, à medida que a patologia evolui (LINDEBOOM & WEINSTEIN, 2004), entre elas, por exemplo, a capacidade de fazer cálculos, as habilidades visuoespaciais e a capacidade de usar objetos comuns, que, no todo, prejudicam o paciente no desempenho de suas atividades de vida diária (AVD's), além do impacto nas habilidades sociais e ocupacionais. Esses sintomas são, frequentemente, acompanhados por distúrbios comportamentais, como agressividade, alucinações, hiperatividade, irritabilidade e depressão (RASKIND, 1995). Os transtornos do humor, em algum ponto da evolução da síndrome demencial, afetam uma porcentagem considerável de indivíduos que desenvolvem a DA.

Wragg & Jeste (1989) ressaltam que os sintomas depressivos são observados em até 40-50% dos pacientes, enquanto transtornos depressivos acometem em torno de 10-20% dos casos. Outros sintomas, como a apatia, a lentificação (da marcha ou do discurso), a dificuldade de concentração, a perda de peso, a insônia e a agitação podem ocorrer como parte desta síndrome demencial (EASTWOOD & REISBERG, 1996).

A DA pode ser divida em três fases: leve, moderada e grave, conforme o nível de comprometimento cognitivo e o grau de dependência do indivíduo. Liu et al. (2007) ressaltam a intrínseca relação entre o estágio da demência e a capacidade de realizar as atividades cotidianas, sendo que, mesmo no estágio mais leve da doença, o desempenho nessas já está comprometido. Na fase inicial, o paciente mostra queda significativa no desempenho das atividades instrumentais da vida diária (AIVD's), mas ainda é capaz de executar as atividades básicas do dia a dia, mantendo-se independente. Na fase moderada, o comprometimento cognitivo é mais extenso, e o paciente, por sua vez, passa a necessitar de assistência para realizar tanto as AIVD's, como as AVD's. Já na última fase, a grave, o idoso geralmente já se encontra acamado, necessitando de assistência integral. Nessa fase, o paciente pode apresentar dificuldades de deglutição, sinais neurológicos (p. ex: mioclonias e crises convulsivas), além de incontinência urinária e fecal (TALMELLI et al., 2013; ALZHEIMER'S ASSOCIATION, 2008).

Considerando o que foi exposto, é que se destaca a relevância da reabilitação neuropsicológica (RN) na DA. Esta, conforme Kinsella et al. (2009), em geral, visa apoiar os indivíduos a alcançar e manter seu nível ideal de funcionamento físico, psicológico e social, apesar das deficiências específicas. Seu principal objetivo é preservar a capacidade do paciente de se envolver em atividades diárias que lhe sejam significativas. Em concordância com Wilson (2002), a RN caracteriza-se por:

1) uma abordagem individualizada que identifica e persegue metas relevantes para os pacientes, considerando o desempenho nas suas ocupações;
2) a prioridade da manutenção de habilidades cognitivas e a compensação das deficiências, na medida em que a condição de saúde de base permitir;
3) a integração de métodos multimodais por uma equipe multiprofissional interdisciplinar e
4) a interação com o ambiente do indivíduo para facilitar a transferência do programa de reabilitação para a vida diária (KASPER et al., 2015).

Várias pesquisas já foram conduzidas no sentido de investigar a eficácia da RN na demência. Esta se mostrou mais eficaz quando a abordagem foi altamente individualizada, focada em objetivos relevantes para o paciente (KASPER et al., 2009), e interativa, considerando os diversos contextos do paciente (KINSELLA et al., 2009; KURZ et al., 2009; MORO et al., 2015). Além do que foi exposto, a RN também teve impacto positivo, melhorando a qualidade de vida e reduzindo os sintomas depressivos (BUSCHERT et al., 2011; SSCHIFFCZYZK et al., 2013; VIOLA et al., 2011).

Dentre os estudos mais recentes, ressalta-se o de Clare et al. (2019). Este trabalho, com delineamento randomizado e multicêntrico, teve como objetivo investigar se um programa de RN individualizado melhoraria o funcionamento diário de pessoas com demência nos estágios leve a moderado. A partir de uma amostra de pacientes com diagnóstico de DA, demência vascular ou demência mista e comprometimento cognitivo leve (CCL), compararam-se dois grupos: um além do tratamento medicamentoso foi submetido a um programa de RN, e o outro grupo recebeu apenas o tratamento farmacoterápico.

Os idosos randomicamente alocados no grupo de RN receberam 10 sessões semanais por três meses e quatro sessões de manutenção ao longo de seis meses. Os participantes foram acompanhados de 3 a 9 meses após a randomização. O desfecho primário foi o alcance da meta autorreferida em três meses, enquanto os resultados secundários aos 3 e 9 meses incluíram a consecução dos objetivos relatados pelos informantes, melhora nos índices de qualidade de vida, humor, autoeficácia, cognição, estresse e qualidade de vida dos cuidadores.

O programa de RN consistiu em 10 sessões individuais semanais de 1 hora, orientada para os objetivos funcionais do idoso, durante um período de 3 meses, seguidos de quatro sessões de manutenção de 1 hora nos 6 meses subsequentes, realizadas na casa do participante. A RN envolveu o trabalho colaborativo para o alcance de até três metas de reabilitação escolhidas pelo participante, usando uma abordagem de solução de problemas. Isso foi complementado conforme necessário, abordando dificuldades motivacionais e emocionais por meio da aplicação de estratégias de regulação emocional e ativação comportamental, revisando e otimizando o uso das estratégias para o gerenciamento das dificuldades cognitivas, fornecendo prática para manter a atenção e a concentração e, por fim, oferecendo suporte para os cuidadores/familiares.

No geral, os resultados mostraram que em três meses houve importantes progressos no desempenho das metas funcionais preestabelecidas, com diferença estatística significativa, inclusive com o respaldo dos cuidadores e familiares. A manutenção dos resultados foi observada mesmo após o período de nove meses. Assim, a partir desta investigação, é possível a conclusão de que a RN é eficaz em permitir que pessoas com demência melhorem seu desempenho ocupacional nas atividades que lhes são relevantes, demonstrando, assim, que intervenções práticas e contextualizadas são diferencias no sentido de capacitar as pessoas com demência a funcionarem melhor em áreas importantes de suas vidas.

QUAIS AS ESTRATÉGIAS DE RN MAIS USADAS?

No que tange à reabilitação da memória, ao domínio cognitivo centralmente comprometido, desde os estágios iniciais, esta pode ser compreendida a partir das abordagens baseadas na repetição e as compensatórias, considerando os distintos mecanismos de ação (**Figura 1**).

Figura 1 – Técnicas de reabilitação da memória

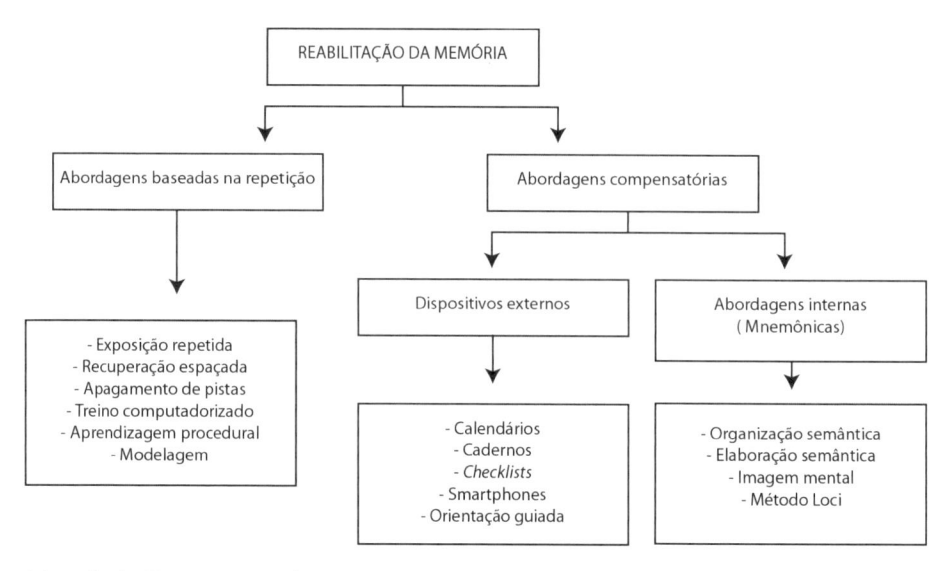

Adaptado de: HAMPSTEAD et al. (2014).

As abordagens baseadas na repetição variam conforme as especificidades das técnicas. A recuperação espaçada (RE) visa à evocação da informação alvo em intervalos temporais progressivamente maiores, enquanto o apagamento de pistas (AP) gradualmente remove informações, ao longo das sucessivas exposições. Ambas as estratégias demonstraram ser eficazes em pacientes com DA e CCL (CHERRY, WALVOORD & HAWLEY, 2010; HAMPSTEAD et al., 2014; SMALL, 2012). Estas técnicas são efetivas para o aprendizado de informações específicas (nomes de vizinhos, pessoas da comunidade), mas seu emprego, por serem estímulos/ informações específicas, trazem críticas sobre o potencial de generalização, daí a ressalva que a repetição do estímulo alvo, independente da estratégia utilizada, deve ser sempre funcionalmente orientada.

As abordagens compensatórias, por sua vez, são direcionadas para os processos de memória, alterando a maneira pela qual o paciente aprende, retém ou recupera informações. Auxílios compensatórios externos são frequentemente usados por indivíduos sem problemas cognitivos (por exemplo, listas de compras; *smartphones*) e claramente auxiliam na melhora do funcionamento diário. Tais técnicas são provavelmente mais eficazes para serem aplicadas em tarefas prospectivas, como se lembrar de compromissos e listas de afazeres. Entretanto, embora esses auxílios externos possam ser eficazes, existem várias limitações.

A principal limitação é que o indivíduo pode tornar-se altamente dependente desses auxílios externos, significando que a falha na tarefa é quase garantida se o auxílio não estiver disponível. Além disso, para algumas demandas, como lembrar o nome de alguém em um contexto social, o uso de tais dispositivos pode não ser conveniente.

Neste sentido, as estratégias mnemônicas compreendem a categoria compensatória interna e são "ferramentas" cognitivas que facilitam a organização e associação de novas informações, proporcionando, assim, um nível mais profundo de processamento. Essas técnicas incluem processos como organização e elaboração semânticas e imagens mentais.

A natureza "interna", ou seja, cognitiva, dessas técnicas significa que o paciente pode usá-las virtualmente em qualquer lugar. Estratégias mnemônicas são consideradas, há muito, na reabilitação de pessoas com *déficits* de memória, decorrentes de lesão cerebral traumática (CICERONE et al., 2011). Já no campo do envelhecimento, faz-se alusão à metanálise de Verhaeghen, Marcoen & Goossens (1992), e estudos posteriores (CRAIK et al., 2007; WILLIS et al., 2006) que demonstraram que as técnicas mnemônicas facilitam o aprendizado e a memória em idosos saudáveis. Ao passo que os trabalhos de Hampstead et al. (2008; 2012) indicaram que o emprego destas técnicas também foi efetivo para pacientes com CCL. Como essas estratégias envolvem vários processos cognitivos, é possível que eles possam restaurar o uso de regiões (ou redes '' normais '' do cérebro) e/ou envolver regiões (ou redes) compensatórias alternativas para alcançar a melhoria comportamental.

Uma possível explicação para o sucesso das mnemônicas respalda-se nos diversos processos cognitivos a elas associados, assim, ao construir as associações, há o recrutamento não só de regiões e redes neurais típicas para a tarefa alvo, mas também, de regiões compensatórias alternativas a fim de alcançar a otimização do desempenho.

E dentre todas as estratégias de memória, qual ou quais são as mais utilizadas? Dos 36 estudos revisados por Hamstead et al. (2014), 50% usaram múltiplas abordagens e estratégias para a intervenção, sendo este um formato análogo à clínica, a denominada abordagem *buffet*. Nesta, por um lado, há a otimização dos efeitos sinérgicos entre as várias técnicas, contudo, por outro, não possibilita a inferência causal.

Considerando o que foi exposto, estes autores propuseram um diagrama, aqui adaptado e apresentado na **Figura 2**, a fim de auxiliar os clínicos da área na seleção da(s) estratégia(s) a serem aplicadas em um caso específico. Lembrando sempre que a condição *sine qua non* é que as técnicas devem ser combinadas em programas mais compreensivos de reabilitação, em que as demandas funcionais e ocupacionais do paciente e da família sejam sempre as protagonistas.

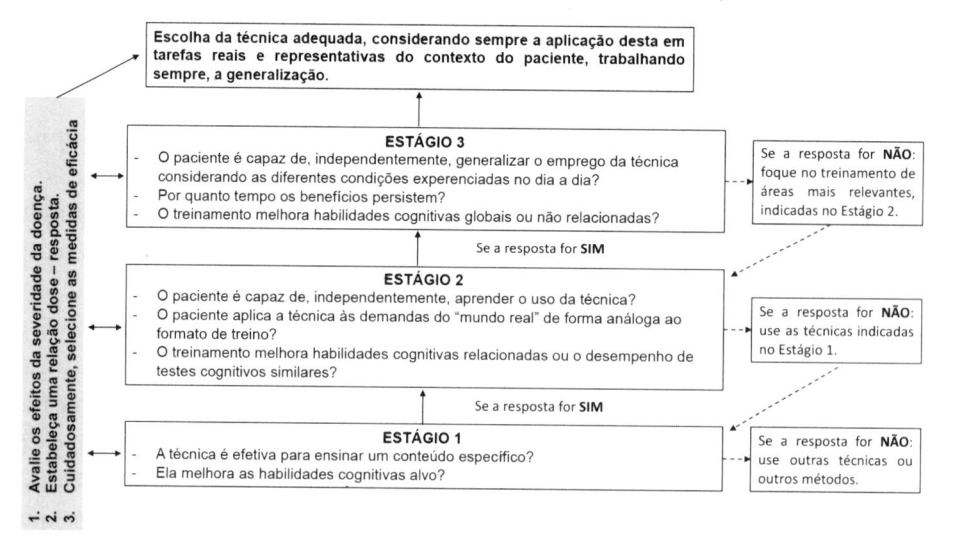

Figura 2 – Como desenvolver um programa de intervenção
clinicamente baseado, de acordo com as evidências empíricas

Adaptado de: Hampstead et al. (2014).

CASO CLÍNICO

A fim de ilustrar a aplicação do conteúdo apresentado, bem como do Modelo Abrangente de Reabilitação Neuropsicológica proposto nesta obra, será, na sequência, apresentado um caso clínico baseado no estudo de Arthanat, Nochajski, Stones (2004), com códigos específicos para o comprometimento cognitivo, em casos de DA, usando o *Core Set* para esta condição, da Classificação Internacional de Funcionalidade (CIF).

Trata-se de uma senhora, 75 anos, professora aposentada, com diagnóstico provável de DA em estágio leve a moderado. A paciente queixa-se de lapsos recorrentes de memória, desorientação e dificuldades na gestão de suas finanças, todos estes aspectos vêm impactando negativamente seu desempenho funcional. A idosa reside com duas filhas que trabalham, permanecendo fora de casa o dia todo, ficando na companhia de uma acompanhante.

No que tange à evolução longitudinal, a idosa vem, a cerca de dois anos, apresentando quadro de declínio cognitivo e funcional progressivos, caracterizado pelo comprometimento da memória episódica, a presença de irritabilidade, apatia e desinteresse por suas atividades ocupacionais. Na anamnese, as filhas relataram que a mãe deixou de ler, de fazer as suas atividades manuais, que sempre foram representativas em seu histórico ocupacional, de fazer seu voluntariado, e descontinuou suas atividades no computador (acesso a redes sociais para contato com seus familiares que residem no exterior), estando agora com repertório ocupacional bastante empobrecido, restrito apenas à TV (novelas). As filhas ressaltaram, ainda, que percebem que a mãe não acompanha o que assiste à TV, e que, certo dia, em decorrência de um problema no sinal, o programa que assistia saiu do ar, e ela continuou olhando para a televisão, demonstrando não perceber o que estava acontecendo. A idosa não se engaja em uma conversação, parecendo não evoluir um raciocínio para a comunicação, conforme anamnese com a família.

Ela costuma estabelecer vários combinados com a família, p. ex., que não irá sair de casa sozinha, mas sempre burla as regras preestabelecidas, não aceitando ou tratando com hostilidade e agressividade a presença da acompanhante em suas tarefas. Como a idosa transita por lugares e caminhos do seu costume (reside no mesmo bairro há mais de 30 anos), ela nunca se perdeu. Mas as filhas acreditam que se ela fosse a algum lugar distante, onde nunca estivesse estado, possivelmente se perderia. Considerando que em um contexto desconhecido a idosa apresentasse maiores dificuldades, uma vez que não teria referencias já estabelecidos em sua memória de longo prazo, demandando, portanto, mais de seus sistemas atencionais, executivos, e mnemônico episódico.

A avaliação neuropsicológica, em síntese, evidenciou:

- Prejuízos relativos às capacidades mnemônicas, tanto de conteúdo verbal, quanto de não verbal. Em relação à capacidade de aprendizagem, foram verificadas dificuldades relacionadas à presença de distratores proativos e retroativos, o que indica prejuízo no controle atencional.

- Desempenho aquém do esperado nas tarefas que envolviam fluência comportamental e semântica, flexibilidade cognitiva, planejamento e solução de problemas, memória operacional (capacidade de sustentação e manipulação, na memória, de estímulos relevantes por um período curto de tempo), controle inibitório, tomada de decisões, abstração, formação de semelhanças e gestão temporal, além de lentificação na velocidade de processamento.

- Rebaixamento na atenção sustentada (capacidade de manter o foco da atenção durante um tempo prolongado), na atenção focalizada (capacidade de manter o foco da atenção a despeito de distratores), e na capacidade de atenção dividida.

Tabela 1 – Estudo de caso – aplicação do *Core Set* Breve Alzheimer, conforme Classificação Internacional de Funcionalidade (CIF)

Parte 1a: Deficiências das Funções do Corpo

- Funções do Corpo são as funções fisiológicas ou psicológicas dos sistemas corporais.
- Deficiências são problemas de função do corpo como um desvio ou perda significante.

Primeiro Qualificador: Extensão das Deficiências

0 Nenhuma deficiência significa que a pessoa não tem problema.

1 Deficiência leve significa um problema presente menos que 25% do tempo, com uma intensidade que a pessoa pode tolerar e ocorre raramente nos últimos 30 dias.

2 Deficiência moderada significa um problema presente em menos que 50% do tempo, com uma intensidade que interfere na vida diária da pessoa e ocorre ocasionalmente nos últimos 30 dias.

3 Deficiência grave significa um problema presente em mais que 50% do tempo, com uma intensidade que prejudica/rompe parcialmente a vida diária da pessoa e ocorre frequentemente nos últimos 30 dias.

4 Deficiência completa significa um problema presente em mais de 95% do tempo, com uma intensidade que prejudica/rompe totalmente a vida diária da pessoa e ocorre todos os dias nos últimos 30 dias.

8 Não especificado significa que a informação é insuficiente para especificar a gravidade da deficiência.

9 Não aplicável significa que é inapropriado aplicar um código particular (p. ex. b650 Funções de menstruação para mulheres em idade de pré-menarca ou pós-menopausa).

Lista Resumida das Estruturas do Corpo	Qualificador
Capítulo 1: Funções Mentais	
Funções mentais globais (b110 a b139)	–
b114 Orientação (**b.1140** Tempo): consciência do dia do mês, dia da semana, mês e ano.	2
b114 Orientação (**b.1141** Espaço): consciência da sua localização, arredores, cidade e país.	2
b114 Orientação (**b.11421** Pessoal): consciência da identidade de pessoas que fazem parte do seu ambiente.	2
Funções Mentais Específicas (b140 – b189)	–
b144 Memória (**b.1441** Memória de Longo Prazo): capacidade de armazenamento a longo prazo de informações advindo do declínio da memória de curto prazo.	3
b144 Memória (**b.1442** Recuperação da informação): capacidade na recordação da informação armazenada a longo prazo.	3
b164 Funções cognitivas superiores (**b.1642** Administração do tempo): capacidade na ordenação de eventos em sequência cronológica, alocando quantidades de tempo para eventos e atividades.	2
b164 Funções cognitivas superiores (**b.1644** *Insight*): capacidade na consciência da compreensão do comportamento de outra pessoa.	2
b164 Funções cognitivas superiores (**b.1645** Julgamento): capacidade na discriminação e na avaliação de diferentes opções.	2
b164 Funções cognitivas superiores (**b.1646** Resolução de Problemas): capacidade de identificação, análise e integração de informações incongruentes ou conflitantes para encontrar uma solução.	2

Parte 1b: Deficiências das Funções do Corpo

- Estruturas do Corpo partes anatômicas do corpo tais como órgãos, membros e seus componentes.
- Deficiências são problemas na estrutura do corpo como desvio ou perda significativa.

Primeiro Qualificador: Extensão das deficiências	Segundo Qualificador: Natureza da alteração	
0 Nenhuma deficiência significa que a pessoa não tem problema. 1 Deficiência leve significa um problema presente menos que 25% do tempo, com uma intensidade que a pessoa pode tolerar e ocorre raramente nos últimos 30 dias. 2 Deficiência moderada significa um problema presente em menos que 50% do tempo, com uma intensidade que interfere na vida diária da pessoa e ocorre ocasionalmente nos últimos 30 dias. 3 Deficiência grave significa um problema presente em mais que 50% do tempo, com uma intensidade que prejudica/rompe parcialmente a vida diária da pessoa e ocorre frequentemente nos últimos 30 dias. 4 Deficiência completa significa um problema que está presente em mais de 95% do tempo, com uma intensidade que prejudica/rompe totalmente a vida diária da pessoa e ocorre todos os dias nos últimos 30 dias. 8 Não especificado significa que a informação é insuficiente para especificar a gravidade da deficiência. 9 Não aplicável significa que é inapropriado aplicar um código particular (p. ex. b650 Funções de menstruação para mulheres em idade de pré-menarca ou pós-menopausa).	0 Nenhuma mudança na estrutura. 1 Ausência total. 2 Ausência parcial. 3 Parte adicional. 4 Dimensões aberrantes. 5 Descontinuidade. 6 Posição desviada. 7 Mudanças qualitativas na estrutura, incluindo acúmulo de líquido. 8 Não especificada. 9 Não aplicável.	
Lista Resumida das Estruturas do Corpo	Primeiro qualificador Extensão da Deficiência	Segundo qualificador Natureza da Alteração
s110 Estruturas do cérebro (s11001 Lobo temporal – hipocampo): comprometimento no lobo temporal caracterizado por atrofia parcial.	9	9

Parte 2: Limitações de Atividades e Restrição à Participação

- Atividade é a execução de uma tarefa ou ação por um indivíduo. Participação é o ato de se envolver em uma situação vital.
- Limitações de atividade são dificuldades que o indivíduo pode ter para executar uma atividade.
- Restrições à participação são problemas que um indivíduo pode enfrentar ao se envolver em situações vitais.

O Qualificador de Desempenho descreve o que um indivíduo é em seu ambiente habitual. Como o ambiente habitual incorpora um contexto social, o desempenho como registrado por este qualificador também pode ser entendido como "envolvimento em uma situação vital" ou "a experiência vivida" das pessoas no contexto real em que elas vivem. Esse contexto inclui fatores ambientais – todos os aspectos do mundo físico, social e de atitude que podem ser codificados utilizando-se os Fatores Ambientais.

O Qualificador de Capacidade descreve a habilidade de um indivíduo executar uma tarefa ou ação. Esse qualificador indica o nível máximo provável de funcionamento que a pessoa pode atingir em um domínio específico em um dado momento. A Capacidade é medida em um ambiente uniforme ou padrão, refletindo assim a habilidade ambientalmente ajustada do indivíduo. O ambiente padronizado pode ser: o (a) atual ambiente geralmente usado para avaliação da capacidade em teste; ou (b) onde isto não é possível, um hipotético ambiente um impacto uniforme.

Primeiro qualificador: Desempenho Extensão da Restrição à Participação	Segundo qualificador: Capacidade (sem assistência) Extensão da limitação de Atividade
0 Nenhuma dificuldade significa que a pessoa não tem problema.	
1 Dificuldade leve significa um problema presente em menos de 25% do tempo, com uma intensidade que a pessoa pode tolerar e ocorre raramente nos últimos 30 dias.	
2 Dificuldade moderada significa um problema presente em menos de 50% do tempo, com uma intensidade que interfere na vida diária da pessoa e ocorre ocasionalmente nos últimos 30 dias.	
3 Dificuldade grave significa um problema presente em mais de 50% do tempo, com uma intensidade que prejudica/rompe parcialmente a vida diária da pessoa e ocorre todos os dias nos últimos 30 dias.	
4 Dificuldade completa significa um problema presente em mais de 95% do tempo, com uma intensidade que prejudica/rompe totalmente a vida diária da pessoa e ocorre todos os dias nos últimos 30 dias.	
8 Não especificado significa que a informação é insuficiente para especificar a gravidade da dificuldade.	
9 Não aplicável significa que é inapropriado aplicar um código particular (p. ex. b650 Funções de menstruação para mulheres em idade de pré-menarca ou pós-menopausa).	

Lista Resumida dos Domínios de A&P	Qualificador de Desempenho	Qualificador de Capacidade
Capítulo 3: Comunicação		
Conversação e uso de dispositivos de comunicação (d.350-d.369)	–	–
d.350 Conversação (d.3504 Conversar com muitas pessoas): comprometimento leve na conversação com muitas pessoas.	3	3
d.360 Utilização de dispositivos e de técnicas de comunicação (d.3600 Utilização de dispositivos de comunicação): utilizar telefones e outras máquinas, como por exemplo, máquinas de fax, etc.	2	2

Lista Resumida dos Domínios de A&P	Qualificador de Desempenho	Qualificador de Capacidade
Capítulo 3: Comunicação		
d.470 Utilização de transporte (d.4751 Conduzir veículos motorizados): conduzir um veículo a motor, como um automóvel, motocicleta, barco a motor e etc.	9	9
Capítulo 6: Vida doméstica		
d.620 Aquisição de bens e serviços (d.6200 Comprar): obter, em troca de dinheiro, bens e serviços necessários para a vida diária.	2	2
d.630 Preparar refeições (d.6300 Preparar refeições simples): organizar, cozinhar e servir refeições com um pequeno número de ingredientes, que requerem métodos fáceis para serem preparados e servidos.	2	2
d.640 Realizar as tarefas domésticas (d.6403 Utiliza aparelhos domésticos): utilizar todos os tipos de aparelhos domésticos, como máquinas de lavar roupa, de secar, ferro, aspirador de pó, máquina de lavar louça, etc.	2	2

Como metas de intervenção em RN, a paciente e as filhas determinaram incrementar o repertório ocupacional, de forma que a idosa:

- voltasse a ler;
- fizesse peças de crochê para o bazar de fim de ano da instituição que é voluntária;
- retomasse a contato com seus familiares que moram fora do país, por meio do uso do Facebook, como era de seu costume.

A fim de atender as metas propostas, o seguinte plano de RN foi delineado.

PLANO DE REABILITAÇÃO NEUROPSICOLÓGICA

Objetivo à Longo Prazo

Promover o desempenho funcional e autônomo (mesmo que com assistência) da idosa na realização de suas atividades ocupacionais, minimizando o impacto funcional da progressão do quadro neurodegenerativo de base.

Objetivos a Curtos e Médio Prazos

1. Promover o seu engajamento no processo de reabilitação, bem como facilitar seu entendimento em relação aos benefícios do uso de estratégias compensatórias e auxílios externos.

2. Estimular as funções cognitivas; principalmente a memória, os processos atencionais, as funções executivas, via estratégias de compensação e substituição.
3. Trabalhar a organização de suas tarefas cotidianas a fim de minimizar os episódios de desorganização e esquecimento e otimizar a motivação e engajamento nas tarefas.
4. Implementar adaptações ambientais no contexto doméstico, como suportes externos de memória, criar a "central da memória".
5. Aumentar o repertório funcional e o engajamento em atividades de interesse, conforme delimitação das metas de intervenção, já citadas.

Estratégias de Intervenção

A fim de atender aos objetivos propostos, propõe-se o emprego das seguintes estratégias (LOSCHIAVO-ALVARES et al., 2011).

- Psicoeducação sobre cognição e funcionalidade para paciente, família e cuidadora.
- Abordagens compensatórias: uso de apoios externos para a memória; como emprego de um diário/agenda para registro de eventos recentes e automonitoração de seu desempenho, e também, a fim de auxiliar na codificação de informações, como o nome de pessoas, lugares, por meio de associação com pistas visuais e/ou ambientais; organização e elaboração semântica.
- Abordagens baseadas na repetição como a recuperação espaçada, aprendizagem sem erro e pareamento de estímulos para a reaprendizagem das etapas para o uso da rede social, e confecção das peças de croché para o bazar beneficente.
- Aplicação de estratégias mnemônicas e executivas para a leitura de textos a fim de otimizar os processos cognitivos associados.

A Implementação do Programa de RN

A fim de cumprir/executar o plano explicitado, tendo por base o pressuposto teórico da reabilitação, foram realizados dois atendimentos semanais, ao longo de quatro meses.

Neste período, os atendimentos foram realizados tanto no domicílio da idosa, como em consultório. Foram realizadas atividades práticas em contextos relevantes para a idosa, considerando as metas estabelecidas.

Ao final, após 32 atendimentos, 4 meses, para a mensuração da eficácia pré X pós-intervenção, as metas foram reavaliadas com a idosa e a família, bem como os critérios do *core set* de demência da CIF. Os resultados da reavaliação estão expressos nos **Gráficos 1** e **2** que se seguem.

Gráfico 1 – Nível de satisfação da idosa e informante familiar
(escala subjetiva de 0 – pior a 10 – melhor), em relação ao desempenho
das metas alvo, comparando pré X pós-intervenção

Gráfico 2 – *Core set* da CIF de Demência, comparando pré X pós-intervenção

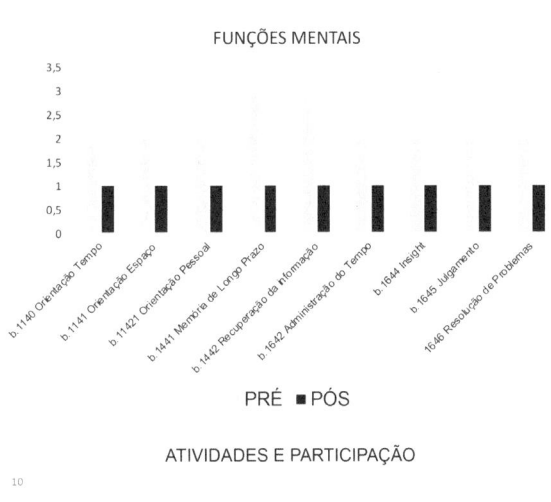

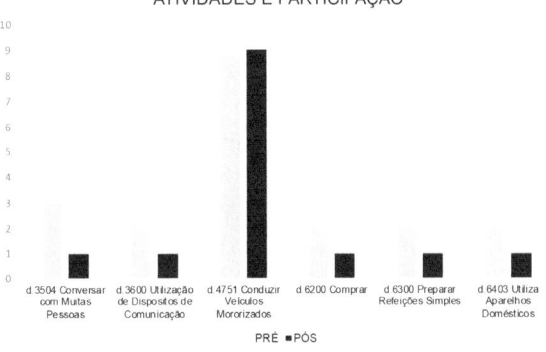

CONCLUSÃO

A RN é um processo integrado, centrado na pessoa, orientado a objetivos funcionais e resolução de problemas, destinado a gerenciar ou reduzir a incapacidade funcional, mitigar o excesso de incapacidade e maximizar o engajamento e a participação social.

Desta forma, conforme Prigatano (1999) e Wilson (2002), as intervenções no campo da reabilitação, neste caso do idoso, devem ser compreendidas sempre de maneira ampla, considerando as pessoas em seus contextos e relações, e, principalmente, no desempenho das atividades ocupacionais.

REFERÊNCIAS

ALZHEIMER'S ASSOCIATION. Alzheimer's disease facts and figures. **Alzheimers Dement**. v. 4, n. 2, p. 110-33, 2008.

ARTHANAT, S.; NOCHAJSKI, S. M.; STONES, J. The international classification of functioning, disability and health and its application to cognitive disorders. **Disability and Rehabilitation**, v. 26, n. 4, p. 235-245, 2004.

BUSCHERT, V.C.; FRIESE, U.; TEIPEL, S.J. et al. Effects of a newly developed cognitive intervention in amnestic mild cognitive impairment and mild Alzheimer's disease: A pilot study. **J Alzheimers Dis**, v. 25, p. 679-694, 2011.

CICERONE, K.D.; LANGENBAHN, D. M.; BRADEN, C. et al. Evidence-based cognitive rehabilitation: Updated review of the literature from 2003 through 2008. **Archives of Physical Medicine and Rehabilitation**, v. 92, p. 519-530, 2011.

CLARE, L.; KUDLICKA, A.; OYEBODE, J. R. et al. Individual goal-oriented cognitive rehabilitation to improve everyday functioning for people with early-stage dementia: A multicentre randomised controlled trial (the GREAT trial). **International journal of geriatric psychiatry**, v. 34, n. 5, p. 709-721, 2019.

CHERRY, K. E.; WALVOORD, A. A. G.; HAWLEY, K. S. Spaced retrieval enhances memory for a name-face-occupation association in older adults with probable Alzheimer's disease. **The Journal of Genetic Psychology,** v. 171, n. 2, p. 168-181, 2010.

EASTWOOD, R.; REISBERG, B. Mood and behaviour. In: GAUTHIER, S (Ed.) **Clinical diagnosis and management of Alzheimer's disease**. London: Martin Dunitz, 1996. p. 175-90.

HAMPSTEAD, B. M.; SATHIAN, K.; MOORE, A. B. et al. Explicit memory training leads to improved memory for face-name pairs in patients with mild cognitive impairment: Results of a pilot investigation. **Journal of the International Neuropsychological Society**, v. 14, p. 883-889, 2008.

HAMPSTEAD, B. M.; SATHIAN, K.; PHILLIPS, P. A. et al. Mnemonic strategy training improves memory for object location associations in both healthy elderly and patients with amnestic mild cognitive impairment: A randomized, single blind study. **Neuropsychology**, v. 26, n. 3, p. 385-399, 2012.

HAMPSTEAD, B.M.; GILLIS, M.M.; STRINGER, A.Y. Cognitive Rehabilitation of Memory for Mild Cognitive Impairment: A Methodological Review and Model for Future Research. **Journal of the International Neuropsychological Society**, v. 1, p. 1-17, 2014.

JANUS, C.; WESTAWAY, D. Transgenic mouse models of Alzheimer's disease. **Physiol Behav.**, v. 73, n. 5, p. 873-886, 2001.

KASPER, E.; OCHMANN, S.; HOFFMANN W. et al. Cognitive rehabilitation in Alzheimer's disease – a conceptual and methodological review. **J Prev Alzheimers Dis**, v. 2, p. 142-152, 2015.

KINSELLA, G.J.; MULLALY, E.; RAND, E. et al. Early intervention for mild cognitive impairment: A randomised controlled trial. **J Neurol Neurosurg Psychiatry**, v. 80, p. 730-736, 2009.

KURZ, A.; POHL, C.; RAMSENTHALER, M. et al. Cognitive rehabilitation in patients with mild cognitive impairment. **Int J Geriatr Psychiatry**, v. 24, p. 163-168, 2009.

LINDEBOOM, J.; WEINSTEIN, H. Neuropsychology of cognitive ageing, minimal cognitive impairment, Alzheimer's disease, and vascular cognitive impairment. **Eur J Pharmacol.**, v. 490, n. 1-3, p. 83-86, 2004.

LIU, K.P.; CHAN, C.C.; CHU, M.M. et al. Activities of daily living performance in dementia. **Acta Neurol Scand.**, v. 116, n. 2, p. 91-95, 2007.

LOSCHIAVO-ALVARES, F. Q.; SEDIYAMA, C. Y. N.; RIVERO, T. S. et al. Tools for efficacy's assessment of neuropsychological rehabilitation programs.

Clinical Neuropsychiatry, v. 8, n. 3, p. 1-11, 2011.

MORO, V.; CONDOLEO, M.; VALBUSA, V. et al. Cognitive stimulation of executive functions in mild cognitive impairment specific efficacy and impact in memory. **Am J Alzheimers Dis Other Demen**, v. 30, p. 153-164, 2015.

MUDGE, A. M.; O'ROURKE, P.; DENARO, C. P. Timing and risk factors for functional changes associated with medical hospitalization in older patients. **Journals of Gerontology Series A**: Biological Sciences and Medical Sciences, v. 65, p. 866-872, 2010.

PRIGATANO, G. **Principles of neuropsychological rehabilitation**. New York: Oxford University Press, 1999.

RASKIND, M. A. Alzheimer's disease: treatment of noncognitive behavioural abnormalities. In: BLOOM, F.E.; KUPPER, D.J. (Eds.) **Psychopharmacology**: the fourth generation of progress. New York: Raven Press, 1995. p. 1427-1435.

SCHIFFCZYK, C.; ROMERO, B.; JONAS, C. et al. Efficacy of short-term inpatient rehabilitation for dementia patients and caregivers: Prospective cohort study. **Dement Geriatr Cogn Disord**, v. 35, p. 300-312, 2013.

SMALL, J. A. A new frontier in spaced retrieval memory training for persons with Alzheimer's disease. **Neuropsychological Rehabilitation**, v. 22, n. 3, p. 329-361, 2012.

TALMELLI, L.F.S.; VALE, F.A.C.; GRATÃO, A.C.M. et al. Doença de Alzheimer: declínio funcional e estágio de demência. Acta Paul Enferm, v. 26, n. 3, p. 219-225, 2013.

VERHAEGHEN, P.; MARCOEN, A.; GOOSSENS, L. Improving memory

performance in the aged through mnemonic training: A meta-analytic study. **Psychology and Aging**, v. 7, p. 242-251, 1992.

VIOLA, L.F.; NUNES, P.V.; YASSUDA, M.S. et al. Effects of a multidisciplinar cognitive rehabilitation program for patients with mild Alzheimer's disease. **Clinics**, v. 66, p. 1395-1400, 2011.

WILLIS, P.; CLARE, L.; SHIEL, A. et al. Assessing subtle memory impairments in the everday memory performance of brain injured people: Exploring the potential of the Extended Rivermead Behavioural Memory Test. **Brain Injury**, v. 14, n. 8, p. 693-704, 2006.

WILSON, B-A. Towards a comprehensive model of cognitive rehabilitation. **Neuropsychol Rehabil**, v. 12, p. 97-110, 2002.

WRAGG, R. E.; JESTE, D.V. Overview of depression and psychosis in Alzheimer's disease. **Am J Psychiatry.**, v.146, n. 5, p. 577-587, 1989.

OS AUTORES

ORGANIZADORAS

Fabricia Quintão Loschiavo Alvares – Doutora em Neurociências pela Universidade Federal de Minas Gerais e pela Universidade de Cambridge – Reino Unido. Especialista em Neuropsicologia pela Universidade Fumec. Terapeuta Ocupacional pela UFMG. Graduada em Reabilitação Neuropsicológica no Oliver Zangwill Centre, no Reino Unido. Trabalhou em diversas instituições e hospitais no Reino Unido, dentre eles o Instituto Oliver Zangwill. Foi consultora de pesquisa e clínica em Reabilitação Neuropsicológica no Raphael Medical Centre, na Inglaterra. Ministra cursos nacionais e internacionais sobre sua vasta atuação clínica. Autora de diversos capítulos de livros nacionais e internacionais e de vários artigos publicados em periódicos internacionais. Professora e Pesquisadora na área, sempre trabalhou com reabilitação neuropsicológica em crianças, adultos e idosos com lesões adquiridas, transtornos do neurodesenvolvimento e psiquiátricos. Sócia-fundadora e Diretora Clínica da Nexus Clínica de Neuropsicologia, em Belo Horizonte, Minas Gerais. Presidente do Grupo de Interesse Específico em Reabilitação Neuropsicológica (SIGBRA) ligado a World Federation of Neurorehabilitation.

Barbara A. Wilson – Neuropsicóloga clínica. Trabalha na Reabilitação Neuropsicológica de pessoas com lesões cerebrais há 43 anos. Publicou 30 livros (com mais um no prelo), 202 artigos revisados por pares, 123 capítulos e 8 testes neuropsicológicas. Ela ganhou inúmeros prêmios por seu trabalho, incluindo uma OBE da Rainha em 1998 por serviços de reabilitação, cinco prêmios de Lifetime Achievement, sendo da British Psychological Society, da International Society Of Neuropsychiatric Association, da National Academy of Neuropsychology, da Encephalitis Society e o último na comemoração dos 70 anos da NHS, em que foi campeã regional de Midlands e East Region. Em 2011, recebeu o prêmio Ramon Y Cahal da Associação Neuropsiquiátrica Internacional. Em 2014, recebeu um diploma honorário da Universidade de Córdoba, Argentina, e o M.B. Prêmio Shapiro da Divisão de Psicologia Clínica (afiliada à British Psychological Society) por suas inestimáveis contribuições à Psicologia Clínica. Em 2019, recebeu o prêmio anual da Sociedade Espanhola de Neuropsicologia Clínica. Ela é editora de seu próprio periódico intitulado Neuropsychological Rehabilitation, fundado em 1991. Em 1996, ela fundou o Centro Oliver Zangwill de Reabilitação Neuropsicológica e um centro de reabilitação em Quito, no Equador, o qual recebeu o nome dela. Ela é presidente emérita da Sociedade Britânica de Encefalite, fazendo parte do comitê de administração da World Federation of Neuro Rehabilitation. A Divisão de Neuropsicologia do Reino Unido nomeou um prêmio em homenagem a ela, o prêmio "Barbara A Wilson por contribuições distintas à Neuropsicologia". Ela é membro da Sociedade Britânica de Psicologia, da Academia de Ciências Médicas e da Academia de Ciências Sociais. Professora honorária da Universidade de Hong Kong, da Universidade de Sydney e da Universidade de East Anglia.

COLABORADORES

Adam McKay – PhD, neuropsicólogo clínico especializado em reabilitação de lesões cerebrais no Turner Institute, na Monash University e Epworth Healthcare, Austrália. Adam tem mais de 15 anos de experiência em atuação clínica e de pesquisa, especializado em reabilitação de lesões cerebrais. Ele liderou o desenvolvimento de intervenções psicológicas em lesões cerebrais visando depressão, ansiedade, fadiga, distúrbios do sono, bem como pesquisas interdisciplinares focadas em direção, comportamento e reabilitação precoce das habilidades da vida diária. Ele está comprometido em estabelecer intervenções baseadas em evidências para beneficiar pessoas com lesão cerebral e suas famílias, garantindo a aplicação na prática clínica.

Adriana Dias Barbosa Vizzotto – Doutora e Mestre em Ciências pela Faculdade de Medicina da Universidade de São Paulo (FMUSP). Diretora do Serviço de Terapia Ocupacional, Pesquisadora do Programa Esquizofrenia (PROJESQ), Terapeuta Ocupacional do Serviço de Psiquiatria da Infância e Adolescência (SEPIA) do Instituto de Psiquiatria do Hospital das Clínicas (IPq/HCFMUSP). Professora responsável pela Especialização de Terapia Ocupacional em Reabilitação Cognitiva Funcional e Vice-coordenadora da Especialização Multidisciplinar em Psiquiatria Infantil e Adolescência: Formação em Saúde Mental do IPq/HCFMUSP.

Aline Moreira Lucena – Mestre em Ciências da Saúde da Criança e do Adolescente pela Faculdade de Medicina da UFMG. Pós-Graduada em Neuropsicologia.

Fonoaudióloga. Especialista em Linguagem, Motricidade Orofacial e em Fonoaudiologia Educacional. Com experiência internacional, atuando no desenvolvimento infantil: França, Alemanha e Suíça.

Ana Paula de Pereira – Doutora (2008) e Mestre (1996) em Rehabilitation Psychology pela University of Wisconsin-Madison. Graduada em Psicologia pela Universidade de São Paulo (1988). Fez estágio pós-doutoral no Oliver Zangwill Centre for Neuropsychological Rehabilitation, Princess of Wales Hospital, Cambridgeshire, Inglaterra (set. 2014 – fev. 2016). Professora associada da Universidade Federal do Paraná, integrante do programa de Mestrado em Psicologia na linha de pesquisa de Avaliação e Reabilitação Neuropsicológica. Seus interesses de pesquisa na área de reabilitação neuropsicológica incluem: Inclusão e Retorno ao trabalho, Intervenção junto à família e à comunidade, Lesão encefálica adquirida, Transtornos psiquiátricos e HIV.

Anita Taub – Psicóloga. Especialista em Neuropsicologia pelo Conselho Federal de Psicologia. Pós-Graduada em Ciências da Saúde pela Universidade Federal de São Paulo. Vice-Presidente do Grupo de Interesse Específico em Reabilitação Neuropsicológica (SIGBRA) ligado a World Federation of Neurorehabilitation.

Cristiana Castanho Rocca – Doutora e Mestre em Ciências pela Faculdade de Medicina da Universidade de São Paulo. Psicóloga Supervisora no Serviço de Psicologia e Neuropsicologia do IPq-HC-FMUSP. Professora nos cursos de Neuropsicologia Clínica, Neuropsicologia Aplicada às Especialidades e Reabilitação Neuropsicológica do Serviço de Psicologia e Neuropsicologia do IPq-HC-FMUSP.

Dana Wong – Professora sênior de Neuropsicologia Clínica na Faculdade de Psicologia e Saúde Pública da Universidade La Trobe. Ela lidera o Grupo de Pesquisa e Clínica eNACT (Neurorehabilitation and Clinical Translation), que se concentra em técnicas inovadoras de neuroreabilitação para melhorar a vida dos sobreviventes de lesões cerebrais e no aprimoramento da implementação clínica interdisciplinar e da competência clínica nessas técnicas de avaliação e intervenção baseadas em evidências. Ela tem mais de 40 publicações revisadas por pares, incluindo um manual de tratamento para Terapia Comportamental Cognitiva, adaptado para Lesões Cerebrais (CBT-ABI). O foco de Dana é treinar os principais cientistas-praticantes como um elemento-chave da tradução clínica. Reconhecida com vários prêmios por excelência em ensino e inovação clínica, incluindo o Prêmio de Ensino em Carreira da Sociedade Australiana de Psicologia de 2019. Em 2017, Dana liderou o desenvolvimento do BRAINSPaN, uma rede multidisciplinar de médicos e pesquisadores no campo da deficiência cerebral. Ela atua no comitê executivo The Australasian Society para o Estudo da Insuficiência Cerebral.

Eliane Correa Miotto – PhD em Neuropsicologia pela University of London, UK. Livre Docente e Docente do Programa de Pós-Graduação *Stricto Sensu* em Neuropsicologia do Departamento de Neurologia da FMUSP. Coordenadora e Docente dos Cursos de Formação em Neuropsicologia e em Reabilitação Neuropsicológica pelo Centro de Estudos de Neurologia da Divisão de Clínica Neurológica do Hospital das Clínicas da FMUSP. Diretora Científica do SIG-BRA (Special Interest Group-Brazil) vinculado a World Federation of NeuroRehabilitation (WFNR) e Embaixadora na América do Sul da World Federation of NeuroRehabilitation (WFNR).

Emma Castell – Doutora em Psicologia Clínica, pela Universidade de Birmingham. Psicóloga Clínica. Trabalha em consultório independente no Reino Unido. Ela atua com crianças e jovens após lesão cerebral. Antes disso, era Psicóloga Clínica no Serviço Nacional de Saúde (NHS), nos Serviços para Crianças e Adolescentes (CAMHS) e em um Serviço de Avaliação de Autismo em Adultos. Ela trabalhou clinicamente nos serviços de Psicologia para crianças, adultos, dificuldades de aprendizagem e idosos do NHS.

Fernando Silva Neves – Médico Psiquiatria. Professor Adjunto do Departamento de Saúde Mental da Faculdade de Medicina – UFMG.

Gustavo Henrique Malta Magella – Mestrando em Cybersecurity ênfase em Cloud Security Architect pela EC-Council University (Albuquerque, EUA). Trabalha como Cloud Solutions Architect, em Dublin (Irlanda). Tem o título de MVP (Most Valuable Professional) pela Microsoft (2018-2020), prêmio concedido pela Microsoft aos líderes de comunidade técnica mais ativos, que transmitem seu conhecimento por meio de palestras e *workshops*.

James Tonks – Doutor em Psicologia Clínica. Doutor na Universidade de Exeter, em Neuropsicologia Pediátrica. Consultor em Neuropsicologia Clínica Pediátrica. Psicólogo Clínico. Consultor em reabilitação no Brasil e suporte aos colegas da Universidade de São Paulo. Professor honorário da Universidade de Exeter Medical School e da Bristol Medical School, da Universidade de Bristol. Seus interesses incluem: os efeitos da lesão cerebral na infância e adolescência sobre o funcionamento socioemocional: avaliação neuropsicológica dos benefícios potenciais do Xenon e do resfriamento (TOBY) no tratamento da paralisia cerebral após encefalopatia isquêmica hipóxica grau 2 em neonatos, avaliação de intervenções médicas em crianças com mutações genéticas raras. Diretor administrativo da Haven Clinical Psychology Practice, Cornwall, no Reino Unido, clínica esta composta por neuropsicólogos clínicos e psicólogos, fonoaudiólogos e especialistas em educação que oferecem experiência no fornecimento de intervenções para crianças e jovens adultos até 25 anos após lesão cerebral. O trabalho de avaliação inclui trabalho criminal e civil e avaliações de capacidade mental para vários propósitos.

Jenny Limond – PhD em comportamento e aprendizado de crianças com deficiência intelectual, na Universidade de Southampton (1992-1998). Consultora em Neuropsicologia Clínica. Psicóloga Clínica credenciada, trabalhou em uma variedade de ambientes particulares e no National Health System (NHS), incluindo serviços para lesão cerebral traumática, neuro-oncologia e cirurgia de epilepsia. Concluiu seu treinamento em Psicologia Clínica na University College London (1997-2000), realizando sua pesquisa de doutorado sobre as percepções de doenças de crianças com síndrome nefrótica. Pesquisadora de pós-doutorado (Instituto de Saúde Infantil, UCL), investigou diferentes paradigmas de aprendizagem na amnésia do desenvolvimento. Presidente de Neuropsicologia do Grupo de Qualidade de Sobrevivência em Tumor Cerebral da Sociedade Europeia de Oncologia Pediátrica (SIOP –Europa) (2012-2017). Continua envolvida no desenvolvimento de protocolos de qualidade de sobrevivência para ensaios clínicos na Europa. A pesquisa e os interesses clínicos de Jenny estão no desenvolvimento de intervenções para crianças com problemas neurológicos, incluindo lesão cerebral traumática, tumores cerebrais, infecções do SNC e distúrbios do desenvolvimento neurológico. Áreas de interesse particular incluem: o impacto do desenvolvimento na resposta a intervenções, metacognição e intervenções para apoiar o funcionamento executivo, a velocidade de processamento, a memória e o aprendizado. Jenny também tem um forte interesse no desenvolvimento de projetos experimentais de caso único para facilitar a pesquisa clínica. Professora Sênior e Líder Clínica do grupo de Neuropsicologia da Criança e do Adolescente (CAN) da Universidade de Exeter. Diretora Administrativa e Clínica da Coral Psychology Ltda., uma empresa que oferece reabilitação neuropsicológica para crianças e jovens adultos com lesão cerebral adquirida.

Jennie Ponsford – AO, BA (Hons), MA (Neuropsicologia Clínica), PhD, MAPsS. Professora de Neuropsicologia. Diretora de programas clínicos na Escola de Ciências Psicológicas da Monash University. Diretora do Centro de Pesquisa de Reabilitação Monash-Epworth do Epworth Hospital, em Melbourne. Ela passou 39 anos envolvida em trabalho clínico e pesquisa com indivíduos com lesão cerebral, investigando os resultados após lesão cerebral traumática leve, moderada e grave, fatores que predizem o resultado e a eficácia de intervenções de reabilitação. Publicou mais de 340 artigos de periódicos e capítulos de livros e dois livros sobre esses assuntos. Ex-presidente da Sociedade Neuropsicológica Internacional, da Associação Internacional para o Estudo de Lesões Cerebrais Traumáticas e da Sociedade Australásia para o Estudo de Insuficiência Cerebral. Executiva da Associação Internacional de Lesões Cerebrais e da Sociedade

Australásia para o Estudo de Insuficiência Cerebral ASSBI, da qual é bolsista honorária. Em 2013, recebeu o prêmio Robert L. Moody de Iniciativas Distintas em Lesão Cerebral e Reabilitação e, em 2015, o Prêmio Paul Satz de Mentoria de Carreira da Sociedade Neuropsicológica Internacional. Nomeada, em 2017, oficial da Ordem da Austrália por suas distintas contribuições à Neuropsicologia e pelos avanços seminais no diagnóstico, tratamento e reabilitação de pacientes com lesão cerebral traumática.

Keliane de Oliveira – Mestre em Neurociências pela Universidade Federal de Minas Gerais. Professora e Sócia-Fundadora da TO em Destaque Núcleo Educacional LTDA. Terapeuta Ocupacional pela Universidade FUMEC – Belo Horizonte/MG.

Leandro Saldanha Nunes – Mestre em Medicina Molecular pela Faculdade de Medicina da UFMG na área de Transtornos Neuropsiquiátricos. Graduado pela Faculdade de Medicina da Universidade Federal de Minas Gerais. Médico. Psiquiatra com residência médica pelo Hospital das Clínicas da UFMG. Psiquiatra assistente na Nexus Clínica, como médico perito e psiquiatra de urgências e emergências pelo SUS.

Letícia Fonseca Talarico – Pós-graduada pela PUC-Minas em Clínica, Educação e Saúde Mental. Pós-graduanda em Psicologia na Reprodução Assistida (Instituto Suassuna). Graduada em Psicologia pelo Centro Universitário Newton Paiva (2003). Atuou como terapeuta de grupo na clínica da Toxicomania, Transtornos alimentares e Oncologia. Atuou na área da saúde mental através do Hospital psiquiátrico Espírita André Luiz. Palestrante e Facilitadora de constelação familiar sistêmica. Formação em Constelação Familiar Sistêmica pelo Instituto Bert Hellinger (Alemanha) e IDESV. Coordena grupos no consultório para casais submetidos à Fertilização in vitro (desde 2015). Ministra workshops de Desenvolvimento Pessoal no Brasil e na Suíça.

Luan Carvalho – Terapeuta Cognitivo Comportamental pelo Beck Institute – Philadelphia. Colaborador no grupo de Pesquisas em Neuropsicologia no PROTOC, do Instituto de Psiquiatria da Faculdade de Medicina da USP. Neuropsicólogo Clínico pelo Departamento de Neurologia da USP.

Lucy Ymer – Doutora em Neuropsicologia Clínica pela Universidade Monash, em Melbourne. Bacharelado em Psicologia (Honras) na Universidade Deakin, graduando com Honras de Primeira Classe. Sua pesquisa de Doutorado na Monash University está sendo conduzida em conjunto com o Centro de Pesquisa de Reabilitação Monash Epworth, no Epworth Hospital. Coordenadora de um estudo controlado randomizado em toda a Austrália que investiga a eficácia da Terapia Cognitivo-Comportamental para distúrbios do sono e fadiga após lesão cerebral adquirida. Em 2017, foi uma das duas Beneficiárias do Centro de Excelência em Pesquisa NH & MRC Moving Ahead em pequenas subvenções para recuperação cerebral, apresentando sua pesquisa na Universidade de New South Wales. Ao longo de sua candidatura, ela recebeu treinamento clínico em avaliação, diagnóstico e tratamento de indivíduos com condições neurodegenerativas, lesão cerebral adquirida e condições psiquiátricas e neurológicas.

Marcelo Camargo Batistuzzo – Professor do Curso de Psicologia da Faculdade de Ciências Humanas e da Saúde, da Pontifícia Universidade Católica de São Paulo. Pesquisador colaborador do Programa Transtornos do Espectro Obsessivo-Compulsivo, no Instituto de Psiquiatria do Hospital das Clínicas da Faculdade de Medicina da Universidade de São Paulo.

Maria Cristina Anauate – Terapeuta Ocupacional (USP–1980) – Estudos em Reabilitação Neuropsicológica, no Oliver Zangwill Centre (Ely–Inglaterra). Especialista em Arteterapia – AATESP – 305/0915. Experiência Docente e Clínica em Reabilitação Neurológica e Neuropsicológica em Intervenção e Prevenção e na Aplicação de Recursos Artísticos e da Natureza como Meio de Intervenção: Campo de pesquisa – Arte e Demência e Arte e Natureza. Coordenadora, criadora e proprietária do Espaço Viver com Arte, ministrando cursos nas áreas de Neuropsicologia, Neuropsicologia da Arte, Arte-reabilitação Neuropsicológica, Mandalas, Arte, Jardinagem Terapêutica e Arteterapia na Natureza. Ministrante há 15 anos do Curso Extensivo Anual "Estudos da Arte em Neuropsicologia: A Aplicação de Recursos Artísticos em Abordagens Neuropsicológicas". Facilitadora e criadora de vivências arteterapêuticas na natureza – Jardim Sagrado (um jardim terapêutico).

Michelle Y. Coleman – Doutora em Psicologia e em Neuropsicologia Clínica, em 2019, na Monash University, Austrália. Sua pesquisa de doutorado, pela qual ela recebeu uma bolsa do Programa de Treinamento de Pesquisa do Governo Australiano, focou em como as diferenças de ritmo circadiano no transtorno depressivo maior estão associadas ao humor, sono e a sintomas cognitivos. Psicóloga e Neuropsicóloga Clínica. Após a conclusão do seu ano de honras em Psicologia, na Universidade La Trobe, Austrália, ela recebeu o Prêmio de Melhor Tese do Quarto Ano, o Prêmio de Psicologia, David Kelly Medal e o Prêmio da Sociedade Australiana de Psicologia. Ganhou vários prêmios por sua pesquisa, incluindo um Prêmio de Excelência em Pesquisa (Australasian Chronobiology Society Conference 2019), Travel Award (Australasian Sleep Association Conference 2017) e Prêmio de Melhor Apresentação de Doutorado, Research Excellence Award e

Travel Award (Australasian Chronobiology Society Conference) 2017). Trabalhou clinicamente em ambientes agudos de saúde, reabilitação e consultório particular, com indivíduos em uma variedade de condições médicas, neurológicas, de desenvolvimento e psiquiátricas.

Nayara de Lourdes Oliveira – Especialista em Terapia Cognitivo-Comportamental. Preceptora no Hospital das Clínicas – UFMG, no ambulatório de Psiquiatria – Saúde da Mulher. Psicóloga responsável pelos serviços de Psicoterapia e Avaliação Neuropsicológica na Nexus Clínica.

Patricia Buchain – Doutora em Ciências pelo Departamento de Psiquiatria da Faculdade de Medicina da Universidade de São Paulo (FMUSP). Treinamento no método Taillored Activitie Program (TAP), por Johns Hopkins Hospital. Reabilitação cognitivo-funcional e treinamento para o LOTCA com Noomi Katz. Terapeuta ocupacional, Chefe do Serviço de Terapia Ocupacional das Enfermarias do Instituto de Psiquiatria do Hospital das Clínicas da Faculdade de Medicina da USP. Terapeuta Ocupacional da Unidade de Enfermaria Geriátrica e PROTER. Coordenadora do Curso de Aperfeiçoamento em Terapia Ocupacional: Reabilitação Cognitiva Funcional na Saúde Mental em Idoso. Instituto de Psiquiatria – IPqHCFMUSP. Vice-coordenadora do Curso de Especialização de Terapia Ocupacional em Reabilitação Cognitiva Funcional. Possui colaboração em publicações de livros nacionais e internacionais na área. Atua principalmente com funcionalidade (avaliação e intervenção), desempenho ocupacional e reabilitação cognitiva-funcional, aplicadas a adultos e idosos.

Rita de Cássia Duarte Leite – Doutora em Psicologia pela Universidade Federal de Minas Gerais – FAFICH/UFMG. Mestre em Saúde da Criança e do Adolescente pela Universidade Federal de Minas Gerais – Faculdade de Medicina/UFMG. Especialista em Linguagem pelo CEFAC – Saúde e Educação. Fonoaudióloga Clínica e Educacional. Professora do Programa de Pós-Graduação do CEFAC – Saúde e Educação. Pesquisadora do Laboratório de Processos Cognitivos (LabCog) do Departamento de Psicologia da FAFICH/UFMG.

Ruth Marlow – Doutora em Psicologia Clínica. Psicóloga Clínica formada pela Universidade de Plymouth. Psicóloga principal em um serviço de Transtorno do *Déficit* de Atenção e Autismo (TDAH), em que trabalha com adultos e jovens com complexas dificuldades psicológicas de saúde mental, além de condições de Neurodesenvolvimento. Trabalhou em uma equipe de Saúde Mental de adultos, oferecendo Terapia Intensiva para pessoas com dificuldades graves e duradouras de saúde mental. Atualmente, ela está desenvolvendo habilidades avançadas em Terapia Cognitiva-Analítica (TAC), que se concentra nos estilos de enfrentamento das pessoas e nos padrões de comportamento que surgem quando esses estilos de enfrentamento não mais apoiam a pessoa. Possui considerável experiência em trabalhar com pessoas que sofreram muitas formas diferentes de trauma, incluindo o trabalho com pais de crianças que sobreviveram a lesões cerebrais. Trabalha com adultos que sobreviveram a lesões.

Sabrina de Sousa Magalhães – Doutora em Medicina Molecular pela Universidade Federal de Minas Gerais (UFMG). Mestre em Psicologia pela UFPR, na linha de pesquisa Avaliação e Reabilitação Neuropsicológica. Psicóloga pela Universidade Federal do Paraná (UFPR). Atua como Psicóloga Clínica, Neuropsicóloga (em processos de avaliação e reabilitação neuropsicológicas). Docente em Cursos de Graduação, Pós-Graduação e Extensão, além de palestrante.

Telma Pantano – Pós-Doutora em Psiquiatria pela FMUSP. Doutora e Mestre em Ciências pela FMUSP. Especialista em Linguagem. Master em Neurociências pela Universidade de Barcelona-Espanha. Fonoaudióloga e Psicopedagoga do Serviço de Psiquiatria Infantil do Hospital das Clínicas da Faculdade de Medicina da USP (FMUSP). Coordenadora da Equipe Multidisciplinar do Hospital dia Infantil do Instituto de Psiquiatria da FMUSP.

Este livro foi composto com tipografia Bembo
e impresso em papel Lux Cream LD 70g. na Gráfica Formato.